Nietzsche und die Deutschen

Steven E. Aschheim

# Nietzsche und die Deutschen

## Karriere eines Kults

Aus dem Englischen von Klaus Laermann

Verlag J. B. Metzler
Stuttgart · Weimar

Titel der amerikanischen Originalausgabe:
Steven E. Aschheim, The Nietzsche Legacy in Germany 1890–1990


Die Deutsche Bibliothek – CIP-Einheitsaufnahme

**Aschheim, Steven E.:**
Nietzsche und die Deutschen : Karriere eines Kults / Steven E. Aschheim.
Aus dem Engl. von Klaus Laermann. – Sonderausg. . – Stuttgart ; Weimar : Metzler, 2000
Einheitssacht.: The Nietzsche legacy in Germany <dt.>
ISBN 3-476-01757-5

Gedruckt auf säure- und chlorfreiem, alterungsbeständigem Papier

ISBN 3-476-01757-5


Einbandgestaltung: Willy Löffelhardt
unter Verwendung eines Bildes von Albrecht Soder
(vgl. Illustration Nr. 10 im Buch)
Satz: Gisela Fischer, Weimar
Druck und Bindung: Franz Spiegel Buch GmbH, Ulm
Printed in Germany

*George Mosse,*
*dem Lehrer und – vor allem – Freund*

# INHALT

# DANKSAGUNGEN

Die vorliegende Untersuchung hätte nie unternommen, geschweige denn fertiggestellt werden können ohne die Unterstützung und Hilfe vieler Freunde und Kollegen. Unmöglich kann ich all jene hier nennen, die sich im Laufe der Jahre die Zeit nahmen, sie mit mir zu erörtern. Dennoch muß ich die Namen von Jeffrey Herf und Jerry Muller erwähnen, die das gesamte Manuskript gelesen und mir ebenso wertvolle wie kluge und konstruktive Hinweise gegeben haben.George Mosse hat mich wie schon bei meinen übrigen Arbeiten so auch bei dieser persönlich und wissenschaftlich inspiriert. Ihm ist dieses Buch gewidmet. Mein Freund John Landau hat meine Klagen geduldig über sich ergehen lassen; er hat Klarheit in mein Denken zu bringen gesucht und mich zur Weiterarbeit ermuntert. Robert Alter, Yehoshua Arielli, Klaus Berghahn, David Biale, Menachem Brinker, Michael Heyd, Martin Jay, James Joll, Leo Löwenthal, Paul Mendes-Flohr, Rudolf Vierhaus und Robert Wistrich gaben mir immer wieder sachkundige und hilfreiche Ratschläge.

Edward Dimendberg und Michelle Nordon von der University of California Press haben mich unablässig ermutigt. Lesbar geworden ist dieses Buch nicht zuletzt durch das einläßliche Lektorat von Edith Johnson. Frank Moser erledigte die photographischen Arbeiten mit dem ihm eigenen liebenswürdigen Humor. Die Historische Kommission zu Berlin und das Max-Planck-Institut für Geschichte in Göttingen unterstützten mich durch großzügige Forschungsstipendien. Ze'ev Rosenkrantz und Michael Toch leisteten wertvolle technische Hilfe.

Obwohl ich während der Arbeit an diesem Buch viele Bibliotheken konsultierte, gilt mein besonderer Dank der National and University Library in Jerusalem. Ihre kaum überschaubaren Schätze sowie ihr freundliches und kompetentes Personal machen das Forschen zum Vergnügen.

Die mir angenehmste Schuld will ich zuallerletzt erwähnen. Ohne den menschenfreundlichen Einfluß meiner Frau Hannah und unserer Kinder Ariella, Yoni und Daniel wäre dieses Buch undenkbar gewesen. Sie wissen, wie sehr ich ihnen danke.

KAPITEL 1

# Das Erbe Nietzsches und die Geschichtswissenschaft

*Interpretation*

*Leg' ich mich aus, so leg' ich mich hinein:*
*Ich kann nicht selbst mein Interprete sein.*
*Doch wer nur steigt auf seiner eignen Bahn,*
*Trägt auch mein Bild zu hellerm Licht hinan.*

Nietzsche, *Die fröhliche Wissenschaft*

*Ein großer, das ist ›bedeutender‹ Mensch ist immer unvermeidlich unsere Schöpfung, wie wir die seine sind.*

Ernst Bertram, *Nietzsche. Versuch einer Mythologie*

Friedrich Nietzsche hat für die kulturelle und politische Entwicklung des 20. Jahrhunderts außerordentliche Bedeutung gewonnen. Seit den neunziger Jahren des 19. Jahrhunderts war sein Werk unablässig überall in Europa, in den Vereinigten Staaten, ja sogar in Japan präsent.[1] Die vorliegende Untersuchung macht es sich zur Aufgabe, seine Bedeutung für Deutschland darzustellen und zu analysieren, also für

---

1 Früh schon wurde Nietzsches Einfluß dokumentiert. Vgl. Geneviève Bianquis, *Nietzsche en France*, Paris: F. Alcan 1929; Guy de Pourtales, *Nietzsche en Italie*, Paris: Grasset 1929. Zu den neueren Untersuchungen seiner Bedeutung für einzelne Nationalkulturen zählen Patrick Bridgewater, *Nietzsche in Anglosaxony: A Study of Nietzsche's Impact on English and American Literature*, Leicester: University of Leicester Press 1972; Bernice Glatzer Rosenthal, ed., *Nietzsche in Russia*, Princeton, N.J.: Princeton University Press 1986; Gonzalo Sobejano, *Nietzsche en Espana*, Madrid: Gredos 1967; David S. Thatcher, *Nietzsche in England 1890-1914: The Growth of a Reputation*, Toronto: Toronto University Press 1970. Nietzsches Bedeutung im Habsburger Reich wird überaus deutlich in Laszlo Peter und Robert B. Pynsent, eds., *Intellectuals and the Future in the Hapsburg Monarchy 1890-1914*, London: Macmillan 1988. Doch die Bedeutung Nietzsches blieb nicht auf die westliche Welt beschränkt. Bereits in den neunziger Jahren des 19. Jahrhunderts dienten seine Schriften als modernisierende Kraft in Japan. Er galt dort als der einflußreichste Vertreter jenes Individualismus, der der traditionellen japanischen Kultur fremd ist, vgl. Hans Joachim Becker, *Die frühe Nietzsche-Rezeption in Japan (1893-1903): Ein Beitrag zur Individualismusproblematik im Modernisierungsprozeß*, Wiesbaden: Otto Harassowitz 1983.

jenes Land, in dem sich sein Einfluß am nachhaltigsten, dauerhaftesten und folgenreichsten entfaltete. Vor vierzig Jahren bemerkte Walter Kaufmann, Nietzsche sei so sehr Teil des deutschen Lebens geworden, daß eine Untersuchung über die Geschichte seines Ruhms »sich zu einer Kulturgeschichte Deutschlands im zwanzigsten Jahrhundert ausweiten« dürfte, »wie sie sich aus einer zwar einzelnen, aber besonders erhellenden Perspektive darstellt.«[2]

Die folgenden Seiten versuchen, eine derartige Geschichte zu schreiben. Sie laufen jedoch nicht auf nur *eine* Perspektive zu. Denn die problematische Bedeutung des Einflusses von Nietzsche in Deutschland liegt gerade darin, daß er sich überall geltend macht, daß er in vielfältiger und oft widersprüchlicher Weise auf den entscheidenden Schauplätzen des politischen wie kulturellen Lebens zutage tritt. Es wäre in der Tat richtiger, nicht von einem, sondern von vielen Einflüssen Nietzsches zu sprechen, die sich im Wandel der Zeiten widerspiegeln. In diesen Widerspiegelungen sollen im folgenden einige jener richtungsweisenden politischen Bewußtseinsänderungen in Erscheinung treten, mit denen sich die Menschen angesichts von Krisen Klarheit zu verschaffen suchten, um diese Krisen dann auf neuen Wegen zu überwinden.

Das historische Erbe Nietzsches muß als Ergebnis des dynamischen Zusammenspiels der vielfältigen Aspekte seines Denkens und der Besonderheiten derer angesehen werden, die sich dieses Denken zu eigen gemacht haben. Es handelt sich dabei stets um einen von seinem Ende her vergleichsweise offenen, wechselseitigen, schöpferischen Prozeß,[3] der nach den jeweils anderen Bedürfnissen der Interpreten zu einer selektiven Filterung und unablässigen Umgestaltung der Themen Nietzsches führte.[4] Dessen Erbe erwies sich als in dem Maße veränderlich, wie es seine verschiedenen Wirkungskreise seinerseits veränderte sowie von ihnen entsprechend den konkreten und wechselnden Umständen des Wilhelminischen Kaiserreichs, des Ersten Weltkriegs, der Weimarer Republik, des Nationalsozialismus und der Nachkriegszeit verändert wurde. Durch diese politisch motivierten Vermittlungen wurde das Werk Nietzsches zu einem lebendigen und fortdauernden Bestandteil des nationalen Lebens in Deutschland.

---

2 Walter Kaufmann, *Nietzsche: Philosopher, Psychologist, Antichrist*, 4th ed., Princeton: Princeton University Press 1974: dt.: *Nietzsche. Philosoph - Psychologe - Antichrist*, Darmstadt: Wiss. Buchgesellschaft 1988, S. 9. Nietzsches Einfluß auf das Denken der Moderne und seine Bedeutung für die einzelnen Wissenschaftsdisziplinen werden im folgenden nur in ihrer Auswirkung auf die Kultur, die Politik und die nationale Identität Deutschlands erörtert.

3 Zu einer allgemeinen Darstellung der Probleme einer Rezeptionstheorie vgl. die einschlägigen Schriften von Hans Robert Jauss.

4 Vgl. zur Dynamik der Nietzsche-Rezeption Massimo Ferrari Zumbini, »Untergänge und Morgenröten: Über Spengler und Nietzsche« in: *Nietzsche-Studien* 5 (1976) S. 219. Die Kommentatoren sind sich seit langem darüber im klaren, daß die Darstellung der Philosophie Nietzsches den Wendungen in der Geschichte der Deutung seines Werks aufs engste folgt. Vgl. die Stellungnahme hierzu sowie die Bemerkungen über die Zeitlosigkeit Nietzsches bei Gerhard Lehmann, *Die deutsche Philosophie der Gegenwart*, Stuttgart: Alfred Kröner, 1943, S. 184.

Die Komplexität solcher Vermittlungen läßt sich nur erfassen, wenn sie zugleich thematisch und chronologisch untersucht werden. Um diesem umfassenderen Bild eine Struktur zu verleihen, habe ich mich auf bestimmte Gruppierungen und auf zusammenhängende Einflußsphären konzentriert. Der Schwerpunkt liegt dabei auf Institutionen, Entwicklungen und breiteren geistigen Strömungen. Das Verhältnis und die Beziehungen einzelner Individuen zu Nietzsche werden nur insofern erörtert, als sie dessen Wirkung in ihren allgemeineren Aspekten erhellen. Auf eine Darstellung der Komplexität und schöpferischen Intensität solcher individuellen Begegnungen mußte verzichtet werden zugunsten eines Gesamtüberblicks.[5] Eindeutig erfordert jeder Versuch einer zusammenhängenden Darstellung dieser vielfältigen Beeinflussungen in der Entwicklung ihres jeweiligen ideologischen und historischen Kontexts eine bestimmte Auswahl. Bei der Dichte und dem fast überwältigenden Reichtum der verfügbaren Dokumente wäre eine umfassende Darstellung beinahe unmöglich und wohl auch gar nicht wünschenswert.[6] Ein enzyklopädisches Unternehmen liefe auf wenig mehr hinaus als auf eine Übung im Katalogisieren; es würde zudem die entscheidenden Verbindungslinien eher verdunkeln als erhellen. Mit der vorliegenden Arbeit hoffe ich eine anregende Analyse vorzulegen, die auf die einschlägigen und repräsentativen Quellen Bezug nimmt.

Mein Buch lebt von der Überzeugung, daß Nietzsches Werk mit seinen vielfältigen Einflüssen nur dann angemessen zu verstehen ist, wenn es nicht auf nur einen elementaren Bestandteil reduziert wird und wenn man nicht behauptet, es besitze nur einen einzigen, eindeutig gültigen Sinn. Kulturhistoriker sollten keinen privilegierten Zugang zu einem als unveränderlich angesehenen Text beanspruchen, von dem aus jede spätere Inanspruchnahme dieses Textes zu beurteilen wäre.[7] Es sollte

---

5 Selbstverständlich hatte Nietzsche eine äußerst unterschiedliche Wirkung. Manche, die ihn lasen, gerieten nur vorübergehend unter seinen Einfluß, andere nahmen ihn rhapsodisch und nachhaltig auf, wieder andere rezipierten ihn eher versuchsweise und fragmentarisch. Zahlreiche der in diesem Buch erwähnten Begegnungen mit seinem Werk - etwa die von Thomas Mann, Oswald Spengler, Gottfried Benn, Carl Gustav Jung u. a. - sind bereits detailliert untersucht worden. Wir sollten uns hier an Nietzsches Ermahnung halten, der zufolge »ein berüchtigtes ›und‹« im Titel wissenschaftlicher Arbeiten ein Zeichen von Beschränktheit ist, vgl. Friedrich Nietzsche, *Götzen-Dämmerung*, in: *Werke*, Bd. VI, 3, Berlin: de Gruyter 1969, Aphor. 16, S. 115f. [Anm. d. Übers.: Im vorliegenden Buch werden die Schriften Nietzsches zitiert nach der Ausgabe, die seit 1967 bei de Gruyter in Berlin erschienen ist.]

6 Um den Umfang und die Reichweite der Rezeption Nietzsches in Deutschland allein bis 1918 zu ermessen, vgl. die unverzichtbare Bibliographie von Richard Frank Krummel, *Nietzsche und der deutsche Geist*, 2 Bde., Berlin und New York: de Gruyter, 1974/1983. Eine mehrsprachige, doch weit weniger umfassende Zusammenstellung, die über das Jahr 1918 hinausgeht, findet sich bei Herbert W. Reichert und Karl Schlechta, *International Nietzsche Bibliography*, Chapel Hill: University of North Carolina Press, 1960.

7 »Sodann beschränken sich die Effekte oder die Struktur eines Textes nicht auf seine ›Wahrheit‹, aufs Meinen seines vorgeblichen Autors, geschweige denn auf seinen vorgeblich einmaligen und identifizierbaren Unterzeichner.« Jacques Derrida »Nietzsches Otobiographie oder Politik des Eigennamens (Die Lehre Nietzsches)« in: *Fugen. Deutsch-französisches Jahrbuch für Textanalytik*, Nr. 1 (1980) S. 54-98, hier: S. 89.

weder ein fertiges Bild des »authentischen« Nietzsche noch dogmatische Sicherheit in bezug auf dessen ursprüngliche Absichten geben. Nur eine *Rezeptionsgeschichte* [Im Orig. dt., Anm. d. Übers.], die für die unabschließbare Offenheit und umgestaltende Kraft im Erbe dieses Philosophen ein Gespür besitzt, wird dieses Erbe in seiner reichen Komplexität zu würdigen vermögen.

Erstaunlicherweise gibt es bis heute keine derartige Untersuchung. Die wichtigsten der nach dem Zweiten Weltkrieg erschienenen Arbeiten haben vielmehr eine essentialistische Position eingenommen. Sie stellen die Wirkungsgeschichte Nietzsches als eine Folge unangemessener Abweichungen von (oder angemessener Übereinstimmungen mit) einer vorgängig unterstellten Konstruktion des »wirklichen« Nietzsche dar. Sie gehen durchweg von moralisierenden, statischen Geschichtsentwürfen aus, die entweder apologetisch oder denunziatorisch verfahren und die weniger am tatsächlichen Verlauf von Einflüssen als vielmehr daran interessiert sind, bestimmte Wirkungen zu beurteilen oder zu verurteilen.[8]

Walter Kaufmanns überaus einflußreiche Interpretation Nietzsches und seiner Wirkungsgeschichte bietet hier ein schlagendes Beispiel. Kaufmann wendet sich gleich zu Beginn seines Buches gegen die von ihm so genannte »Nietzsche-Legende«. Diese verhängnisvolle Fehlkonstruktion wurde nach seiner Meinung von jenen Autoren entworfen, die er für die These verantwortlich macht, Nietzsches Werk sei hoffnungslos zweideutig, ohne theoretischen Zusammenhang und daher Gegenstand gegensätzlichster Deutungen. Die Befürworter dieser These - bedeutende Nietzscheaner wie Elisabeth Förster-Nietzsche, Stefan George und sein Kreis, Ernst Bertram sowie Karl Jaspers - werden nicht in bezug auf ihre politischen Absichten, institutionellen Verbindungen und historischen Kontexte untersucht, sondern nur insofern, als sie zu dem beigetragen haben, was Kaufmann als gefährlichen Mißbrauch und unzweideutige Fehlinterpretation der Lehre Nietzsches betrachtet. Es darf daher nicht überraschen, wenn die Verbindung zwischen dem Nationalsozialismus und Nietzsche unter diesem Blickwinkel rundheraus als Entstellung sowie als radikale Schädigung der im wesentlichen unpolitischen Lehre des Meisters erörtert wird.[9] Die dezidiert marxistische Lektüre Nietzsches durch Georg Lukács wird bestimmt durch eine ganz und gar konträre, aber ähnlich essentialistische Sicht. Lukács entwirft ein Bild Nietzsches als des irrationalistischen Sprachrohrs der reaktionären Bourgeoisie nach 1870, als eines ganz und gar proto-faschistischen Denkers, als des Vaters eines Nationalsozialismus, der nach der zwingenden Logik der historischen Entwicklung seine Ideen ebenso getreulich wie unausweichlich widerspiegeln mußte.[10]

---

8 Gewiß müssen Geschichtswissenschaftler sich davor hüten, bestimmte Texte Nietzsches zu erfinden, zu säubern, selektiv zu edieren oder gar direkt zu verfälschen. Nur zu bekannt sind die entsprechenden Eingriffe, die Elisabeth Förster-Nietzsche vorgenommen hat.

9 Vgl. Walter Kaufmann, *Nietzsche: Philosopher, Psychologist, Antichrist*, a. a. O., S. 4; dt.: *Nietzsche. Philosoph - Psychologe - Antichrist*, a. a. O., S. 4. Kapitel 10 bringt seine Darstellung des Nationalsozialismus.

10 Vgl. Georg Lukács, *Die Zerstörung der Vernunft*, in: *Werke*. Bd. 9, Darmstadt und Neuwied: Luchterhand 1974.

Es steht einem Philosophen nicht nur frei, die Dinge zu beurteilen und zu bewerten, sondern er ist dazu verpflichtet. Kulturgeschichtler dagegen müssen in dieser Richtung Vorsicht walten lassen. Im Zentrum einer kulturgeschichtlichen Untersuchung müssen im Fall Nietzsches die Dynamik der von ihm ausgehenden Einflüsse sowie die komplexe Verbreitung und Verwendung seiner Ideen stehen, nicht aber deren Wahrheit, Falschheit oder Plausibilität. Essentialistische Ansätze haben die Tendenz, historische Darstellungen eher zu verdunkeln als zu erhellen, indem sie das einschlägige Material unter vorgefaßte Deutungsmuster zwingen. Ob sie nun recht hatten oder nicht - die unterschiedlichen Interessen der Leser Nietzsches führten in der Tat zu jeweils anderen Interpretationen. Mir geht es darum, deren Kontexte und Konsequenzen nachzuzeichnen. Der Nietzscheanismus durchdrang in der einen oder anderen Erscheinungsform viele der wesentlichen politischen und kulturellen Strömungen des 20. Jahrhunderts. Seiner Geschichte kann eine einfache Darstellung der vorliegenden Einflüsse keinesfalls gerecht werden. Sein kulturelles Umfeld und seine historische Textur sind einfach zu offen, zu differenziert und zu vielfältig, als daß essentialistische oder einsinnige Thesen ihnen zu entsprechen vermöchten.

Auch Historiker haben sich (selbst in allerneuesten Untersuchungen) daran mitschuldig gemacht, das Erbe Nietzsches auf entweder reaktionäre oder progressive Aspekte zu reduzieren. Auch sie haben (mit zuweilen durchaus beschränkten Konstruktionen) Nietzsche und den Nietzscheanismus in den Dienst interessengeleiteter historischer Thesen gezwängt. In seiner Arbeit zum Nachleben der alteuropäischen Ordnung über das Jahr 1914 hinaus hat beispielsweise Arno J. Mayer behauptet, Nietzsches Denken habe in erster Linie die Funktion gehabt, rhetorisch und ideologisch die aristokratischen Interessen des späten 19. Jahrhunderts zu unterstützen. Er präsentiert den Nietzscheanismus als »in idealer Weise geeignet, den aufsässigen Elementen der herrschenden Klassen« bei der Artikulation ihrer antidemokratischen, illiberalen und reaktionären Ideen zu helfen.

Sorglos geht Mayer über die Tatsache hinweg, daß diese konservativen Kräfte der alten Ordnung fast zwangsläufig gegen Nietzsche Position bezogen. Sie widersetzten sich dessen antichristlicher, immoralistischer Haltung und waren über seine radikale Infragestellung jeder Autorität oder Tradition schockiert und entsetzt. Diesen Kreisen war bewußt, daß Nietzsche von »einem neuen Adel« sprach und daß es ihm um ein aristokratisches Ethos ging, das sich von dem des erblichen Adels wie der Großgrundbesitzer ganz und gar unterschied.[11] Die wenigen Versuche, eine derar-

---

11 Arno J. Mayer, *The Persistence of the Old Regime: Europe to the Great War*, New York: Pantheon, 1981, S. 290; vgl. ferner S. 275-329; dt.: *Adelsmacht und Bürgertum. Die Krise der europäischen Gesellschaft 1848-1914*, München: C.H. Beck 1984, S. 286. Mayer bringt für seine Argumentation keinerlei Quellen bei. Zu einer weiteren Erörterung der Beziehungen zwischen dem Nietzscheanismus und den herrschenden Eliten vgl. Kapitel 4. Zu Nietzsches Verweis auf den »neuen Adel« vgl. *Also sprach Zarathustra* in: *Werke*, Bd. VI, 1, Berlin 1968, S. 250.

tige Verbindung zu Nietzsches Lebzeiten herzustellen, wurden von ihm selbst ganz unzweideutig mißbilligt:

In einem besondren Falle bekam ich einmal Alles zu Gesicht, was über ein einzelnes Buch – es war ›Jenseits von Gut und Böse‹ – gesündigt worden ist; ich hätte einen artigen Bericht darüber abzustatten. Sollte man es glauben, dass die Nationalzeitung – eine preussische Zeitung, für meine ausländischen Leser bemerkt, ich selbst lese, mit Verlaub, nur das Journal des Débats – allen Ernstes das Buch als ein ›Zeichen der Zeit‹ zu verstehn wusste, als die echte, rechte *Junker-Philosophie*, zu der es der Kreuzzeitung nur an Muth gebreche?[12]

Eine entsprechende Darstellung der Lehre Nietzsches hätte zweifellos eine Funktion im Sinne der herrschenden Klassen erfüllen können. Empirisch läßt sich aber beweisen, daß eine solche Rezeption in diesen Klassen (von nur wenigen bemerkenswerten Ausnahmen abgesehen) ganz einfach nicht stattgefunden hat. Im großen und ganzen betrachteten die traditionellen Eliten den Philosophen als einen gefährlichen und wahnsinnigen Vertreter des Umsturzes. Die Rechte machte sich seine Lehre ernsthaft erst *nach* dem Ersten Weltkrieg, also in der Zeit der Weimarer Republik zu eigen, und auch dann war ihre Rezeption in erster Linie das Werk radikal revolutionärer Elemente.

In seiner 1983 erschienenen Untersuchung kommt R. Hinton Thomas der Wahrheit näher mit der These, die Anhänger Nietzsches seien typischerweise Dissidenten und Radikale, die sich der etablierten Gesellschaftsordnung entfremdet hätten.[13] Weit entfernt, die reaktionären (oder gar konservativen) Teile der Gesellschaft zu repräsentieren, waren sie vor allem an Emanzipation, Fortschritt und humanistischen Idealen orientiert. Die Anhänger des Sozialismus und des Anarchismus, die Vertreterinnen der Frauenbewegung und die Mitglieder der revoltierenden Jugendbünde – sie alle verfielen dem libertären Zauber Nietzsches.

Obwohl Thomas einen wesentlichen Aspekt der Rezeption Nietzsches im Blick hat, führt seine Einseitigkeit letztlich doch zu einem schiefen Bild.[14] Nur wenn man bedeutsame andere Aspekte fortläßt und einseitig argumentiert, kann man die Anhänger Nietzsches vor 1918 insgesamt dem emanzipatorischen Lager zurechnen. Entscheidend jedenfalls ist, daß es nie möglich war, das Erbe Nietzsches simplistisch als entweder »reaktionär« oder »progressiv« zu bezeichnen. Und zwar gilt dies nicht nur, weil Nietzsche selbst solche zielstrebigen Etikettierungen verspottet hätte (zu

---

12 Friedrich Nietzsche, »Warum ich so gute Bücher schreibe« 1-2, *Ecce homo*, in: *Werke*, Bd. VI, 3, Berlin 1969, S. 298f.

13 R. Hinton Thomas, *Nietzsche in German Politics and Society 1890-1918*, Manchester: Manchester University Press 1983.

14 Das Buch von Thomas ist in vielen seiner Teile, die in die vorliegende Untersuchung Eingang gefunden haben, durchaus wertvoll. Doch ist seine Ausrichtung auf progressive und »libertäre« Elemente zu einseitig und zu wenig nuanciert, um der Komplexität der Rezeptionsprozesse gerecht zu werden. Verwiesen sei auf nur ein wichtiges Beispiel: Thomas erwähnt weder den Namen Elisabeth Förster-Nietzsches noch ihre einflußreiche Tätigkeit an der Spitze des Nietzsche-Archivs in Weimar. Für diese Unterlassung können nur ideologische Scheuklappen verantwortlich sein.

deren Außerkraftsetzung er in der Tat entscheidend beigetragen hat), sondern auch, weil das Themenspektrum der Anhänger Nietzsches eine bemerkenswert breite Spannweite politischer und kultureller Interessen umfaßte. Diese Interessen wurden zumeist radikal artikuliert. Es ging ihnen um eklektische Visionen von kultureller Umwertung und politischer Erlösung. Doch während diese Interessen, wie wir sehen werden, durchaus von progressiven Kreisen vorgetragen wurden, fanden sich unter den Anhängern Nietzsches auch solche, die kaum zu klassifizieren sind: Teile der Avantgarde, verschiedene Flügel der Lebensreformbewegung und vor allem jene, die im 20. Jahrhundert die deutsche Version einer postkonservativen »revolutionären Rechten« schufen.

Es ist eine der Hauptthesen des vorliegenden Buches, daß Nietzsche und seine Gefolgsleute eine breite ikonoklastische Bewegung, die sich über die üblichen Unterscheidungen von links und rechts, progressiv und reaktionär hinwegsetzte bzw. sie unverständlich erscheinen ließ, sowohl auslösten wie von ihr profitierten.[15] Sie stellten darüber hinaus die simplen Dichotomien von modern und vormodern, rational und irrational in Frage. Auf vielfältige und unvorhersehbare Weise verbanden die Anhänger Nietzsches archaische mit futuristischen Elementen.

Weil die Forschung bisher generell angenommen hat, der Nietzscheanismus besitze so etwas wie eine kohärente politische Persönlichkeit, hat sie die unterschiedlichen Motivationen und komplexen Prozesse übersehen, mit denen Nietzsches Ideen von divergierenden Interessen aktiv übernommen und neu ausstaffiert worden sind. Wie sein Herr und Meister war auch der Nietzscheanismus nie nur einfarbig. Eine ebenso kritische wie selektive Aneignung von Nietzsches Werken und Themenstellungen führte das Publikum europaweit zu einer Verbindung Nietzsches mit einer großen Spannweite kultureller und politischer Haltungen: zu anarchistischen, expressionistischen, feministischen, futuristischen, nationalistischen, nationalsozialistischen, religiösen, sexuell-libertären, sozialistischen, völkischen und zionistischen Positionen. Erst indem sie mit diesen heterogenen Positionen verschmolzen, gewannen sowohl Nietzsche wie der Nietzscheanismus bedeutsame Kraft. Die folgende Untersuchung widmet ihre Aufmerksamkeit daher der Dynamik einer historischen Vermittlung und analysiert die Verbreitung, Popularisierung, Assimilierung, Ablehnung und prismatische Brechung des Bildes, das sich Teile der Öffentlichkeit von Nietzsche in wechselnden historischen und ideologischen Kontexten gemacht haben.

Warum aber übte Nietzsche eine so proteusartige Faszination aus? Warum konnte er so vielen Generationen gegenüber, die sich sein Werk zu eigen machten, attraktiv wirken? Warum wurde dieses Werk von so vielen Gruppen als vitale Kraft angesehen? Während sich ein Großteil seiner Faszination aus den besonderen Eingriffen und

---

15 Eine von der meinen abweichende Auffassung zur Erosion dieser Unterscheidungen findet sich bei Ze'ev Sternhell, *Neither Right nor Left*, Berkeley: University of California Press 1986.

Säuberungen ergibt, aus den Launen und Geboten der Selektion sowie aus der konkreten Umarbeitung und den jeweils anderen Anwendungen, muß der Ansatz einer Antwort gewiß auch in Aspekten des Textkorpus selbst aufzufinden sein. Ohne den ungeheuren Vorrat an suggestiven Themen, Ideen und Kategorien, ohne die funkelnde Sprache und brillante Rhetorik wäre kein »Nietzscheanismus« möglich gewesen.

Daß sich Nietzsche gegenüber so vielen gegensätzlichen Tendenzen und Interessen als kongenial erwies und daß sein Werk die Fähigkeit bezeugt, neue Reaktionen ohne Ende hervorzurufen, ist zurückzuführen auf eine wichtige Eigenheit seines nachhegelianischen Denkens und seiner Methode: die Ablehnung der Systematisierer und der Systeme sowie die Entschlossenheit, Probleme unter einer Vielzahl von Perspektiven zu betrachten. »Ich misstraue allen Systematikern und gehe ihnen aus dem Weg«, schrieb er. »Der Wille zum System ist ein Mangel an Rechtschaffenheit.«[16] Nietzsches aphoristischer Stil spiegelt diese Ablehnung fixierter Systeme wider. Stil galt ihm als Zeichen innerer Komplexität. »Einen Zustand, eine innere Spannung von Pathos durch Zeichen, eingerechnet das tempo dieser Zeichen, *mitzutheilen* – das ist der Sinn jedes Stils; und in Anbetracht, dass die Vielheit innerer Zustände bei mir ausserordentlich ist, gibt es bei mir viele Möglichkeiten des Stils – die vielfachste Kunst des Stils überhaupt, über die je ein Mensch verfügt hat.«[17] Daß sich bei Nietzsche der Erzählerstandpunkt immer wieder ändert, erleichterte durchaus unterschiedliche Deutungen seiner Werke.

Für ein Verständnis der Nietzsche-Rezeption ebenfalls bedeutend ist die Auffassung von Walter Kaufmann, »daß Nietzsches Philosophie tatsächlich von Anfang bis Ende eine Verherrlichung des Schöpferischen ist«, »daß jedes Schaffen eigentlich ein Schaffen von neuen Werten und Normen ist«.[18] Diese immer anderen Werte und Normen beeinflußten die Art und Weise ihrer Aneignung; denn es gab hier eine prinzipielle Offenheit sowie die Aufforderung, eigene Wege zu wagen. Ein selbstbestimmter schöpferischer Akt sollte einer Vision zu ihrem Inhalt verhelfen und Konturen verschaffen. Kurt Rudolf Fischers Bemerkungen über den Übermenschen lassen sich auf die meisten anderen Themen und Kategorien Nietzsches anwenden:

> Wir verkürzen Nietzsche, wenn wir festlegen wollen, was der »Übermensch« ist. Denn ich meine, daß es zur Bestimmung des »Übermenschen« gehört, nicht bestimmt zu sein – daß wir experimentieren, daß wir schöpferisch sein sollen. Nietzsche betont die Kreativität des Menschen, und darum sollten wir darauf bestehen, daß die Konzeption des »Übermenschen« *notwendig unbestimmt* ist. Wir sollten nicht fragen, ob hier ein Autor das Problem verwirrt oder uns eine gefährliche Lösung präsentiert hat.[19]

---

16 Friedrich Nietzsche, »Sprüche und Pfeile«, Nr. 26, in: *Werke,* Bd. VI, 3, Berlin 1969, S. 57.

17 Friedrich Nietzsche, »Warum ich so gute Bücher schreibe«, *Ecce homo,* in: *Werke,* Bd. VI, 3, a.a.O., S. 302.

18 Walter Kaufmann, *Nietzsche: Philosopher, Psychologist, Antichrist,* a. a. O., S. 414; vgl. auch S. 250; dt.: *Nietzsche. Philosoph – Psychologe – Antichrist,* a.a.O., S. 481.

19 Kurt Rudolf Fischer zit. nach Robert E. McGinn, »Verwandlungen von Nietzsches Übermenschen in der Literatur des Mittelmeerraumes: d'Annunzio, Marinetti und Kazantzakis« in: *Nietzsche-Studien* 10/11 (1981-1982) S. 611.

Diese Offenheit war für die Attraktion Nietzsches entscheidend. Seine Anhänger aller Couleur reagierten auf den Ruf nach dynamischer Selbstverwirklichung, nach einer Gestaltung ihrer jeweiligen Weltsicht.[20]

Nietzsches meistgelesener Text schließlich forderte dies in einer berauschenden Sprache:

> [...] was gut und böse ist, *das weiss noch Niemand:* - es sei denn der Schaffende! - Das aber ist Der, welcher des Menschen Ziel schafft und der Erde ihren Sinn giebt und ihre Zukunft: dieser erst *schafft* es, *dass* Etwas gut und böse ist.[21]

Nietzsches Rhetorik mag zwar brillant gewesen sein, doch die meisten seiner Gefolgsleute erweisen sich letzten Endes als menschlich, allzumenschlich. Durchaus unfähig zu dem von ihm geforderten einsamen Schöpfertum, suchten sie Trost und Schutz bei politischen Ideologien. Nur so konnte Nietzsches Werk genießbar gemacht werden, und auch dieser Umstand ließ sich mit dessen eigenen Begriffen rationalisieren. Ein besonders eifriger Anhänger bemerkte, das Werk des Meisters verlange nach einer bestimmten Art der Interpretation und Kontemplation, wenn man seinem schöpferischen Chaos nicht hilflos gegenüberstehen wolle.[22]

Nietzsches Werk wurde mithin auf unterschiedliche Weise hermeneutisch institutionalisiert, und dabei schienen Projektionsvorgänge eher als Kreativität die Oberhand zu behalten. Die Inhalte von Allgemeinbegriffen wie *Wille zur Macht, Dionysisches, Umwertung aller Werte, Ewige Wiederkehr* und *Immoralismus* konnten vorgegebenen ideologischen Mustern angepaßt werden.

Dennoch inspirierte Nietzsches Eignung als Projektionsfläche manche Autoren zu eigenständigen und bedeutenden Arbeiten. Sie überführten sein Werk in ihr Spiegelbild und fanden in ihm ihre eigenen konzeptionellen und politischen Vorlieben bestätigt. Ein ausgezeichnetes, aber keinewegs allein stehendes Beispiel hierfür bietet Carl Gustav Jungs Marathon-Seminar über den *Zarathustra* (1934-1939).[23] Jung macht aus Nietzsche einen Propheten des Begriffs des kollektiven Unbewußten ebenso wie ein lebendiges Exempel für dessen innere Vorgänge; er sieht also in ihm seine eigene Auffassung der Psychoanalyse bestätigt. Arbeiten wie diese sind schlagende Dokumente eigener Art. Auch sie müssen in die Dynamik der Nietzsche-Rezeption Eingang finden.

Die meisten derjenigen, die sich sein Werk zu eigen machten, trugen Scheuklappen. Sie wollten nicht den ganzen Nietzsche oder keinen. Als Leser konnten sie eine Auswahl treffen aus der außerordentlichen Vielzahl von Positionen und Perspekti-

---

20 Genau dies ist evident bei Martin Buber, »Ein Wort über Nietzsche und die Lebensworte«, in: *Die Kunst im Leben* (Dezember 1900) S. 13.

21 Friedrich Nietzsche, *Also sprach Zarathustra*, in: *Werke*, Bd. VI, 1, Berlin 1968, S. 242f. («Von alten und neuen Tafeln«).

22 Heinrich Berl »Nietzsche und das Judentum«, in: *Menorah* 10 (1932) S. 59-69.

23 Carl Gustav Jung, *Nietzsche's Zarathustra: Notes of the Seminar Given in 1934-1939*, 2 Bde., James J. Jarret (ed.), Princeton, N.J.: Princeton University Press 1988. [Anm. d. Übers.: Nach Auskunft des C.G. Jung-Instituts in Küsnacht liegt das Manuskript dieses Buches nur in englischer Sprache vor. Im folgenden mußten daher die aus ihm zitierten Passagen von mir rückübersetzt werden.]

ven, die in diesem Werk enthalten sind. Manche von ihnen betonten die Unterschiede zwischen den frühen, mittleren und späten Schriften, während andere diese Unterschiede ganz und gar übergingen. Den einzelnen Texten wurde daher eine jeweils andere Bedeutung und ein anderer Wert beigemessen. Das Bild Nietzsches als vernichtender Kritiker, als schonungsloser Demaskierer im Dienste der Wahrheit und als Wächter der Kultur konnte verschmolzen oder unterschieden werden von dem des großen Verteidigers des Lebens gegen die Verwüstungen eines abtötenden Intellekts. Der große Stilist, Lyriker und Poet ließ sich vom Immoralisten, Ironiker und Nihilisten und seiner Arbeit als Umwerter, als unbarmherzig grandioser Gesetzgeber wie als Prophet der Zukunft ebenso trennen wie mit ihm vereinigen.

Bewunderer wie Gegner und Kritiker stimmten darin überein, daß man Nietzsche nicht einfach nur las, sondern daß er vielmehr, wie es Thomas Mann 1918 ausdrückte, zum »Erlebnis« wurde.[24] Mit unvergleichlicher Intensität und Unmittelbarkeit wurde Nietzsche zu dem, was die Zeitgenossen als *das* Schlüsselerlebnis ihrer individuellen wie kollektiven Identität ansahen. Von Beginn an betrachteten ihn diejenigen, die ihn kanonisierten, wie diejenigen, die ihn verurteilten, als Urheber und Kritiker einer neuen europäischen Moderne, die bestimmt war von den alles umwertenden, libertären und verheerenden Potentialen des Nihilismus. Obwohl ihn viele seiner Gegner als Reaktionär und Antimodernisten darstellten, war man zumeist der Ansicht, Nietzsche sei auf dramatische Art vorausweisend und verkörpere eine Kraft, die über die Konventionen des 18. und 19. Jahrhunderts hinausstrebe. Mehr als das Werk jedes anderen Denkers wirkte das seine wie ein Prisma, in dem existentielle Probleme in ihren veränderten Formen und Bedeutungen expressiv erkennbar wurden. Nach der Lektüre dieses Philosophen schrieb Gerhard Hilbert, ein scharfer Beobachter, 1911, Nietzsche sei ein Seismograph des modernen geistigen und intellektuellen Lebens in Europa, ein Tummelplatz und Schlachtfeld, auf dem dessen Spannungen, Konflikte und Möglichkeiten gegeneinander ausgespielt würden.[25] Ein anderer Gefolgsmann Nietzsches schrieb: »Auch, wenn ihr

---

24 Thomas Mann, *Betrachtungen eines Unpolitischen,* in: *Gesammelte Werke,* Bd. 12, Frankfurt a. M.: S. Fischer 1974, S. 25.

25 Gerhard Hilbert, *Moderne Willensziele,* Leipzig: A. Deichert 1911, S. 19. Dies war ein recht verbreitetes Thema, das sich den Neigungen des jeweiligen Kommentators anpassen ließ. So konnte ein christlicher Autor, dem es darum ging, seiner müden Kirche neue Kraft zu verleihen, schreiben, Nietzsches Kampf gegen seine Zeit und deren Christentum sei die Vorwegnahme auch des eigenen Kampfes gewesen, und Nietzsches innere Spannung, unter der sein Geist zersprang, sei ganz die eigene Spannung und die seiner Freunde. Vgl. Theodor Odenwald, *Friedrich Nietzsche und das heutige Christentum,* Gießen: Alfred Töpelmann, 1926, S. 17 und 23. Nietzsche »war eine Erscheinung von ungeheurer, das Europäische resumierender kultureller Fülle und Komplexität«. Thomas Mann, »Nietzsches Philosophie im Lichte unserer Erfahrung« (1947), in: *Gesammelte Werke in dreizehn Bänden,* Bd. 9, Reden und Aufsätze 1, 2. Aufl., Frankfurt a. M.: S. Fischer 1974, S. 675-712, hier: S. 675. In jüngster Zeit hat Ernst Nolte diese Auffassung der Persönlichkeit Nietzsches als eines Kampfplatzes der Tendenzen der Epoche erneut aufgegriffen in seinem Buch *Nietzsche und der Nietzscheanismus,* Frankfurt a. M. und Berlin: Propyläen, 1990.

ihn gar nicht kenntet, nie von seinem Namen gehört hättet, würdet ihr doch ihn kennen, weil ihr selber ein Stück von ihm in euch tragt.«[26]

Diese starke symbolische Überbeanspruchung führte zwangsläufig zu einer politischen Mobilisierung. Selbst diejenigen, die der Meinung waren, jede politische Vereinnahmung Nietzsches stelle einen Mißbrauch und eine Verzerrung seines Denkens dar, hatten Verständnis dafür, daß von der expressiven Macht seiner Schriften eine fast unwiderstehliche Versuchung ausging, eben dies zu tun. Georges Bataille – dieser »reinste« aller Nietzscheaner – erklärte, Nietzsches Denken sei »ein Labyrinth, also das genaue Gegenteil jener *Direktiven*, welche die politischen Systeme heute ihren Anhängern abverlangen.« Doch bedauernd räumte er ein, daß die Lehre des Meisters

> eine unvergleichliche Verführungsgewalt besitzt, eine »Gewalt«, der sich die Politiker zu bedienen versucht sein mußten oder die sie zumindest mit ihren Interessen vereinbaren wollten. Die Lehre Nietzsches »mobilisiert« den Willen und die aggressiven Antriebe; es war daher unausweichlich, daß die herrschenden Mächte diese freigesetzten und ungebundenen Formen des Willens und der Antriebe ihrer jeweiligen Bewegung zu integrieren suchten.[27]

Trotz Nietzsches mehrfach wiederholter Warnung – »Ich *will* keine ›Gläubigen‹, ich denke, ich bin zu boshaft dazu, um an mich selbst zu glauben, ich rede niemals zu Massen [...] Ich habe eine erschreckliche Angst davor, dass man mich eines Tages *heilig* spricht«[28] – erwies sich seine Mythisierung und politische Vereinnahmung als unvermeidlich. In der wirklichen Welt sind nur wenige in der Lage, Zarathustras Warnung zu beachten: »... und erst, wenn ihr mich Alle verleugnet habt, will ich euch wiederkehren.«[29]

Das allein vermag jedoch nicht zu erklären, warum Nietzsche nach 1890 eine so bezwingende Macht gewann. Zu dieser Erklärung ist eine stärkere Fokussierung des historischen Blicks nötig. Nietzsches neu gewonnene Attraktivität ergab sich zunächst aus seiner Bedeutung als Kritiker der wilhelminischen Gesellschaft und als Prophet ihrer Überwindung. Er artikulierte ein wachsendes Unbehagen an der Frömmelei und den Konventionen des wilhelminischen Deutschland. Gegen Ende des Jahrhunderts bot das Kaiserreich einen fruchtbaren Boden, auf dem der Nietzscheanismus gedeihen konnte; denn es erzeugte eine Vielzahl moderner Protest- und Reformbewegungen.[30]

---

26 Albert Kalthoff, *Zarathustrapredigten: Reden über die sittliche Lebensauffassung Friedrich Nietzsches*, Leipzig: Eugen Diederichs, 1904, S. 4.

27 Georges Bataille, »Nietzsche et les fascistes«, in: *Oeuvres complètes*, Bd. 1, Paris: Gallimard 1970, S. 447-465, hier S. 455 und 451.

28 Friedrich Nietzsche, »Warum ich ein Schicksal bin«, *Ecce homo*, in: *Werke*, Bd. VI, 3, a.a.O., S. 363.

29 Friedrich Nietzsche, *Also sprach Zarathustra*, in: *Werke*, Bd. VI, 1, Berlin 1968, S. 97.

30 Vgl. Thomas Nipperdey, »War die wilhelminische Gesellschaft eine Untertanengesellschaft?«, in: *Nachdenken über die deutsche Geschichte*, München: C. H. Beck 1986, S. 178f.

Das hing zusammen mit einer bedeutsamen Veränderung des Denkens und der Verhaltenseinstellungen, die sich in weiten Teilen Europas gegen Ende des 19. Jahrhunderts bemerkbar machte. Nietzsche leistete einen wesentlichen Beitrag zu dieser Veränderung, aber er war auch einer ihrer großen Nutznießer. Die hohe Verbreitung seiner Werke in ganz Europa hing auf äußerst verwickelte Weise mit ihr zusammen. Schon das Auftreten des Nietzscheanismus um die Jahrhundertwende kann in seinen vielfältigen Formen nicht außerhalb dieses umfassenderen Kontexts verstanden werden. Das Erbe Nietzsches war ein wesentlicher Bestandteil der innerhalb dieses Kontexts entfalteten Zivilisationskritik und der mit ihr einhergehenden Suche nach persönlicher, politischer und kultureller Gesundung. Seine Kategorien, seine Sensibilität und seine innere Anspannung nahmen diese postliberale Stimmung in wesentlichen Momenten vorweg und spiegelten sie zugleich auch wider.

Diese Entwicklung am Ende des 19. Jahrhunderts ist lange schon als kulturelle und politische Wasserscheide erkannt worden. Historiker haben diese »Veränderung im Geist der europäischen Öffentlichkeit«[31] unterschiedlich bewertet: als Revolte gegen Positivismus und Materialismus, als den Aufstand einer Generation gegen die liberale Bourgeoisie, als die Epoche der Entdeckung des Unbewußten sowie als das Zeitalter des Irrationalismus und der Neoromantik. Diese Tendenzen waren die Begleiterscheinung einer voll entwickelten Moderne.[32] Deren selbstbewußter, wenn auch schmerzhafter Bruch mit der Vergangenheit, ihre grundlegende Infragestellung etablierter Bindungen, Autoritäten und Traditionen sowie ihr nachdrückliches Plädoyer für eine subjektive und eigenschöpferische Dimension von Sinn gingen offenkundig auf Nietzsche zurück.

In ihrem antipositivistischen, antiliberalen und antibourgeoisen Eifer betonten viele Vertreter dieser Richtung eine jugendliche Dynamik, eine Bewegtheit um ihrer

---

31 Vgl. die entsprechende Kapitelüberschrift in der ausgezeichneten Analyse von George L. Mosse, *The Culture of Western Europe. The Nineteenth and Twentieth Centuries*, 3. Aufl., Boulder und London: Westview Press 1988.

32 Unter den zahlreichen Untersuchungen, die diesen Tendenzen gewidmet sind, vgl. H. Stuart Hughes, *Consciousness and Society: The Reorientation of European Social Thought 1890-1930*, New York: Random House 1958. Kap. 2 trägt den Titel »The Decade of the 1890's: The Revolt against Positivism« und Kap. 4 heißt »The Recovery of the Unconscious«. Vgl. ferner Gerhard Masur, *Prophets of Yesterday. Studies in European Culture 1890-1914*, New York: Harper Colphon 1966. Die systematischste Darstellung dieser Periode als Zeitalter des Irrationalismus findet sich bei Georg Lukács, *Die Zerstörung der Vernunft*, in: *Werke*, Bd. 9, Darmstadt und Neuwied: Luchterhand 1974. Lukács betrachtete Irrationalismus und Modernismus als praktisch identisch und war durchaus nicht bereit, letzterem auch nur im geringsten eine produktive und schöpferische Rolle zuzuweisen. Zu einer einfühlsameren Auffassung des Modernismus und seiner Beziehungen zu den übrigen Strömungen der Zeit vgl. Carl E. Schorske, *Fin-de-Siècle Vienna. Politics and Culture*, New York: Alfred A. Knopf 1980; dt.: *Wien. Geist und Gesellschaft im Fin-de-siècle*, München: Piper 1982, sowie Thomas Nipperdey, »War die wilhelminische Gesellschaft eine Untertanengesellschaft?«, a.a.O., S. 179.

selbst willen und einen zu allem Neuen drängenden Expressivismus anstelle von fixierten und vernunftgegründeten Inhalten. Sie befürworteten eine Sensibilität, die sich eng an das hielt, was Nietzsche 1882 in der *Fröhlichen Wissenschaft* über »Die Explosiven« geschrieben hatte:

> Erwägt man, wie explosionsbedürftig die Kraft junger Männer daliegt, so wundert man sich nicht, sie so unfein und so wenig wählerisch sich für diese oder jene Sache entscheiden zu sehen: Das, was sie reizt, ist der Anblick des Eifers, der um eine Sache ist, und gleichsam der Anblick der brennenden Lunte, - nicht die Sache selber. Die feineren Verführer verstehen sich deshalb darauf, ihnen die Explosion in Aussicht zu stellen und von der Begründung ihrer Sache abzusehen: mit Gründen gewinnt man diese Pulverfässer nicht![33]

Ze'ev Sternhell hat die Auffassung vertreten, daß der Stil und die Themen einer derartigen intellektuellen Revolte »der [faschistischen] Politik der Massen in unserem Jahrhundert den Weg bereitet haben.«[34] Ihre protofaschistische Sensibilität war gewiß das Ergebnis eines umfassenderen Aufruhrs. Doch was Sternhell als »breite theoretische Bewegung« bezeichnet, läßt sich nicht einfach auf seine faschistischen Momente reduzieren. Wie bei Nietzsche trat auch bei ihr ein emanzipatorisches Potential an schöpferischer Kreativität zutage, das eng mit destruktiven und irrationalen Momenten zusammenhing.

Es wäre zweifellos eine Übertreibung, wollte man diesen politischen und kulturellen Aufruhr allein auf die Schriften Nietzsches zurückführen. Stets waren in ihm auch andere Kräfte und Einflüsse am Werk. Doch für die Zeitgenossen wie für spätere Historiker schienen der Hang zu Dissens und Rebellion sowie die Suche nach gesteigerten Erlebnissen, die die Banalität des Alltagslebens hinter sich ließen, ohne Nietzsche undenkbar.

Niemand außer ihm hatte den Glauben an die befruchtende Macht des Mythos deutlicher artikuliert. Die ahnungsvollen Worte des erst Sechsundzwanzigjährigen, die er 1872 in der *Geburt der Tragödie* schrieb, wurden zum Sinnbild einer späteren Generation:

> Ohne Mythus aber geht jede Cultur ihrer gesunden schöpferischen Naturkraft verlustig; erst ein mit Mythen umstellter Horizont schliesst eine ganze Culturbewegung zur Einheit ab. Alle Kräfte der Phantasie und des apollinischen Traumes werden erst durch den Mythus aus ihrem wahllosen Herumschweifen gerettet.[35]

Die elastischen Begriffe und emphatischen Themen Nietzsches ließen sich leicht den verschiedenartigen Interessen anpassen, die in den allgemeinen Aufruhr und in den Wechsel der Lebensverhältnisse um die Jahrhundertwende Eingang fanden.

---

33 Friedrich Nietzsche, *Die fröhliche Wissenschaft*, in: *Werke*, Bd. V, 2, Berlin und New York 1973, S. 80.

34 Ze'ev Sternhell, »Fascist Ideology«, in: Walter Laqueur, *Fascism: A Reader's Guide*, Harmondsworth: Penguin 1988, S. 333f.

35 Friedrich Nietzsche, *Die Geburt der Tragödie*, in: *Werke*, Bd. III, 1, Berlin und New York 1972, S. 141.

Nietzsches Vitalismus war darüber hinaus von grundlegendem Einfluß auf die Mode der Lebensphilosophie nach 1890, die einen Primat der Intuition und des Lebendigen über den sich als unglaubwürdig erweisenden Verstand behauptete.[36] Auch Nietzsche hatte sich mit dem beschäftigt, was später zu einem andauernden Thema des europäischen Fin de siècle werden sollte: die Dekadenz und Degeneration sowie die sie begleitende Suche nach neuen Quellen körperlicher und geistiger Gesundheit. In einer Zeit, die sich in wachsendem Maße für Eugenik interessierte, trafen seine virilen und militanten Vorschriften zur Neubelebung des Lebens auf offene Ohren. Die Vorstellungen von einer höheren, verjüngten Menschheit und von einer authentischeren, wahrhaft lebendigen Kultur bestärkten das obsessive Interesse der Zeit an einem neuen Menschen und an einer neuen Gesellschaft.

Carl Schorske hat die Nachwirkungen dieses neuen Bewußtseins rundheraus als post-nietzscheanische Kultur beschrieben.

> Was wie eine allgegenwärtige Zersplitterung aussah - Nietzsche und Marx nannten es beide ›Dekadenz‹ -, drängte die Kultur in Europa in einen Strudel unablässiger Erneuerung [...] In die unbarmherzige Zentrifuge des Wandels wurden auch die Begriffe gezogen, mit welchen man kulturelle Phänomene im Denken befestigen konnte [...] Die vielen Begriffe, die man geprägt hatte, um jede der Strömungen in der Kultur der Zeit nach Nietzsche zu definieren oder zu beherrschen - Irrationalismus, Subjektivismus, Abstraktion, Angst, Technologie -, besaßen weder die äußerliche Eigenschaft, sich zur Verallgemeinerung zu eignen, noch erlaubten sie irgendeine überzeugende dialektische Integration in den geschichtlichen Prozeß, wie man ihn früher verstanden hatte. Jede Suche nach einem einleuchtenden Gegenstück fürs 20. Jahrhundert zu so allgemeinen, aber heuristisch unerläßlichen Begriffen wie ›Aufklärung‹ schien verurteilt zum Scheitern an der Verschiedenartigkeit der kulturellen Substanz, die es decken sollte.[37]

Obwohl die Nietzscheaner und der Nietzscheanismus ein außerordentlich vielgestaltiges Erscheinungsbild geboten haben, sollen im vorliegenden Buch als Nietzscheaner vorab all diejenigen gelten, die sich in beträchtlichem Umfang von Nietzsche beeinflußt sahen und diesem Einfluß konkret oder institutionell Ausdruck zu verleihen suchten. Der Nietzscheanismus stellte niemals eine Bewegung dar, die auf einen bestimmten Einzugsbereich oder eine politische Ideologie zu reduzieren gewesen wäre. Er war vielmehr eine lockere Verbindung von Leuten, die an unterschiedliche gesellschaftliche Mileus, politische Bewegungen und kulturelle oder ideologische Programme gebunden waren.

---

36 Georg Simmel war der berühmteste Vertreter dieser Philosophie. Im vierten Kapitel von Lukács' *Die Zerstörung der Vernunft* findet sich eine außerordentlich kritische Darstellung sowohl Simmels wie der Lebensphilosophie. Vgl. ferner Max Scheler »Versuche einer Philosophie des Lebens« in: *Die weißen Blätter* 1 (1913/14) S. 203-233 sowie Heinrich Rickert, *Die Philosophie des Lebens: Darstellung und Kritik der philosophischen Modeströmungen unserer Zeit*, 2. Aufl., Tübingen: J.C.B. Mohr 1922, S. 17ff.

37 Carl E. Schorske, *Fin-de-Siècle Vienna. Politics and Culture*, a.a.O., S. XIX; dt.: *Wien. Geist und Gesellschaft im Fin-de-siècle*, a.a.O., S. IX.

Die Unabgeschlossenheit des Nietzscheanismus war nicht notwendig eine Schwäche, sondern eher eine Stärke. Sie ergab sich gerade aus dem Umstand, daß es sich bei ihm um keine eindeutig umrissene Ideologie handelte, die durch einen zentralen politischen Apparat unterstützt worden wäre. Weil er diffus und nicht organisiert war, konnte der Nietzscheanismus eine proteusartige Macht entfalten. Er bedurfte keiner formellen Verpflichtung auf eine Satzung und besaß kein autoritatives Dogma. Daß er selektiven Einfluß auszuüben vermochte und durch unterschiedlichste ideologische wie politische Konstrukte umgestaltet werden konnte, erleichterte seinen Einzug in erstaunlich viele und verschiedenartige Institutionen. In der Praxis operierte er nicht als selbständige Einheit oder als fixierte Ideologie, sondern infiltrierte mit der Sensibilität seiner Ideen selektiv andere Lebenszusammenhänge und Systeme.

Gewiß gab es den Versuch, dem Nietzscheanismus eine offizielle Heimstätte zu verschaffen: das Nietzsche-Archiv unter der Leitung seiner Schwester, Elisabeth Förster-Nietzsche. Obwohl diese nach außen hin umstrittene und auch von internen Querelen keineswegs freie Institution bei der Schaffung und Tradierung von Nietzsches Erbe eine Rolle spielte, wurde sie nie zu einem autoritativen oder Normen setzenden Zentrum. Wenn der Nietzscheanismus zu einer gesellschaftlichen und politischen Kraft heranwuchs, so geschah dies, indem er von anderer Seite und durchaus unabhängig von dieser angeblich offiziösen Institution vereinnahmt wurde.

Er gedieh in eklektischen und synkretistischen Kontexten. Weil er sich in bereits vorhandenen Strukturen einzunisten vermochte, war er weder eigenständig noch autonom. Er erfüllte jedoch eine ganze Reihe entscheidender Funktionen, indem er inspirierend, gärend, katalysierend oder abschreckend wirkte.

Der Nietzscheanismus gelangte mithin zu öffentlicher Wirksamkeit in dem Maße, in dem er durch andere Kräfte und Ideologien strukturiert und vermittelt wurde. Es gab in ihm keinen nackten Nihilismus, keine reine Dynamik, sondern er wurde stets durch andere Theorien eingerahmt, sozusagen fallweise übernommen. Die Thematik Nietzsches mußte dabei tendenziös verankert oder domestiziert werden. Entsprechend nationalisiert (sozialisiert oder protestantisch zugerichtet) konnte sie für Ziele vereinnahmt werden, die ihre Radikalität entweder zähmten oder nur selektiv freisetzten.

Wie ging eine derart fallweise Anverwandlung vor sich? Obwohl sich in den Schriften Nietzsches immer wieder Hinweise finden ließen, die solchen Annexionen einen Anschein von Plausibilität verliehen, war doch klar, daß sein Werk keiner der in seinem Namen betriebenen Anverwandlungen voll und ganz entsprach. Alle, die sich auf es beriefen, mußten erklären, warum Nietzsche mit der von ihnen favorisierten Position übereinstimmen, ja ihr glühendster Anhänger sein sollte, obwohl er ihr doch offenkundig widersprach, ja feindselig gegenüberstand. Unter den jeweiligen Vorgaben wurde Nietzsches Werk selektiv so lange gefiltert, bis die erwünschten Elemente in ihm hervortraten und die störenden entfernt oder in ihrer Bedeutung heruntergespielt waren. Signifikant waren die Bemühungen, den wirklichen oder zutiefst deutschen (bzw. christlichen oder sozialistischen) Nietzsche von dem nur scheinbaren zu unterscheiden. Unablässig wurde sein Werk dekodiert und rekodiert, wurden »korrekte« Lesarten hergestellt, die die angeblich zugrundeliegenden (in Wirklichkeit nur erwünschten) »authentischen« Botschaften und Bedeutungen zutage treten ließen.

Das vorliegende Buch handelt also von den ebenso engen wie wechselhaften Beziehungen zwischen einem Autor und der deutschen Kultur wie Politik. Es handelt zugleich von den komplexen Zusammenhängen zwischen Irrationalismus und Moderne sowie von Nietzsches faktischer Mitschuld an beiden. Ich vertrete in ihm die These, daß diese zwei Einstellungen, die für den Geist des 20. Jahrhunderts so zentrale Bedeutung besitzen, niemals einfach nur destruktiv und reaktionär oder emanzipatorisch und progressiv gewesen sind. Die Gefahren und Chancen beider waren kaum je eindeutig voneinander zu trennen. Deutschlands führender Irrationalist, der unverbesserliche Nietzscheaner Gottfried Benn, faßte dies 1933 in seiner Abrechnung mit den literarischen Emigranten in die Bemerkung zusammen: »Irrational heißt schöpfungsnah und schöpfungsfähig.«[38]

Dieses besondere Bewußtsein vom Schöpferischen als radikal diesseitiger und experimenteller Freiheit geht auf Nietzsche zurück. Er wurde schon bald zur Symbolfigur nach-christlicher, postrationalistischer, nihilistischer Diskurse und der sich aus ihnen ergebenden, zutiefst destruktiven und libertären Möglichkeiten. Die Rezeption seines Werks war zwar in ihrem gesamten Verlauf durch dessen Eignung zur symbolischen Verkörperung grundlegender Probleme bestimmt. Gewiß aber trat diese Eignung in jenen stürmischen Jahren vor dem Ersten Weltkrieg besonders klar hervor, in denen die Auseinandersetzung um Nietzsche in Deutschland begann. In diesen Jahren spitzte sich die Entscheidung darüber zu, ob Nietzsche aus der deutschen Kultur verbannt oder in sie aufgenommen werden sollte. Und diese Auseinandersetzung bot die Bühne für Nietzsches schicksalhaften Auftritt in der deutschen Geschichte.

38 Gottfried Benn »Antwort an die literarischen Emigranten« in: *Autobiographische und vermischte Schriften*, in: *Gesammelte Werke*, hg. Dieter Wellershoff, Bd. 4, Wiesbaden und München: Limes-Verlag 1977, S. 242.

KAPITEL 2

# Deutschland und der Kampf um Nietzsche, 1890-1914

*Der name nietzsche ist der höchste begriff*
*des deutschen namens das heiligtum des deutschen*
*geistes und die schuld und das böse gewissen*
*aller deutschen menschen.*

Rudolf Pannwitz, *Einführung in Nietzsche*

*Und das ist gerade der Fall Nietzsches:*
*er ist unverkennbar von Geburt an wahnsinnig*
*und seine Bücher tragen auf jeder Seite den Stempel*
*des Wahnsinns* [...] *es ist eine peinliche, doch nicht zu*
*umgehende Pflicht, immer wieder auf sie hinzuweisen,*
*da Nietzsche der Urheber einer geistigen Seuche geworden ist,*
*deren Verbreitung zu hemmen man nur hoffen kann,*
*wenn man den Wahnsinn Nietzsches selbst ins hellste Licht stellt*
*und seine Jünger gleichfalls mit dem Brande zeichnet,*
*der ihnen gebührt: nämlich als Hysteriker und Schwachköpfe.*

Max Nordau, *Entartung*

Friedrich Nietzsches explosionsartiger Erfolg im politischen und kulturellen Leben Deutschlands stellte sich ironischerweise gerade in der Zeit seiner geistigen Erkrankung ein. Erst seit den neunziger Jahren des 19. Jahrhunderts erreichte er hierzulande ein größeres Publikum. Das soll nicht heißen, Nietzsche sei zuvor ganz ohne Einfluß gewesen. William McGrath hat gezeigt, daß beispielsweise Mitglieder des Pernerstorfer-Kreises in Österreich - dem Personen wie Gustav Mahler und Viktor Adler angehörten, die es später zu großer Berühmtheit brachten - bereits 1875-1878 von Nietzsche begeistert waren. Sie fanden sich durch ihn in ihrer Kritik der zeitgenössischen Gesellschaft in wesentlichen Punkten ebenso bestätigt wie in ihrer Unzufriedenheit mit dem Liberalismus und in ihrer Suche nach einer alternativen, dionysischen Politik und nach totaler Kultur.[1] Bei ihnen aber

1 William McGrath, *Dionysian Art and Populist Politics in Austria,* New Haven, Conn., und London: Yale University Press 1974.

handelte es sich um Österreicher. Auch die berühmten Vorlesungen von Georg Brandes aus dem Jahr 1888 über Nietzsches »aristokratischen Radikalismus« wurden nicht in Deutschland gehalten, sondern in Kopenhagen.[2] Nietzsche schrieb noch 1888: »In Wien, in St. Petersburg, in Stockholm, in Kopenhagen, in Paris und New-York - überall bin ich entdeckt: ich bin es *nicht* in Europas Flachland Deutschland«.[3]

Doch das stimmte nicht ganz. Denn schon vor 1890 übte er eine Art unterirdischen Einfluß auch in Deutschland auf einzelne Leser, auf obskure Zirkel (wie den 1886 gegründeten Leipziger »Genie-Klub«[4]) sowie auf eine Reihe radikaler Randgruppen aus.

> Ein komisches Faktum, das mir mehr und mehr zum Bewußtsein gebracht wird. Ich habe nachgerade einen ›Einfluß‹, sehr unterirdisch, wie sich von selbst versteht. Bei allen radikalen Parteien (Socialisten, Nihilisten, Antisemiten, christl(ichen) Orthodoxen, Wagnerianern) genieße ich eines wunderlichen und fast mysteriösen Ansehens.[5]

Erst nach dieser Zeit jedoch war Nietzsches Werk in relevantem Umfang in Deutschland präsent.[6] Es gewann Geltung in wichtigen Bereichen des Lebens und Denkens, indem es politische Einstellungen und Phantasien ebenso vielfältig wie widersprüchlich beeinflußte.

Doch Nietzsches Einfluß rief immer auch wortreichen Widerspruch hervor. Selbst diejenigen, die ihm gewogen waren, stritten um die Bedeutung seiner Lehre und um die Richtung, die sie einschlagen sollte. Das zeigt ganz einfach, daß buchstäblich alle an der literarischen Öffentlichkeit Interessierten sich während der neunziger Jahre einer Konfrontation mit Nietzsche - mit dem Mann, mit seinem Bild und seinem Werk - stellen mußten. In der einen oder anderen Weise gehörte er von da ab zum kulturellen Leben in Deutschland.

---

2 Georg Brandes »Aristokratischer Radikalismus: Eine Abhandlung über Friedrich Nietzsche« erschien auf deutsch zuerst 1890 in: *Deutsche Rundschau* 63, Nr. 7 (April 1890) S. 52-89.

3 Friedrich Nietzsche »Warum ich so gute Bücher schreibe«, *Ecce homo*, in: *Werke*, Bd. VI, 3, a.a.O., S. 299.

4 Zu seinen Mitgliedern gehörten Leute, die später in der Nietzsche-Rezeption eine recht unterschiedliche Rolle spielen sollten, darunter auch Bruno Wille und Arno Holz. Letzterer schrieb die satirische Komödie *Sozialaristokraten*, in der er Willes individualistischen, elitären Nietzscheanismus parodierte. Mitglieder waren ferner Gerhart Hauptmann und Wilhelm Bölsche, vgl. Robert Weber, *Geschichte des klassisch-philologischen Vereines zu Leipzig von 1865-1890*, Leipzig: G. Kreysing 1890; vgl. ferner Richard Frank Krummel, *Nietzsche und der deutsche Geist*, Bd. 1, a.a.O., S. 91.

5 Friedrich Nietzsche, Brief an Overbeck vom 24. März 1887, in: *Briefwechsel, Kritische Gesamtausgabe*, hrsg. G. Colli und M. Montinari, Bd. III, 5 (1887-1889), Berlin und New York 1984, S. 48. Die Stelle wird zitiert bei Karl Löwith, *Von Hegel zu Nietzsche. Der revolutionäre Bruch im Denken des 19. Jahrhunderts*, in: Sämtliche Schriften, Bd. 4, Stuttgart: J.B. Metzler 1988, S. 245, Anm. 59.

6 In den beiden Bänden von Richard Frank Krummel, *Nietzsche und der deutsche Geist*, a.a.O., erstrecken sich die Einträge für den Zeitraum von zweiundzwanzig Jahren bis 1889 über nur 79 Seiten, die der neunziger Jahre dagegen über 192 Seiten!

Zunächst aber war seine Attraktion eindeutig international. Da seine Schriften dem Lebensgefühl des Fin de siècle entsprachen, wirkten sie über geographische Grenzen hinweg. Vor allem aber wirkten sie in Deutschland. Ihre vielfältigen Erscheinungsformen wurden besonders hier unablässig gegeneinander ausgespielt. In seinen positiven wie negativen Deutungen nahm Nietzsche in der individuellen Selbstdefinition einzelner wie im kollektiven Selbstbild der Deutschen einen wichtigen Platz ein. Sowohl als Held wie als Häretiker wurde er zum Gegenstand einer zuweilen fast obsessiv geführten nationalen Debatte.

Ein auch nur flüchtiger Blick in Krummels Buch *Nietzsche und der deutsche Geist*, eine enzyklopädische Zusammenstellung der Rezeption dieses Autors vor 1918, zeigt, daß - zumindest für Intellektuelle - in jenen Jahren eine Beschäftigung mit Nietzsche praktisch unerläßlich war. So schrieb etwa der fünfundzwanzigjährige Sozialist Kurt Eisner 1892:

> Das ›Problem Nietzsche‹ wird für jeden, dem es sich bietet, zum Erlebnis. Man wird das Problem nur bewältigen können, wenn jeder sein persönliches Verhältnis zu ihm, seine Gefühle und Gedanken, seine Vermutungen und Ahnungen, welche das ›Problem Nietzsche‹ erzeugt, darzustellen versucht.[7]

Außer in intellektuellen Zirkeln konzentrierte sich Nietzsches Leserschaft in der gebildeten Mittelschicht. Die Gedenkfeiern und Nietzsche-Abende - gesellige Zusammenkünfte mit Hausmusik und Rezitation von Texten - folgten dem klassischen Muster der bürgerlichen Salonkultur und des Vereinslebens, die bis ins 18. Jahrhundert zurückreichen.[8]

Doch die Beschäftigung mit Nietzsche blieb keineswegs auf diesen Teil der Bevölkerung beschränkt. Gelegentlich grübelten verblüfft auch Aristokraten und Patrizier über seinen Werken, die sie dann allerdings meist ablehnten. Und die gebildeteren Mitglieder der deutschen Arbeiterklasse kannten seinen Namen und waren mit seinem Denken zumindest in Umrissen vertraut.[9]

Obwohl Nietzsche nicht nur in Deutschland leidenschaftlich gelesen wurde, waren seine Schriften aus allzu offensichtlichen Gründen hierzulande besonders umstritten. Sie verdankten ihren Zauber nicht zuletzt der poetischen Schönheit und prägenden Macht ihrer Sprache. Als Philosoph war Nietzsche (auch seiner Herkunft nach) ein deutscher Denker, der sich mit Problemen befaßte, die weithin als deutsche galten. Seine Widersacher hielten das für besonders verhängnisvoll und gaben sich alle Mühe, sein Deutschtum herunterzuspielen. Sie verwiesen auf seine

---

7 Kurt Eisner, »Friedrich Nietzsche und die Apostel der Zukunft. Beiträge zur modernen Psychopathia Spiritualis« in: *Die Gesellschaft. Monatsschrift für Litteratur, Kunst und Sozialpolitik* (1891) S. 1509; gesondert publiziert unter demselben Titel, Leipzig: Wilhelm Friedrich 1892, S. 9.

8 Hubert A. Cancik »Der Nietzsche-Kult in Weimar (II)« in: Peter Antes und Donate Pahnke (hrsg.), *Die Religion von Oberschichten: Religion, Profession, Intellektualismus*, Marburg: Diagonal 1989, S. 89, 110f.. Für diesen Hinweis danke ich Guy Strumsa.

9 Vgl. Adolf Levenstein, *Friedrich Nietzsche im Urteil der Arbeiterklasse*, Leipzig: F. Meiner 1914.

»slawische« Art zu denken sowie auf seine polnische oder gar »mongolische« Abstammung, um sein Renommee in Frage zu stellen und ihn aus dem Pantheon deutschen Geistes zu verbannen.[10]

Dennoch machten seit den neunziger Jahren verschiedene Gruppen aus Nietzsches Deutschtum sowie aus der Beziehung des Philosophen zu Deutschland so etwas wie eine Ideologie. Erstaunlich viele enthusiastische Leser betrachteten ihre Begegnung mit Nietzsche als eine Art Sondererlebnis, von dem sie behaupteten, es basiere allein auf deutschem Denken und Fühlen. Sie vertraten die Auffassung, dieses Deutschtum sei eine ontologische Voraussetzung zum wahren Verständnis Nietzsches. Nur in der deutschen Sprache seien seine Werke zu erfassen. Der *Zarathustra*, so meinte Heinrich Rickert, sei buchstäblich unübersetzbar.[11] Nietzsche wurde sowohl als Symptom wie als kritischer Deuter nationalen Seins und Wesens aufgefaßt; die Odyssee seines Lebens und Deutschlands Schicksal begriff man als überaus eng miteinander verbunden. Spengler schilderte den besonderen Sinn dieser Verbindung folgendermaßen:

In der Erfülltheit des Goetheschen Lebens liegt auch, daß es etwas *abschloß*. Unzählige Deutsche werden Goethe verehren, mit ihm leben, sich an ihm aufrichten, aber er wird sie nicht verwandeln. Die Wirkung Nietzsches ist verwandelnd, weil die Melodie seines Schauens in ihm selbst nicht zu Ende kam. Romantisches Denken ist unendlich, in der Form zuweilen, im Gedanken nie abschließend. Es ergreift immer neue Gebiete, verzehrt sie oder schmilzt sie um. Seine Art zu sehen geht zu Freunden und Feinden weiter und von ihnen zu immer neuen Nachfolgern oder Gegnern, und auch wenn eines Tages niemand mehr die Werke liest, wird dieser Blick dauern und schöpferisch sein. Nietzsches Werk ist kein Stück Vergangenheit, das man genießt, sondern eine Aufgabe, die dienstbar macht. Sie hängt heute weder von seinen Schriften noch von deren Stoffen ab, und eben deshalb ist sie eine deutsche Schicksalsfrage. Wenn wir nicht *handeln* lernen, wie es die wirkliche Geschichte meint, mitten in einer Zeit, die weltfremde Ideale nicht duldet und an ihren Urhebern rächt, in der das harte Tun, das Nietzsche auf den Namen Cesare Borgias getauft hat, allein Geltung besitzt, in der die Moral der Ideologen und Weltverbesserer noch rücksichtsloser als sonst auf ein überflüssiges Reden und Schreiben beschränkt wird, dann werden wir als Volk aufhören zu sein. Ohne eine Lebensweisheit, die in schlimmen Lagen nicht tröstet, sondern *heraushilft*, können wir nicht leben, und diese Weisheit taucht in ihrer Härte innerhalb des deutschen Denkens zum ersten Male bei Nietzsche auf [...] Er hat dem geschichtshungrigsten Volke der Welt die Geschichte gezeigt, wie sie ist. Sein Vermächtnis ist die Aufgabe, die Geschichte so zu leben.[12]

---

10 Vgl. Theodor Fritsch »Nietzsche und die Jugend« in: *Hammer: Blätter für deutschen Sinn* 10, Nr. 29 (März 1911) S. 115. Zu der in der Weimarer Zeit immer wieder hervorgehobenen polnischen Abstammung Nietzsches vgl. Karl Kynast »Der Fall Nietzsche im Lichte rassenkundlicher Betrachtung« in: *Die Sonne* 2 (1925) S. 533-540, 722-728. Auf diese Abstammung wurde auch während des Dritten Reiches immer wieder, insbesondere von christlichen Gegnern Nietzsches, verwiesen, die ihn so zu diskreditieren suchten. Vgl. Hans Goebel, *Nietzsche heute: Lebensfragen des deutschen Volkstums und der evangelischen Kirche*, Berlin: Kranz 1935, S. 19.

11 Vgl. Heinrich Rickert, *Die Philosophie des Lebens*, zit nach Richard Frank Krummel, *Nietzsche und der deutsche Geist*, Bd. 1, a.a.O., S. 414.

12 Oswald Spengler »Nietzsche und sein Jahrhundert« (Rede, gehalten am 15. Oktober 1924, dem 80. Geburtstage Nietzsches, im Nietzsche-Archiv zu Weimar) in: *Reden und Aufsätze*, München: C.H. Beck 1937, S. 110-124, hier: S. 123f.

Spenglers Bemerkungen aus dem Jahr 1924 standen bereits im Kontext der politischen Polarisierung der Weimarer Republik, in der sich die radikale Rechte schon ein entsprechend nationalisiertes Bild Nietzsches zurechtgelegt hatte.[13] Doch die Betonung von Nietzsches Deutschtum blieb keineswegs auf diese Kreise beschränkt. Es gab daneben viele, die aufgrund einer anderen politischen Orientierung das Deutschtum des Philosophen als wichtig betrachteten, aber ihm eine Bedeutung verliehen, die weit entfernt blieb von der Politik eines brutalisierten Willens zur Macht.[14] Allen gemeinsam war die Überzeugung, Nietzsche sei eine wesentlich deutsche Erscheinung. Diese Überzeugung ließ sich, wir wir sehen werden, in eine Vielzahl politischer Haltungen integrieren.

Angesichts von Nietzsches zahlreichen antideutschen Äußerungen bedurfte diese Überzeugung besonderer kasuistischer Rechtfertigungen. Der einigermaßen exzentrische Rudolf Pannwitz, ein Anhänger Stefan Georges, brachte eine solche Rechtfertigung mit dem für ihn typischen Paradox zum Ausdruck, Nietzsche sei zwar im wesentlichen kein Deutscher, doch sein Leben und Schaffen stehe nur deutschem Erleben offen.[15] Zahllose Interpreten behaupteten, gerade in seiner Kritik am Deutschtum und den Deutschen sowie in seiner europäischen Orientierung sei Nietzsche voll und ganz deutsch! Thomas Mann schrieb 1918 über ihn: »Die seelischen Voraussetzungen und Ursprünge [...] der ethischen Tragödie seines Lebens, dieses unsterblichen europäischen Schauspiels von Selbstüberwindung, Selbstzüchtigung, Selbstkreuzigung mit dem geistigen Opfertode als herz- und hirnzerreißendem Abschluß, – wo anders sind sie zu finden, als in dem Protestantismus des Naumburger Pastorensohns, als in jener nordisch deutschen, bürgerlich-dürerisch-moralistischen Sphäre.«[16]

Karl Löwith, ein scharfsinniger Teilnehmer an der Debatte um Nietzsche, behauptete, Nicht-Deutsche könnten die Bindung Nietzsches an Deutschland nicht begreifen. Nur durch diese Affinität, so meinte er, sei der fast grenzenlose Einfluß dieses Denkers zu erklären. »Ohne diesen letzten deutschen Philosophen läßt sich die

---

13 Vgl. als ein Beispiel dieser Vereinnahmung Nietzsches Franz Haiser, *Die Judenfrage vom Standpunkt der Herrenmoral: Rechtsvölkische und linksvölkische Weltanschauung*, Leipzig: T. Weicher 1926. Haiser stellt auf S. 92 fest, daß zwar nur Deutsche in der Lage seien, Nietzsche voll und ganz zu erfassen, daß aber auch sie erst den Philister in sich selbst überwinden müßten.

14 So war beispielsweise der gebildete Nietzscheaner Harry Graf Kessler entsetzt über Spenglers wiederkäuenden Vortrag, aus dem ich oben zitiert habe: »Ein dicker Pfaffe mit einem fetten Kinn und brutalem Mund (ich sah Spengler zum ersten Mal) trug eine Stunde lang das abgedroschenste, trivialste Zeug vor. Ein junger Arbeiter in einem Arbeiterbildungsverein, der sich bemüht hätte, seine Kollegen mit Nietzsches Weltanschauung bekannt zu machen, hätte es besser gemacht. Nicht *ein* eigener Gedanke. Nicht einmal *falsche* Diamanten. Alles einförmig seicht, glanzlos, platt, langweilig.« Harry Graf Kessler. *Tagebücher 1918-1937*, Frankfurt a.M.: Insel 1961, S. 545.

15 Vgl. Rudolf Pannwitz, *Einführung in Nietzsche,* München-Feldafing: Hans Carl 1920, S. 1.

16 Thomas Mann, *Betrachtungen eines Unpolitischen,* in: *Gesammelte Werke*, Bd. 14, Frankfurt a.M.: Fischer 1983, S. 146.

deutsche Entwicklung gar nicht verstehen [...] Er ist wie Luther ein spezifisch deutsches Ereignis, radikal und verhängnisvoll.«[17]

Auch Nietzsches Herkunft aus dem Protestantismus und seine Bedeutung für dessen Säkularisation wurden in der Debatte um sein Werk aufgegriffen. Der Gedanke, daß es sich bei ihm um eine im wesentlichen nach-protestantische Erscheinung handelte, um ein kollektives Krisensymptom und um den Bruch mit einer religiösen Tradition, war weit verbreitet. C. G. Jung, wie Nietzsche ein Pastorensohn, vertrat 1936 die Ansicht, daß Nietzsche diejenigen nicht berühre,

> die das Hohe Lied der Gemeinschaft singen und sich um ihn nicht meinen kümmern zu müssen – also die kläglichen Reste des Katholizismus. Sie haben sich nicht zum Protestantismus fortentwickelt, sondern sind historische Relikte der alten christlichen Kirche geblieben. Doch wenn sie sich als Protestanten weiterentwickeln, werden sie unausweichlich auf das ungeheuere Problem stoßen, auf das Nietzsche gestoßen ist, nämlich auf die Idee des Übermenschen, also auf die Idee dessen, was im Menschen die Stelle jenes Gottes einnimmt, der bisher Geltung besessen hat.[18]

Nietzsches ganze Weltsicht, so behauptete Jung mit Nachdruck, war das unmittelbare Ergebnis der protestantischen Auffassung von radikaler Verantwortlichkeit, des außerordentlichen Glaubens an die eigenen Fähigkeiten und an die moralische Aufgabe einer höheren Selbsterschaffung.[19]

Wie man die besondere Intensität der Debatte um Nietzsche auch immer erklären mag, in den neunziger Jahren wurde seine Bedeutung von seinen Gegnern wie von seinen Gefolgsleuten in gleicher Weise anerkannt. In dieser Zeit fielen der Kampf um Nietzsche und die Auseinandersetzung um sein Erbe zusammen. Und ebenfalls in diesem Jahrzehnt begann der sogenannte »Nietzsche-Kult«, bei dem es sich in Wirklichkeit um eine ganze Reihe von Kulten handelte, die zu einer Verschärfung der Polemiken beitrugen.

Nietzsche fand seine ersten ausdrücklichen Anhänger bei der Jugend und bei der Avantgarde der neunziger Jahre. Seine Attraktivität hing eindeutig mit den Lebensverhältnissen im Kaiserreich, also mit dessen von vielen wahrgenommener geistiger und politischer Mediokrität zusammen. Nietzsche, so schrieb ein Beobachter, legte die mangelnde Authentizität der bürgerlichen Gesellschaft bloß und wurde zugleich ihr Opfer.[20]

---

17 Karl Löwith, *Mein Leben in Deutschland vor und nach 1933: Ein Bericht*, Stuttgart: J. B. Metzler 1986, S. 6.

18 C. G. Jung, *Nietzsche's Zarathustra: Notes of the Seminar Given in 1934-1939*, Bd. 2, a.a.O., S. 909f. Jung wurde schon früh und entschieden von Nietzsche beeinflußt: »Sehen Sie, ich war noch ein Junge, als er Professor an der Universität war. Ihn selbst sah ich nie, wohl aber recht oft seinen Freund Jacob Burckhardt und auch Bachofen. Wir waren also nicht durch kosmische Entfernung voneinander getrennt. Nietzsche übte auf mich einen der frühesten Einflüsse aus. Seine Gedanken waren damals ganz neu und mir ganz nah.« Bd. 1, a.a.O., S. 301.

19 Vgl. C.G. Jung, *Nietzsche's Zarathustra: Notes of the Seminar Given in 1934-1939*, Bd. 2, a.a.O., S. 920ff.

20 Kurt Hildebrandt, »Nietzsche als Richter. Sein Schicksal«, in: Ernst Gundolf und Kurt Hildebrandt, *Nietzsche als Richter unserer Zeit*, Breslau: Ferdinand Hirt 1923, S. 65-104, hier: S. 97.

In seinen frühen Arbeiten *Die Geburt der Tragödie* und *Unzeitgemäße Betrachtungen*[21] stellte er das Instrumentarium einer scharfen und vorausschauenden Kritik bereit, die diese Gesellschaft anklagte und zugleich Richtlinien zur Überwindung ihrer Dekadenz anbot. Harry Graf Kessler faßte zusammen, wie die Angehörigen seiner Generation Nietzsche wahrnahmen:

In uns entstand ein geheimer Messianismus. Die Wüste, die zu jedem Messias gehört, war in unseren Herzen; und plötzlich erschien über ihr wie ein Meteor Nietzsche [...] Die Art, wie Nietzsche uns beeinflußte, oder richtiger gesagt in Besitz nahm, ließ sich mit der Wirkung keines andern zeitgenössischen Denkers oder Dichters vergleichen. Er sprach nicht bloß zu Verstand und Phantasie. Seine Wirkung war umfassender, tiefer und geheimnisvoller. Sein immer stärker anschwellender Widerhall bedeutete den Einbruch einer Mystik in die rationalisierte und mechanisierte Zeit. Er spannte zwischen uns und dem Abgrund der Wirklichkeit den Schleier des Heroismus. Wir wurden durch ihn aus dieser eisigen Epoche wie fortgezaubert und entrückt.[22]

Trotz ihrer Meinungsunterschiede war den meisten, die Nietzsche früh rezipierten, bewußt, daß er eine Schlüsselfigur der Jahrhundertwende war. Wenn Nietzsche neue Kriterien für eine moderne Ethik geliefert hatte, so schrieb Georg Simmel 1896, so war dies nichts weniger als »eine kopernikanische That«.[23] Anläßlich von Nietzsches Tod im Jahr 1900 wurde die Rhetorik noch überschwenglicher. In seinem Nachruf formulierte der Historiker Kurt Breysig wie folgt: Nietzsche sei ein Führer zu einer neuen Zukunft der Menschheit gewesen, ein Mann, der seiner Bedeutung nach nur mit Buddha, Zarathustra und Jesus Christus zu vergleichen sei. Diese Männer erfaßten mit ihren Visionen ganze Nationen, und ihre Wirkungen seien nur in Äonen zu ermessen.[24]

Unter Nietzsches Freunden und Feinden wuchs die Überzeugung, daß dieser Autor mit seinen kritischen und prophetischen Visionen zuvor unsichtbare und unüberwindbare Schranken durchbrochen hatte. Mit der Veröffentlichung des *Willens zur Macht* im Jahr 1901 wurde diese Überzeugung noch bestärkt. »Was ich erzähle«, so schrieb Nietzsche in der Vorrede,

ist die Geschichte der nächsten zwei Jahrhunderte [...] als ein Wage- und - Versucher-Geist, der sich schon in jedes Labyrinth der Zukunft einmal verirrt hat; als ein Wahrsagevogel-Geist, der *zurückblickt*, wenn er erzählt, was kommen wird; als der erste vollkommene Nihilist Europas, der aber den Nihilismus selbst schon in sich zu Ende gelebt hat, - der ihn hinter sich, unter sich, außer sich hat.[25]

---

21 Die in den *Unzeitgemäßen Betrachtungen* 1893 publizierten Arbeiten waren alle schon lange vorher erschienen: »David Strauss. Der Bekenner und der Schriftsteller« und »Vom Nutzen und Nachteil der Historie für das Leben« 1873, »Schopenhauer als Erzieher« 1874 sowie »Richard Wagner in Bayreuth« 1876.

22 Harry Graf Kessler, *Gesichter und Zeiten: Erinnerungen*, Berlin: S. Fischer 1962, S. 229. 243.

23 Georg Simmel »Friedrich Nietzsche: Eine moralphilosophische Silhouette« in: *Zeitschrift für Philosophie und philosophische Kritik* 2 (1896) S. 202-215.

24 Kurt Breysig »Gedenkrede an Friedrich Nietzsches Bahre« in: *Die Zukunft* 32 (8. September 1900) S. 413f. Wir werden später sehen, daß und wie Nietzsche durch seinen Tod zu einem Mythos wurde.

25 Friedrich Nietzsche, *Nachgelassene Fragmente November 1887-März 1888*, in: *Werke*, Bd. VIII, 2, Berlin 1970, S. 431f.

Nietzsches Schriften sprachen zuvor tabuisierte und unerforschte Schichten des Erlebens und der Erfahrung an.[26] Selbst diejenigen, die ihn als notorischen Reaktionär betrachteten, mußten dem Umstand Rechnung tragen, daß der Philosoph seine Gedanken in außerordentlich moderner und experimenteller Form vorbrachte.[27]

Extrem wie die Tonlage von Nietzsches Schriften war auch die der Äußerungen vieler Nietzscheaner. Anhänger wie Gegner bemerkten die subversive Qualität seines Denkens und die Herausforderung, die er für den Zusammenhalt einer respektablen Gesellschaftsordnung darstellte. Was sonst folgte aus der Kritik des Christentums, ja der Moral selbst, aus der Umwertung aller Werte und dem Zusammenstoß von Konvention und schöpferischer Freiheit? Diese offenkundigen Extreme veranlaßten seine Anhänger, sich einer mythischen, typischerweise entweder heroisch-prophetischen oder dämonisch-pathologischen Sprache zu bedienen. Die Zeitgenossen waren sich dieser Tendenzen durchaus bewußt. Bereits 1905 klagte ein Kritiker, die Verehrer wie die Verächter Nietzsches beschrieben den Philosophen in nahezu übermenschlichen Begriffen, als ob er entweder ein strahlender Meteor am Himmel oder ein blutdürstiger Wolf aus den Wäldern sei.[28]

Fast von Beginn an übernahm der Diskurs der Nietzscheaner weiterreichende symbolische Funktionen, denn er gab sowohl die Hoffnungen wie die Ängste einer sich wandelnden Zeit wieder. Nietzsche, so schrieb ein Beobachter, war wegen seiner außerordentlich modernen Sensibilität der Modephilosoph der Epoche. Seine empfindsame Seele reflektiere »die guten wie die bösen Geister unserer Zeit«, und in seiner funkelnden Sprache drücke er aus, »was andere nur dunkel ahnen.«[29]

Versuche, die Person und das Denken Nietzsches mit der Aura übernatürlicher Macht zu umgeben, kennzeichnen die Nietzsche-Rezeption von den neunziger Jahren des 19. Jahrhunderts bis heute.[30] Die Wirkung Nietzsches wurde häufig auch in epidemiologischen Begriffen geschildert, als wäre sein Denken krankhaft oder infektiös. Die Macht, die ihm dadurch unterstellt wurde, sorgte für seinen anhaltend

---

26 Vgl. R.A. Nicholls »Beginning of the Nietzsche Vogue in Germany« in: *Modern Philology* 56 (1958) S. 25, 37. Ich stimme mit der Auffassung nicht überein, daß der Nietzsche-Kult in zwei Perioden einzuteilen sei, daß er also vor 1900 den kritischen, danach den prophetischen Schriften galt. Im Pernerstorfer-Kreis (der in der Totalität ein nietzscheanisches Ideal sah) verehrte man beide zugleich, und das gilt auch für Kessler.

27 Vgl. die Überlegungen über das Verhältnis Nietzsches zum modernen politischen und gesellschaftlichen Leben bei Arthur Ruppin »Moderne Weltanschauung und Nietzsche'sche Philosophie« in: *Die Gegenwart* 10 (1903) S. 147ff.

28 Vgl. Karl Joel, *Nietzsche und die Romantik*, Jena und Leipzig: Eugen Diederichs 1905, S. 68.

29 Gerhard Hilbert, *Moderne Willensziele*, a.a.O., S. 19. Bemerkenswerterweise stammt dieser Kommentar von jemandem, der Nietzsche gegenüber in vielerlei Hinsicht kritisch eingestellt war.

30 Daß diese Metaphorik zuweilen auch buchstäblich genommen wurde, zeigt die Untersuchung eines amerikanischen Psychologen, in der Nietzsche und der Satanismus als identische Verkörperungen eines Triebs zu personaler wie kollektiver Zerstörung aufgefaßt werden. Vgl. Samuel J. Warner, *The Urge to Mass Destruction*, New York und London: Grune and Stratton 1957.

schlechten Ruf. »Die Auffassung, Nietzsche sei ein ›gefährlicher Denker‹«, so schrieb Sander Gilman in einer scharfsinnigen Untersuchung, »der sich nicht nur gefährlichen Gedanken verschreibe, sondern auch zu gefährlichem Handeln Anlaß biete, ist ein Leitmotiv der Nietzsche-Rezeption vom Fin de siècle bis zu Georg Lukács.«[31] Diese Machtzuschreibung ging, wie wir später sehen werden, sogar so weit, Nietzsche als alleinige Ursache von zwei Weltkriegen unter Anklage zu stellen.

Das Bild vom gefährlichen Nietzsche kannte bereits die Populärliteratur um 1902. In Wilhelm von Polenz' Buch *Wurzellocker* beispielsweise wird der Philosoph als Hexenmeister und ideologischer Zauberer portraitiert.[32] Nietzsches Krankheit, so schrieb der rabiate Antisemit Theodor Fritsch, sei ein wesentlicher Bestandteil seines Werks und infiziere daher schwache, noch unfertige Geister. Ohne Zweifel sei sie für die Welle jugendlicher Selbstmorde der Zeit verantwortlich.[33] Schockierte Verteidiger der öffentlichen Ordnung schrieben dem Einfluß des Philosophen auf die für ihn anfällige Jugend nicht nur Selbstmorde, sondern auch Morde zu.[34] Und zwar geschah dies außer in Deutschland auch in Amerika. Dort verwendete Clarence Darrow dieses Argument als Verteidiger in der berühmten Rechtssache Leopold - Loeb. Nathan Leopold, Jr., so argumentierte Darrow, beging einen Mord, weil er an die amoralische These Nietzsches vom Übermenschen glaubte. »Er war davon überzeugt, sie sei auf ihn anzuwenden. Doch er hätte dies nicht glauben können, wenn Nietzsches These nicht entweder eine geistige Erkrankung zur Folge gehabt hätte oder durch sie ausgelöst worden wäre.«[35]

In diesen frühen Jahren ging es in den Kontroversen um Nietzsche immer wieder um dessen Verurteilung oder Rechtfertigung. Stets wurden seine Ideen mit dem Mythos um seine Person und ihr Schicksal in engen Zusammenhang gebracht. Die ihn ablehnten und die ihn feierten, stimmten darin überein, daß sein Denken mit seinem Leben eine Einheit bildete; sie deuteten und bewerteten diesen Zusammenhang nur jeweils anders.

Die Gegner Nietzsches hatten dabei einen gewissen Vorteil. Gnadenlos und nicht ohne Genuß beuteten sie seinen Wahnsinn aus. Nur zu leicht ließ sich eine Verbin-

---

31 Sander Gilman »The Nietzsche Murder Case: or, What Makes Dangerous Philosophies Dangerous« in: *Difference and Pathology: Stereotypes of Sexuality, Race, and Madness*, Ithaca, N.Y.: Cornell University Press 1985, S. 59.

32 Vgl. Wilhelm von Polenz, *Wurzellocker*, Berlin: F. Fontane 1902, S. 7ff. Vgl. Richard Frank Krummel, *Nietzsche und der deutsche Geist*, Bd. 2, a.a.O., S. 63-65.

33 Vgl. Theodor Fritsch »Nietzsche und die Jugend«, a.a.O., S. 113.

34 Vgl. die Beispiele bei Wilhelm Carl Becker, *Der Nietzschekultus: Ein Kapitel aus der Geschichte der Verirrungen des menschlichen Geistes*, Leipzig: Richard Lipinski 1908, S. 35ff.

35 Sander Gilman, *Difference and Pathology. Stereotypes of Sexuality, Race, and Madness*, a. a. O., S. 73. Gilman bietet Material zu weiteren Gerichtsfällen und Selbstmorden in Deutschland. In Israel bemühten sich die Massenmedien in der Zeit nach 1980 um den Nachweis, daß Mordechai Vanunu, der wegen der Weitergabe von Fotos des israelischen Atomreaktors in Dimona verurteilt wurde, Nietzsche gelesen hatte und durch ihn beeinflußt war. Vgl. Nahum Barnea »A Look Inside the Diary« (auf hebräisch) in: *Koteret Rashit* (19. September 1986) S. 11-15.

dung herstellen zwischen seinen Ideen und seiner klinischen Erkrankung, um dann das Werk ebenso abzulehnen wie den Menschen. Nietzsche, so nannte das ein bekanntes Werk jener Zeit schon im Titel, galt als ein Fall von Psychopathia Spiritualis.[36] Die Geisteskrankheit bewies nicht allein schlagend, wie gefährlich Nietzsches Ideen sein mußten, sondern auch, wie krank seine Verehrer waren.

Der Verweis auf seine Geistesgestörtheit wurde zum regelmäßigen Bestandteil jener philosophischen Kritik, die in seinem Werk eine Pervertierung geistiger Inhalte nachzuweisen suchte. Nietzsches erbliche Erkrankung, so schrieb 1891 Dr. Hermann Türck, übertrug sich in sein moralisches und philosophisches System.

> So kann es kommen, daß ein geistreicher, hochgebildeter Mensch, der mit perversen Instinkten [...] geboren ist und die Nichtbefriedigung des bohrenden, drängenden Triebes als dauernde innere Qual empfindet, auf den Gedanken verfällt, die Mordlust, die äußerste Selbstsucht [...] als etwas Gutes, Schönes und Naturgemäßes zu rechtfertigen, die entgegenstehenden besseren sittlichen Triebe aber, die sich in uns als das zeigen, was wir Gewissen nennen, als krankhafte Verirrungen zu bezeichnen.[37]

Arbeiten wie die 1902 von Paul Julius Möbius vorgelegte Untersuchung über Nietzsches Wahnsinn und die sich aus ihm ergebenden Entstellungen seines Denkens besaßen die notwendige professionelle, medizinische und psychologische Autorität, um anerkannt zu werden.[38]

Selbstverständlich sahen die Anhänger Nietzsches diese Dinge ganz anders. Einer von ihnen meinte, kein modernes psychiatrisches Autodafé sei in der Lage, Nietzsches fortdauernde Leistung aus der Welt zu schaffen.[39] Seine Anhänger versuchten vielmehr, seinem Wahnsinn eine positive spirituelle Qualität zuzuschreiben. Der Prophet war ihnen zufolge durch die Klarheit seiner Visionen und die Verständnislosigkeit einer Gesellschaft zum Wahnsinn getrieben worden, die noch nicht fähig war, diese Visionen zu erfassen. (Sie bezogen sich damit auf Nietzsches berühmte Passage in der *Fröhlichen Wissenschaft*, »dass ›Gott todt ist‹, dass der Glaube an den christlichen Gott unglaubwürdig geworden ist«.)[40] Nach seiner Begegnung mit dem kranken Philosophen verkündete Rudolf Steiner: »So stand vor meiner Seele: Nietzsches Seele wie schwebend über seinem Haupte, unbegrenzt schön in ihrem Geisteslichte; frei

---

36 Vgl. Eisner, »Friedrich Nietzsche und die Apostel der Zukunft. Beiträge zur modernen Psychopathia Spiritualis«, a. a. O.. Der Titel spielt an auf das Buch von Richard von Krafft-Ebing, *Psychopathia Sexualis*, [1886], 16. und 17. Aufl., Stuttgart: Ferdinand Enke 1924.

37 Hermann Türck, *Friedrich Nietzsche und seine philosophischen Irrwege*, Dresden: Gloess 1891, S. 8.

38 Paul Julius Möbius, *Über das Pathologische bei Nietzsche*, Wiesbaden: J.F. Bergmann 1902. Das Buch schließt mit einer Warnung vor Nietzsches Geistesgestörtheit. Möbius' Werk wurde in den renommierten psychiatrischen Handbüchern jener Zeit sehr gelobt, so etwa in Emil Kraepelins *Psychiatrie* in den Auflagen von 1903 und 1909. Vgl. Richard Frank Krummel, *Nietzsche und der deutsche Geist*, a.a.O., Bd. 2, S. 77f., Anm. 63.

39 Vgl. Karl Joel, *Nietzsche und die Romantik*, a.a.O., S. 327.

40 Friedrich Nietzsche, *Die fröhliche Wissenschaft*, in: *Werke*, Bd. V, 2, Berlin und New York 1973, S. 255f.

hingegeben geistigen Welten, die sie vor der Umnachtung ersehnt, aber nicht gefunden.«[41] Die deutschen Expressionisten waren fasziniert von dem Befreiungspotential des Wahnsinns. In Nietzsche fanden sie sowohl ein Sprachrohr wie eine Bestätigung dieser Einstellung.[42] Im Wahnsinn Nietzsches, so schrieb August Horneffer schon etwas konventioneller, trete ein strahlender innerer Friede zutage, ein Ende all der unerbittlichen Kämpfe seiner früheren Jahre. Gerade in diesem Zustand manifestiere sich in besonderem Maße der Zauber und die Majestät seiner Persönlichkeit.[43]

Diese Argumentation blieb nicht auf Deutschland beschränkt, sondern wurde von Nietzscheanern auch in anderen Ländern vorgetragen. »Wie können wir wissen«, schrieb Isadora Duncan 1917, »daß, was uns als Verrücktheit erscheint, nicht eine Vision transzendenter Wahrheit ist?«[44] Für Bataille begann die Bewegung zur Ganzheit mit dem Wahnsinn, und Nietzsches Wahnsinn gemahnte an Christus. Er erinnerte seine Leser an das Wort von William Blake,

> daß, *wenn andere nicht wahnsinnig geworden wären, wir selbst es wären.* Der Wahnsinn ist aus der allgemeinen Verfassung des Menschen nicht auszuschließen; denn zu ihrer Vollendung bedarf sie des Wahnsinnigen. Wenn Nietzsche an unserer Statt wahnsinnig geworden ist, dann hat er diese Menschheitsverfassung allererst ermöglicht. Diejenigen, die vor ihm den Verstand verloren haben, haben ihn nicht auf so brillante Weise verloren.[45]

Wir müssen uns jedoch erneut den Anti-Nietzscheanern zuwenden. Ihre Verleumdungsversuche blieben selbstverständlich nicht auf Nietzsches Geisteskrankheit beschränkt. Ihre Angriffe waren Teil einer umfassenderen Kritik jener Zivilisation, die Nietzsche hervorgebracht hatte und die er angeblich widerspiegelte. Ein besonders bedeutsames und symptomatisches Beispiel einer solchen Kritik stellt Max Nordaus berühmte Schrift *Entartung* dar, die in zwei Bänden zuerst auf deutsch 1892 bzw. 1893 erschien und rasch in viele Sprachen übersetzt wurde.[46]

---

41 Rudolf Steiner, *Friedrich Nietzsche, ein Kämpfer gegen seine Zeit* (darin: Kapitel 13 aus: Rudolf Steiner »Mein Lebensgang« von 1924), Dornach: Rudolf Steiner-Verlag 1977 [zuerst 1895], S. 186, zit. nach Colin Wilson, *Rudolf Steiner, The Man and His Vision: An Introduction to the Life and Ideas of the Founder of Anthroposophy*, Wellingborough, Eng.: Aquarian Press 1985, S. 87f. [Anm. d. Ü.: In der deutschen Übersetzung des Buches von Colin Wilson fehlt diese Passage fast vollständig.]

42 Vgl. Wieland Herzfelde »Die Ethik der Geisteskranken« in: *Die Aktion* 4 (4. April 1914) S. 298-302; vgl. ferner Augustinus P. Dierick, *German Expressionist Prose: Theory and Practice*, Toronto: University of Toronto Press 1987, S. 206f.

43 Vgl. August Horneffer »Nietzsches Todestag« in: *Die Tat* 2 (1910-1911) S. 356-360.

44 Isadora Duncan, *Isadora Speaks*, ed. Franklin Rosemont, San Francisco: City Light Books 1983, S. 121.

45 Georges Bataille »La folie de Nietzsche« in: *Oeuvres complètes*, Bd. 1, Paris: Gallimard 1970, S. 545-549, hier: S. 548. Vgl. ferner »Sur Nietzsche: Volonté de chance« in: *Oeuvres complètes*, Bd. 6, Paris: Gallimard 1973, S. 11-205, hier: S. 21.

46 Vgl. die nützliche Darstellung der Geschichte dieses Buches in George L. Mosses Einleitung zu Max Nordau, *Degeneration*, New York: Howard Fertig 1968; vgl. ferner P. M. Baldwin »Liberalism, Nationalism, and Degeneration: The Case of Max Nordau« in: *Central European History* 13, No. 2 (June 1980) S. 99-120.

Nordaus Darstellung der Tendenzen seiner Zeit war weniger eine Analyse als vielmehr der Ausdruck seiner Empörung, die Verständnislosigkeit eines bürgerlichen Positivisten angesichts der Anfänge jener Revolution der Moderne, die es darauf abgesehen hatte, alle verehrten Postulate dieses Positivismus in Frage zu stellen oder gar zu zerstören. Wie man die kulturelle und intellektuelle Revolution des Fin de siècle auch immer beurteilen mag - eindeutig forderte sie die liberale Weltanschauung heraus, die sich auf die Annahmen von Respektabilität, Rationalität und Disziplin, auf die Moral einer konventionellen Mittelklasse sowie auf den Glauben an Ordnung, Wissenschaft und Fortschritt stützte.

Für Nordau bedeutete das Fin de siècle ebensosehr ein moralisches Problem wie einen Zeitabschnitt. Er schrieb:

> Das ist der Begriff, der dem Worte ›fin-de-siècle‹ zu Grunde liegt; die praktische Lossagung von der überlieferten Zucht [...] Dem Wüstling bedeutet dies zügellose Unflätigkeit, die Entfesselung der Bestie im Menschen; dem trockenen Selbstling die Verachtung aller Rücksicht auf die Nebenmenschen, das Niedertreten aller Schranken, welche rohe Geldgier und Genußsucht einschließen; dem Weltverächter das unverschämte Hervortreten der niedrigen Triebe und Beweggründe [...] Allen aber das Ende einer Weltordnung, die Jahrtausende lang die Logik befriedigt, die Ruchlosigkeit gebändigt und in allen Künsten Schönes gezeitigt hat.[47]

Zusammengehalten wurden Nordaus Überlegungen durch das Konzept der Entartung, das im politischen Vokabular des Zeitalters einer beginnenden Massengesellschaft mit rascher Verstädterung und Industrialisierung über das gesamte Spektrum der Ideologien hinweg eine wichtige Rolle spielte. Gebraucht wurde es von verwirrten Liberalen (wie Nordau), von unzufriedenen Sozialisten und von der heraufkommenden radikalen Rechten.[48]

Als Anhänger der liberalen Moderne der Mitte des 19. Jahrhunderts ging es Nordau darum, den von ihm kritisierten Modernisten ihre Glaubwürdigkeit im Sinne des Fortschritts zu bestreiten. Als Arzt konnte er dies tun, indem er den entsprechenden Künstlern und Philosophen wie ihren Werken die eindeutige Diagnose körperlicher und geistiger Entartung stellte.

> Geleitet von dieser festgefügten Kette der Ursachen und Wirkungen wird Jeder, der folgerichtigem Denken zugänglich ist, zur Einsicht gelangen, daß er einen schweren Irrthum begeht, wenn er in den seit einigen Jahren entstandenen ästhetischen Schulen Herolde einer neuen Zeit sieht. Sie weisen nicht in die Zukunft hinüber, sondern deuten rückwärts in die Vergangenheit. Ihr Wort ist keine verzückte Weissagung, sondern das unsinnige Stammeln und Schwatzen von geistig Gestörten und was von den Unkundigen für einen Ausbruch übersprudelnder Jugendkraft und tobenden Gestaltungsdranges gesehen wird, das sind thatsächlich die Zuckungen und Krämpfe der Erschöpfung.[49]

---

47 Max Nordau, *Entartung*, Berlin: Carl Duncker, Bd. 1, 1892, S. 9f. [Anm. d. Übers.: Bd. 2 erschien zuerst 1893.]

48 Vgl. J. Edward Chamberlain und Sander L. Gilman (eds.), *Degeneration: The Dark Side of Progress*, New York: Columbia University Press 1985.

49 Max Nordau, *Entartung*, Bd. 1, a.a.O., S. 69f.

Nordau suchte auch Nietzsche in diesen Rahmen zu stellen. Der Philosoph war für ihn kein vorausschauender Prophet, sondern ein rückwärtsgewandter Geisteskranker, Symptom und Sprachrohr der herrschenden Entartung. Soweit sich irgendein Sinn aus den delirierenden Ideen dieses wilden Verrückten gewinnen ließ, verwies er in seinen Grundbestandteilen auf »eine Reihe beständig wiederkehrender Wahnvorstellungen, die in Sinnestäuschungen und krankhaften organischen Vorgängen ihren Grund haben«. Nietzsches kritische Bemerkungen über Bewußtsein, Moral und Sinnlichkeit galten Nordau als Ausdruck seines Sadismus. »In Nietzsches Bewußtsein kann kein Bild von Bosheit und Verbrechen auftauchen, ohne ihn geschlechtlich zu erregen, und er kann keine geschlechtliche Erregung empfinden, ohne daß sofort ein Bild von Gewaltthat und Blut in seinem Bewußtsein erscheint.«[50]

Nicht ohne Ironie läßt sich feststellen, daß zentrale Kategorien Nietzsches in denen Nordaus wiederkehren. So fragt beispielsweise Zarathustra: »Sagt mir meine Brüder: was gilt uns als Schlechtes und Schlechtestes? Ist es nicht *Entartung*?«[51] Beide hielten die Kultur für bedroht, und beiden ging es um die Ursachen der Dekadenz, um den Verlust an Vitalität und um die Chancen, sie wiederzuerlangen. Es fand sich sogar etwas durchaus Nietzscheanisches in Nordaus eugenischen Vorschlägen: »Diejenigen Entarteten, bei denen die geistige Zerrüttung eine zu tiefe ist, müssen ihrem unerbittlichen Schicksal überlassen werden. An ihnen ist nichts zu retten und zu bessern. Sie werden eine Zeit lang rasen und dann untergehen.«[52]

Mit der raschen Popularisierung Nietzsches wuchsen der Umfang und das Ungestüm der gegen ihn gerichteten Schriften. Er wurde nicht nur durch gelehrte philosophische Abhandlungen zu einem festen Bestandteil des kulturellen und politischen Lebens in Deutschland, sondern auch durch volkstümlichere Medien. Zahlreiche Romane und Schauspiele dienten einer weiten Verbreitung unterschiedlicher Versionen über sein Leben und sein Werk.[53] Eine noch wichtigere Rolle spielte die populäre Presse, die Nietzsches Namen zu einem geläufigen Begriff werden ließ und ein größeres Publikum mit grundlegenden Aspekten seiner Biographie und seiner Schriften vertraut machte. Zeitungen und Zeitschriften lei-

---

50 Max Nordau, *Entartung*, Bd. 1, a. a. O., S. 304 und 362.

51 Friedrich Nietzsche, *Also sprach Zarathustra*, in: *Werke*, Bd. VI, 1, a. a. O., S. 94.

52 Max Nordau, *Entartung*, Bd.1, a. a. O., S. 547.

53 Es gab über Nietzsche Theaterstücke aller Art – kritische, satirische und tragische. Vgl. etwa J. V. Widmann, *Jenseits von Gut und Böse: Schauspiel in drei Aufzügen*, Stuttgart: J. G. Cotta 1893. Schon 1886 hatte Widmann die Werke Nietzsches als gefährlich bezeichnet. Er war nicht konservativ, sondern progressiv und betroffen über Nietzsches antidemokratische, elitäre und frauenfeindliche Ansichten, vgl. J. V. Widmann »Nietzsches gefährliches Buch« in: *Der Bund* 37, No. 326 (1886). Daneben gab es von Arno Holz das satirische Schauspiel *Sozialaristokraten*, das 1896 geschrieben und in Berlin im Juni 1897 aufgeführt wurde. Ein späteres Stück, das die Wagner-Gesellschaft 1912 in Berlin aufführte, war Paul Friedrichs *Das Dritte Reich: Die Tragödie des Individualismus*, Leipzig: Xenien 1910. In ihm wurde die Lebensgeschichte Nietzsches als eine Tragödie erzählt, an der indirekt alle schuldig waren.

steten ein übriges für einzelne Institutionen und für die Interessen spezieller Bevölkerungsgruppen.[54]

In Form von Slogans drangen Anspielungen auf Nietzsche in das prosaische Alltagsleben ebenso vor wie in die höheren Sphären der Kultur. In der literarischen Öffentlichkeit wurden seine Worte zu Gemeinplätzen, und die Titel seiner Schriften nannte man in einem Atemzug mit Bagatellen. So gab beispielsweise Maximilian Harden, der Herausgeber der Zeitschrift *Die Zukunft*, einem Freund das Ergebnis einer nachmittäglichen Tennispartie mit den Worten bekannt: »*Also spielte Zarathustra!*«[55] Bei zahllosen Gelegenheiten bediente man sich sprichwörtlich gewordener Redewendungen und Aphorismen Nietzsches. Sie wurden zu einer Art Volksweisheit, und man wandte sie auf Umstände an, die vom bloß Trivialen zum zutiefst Unheilvollen reichten. («Was mich nicht umbringt, macht mich stärker«; »Was fällt, das soll man auch noch stoßen.«)

Viele solcher Reaktionen hielten sich auf dem Niveau existentieller Unmittelbarkeit. Der Populärschriftsteller Emil Ludwig (1881-1948) beispielsweise notierte: »Wenn ich verzagt bin oder deprimiert, hypochondrisch oder müde, genügt ein Trank aus diesem Zauberkraute, mich zu erfrischen: niemals versagt der Zauber! Nietzsche.«[56] Menschen aus unterschiedlichen Lebensbereichen und Ländern hatten berauschende Zarathustra-Erlebnisse. Der Dichter Richard Dehmel war acht Tage lang wie besessen, ganz hingerissen von der »Kampflust« der Rhythmen dieser Schrift.[57] Und auch Le Corbusier hatte 1908 ein Zarathustra-Erlebnis.[58]

Die wachsende Verbreitung der Gedanken Nietzsches zeigte sich ferner daran, daß seine Begriffe in Deutschland wie in Europa zunehmend Eingang fanden in das Vokabular der Politik; sie wurden Teil eines Vorrats von Slogans und Schlagworten.[59] Anschauliche und vielfach verwendbare Wendungen wie *Wille zur Macht*,

---

54 Vgl. zur explosionsartigen Ausbreitung des Interesses an Nietzsche in deutschen Zeitungen und Zeitschriften Joelle Phillipi, *Das Nietzsche-Bild in der deutschen Zeitschriftenpresse der Jahrhundertwende*, Inauguraldiss., Universität des Saarlandes, Saarbrücken 1970.

55 Harden gilt als einflußreicher Vertreter eines aggressiven Nietzscheanismus. Seine Zeitschrift *Die Zukunft* publizierte viele Artikel von Elisabeth Förster-Nietzsche. Vgl. neben anderen einschlägigen Aufsätzen einen anonym publizierten Artikel »Neues von Friedrich Nietzsche« (1. April 1893) S. 39f. sowie Alexander Tille »Nietzsche als Ethiker der Entwicklung« (10. November 1894) S. 268-278; Max Marschalk »Frei nach Nietzsche« (26. Dezember 1896) S. 615-619; Josef Hofmiller »Nietzsche und Wagner« (10. April 1897) S. 58-67; Michael Georg Conrad »Zarathustra« (18. März 1898); Hans von Müller »Nietzsches Vorfahren« (28. Mai 1898) S. 403f..

56 Emil Ludwig, *Geschenke des Lebens; Ein Rückblick*, Berlin: Ernst Rowohlt 1931, S. 159ff.

57 Vgl. Emil Ludwig, *Richard Dehmel*, Berlin: S. Fischer 1913, S. 118ff.

58 Vgl. Paul Venable Turner, *The Education of Le Corbusier*, New York: Garland Publ. 1977, S. 56ff.

59 So waren auf Nietzsche zurückgehende Begriffe mehrfach zu finden bei Otto Ladendorf, *Historisches Schlagwörterbuch: Ein Versuch*, Stuttgart und Berlin: Trübner 1906. Vgl. Richard Frank Krummel, *Nietzsche und der deutsche Geist*, Bd. 2, a.a.O., S. 223.

*Übermensch* oder *Jenseits von Gut und Böse* bzw. Begriffe wie Herren- und Sklavenmoral, Umwertung aller Werte oder Ressentiment fanden Eingang in die Umgangssprache.

Ein Indiz für die wachsende Vertrautheit mit den Gedanken Nietzsches bot der Umstand, daß dessen Terminologie nun ihrerseits subversiv gegen die Werte des Philosophen gewendet wurde. In liberalen wie in sozialistischen Kreisen belegte man politische Gegner mit Worten wie *blonde Bestie, Herrenmoral* oder *Jenseits von Gut und Böse*. In der Untersuchung von M. G. Conrad *Der Übermensch in der Politik* aus dem Jahre 1895 beispielsweise[60] wurde das Konzept des Übermenschen ganz und gar negativ gebraucht; es diente einer Kritik des Selbstbildes von zwei »nietzscheanischen« Eliten - der Machtpolitiker und der sich selbst verherrlichenden Intellektuellen und Künstler des undemokratischen Kaiserreichs. Schon Conrad verwendete dieses Konzept fast ohne Berufung auf Nietzsche; er löste es mithin aus dem Kontext der Werke, in den es ursprünglich eingebettet war. Wie so oft war auch hier der Einfluß besonders wirksam, wenn seine Herkunft verwischt oder irrelevant geworden war. Nietzsches Ideen bestimmten einen ganzen Lebenszusammenhang, so meinte Raoul Richter 1906, ohne daß die Menschen sich dessen im geringsten bewußt waren.[61]

Doch die Popularisierung Nietzsches und seiner Schriften blieb zu keinem Zeitpunkt auf abstrakte Ideen und auf das gedruckte Wort beschränkt. Sie geschah darüber hinaus in unmittelbareren Ausdrucksformen wie etwa in der Musik. Nietzsche beeinflußte nicht nur zutiefst die ihrem Selbstverständnis nach moderne Musik,[62] sondern es wurde auch umgekehrt die Welt Nietzsches in ihrer atmosphärischen Besonderheit durch musikalische Werke emotional übermittelt. Die Tondichtung von Richard Strauss *Also sprach Zarathustra*, die im November 1896 in Frankfurt am Main Premiere hatte, ist das in diesem Zusammenhang vielleicht bekannteste, keineswegs aber das einzige Beispiel.[63] Mahlers *Dritte Sym-*

---

60 Michael Georg Conrad, *Der Übermensch in der Politik: Betrachtungen über die Reichszustände am Ende des Jahrhunderts*, Stuttgart: Robert Lutz 1895. Obwohl diese Schrift durchaus kritisch war, war Conrad als Herausgeber der Zeitschrift *Die Gesellschaft* ein unermüdlicher Befürworter Nietzsches und der »neuen« Literatur.

61 Raoul Richter »Friedrich Nietzsche und die Kultur unserer Zeit« in: *Essays*, hrsg. Lina Richter, Leipzig: F. Meiner 1913, S. 112.

62 Nietzsche wurde zumeist als ein Denker mit einer wesentlich musikalischen (also deutschen) Sensibilität beschrieben, vgl. Bernhard Scharlitt »Das musikalische Element in Friedrich Nietzsche« in: *Die Musik* 4 (1904) S. 108-112. Schon 1901 war seine Bedeutung für die moderne deutsche Musik ganz offensichtlich. Arthur Seidl hat die vielen Kompositionen aufgelistet, die sich von Nietzsches Schriften und Gedichten hatten inspirieren lassen, vgl. Arthur Seidl, *Moderner Geist in der deutschen Tonkunst*, Berlin: Harmonie 1901, S. 24-43, 89-117, 139ff. Zu Nietzsches Einfluß auf die musikalische Moderne vgl. ferner Raul Riesenfeld »Nietzsches Bedeutung für die moderne Musik« in: *Allgemeine Musik-Zeitung* 32 (16., 23., 30.6. 1905) S. 427ff., 441f., 457ff.

63 Manche Vertreter der musikalischen Moderne waren enthusiastische Nietzscheaner, vgl. etwa Alban Berg, *Briefe an seine Frau*, München und Wien: Langen-Müller 1965, S. 16, 31, 88, 123ff.

*phonie* war Nietzsche zutiefst verpflichtet; sie trug ursprünglich den Titel *Die fröhliche Wissenschaft*.[64]

Werke wie diese erreichten im Konzertsaal indes nur ein begrenztes Publikum. Im Zeitalter visueller Massenkommunikation konnten durch die Schaffung einer Ikonographie Nietzsches und seiner Ideenwelt sehr viel mehr Menschen angesprochen werden. Jürgen Krause hat dem eine vorzügliche und außerordentlich detaillierte Untersuchung gewidmet.[65] Sie zeigt, daß während der Rezeption Nietzsches im Laufe der Geschichte immer wieder versucht worden ist, den Philosophen und seine Botschaft in Bildern darzustellen. So brachte beispielsweise die prächtig aufgemachte Illustrierte *Pan* in ihren ersten Nummern nicht nur Gedichte zu Ehren Nietzsches, sondern ebenso zahlreiche Zeichnungen und Skulpturen, auf denen er dargestellt wurde. Besonders eindrucksvoll war Ernst Moritz Geygers Illustration von Nietzsches Parabel *Der Riese*. Sie stellte einen Riesen - vermutlich eine Version des Übermenschen, vielleicht gar Nietzsche selbst - in Gestalt einer monumentalen griechischen Skulptur mit Engelsflügeln dar. Unter ihm huschen nichtswürdige, in Roben gekleidete Zwerge herum, die den Riesen von seinem titanischen Werk abzubringen suchen (Illustration 1).[66]

Obwohl *Pan* sich für eine Verbreitung des Mythos vom Menschen Nietzsche und für seine Ideen besonders engagierte, stand die Zeitschrift damit keineswegs allein. Zwischen 1890 und 1914 veröffentlichte eine Vielzahl von Zeitungen, Zeitschriften und Journalen Portraits, Zeichnungen, Skizzen und Skulpturen Nietzsches. Daraus wurde ein volkstümliches Genre, das dazu diente (zumindest aber so aufgenommen und interpretiert wurde), dem Mythos vom Prophetentum und Martyrium des Philosophen eine ebenso ideale wie augenfällige Geltung zu verschaffen.[67]

Ungefähr zu dieser Zeit wurde der Schnurrbart Nietzsches zu dessen visuellem Erkennungszeichen (Illustration 2). Sein Gesicht war schon bald allgemein so bekannt wie sein Name und die von ihm entlehnten, sprichwörtlich gewordenen Redewendungen. Man ging mit ihm um wie mit einer begehrten Ware. Seit Mitte der

---

64 Vgl. Richard Frank Krummel, *Nietzsche und der deutsche Geist*, Bd. 2, a.a.O., S. 167 und Anm. 186.

65 Vgl. Jürgen Krause, *»Märtyrer« und »Prophet«: Studien zum Nietzsche-Kult in der bildenden Kunst der Jahrhundertwende*, Berlin und New York: Walter de Gruyter 1984. Da Krause diese Zusammenhänge bereits ausführlich dargestellt hat, konzentriere ich mich auf einige wesentliche Punkte, die mit meinem Thema in Verbindung stehen. Vgl. ferner Dietrich Schubert »Nietzsche-Konkretionsformen in der bildenden Kunst 1890-1933« in: *Nietzsche-Studien* 10/11 (1981/1982) S. 278-317.

66 Vgl. Ernst Moritz Geyger »Der Riese: Friedrich Nietzsche.« in: *Pan* 1, Nr. 2 (1895) gegenüber S. 94. Die allererste Nummer der Zeitschrift wurde eröffnet mit einem Nietzsche-Fragment »Zarathustra vor dem Könige« (S. 1) sowie mit einem Gedicht von Paul Scheerbart »Das Königslied« (S. 2f.). Sie enthielt darüber hinaus eine Reproduktion der berühmten Büste von Max Klinger »Der Philosoph«.

67 Vgl. Jürgen Krause, *»Märtyrer« und »Prophet«: Studien zum Nietzsche-Kult in der bildenden Kunst der Jahrhundertwende*, a.a.O., der eine ausführliche Zusammenstellung dieser Beispiele und der sie tragenden Erwägungen bringt.

neunziger Jahre gab es, angeregt durch das Nietzsche-Archiv, einen Verkauf von (wie Krause schreibt) »Nietzsche-Kult Produkten« - nachgemachten Kleinplastiken von Nietzsche-Statuen, Reproduktionen von Gemälden usw.[68] Wer sich selbst solche Nachbildungen nicht leisten konnte, der durfte sich an billige Fotodrucke aus Zeitungen und Zeitschriften halten. So hatte etwa Hermann Hesse während seiner Zeit in Tübingen 1895-1898 zwei Bilder Nietzsches wie eine Art kulturelles Pin-up an der Wand hängen.[69] Dem Image Nietzsches wurde wie dem Goethes eine autoritative Aura zugeschrieben. Sein Portrait schmückte, mit einem passenden Zitat versehen, sogar Postkarten, die für so merkwürdige Angelegenheiten wie das Vegetariertum warben.[70] Es tauchte immer öfter auf privaten Exlibris auf. So zeigte beispielsweise eines von ihnen Nietzsche als zeitgenössischen Christus mit einer Dornenkrone (Illustration 3). In Zeitungen der Arbeiterklasse dienten Karikaturen Nietzsches zu satirischen Angriffen auf die kapitalistische Kommerzialisierung der Kultur. So veröffentlichte beispielsweise im Januar 1914 die *Arbeiter-Zeitung* die Parodie einer Reklame, auf der Nietzsche ein Empfehlungsschreiben für Bersons verfaßt (das Markenzeichen der Firma Beer & Sohn) (Illustration 4).[71]

Der Konsumkult um Nietzsche erreichte gewiß nie die außerordentlichen Dimensionen des Kults, der zur selben Zeit mit Bismarck getrieben wurde. (Es gab Bismarckrosen, bismarcksches Erdbier und Bismarckkleidung.) Dennoch suchte man in manchen Kreisen - vor allem bei Architekten und Kunsthandwerkern - durch die Schaffung eines realen oder phantasierten »Lebensstils« der Inspiration durch Nietzsche Ausdruck zu verschaffen. Das berühmteste und schlagendste Beispiel hierfür bietet das Werk von Peter Behrens. Dieser entwarf seine eigene Zarathustravilla als Mittelpunkt der Darmstädter Künstlerkolonie. Das Haus war mit Symbolen wie dem Adler und mit Zarathustras Edelstein geschmückt, »bestrahlt von den Tugenden einer Welt, welche noch nicht da ist«. (Illustration 5)[72]

Behrens versuchte, Nietzsches Prophetie eines »großen Stils« zur Wirklichkeit zu verhelfen - also eine Synthese zu schaffen, in der die Vision einer Einheit von Kunst

---

68 Vgl. Jürgen Krause, *»Märtyrer« und »Prophet«: Studien zum Nietzsche-Kult in der bildenden Kunst der Jahrhundertwende*, a.a.O., S. 131, 119f.

69 Vgl. Bernhard Zeller, *Hermann Hesse in Selbstzeugnissen und Bilddokumenten*, Reinbek bei Hamburg: Rowohlt 1963, S. 32ff.

70 Vgl. Jürgen Krause, *»Märtyrer« und »Prophet«: Studien zum Nietzsche-Kult in der bildenden Kunst der Jahrhundertwende*, a.a.O., im vorliegenden Buch Illustr. 11. Das Zitat über die Vegetarier steht in: Friedrich Nietzsche, *Nachgelassene Fragmente. Sommer 1872 bis Ende 1874*, in: *Werke*, a.a.O., Bd. III, 4, Nr. 31 [4], S. 361. Vgl. weiter unten Kap. 4, Anm. 110.

71 Vgl. Edward Timms, *Karl Kraus Apocalyptic Satirist: Culture and Catastrophe in Hapsburg Vienna*, New Haven und London: Yale University Press 1986, S. 309. Vgl. [Anonym. Karl Kraus] »Ein Bild des Grauens« in: *Die Fackel* 15. Jg., Nr. 391/392 (21. Januar 1914) S. 6.

72 Vgl. Tilmann Buddensieg »Das Wohnhaus als Kultbau: Zum Darmstädter Haus von Behrens« in: Peter-Klaus Schuster, *Peter Behrens und Nürnberg*, München: Prestel 1980, S. 37-47, hier: S. 39; verwiesen wird dabei auf Friedrich Nietzsche, *Also sprach Zarathustra*, in: *Werke*, Bd. VI, 1, a.a.O., S. 81. Ich danke Christiane Schütz für den Hinweis auf die Verbindung von Behrens zu Nietzsche.

und Leben erfüllt wäre. Er war sich der Spannung bewußt, die für die meisten »sozialen Anwendungen« des Nietzscheanismus bestimmend blieb. Ließ sich der Widerspruch überwinden, der darin lag, einerseits eine Residenz im elitären Geist des Künstlers als Übermenschen und andererseits ein Wohnhaus der Zukunft für jedermann zu entwerfen?[73] Die monumentale Seite erschien Behrens weniger problematisch; denn wie sein Kollege, der Theaterreformer Georg Fuchs, suchte er Schönheit mit Macht und individuellen Willen mit staatlicher Autorität zu vereinen. Nietzsche symbolisierte hier keine revolutionäre Umwertung aller Werte, sondern die ökonomische und politische Macht des zeitgenössischen Deutschland.[74] Deutlich wurde dies in dem Deutschen Pavillon, den Peter Behrens für die Turiner Ausstellung 1902 entwarf und mit dem er einer surrealen Höhle Form verlieh. »Vom Oberlicht [...] überflutet ein dionysisches Licht den Raum, in dem die industrielle Macht des Kaiserreichs zur Schau gestellt wird. Zarathustra, der ausdrücklich zitiert wird, bewegt sich zum Licht hin: Die Gesellschaft des deutschen Großkapitals, sich als neue Geistigkeit ausgebend, behauptet ihre Anwesenheit.«[75]

Diese Architektur konnte man schwerlich als dionysisch bezeichnen oder auf Zarathustra beziehen. Sie sollte vielmehr, wie die scharfsinnigen Architekturhistoriker Francesco Dal Co und Manfredo Tafuri bemerken, der Wiedererlangung der Einheit von Natur und Geisteswelt »unter dem ›apollinischen‹ Zeichen der industriellen Organisation« dienen. Die Entwürfe von Behrens, vor allem für die *Allgemeine Elektrizitätsgesellschaft* (AEG), boten

> nur eine begrenzte Interpretation der Gedanken Nietzsches [...]: nicht das befreiende Lachen Zarathustras, sondern die sorgfältige Suche nach einer ›neuen Ordnung‹. Keine Entweihung der Avantgarde also, sondern ein Drang zur Synthese. Stadt und Industriewelt werden nicht als Ursache und Wirkung der Zerstörung der Werte oder des Ausbruchs eines beängstigenden Chaos angesehen, sondern als Voraussetzungen einer neuen Totalität, einer ›neuen Klassik‹, eines Fortbestands der Kultur, der durch die Aufhebung der Antithese der Zivilisation gestärkt wird.[76]

Doch nicht alle von Nietzsche beeinflußten architektonischen Entwürfe dienten einer Stützung des Staates und seiner neu entstehenden industriellen Ordnung. Manche brachten die Einsamkeit Zarathustras zum Ausdruck, indem sie den von Nietzsche dargestellten Gegensatz zwischen dem verächtlichen Pöbel des Flach-

---

73 Vgl. Tilmann Buddensieg »Das Wohnhaus als Kultbau. Zum Darmstädter Haus von Behrens«, a.a.O., S. 44; vgl. ferner Alan Windsor, *Peter Behrens: Architect and Designer*, London: Architectural Press 1981; dt.: *Peter Behrens. Architekt und Designer*, Stuttgart: Deutsche Verlags-Anstalt 1985.

74 Vgl. die enthusiastische Beschreibung Kaiser Wilhelms als Verwirklichung von Nietzsches Willen zur Macht bei Georg Fuchs, *Der Kaiser und die Zukunft des deutschen Volkes*, München und Leipzig: Müller 1906, S. 72ff. zit nach Richard Frank Krummel, *Nietzsche und der deutsche Geist*, a.a.O., Bd. 2, S. 155.

75 Francesco Dal Co und Manfredo Tafuri, *Architektur der Gegenwart*, Stuttgart: Belser 1977, S. 96.

76 Francesco Dal Co und Manfredo Tafuri, *Architektur der Gegenwart*, a.a.O., S. 96f.

lands und der Majestät eisiger Berggipfel betonten. Der expressionistische Architekt Bruno Taut (1880-1938) war der prominenteste Vertreter eines mit Nietzsche und seiner Bilderwelt assoziierten Kults der Berge. »In die Höhe«, erklärte Zarathustra, »will es sich bauen mit Pfeilern und Stufen, das Leben selber: in weite Fernen will es blicken und hinaus nach seligen Schönheiten - *darum* braucht es Höhe!«[77] Tauts »alpine Architektur« war der wohl radikalste Versuch, dieser Vision graphisch Form zu verleihen. Ihre zarathustrische Bildwelt nahm die Umgestaltung ganzer Bergketten »in eine phantastische Landschaft aus Gralsheiligtümern und Kristalldrusen« in Aussicht. Später sollten ganze Kontinente mit Glas und Edelsteinen in Form von Strahlen-Domen und funkelnden Palästen bedeckt werden.[78] (Illustration 6) Zu Ehren der deutschen Revolution nach dem Ersten Weltkrieg schwebte Taut ein turmartiges Monument für das Neue Gesetz vor, geschmückt mit zahlreichen Zitaten auf den riesigen Wänden von erleuchteten Kristallpyramiden. Bezeichnend für ihn war ein expressionistischer Eklektizismus. Zarathustras Rede »Vom neuen Götzen« erschien gemeinsam mit Zitaten aus den Werken von Luther und Karl Liebknecht.[79]

Die Popularisierung Nietzsches nahm manche nicht ohne Ironie zu betrachtende Entwicklung. Zarathustra paßte mit der ihm zugeschriebenen Landschaft voll und ganz zur Bildwelt einer antiindustrialistischen Naturverbundenheit mit ihrem Kult der Bergeinsamkeit, der Flucht aus den großen Städten und der Sehnsucht nach frischer Luft.[80] Der Maler Giovanni Segantini, ein enthusiastischer Verehrer Nietzsches,[81] malte mit seinen Szenen aus dem Engadin jene Berggegend, die den Philosophen zur Abfassung des *Zarathustra* inspirierte. Schon bald pilgerten Scharen von Touristen in diese Gegend. Das Einsamkeitserlebnis wurde zu einem Massengeschäft! Segantini war sich des Umstands bewußt, daß die Massen durch einen nietzscheanischen Reklametrick zu ködern waren. Für die in Paris im Jahre 1900 stattfindende Weltausstellung hatte er ursprünglich ein massives Engadiner Gesamtkunstwerk mit technischen Effekten geplant, die den Besuchern ein »Totalerlebnis« dieser Landschaft verschaffen sollten.[82]

---

77 Friedrich Nietzsche, *Also sprach Zarathustra*, in: *Werke*, Bd. VI, 1, a.a.O., S. 126. Von Anfang bis Ende finden sich im *Zarathustra* Bilder und Metaphern der Höhe und der Berge, vgl. etwa »Der Wanderer«, a.a.O., Bd. VI, 1, S. 189-192.

78 Wolfgang Pehnt, *Die Architektur des Expressionismus*, Stuttgart: Hatje 1981, Kap. 5. Vgl. zur alpinen Architektur S. 82f. und zum Einfluß Nietzsches S. 42f. Obwohl Taut die majestätische Bergeinsamkeit betonte, plante er auch Massenexkursionen für Arbeiter, die sich seine Werke aus der Luft anschauen sollten.

79 Vgl. Wolfgang Pehnt, *Die Architektur des Expressionismus*, a.a.O., S. 208.

80 Vgl. Walter Hammer »Nietzsche im Hochgebirge« in: *Davoser Blätter* 37, Nr. 34 (19. September 1908); vgl. ferner Ernst Bertram »Nietzsche und die Berge« in: *Deutsche Alpenzeitung* 11 (1911-1912) S. 279-282.

81 Vgl. Anonym »Giovanni Segantini« in: *Pan* 1, Nr. 3 (1895) S. 193-195.

82 Vgl. Jürgen Krause, *»Märtyrer« und »Prophet«: Studien zum Nietzsche-Kult in der bildenden Kunst der Jahrhundertwende*, a.a.O., S. 77, vor allem Anm. 344.

Daß sich im Namen Nietzsches eine regelrechte Kitschindustrie entwickeln konnte, zeigt, wie weit seine Wirkung über literarische und philosophische Kreise hinausreichte. Mit der protzigen Überladenheit ihrer Produkte entsprach diese Industrie exakt dem, was der Philosoph als Symptom des Philistertums eines Zeitalters der Massen verurteilt hatte. So trat beispielsweise in Paul Friedrichs Drama *Das dritte Reich* Zarathustra in einem silbernen und goldenen Gewand mit einem purpurfarbenen Mantel auf; in seinem blonden Haar trug er ein goldenes Band und um seine Schultern hatte er ein Leopardenfell drapiert.[83]

Den Gegnern Nietzsches erschien in jenen Jahren der Kult um ihn weitaus ärgerlicher als er selbst oder seine Lehre. Dieser Kult wurde zum Gegenstand einer umfangreichen Literatur, die sich über ihn außerordentlich besorgt zeigte.[84] Schon 1892 konnte Nordau die Jünger Nietzsches als eine offenbar klar identifizierbare Gruppe mit eindeutigen Merkmalen beschreiben:

> Seine Jünger glauben ihm diese Prahlerei und blöken sie ihm unter Augenverdrehungen im Schafchor nach. Die tiefe Unwissenheit dieser Wiederkäuer-Herde gestattet ihr freilich, an Nietzsches Originalität zu glauben. Da sie nie Etwas gelernt, gelesen oder gedacht hat, so ist ihr natürlich Alles neu und noch nicht dagewesen, was sie im Wirtshaus oder auf Bummelgängen erfährt.[85]

Noch früher hatte Hermann Türck ähnliche Gedanken mit soziologischen Begriffen zum Ausdruck gebracht. Ihm zufolge war es das »Geistesproletariat der Großstädte«, das »über die Entdeckung Nietzsches« jubelte. Er bezeichnete Nietzsche als den »Propheten des Teufels« und als den »Vater der Lüge«, den »freie Geister«, die ohne konstruktives Engagement dem Müßiggang erlegen sind, in Zentren wie Kopenhagen, München oder Berlin attraktiv finden.[86]

Da Nietzsches Philosophie an den Universitäten nur langsam und widerwillig rezipiert wurde,[87] mag ein Körnchen Wahrheit in der Beobachtung stecken, daß seine Schriften zunächst den eher marginalisierten Kreisen der Bohème attraktiv erschienen.[88] Karl Kraus bezeichnete jedenfalls die modischen Adepten Nietzsches als »Überaffen des Kaffeehauses«.[89] In dem Maße jedoch, in dem die Attraktion Nietz-

---

83 Vgl. Paul Friedrich, *Das Dritte Reich. Die Tragödie des Individualismus*, a.a.O.

84 Ein Beispiel dieser Gattung bietet Wilhelm Carl Becker, *Der Nietzschekultus: Ein Kapitel aus der Geschichte der Verirrungen des menschlichen Geistes*, a.a.O. Eine Kritik aus christlicher Sicht findet sich bei Dr. Adelbert Düringer »Der Nietzschekultus« in: *Beweis des Glaubens im Geistesleben der Gegenwart* 5 (1908) S. 238-242.

85 Max Nordau, *Entartung*, a.a.O., S. 347, 366-372.

86 Hermann Türck, *Friedrich Nietzsche und seine philosophischen Irrwege*, Dresden: Gloess 1891, zit. nach Richard Frank Krummel, *Nietzsche und der deutsche Geist*, Bd. I, a.a.O., S. 98.

87 Vgl. Walter Eckstein »Friedrich Nietzsche in the Judgement of Posterity« in: *Journal of the History of Ideas* 6 (1945) S. 304-306.

88 Vgl. Hubert Treiber »Nietzsches ›Kloster für freiere Geister‹: Nietzsche und Weber als Erzieher« in: Peter Antes und Donate Pahnke (hrsg.), *Die Religion von Oberschichten*, Marburg: Diagonal-Verlag 1989, S. 117-161.

89 Karl Kraus [Nachruf auf Friedrich Nietzsche. Ohne Titel] in: *Die Fackel*, 2. Jg., Nr.51 (Ende August 1900) S. 22, zit. nach Vivetta Vivarelli »Das Nietzsche-Bild in der Presse der deutschen Sozialdemokratie um die Jahrhundertwende« in: *Nietzsche-Studien* 13 (1984) S. 531.

sches sich auf weitere Kreise ausdehnte, erlagen ihr auch die führenden Köpfe des kulturellen Lebens. Wissenssoziologisch blieb diese Attraktion nun in ihrer ganzen Komplexität und mit all ihren Nuancen nicht mehr auf nur eine Gesellschaftsschicht beschränkt. Thomas Mann (der wohl kaum als Bohémien gelten darf) erkannte schon 1910 die proteusartige Anziehungskraft Nietzsches ebenso wie dessen jeweils andere Faszination für die verschiedenen Generationen:

> Wir um 70 Geborenen stehen Nietzsche zu nahe, wir nehmen zu unmittelbar an seiner Tragödie, seinem persönlichen Schicksal teil (vielleicht dem furchtbarsten, am meisten Ehrfurcht gebietenden Schicksal der Geistesgeschichte). Unser Nietzsche ist der Nietzsche militans. Der Nietzsche triumphans gehört den 15 Jahre nach uns Geborenen. Wir haben von ihm die psychologische Reizbarkeit, den lyrischen Kritizismus, das Erlebnis Wagners, das Erlebnis des Christentums, das Erlebnis der Modernität, - Erlebnisse, von denen wir uns niemals vollkommen trennen werden, so wenig, wie er selbst sich je vollkommen davon getrennt hat. Dazu sind sie zu teuer, zu tief, zu fruchtbar. Aber die Zwanzigjährigen haben das von ihm, was übrig bleiben wird, sein Zukünftiges, seine gereinigte Nachwirkung. Für sie ist er ein Prophet, den man nicht sehr genau kennt, den man kaum gelesen zu haben braucht und dessen gereinigte Resultate man doch instinktweise in sich hat. Sie haben von ihm die Bejahung der Erde, die Bejahung des Leibes, den antichristlichen und antispirituellen Begriff der Vornehmheit, der Gesundheit und Heiterkeit, Schönheit in sich schließt.[90]

Kritiker des Nietzsche-Kults, die zur Erklärung seiner Breitenwirkung auf die Fehler und Mängel des Kaiserreichs verwiesen, kamen der Sache wohl näher. Nach Meinung des berühmten Pädagogen Friedrich Paulsen fühlte sich die Jugend zu Nietzsche hingezogen, weil das Fin de siècle einen generellen Zusammenbruch traditioneller Autoritäten bedeutete. In einer Zeit, die im wesentlichen als Epoche des Übergangs galt, schien die Entdeckung Nietzsches fast unausweichlich. Denn niemand hatte schließlich Vergangenheit und Gegenwart stärker verachtet.[91]

Ratlose Konservative, die sich über den wachsenden Einfluß Nietzsches, den sie für schädlich hielten, wunderten, sahen ihr einziges Heilmittel in ausgerechnet jenem Traditionalismus, den Nietzsche und seine Anhänger zerstören wollten. Nietzsche, so schrieb ein anonymer Lutheraner 1897, war zu undeutsch, zu paradox und zu krank für die deutsche Gesellschaft. Ihm konnte man nur die traditionellen nationalen und religiösen Besonderheiten entgegensetzen. »Wir trauen unserem deutschen Volk und der Macht der christlichen Bildung in ihm die Kraft zu, die Krankheit des Nietzsche-Kultus zu überwinden.«[92]

Das Denken Nietzsches wurde meist als eine neue und unerwartete Herausforderung der traditionellen, gottlosen Feinde des Konservativismus betrachtet. Man

---

90 Thomas Mann zit. nach der ausgezeichneten Untersuchung von Terence James Reed, *Thomas Mann. The Uses of Tradition*, Oxford: Oxford University Press 1974, S. 136f.

91 Friedrich Paulsen »Väter und Söhne. Eine sozialpädogische Studie aus der deutschen Gegenwart« in: *Deutsche Rundschau* (Mai 1907) S. 229f.

92 Anonym »Moderne Sophistik. Ein Wort über den Nietzsche-Kultus,« in: *Allgemeine Evangelisch-Lutherische Kirchenzeitung* 30 (1897), zit. nach Richard Frank Krummel, *Nietzsche und der deutsche Geist*, Bd. 1, a.a.O., S. 183.

rückte ihn paradoxerweise in die Nähe des Sozialismus und hielt ihn für einen modernen Verführer, dessen Botschaft sich als noch heimtückischer erwies als die verhaßte Gleichmacherei der Sozialdemokratie.[93] Obwohl es zunächst ganz unwahrscheinlich anmuten mochte, so schrieb der Philosoph und Publizist Ludwig Stein, hatten die scheinbaren Gegner sich miteinander vereinigt, und der Nietzscheanismus hatte Eingang gefunden in verschiedene Kreise selbst der Sozialdemokratie. Der Schlüssel für diese Entwicklung fand sich in Nietzsches »Neo-Cynismus«.[94] Und der ließ sich leicht durch Textstellen aus den Schriften des Philosophen belegen. In *Jenseits von Gut und Böse* hatte er geschrieben: »Cynismus ist die einzige Form, in welcher gemeine Seelen an Das streifen, was Redlichkeit ist; und der höhere Mensch hat bei jedem gröberen und feineren Cynismus die Ohren aufzumachen und sich jedes Mal Glück zu wünschen, wenn gerade vor ihm der Possenreisser ohne Scham oder der wissenschaftliche Satyr laut werden.«[95] Und in der Schrift *Vom Nutzen und Nachteil der Historie für das Leben* hatte es geheißen: »So hat vielleicht kein Philosoph mehr Recht als der Cyniker: denn das Glück des Thieres, als des vollendeten Cynikers, ist der lebendige Beweis für das Recht des Cynismus.«[96]

Nietzsches geistige Bomben, so meinte Stein, konnten »alle unsere religiösen, sittlichen und politischen Ideale« in die Luft sprengen.[97] Und Nietzsches metaphysische Freude an der Zerstörung aller Kulturgüter galt ihm als getreuliche Widerspiegelung des herrschenden Zynismus. Stein betrachtete die rauschhaften Reaktionen auf Nietzsche als Symptom einer zynischen Reaktion des Fin de siècle auf eine übersättigte Kultur.[98] Die ruchlosen Horden neu-zynischer Nietzscheaner (denen es nur darum ging, provokant den Umsturz um seiner selbst willen zu proklamieren)

---

93 Vgl. A. Baumeister »Friedrich Nietzsche, ein gefährlicher Verführer der heranwachsenden Jugend« in: *Lehrproben und Lehrgänge* 1 (1902) S. 2. Baumeister verglich die verhaßte Sozialdemokratie mit den Wohltaten des humanitären und nationalen Sozialismus von Friedrich Naumann. Verwiesen sei ferner auf die vergleichende und für Naumann Partei ergeifende Untersuchung von Georg Biedenkapp, *Friedrich Nietzsche und Friedrich Naumann als Politiker*, Göttingen: Fritz Wunder 1901.

94 Ludwig Stein »Friedrich Nietzsches Weltanschauung und ihre Gefahren« in: *Deutsche Rundschau*, Nr. 6 und 8 (März und Mai 1893) insbes. No. 6, S. 376 und 380. Indem er Nietzsche in die uralte Tradition des Kynismus stellte, suchte Stein ihm seine Originalität zu nehmen.

95 Friedrich Nietzsche, *Jenseits von Gut und Böse*, in: *Werke*, Bd. VI,2, Berlin 1968, S. 40.

96 Friedrich Nietzsche, *Unzeitgemäße Betrachtung II, Vom Nutzen und Nachteil der Historie für das Leben*, in: *Werke*, Bd. III,1, Berlin und New York 1972, S. 245f.

97 Ludwig Stein »Friedrich Nietzsches Weltanschauung und ihre Gefahren«, a.a.O., S. 396.

98 Vgl. zu einer Version dieses Themas am Ende des 20. Jahrhunderts Peter Sloterdijk, *Kritik der zynischen Vernunft*, Bd. 1, Frankfurt a.M.: Suhrkamp 1983, S. 10-12. Dort heißt es über »Nietzsches entscheidende Selbstbezeichnung«, die in Sloterdijks Buch eine zentrale Rolle spielt: »In Nietzsches ›Cynismus‹ präsentiert sich ein modifiziertes Verhältnis zum ›die Wahrheit sagen‹: es ist eines von Strategie und Taktik, Verdacht und Enthemmung, Pragmatik und Instrumentalismus - dies alles im Griff eines zuerst und zuletzt an sich selbst denkenden politischen Ichs, das innerlich laviert und äußerlich panzert.«

fühlten sich vor allem angezogen von Nietzsches Aphorismen, diesen schwächsten aller philosophischen Argumentationsformen, denen jede logische Stringenz fehlte. Mit ihrer mangelnden gedanklichen Konsequenz entsprachen sie, so meinte Stein, auf ideale Weise den Bedürfnissen eines konturenlosen Massenzeitalters der Zeitungen, der sozialistischen Büchereien, der Salons und der Boudoirs.

Doch nicht allein Liberale und Konservative zeigten sich über den Kult um Nietzsche alarmiert. Auch Demokraten und Sozialisten unterschiedlicher Couleur brachten ihre Besorgnis (oft sogar in Büchern) polemisch zum Ausdruck. Die Gegenmaßnahmen, die sie vorschlugen, hingen von ihrer jeweiligen ideologischen Ausgangsposition ab. Der Nietzscheanismus, so argumentierte Georg Tantzscher bereits 1910, entsprach exakt den Bedürfnissen seiner Gefolgsleute, die sämtlich der freischwebenden Intelligenz angehörten. Nietzsches Denken spiegelte in seiner Unbestimmtheit ganz und gar die gesellschaftliche Ausgangslage seiner Anhänger wider, die sich gefangen sahen zwischen Isolierung und Sendungsbewußtsein, zwischen dem Verlangen, sich von der Gesellschaft zurückzuziehen, und der Sehnsucht, sie zu führen.[99] Nach Auffassung von Kurt Eisner bedurfte das Auftreten der Nietzscheaner keiner besonderen Erklärung: Es handelte sich bei ihnen, wie er glaubte, einfach um modisch Radikale, die sich gedankenlos zu einem Trend hingezogen fühlten, der moderner und extremer zu sein schien als die Radikalismen von gestern.[100] Der Soziologe Ferdinand Tönnies[101] ging 1897 in seinem Buch über den Nietzsche-Kult noch darüber hinaus; denn er beschrieb die Nietzscheaner als nur zum Schein freiheitlich gesinnt. Wer zu dieser Lehre konvertiert sei, so schrieb er, sei eingefangen worden durch das Versprechen einer Freisetzung schöpferischer Fähigkeiten, durch den Aufruf zur Überwindung engstirniger Autoritäten und konventioneller Meinungen, durch die Aussicht auf freie Selbstverwirklichung.[102] Es sei daher wichtig, nachzuweisen, daß die fortschrittliche Orientierung und der moderne Ton Nietzsches nur oberflächlich seien. In einem Zeitalter verschärfter Klassenunterschiede erfüllten diese scheinbar freiheitlichen Impulse lediglich elitäre, konservative und laissez-faire-Funktionen. Denjenigen, die nicht bereit seien, auf ihre überkommene gesellschaftliche Stellung zu verzichten, und die bisher nicht in der Lage gewesen seien, diese Stellung mit moralischen oder natio-

---

99 Vgl. Georg Tantzscher, *Friedrich Nietzsche und die Neuromantik. Eine Zeitstudie*, Jurjew (Dorpat): J.G. Krueger 1900, S. 5.

100 Eisner dachte dabei an von Nietzsche beeinflußte Literaten wie Ola Hansson, Hermann Conradi und Otto Julius Bierbaum, an die philosophischen Exkurse von Albert Kniepf sowie an Julius Langbehns *völkisches* Pamphlet »Rembrandt als Erzieher«, das sich schon in der Formulierung seines Titels an Nietzsches Schrift »Schopenhauer als Erzieher« anlehnte.

101 Ein ausgezeichnetes Portrait von Tönnies und eine gute Darstellung seiner intellektuellen wie politischen Entwicklung findet sich bei Arthur Mitzmann, *Sociology and Estrangement. Three Sociologists of Imperial Germany*, New York: Knopf 1973.

102 Vgl. Ferdinand Tönnies, *Der Nietzsche-Kultus. Eine Kritik*, Leipzig: O.R. Reisland 1897, S. 10.

nalen Argumenten zu rechtfertigen, stelle die Lehre Nietzsches mit ihren immoralistischen Konzepten von Herrentum und Skrupellosigkeit die notwendige Doktrin bereit.[103] Im Titel einer seiner Publikationen bezeichnete Tönnies sie als »Nietzsche-Narren«.[104]

Doch auch unter den »demokratischen« Gegnern des Nietzsche-Kults fand Tönnies Widerspruch. Einer seiner Kritiker meinte, die Junker und Industriellen hätten Nietzsches Theorien zwar zur philosophischen Rechtfertigung ihrer Interessen nutzen können, doch sie hätten dies kaum je getan, weil solche komischen und schauerlichen Ideen nicht zu verwirklichen seien. Die herrschenden Kreise seien zu realistisch, dies auch nur zu versuchen. Tönnies reduziere den Nietzscheanismus zu Unrecht auf den Sturm-und-Drang der Jugend. An Nietzsche und an der von ihm ausgehenden Attraktion sei nichts Politisches. Die »Psychologie des Nietzsche-Kultus« sei vielmehr eine krankhafte Form des Verfalls, eines unreifen Zynismus und der müden Entsagung. Sie seien die Grundlage der Attraktion Nietzsches für eine Jugend, die sich mit der Krankheit ihrer Zeit infiziert habe.[105] Etwas später vertrat Wilhelm Carl Becker in seinem Buch von 1908 *Der Nietzsche-Kultus. Ein Kapitel aus der Geschichte der Verirrungen des menschlichen Geistes* die Auffassung, dieser Kult erfülle in seinen unterschiedlichen Formen vielfältige Funktionen. Doch auch er zeigte sich verwundert darüber, daß so viele kulturelle und intellektuelle Kreise sich von Nietzsche angesprochen fühlten.[106] Nietzsche gefiel der Jugend, weil er über eine neue und modische »Tiefe« zu gebieten schien. Sie griff jedoch seine brutalisierenden Themen nicht im selben Maße auf wie eine Reihe deutscher Kolonialoffiziere in Afrika, die sich Nietzsches Ideal einer *Herrenmoral* zu eigen machten, weil es der kolonialen Herrschaftsform genau entsprach und eine unbarmherzige Dominanz der Höherstehenden über die Niederen sicherte. Der Übermensch war möglich nur kraft einer unbarmherzigen Behandlung all derer, die nicht zur Elite zählten.[107]

Bemerkenswert ist, daß viele reformorientierte Gegner des Nietzsche-Kults (anders als die meisten seiner konservativen Kritiker) eine komplexe Beziehung zu Nietzsche hatten. Die Ablehnung dieses Kults hatte also nicht unbedingt eine Ablehnung des Philosophen zur Folge. Das gilt zweifellos für Tönnies. Der grundlegende Einfluß Nietzsches auf die Soziologie der Jahrhundertwende ist in neueren

---

103 Vgl. Ferdinand Tönnies, *Der Nietzsche-Kultus. Eine Kritik*, a.a.O., S. 109f.

104 Ferdinand Tönnies, *Ethische Kultur und ihr Geleite [in der ›Zukunft‹ und in der ›Gegenwart‹]*, Bd. 1, *Nietzsche-Narren*, Bd. 2, *Wölfe in Fuchspelzen*, Berlin: F. Dümmler 1893.

105 Vgl. Erich Schlaikjer »Der Nietzsche-Kultus« und »Zur Psychologie des Nietzsche-Kultus« in: *Die Hilfe*, 5, Nr. 10 und 13 (5. März und 23. März 1899).

106 Vgl. Wilhelm Carl Becker, *Der Nietzschekultus: Ein Kapitel aus der Geschichte der Verirrungen des menschlichen Geistes*, a.a.O., S. 99.

107 Vgl. Wilhelm Carl Becker, *Der Nietzschekultus: Ein Kapitel aus der Geschichte der Verirrungen des menschlichen Geistes*, a.a.O., S. 6f., 97.

Untersuchungen sehr gut dargestellt worden.[108] Interessant ist in diesem Zusammenhang, daß auch Tönnies' berühmte und politisch zweideutige Unterscheidung von *Gemeinschaft* und *Gesellschaft* beeinflußt ist von Nietzsches gemeinschaftsorientierter Frühschrift *Die Geburt der Tragödie.*[109] Die organische Natur eines dionysischen, vorsokratischen, präreflexiven Gemeinwesens beeinflußte nicht nur die deskriptive Darstellung der Gemeinschaft bei Tönnies, sondern (in Anlehnung an Nietzsches Kritik des politischen und kulturellen Lebens nach der deutschen Vereinigung) auch die Hoffnungen, die Tönnies auf eine kulturelle Erneuerung Deutschlands setzte.

Als Tönnies 1873 *Die Geburt der Tragödie* entdeckte, las er sie beinahe mit einem Gefühl der Offenbarung und schrieb danach imaginäre Briefe an den Philosophen. Er besuchte dessen Mutter in Naumburg und reiste sogar nach Sils Maria, wo er seinen Helden von ferne beobachtete, aber nicht den Mut fand, ihn anzusprechen.[110] Die Nietzschefeindschaft von Tönnies galt also nur dem späten, dem »immoralistischen« Nietzsche, seinem antisozialen und radikal individualisierten Ästhetizismus, seiner elitären Haltung und seiner Verachtung für die Massen. Der frühe Nietzsche dagegen, so behauptete Tönnies, war so etwas wie ein Demokrat, der an die geheimen Tiefen der deutschen Volksseele glaubte. Selbst noch 1893 konnte Tönnies der Jugend *Die Geburt der Tragödie* empfehlen; denn in ihr galten nicht einzelne Übermenschen, sondern eine dionysische Gemeinschaft als Inspirationsquelle einer Erneuerung der deutschen Kultur.[111]

Bemerkenswerterweise entwarf Georg Simmel (1858-1918), der große tragische Ironiker, der Soziologe der Lebensphilosophie und begeisterte Anhänger Nietzsches, ebenfalls unter dessen Einfluß eine genau entgegengesetzte Theorie. Simmel vertrat in der Soziologie eine modernistische Richtung.[112] Wie bei Nietzsche lösten sich auch bei ihm alle Gewißheiten auf in einem sich unablässig verändernden Fluß

---

108 Zum Einfluß von Nietzsches Wissenschaftsfeindschaft auf die Sonderentwicklung der deutschen Soziologie vgl. Wolf Lepenies, *Die drei Kulturen. Soziologie zwischen Literatur und Wissenschaft,* München und Wien: Hanser 1985. Für diesen Hinweis danke ich Jerry Muller. Zum Aspekt des Tragischen in der deutschen Soziologie vgl. Harry Liebersohn, *Fate and Utopia in German Sociology, 1870-1923,* Cambridge, Mass. und London: MIT Press 1988. Vgl. ferner Hubert Treiber »Nietzsches ›Kloster für freiere Geister‹: Nietzsche und Weber als Erzieher«, a. a. O., S. 141ff.

109 Vgl. Jürgen Zander »Ferdinand Tönnies und Friedrich Nietzsche« in: Lars Clausen und Franz Urban Pappi (hrsg.), *Ankunft bei Tönnies. Soziologische Beiträge zum 125. Geburtstag von Ferdinand Tönnies,* Kiel: W. Mühlau 1981, S. 185-227.

110 Vgl. Harry Liebersohn, *Fate and Utopia in German Sociology, 1870-1923,* a. a. O., S. 23f.

111 Ferdinand Tönnies, *Ethische Kultur und ihr Geleite [in der ›Zukunft‹ und in der ›Gegenwart‹],* a.a.O., S. 13-24 zit. nach Harry Liebersohn, *Fate and Utopia in German Sociology, 1870-1923,* a. a. O., S. 37f.

112 Deutlich wurde dies bereits in Simmels Schrift *Über soziale Differenzierung,* Amsterdam: Liberae [1890] 1966. Vgl. ferner K. Peter Etzkorn (ed.), *Georg Simmel. The Conflict in Modern Culture and Other Essays,* New York: Teachers College Press 1968.

des Lebens.[113] Auch seine höchste Wertvorstellung, das Distinktion verschaffende Ideal der Vornehmheit, war von Nietzsche entlehnt.[114] Im Gegensatz zu Tönnies' Vorliebe für die Gemeinschaft betrachtete Simmel die Vornehmheit als den entscheidenden Modus, der es den Individuen gestattete, sich von der Menge *abzuheben* und sich »Adel« zu verleihen. Die Herausforderung, sich in einer Geldwirtschaft persönliche Werte zu verschaffen und aufrechtzuerhalten, führte mithin bei Simmel zu einer ganz neuen Idealvorstellung. Ihm ging es um die Betonung der Unterschiede und um das, was Nietzsche als das »Pathos der Distanz« bezeichnet hatte.[115] Diese Distanz - die entscheidend blieb bis in Simmels Themenwahl, wenn er etwa die Zusammenhänge von Herrschaft und Unterordnung, von Eingeweihten und Außenseitern untersuchte[116] - war eine Funktion der wachsenden Komplexität, und sie war zugleich die gesellschaftliche Voraussetzung von Nietzsches Bestimmung der Vornehmheit. Es nimmt daher nicht wunder, wenn Simmel 1897 eine Kritik von Tönnies' *Nietzsche-Kultus* schrieb. Wütend wies er die Behauptung zurück, Nietzsche sei einfach nur ein Immoralist. Nietzsche habe zwar, so argumentierte Simmel, die traditionelle Moral kritisiert, doch er habe diese Kritik nur vorgebracht, um einer höheren Moral den Weg zu bereiten. Nietzsche fordere eine

---

113 Vgl. Georg Simmel, *Schopenhauer und Nietzsche. Ein Vortragszyklus*, Leipzig: Duncker und Humblot 1907. Ernst Troeltsch berichtet, Simmel habe dies für sein wichtigstes Buch gehalten. Vgl. Ernst Troeltsch, *Gesammelte Schriften*, Bd. 3, Tübingen: J. C. B. Mohr 1922, S. 121. Zit. nach Richard Frank Krummel, *Nietzsche und der deutsche Geist*, Bd. 2, a. a. O., S. 273, Anm. 234. Vgl. zu Simmel ferner Harry Liebersohn, *Fate and Utopia in German Sociology, 1870-1923*, a. a. O., Kap. 5, sowie Kurt H. Wolffs »Introduction« in: *The Sociology of Georg Simmel*, hg. und übers. Kurt H. Wolff, New York: The Free Press 1950. Eine scharfe antimodernistische Kritik Simmels findet sich bei Georg Lukács, *Die Zerstörung der Vernunft*, a. a. O., S. 386-401.

114 Vgl. Georg Simmel, *Schopenhauer und Nietzsche. Ein Vortragszyklus*, a. a. O., S. 170-192; vgl. ferner Georg Simmel »Zum Verständnis Nietzsches« in: *Das freie Wort* 2 (1902-1903) S. 9ff.

115 Vgl. Friedrich Nietzsche, *Jenseits von Gut und Böse*, in: *Werke*, Bd. VI, 2, a. a. O., S. 215: »Jede Erhöhung des Typus ›Mensch‹ war bisher das Werk einer aristokratischen Gesellschaft - und so wird es immer wieder sein: als einer Gesellschaft, welche an eine lange Leiter der Rangordnung und Werthverschiedenheit von Mensch und Mensch glaubt und Sklaverei in irgend einem Sinne nöthig hat. Ohne das *Pathos der Distanz*, wie es aus dem eingefleischten Unterschied der Stände, aus dem beständigen Ausblick und Herabblick der herrschenden Kaste auf Unterthänige und Werkzeuge und aus ihrer ebenso beständigen Übung im Gehorchen und Befehlen, Nieder- und Fernhalten erwächst, könnte auch jenes andre geheimnisvollere Pathos gar nicht erwachsen, jenes Verlangen nach immer neuer Distanz-Erweiterung innerhalb der Seele selbst, die Herausbildung immer höherer, seltnerer, fernerer, weitgespannterer, umfänglicherer Zustände, kurz eben die Erhöhung des Typus ›Mensch‹, die fortgesetzte ›Selbst-Überwindung des Menschen‹, um eine moralische Formel in einem übermoralischen Sinne zu nehmen.«

116 Vgl. Klaus Lichtblau »Das ›Pathos der Distanz‹. Präliminarien zur Nietzsche-Rezeption bei Georg Simmel« in: Heinz-Jürgen Dahme und Otthein Rammstedt (hrsg.): *Georg Simmel und die Moderne*, Frankfurt a. M.: Suhrkamp 1984, S. 231-281.

Befolgung jener Werte, die wie Vornehmheit, Schönheit und Stärke einer Steigerung des Lebens dienten und die, statt Egoismus zu ermutigen, größere Selbstdisziplin verlangten.[117]

Die zentrale Bedeutung der Philosophie Nietzsches und ihre selektive Aneignung in den soziologischen Theorien von Tönnies und Simmel hat Harry Liebersohn durchaus zutreffend zusammengefaßt:

> Das Ideal der Vornehmheit könnte nicht weiter entfernt sein von der Verschmelzung des Willens aller zu einer homogenen Einheit, wie sie *Die Geburt der Tragödie* beschrieb. Dieses Ideal repräsentiert den späten Nietzsche, dessen Ablehnung eines Mitgefühls mit anderen Tönnies nicht zu teilen vermochte [...] Gegensätzliche Moralvorstellungen wetteiferten also um das Erbe des großen Immoralisten: Tönnies' Auffassung vom rationalen Wohlergehen des Ganzen stand Simmels Verpflichtung auf eine unpersönliche Disziplin des Einzelnen entgegen. Der frühe und der späte Nietzsche dienten als Eideshelfer für ihre miteinander in Konflikt liegenden Ideale von *Gemeinschaft* und *Gesellschaft*.[118]

Obwohl Tönnies' Kritik von sozialistischen Impulsen getragen war, war seine Analyse nicht wirklich marxistisch. Die erste Kritik sowohl Nietzsches wie seines kultischen Publikums aus marxistischer Sicht entstammte wohl 1890 der Feder des Dramatikers Paul Ernst. Als »Dialektiker« (dessen Marxismus später nicht lange vorhalten sollte) beschrieb er Nietzsche als einen »Philosophen der Dekadenz« und »Brutalität«, als einen Denker, der »zu jener Klasse der bürgerlichen Decadents« gehört, »welche in Opposition zu dem erreichten Ziel des bürgerlichen Denkens steht«. Auch Nietzsches Leserschaft sah er zusammengesetzt aus dekadenten Elementen der Mittelschicht. Nur ihnen mochten die unzusammenhängenden Essays und Aphorismen einsichtig sein. Nietzsches Schriften erschienen Paul Ernst als geistreich, trivial und voll von übelsten Schlagworten.[119]

Die spätere marxistische Kritik tendierte dazu, den Nietzscheanismus nur noch als Diener des Kapitalismus, des Imperialismus und dann des Faschismus zu sehen. Franz Mehring, der führende Theoretiker der Sozialdemokratischen Partei (SPD), der diese Argumentation in vieler Hinsicht vorbereitete, bot eine simple materialistische Erklärung für den Kult um Nietzsche und für die Motivationen dieses Kults:

---

117 Vgl. Georg Simmel »Der Nietzsche-Kultus« in: *Deutsche Literaturzeitung* 42 (23. Oktober 1897) S. 1645-1651.

118 Harry Liebersohn, *Fate and Utopia in German Sociology, 1879-1923*, a.a.O., S. 142.

119 Paul Ernst »Friedrich Nietzsche. Seine historische Stellung, seine Philosophie« in: *Freie Bühne*, 1, Nr. 18 und 19 (4. Juni, 11. Juni 1890) S. 489ff., 516-520. Unter veränderten politischen Bedingungen änderte sich auch Paul Ernsts Einschätzung Nietzsches. Schon 1900 konnte er den Philosophen als einen »Psychologen« beschreiben, dessen Bedeutung nicht in seiner äußeren historischen Lage zu suchen war, sondern in seiner Fähigkeit, den Menschen zu Freude und Energie zu verhelfen. Mit seinen Fragen nach dem Wesen und den Zielen des Lebens hatte Nietzsche der Philosophie zu neuem Ansehen verholfen. Vgl. Paul Ernst, *Friedrich Nietzsche*, 2. Aufl., Berlin: Gose und Tetzlaff 1904. Vgl. ferner Richard Frank Krummel, *Nietzsche und der deutsche Geist*, Bd. 2, a.a.O., S. 65.

Der Nietzscheanismus ist [...] ein gefundenes Fressen für den *literatus vulgaris*, der den eigenen Größenwahn kitzeln, auch ein bischen Sturm und Drang spielen, aber dabei - dies über Alles! - unter allen Umständen aus den Fleischtöpfen des Kapitalismus schmausen will.[120]

Die Anhänger Nietzsches - und dies sollte in Zukunft die autorisierte Argumentation des Marxismus bleiben - galten als Extrem bürgerlicher Pseudoradikalität; denn sie stellten die konkreten Grundlagen der Ausbeutung nicht in Frage und ließen die sozioökonomischen Strukturen und Klassenunterschiede ganz und gar intakt.

Auffällig war an den zahllosen feindseligen Stellungnahmen zum Nietzsche-Kult, daß sie die Wirkung des Philosophen ohne jeden Zweifel für kurzlebig hielten. Man glaubte im allgemeinen, sie durch einen Hinweis auf den einen oder anderen Aspekt der Soziologie oder Psychologie des Kaiserreichs erklären zu können. Denn der Nietzscheanismus selbst besaß in den Augen dieser Kritiker keinerlei paradigmenbildende Qualität. Er galt ihnen nur als symptomatisch und ephemer. Schon zu Nietzsches Lebzeiten begann man, sein baldiges Ende vorherzusagen. Sowohl sprachlich wie inhaltlich paßte die bemerkenswert wenig weitblickende Feststellung, die Jürgen Habermas 1968 traf, Nietzsche sei nun nicht mehr ansteckend, in eine lange Tradition.[121] Die katholische Zeitschrift *Der Türmer* stellte schon 1910 fest, daß die Dunstmasse des Denkens Nietzsches in einer Vielzahl neuer Weltanschauungen wahrnehmbar war, die wie Pilze aus dem Boden schossen. Doch der Mann, der den Tod Gottes verkündet hatte, war nun selbst unwiederbringlich ins Grab gesunken. Er war in der Tat zum Opfer seiner eigenen Anhänger geworden:

Alle Nietzsche-Jünger sind auseinandergestoben; keine zwei sind einer Meinung; jeder geht seine eigenen Wege [...] Nietzsche ist tot, ganz tot, nicht von seinen Feinden, sondern zumeist von den eigenen Verehrern langsam, aber gründlich kalt gemacht.[122]

Die stets erneut angesetzten Begräbnisse erwiesen sich immer wieder als verfrüht. Richard Öhler, ein Verwandter Nietzsches und einer der führenden Köpfe des Nietzsche-Archivs sowie (in späterer Zeit) ein den Nationalsozialisten nahestehender Publizist, machte 1911 in seiner Stellungnahme zu dem Aufsatz im *Türmer* darauf aufmerksam, daß der Einfluß Nietzsches sich erst allmählich abzuzeichnen begann.[123] Es gelte, so schrieb der Nietzsche-Forscher Raoul Richter, die tiefen Ge-

---

120 Franz Mehring, Rezension zu Kurt Eisner, *Psychopathia Spiritualis*, in: *Die Neue Zeit* 10 (1892) S. 668.

121 Jürgen Habermas »Zu Nietzsches Erkenntnistheorie« in: Friedrich Nietzsche, *Erkenntnistheoretische Schriften*, Frankfurt a. M. 1968. Neudruck in: Jürgen Habermas, *Kultur und Kritik. Verstreute Aufsätze*, Frankfurt a. M.: Suhrkamp 1973, S. 239-263. Vgl. ferner »Conservative Politics, Work, Socialism and Utopia Today« in: Peter Dews (ed.), *Autonomy and Solidarity. Interviews with Jürgen Habermas*, London: Verso 1986, S. 131-147. Habermas räumt dort ein, daß seine frühere Prognose falsch war, und beschäftigt sich mit dem zeitgenössischen Einfluß Nietzsches, S. 132f.

122 F. Hermann »Weltanschauungen und Nietzsche« in: *Der Türmer* 13, Nr. 2 (November 1910) S. 229.

123 Vgl. Richard Öhler »Ist Nietzsche wirklich tot?« in: *Der Türmer* 13, Nr. 4 (Januar 1911).

danken des Meisters von der alltäglichen Oberflächlichkeit ihrer ephemeren Trivialisierung zu trennen. Zwischen dem Philosophen und den unbedachten, selbstgenügsamen Kreisen, die sich augenblicklich seiner als eines Helden des Tages bemächtigt hätten, liege eine Welt. (Richter selbst gab ein Beispiel für die Neigung der Nietzscheaner, konkurrierende Deutungen zurückzuweisen und die eigene Interpretation als besonders tief und angemessen hervorzuheben.)

Die Anhänger Nietzsches sollten wohl eher recht behalten, wenn sie die Auffassung vertraten, der Philosoph sei einfach nicht zu beerdigen. Der progressive Kritiker Franz Serväs bezeichnete es 1895 als grobes Mißverständnis zu glauben, man könne Nietzsche »widerlegen« und damit »überwinden«. Seine Philosophie sei kein Bestandteil der Wissenschaft, sondern Teil des Lebens, ein Aufschrei gegen die fehlende individuelle wie kulturelle Authentizität. »Nietzsche ist das röteste Blut unserer Zeit, und dieses ist dampfend vergossen worden auf dem Götzenaltar der Zeit. Und da soll Nietzsche tot sein, selbst wenn er tausendmal gestorben wäre? Oh, wir werden noch alle trinken müssen von seinem Blut! Keinem Einzigen von uns wird es erspart bleiben.«[124]

Solch mythische Sprache existentieller Betroffenheit war typisch für die Verehrer Nietzsches. Sie stellte eine gewisse Symmetrie her zwischen dem Kult um den Philosophen und einem Gegenkult. Denn während seine Verteidiger heroisch-prophetische Sprachformen zu verwenden pflegten, bedienten sich diejenigen, die ihn angriffen, dämonischer und pathologischer Formeln. Max Zerbst hielt ihn 1892 für einen »neuen Gott, einen frischen, fröhlichen Erdengott, einen Siegfried im Reiche der Geister, einen machtvollen übermütigen Drachentöter«. Er ergriff damit die Gegenposition zu dem von Hermann Türck geschilderten geistig und moralisch irrsinnigen Nietzsche.[125]

Diejenigen, die ein baldiges Verschwinden des Nietzscheanismus vorhergesagt hatten, machten sich nicht klar, wie sehr ihm gerade der Umstand ein langes Leben sicherte, daß er über keine einheitliche Meinungsbildung und über keine verbindliche autoritative Organisation verfügte. Er erwies sich damit als überaus vielgestaltig, und seine selektiven Deutungsmöglichkeiten waren für seine Fortdauer verantwortlich. Denn sie erleichterten es ihm, in viele Bereiche des kulturellen und politischen Lebens einzudringen.

Auch im Nietzsche-Archiv waren unter der Leitung von Nietzsches Schwester Elisabeth Förster-Nietzsche durchaus unterschiedliche Persönlichkeiten und Interessen versammelt, zwischen denen es immer wieder zu Konflikten kam. Der Einfluß des Archivs war nie von grundlegender oder ausschlaggebender Bedeutung. Dennoch versuchte es, als offiziöse Sammlung zur Edition und Verbreitung von

124 Franz Serväs »Kritik und Kunst« in: *Neue Deutsche Rundschau* [Freie Bühne] 6 (1895) S. 165.

125 Max Zerbst, *Nein und Ja! Antwort auf Dr. Hermann Türcks Broschüre Friedrich Nietzsche und seine philosophischen Irrwege*, Leipzig: C. G. Naumann 1892. Vgl. Richard Frank Krummel, *Nietzsche und der deutsche Geist*, Bd. 1, a.a.O., S. 110.

Nietzsches Werken zu gelten, den Kult um den Philosophen zu institutionalisieren, ihm Monumente zu errichten, eine Liturgie zusammenzustellen und Rituale wie Zeremonien zu entwickeln.

Die Entscheidung für Weimar als Sitz des Archivs war zumindest teilweise motiviert durch die Konkurrenz zu Bayreuth als der Stätte einer selbsternannten Schirmherrschaft über den deutschen Geist. Doch anders als Cosima Wagners Einrichtung eines Heiligtums für ihren verstorbenen Gatten in Bayreuth war Elisabeth Förster-Nietzsches Versuch, eine Kultstätte für ihren toten Bruder in Weimar zu schaffen, bestenfalls problematisch. Es gab zudem kein offiziöses Organ, das den *Bayreuther Blättern* vergleichbar gewesen wäre. Die Bewunderer Nietzsches fühlten sich darüber hinaus nur zu oft abgestoßen durch die Aktivitäten seiner Schwester und durch die Atmosphäre im Archiv, die sie für provinziell, konformistisch, beschönigend und kleinbürgerlich - kurz: für Nietzsche ganz und gar nicht angemessen hielten.[126] Es wäre mithin durchaus falsch, die Geschichte des Nietzscheanismus in Deutschland mit der des Archivs zu verwechseln.[127]

Dennoch hatten Elisabeth Förster-Nietzsche und ihre Mitarbeiter an der Popularisierung und Monumentalisierung der Werke des Philosophen entscheidenden Anteil. Der kultischen Bedeutung des Nietzsche-Mythos waren sie sich stets bewußt. Einer von ihnen vertrat denn auch die Auffassung, es handele sich in Weimar nicht bloß um ein Archiv, sondern um eine Stätte schöpferischer Produktivität. Ein Besuch im Nietzsche-Haus sei keine Belanglosigkeit, sondern selbst ein Erlebnis! Es sei durchaus etwas anderes, Nietzsche im Speisewagen bzw. im Kaffeehaus zu lesen oder ihm in Sils-Maria bzw. im Archiv zu begegnen.[128]

Seit seiner Gründung und während der gesamten Nazizeit suchte das Archiv den Mythos und Kultus um Nietzsche zu pflegen. Neben der regulären Publikationstätigkeit wurden dort zeremoniell zu besonderen biographischen Anlässen Tagungen abgehalten, die einer Mythenbildung dienten.[129] Auf ähnliche Weise wurden auch die Geburtstage von Nietzsches Schwester gefeiert, was liberale Intellektuelle veranlaßte, satirisch von »Übermenschenkaffeekränzchen« zu sprechen.[130]

---

126 Das galt auch für manche von denen, die - wie etwa Rudolf Steiner und die Brüder Horneffer - am Archiv arbeiteten.

127 Falsch aber ist es auch, die Aktivitäten des Archivs rundheraus zu übergehen, wie dies bei R. Hinton Thomas, *Nietzsche in German Politics and Society 1890-1918*, a. a. O., geschieht.

128 Vgl. Richard Öhler, *Die Zukunft der Nietzsche-Bewegung*, Leipzig: Armanen 1938, S. 12.

129 Vgl. hierzu die Beiträge aus Anlaß der Trauerfeier im Nietzsche-Archiv und der Beerdigung in Röcken in: *Zur Erinnerung an Friedrich Nietzsche*, Leipzig: C.G. Naumann o.J. [1900] oder Spenglers Rede vom 15. Oktober 1924 [Vgl. oben Anm. 12].

130 Vgl. den Bericht über die Feier ihres 60. Geburtstages in: *Berliner Tageblatt* (25. Juli 1906) zit. nach Richard Frank Krummel, *Nietzsche und der deutsche Geist*, Bd. 2, a.a.O., S. 252. Alfred Kerr »Die Übermenschin« in: *Tag* (27. Juli 1906) bietet eine poetische Satire auf diese Feier. Vgl. ferner die Feierlichkeiten zu Ehren von Elisabeth Förster-Nietzsche aus Anlaß ihres 75. Geburtstages in: *Den Manen Friedrich Nietzsches*, München: Musarion 1921.

Elisabeth Förster-Nietzsches Tätigkeit im Archiv ist mittlerweile hinreichend in Verruf geraten.[131] Uns mag es hier genügen, ihre Versuche zu schildern, in der Öffentlichkeit ein autorisiertes Bild Nietzsches zur Geltung zu bringen. Mit einer rasch wechselnden Folge von Mitarbeitern suchte sie, den Angriffen auf Nietzsche und den Nietzscheanismus mit definitiven Gegenentwürfen zu begegnen. Daß sie später einen schlechten Ruf genoß, sollte nicht darüber hinwegtäuschen, daß sie zunächst beachtliche Erfolge erzielte und allgemein respektiert wurde. Obwohl es aufgrund der Idealisierungen, die sie mit dem Andenken ihres Bruders betrieb, zu einer Reihe von Skandalen und zu mancherlei Kritik kam,[132] hielten sie große Teile der Presse lange Zeit für glaubwürdig und stellten sie als legitime Erbin Nietzsches dar, die sich selbstlos aufopferte für dessen heilige Sache.[133]

In ihrer Biographie Nietzsches und in einer Vielzahl von Aufsätzen[134] suchte sie den Philosophen vom Ruch des Pathologischen zu befreien und seinen Ideen den Stachel der Subversion zu nehmen. Vor allem aber ging es ihr darum, Nietzsche zu Ansehen zu verhelfen. Ihr erschien er als gesunder Patriot, als selbstloser und liebender Bruder, Sohn und Freund. In ihren Augen war er eine fast heilige Gestalt, ein Mensch von äußerer wie innerer Schönheit, gesellig und heiter, aber von einer verständnislosen Öffentlichkeit zum Alleinsein verurteilt, ein entschlossen sein Vaterland liebender Preuße, der bei Kriegsausbruch zu den Waffen geeilt und in der Schlacht verwundet worden war.

Unermüdlich trat Elisabeth Förster-Nietzsche Behauptungen entgegen, der Zusammenbruch ihres Bruders sei ein erbliches Leiden oder das Ergebnis einer an-

---

131 Vgl. Heinz Frederick Peters, *Zarathustra's Sister. The Case of Elisabeth and Friedrich Nietzsche*, New York: Crown Publishers, Inc.1977; dt.: *Zarathustras Schwester. Fritz und Lieschen Nietzsche - ein deutsches Trauerspiel*, München: Kindler 1983. Auch das Buch von Walter Kaufmann, *Nietzsche: Philosopher, Psychologist, Antichrist*, a. a. O.; dt.: *Nietzsche. Philosoph - Psychologe - Antichrist*, a. a. O., enthält eine eindringliche Analyse der berüchtigten Editionspraxis von Nietzsches Schwester und ihrer sonstigen Aktivitäten.

132 Heinz Frederick Peters, *Zarathustra's Sister. The Case of Elisabeth and Friedrich Nietzsche*, a. a. O.; dt.: *Zarathustras Schwester. Fritz und Lieschen Nietzsche - ein deutsches Trauerspiel*, a. a. O., nennt zahllose Beispiele von Konflikten, Rechtsstreitigkeiten und Skandalen, in die Frau Förster-Nietzsche verstrickt war. Unübersehbar sind die Schilderungen ihrer Unfähigkeit, Kritik an ihrer Editionspraxis sowie an ihren sonstigen Aktivitäten hinzunehmen. Inakzeptabel war für sie vor allem jede (und auch nur die geringste) Andeutung, daß sie ihren Bruder zu einem Mythos stilisierte. Immer wieder betrachtete sie sich als Opfer blasphemischer Verschwörungen. Vgl. zu nur einem Beispiel ihrer Reaktionen auf Kritik von seiten der Öffentlichkeit an ihrer Darstellung Nietzsches und an ihrer Rolle im Archiv den Aufsatz von Erdmann »Vom Monopol auf Nietzsche« in: *Der Kunstwart* 20 (Juni 1907).

133 Eine nützliche Darstellung der Rolle, die Elisabeth Förster-Nietzsche bei der Verbreitung des heroisch-mythischen Bildes ihrers Bruders spielte, findet sich bei Joelle Phillipi, *Das Nietzsche-Bild in der deutschen Zeitschriftenpresse der Jahrhundertwende*, a. a. O., in dem Abschnitt »Elisabeths Nietzsche-Mythos: Nietzsche als Halbgott«.

134 Vgl. die vollständige Liste bei Richard Frank Krummel, *Nietzsche und der deutsche Geist*, a. a. O..

steckenden Geschlechtskrankheit, die er sich angeblich als Student zugezogen hatte.

In ihrer Darstellung waren die Vorfahren beider Eltern von tadelloser Herkunft, kraftvoll und gesund. Nietzsche selbst erschien als ein robustes Kind. Seine Krankheit war die Folge eines Reitunfalls, die sich im Krieg verschlimmert hatte, als er sich eine Diphtherie zuzog. Davor waren keinerlei Anzeichen einer geistigen Erkrankung aufgetreten. Nietzsches hohe Sensibilität war ein Ergebnis der Gleichgültigkeit und Feindseligkeit seiner Umgebung. Sein geistiger Zusammenbruch sollte zurückzuführen sein auf eine Vergiftung, die aufgetreten war infolge einer gefährlichen Überdosis eines Schlafmittels, das Chloralhydrat enthielt. Dies und nur dies, so behauptete sie mit Nachdruck, sei die Ursache von Nietzsches Erkrankung.

Die Schriften Elisabeth Förster-Nietzsches vermitteln indes einen nur unvollständigen Eindruck von ihren Aktivitäten. Den greifbareren und öffentlich sichtbareren Teil des Nietzsche-Kults lassen ihre Bemühungen deutlich werden, Nietzsche in turmhohen Monumenten zu einem nationalen Heros zu stilisieren. Das Archiv spielte dabei eine entscheidende Rolle; denn nur in ihm waren die Ressourcen, die Räume und der Wille vorhanden, einige der vielen Projekte zu verwirklichen, die ins Auge gefaßt wurden.

Die Ikonographen Nietzsches sahen sich dabei mit einem Problem konfrontiert, das bei jedem Versuch auftrat, den Philosophen politisch zu vereinnahmen: Es galt, die elitären Komponenten des Werks mit dessen Funktion für die Massen zu versöhnen, den Individualismus dieses Autors in ein geschmackvolles Monument für ein Gemeinwesen zu überführen. Im Nietzscheanismus ging es – fast per definitionem – um eine Umwandlung oder Auflösung dieser Spannungen.

Während es den von Nietzsche inspirierten Predigern der Macht und der Schönheit wie Georg Fuchs, Kurt Breysig und Anthony Mario Ludovici vor allem darauf ankam, den Willen des einzelnen und die Autorität des Staates miteinander zu versöhnen,[135] suchten sie zugleich, eine nietzscheanische Einheit von Leben und Kunst, Geist und Macht Gestalt werden zu lassen. Krause hat überzeugend dargelegt, wie die verschiedenen groß angelegten Pläne zum Bau von Stadien, Monumenten und Tempeln diese Spannungen und die Versuche, sie zu lösen, erkennen lassen.

Viele dieser Projekte kamen über Reißbrettentwürfe nicht hinaus. Dazu zählt auch ein Entwurf von Fritz Schumacher aus dem Jahre 1898. Er zeigt auf einsamer Höhe einen Rundtempel. Auf der Spitze dieses Tempels steht in Schumachers Entwurf ein Menschheitsgenius mit sehnend erhobenen Armen, während sich unten finstere Giganten in ihren Fesseln recken. Dieses Projekt sollte den Aufstieg vom Sklavenmenschen zum Höhenmenschen symbolisieren (Illustration 7).

---

135 Vgl. Jürgen Krause, *»Märtyrer« und »Prophet«: Studien zum Nietzsche-Kult in der bildenden Kunst der Jahrhundertwende*, a.a.O., S. 155. Anthony Mario Ludovici, *Nietzsche and Art*, London: Constable 1911 war der einzigartige Versuch einer Kunstgeschichtsschreibung in den Begriffen Nietzsches. Sie unterschied nach aufsteigenden aristokratischen und dekadenten demokratischen Epochen.

Im Archiv befanden sich überraschende Darstellungen des Philosophen. Eine Statue des kranken Nietzsche stand direkt unter einer heroischen Skulptur des Philosophen, die ihn mit den Insignien Zarathustras, dem Adler und der Schlange, zeigte (Illustration 8). Henry van de Velde, der berühmte belgische Architekt, gestaltete die Räume des Archivs um und bediente sich dabei eines harmonischen Klassizismus. (Vollendet wurde dieses Projekt 1903.) Van de Velde gehörte zu einer frühen, eher kosmopolitisch ausgerichteten Gruppe von Nietzscheanern. Für ihn war Nietzsche im wesentlichen ein Europäer, ein Verteidiger der höheren Werte der Freiheit und der schöpferischen Mächte der Kunst und des Geistes.

Als Nachgeborene des Nationalsozialismus tendieren wir dazu, an politisch inspirierter Architektur und an bestimmten Zeremonien einen Hang zum Faschistischen wahrzunehmen. Doch am Beispiel des Nietzscheanismus läßt sich zeigen, daß der monumentalste und bombastischste aller Entwürfe von den aufgeklärten und kosmopolitischen Anhängern Nietzsches stammte. 1911 plante Harry Graf Kessler, ein Verbündeter van de Veldes, den Bau eines gigantischen Festspielplatzes als Denkmal für Nietzsche, das aus einem Tempel und einem riesigen Stadion mit einer überragenden Statue Apollons bestehen sollte. Tausende sollten in diesem öffentlichen Raum Platz finden, in dem sich in nietzscheanischer Totalität Kunst, Tanz, Theater und sportliche Wettkämpfe zu einer Einheit verbinden sollten. Kessler erschien dies als die wörtliche Übersetzung Nietzsches in eine Veranstaltung für die Massen.[136]

Viele der kultiviertesten »Europäer« hielten diese Idee für außerordentlich interessant. Kessler versicherte sich der Unterstützung Maillols, dem bei der geplanten Skulptur Apollons Nijinsky Modell stehen sollte. Für das Organisationskomitee, das zugleich die benötigten Finanzmittel einwerben sollte, konnte Kessler neben anderen international bekannten Persönlichkeiten Henri Lichtenberger, André Gide, Anatole France, Walther Rathenau, Gabriele d'Annunzio, Gilbert Murray und H. G. Wells gewinnen.[137] Das Projekt kam indes über das Planungsstadium nie hinaus. Zumindest einer der Gründe hierfür lag in der Person von Elisabeth Förster-Nietzsche. Überraschend lange hatte sie die kosmopolitischen Aktivitäten von Kessler und van de Velde (und dabei zunächst auch dieses Projekt) unterstützt, sich dann aber von ihm distanziert. Obwohl sie ihre Unterstützung offiziell erst 1913 zurückzog, hatte sie schon fast unmittelbar, nachdem der Plan konzipiert worden war, ihre Vorbehalte mit den Worten geäußert: »Die Nachäfferei des Griechentums durch dieses reiche, müßiggängerische Gesindel aus ganz Europa ist mir ein Greuel.«[138]

---

136 Vgl. die Beschreibung bei Jürgen Krause, *»Märtyrer« und »Prophet«: Studien zum Nietzsche-Kult in der bildenden Kunst der Jahrhundertwende*, a. a. O., S. 199ff.

137 Vgl. Walther Rathenau, *Tagebuch 1907-1922*, hrsg. und kommentiert von Hartmut Progge-von Strandmann, Düsseldorf: Droste 1967, S. 132, Anm. 82.

138 zit. nach *Hugo von Hofmannsthal - Harry Graf Kessler. Briefwechsel 1898-1929*, hrsg. Hilde Burger, Frankfurt a. M.: Insel 1968, Anm. zu Brief 307, S. 546.

Dieser Sinneswandel war symptomatisch für die zukünftige Entwicklung des Nietzscheanismus in Deutschland. Vor 1914 brachte er eine Vielzahl politischer Richtungen zusammen – oder durcheinander. Immer wieder wurden seine Thesen in einer zweideutigen, aber fortschrittlich klingenden Sprache vorgetragen, die die überkommenen Kategorien verwischte und sich in bezug auf ihre politische Orientierung nicht leicht beurteilen ließ. Wie wir in Kapitel 5 sehen werden, setzte sich mit dem Ersten Weltkrieg eine zunehmend (doch nie ausschließlich) nationalistische Richtung durch, die sich später mit einer rechtsradikalen vereinigte.

Einstweilen aber lagen diese Entwicklungen noch in der Zukunft. Vor dem Ersten Weltkrieg erschien der Nietzscheanismus in einer Vielfalt unterschiedlicher Formen. Einzelne Individuen, Gruppen und Bewegungen verbanden sich mit dieser oder jener Auffassung und suchten sie selektiv zu einem integralen Bestandteil ihrer Lebenspraxis zu machen. Viele dieser Auffassungen, von den profunden bis zu den profanen, waren zu allererst in der Avantgarde vertreten. Wir beginnen daher unsere Untersuchung mit einer Darstellung des Nietzscheanismus in diesem Teil der deutschen Gesellschaft.

KAPITEL 3

# Der nicht sehr diskrete Nietzscheanismus der Avantgarde

*Alle geordnete Gesellschaft schläfert die Leidenschaften ein.*

Nietzsche, *Die fröhliche Wissenschaft*

Im Laufe der Zeit kam der Einfluß Nietzsches in vielen Teilen der deutschen Gesellschaft zur Geltung. Am stärksten und nachhaltigsten wirkte er jedoch zunächst in den verschiedenen Zirkeln der intellektuellen, künstlerischen und literarischen Avantgarde. Im Fin de siècle schien dies beinahe unumgänglich angesichts des in diesen Kreisen herrschenden Bewußtseins von einer unmittelbar bevorstehenden Krise, die zu geistiger Erneuerung zwang. Die eigenwillige Resonanz, die Nietzsche bei der Avantgarde fand, und deren besondere Nähe zu seiner intellektuellen Sensibilität waren nicht zu übersehen.

Das Denken Nietzsches spielte für die Avantgarde eine besondere Rolle. Es stellte die grundlegenden erkenntnistheoretischen Voraussetzungen der Revolution in der modernen Kunst bereit und es verschaffte ihr einen elitären, prophetischen Elan. Nietzsches Mahnung, »etwas Neues zu *sein*, etwas Neues zu *bedeuten*, neue Werthe *darzustellen*!«[1] war, wie Harry Graf Kessler hellsichtig notierte, das Kennzeichen dieser Generation.[2] In ihrer Abkehr von der Kultur des Establishments und in ihrem Verlangen nach Überwindung des 19. Jahrhunderts sah sich die Avantgarde durch Nietzsche bestärkt. Er gab ihr die Kraft zur radikalen Kritik des Positivismus und zur Revolte gegen den Materialismus. Er bestärkte sie in ihrer Neigung zur Lebensphilosophie, in ihrem Irrationalismus und in ihrer feierlichen Verabschiedung der Aufklärung.

Im allgemeinen machten sich diese Kreise zwei Tendenzen im Werk Nietzsches zu eigen, die günstigstenfalls in einem Spannungsverhältnis und schlimmstenfalls in offenem Widerspruch zueinander standen: den dynamischen Entwurf einer radikal

---

1 Friedrich Nietzsche, *Jenseits von Gut und Böse*, in: *Werke*, Bd. VI, 2, a.a.O., S. 205.

2 Vgl. Harry Graf Kessler, *Gesichter und Zeiten. Erinnerungen*, Frankfurt a.M.: Fischer [1921] 1988, S. 210.

gottlosen Selbsterschaffung des Menschen und das dionysische Moment seiner vollständigen Selbstpreisgabe. In beinahe allen Manifestationen der von Nietzsche inspirierten Avantgarde traten diese beiden Tendenzen zutage, die vielen Zeitgenossen durchaus bewußt waren. Autoren wie Ludwig Klages beispielsweise lehnten eine nietzscheanische Selbsterschaffung ausdrücklich ab und befürworteten ganz entschieden, was sie für eine dionysische Preisgabe des Selbst im Sinne des Philosophen hielten. Die am weitesten verbreiteten Reaktionen bestanden jedoch darin, entweder die Spannungen zwischen beiden Tendenzen zu verleugnen oder die individualistischen (und sogar antisozialen) Momente mit der Suche nach neuen Formen einer »totalen« Gemeinschaft verschmelzen zu wollen.

Solche Erlösungsssehnsucht mag denen befremdlich erscheinen, die auf die Nietzsche-Interpretationen des Poststrukturalismus am Ende des 20. Jahrhunderts eingestimmt sind, welche lauthals alle Konzepte von Wahrheit und Ganzheit zu purer Illusion erklären. Der Nietzscheanismus von heute ist dekonstruktivistisch. Sein kanonischer Text ist das 1873 verfaßte, postum veröffentlichte Fragment »Über Wahrheit und Lüge im aussermoralischen Sinn«, in dem es heißt:

> Was also ist Wahrheit? Ein bewegliches Heer von Metaphern, Metonymien, Anthropomorphismen kurz eine Summe von menschlichen Relationen, die, poetisch und rhetorisch gesteigert, übertragen, geschmückt wurden, und die nach langem Gebrauche einem Volke fest, canonisch und verbindlich dünken: die Wahrheit sind Illusionen, von denen man vergessen hat, dass sie welche sind, Metaphern, die abgenutzt und sinnlich kraftlos geworden sind [...][3]

Hundert Jahre früher war den Theoretikern der Moderne, die sich mit Nietzsches Schriften beschäftigten, dessen Nihilismus zwar bewußt, doch sie konzentrierten sich auf die schöpferischen und positiven Aspekte seines Werkes und betrachteten ihn als einen Heros mitreißender Visionen von kultureller und politischer Erlösung.[4] Trotz der epistemologischen Krise betonten auch sie (wie vor ihnen schon

---

3 Friedrich Nietzsche »Über Wahrheit und Lüge im aussermoralischen Sinne« in: *Werke*, Bd. III, 2, Berlin und New York 1973, S. 374f.

4 Ernst Behler hat darauf aufmerksam gemacht, daß die dekonstruktivistischen Deutungen Nietzsches in dessen Schriften die (weitaus schwierigeren) »positiv schöpferischen« Tendenzen übergehen, daß also der dekonstruktivistische Nietzsche ohne den Zarathustra meint auskommen zu können. Vgl. Ernst Behler »Nietzsche jenseits der Dekonstruktion« in: Josef Simon (hrsg.): *Nietzsche und die philosophische Tradition*, Würzburg: Königshausen und Neumann 1985, S. 88-107, hier: S. 104. Diese These bedarf jedoch weiterer Konkretisierung. Die neuere postmodernistische Nietzsche-Forschung hat sich, wie Robert C. Solomon gezeigt hat, dem problematischen vierten Buch des Zarathustra zugewandt. Anders als die ersten drei Teile erörtert dieses Buch nicht die Voraussetzungen für eine Schaffung neuer Werte, sondern stellt eine explosionsartige Erfüllung eben dieses Verlangens dar. Vgl. Robert C. Solomon »Nietzsche, Postmodernism, and Resentment. A Genealogical Hypothesis« in: Clayton Koelb (ed.), *Nietzsche as Postmodernist. Essays Pro and Contra*, Albany: State University of New York Press 1990, S. 267-293, hier: S. 271; vgl. ferner Daniel W. Conway »Nietzsche contra Nietzsche. The Deconstruction of *Zarathustra*« in: Clayton Koelb (ed.), *Nietzsche as Postmodernist. Essays Pro and Contra*, a. a. O.; Kathleen Higgins, *Nietzsche's Zarathustra*, Philadelphia: Temple Press 1987, Kap. 7.

Nietzsche) die weiterführenden eher als die sich selbst in Frage stellenden Möglichkeiten neuer Interpretationen und suchten den Nihilismus durch eine Umwertung und Neuschöpfung zu überwinden.[5] Sie traten ein für die Bildung eines neuen Typus des Übermenschen und stellten sich ihn so vor, daß er einer von ihnen ersehnten neugeschaffenen Zivilisation der Zukunft entsprach.

Die Inhalte solcher Visionen waren bei den einzelnen Nietzscheanern verschieden. Im folgenden werden wir einige der bedeutenderen in ihren grundlegenden Unterschieden darzustellen suchen. Diese Konzeptionen der Avantgarde hatten die Tendenz, Alternativen zu den überkommenen Kategorien von rechts und links, progressiv und reaktionär zu entwerfen. In vielfältigen Formen unterhöhlten sie alte Gewißheiten und erkundeten neue eklektische Verbindungen zwischen kulturellen, politischen, literarischen und sogar sensualistischen Deutungsmustern.

Wie Nietzsche selbst so behaupteten auch viele Anhänger der im vorliegenden Kapitel beschriebenen ästhetischen Zirkel, unpolitisch, ja sogar antipolitisch zu sein. Daß Nietzsche für diejenigen, die daran interessiert waren, das Leben zu einem Kunstwerk zu machen, attraktiv sein mußte, versteht sich von selbst. Doch ihre Ablehnung der Banalität des politischen Lebens und der zeitgenössischen Gesellschaft war ihrerseits ein politisches Phänomen. Sie alle formulierten irgendeine Kritik am status quo (selbst wenn sie beschränkt blieb auf eine allgemeine Verurteilung des Materialismus, der philiströsen Mittelmäßigkeit und der nivellierenden Folgen des Alltagslebens). Dagegen setzten sie ihre Ideale des individuellen und des sozialen Lebens, der Macht und der Kultur.

In den Jahren nach 1890 begannen Nietzsches Schriften mit einiger Regelmäßigkeit in literarischen und avantgardistischen Zeitschriften wie *Die Gesellschaft*[6]

---

5 Die Anhänger Nietzsches verwiesen gern auf die im *Willen zur Macht* enthaltenen Befreiungsaspekte im Gegensatz zu den epistemologischen Gefahren des Perspektivismus. Beide waren im *Willen zur Macht* präsent:
«Daß der *Wert der Welt* in unserer Interpretation liegt [...], daß die bisherigen Interpretationen perspektivische Schätzungen sind, vermöge deren wir uns im Leben, d. h. im Willen zur Macht, zum Wachstum der Macht, erhalten, daß jede *Erhöhung des Menschen* die Überwindung engerer Interpretationen mit sich bringt, daß jede erreichte Verstärkung und Machterweiterung neue Perspektiven auftut und an neue Horizonte glauben heißt - das geht durch meine Schriften. Die Welt, die *uns etwas angeht*, ist falsch [...] sie ist ›im Flusse‹, als etwas Werdendes, als eine sich immer neu verschiebende Falschheit, die sich niemals der Wahrheit nähert: denn - es gibt keine ›Wahrheit‹.« Friedrich Nietzsche, *Nachgelassene Fragmente, Herbst 1885-Herbst 1887*, in: *Werke*, Bd. VIII, 1, Berlin und New York: de Gruyter 1974, 2 [108], S. 112.

6 Der Herausgeber der 1885 gegründeten Zeitschrift *Die Gesellschaft*, Michael Georg Conrad (1846-1927), war ein ebenso überzeugter wie umsichtiger und urteilsfähiger Nietzscheaner. Entsprechend nuanciert war oft auch sein Journal. Es brachte Diskussionen über Nietzsche und Rezensionen seiner Werke sowie Gedichte und Lieder, die ihm gewidmet waren, von Leo Berg, G. Ludwigs, A. Sommerfeld, Joseph Steinmayer, Martha Asmus und Robert Klein. In ihm erschien zunächst auch die Schrift von Kurt Eisner »Friedrich Nietzsche und die Apostel der Zukunft. Beiträge zur modernen Psychopathia spiritualis« in: *Die Gesellschaft*, 7 (November/Dezember 1891) 1505-1536, 1600-1664.

zu erscheinen; sie wurden in dieser Zeit zu einem wesentlichen Bestandteil des begrifflichen Arsenals der deutschen Avantgarde. Die eklektizistische Aufgeregtheit, die Sucht nach Authentizität und das Gefühl der eigenen Überlegenheit angesichts ihrer Entdeckungen blieben für diese Gegenkultur noch Jahre später bestimmend. »Was ich da unter Schmerzen mitmachte«, so erinnerte sich Ernst Blass später an seine Tage im alten Café des Westens,

> war literarische Bewegung, Kampf gegen den enormen Spießer von damals [...] Ja, es war ein seelenvoller Kampf gegen die Erlebnislosigkeit, gegen die Stumpfheit, Trägheit, Gemeinheit der Philisterwelt. Im Café, da war noch die Seele etwas wert [...] Auch der Furchtsame, Schweigsame lernte das Reden und den Ausdruck. Man lernte sich auf das zu besinnen, was einem wirklich am Herzen lag [...] Was lag in der Luft? In der Luft lag vor allem van Gogh, Nietzsche, auch Freud, Wedekind. Gesucht wurde ein postrationaler Dionysos.[7]

Wie die Psychoanalyse (die damals auch ihrerseits noch etwas Avantgardistisches hatte) suchten die Anhänger Nietzsches die Tiefen des Irrationalen zu erkunden. Auch sie waren fasziniert vom Dunkel des Unbewußten. Bekannt ist Freuds komplexes, hochgradig ambivalentes Verhältnis zu Nietzsche. Er leugnete, von ihm beeinflußt zu sein - ja, er vermied es absichtlich, ihn zu lesen, um sich von seinem Einfluß frei zu halten. Doch er »sagte mehrere Male, Nietzsche habe eine tiefere Selbsterkenntnis gehabt als je ein Mensch vor ihm oder nach ihm. Von seiten des ersten Erforschers des Unbewußten ist das ein schönes Kompliment«.[8] Es gab thematisch eine Affinität zwischen Freud und Nietzsche. Beiden ging es darum, auf teleologische und metaphysische Erklärungen zu verzichten und tieferliegende Regungen zu demaskieren. Beide betonten die Notwendigkeit einer »Selbsterschaffung« des Menschen (auch wenn sie darunter jeweils etwas anderes verstanden). Beide formulierten, wie Jung bemerkte, eine grundlegende Kritik an ihrer eigenen Zeit und suchten nach einer Antwort auf die Krankheit des 19. Jahrhunderts.[9]

---

7 Ernst Blass »Das alte Café des Westens« in: Paul Raabe (hrsg.) *Expressionismus. Aufzeichnungen und Erinnerungen der Zeitgenossen*, Olten und Freiburg i. B.: Walter Verlag 1965, S. 37f.

8 Ernest Jones, *The Life and Work of Sigmund Freud*, Bd. 2, *Years of Maturity 1901-1919*, New York: Basic Books 1955, S. 343ff.; dt.: *Das Leben und Werk von Sigmund Freud*, Bern, Stuttgart und Wien : Huber 1978, Bd. 2, S. 405f. Eine detaillierte Untersuchung von Freuds Verhältnis zu Nietzsche findet sich bei Henri Frédéric Ellenberger, *The Discovery of the Unconscious. The History and Evolution of Dynamic Psychiatry*, New York: Basic Books 1970, S. 271ff.; dt.: *Die Entdeckung des Unbewußten. Geschichte und Entwicklung der dynamischen Psychiatrie von den Anfängen bis zu Janet, Freud, Adler und Jung*, Bd. I, Bern, Stuttgart, Wien: Huber 1973, S. 382f. Vgl. ferner den ausgezeichneten Aufsatz von Lorin Anderson »Freud, Nietzsche« in: *Salmagundi* 47-48 (Winter-Spring 1980).

9 Vgl. C.G. Jung, *Nietzsches »Zarathustra«. Notes on the Seminar Given in 1934-1939*, a.a.O., Bd. 2, S. 1354, Anm. 8. Vgl. ferner Richard Rorty, *Contingency, Irony, and Solidarity*, Cambridge: Cambridge University Press 1989, Kap. 3 »The Contingency of Selfhood«; dt.: *Kontingenz, Ironie und Solidarität*, Frankfurt a. M.: Suhrkamp 1992, Kap. 2 »Die Kontingenz des Selbst«.

Für unsere Untersuchung sind jedoch die Unterschiede zwischen beiden ebenso wichtig wie ihre Gemeinsamkeiten. Verschiedene Autoren haben darauf verwiesen, daß bei Freud das Unbewußte demokratisiert erscheint: Das Projekt einer »Selbsterschaffung« des Menschen blieb bei ihm, anders als bei Nietzsche, nicht auf einige wenige beschränkt.[10] Darüber hinaus bestand Freud im Gegensatz zu Nietzsche und seinen Anhängern darauf, daß sich seine Untersuchungen in einem »wissenschaftlichen« Rahmen bewegten (obwohl er die im 19. Jahrhundert üblichen Konventionen des Positivismus eindeutig hinter sich ließ). Nach Auffassung von Jung war Nietzsche, gerade weil Freud eher individualistisch und rationalistisch eingestellt war, der scharfsichtigere und auf eine tiefere Wirklichkeit eingestimmte Denker:[11]

> Es ist eine große Entdeckung, daß es unter oder neben der eigenen Psyche, dem eigenen Bewußtsein oder Geist eine andere Intelligenz gibt, die man selbst nicht gemacht hat und von der man abhängig ist. Wie Sie sehen, besteht Freuds große Angst darin, daß es etwas außerhalb geben könnte, was nicht ›Ich‹ ist. Wer behaupten wollte, daß es außerhalb des eigenen Geistes eine größere Intelligenz gibt, der müßte verrückt sein. Eben wie Nietzsche. Doch zu Freuds Unglück war Nietzsche nicht der einzige, dem solche Gedanken gekommen waren. Vielmehr waren Jahrtausende vor Nietzsche davon überzeugt, daß die Intelligenz des Menschen nicht das letzte Wort ist, daß auch sein Geist hervorgegangen ist aus etwas, das im Jenseits bleibt – daß wir uns also nicht machen, sondern gemacht werden. Ihr Geist ist nicht der Schöpfergott, der eine Welt als ganzes hervorgehen läßt aus dem Nichts. Er ist seinerseits vorbereitet und hergestellt. Dem Bewußtsein voraus liegt ein Unbewußtes, aus dem es einst entstanden ist. Und das ist eine Intelligenz, die gewiß grenzenlos über die unsere hinausreicht.[12]

Nach Meinung von Freudianern wie Arnold Zweig jedoch war es gerade dieses Verlangen, sich das Unbewußte ebenso nutzbar zu machen und es zu behandeln wie es

---

10 Vgl. Phillip Rieff, *Freud. The Mind of the Moralist.* New York: Harper & Row 1961, S. 36. Vgl. ferner: »Niemand ist für Freud durch und durch farblos, weil es ein farbloses Unbewußtes nicht gibt. Nützlicher und plausibler als Nietzsche ist Freud deswegen, weil er nicht die große Mehrheit der Menschen so herabsetzt, daß sie im Sterben wie Tiere sind. Denn Freuds Darstellung der unbewußten Phantasie lehrt uns, jedes menschliche Leben als ein Gedicht zu sehen, jedes menschliche Leben, das vom Schmerz so weit verschont bleibt, jedes solche Leben sieht er als den Versuch, sich in seine eigenen Metaphern einzuhüllen.« Richard Rorty, *Contingency, Irony, and Solidarity*, a.a.O., S. 35f.; *Kontingenz, Ironie und Solidarität*, a.a.O., S. 72.

11 Nietzsche wurde jedoch zuweilen beschuldigt, allzu »materialistisch« zu sein. Dieser Vorwurf galt vor allem seiner Ansicht, daß die Menschen Werte erfanden, die über die Triebsphäre hinauszugehen vermochten. In der Hinsicht wurden sowohl Freud wie Nietzsche schuldig gesprochen: »Es war die alte euhemeristische Hypothese, der Mensch habe die Götter erfunden. Ihr entsprechend behauptete er [Nietzsche], der Mensch habe auch die Moral erfunden. Das war die materialistische Auffassung seiner Zeit. Und sehen Sie, genau darin liegt Freuds bedeutsamstes Vorurteil. Er glaubt, die Menschen hätten etwas erfunden, was einen Trieb verdrängen kann. Selbstverständlich kann ein Trieb durch nichts außer eben durch einen anderen Trieb verdrängt werden. Es geht hier um einen Triebkonflikt.« C.G. Jung, *Nietzsches »Zarathustra«. Notes on the Seminar Given in 1934-1939*, a.a.O., Bd. 1, S. 649f. [A.d.Ü.: vgl. Kap. 1, Anm. 23]

12 C.G. Jung, *Nietzsches »Zarathustra«. Notes on the Seminar Given in 1934-1939*, a.a.O., Bd. 1, S. 370f.

zu verstehen, das Freud eindeutig gegenüber Nietzsche (und wohl auch Jung!) einen Vorteil verschaffte. Pointierend gab Arnold Zweig 1936 einem Aufsatz über Freuds Leben und Werk den Titel »Apollon bewältigt Dionysos«.[13] Schon vorher hatte er Freud einen Brief geschrieben, in dem er ihn mit Nietzsche verglich:

> Ich sehe nämlich die Sache so, daß Sie alles getan haben, was Nietzsche intuitiv als Aufgabe empfand, ohne doch imstande zu sein, es mit seinem von genialen Inspirationen durchleuchteten Dichteridealismus auch wirklich zu erreichen. Er versuchte, die Geburt der Tragödie zu gestalten, Sie haben es in Totem und Tabu getan, er ersehnte ein Jenseits von Gut und Böse, Sie haben durch die Analyse ein Reich aufgedeckt, auf das zunächst einmal dieser Satz paßt. Die Analyse hat sich alle Werte umgewertet, sie hat das Christentum überwunden, sie hat den wahren Antichrist gestaltet und den Genius des aufsteigenden Lebens vom asketischen Ideal befreit.
>
> Sie hat den Willen zur Macht auf das zurückgeführt, was ihm zu Grunde liegt [...] und, dank der Tatsache, daß Sie ein Naturforscher sind und ein Schritt für Schritt vorwärtsgehender Psychologe dazu, das erreicht, was Nietzsche gern vollbracht hätte: die wissenschaftliche Beschreibung und Verständlichmachung der menschlichen Seele – und darüber hinaus, da Sie ja Arzt sind, ihre Regulierbarkeit, den heilenden Eingriff gelehrt und geschaffen.[14]

Während die Psychoanalyse sich um öffentliche Anerkennung bemühte, ergötzte sich der Nietscheanismus, sehr zur Bestürzung seiner vernünftigeren Anhänger, an seinem schlechten Ruf.[15] Nietzsches Immoralismus, seine Angriffe auf das Gewissen und sein Lob einer kriminellen seelischen Gesundheit[16] boten verlockende Anleitungen zu offenen Attacken gegen bürgerliche Ehrbarkeit und für die Möglichkeiten zügelloser Befreiung. Ein enthusiastischer Anhänger Nietzsches schrieb damals: »Ich glaube, die Besten und Stärksten schickt man heute in die Zuchthäuser.« Denn dort sollte die Selektion der kommenden Übermenschen beginnen.[17]

Mit ihrer nachhaltigen Neigung zur Wissenschaftsfeindlichkeit und zum Antirationalismus sowie mit ihrer wilden dionysischen Rhetorik suchten die literarischen Anhänger Nietzsches in ihren Romanen, Gedichten und Polemiken die amoralischen Potentiale des Unbewußten freizusetzen.[18] In Italien schrieb Gabriele d'An-

---

13 Arnold Zweig »Apollon bewältigt Dionysos« in: *Das Neue Tagebuch* 18 (1936).

14 Sigmund Freud und Arnold Zweig: *Briefwechsel*, hrsg. Ernst L. Freud, Frankfurt a. M.: S. Fischer 1968, S. 35f.

15 Von den entsprechenden Zirkeln um die Jahrhundertwende schrieb Thomas Mann 1914 voller Entsetzen: »Sie glaubten ihm einfältig den Namen des ›Immoralisten‹, den er sich beigelegt; sie sahen nicht, daß dieser Abkömmling protestantischer Geistlicher der reizbarste Moralist, der je lebte, ein Moralbesessener [...] gewesen war.« Thomas Mann, *Betrachtungen eines Unpolitischen*, a. a. O., S. 541.

16 Vgl. hierzu die entsprechenden Passagen in Nietzsches *Nachgelassenen Fragmenten* und in seiner Schrift *Morgenröte. Gedanken über die moralischen Vorurteile.*

17 Leo Berg, *Der Übermensch in der modernen Literatur*, Paris, Leipzig und München: Albert Langen 1897, S. 269ff. zit. nach Hubert Treiber »Nietzsches ›Kloster für freiere Geister‹: Nietzsche und Weber als Erzieher«, a. a. O., S. 149, Anm. 39.

18 Die Liste von Schriftstellern, die in ihren Werken Themen Nietzsches aufgriffen, ist lang. Zu den bekannteren gehören Hermann Bahr, Richard Dehmel, Albert Kniepf und Karl Henckell.

nunzio (1863-1938), der spätere Führer der ersten faschistischen Republik in Fiume, Romane wie *Trionfo della morte* (1894) und *La vergine delle rocce* (1896), in denen der mediterrane Übermensch die verborgenen Aspekte seines Selbst im Angesicht der Erfahrung des Perversen und Exotischen sowie in der besonderen Wollust des Todes entdeckt. Bis 1899 war d'Annunzio zwar ins Deutsche übersetzt worden, doch lange vorher schon war in Deutschland eine Literatur entstanden, die sich ähnlichen Themen widmete.[19] Der Held von Hermann Conradis 1887 erschienenem Roman *Phrasen* beispielsweise war ein selbstbewußter Nietzscheaner, der glaubte, die ersehnte Unschuld in seiner großen Leidenschaft für eine Prostituierte finden zu können.[20] Gleichzeitig erschien eine große Zahl von feministischen Romanen - wie etwa Mathieu Schwanns *Liebe* (1901) -, in denen in der Nachfolge Zarathustras eine Poetik der Liebe gepredigt und die Sehnsucht nach sexueller Befreiung dargestellt wurde.[21]

Dieser radikal libertäre Nietzscheanismus mit seiner emanzipationsorientierten Erotik blieb indes nicht auf literarische Fiktionen beschränkt. Manche entwickelten ihn entschlossen weiter zu einem alternativen, außer- und antibürgerlichen Lebensstil. Ebenso berühmt wie berüchtigt ist die Geschichte von Otto Gross (1877-1920), in der einige der extremeren Tendenzen der Zeit zusammentreffen. Gross war bereits in der Frühzeit der Psychoanalyse ein brillanter Analytiker, der jedoch kaum in den üblichen Rahmen dieser Disziplin paßte und sich rasch mit deren erstarkender Orthodoxie überwarf. Als Drogensüchtiger und Bohémien, als sexueller wie kultureller Revolutionär, als Anarchist und Paranoiker wurde er zum eingeschworenen Feind dessen, was er als die repressive, autoritäre und patriarchalische Ordnung seiner Zeit betrachtete.[22] Verkörpert erschien diese Ordnung in seinem Vater, einem renommierten positivistischen Kriminologen. Beide standen für einander diametral

---

19 Auf deutsch erschien von Gabriele d'Annunzio, *Der Triumph des Todes*, Berlin: S. Fischer 1899. In deutscher Übersetzung erschien auch d'Annunzios *In Memoriam Friedrich Nietzsche*, Leipzig: Insel 1906. In dieser Schrift wurde Nietzsche als Sohn der Griechen bezeichnet; sie hob die barbarischen Elemente seines Schaffens hervor. Vgl. ferner Robert E. McGinn »Verwandlungen von Nietzsches Übermenschen in der Literatur des Mittelmeerraumes. D'Annunzio, Marinetti und Kazantzakis« in: *Nietzsche-Studien* 10/11 (1981/82) S. 599.

20 Vgl. die ausgezeichnete Schilderung bei R.A. Nicholls »Beginning of the Nietzsche Vogue in Germany« in: *Modern Philology* 56 (1958).

21 Vgl. ferner Grete Meisel-Hess' Roman von 1911 *Die Intellektuellen*.

22 Vgl. zu einer umfassenderen Darstellung von Gross' Leben und Denken Kap. 1 des faszinierenden Buches von Martin Green, *Mountain of Truth. The Counterculture Begins: Ascona 1900-1920*, Hanover N.H. und London: University Press of New England 1986. Im folgenden stütze ich mich zudem auf die Ausführungen von Russell Jacoby, *The Repression of Psychoanalysis. Otto Fenichel and the Political Freudians*, Chicago and London: University of Chicago Press 1986, S. 40-45; dt.: *Die Verdrängung der Psychoanalyse oder Der Triumph des Konformismus*, Frankfurt a.M.: S. Fischer 1985, S. 56-63. Jacoby weist in seiner Darstellung der verdrängten marxistischen Tendenzen der frühen Psychoanalyse auch auf einige Verbindungen zu Nietzsche hin.

entgegengesetzte, auf zwei Generationen verteilte Weltanschauungen. Ihr Konflikt mündete in einen öffentlichen Skandal, als die Zeitungen meldeten, daß der Vater seinen eigenen Sohn in eine Irrenanstalt hatte einsperren lassen.

Wie die Ideen vieler der neuen Nietzscheaner ließen sich auch die Gedanken von Gross nicht in einen konventionellen Rahmen bringen. Die von ihm vertretene Emanzipation vermischte Theoreme Nietzsches mit Bachofens Auffassung vom Matriarchat und einer eigenwilligen Konzeption der Psychoanalyse.[23] Gross zufolge bestand die Aufgabe des Unbewußten darin, als Ferment der Revolution in der Psyche zu fungieren. »Die Psychologie des Unbewußten«, so schrieb er,

> ist die Philosophie der Revolution [...] Die unvergleichliche Umwertung aller Werte, von der die kommende Zeit erfüllt sein wird, beginnt in dieser Gegenwart mit dem Gedanken Nietzsches über die Hintergründe der Seele und mit der Entdeckung der sogenannten psychoanalytischen Technik durch S. Freud.[24]

C. G. Jung, der Analytiker von Gross, beschrieb Freud die Ansichten seines Patienten wie folgt: »Der wahrhaft gesunde Zustand für den Neurotiker sei die sexuelle Immoralität. Damit assoziiert er Sie an Nietzsche.«[25]

Wie Nietzsche ging es auch Gross vor allem um die starken, außergewöhnlichen Individuen. Der Status quo, so argumentierte er, ließ solchen Persönlichkeiten eindeutig keine Möglichkeit der Selbsterfüllung. Von der kapitalistischen Gesellschaft wurden sie pathologisiert, weil die ihnen keinen Spielraum für extravagante Formen der Selbsterfüllung gestattete. Nietzsche hatte diesen Konflikt zwischen Individuum und Gesellschaft erkannt und daher die Disziplin der biologischen Soziologie begründet.[26] Nietzsche, so erklärte Gross, habe zeigen können, daß die Diskrepanzen zwischen individuellen Wünschen und sozialen Anforderungen zwangsläufig »zu einer Ausmerzung gerade der gesündesten und stärksten – mit den größten Expansionstendenzen begabten – Individuen durch die Repressalien von Seiten der Allgemeinheit, zu einer negativen Selektion und damit zu einem Niedergang der Rasse, zu progressivem Zuwachs der hereditären Degeneration« führen müsse.[27]

---

23 Vgl. zu Bachofens Auffassung vom Matriarchat Uwe Wesel, *Der Mythos vom Matriarchat*, Frankfurt a.M.: Suhrkamp 1980.

24 Otto Gross »Zur Überwindung der kulturellen Krise« in: *Die Aktion. Wochenschrift für Politik, Literatur und Kunst* 3 (6. Dezember 1913) S. 384ff.

25 C. G. Jung an S. Freud (25. September 1907) in: *Briefwechsel*, Frankfurt a. M.: S. Fischer 1974, S. 100.

26 Vgl. Wolfgang Schwentker »Leidenschaft als Lebensform. Erotik und Moral bei Max Weber und im Kreis um Otto Gross« in: Wolfgang J. Mommsen und Wolfgang Schwentker (hrsg.): *Max Weber und seine Zeitgenossen*, Göttingen und Zürich: Vandenhoeck & Ruprecht 1988, S. 661-681, hier S. 662.

27 Otto Gross »Die Einwirkung der Allgemeinheit auf das Individuum« in: Otto Gross, *Von geschlechtlicher Not zur sozialen Katastrophe*, (hrsg.) Kurt Kreiler, Frankfurt a. M.: Robinson 1980, S. 17, zit. nach Wolfgang Schwentker »Leidenschaft als Lebensform. Erotik und Moral bei Max Weber und im Kreis um Otto Gross«, a. a. O., S. 664f.

Auch heute noch wird Gross als Nietzscheaner dargestellt.[28] Dennoch läßt sich gerade an ihm zeigen, daß der Nietzscheanismus allzu oft vor allem deshalb Macht erlangen konnte, weil er kein gesondertes und einheitliches System darstellte. Leicht ließ er sich in umfassendere Theorien integrieren und an einen generellen Dissens anpassen, innerhalb dessen er dann nur einen von mehreren Einflüssen repräsentierte. Der Nietzscheanismus gedieh vor allem in synkretistischen politischen wie ideologischen Kontexten. Sorglos und ohne auf ihre Unterschiede zu achten verband Gross in seinen Schriften Theoreme von Marx, Bachofen, Freud und Nietzsche, indem er sich jeweils auf die ihnen gemeinsamen antirepressiven, lebensbejahenden und revolutionären Thesen berief.[29]

Obwohl Gross eine extreme und äußerst eigenwillige Position einnahm, bewegte er sich während der Zeit vor dem Ersten Weltkrieg in einer kleinen, aber bedeutsamen Gegenkultur. Denn er scharte einen Kreis von Adepten um sich. Innerhalb dieses Zirkels wurde (Marianne Weber zufolge) »die Geltung allgemein-verbindlicher Normen des Handelns [...] bezweifelt, man sieht entweder ein ›individuelles Gesetz‹ oder verneint jedes ›Gesetz‹, um über dem sich immer verändernden Strom des Lebens nur das Gefühl walten zu lassen«.[30]

Wie viele der libertären Zirkel des Nietzscheanismus vor dem Ersten Weltkrieg war auch dieser entschieden international. Seine Mitglieder stammten aus mehreren europäischen Ländern und fühlten sich keiner der verschiedenen politischen wie intellektuellen Orthodoxien verpflichtet. Martin Green hat jüngst daran erinnert, daß das wohl bemerkenswerteste Zentrum dieser Gegenkultur sich in dem kleinen schweizerischen Dorf Ascona befand, in dem sich auch Gross häufig aufhielt. Dort kamen einige der bedeutendsten Feministinnen, Pazifisten, Literaten, Anarchisten, modernen Tänzer und Surrealisten zusammen, um ihre radikalen Ideen zu entwickeln und verschiedene »experimentelle Lebensformen« zu erproben. In Ascona orientierte man sich an Tolstoi ebenso wie am Anarchismus und an Naturkulten oder zuweilen gar am Okkultismus.[31] Zu den bekannteren Namen dort gehörten D.H. Lawrence, Franz Kafka, Jung und Hermann Hesse.

---

28 Vgl. Eric Hobsbawn, *The Age of Empire 1875-1914*, New York: Vintage 1989, S. 214; dt.: *Das imperiale Zeitalter 1875-1914*, Frankfurt a.M. und New York: Campus 1989, S.268f.

29 Auch wenn marxistische Ideen bei Gross weniger im Vordergrund standen als anarchistische Einflüsse oder die von Freud und Nietzsche, hinderte das die Zeitschrift *Sowjet* (Mai 1920) nicht, ihn als geistigen Proletarier zu loben. In einer bürgerlichen Welt, so las man dort, habe er Not leiden müssen, weil das der Logik seines Lebens entsprach, die der jener Welt diametral entgegengesetzt war. Vgl. Martin Green, *Mountain of Truth. The Counterculture Begins: Ascona 1900-1920*, a.a.O., S. 47f.

30 Marianne Weber zit. nach Wolfgang Schwentker »Leidenschaft als Lebensform. Erotik und Moral bei Max Weber und im Kreis um Otto Gross«, a.a.O., S. 663.

31 In okkulten Zirkeln berief man sich im allgemeinen auf Nietzsches tiefe Religiosität. Vgl. sein Horoskop mit detaillierten Illustrationen bei Friedrich Schwab »Hinter den Kulissen. Friedrich Nietzsche« in: *Zentralblatt für Okkultismus. Monatsschrift zur Erforschung der gesamten Geheimwissenschaften* 1 (1907/1908).

Der Nietzscheanismus vermischte sich mit all diesen Tendenzen, ohne unbedingt als eigenständiges Programm in Erscheinung zu treten. Als eine Art Subtext, der atmosphärisch überall präsent war, spielte er eine subtilere Rolle. Soweit sich seine Erscheinungsweise in Ascona bestimmen läßt, zeigte er sich dort gewiß nicht in seiner maskulinen oder heroischen Spielart. Die Bewohnerinnen und Bewohner des Monte della verità waren keine Nietzscheaner eines Willens zur Macht, die sich nach dynamischen Ekstasen sehnten. Sie suchten vielmehr Schönheit aus der Bewegung heraus zu schaffen und sich an die schöpferischen Werte des Lebens - vor allem an den des Eros zu halten. Ihre Suche nach Schönheit und Liebe, nach einer Befreiung von Körper und Seele durch Bewegung, fand besonders dynamischen Ausdruck in der Entwicklung des modernen Tanzes. In ihm sollten ihre Auffassungen von einer Selbsterschaffung des Menschen und von einem dionysischen Gemeinschaftsleben zu einer Einheit verschmelzen.

Der Tanz war das Gebiet, auf dem den Bewohnern des Monte della verità der wirkungsvollste Beitrag zur europäischen Hochkultur gelang. Entscheidend war dabei der Einfluß Nietzsches. Denn die Leute in Ascona betrachteten den Tanz nicht als eine Angelegenheit von Spezialisten, sondern als Teil eines größeren Ganzen und als wesentliches Element einer Revolte gegen die repressiven körperlichen und geistigen Zwänge der bürgerlichen Gesellschaft.

Im *Zarathustra* hatte Nietzsche geschrieben, »verloren sei uns der Tag, wo nicht Ein Mal getanzt wurde!«[32] Schon lange vorher hatte er eine Verbindung hergestellt zwischen der Ästhetik und einer kulturellen wie politischen Erneuerung. Sowohl der Tanz wie die Tänzer spielten als sinnliche Verkörperungen seiner libertären Visionen eine zentrale Rolle. *Die Geburt der Tragödie* konzipierte den Tänzer als eine Gestalt voll produktiver Energie; sie handelte von einem gottgleichen Tänzer, der seinerseits zum Kunstwerk wurde. Rudolf von Laban (1879-1958) versuchte, Visionen wie diesen in Ascona Gestalt zu verleihen. Seine Lebensgeschichte veranschaulicht die offenkundige Zweideutigkeit des dionysischen Nietzscheanismus, der sein Heil auf der politischen Rechten suchen und ebenso gut auch in den Anarchismus führen konnte. Die Zeitgenossen sahen in Laban den modernen Tanz verkörpert, und er selbst stilisierte sich zum bärtigen dionysischen Satyr. Er betrachtete sich als unpolitisch, doch sein utopisches Ziel bestand in einer Wiederbelebung jener kollektiven Ekstase, durch die in den Visionen der *Geburt der Tragödie* die Vereinzelung und Entfremdung der Individuen überwunden werden sollte. Er begeisterte sich für »das Zukunftsbild eines Festes, eine Messe des Lebens, bei der alle Mitfeiernden in gemeinsamem Denken, Fühlen und Tun den Weg zu einem hellen Ziel, das Streben nach Erhöhung des eigenen inneren Lichtes suchen«.[33] Mit seinem to-

---

32 Friedrich Nietzsche, *Also sprach Zarathustra*, in: *Werke*, Bd. VI, 1, a.a.O., S. 260.

33 Vgl. Rudolf von Laban, *Ein Leben für den Tanz*, Leipzig: C. Reissner 1935, S. 172, zit. nach Martin Green, *Mountain of Truth. The Counterculture Begins: Ascona 1900-1920*, a.a.O., S. 102.

talen Engagement für den Tanz und mit seiner Erwartung, der Tanz werde das Leben als ganzes erneuern, versuchte Laban, den frühen Nietzsche in die Praxis umzusetzen.

Gerade weil es Laban nicht um die Form, sondern um den Ausdruck, also um ein Gemeinschaftsideal frei von allen Inhalten ging, konnte seine Konzeption einer kollektiven *Geburt der Tragödie* sowohl in Ascona wie bei den Nationalsozialisten Resonanz finden. Nur zu leicht konnte sich Laban zunächst von einem zum anderen bewegen. 1934 wurde er im Nazideutschland zum Direktor der *Deutschen Tanzbühne* ernannt. Dieselbe Dynamik, die zuvor in Ascona seiner libertären Choreographie Gestalt verliehen hatte, wurde nun in den Dienst der Nation gestellt. Am 20. Juni 1936 beobachteten zehntausend Menschen Labans Tanzschauspiel für die Elften Olympischen Spiele. Unter dem Titel »Vom Tauwind und der neuen Freude« verarbeitete es Texte und Themen aus Nietzsches *Also sprach Zarathustra*. Doch den Nazis waren Labans »freie« Inszenierungen verdächtig, und noch vor der wichtigsten Vorstellung dieses Schauspiels erklärten sie ihn zum Staatsfeind.[34]

Konzeptionen des modernen Tanzes erwiesen sich als besonders gut vereinbar mit einem radikalen nietzscheanischen Feminismus. Die in Ascona lebende Tänzerin und enge Vertraute Labans, Mary Wigmann, war eine eifrige Leserin Nietzsches. Ihr ekstatisch obsessiver (ja, wie manche meinten: dämonischer) Tanzstil mit seinen spannungsgeladen wirbelnden, zuckenden und vorwärts drängenden Bewegungen war explizit dionysisch. Zu ihren Tänzen wurden häufig Trommeln geschlagen und Teile des *Zarathustra* rezitiert.[35] Ihre Anhänger sahen in ihr die weibliche Verwirklichung von Nietzsches Programm einer autonomen Selbsterschaffung des Menschen. »Mary Wigman ist schöpferisch. Eine Frau, die aus dem Material ihres Leibes große Kunst formt. Sie ist nicht mehr Anpassung an Männertum. Sie ist souveränes Weib.«[36] Auch sie bewegte sich von einem Radikalismus zum anderen. Ihr Tanz, so schrieb Laban 1934, war deutsch, gerade weil er den Ausdruck und nicht die Formen betonte, und 1935 forderten sowohl Wigman wie Laban eine dem deutschen Mythos verbundene Kunst.

Die Grenzen zwischen dem avantgardistischen Tanz und einem feministisch-erotischen Nietzscheanismus waren fließend. Auch Isadora Duncan, in der Karl Federn

34 Vgl. Martin Green, *Mountain of Truth. The Counterculture Begins: Ascona 1900-1920*, a.a.O., S. 110f.

35 Über diese Art zu tanzen äußert ein Beobachter aus jenen Jahren: »Allerdings mochte ich nicht, daß sie Nietzsche trommelten und tanzten. Wichtiger als die Urbebungen ihrer schönen Seelen war uns die dynamische Aktion gegen die Langeweile des Wiederkäuens in Kunst und Literatur und den Verdruß an festgewachsener, senilgewordener Überlieferung.« Christian Schad »Zürich/Genf: Dada« in: Paul Raabe (hrsg.): *Expressionismus. Aufzeichnungen und Erinnerungen der Zeitgenossen*, a.a.O., S. 171.

36 Vgl. Rudolf von Delius, *Mary Wigman*, Dresden: C. Reissner 1925, S. 32, zit. nach Martin Green, *Mountain of Truth. The Counterculture Begins: Ascona 1900-1920*, a.a.O., S. 193.

den Geist Nietzsches verkörpert sah,[37] war von Ascona begeistert. Und voller Begeisterung las sie 1902 in Berlin gemeinsam mit Federn die Schriften Nietzsches. Sie bekannte, von dieser Philosophie verführt und überwältigt zu sein. »Nietzsches Geist nahm mich vollkommen gefangen [...]«[38] Nietzsche war für sie »der erste Philosoph des Tanzes«.[39] Und ihrer Autobiographie stellte sie als Motto seine Worte voran: »Wenn meine Tugend eines Tänzers Tugend ist, und ich oft mit beiden Füßen in gold-smaragdenes Entzücken sprang [...] Und wenn das mein A und O ist, dass alles Schwere leicht, aller Leib Tänzer, aller Geist Vogel werde: und wahrlich, das ist mein A und O! – «[40] In ihrer Vorlesung über den *Tanz der Zukunft* von 1903 faßte sie ihre Vision einer Überfrau nach der Umwertung aller Werte in einer eindeutig von Nietzsche beeinflußten Sprache zusammen: »Ja, sie wird kommen, die Tänzerin der Zukunft, sie wird kommen als der freie Geist, der in dem Leibe des freien Leibes der Zukunft wohnen wird. Sie wird herrlicher sein, als irgend ein Weib, das gelebt hat; schöner als die Ägypterin, als die Griechin, als die Italienerin der Frühzeit, als alle Frauen vergangener Jahrhunderte! Ihr Kennzeichen wird sein: der höchste Geist in dem freiesten Körper!«[41]

Das exotischste Beispiel eines derartigen Radikalismus bot ohne Zweifel Valentine de Saint-Point (1875-1953), die Verfasserin des unerhörten »Futuristischen Manifests der sinnlichen Begierde« von 1913. Die Urenkelin von Alphonse de Lamartine war Tänzerin und zugleich eine Tanztheoretikerin, die eigene Choreographien im Théâtre des Champs-Élysées (1913) und an der Metropolitan Opera (1917) vorführte. Das Manifest, das Valentine de Saint-Point an jene Frauen richtete, die nur dachten, was sie auszusprechen wagte, stellte fast schon die Parodie eines eklektischen, erotisch-libertären Nietzscheanismus dar. In ihren Visionen repräsentierten Frauen das große belebende Prinzip, dem alles als Opfer dargebracht wird.

Die Begierde ist, ohne moralische Scheuklappen betrachtet, ein wesentlicher Bestandteil der Dynamik des Lebens, eine Kraft.

Bei einer starken Rasse ist die Begierde ebenso wenig wie der Stolz eine Todsünde. Denn die Begierde ist wie der Stolz eine vorwärtstreibende Tugend, eine mächtige Quelle von Energien.

---

37 Vgl. Karl Federns Einleitung zu Isadora Duncan, *Der Tanz der Zukunft. Eine Vorlesung*, Leipzig: Eugen Diederichs 1903, S. 7. Federn zitiert dort Nietzsche: »›Im Tanze nur weiß ich der höchsten Dinge Gleichnis zu reden‹ – ihre Tänze versuchen Gleichnisse der höchsten Dinge zu sein.« Nicht zufällig wurde diese Vorlesung von Eugen Diederichs veröffentlicht. Diederichs war ein leidenschaftlicher Anhänger des modernen Tanzes, den er als Teil einer allgemeinen Erneuerung, als Abkehr von den allzu verstädterten und entfremdeten Lebensformen des wilhelminischen Deutschland betrachtete. Vgl. Martin Green, *Mountain of Truth. The Counterculture Begins: Ascona 1900-1920*, a.a.O., S. 171f.

38 Vgl. Isadora Duncan, *My Life*, New York: Liveright 1942, S. 141; dt.: *Memoiren*, Wien: Amalthea-Verlag 1928, S. 139.

39 Vgl. Isadora Duncan, *My Life*, a.a.O., S. 341; dt.: *Memoiren*, a.a.O., S. 346.

40 Friedrich Nietzsche, *Also sprach Zarathustra*, in: *Werke*, Bd. VI, 1, a.a.O., S. 286.

41 Isadora Duncan, *Der Tanz der Zukunft. Eine Vorlesung*, a.a.O., S. 45f. Vgl. Martin Green, *Mountain of Truth. The Counterculture Begins: Ascona 1900-1920*, a.a.O., S. 169. Duncan verband Nietzsche mit Wagner und seiner Musik der Zukunft.

Die Begierde ist [...] eine Synthese des Sinns und der Sinne, die zur größten Befreiung des Geistes führt...

Die Begierde ist ein Akt der Schöpfung, ist Schöpfung...

Allein die christliche Moral verfiel, im Gefolge der heidnischen, fatalerweise der Gewohnheit, die Begierde als Schwäche zu betrachten. Aus der gesunden Freude, welche die Blüte des Fleisches in all seiner Macht darstellt, hat sie etwas Unanständiges gemacht, das es zu verbergen gilt, ein Laster, das verleugnet werden soll. Sie hat sie bedeckt mit Heuchelei und zur Sünde erklärt...

*Wir aber müssen aus der Begierde ein Kunstwerk machen.*[42]

Nicht einmal die freimütigsten Anhängerinnen Nietzsches in der deutschen Frauenbewegung hätten von dem zu träumen gewagt, was Saint-Point in ihrem Manifest vortrug: »Ein starker Mann muß die Potenz seines Fleisches und Geistes voll verwirklichen. Es steht den Eroberern zu, ihre Begierde zu befriedigen. Nach einer Schlacht, in der Männer gefallen sind, *ist es normal, wenn die Sieger im eroberten Land zu Vergewaltigern werden, damit neues Leben geschaffen wird.*«[43]

Neben ihrer Tätigkeit als Tänzerin wirkte Valentine de Saint-Point als Dramatikerin, Lyrikerin und Romanautorin. Ihre Themen umfaßten den Krieg, den Tod, die Triebe und das weibliche Begehren. Ihr »Manifest der futuristischen Frau« (1912) stand eindeutig unter dem Einfluß Nietzsches.[44] In ihm übertrug sie die Vorstellung des Übermenschen in den neuen Mythos einer vermännlichten Überfrau. Es sei absurd, so behauptete sie, die Menschheit in Frauen und Männer einzuteilen; denn sie bestehe nur aus »Weibheit« und »Mannheit«. Vollkommene Wesen, also Helden und Übermenschen, vereinigten beide in sich. »Ein nur-männliches Individuum ist ein Vieh; ein nur-weibliches Individuum ein Weibchen.« Doch Valentine de Saint-Point glaubte (wie übrigens auch ihre futuristischen Mitstreiter), eine im wesentlichen schwache, mithin feminine Epoche der Geschichte zu durchleben, in der es sowohl Männern wie Frauen an »Mannheit« fehlte. Beiden müßte man »ein neues Energiedogma auferlegen, um *endlich* zu einer höheren Menschheit zu gelangen [...] Die Bestie soll man als Beispiel wählen.« Weiblichkeit jedenfalls schien gewiß nicht wünschenswert. Denn die Frau hatte sich bändigen lassen: »Aber schrei ihr ein neues Wort zu, stoß einen Kriegsschrei aus, und freudig wird sie wieder ihrem Instinkt folgen und zu ungeahnten Eroberungen voranschreiten [...] Möge die Frau ihre Grausamkeit, ihre Heftigkeit wiederfinden, die sie auf den Besiegten losstürzen läßt, weil er eben besiegt ist, die sie so weit treibt, ihn zu verstümmeln.«

Da diese nietzscheanische Dynamik natürlich nicht allzu lang durchzuhalten war, wandte sich Valentine de Saint-Point, nachdem sie Anfang 1914 die futuristische Be-

---

42 Valentine de Saint-Point »Futurist Manifesto of Lust 1913« in: Umbro Apollonio (ed.), *Futurist Manifestos*, London: Thames and Hudson 1973, S. 70-74.

43 Valentine de Saint-Point »Futurist Manifesto of Lust 1913«, a.a.O., S. 71.

44 Dieses Manifest erschien auf deutsch zuerst als Valentine de Saint-Point »Manifest der futuristischen Frau« in: *Der Sturm* 3 (Mai 1912) Nr. 108, S. 26f.; später auch in: Peter Demetz (hrsg.), *Worte in Freiheit. Der italienische Futurismus und die deutsche literarische Avantgarde (1912-1934)*, München und Zürich: Piper 1990, S. 178-182.

wegung verlassen hatte, der Esoterik zu. Sie ging nach Ägypten und konvertierte zum Islam. Sie nannte sich nun Raouhya Nour el Dine und bekannte sich zum arabischen Nationalismus, den sie mit der Zeitung *Le Phoenix* unterstützte.[45]

Als radikal moderne und nationalistische Bewegung, die sich vor allem auf Nietzsche stützte, blieb der Futurismus zunächst auf Italien beschränkt.[46] Im kaiserlichen Deutschland gab es in Kreisen der Avantgarde keinerlei Bestrebungen, die Geschwindigkeit und Technik in ähnlicher Weise proto-faschistisch zu verherrlichen. Erst während der Weimarer Republik trat ein radikal nationalistischer Maschinenkult in Erscheinung.[47] Selbstverständlich zog die Moderne nicht notwendig eine spezifische Einstellung zur industriellen Gesellschaft nach sich. Ihre von Nietzsche beeinflußten Besonderheiten - die radikale Infragestellung jedes herkömmlichen Kanons, ihre expressive eher als mimetische Einstellung, ihre Überzeugung, daß Wahrheit, Werte und Schönheit von Menschen geschaffen und nicht objektiv gegeben sind - konnten sowohl für wie gegen diese Gesellschaft eingesetzt werden: als überschwengliche Feier der technischen Welt der Moderne wie als Fluch über ihre Entfremdung. Vor 1914 trat die Moderne in Deutschland in der besonderen Form des Expressionismus hervor, einer Bewegung also, die zur industriellen und technischen Ordnung ein bezeichnenderweise ambivalenteres Verhältnis hatte als der Futurismus.[48]

In buchstäblich allen seinen Formen - in Malerei, Bildhauerei, Architektur und Literatur, im Drama und in der Politik - stand der Expressionismus mit Nietzsche in Verbindung. Obwohl es einige Ausnahmen gab, waren die meisten Expressionisten - in der einen oder anderen Weise - entweder überzeugte Anhänger Nietzsches oder Nietzscheaner durch Osmose.[49] Der talentierteste und problematischste der

---

45 Vgl. Karl Gunnar Pontus Hulten (ed.), *Futurism and Futurisms,* New York: Abbeville Press 1986, S. 562.

46 Vgl. zu einem enzyklopädischen Überblick über den Futurismus und seine Verbindungen zu Nietzsche Karl Gunnar Pontus Hulten (ed.), *Futurism and Futurisms,* a.a.O.

47 Vgl. Jeffrey Herf, *Reactionary Modernism. Technology, Culture, and Politics in Weimar and the Third Reich,* Cambridge: Cambridge University Press 1984.

48 Maßgeblich ist hier immer noch das Buch von Walter H. Sokel, *The Writer in Extremis. Expressionism in Twentieth-Century German Literature,* Stanford: Stanford University Press 1959; dt.: *Der literarische Expressionismus. Der Expressionismus in der deutschen Literatur des zwanzigsten Jahrhunderts,* München: A. Langen und G. Müller 1959.

49 Vgl. zur Auswirkung dieser Bewegung auf die Architektur Wolfgang Pehnt, *Die Architektur des Expressionismus,* Stuttgart: Hatje 1981. Es gibt viele Darstellungen Nietzsches von expressionistischen Künstlern. Munch malte ihn und Otto Dix verfertigte eine Skulptur von ihm. Vgl. Jürgen Krause, *»Märtyrer« und »Prophet«: Studien zum Nietzsche-Kult in der bildenden Kunst der Jahrhundertwende,* a.a.O., Illustr. 23, 31. Die Verbindungen zwischen Nietzsche und dem Expressionismus werden dargestellt bei Stephen Eric Bronner und Douglas Kellner (eds.), *Passion and Rebellion. The Expressionist Heritage,* New York: J.F. Bergin 1983. Von Nietzsche ist in diesem Band an vielen Stellen, vor allem aber in den Kap. 1 und 8 die Rede. Die These vom osmotischen Einfluß Nietzsches wurde vertreten von Wolfgang Paulsen, *Georg Kaiser. Die Perspektiven seines Werkes,* Tübingen: M. Niemeyer 1960, S. 104. Verschiedene Monographien stellen die Beziehung einzelner Expressionisten zu Nietzsche dar. Vgl. G.C. Tuntall »The Turning Point in Georg Kaiser's Atti-

deutschen Expressionisten, Gottfried Benn, faßte die Beziehung seiner Generation zu Nietzsche folgendermaßen zusammen:

Eigentlich hat alles, was meine Generation diskutierte, innerlich sich auseinanderdachte, man kann sagen: erlitt, man kann auch sagen: breittrat - alles das hatte sich bereits bei Nietzsche ausgesprochen und erschöpft, definitive Formulierung gefunden, alles Weitere war Exegese. Seine gefährliche stürmische blitzende Art, seine ruhelose Diktion, sein Sichversagen jeden Idylls und jeden allgemeinen Grundes, seine Aufstellung der Triebpsychologie des Konstitutionellen als Motiv, der Physiologie als Dialektik - ›Erkenntnis als Affekt‹, die ganze Psychoanalyse, der ganze Existentialismus, alles dies ist seine Tat. Er ist, wie sich immer deutlicher zeigt, der weitreichende Gigant der nachgoetheschen Epoche.[50]

Den Expressionisten erschien die Erkenntnistheorie Nietzsches als Befreiung, weil sie metaphysische Wahrheiten und die Objektivität der Wirklichkeit zu wenig mehr als zu Illusionen erklärte. Kurt Pinthus, der Herausgeber der wichtigsten expressionistischen Anthologie *Menschheitsdämmerung*, faßte dies in die Sätze zusammen: »Die Wirklichkeit ist nicht außer uns, sondern in uns [...] Alle großen Ideen der Menschheit erzeugten sich nicht durch den Zwang der Tatsachen, nicht durch die Forderungen der Wirklichkeit, sondern unmittelbar aus dem selbstschöpferischen, zukunftgerichteten Geist des Menschen.«[51] Dennoch war die Krise da, und niemand erfaßte sie in ihrer Tragweite schärfer als Gottfried Benn. Er erkannte, daß die Welt Nietzsches eine nihilistische Welt nach dem Ende der Götter war, in der kein philosophisches System möglich - oder auch nur wünschbar erschien. Schon sehr früh skizzierte er jene Themen, auf die die Adepten Nietzsches gegen Ende des 20. Jahrhunderts verfielen. Nietzsche, so schrieb er, hatte Philosophie, Theologie, Philologie, Biologie, Kausalität und Politik ebenso zerstört wie den Eros, die Wahrheit, das Sein und die Identität. Es gab keinen verbindlichen oder archimedischen Punkt irgendeines Transzendentalismus mehr. Nietzsche hatte bewiesen, daß es ein Trugschluß ist, die Menschen verfügten von sich aus über metaphysischen Gehalt. Ihm zufolge gab es keineswegs so etwas wie eine »Person« - es gab nur Symptome. Grundlegend an Nietzsche, so betonte Benn, war die Wendung vom Inhalt zum Ausdruck, die Auslöschung der Substanz zugunsten der Expression.[52]

---

tude toward Friedrich Nietzsche« in: *Nietzsche-Studien* 14 (1985); H.W. Reichert »Nietzsche und Carl Sternheim« in: *Nietzsche-Studien* 1 (1972). Erstaunlicherweise bringt R. Hinton Thomas buchstäblich gar nichts zu diesem Thema, obwohl er ein Buch geschrieben hat, in dem Nietzsche eine wichtige Rolle spielt. Vgl. Richard Samuel und R. Hinton Thomas, *Expressionism in German Life, Literature and the Theatre (1910-1924)*, Cambridge: W. Heffer and Sons 1939.

50 Gottfried Benn »Nietzsche nach fünfzig Jahren« in: *Gesammelte Werke*, hrsg. Dieter Wellershoff, Bd. 4, München: dtv 1975, S. 1046.

51 Kurt Pinthus »Rede für die Zukunft« in: *Die Erhebung. Jahrbuch für neue Dichtung und Wertung*, 1 (1919) S. 398-422, hier S. 410-412. Zit nach Tibor Kneif »Ernst Bloch and Musical Expressionism« in: Stephen Eric Bronner und Douglas Kellner (eds.), *Passion and Rebellion. The Expressionist Heritage*, a.a.O., S. 343.

52 Vgl. Gottfried Benn »Nietzsche nach fünfzig Jahren«, a.a.O.

Der freie und schöpferische Ausdruck aber war vor allem Sache der Künstler. Vor dem Ersten Weltkrieg hielt sich der deutsche Expressionismus an Nietzsches elitäre Vision von der erhabenen, wenn auch schmerzhaften Rolle des einsamen Künstlers als Übermenschen, der in seinem Schaffensprozeß durchlitt, was die Herde nie wahrhaben würde. Angesichts des Konformitätsdrucks der Bourgeoisie und der heraufkommenden Massengesellschaft nahm der expressionistische Künstler typischerweise die Haltung eines elitären nietzscheanischen Immoralismus ein. In der metaphorischen Landschaft der einsamen Höhen Zarathustras und im Schatten von Gottes Tod stand er jenseits der konventionellen Auffassungen von Gut und Böse: ein nietzscheanisches Gesetz kraft eigener Macht. So nimmt sich beispielsweise in Paul Kornfelds Drama »Die Verführung« (1916) der verfemte und ausgestoßene Held das Recht, einen Bourgeois allein deshalb zu töten, weil er von ihm angewidert ist. Als Georg Kaiser wegen seiner Schulden unter Anklage gestellt wurde, verkündete er: »Unsinnig ist der Satz: ›Alles ist gleich vor dem Gesetz‹.« Für ein Genie sei der schöpferische Akt, die Erschaffung des Sinns, das höchste, auch »wenn Frau und Kinder darüber zu Blut werden sollten [...]«[53]

Solcher Immoralismus ging schließlich gar dazu über, den Wahnsinn zu feiern. Dem Expressionismus erschien er nachgerade als Erleuchtung. Die Sprache der Geisteskranken brachte die Freiheit von den Konventionen des Alltags und von dessen tyrannischen Reglementierungen zum Ausdruck.[54] In gewisser Hinsicht wurde der Geisteskranke als Verkörperung einer befreienden Gesetzlosigkeit begriffen. Georg Heym vertraute 1906 seinem Tagebuch seine Sehnsucht an, selbst zum Übermenschen zu werden.[55] In der Geschichte »Der Irre« gab er diesem Antrieb bis zum äußersten nach. Der Wahnsinn wird in ihr als letztes Heil geschildert. Weil gewöhnliche Gesetze für jene nicht gelten, die verrückt sind, wird die Geisteskrankheit mit der vollendeten Befreiung gleichgesetzt und im letzten Bild der Geschichte symbolisiert: der Irre schwebt wie ein Vogel über die Wirklichkeit empor.[56]

Nietzsches Bemerkung, »Alle geordnete Gesellschaft schläfert die Leidenschaften ein«, war zugleich typisch für die expressionistische Kritik an der mortifizierenden Welt des Bürgertums. Wie andere Teile der Avantgarde verbanden auch die Expressionisten ihre Ablehnung der zeitgenössischen Gesellschaft mit der Hoffnung

53 Zit. nach Walter H. Sokel, *The Writer in Extremis. Expressionism in Twentieth-Century German Literature*, a.a.O., S. 66; dt. *Der literarische Expressionismus* , a.a.O., S. 87f.

54 Vgl. Wieland Herzfelde »Die Ethik der Geisteskranken« in: *Die Aktion* 4 (1914) Sp. 298-302. Vgl. ferner das Kap.5 von Augustinus Petrus Dierick, *German Expressionist Prose. Theory and Practice,* Toronto: University of Toronto Press 1987.

55 »O daß es mir gelingen möchte, mein Leben nun umzugestalten, um ein Pfeil zum Übermenschen zu werden.« Georg Heym, *Dichtungen und Schriften*, Bd. 3, hrsg. K.L. Schneider, Hamburg: Ellermann 1960, S. 44. Vgl. Richard Frank Krummel, *Nietzsche und der deutsche Geist*, Bd. 2, a.a.O., S. 232.

56 Vgl. »Der Irre« in: Georg Heym, *Der Dieb. Ein Novellenbuch*, Leipzig: E. Rowohlt 1913. Vgl. die umsichtige Analyse bei Augustinus Petrus Dierick, *German Expressionist Prose. Theory and Practice,* a.a.O., S. 204-208.

auf vitalistische, dionysische Lösungen. Vor allem aber lehnten sie das Apollinische ab, das sie wegen seiner Ordnungsvorgaben als einschränkend empfanden: »Selbst die Bildwerke der Griechen«, schrieb Kurt Pinthus, »streben [...] nicht ›edle Einfalt und stille Größe‹ an.«[57]

Viele Expressionisten wiederholten mehr oder weniger Nietzsches Invektiven gegen die Wissenschaft im Namen einer Philosophie des Lebens: »Soll nun das Leben über das Erkennen, über die Wissenschaft, soll das Erkennen über das Leben herrschen? Welche von beiden Gewalten ist die höhere und entscheidende? Niemand wird zweifeln: das Leben ist die höhere, die herrschende Gewalt, denn ein Erkennen, welches das Leben vernichtete, würde sich selbst mit vernichtet haben.«[58]

Der expressionistische Vitalismus in Deutschland unterschied sich, wie Walter H. Sokel gezeigt hat, von seinem Gegenstück in Frankreich und bevorzugte eine antiintellektualistische Interpretation Nietzsches.[59] Henri Bergson hatte mit seinem *élan vital* eine Unterscheidung zwischen dem unbewußten Fluß des Lebens und dem verknöchernden Intellekt getroffen. Doch das teilweise rationale Erinnerungsvermögen diente ihm zufolge als Werkzeug zur Erfassung des irrationalen Lebensstroms. (Bei Freud erfüllte die Psychoanalyse eine ähnliche Rolle.) Im deutschen Expressionismus aber fehlte zumeist dieser vermittelnde und kontrollierende Faktor. In ihm setzte sich ungehemmt eine dionysische Zerebralfeindschaft durch. Den Expressionisten drohte der Sinn für jene Spannung zwischen Intellekt und Antiintellekt verloren zu gehen, die nach Sokel für die deutsche Tradition charakteristisch war.

Vitalistisch kritisierten sie immer wieder die Unglaubwürdigkeit des Erziehungssystems und ergriffen Partei zugunsten der neu entdeckten, befreienden Macht der Jugend. Wichtige Anregungen und Rechtfertigungen entnahmen sie Texten wie Nietzsches *Unzeitgemäßen Betrachtungen* (1874-1876) und dort vor allem dem zweiten Stück »Vom Nutzen und Nachteil der Historie für das Leben« (1874). Nietzsche prangerte in ihm die Institutionen des zeitgenössischen Erziehungswesens gnadenlos an und mokierte sich über deren sterilen Rationalismus, in dem er eine Beeinträchtigung des Lebens sah. Der Jugend schrieb er die Aufgabe einer Erneuerung und Befreiung des Lebens zu.

Es kann daher kaum überraschen, daß die Rachephantasien der Expressionisten den Figuren entweder der Lehrer oder der repressiven Väter galten. In Gottfried Benns Drama *Ithaka* sieht sich Rönne, das Sprachrohr des Autors, veranlaßt, einen Professor zu töten, der darauf besteht, wissenschaftliche Erkenntnis als höchsten

---

57 Kurt Pinthus »Rede für die Zukunft« in: *Die Erhebung. Jahrbuch für neue Dichtung und Wertung* 1 (1919) S. 398-422, hier S. 415 zit. nach Richard Samuel und R. Hinton Thomas, *Expressionism in German Life, Literature and the Theatre (1910-1924)*, a.a.O., S. 70.

58 Friedrich Nietzsche »Vom Nutzen und Nachteil der Historie für das Leben«, *Unzeitgemäße Betrachtungen II*, in: *Werke*, Bd. III, 1, Berlin und New York 1972, S. 326f.

59 Vgl. Walter H. Sokel, *The Writer in Extremis. Expressionism in Twentieth-Century German Literature*, a.a.O., S. 87ff.; dt.: *Der literarische Expressionismus* , a.a.O., S. 112ff.

Wert zu betrachten. Die Rede eines Studenten am Schluß des Dramas wird in einem Ton vorgetragen, von dem sofort zu erkennen ist, daß er der Sprache Nietzsches entlehnt ist: »Wir sind die Jugend. Unser Blut schreit nach Himmel und Erde und nicht nach Zellen und Gewürm [...] Seele, klaftere die Flügel weit; ja, Seele! Seele! Wir wollen den Traum. Wir wollen den Rausch. Wir rufen Dionysos und Ithaka! –«[60]

Die sensationelle Pionierleistung, die Frank Wedekind mit seinem Drama *Frühlings Erwachen* (1895) vollbrachte, wurde zum Vorbild der späteren expressionistischen Dramatik.[61] Wie Nietzsche verband auch Wedekind eine scharfe Verurteilung des repressiven Erziehungssystems mit einem Plädoyer zugunsten des Lebens. Doch Wedekinds Attacke war insofern noch schärfer, als er die Verwirklichung seiner Forderung in einer Befreiung der Sexualität der Jugend sah.

Der Expressionismus interessierte sich von Beginn an eher für die Individuen als für die Gesellschaft. Konkreten Problemen von Politik und Ökonomie stand er letztlich indifferent gegenüber; denn ihn beschäftigten mehr die Symptome als die Ursachen der Erkrankung des Bürgertums.[62] Seine ekstatischen, unprogrammatischen, nietzscheanischen und revolutionären Empfindungen waren zu wenig kanalisiert und zu vage, als daß sie größere politische Auswirkungen hätten haben können. Die unbestimmte Erlösungssehnsucht der Expressionisten, die sich meist eher auf Emotionen als auf fundiertes gesellschaftliches Wissen stützte, konnte nur in größeren politischen Zusammenhängen greifbare Formen gewinnen. Für viele jener Expressionisten, die sich auf seiten der Rechten oder der Linken politisierten, blieb die offene Radikalität ihres Nietzscheanismus auch weiterhin bestimmend.

In den Phantasien derer, die wie Arnolt Bronnen und Hanns Johst später den Nationalsozialismus aktiv unterstützten, spielten Nietzsches Vorstellungen von jugendlich befreiender und lebensbejahender Grausamkeit eine wichtige und zunehmend krude Rolle.[63] Die Stücke Bronnens zeigen die Brutalisierung, die aus der Bindung des Expressionismus an Nietzsche entstand. In dem Drama *Vatermord*

---

60 Gottfried Benn »Ithaka« in: *Gesammelte Werke*, hrsg. Dieter Wellershoff, Bd. 6, *Stücke aus dem Nachlaß. Szenen*, München: dtv 1975, S. 1479, zit. nach Walter H. Sokel, *Writer in Extremis. Expressionism in Twentieth-Century German Literature*, S. 94; dt.: *Der literarische Expressionismus* , a. a. O., S. 119.

61 Vgl. Peter Jelavich »Wedekind's *Spring Awakening*. The Path to Expressionist Drama« in: Stephen Eric Bronner und Douglas Kellner (eds.), *Passion and Rebellion. The Expressionist Heritage*, a. a. O., S. 129-150.

62 Vgl. George L. Mosse »Literature and Society in Germany« in: ders.: *Masses and Man. Nationalist and Fascist Perceptions of Reality*, New York: Howard Fertig 1980, S. 21-51, hier: S. 46f.

63 Hanns Johst war sich dieser Tendenz bewußt und suchte sie in seinen Arbeiten zu neutralisieren. In seinem Drama *Der junge Mensch. Ein ekstatisches Szenarium* (1916) prangert ein Student das Erziehungssystem gegenüber seinem verhaßten Lehrer Professor Sittensauber an, der ihm erwidert: »Möchten Sie Ihre Grammatik studieren, statt daß Sie Nietzsche mißverstehen und deklamieren! [...]« zit. nach Walter H. Sokel, *Writer in Extremis. Expressionism in Twentieth-Century German Literature*, a. a. O., S. 94; dt.: *Der literarische Expressionismus*, a. a. O., S. 120.

(1920) tötet ein Jugendlicher seinen sozialdemokratischen Vater, verstößt seine Mutter und geht hinaus in die Welt. Für seine Tat gibt es kein anderes Motiv als die vitalistische Befreiung, die sich aus dem Akt selbst ergibt. Die Emphase der Tat als solcher, einer Dynamik um ihrer selbst willen, war ein Leitmotiv des von Nietzsche beeinflußten Aktivismus. In dem noch radikaleren Stück *Die Geburt der Jugend* (1922) werden die nachnietzscheanischen Konsequenzen von Gottes Tod mit äußerster Anschaulichkeit vorgeführt. Marodierende Banden Jugendlicher zu Pferde trampeln die Alten nieder und rufen sich zu Göttern aus.[64]

Mehr als jeder andere Expressionist aber setzte sich Gottfried Benn mit den Konsequenzen von Gottes Tod auseinander. Seine gesamte Entwicklung, einschließlich seiner ebenso kurzen wie leidenschaftlichen Parteinahme für den Nationalsozialismus, war der Versuch, mit dieser These Nietzsches fertig zu werden. Er akzeptierte den Nihilismus Nietzsches, so schrieb Michael Hamburger, »wie man das Wetter akzeptiert«.[65] Vor 1933 vertrat Benn einen theoretischen Nihilismus, der die Möglichkeit jeder metaphysischen Wahrheit leugnete.[66] Zu jener Zeit sah er eine Lösung der Probleme des Nihilismus in einer dem 20. Jahrhundert angepaßten Form des Primitivismus. Er glaubte, den Nihilismus überwinden zu können, indem er sich von den Qualen des modernen Bewußtseins als jenes Selbstbewußtseins zu befreien suchte, das durch den Bruch der Menschheit mit der Natur entstanden war. Das bedeutete die Rückkehr zu einem vorbewußten, prälogischen, ursprünglichen und entwicklungslosen Zustand.[67] Eine Bindung an diesen dionysischen, überindividuellen Zustand war jedoch nur möglich in organischer, animalischer Form. Benn drückte das in seiner Rede vor der Preußischen Akademie der Künste im April 1932 folgendermaßen aus: »Eine der klassischen Erkenntnisse der nachnietzscheschen Epoche stammt von Thomas Mann und lautet: ›*alles Transzendente ist tierisch, alles Tierische transzendiert*‹.«[68]

Benns Ablehnung der Wissenschaft und des Humanismus sowie seine Sehnsucht nach primitivistischen Formen gestatteten es ihm, diese Transzendenz (wenn auch nur vorübergehend) in greifbareren politischen Zusammenhängen, nämlich in der vom Nationalsozialismus verkündeten Gemeinschaft, zu finden. Für Benn schien der Nationalsozialismus die Dynamik Nietzsches sowohl in ihrem ursprünglichen

---

64 Vgl. Walter H. Sokel, *Writer in Extremis. Expressionism in Twentieth-Century German Literature*, a.a.O., S. 100; dt.: *Der literarische Expressionismus*, a.a.O., S. 127.

65 Michael Hamburger »Gottfried Benn« in: ders.: *A Proliferation of Prophets. Essays on German Writers from Nietzsche to Brecht*, Manchester: Carcanet Press 1983, S. 206-243, hier S. 207.

66 Vgl. George L. Mosse »Fascism and the Intellectuals« in: ders.: *Germans and Jews. The Right, the Left, and the Search for a »Third Force« in pre-Nazi Germany*, London: Orbach and Chambers 1971, S. 144-170, hier S. 154f.

67 Vgl. Augustinus Petrus Dierick, *German Expressionist Prose. Theory and Practice*, a.a.O., S. 189.

68 Gottfried Benn »Akademie-Rede« in: *Gesammelte Werke*, hrsg. Dieter Wellershoff, Bd. 4, *Reden und Vorträge*, München: dtv 1975, S. 1000.

wie in ihrem der Zukunft zugewandten Sinn zu verkörpern. Denn der Nationalsozialismus befriedigte die im modernen Barbaren symbolisierte Sehnsucht nach Authentizität, nach einer Verwurzelung im Volk ebenso wie das Versprechen der Schaffung eines neuen Menschen - des neuen biologischen Typus des Ariers, dessen große Aufgabe darin bestand, die Dekadenz in allen ihren Spielarten zu bekämpfen.[69]

Wie viele andere Nietzscheaner schwankten auch die Expressionisten zwischen einem unpolitischen Individualismus und einer sozialen Erlösungssehnsucht oder dem Hunger nach Übereinstimmung mit einer größeren Gemeinschaft.[70] Selbst jene Anhänger der Linken, die sich ausdrücklich in gesellschaftlichen und politischen Kategorien zu begreifen suchten - wie etwa die pazifistischen und anarchistischen Zirkel um Franz Pfemferts *Die Aktion* oder um Kurt Hiller -, übergingen in ihren Analysen die Besonderheit gesellschaftlicher Institutionen; sie sahen ihre Erlösungsziele in den subjektiven und hoch abstrakten Begriffen individueller »Selbstverwirklichung«.

So sahen sich beispielsweise Kurt Hiller und sein im März 1909 gegründeter »Neuer Club« vor allem von Nietzsche beeinflußt.[71] Ihr »neues Pathos« mit seiner erhöhten psychischen Temperatur und seiner »universalen Heiterkeit« stand ganz im Zeichen des Dionysischen.[72] Hiller bemerkte,[73] das neue Pathos müsse im Kontext der Worte Nietzsches im *Ecce homo* gelesen werden: » - ich schätze den Werth von Menschen, von Rassen darnach ab, wie nothwendig sie den Gott nicht abgetrennt vom Satyr zu verstehen wissen.«[74] Hiller war, wie er selbst es darstellte, in einer Weise radikal, die nichts gemein hatte mit der »mathematifizierte(n) Altmoral«.[75] Nötig war seiner Meinung nach ein post-theistisches, neuhellenisches Heldentum, wie Nietzsche es verkündet hatte.[76]

---

69 Vgl. Gottfried Benns Rede von 1933 »Der neue Staat und die Intellektuellen« in: *Gesammelte Werke*, hrsg. Dieter Wellershoff, Bd. 4, *Reden und Vorträge*, München: dtv 1975, S. 1004-1013. Vgl. ferner George L. Mosse »Fascism and the Intellectuals«, a. a. O., S. 155.

70 Vgl. Käthe Brodnitz »Die futuristische Geistesrichtung in Deutschland 1914« in: Paul Raabe (hrsg.), *Expressionismus. Der Kampf um eine literarische Bewegung*, Zürich: Arche 1987, S. 46 und 50.

71 Die folgende Darstellung stützt sich insbesondere auf Roy F. Allen, *Literary Life in German Expressionism and the Berlin Circles*, Göppingen: A. Kümmerle 1974, Kap. 4 »Der Neue Club«.

72 Zur universalen Heiterkeit vgl. Richard Frank Krummel, *Nietzsche und der deutsche Geist*, Bd. 2, a. a. O., S. 395.

73 Vgl. Roy F. Allen, *Literary Life in German Expressionism and the Berlin Circles*, a. a. O., S. 181-183. Die gesamte Rede von Hiller »Das Cabaret der Gehirne« erschien in: *Die Weisheit der Langenweile! Eine Zeit- und Streitschrift*, 2 Bde., Leipzig: K. Wolff 1913, S. 236-239.

74 Friedrich Nietzsche, *Ecce homo*, in: *Werke*, Bd. VI, 3, a. a. O., S. 284.

75 Kurt Hiller, *Leben gegen die Zeit [Logos]*, Hamburg: Rowohlt 1969, S. 392, zit. nach Richard Frank Krummel, *Nietzsche und der deutsche Geist*, Bd. 2, a. a. O., S. 103 Anm. 86.

76 Wie weit der Einfluß Nietzsches auf Hiller reichte, zeigt dessen Buch *Leben gegen die Zeit*, a. a. O. Vgl. ferner Richard Frank Krummel, *Nietzsche und der deutsche Geist*, Bd. 2, a. a. O., S. 102.

Hiller verkörperte jenen Teil der expressionistischen Bewegung, der eine undifferenzierte Geistfeindschaft ablehnte und auf der gestaltenden wie mäßigenden Kraft des Apollinischen bestand. Am bekanntesten ist wohl sein Wahlspruch »Geist werde Herr«.[77] Walter H. Sokel hat darauf verwiesen, daß Hillers Ideal des Neuen Menschen »im Gegensatz zum Vitalisten, der die Taten um ihrer selbst willen sucht [...] die von Vernunft geleitete Handlung um der Liebe willen« war.[78]

Die meisten Expressionisten aber erlagen Nietzsches Vision vom Künstler als Übermenschen, der sich eigene Gesetze gibt und in nobler Distanz zu den Massen seine Werke schafft. Bemerkenswert ist in dieser Hinsicht der Umstand, daß viele der frühen Expressionisten, die später Nietzsches antigesellschaftliche Einstellung ablehnten und wieder auf die bindende Macht menschlicher Solidarität vertrauten, es für nötig hielten, sich öffentlich und mit aller Leidenschaft von Nietzsche loszusagen.

Solche Abkehr konnte in unterschiedliche Richtungen führen. So hatte beispielsweise Heinrich Mann 1896 ein Bild Nietzsches als eines politisch rechts stehenden, nationalistischen Denkers entworfen. Sein Übermensch konnte »nichts anderes sein, als ein soziales und ein Rassen-Symbol«.[79] Nach seiner Wende von einem romantischen Ästhetizismus zur Sozialdemokratie verfaßte er eine demokratisch orientierte Kritik an der Arroganz des Übermenschen, der nun von den Sorgen und von der Würde der einfachen Leute abgeschnitten erschien.[80] (Auch sein Bruder Thomas wandte sich, allerdings nach dem Ersten Weltkrieg, von Nietzsche ab. Bei beiden aber führte der Verzicht auf antidemokratische Einstellungen nicht zur Ablehnung des Philosophen. Es traten jetzt für sie vielmehr andere Aspekte seines Werks in den Vordergrund, die ihnen angemessener erschienen.)

Reinhard Sorge (1892-1916) war zunächst voller Enthusiasmus für Nietzsche. Sein *Odysseus* basierte auf der Idee der ewigen Wiederkehr, und der spätere *Prometheus* entwarf das Bild einer Rasse von Übermenschen.[81] Als Sorge den Mythos vom Übermenschen dann abzulehnen begann, konvertierte er zu einer »Radikalität des Dienstes am Du« und zum Katholizismus. In seiner Abrechnungsschrift *Gericht über Zarathustra. Vision* (1912) bot er eine bittere Chronik seiner Enttäuschung in

---

77 Vgl. zu diesem Aspekt des Neuen Pathos die Bemerkungen eines weiteren Clubmitglieds: Erwin Loewenson, *Georg Heym oder vom Geist des Schicksals*, Hamburg und München: H. Ellermann 1962, S. 61, 57ff.

78 Walter H. Sokel, *Writer in Extremis. Expressionism in Twentieth-Century German Literature*, a.a.O., S. 173; dt.: *Der literarische Expressionismus* , a.a.O., S. S. 213.

79 Heinrich Mann »Zum Verständnis Nietzsches« in: *Das Zwanzigste Jahrhundert* 6 (1896) S. 245-251, hier: 246.

80 Vgl. Heinrich Mann »Geist und Tat« in: *Macht und Mensch*, München: Kurt Wolff 1919.

81 Vgl. zur positiven Einstellung Sorges gegenüber Nietzsche sowie zur Einteilung seines Werks in eine nietzscheanische und eine nachnietzscheanische Phase Richard Samuel und R. Hinton Thomas, *Expressionism in German Life, Literature and the Theatre (1910-1924)*, a.a.O., S. 20, 23. Zu *Odysseus* und *Prometheus* vgl. ebda. S. 75.

einer Sprache, die ironischerweise den schmerzhaft fortdauernden Einfluß Nietzsches verriet:

Weißt du auch, wer der Knabe ist? Sieh, Zarathustra, er liebte dich, er war dein Jünger. Deine Inbrunst nahm die seine, da vertat er alles, um deinetwillen. Weil seine Inbrunst solche war, daß er dich über alles liebte... Dein Geist war niederwärts gewandt, mein Geist ließ sich betören. Um deiner Inbrunst willen betörte er sich.

Da kam die Stunde, da wandte er sich aufwärts, frage nicht wie, der Geist hat nur sich selbst zur Antwort. Wiederum von oben kam ihm der Befehl, Streiter zu sein gegen den Brudergeist Zarathustra, mit Kraft der Höhe ihn zu richten.[82]

Wenn Nietzsche im Expressionismus allgegenwärtig war, dann galt dies auch für den avantgardistischen Kreis um Stefan George. Auch in ihm herrschte Unzufriedenheit mit der etablierten bürgerlichen Kultur, auch in ihm wurden der schöpferische Künstler und die geistige Elite als Verkörperungen des Übermenschentums betrachtet und auch in ihm wurde eine zweideutige Politik der Erneuerung gefordert. Es gab allerdings signifikante Unterschiede zwischen beiden in der Art, wie sie Nietzsche jeweils für ihre Zwecke einspannten. Der expressionistische Subjektivismus und Irrationalismus verfügte über eine eigene Dynamik der Selbstrechtfertigung. George dagegen rechtfertigte sich durch seinen Ästhetizismus. Ihm zufolge erleichterte die irrationale Intuition den Zugang zum Poetischen und zum Schönen. Der Expressionismus erschien ihm als unzusammenhängende Manifestation von Stimmungen und Antrieben. George verstand den Dichter als Seher, dessen noble Präsenz Visionen verströmte. Wie die Phantasiegestalten des Expressionismus war er ein selbsternannter Prophet, der keinerlei Regeln befolgte, sondern sich eigene Gesetze und Werte schuf. Waren die aber einmal formuliert, so gewannen sie eine Autorität, welche der dynamischeren, ja chaotischen Sensibilität des Expressionismus unvorstellbar erscheinen mußte.

Der Georgekreis war ein Zirkel von Schülern und Eingeweihten, eine Sekte, die zwar über keinerlei formelle oder gar verpflichtende Statuten verfügte, die aber dennoch ganz im Bann ihres Meisters stand. Der innere Kreis blieb geringfügigen Veränderungen unterworfen; doch die Zahl der Mitglieder dieses »geheimen Deutschlands« ging wohl nie über vierzig Personen hinaus. Trotz dieser Zahl wurde der Kreis zum Vorbild einer kulturellen Elite und hatte enormen Einfluß auf die gegen das Establishment gerichtete deutsche Lyrik, Literaturwissenschaft und Geschichtsschreibung.[83]

Das Erbe Nietzsches hatte einen latenten ebenso wie einen manifesten Einfluß auf Stefan George und seinen Kreis. Die bewußten und unbewußten Funktionen,

---

82 Reinhard Sorge »Gericht über Zarathustra. Vision«, zit. nach Walter H. Sokel, *Writer in Extremis. Expressionism in Twentieth-Century German Literature*, a. a. O., S. 156; dt.: *Der literarische Expressionismus*, a. a. O., S. 193.

83 Vgl. Georg Peter Landmann (hrsg.), *Stefan George und sein Kreis. Eine Bibliographie*, Hamburg: E. Hauswedell 1976; vgl. ferner Georg Peter Landmann (hrsg.), *Der George-Kreis. Eine Auswahl aus seinen Schriften*, Stuttgart: Klett-Cotta 1980.

die Nietzsche für den Meister und seine Schüler erfüllte, ihre Abhängigkeit von ihm wie ihre Versuche, an seine Stelle zu treten, sich auf seine Autorität zu berufen und sich von ihm zu distanzieren, bieten schöne Beispiele für die Komplexität des Umgangs mit dem Philosophen.[84] Diese Komplexität aber sollte nicht darüber hinwegtäuschen, daß das Projekt Georges ohne die Vorläuferschaft Nietzsches ganz und gar unvorstellbar gewesen wäre.

In dem als Vorwort zur Ausgabe der *Geburt der Tragödie* von 1886 publizierten »Versuch einer Selbstkritik« klagte Nietzsche, daß er es nicht gewagt habe, sich der seinem Werk angemessenen poetischen Sprache zu bedienen: »Sie hätte *singen* sollen, diese ›neue Seele‹ - und nicht reden!«[85] George machte in seiner Hymne auf Nietzsche aus dem Jahr 1900 deutlich, daß er genau dies zu tun beabsichtigte.[86] Wie der Lyriker und Schüler Georges, Karl Wolfskehl, 1910 schrieb, wurden die *Blätter für die Kunst*, die 1892 gegründete Zeitschrift des Georgekreises, »geboren, weil ein dichter [Nietzsche] in einem anderen dichter [george] eine flamme entzündete, der gleich die in ihm selber brannte, weil ein Werk entstand das in sich gefestigt war, weil ein ordnender geist, maass und grenzen findend, hinzutrat.«[87]

Was konnte sich der Georgekreis von Nietzsche erhoffen? Der Philosoph stellte das Werkzeug für eine Kritik am 19. Jahrhundert bereit und machte sich zum heroischen Fürsprecher einer neu entdeckten deutschen Geistigkeit auf der Grundlage künstlerischen Schöpfertums. Er gab den elitären Ton an für den aristokratischen Kampf gegen ein Zeitalter der Mediokrität. Dieser Kampf stand ganz im Zeichen der dynamischen Begriffe Nietzsches: Eine Erneuerung war nur möglich durch das innovative Handeln eines prophetischen, Gesetze schaffenden Dichters in einer Zeit, in der es kein Zurück zu einer abgelebtenVergangenheit geben konnte. Weil die klassischen religiösen, mythischen und philosophischen Traditionen zusammengebrochen waren, fiel ihm die beängstigende Aufgabe zu, sie neu zu erschaffen. Bestimmt wurde diese Erneuerung durch das Ideal der Schönheit und der ästhetischen Form, das seinerseits konzipiert wurde nach Nietzsches Begriff eines »Willens zur Macht«. Es ging dabei nicht um politische Macht, sondern um die Macht eines Sehers, der die Nation vor allem mit Hilfe der Schönheit und des Heroismus der Jugend verändern würde.[88]

---

84 Walter Kaufmann hat die Auffassung vertreten, daß George »ein nachfühlendes Verständnis für das, worauf es Nietzsche am meisten ankam«, abging. »Sein Bild von Nietzsche war stark persönlich gefärbt und wurde deutlich von seinen eigenen Bestrebungen bestimmt.« Walter Kaufmann, *Nietzsche. Philosopher, Psychologist, Antichrist*, a.a.O., S. 9-11; dt.: *Nietzsche. Philosoph - Psychologe - Antichrist*, a.a.O., S. 10f. Auch hier gilt, daß die Genauigkeit der Wahrnehmung Georges weniger wichtig ist als der Umstand, daß sein Bild Nietzsches viel über ihn selbst enthüllt.

85 Friedrich Nietzsche, *Die Geburt der Tragödie*, in: *Werke*, Bd. III, 1, a.a.O., S. 9.

86 Vgl. Stefan George »Nietzsche« in: *Blätter für die Kunst* Fünfte Folge (Mai 1901) S. 5f.

87 Karl Wolfskehl »Die Blätter für die Kunst und die Neue Literatur« in: *Jahrbuch für die geistige Bewegung* 1 (1910) S. 1.

88 Vgl. George L. Mosse »Caesarism, Circuses and Monuments« in: *Masses and Man*, a.a.O., S. 104-118. Hinweise zur politischen Bedeutung von Georges Ästhetizismus auf S. 116.

Von Nietzsche übernahmen die Mitglieder des Georgekreises zumeist ihre wissenschaftsfeindliche Einstellung und ihren vitalistischen Ästhetizismus. Schablonenhaft bedienten sie sich der nietzscheanischen Konzeptionen des Heroischen und Mythischen – die sie dann ihrerseits auf Nietzsche anwendeten.

Mit seinem Werke rückte endlich der ganze ungeheure schatz deutscher geistigkeit ans licht der seit dem erlöschen der romantischen welt, seit zwei menschenaltern unterirdisch gewesen war. Damit hebt an der große wirkliche kampf in dess zeichen wir heute stehen. Der letzte unvereinbare widerstreit der beiden mächte die unser leben geschaffen haben wird durch Nietzsche eine öffentliche angelegenheit.... Und als ein verzweifelter schaute er nach einem weg aus der aus diesem Chaos rück zum Kosmos führe«.[89]

Für George und seine Anhänger waren die kosmischen und wirklich bedeutungsvollen Dimensionen des Lebens nicht rational oder mit den Mitteln der Wissenschaft zu erfassen. Gelingen konnte dies nur dank einer ästhetischen und poetischen Sensibilität. Solche romantischen Überzeugungen Georges waren indes keineswegs neu. Wie Wolf Lepenies kürzlich gezeigt hat, verfügten sie bereits über eine lange Ahnenreihe.[90] Die Anhänger Georges aber gaben dieser romantischen Kritik eine im wesentlichen von Nietzsche beeinflußte Wendung. Ihre Kritik der Wissenschaft und der akademischen Gelehrsamkeit, insbesondere der Unzulässigkeit ihrer durch sie selbst legitimierten Geltung knüpfte an ein Diktum Nietzsches aus der *Geburt der Tragödie* an: »Das Problem der Wissenschaft kann nicht auf dem Boden der Wissenschaft erkannt werden.«[91]

George setzte der überkommenen wissenschaftlichen Erkenntnis den nietzscheanischen Aristokratismus des einsamen Weisen entgegen. »Ein wissen gleich für alle«, so schrieb er, »heisst betrug.«[92] Auch wenn es unter seinen Anhängern unterschiedliche Auffassungen über die Möglichkeiten der Rationalität gab, so stimmten doch alle darin überein, daß selbst den Irrtümern artistischer Heroen größere Bedeutung zuzumessen war als den Wahrheiten des Mittelmaßes. Sie sahen in Nietzsche den Überwinder des 19. Jahrhunderts, der gelehrt hatte, daß die Gesellschaft mit dem Leben nichts gemein hat und gewiß nicht das Recht beanspruchen darf, ihm ihre Gesetze aufzuzwingen.[93]

Die Wissenschaft und die Wissenschaftler können die Menschen das Leben nicht lehren, während die Poesie und die Dichter dies kraft ihrer intuitiven und propheti-

---

89 Karl Wolfskehl »Die Blätter für die Kunst und die Neue Literatur«, a.a.O., S. 4f.

90 Vgl. Wolf Lepenies, *Die drei Kulturen. Soziologie zwischen Literatur und Wissenschaft*, München und Wien: Hanser 1985. Ich folge der hier gegebenen Darstellung Georges.

91 Friedrich Nietzsche, *Die Geburt der Tragödie*, in: *Werke*, Bd. III, 1, a.a.O., S. 7.

92 Stefan George, *Der Stern des Bundes*, in: *Werke*, Bd. 2, München: Deutscher Taschenbuch Verlag 1983, S. 167.

93 Nietzsche hatte geschrieben: »Und die Wissenschaft selbst, unsere Wissenschaft – ja, was bedeutet überhaupt, als Symptom des Lebens angesehn, alle Wissenschaft? Wozu, schlimmer noch, *woher* – alle Wissenschaft?« *Die Geburt der Tragödie* in: *Werke*, Bd. III, 1, a.a.O., S. 6, zit. nach Wolf Lepenies, *Die drei Kulturen. Soziologie zwischen Literatur und Wissenschaft*, a.a.O., S. 249.

schen Macht zu tun vermögen. Das »innere Erlebnis« galt den Anhängern Georges sowohl als Methode wie als Schlüssel der Erlösung – und die Geschichte sollte zu einem bewußt gestalteten Mythus zurückgebildet werden. Immer wieder beriefen sie sich zu ihrer Rechtfertigung auf Nietzsches Vision vom »Dichter als Wegweiser für die Zukunft«:

So viel noch überschüssige dichterische Kraft unter den jetzigen Menschen vorhanden ist, welche bei der Gestaltung des Lebens nicht verbraucht wird, so viel sollte, ohne jeden Abzug, Einem Ziele sich weihen, nicht etwa der Abmalung des Gegenwärtigen, der Wiederbeseelung und Verdichtung der Vergangenheit, sondern dem Wegweisen für die Zukunft: – und diess nicht in dem Verstande, als ob der Dichter gleich einem phantastischen Nationalökonomen günstigere Volks- und Gesellschafts-Zustände und deren Ermöglichung im Bilde vorwegnehmen sollte. Vielmehr wird er, wie früher die Künstler an den Götterbildern fortdichteten, so an dem schönen Menschenbilde *fortdichten* und jene Fälle auswittern, wo *mitten* in unserer modernen Welt und Wirklichkeit, wo ohne jede künstliche Abwehr und Entziehung von derselben, die schöne grosse Seele noch möglich ist, dort wo sie sich auch jetzt noch in harmonische, ebenmässige Zustände einzuverleiben vermag, durch sie Sichtbarkeit, Dauer und Vorbildlichkeit bekommt und also durch Erregung von Nachahmung und Neid die Zukunft schaffen hilft.[94]

Der Dichter sollte durch seine Poesie in Übereinstimmung mit dem Ideal Nietzsches eine Kunst schaffen, in die das Leben selbst eingedrungen war.[95] Und Georges Schüler Friedrich Gundolf distanzierte sich mit nietzscheanischen Wendungen von den Massen: »Wer jemals an einem sonntagnachmittag in gross- oder kleinstadt mit offenen augen und nicht benebelt durch humanitäre, soziale, fortschrittliche schlagworte dies ›volk‹ sich angesehen hat, dem vergeht der mut sich zu ihm in irgendeine intelligente beziehung zu setzen, mit ›ideen‹ an es zu appellieren, ›bildung‹ hineintragen zu wollen.«[96]

Bemerkenswert ist auch das Bild, das George der Öffentlichkeit von seinem Verhältnis zu Nietzsche übermitteln wollte. Obwohl er seiner Bewunderung im Jahr 1900 hymnisch Ausdruck verlieh, meinte er Nietzsche letztlich doch als eine tragische Figur sehen zu müssen:

Nietzsche

Blöd trabt die Menge drunten scheucht sie nicht!
Was wäre stich der qualle schnitt dem kraut!
Noch eine weile walte fromme stille
Und das getier das ihn mit lob befleckt
Und sich im moderdunste weiter mästet
Der ihn erwürgen half sei erst verendet!
Dann aber stehst du strahlend vor den zeiten
Wie andre führer mit der blutigen krone.

---

94 Friedrich Nietzsche, *Menschliches. Allzumenschliches*, in: *Werke*, Bd. IV, 3, a.a.O., S. 55.
95 Vgl. Karl Wolfskehl »Die Blätter für die Kunst und die Neue Literatur«, a.a.O., S. 5.
96 Friedrich Gundolf »Wesen und Beziehung« in: *Beiträge zur Literatur- und Geistesgeschichte* (1911) S. 173, zit. nach Wolf Lepenies, *Die drei Kulturen. Soziologie zwischen Literatur und Wissenschaft*, a.a.O., S. 317f.

Erlöser du! selbst der unseligste – ...
Erschufst du götter nur, um sie zu stürzen
Nie einer rast und eines baues froh?
Du hast das nächste in dir selbst getötet
Um neu begehrend dann ihm nachzuzittern
Und aufzuschrein im schmerz der einsamkeit.

Der kam zu spät der flehend zu dir sagte:
Dort ist kein weg mehr über eisige felsen
Und horste grauser vögel – nun ist not:
Sich bannen in den kreis den liebe schließt...[97]

Georges Nietzsche stirbt in heroischer Vergeblichkeit; er kann die neue Welt, deren Anbruch er prophezeit hat, nicht mehr betreten. George ist seinerseits die Erfüllung dieser Vision Nietzsches. Dies jedenfalls war die offizielle Argumentation seines Kreises: Nietzsche hatte den Weg bereitet für den, der nach ihm kommen sollte; er war nicht schon selbst die verwirklichte Verheißung.[98] »Nietzsche«, so schrieb Kurt Hildebrandt, »war Bahnbrecher und Vorläufer, nicht Vollender.«[99] Indem George sein Gedicht auf Nietzsche mit den Worten enden ließ: «nun ist not:/ Sich bannen in den kreis den liebe schließt«, machte er deutlich, daß er selbst den Platz des Philosophen einzunehmen gedachte. Die Vision Nietzsches mußte in einen Kreis eingeschlossen werden. Nur in einer derartigen Gemeinschaft waren das politische und das geistige Reich zu verwirklichen. George schrieb über Nietzsche: »Er hat die wesentlichen grossen dinge verstanden: nur hatte er den *plastischen Gott* nicht.«[100]

97 Stefan George »Nietzsche« in: *Der siebente Ring*, 6. Aufl., Berlin: Georg Bondi 1922, S. 12f., zit. nach Walter Kaufmann, *Nietzsche. Philosopher, Psychologist, Antichrist*, a.a.O., S. 10; dt.: *Nietzsche. Philosoph – Psychologe – Antichrist*, a.a.O., S. 11.

98 Heinz Raschel wirft George vor, Nietzsches Werk entstellt zu haben. Georges Ästhetizismus sei von dem des späten Nietzsche durchaus verschieden. Nietzsche habe den Künstler (wenn überhaupt, so beispielsweise im *Zarathustra*) ironisch gedeutet. Uns interessiert auch hier wieder der Gebrauch, der von Nietzsche gemacht wird, nicht die Angemessenheit oder Unangemessenheit einer Interpretation. Vgl. Heinz Raschel, *Das Nietzsche-Bild im George-Kreis. Ein Beitrag zur Geschichte der deutschen Mythologeme*, Berlin und New York: de Gruyter 1984, S. 23.

99 Kurt Hildebrandt »Nietzsche als Richter. Sein Schicksal«, a.a.O., S. 100. Vgl. ferner Kurt Hildebrandt, *Nietzsches Wettkampf mit Sokrates und Plato*, Dresden: Sybillen 1922; *Wagner und Nietzsche. Ihr Kampf gegen das neunzehnte Jahrhundert*, Breslau: Ferdinand Hirt 1924; *Gesundheit und Krankheit in Nietzsches Leben und Werk*, Berlin: S. Karger 1926. Vgl. insbesondere Hildebrandts Kritik an Karl Jaspers aus der Zeit des Nationalsozialismus »Über Deutung und Einordnung von Nietzsches System« in: *Kant-Studien* 41, Nr. 3/4 (1936), sowie »Die Idee des Krieges bei Goethe, Hölderlin und Nietzsche« in: *Das Bild des Krieges im Deutschen Denken* 1, hrsg. August Faust, Stuttgart und Berlin: W. Kohlhammer 1941, S. 401-409.

100 George an Gundolf am 11. Juni 1910 in: *Stefan George – Friedrich Gundolf. Briefwechsel*, hrsg. Robert Boehringer und Georg Peter Landmann, München und Düsseldorf: Küpper 1962, S. 202. »Nietzsche, der Sucher des neuen Gottes und Gesetzes, ward der Zerstörer des entseelten Glaubens, aber noch nicht der Erwecker des Lebendigen, weil

Auch seiner Struktur nach war der Georgekreis entschieden von Nietzsche geprägt. In seiner selbstbewußt aristokratischen Einstellung sollte er durch kulturelle Wahlverwandtschaft und nicht durch verpflichtende Regeln zusammengehalten werden. Eine solche Organisationsform aber ließ sich nur auf geistige Eliten anwenden. Rudolf Pannwitz, auch er ein Mitglied des Georgekreises, fand für dessen Verhältnis zu Nietzsche die beste Formulierung: »er ist kein prophet fürs volk sondern ein prophet für die propheten.«[101]

Wie andere an Nietzsche orientierte Zirkel der Avantgarde betrachtete sich auch der Georgekreis als zutiefst apolitisch; den politischen Parteien stand er recht indifferent, wenn nicht gar feindlich gegenüber. Doch seine ästhetischen Bestrebungen zu einer Umgestaltung der Gesellschaft und zur Erneuerung der Nation konnten in einem weiteren Sinn durchaus als politisch gelten. Wie anderen radikalen nietzscheanischen Bewegungen fehlte auch ihm ein ausformuliertes Programm, so daß die Art der von ihm angestrebten Erneuerung einigermaßen vage blieb. Zum Kreis gehörten Männer unterschiedlichster Ausrichtung: Graf von Stauffenberg, der spätere Hitlerattentäter, ebenso wie Antisemiten vom Schlage eines Ludwig Klages; Juden wie Ernst Kantorowicz, Gundolf und Wolfskehl ebenso wie Ernst Bertram, der sich später dem Nationalsozialismus zuwandte. Seine Exklusivität und Programmlosigkeit machten den Kreis, wie Lepenies es formulierte, »politisch ebenso anfällig wie manövrierfähig [...] George konnte seine Distanz zum Wilhelminischen Deutschland mit gleichem Recht betonen wie Rudolf Borchardt die Akzeptierung des George-Kreises durch den preußischen Staat.«[102]

Trotz interner Meinungsunterschiede standen alle Mitglieder des Kreises dem demokratischen System, vor allem in seiner amerikanisierten Weimarer Ausprägung, ausgesprochen kritisch gegenüber. Sie waren Aristokraten, die sich von der Vulgarität der Nazis weit entfernt glaubten. Doch sie trugen bei zu jenem antiegalitären und antidemokratischen Diskurs, der der Macht in die Hände arbeitete, die sie verachteten. Auch sie riefen nach einer neuen deutschen Mythologie. Ihre Betonung der Intuition und des inneren Erlebens, ihre Ablehnung einer lebensfeindlichen Wissenschaft und ihre antiakademische Auffassung der Geschichte waren direkt von Nietzsche inspiriert.[103]

---

er nur die Kräfte verehren lehrte, aber nicht die Bilder, weil er nur Dämonen anzubieten wußte, aber keine Götter.« Ernst Gundolf und Kurt Hildebrandt, *Nietzsche als Richter unserer Zeit*, a.a.O., S. 42.

101 Rudolf Pannwitz, *Einführung in Nietzsche*, a.a.O., S. 4. Vgl. ferner Rudolf Pannwitz »Was ich Nietzsche und George danke« in: *Castrum Peregrini* 38, Nr. 189/190 (1989).

102 Wolf Lepenies, *Die drei Kulturen. Soziologie zwischen Literatur und Wissenschaft*, a.a.O., S. 323.

103 Trotz seiner antiakademischen Vorurteile war der Georgekreis vor allem auf den Gebieten der Literaturwissenschaft und der Geschichtsschreibung außerordentlich einflußreich durch zwei seiner wichtigsten Mitglieder, Friedrich Gundolf und Ernst Kantorowicz.

Die Aufgabe der Geschichtsschreibung wurde, da sie exemplarische Übermenschen darzustellen hatte, ausdrücklich in der Legendenbildung gesehen. Nur große Gestalten waren der Untersuchung wert, und nur Poeten mit einer gleich gestimmten Seele konnten solche Gestalten wahrhaft erfassen. Weder Objektivität noch wissenschaftlicher Geist durften hier genügen – die großen Gestalten mußten als Vorbilder für ein zeitgenössisches Publikum geschildert werden. Heroen, so meinte Gundolf, sollten nicht vermenschlicht werden.[104] Obwohl er sich auch auf Goethe und Hölderlin berief, nannte er vor allem Nietzsche als Quelle dieser Auffassungen.

In dem äußerst einflußreichen Buch von Ernst Bertram über Nietzsche von 1918 diente der Philosoph nicht nur als Quelle methodologischer Überlegungen, sondern als Gegenstand heroischer Mythenbildung.[105] Dieses Werk, das zwischen 1918 und 1927 sieben Neuauflagen erlebte, spielte in der völkischen Vereinnahmung Nietzsches und in seiner Umgestaltung zu einem germanischen Propheten der deutschen Rechten eine entscheidende Rolle. Dieser Vorgang wird in seiner Kasuistik detailliert in anderen Teilen der vorliegenden Untersuchung dargestellt. Hier soll nur auf die direkte Beziehung Bertrams zum Georgekreis verwiesen werden. Publiziert wurde Bertrams Werk in der offiziösen Reihe *Werke der Wissenschaft aus dem Kreise der Blätter für die Kunst*. Enttäuscht berichtete Bertram später in seinem Briefwechsel, daß George ihm zu diktieren versucht hatte, was sein Nietzschebild sein sollte.[106] Der georgeanische Untertitel des Buches von Bertram, *Versuch einer Mythologie*, spricht für sich selbst. Das Buch war ganz und gar nicht daran interessiert, Nietzsches Leben nach den konventionellen Methoden der Geschichtswissenschaft zu untersuchen. Statt dessen wurde Nietzsche zu einer nationalen Legende umgestaltet; aus seinem Leben und Denken machte Bertram einen prophetischen Mythos zur Rettung der deutschen Nation.

Für andere Anhänger Georges wies diese mythische Konzeption in religiös-kosmische ebenso wie in national-politische Dimensionen. Rudolf Pannwitz schrieb: »In dieser welt des vollendeten und freien mythos welcher auch der logos und auch die psyche und der kosmos ist lebt und schafft nietzsche.« Pannwitz war eine Randfigur des Georgekreises und ein eingeschworener Nietzscheaner, der u. a. verschiedene Schriften veröffentlichte, in denen er den philosophischen Visionen seines Meisters poetischen Ausdruck zu verleihen suchte. Für Pannwitz war Nietzsches Übermensch nichts weniger als »der kosmische mensch die synthese aller men-

---

104 Friedrich Gundolf, *Dichter und Helden*, Heidelberg: Weiss'sche Universitätsbuchhandlung 1921, S. 49.

105 Ernst Bertram, *Nietzsche. Versuch einer Mythologie*, Berlin: Bondi 1918.

106 Vgl. Heinz Raschel, *Das Nietzsche-Bild im Georgekreis. Ein Beitrag zur Geschichte der deutschen Mythologeme*, a. a. O., S. 114. Bertrams Verhältnis zu George und seine Enttäuschung über ihn geht aus der veröffentlichten Korrespondenz zwischen Bertram und Ernst Glöckner hervor.

schentypen [...] der krystallinisch individuale repräsentant des kosmos.« So besehen war Nietzsche der Schöpfer einer Religion, welche die Transzendenz überwunden hatte und »vollkommen mythisch vollkommen kosmisch« war. Für Pannwitz führte dies zu einer mystischen orientalischen Religion, in der sich die Forderungen nach Individualismus und nach einer Erneuerung Deutschlands vermischten.[107]

Trotz mancher Eigenwilligkeiten war Pannwitz keineswegs der einzige aus dem Georgekreis, der sich zu solchen Visionen hingezogen fühlte. Die frühen Freunde Georges, Alfred Schuler (1865-1923) und Ludwig Klages (1872-1956), vertraten ähnlich mythische Auffassungen, die durch eine okkulte Suche nach kosmischen Ausstrahlungen bestimmt waren.[108]

Begleitet wurde die kosmische Weltsicht von einem fanatischen Antisemitismus, von der Sehnsucht nach Blut und archaischer Erde. Man hat in diesen Konzeptionen einen der mystischen Ursprünge des Nationalsozialismus gesehen.[109] Wie in anderen von Nietzsche beeinflußten radikalen Konzeptionen verbanden sich auch hier progressive und reaktionäre Elemente auf unvorhersehbare Weise.

Zwischen 1897 und 1904 waren George, Schuler und Klages Mitglieder eines esoterischen, heidnisch-gnostischen Zirkels in München-Schwabing, dessen Anhänger sich als Kosmiker bezeichneten. Beeinflußt waren sie u.a. durch Bachofens *Mutterrecht*, aber vor allem auch durch Nietzsche.[110] Das spiegelte sich in ihrer Kritik am liberalen Rationalismus und an der industriellen Moderne ebenso wider wie in ihrer antichristlichen Einstellung und in ihrer Sehnsucht nach einer dionysischen Gemeinschaft, die (dieser Gruppe zufolge) durch eine Neubelebung heidnischer Feste praktisch erreicht werden konnte.[111]

---

107 Rudolf Pannwitz, *Einführung in Nietzsche*, a.a.O., S. 5-8. Pannwitz schuf eine Reihe von *Mythen*. Fünf seiner zwischen 1904 und 1910 geschriebenen Dramen wurden 1913 veröffentlicht unter dem Titel *Dionysische Tragödien*. Gewidmet waren sie Nietzsche, dem Schöpfer eines neuen Lebens. Richard Samuel und R.Hinton Thomas verweisen darauf, daß Pannwitz (anders als Hugo von Hofmannsthal) seinen Versionen klassischer Themen keine moderne Einkleidung verlieh. Es handelte sich bei ihnen eher um nietzscheanische Rekonstruktionen griechischer Dramen. Vgl. *Expressionism in German Life, Literature and the Theatre (1910-1924)*, a. a. O., S. 63, Anm. 3, S. 73. Zu den religiösen Deutungen vgl. Rudolf Pannwitz, *Aufruf zum Heiligen Kriege der Lebendigen*, München-Feldafing: H. Carl 1920.

108 Eine gute Darstellung dieser Auffassungen findet sich bei J. H.W. Rosteutscher, *Die Wiederkunft des Dionysos. Der naturmystische Irrationalismus in Deutschland*, Bern: A. Francke 1947, S. 223ff.

109 Vgl. George L. Mosse »The Mystical Origins of National Socialism« in: *Masses and Man*, a.a.O., S. 197-213.

110 Die Verbindung zwischen beiden wurde 1929 durch einen der führenden Nietzscheaner unter den Nationalsozialisten dargestellt, vgl. Alfred Bäumler »Bachofen und Nietzsche« in: *Studien zur deutschen Geistesgeschichte*, Berlin: Junker und Dünnhaupt 1937.

111 Vgl. Roderich Huch, *Alfred Schuler, Ludwig Klages, Stefan George. Erinnerungen an Kreise und Krisen der Jahrhundertwende in München-Schwabing*, Amsterdam: Castrum Peregrini 1973. Vgl. ferner den autobiographischen Roman von Franziska Gräfin zu Reventlow, *Herrn Dames Aufzeichnungen*, München: Biederstein 1958.

Schuler, der charismatische Führer der Gruppe, war in seinem Eklektizismus eindeutig von Nietzsche beeinflußt.[112] Schulers Nietzsche war nicht der Prophet des Individualismus. Denn in Schulers Augen zählte das Individuum nicht; entscheidend waren für ihn die tieferen Schichten des Unbewußten und die vereinigenden Mächte von Rasse, »Seele« und Blut. Er schätzte Nietzsches mythische Lebensmacht und seinen Vitalismus, seine apokalyptische Haltung und die Überzeugung, daß verschüttete schöpferische und triebhafte Kräfte wieder freizusetzen seien. Schuler war, wie er selbst glaubte, in seiner Periodisierung der Geschichte, in seiner Ablehnung der Reformation und der Französischen Revolution als judaisierter und devitalisierter Ressentiment-Phänomene, durch Nietzsches Bestimmungen dieser Ereignisse in der *Genealogie der Moral* beeinflußt.[113] Sein Nietzsche lehrte darüber hinaus den Kreislauf von schrecklicher Zerstörung und neuem Beginn. Schuler schrieb: »Nietzsche sagt, bei Einstürzen zeigen sich neue Quellen, und so ist es auch im Leben. Zuerst müssen gewaltige Einstürze, gewaltige Zerstörungen vor sich gegangen sein, bis die neue Quelle, aus der die Zukunft fließt, sich bloßlegt.«[114]

Schuler hoffte sogar, dem Philosophen eine okkulte Therapie angedeihen lassen zu können. Über zwei Jahre hinweg traf er Vorbereitungen, um Nietzsches Wahnsinn durch den frei gedeuteten Ritus eines antiken korybantischen Tanzes zu heilen. Es kam jedoch nie so weit, weil es sich u. a. als zu schwierig erwies, die für den kul-

112 Zu Schuler vgl. George L. Mosse, *The Crisis of German Ideology. Intellectual Origins of the Third Reich*, New York: Grosset & Dunlap 1964, S. 75-77 und 211f.; dt.: *Ein Volk, ein Reich, ein Führer. Die völkischen Ursprünge des Nationalsozialismus*, Königstein/Ts.: Athenäum 1979. S. 88f. und 226f. sowie Gerald Plumpe, *Alfred Schuler. Chaos und Neubeginn, zur Funktion des Mythos in der Moderne*, Berlin: Agora 1978. Zu Nietzsches Einfluß auf Schuler vgl. Alfred Schuler, *Fragmente und Vorträge aus dem Nachlaß*, Einf. von Ludwig Klages, Leipzig: J.A. Barth 1940, S. 27f. und 33f.

113 Siehe den genaueren Textvergleich bei Gerald Plumpe, *Alfred Schuler. Chaos und Neubeginn, zur Funktion des Mythos in der Moderne*, a. a. O., S. 126f. »Rom selber bewegte sich wie ein aufgeweckter Scheintodter unter dem Druck des neuen, darüber gebauten judaisirten Rom, das den Aspekt einer ökumenischen Synagoge darbot und ›Kirche‹ hiess: aber sofort triumphirte wieder Judäa, Dank jener gründlich pöbelhaften (deutschen und englischen) Ressentiments-Bewegung, welche man die Reformation nennt [...] In einem sogar entscheidenderen und tieferen Sinne als damals kam Judäa noch einmal mit der französischen Revolution zum Siege über das klassische Ideal: die letzte politische Vornehmheit, die es in Europa gab, die des siebzehnten und achtzehnten *französischen* Jahrhunderts brach unter den volksthümlichen Ressentiments-Instinkten zusammen«. Friedrich Nietzsche, *Die Genealogie der Moral*, in: *Werke*, Bd. VI, 2, a.a.O., S. 301.

114 Alfred Schuler, *Fragmente und Vorträge aus dem Nachlaß*, a. a. O., S. 170, 244, 275.

115 Vgl. Alfred Schuler, *Fragmente und Vorträge aus dem Nachlaß*, a. a. O., S. 60ff. Auch Julius Langbehn, ein weiterer völkischer Denker, suchte Nietzsche zu heilen. Nachdem er das Vertrauen von Nietzsches Mutter und von Otto Binswanger, Nietzsches Psychiater, gewonnen hatte, unternahm Langbehn mit Nietzsche lange Spaziergänge. Er hoffte, Spenden aufzutreiben, um Nietzsche in einem von Langbehn geleiteten Haushalt unterbringen zu können. Nietzsches Mutter setzte diesen Plänen ein Ende, als sie erfuhr, daß Langbehn sich als Nietzsches Vormund einsetzen lassen wollte. Vgl. Ronald Hayman, *Nietzsche. A Critical Life*, London: Quartet 1981, S. 340.

tischen Tanz geeigneten Jugendlichen zu gewinnen.[115] Der Umstand, daß sowohl Klages wie Wolfskehl dieses Vorhaben billigten, zeigt, welche Atmosphäre in diesen esoterischen Zirkeln herrschte.[116]

Der einflußreichste Jünger Schulers war Ludwig Klages (der sich 1904 verbittert von George lossagte). Als äußerst bösartiger Antisemit, als überaus produktiver Publizist, als renommierter Graphologe und als Kultphilosoph der Weimarer Republik widmete Klages sein Leben der Ausarbeitung und Verbreitung jener kosmischen Weltanschauung, die er sich in seiner Zeit in Schwabing zu eigen gemacht hatte.[117] Klages war in jeder Hinsicht des Wortes ein Post-Nietzscheaner. Sein Werk kann wie das Gottfried Benns und der Expressionisten als ein kritischer, exegetischer Dialog mit Nietzsche gelesen werden. Doch obwohl er Nietzsches Denken kommentierte und dessen wesentlichste Einsichten ausarbeitete, eignete sich auch Klages Nietzsche nur selektiv an.[118]

Das Bild, das Klages von Nietzsche entwarf, zeigte ihn als großen Herold der kosmischen Seele und bezog sich eindeutig auf Nietzsches dionysisch wilde Selbstpreisgabe. Wie Schuler ließ auch Klages dem Individualismus Nietzsches keinen Raum. Seine große Leistung bestand für ihn darin, verstanden zu haben, daß die griechische Tragödie die Ketten des individuellen Lebens durch das kosmische zerbrach. Klages ganzes Denken war beseelt von der Suche nach diesem ursprünglich-kosmischen, dionysischen Rausch. Seine programmatisch irrationalistischen Kategorien einer elementaren Ekstase und einer erotischen Entrückung beispielsweise entstammten der *Geburt der Tragödie*, die, wie Klages meinte, durch die Schranken der Individuation zum Leben der Elemente vorzudringen suchte.[119]

Für Klages war das Dionysische bedeutsam, weil sich in ihm das Leben selbst manifestierte. Er war der radikalste Vertreter der irrationalistischen Lebensphiloso-

---

116 Vgl. Roderich Huch, *Alfred Schuler, Ludwig Klages, Stefan George. Erinnerungen an Kreise und Krisen der Jahrhundertwende in München-Schwabing*, a.a.O., S. 29f. Zum Zusammenhang dieses Plans mit Schulers Kosmologie vgl. Gerald Plumpe, *Alfred Schuler. Chaos und Neubeginn, zur Funktion des Mythos in der Moderne*, a. a. O., Kap. 5, insbes. S. 124.

117 Karl Löwith schrieb 1927, daß es einen veritablen Kult um Klages gab. Getragen wurde er von »Weltanschauungsdilettanten«, die in Klages einen Mann von unerhörter metaphysischer Tiefe sahen. Vgl. Karl Löwith »Nietzsche im Lichte der Philosophie von Ludwig Klages« in: *Reichls philosophischer Almanach* 4 (1927) S. 285. Im Vorwort zu seinem Buch *Der Geist als Widersacher der Seele* behauptete Klages, der am stärksten »ausgeplünderte« Autor zu sein. Ludwig Klages, *Der Geist als Widersacher der Seele*, Leipzig: J.A. Barth [1926] 1937, S. XVIII.

118 Der Einfluß Nietzsches auf Klages wird, wie Löwith bezeugt, allgemein anerkannt, vgl. Karl Löwith »Nietzsche im Lichte der Philosophie von Ludwig Klages«, a. a. O. Der gewöhnlich äußerst kritische Kaufmann behandelt das Werk von Klages über Nietzsche mit besonderem Respekt, wenn nicht gar mit Zustimmung, vgl. Walter Kaufmann, *Nietzsche. Philosopher, Psychologist, Antichrist*, a. a. O., S. 187; dt.: *Nietzsche. Philosoph - Psychologe - Antichrist*, a. a. O., S. 250f., 266 und 304.

119 Vgl. Ludwig Klages, *Vom kosmogonischen Eros*, 6. Aufl., Bonn: Bouvier 1963, S. 82 und 79, 55-58. Zur *Geburt der Tragödie* vgl. S. 224.

phie in Deutschland und er trieb deren nietzscheanische Prämissen zu äußerster Konsequenz.[120] Seine Philosophie beruhte auf der grundlegenden Unterscheidung zwischen der lebensbejahenden Seele und dem lebenzerstörenden Geist, wie dies im Titel seines bekanntesten Werks *Der Geist als Widersacher der Seele* kristallklar zum Ausdruck kam. Bei dieser Unterscheidung handelte es sich, wie Klages schrieb, um ähnlich grundlegende *Urbegriffe* wie bei Nietzsches Konfrontation des Dionysischen und des Sokratischen.[121] Der Geist repräsentierte all jene Kräfte einer modernen, industriellen und intellektuellen Rationalisierung, die die Natur sowie den Frieden des Organischen und Kosmischen zerstörten. Die Seele dagegen repräsentierte die Möglichkeiten eines authentisch gelebten Lebens - die Überwindung der entfremdeten Intellektualität zugunsten einer neugewonnenen erdhaften Verwurzelung.[122]

Darüber sollte nicht vergessen werden, daß Klages zugleich ein renommierter Graphologe war. Seiner wissenschaftsfeindlichen und antipositivistischen Weltsicht entsprechend betrachtete er sich nicht als Psychologen, sondern als Seelenforscher. Und Nietzsche rief er zum Begründer der Seelenforschung aus. Für Klages bestand Nietzsches psychologische Leistung in der scharfen Grenzziehung zwischen den asketischen Priestern Jahwes und den Orgiasten des Dionysos. Seine psychologische Sensibilität gelangte zu außerordentlichen Einsichten durch seine schonungslos ehrliche Selbsterkenntnis und entlarvende Enttäuschungstechnik.[123]

Während Klages den vitalistischen, dionysischen Seelenforscher über alles lobte, verzichtete er ganz und gar auf den Nietzsche des Willens zur Macht. Für ihn handelte es sich bei dem aggressiven und zerstörerischen Willen zur Macht um enterotisierte Sexualität.[124] Nietzsches individualistische Betonung der Selbstüberwindung erschien ihm als ein verkappter Akt des Geistes, der eben der sokratischen und

120 Vgl. Karl Löwith »Nietzsche im Lichte der Philosophie von Ludwig Klages«, a.a.O., S. 286.

121 Vgl. Ludwig Klages, *Der Geist als Widersacher der Seele*, a.a.O., S. XXII.

122 Ludwig Klages und C.G. Jung bewohnten ein sehr ähnliches Universum von Diskursen. Aufschlußreich ist der Kommentar Jungs über Klages in seinem Seminar über den *Zarathustra*: »Was Klages unter *Geist* verstand, war die gegen Ende des 19. Jahrhunderts entwickelte Vorstellung vom Intellekt in Form von Büchern, Wissenschaft, Philosophie etc. Doch nie zuvor hatte *Geist* dies bedeutet; es handelte sich hier lediglich um eine Entartung des ursprünglichen Wortsinns. Für Nietzsche bedeutete *Geist* etwas Ursprüngliches, die Gewalt eines Vulkanausbruchs, während er für das szientifische oder rationalistische Denken der zweiten Hälfte des 19. Jahrhunderts einen eiskalten Raum darstellte, in dem zwar die Dinge standen, in dem es aber kein Leben mehr gab. Wenn Sie den *Geist* in dieser Weise verstehen, wird er selbstverständlich zum tödlichsten Feind der Seele, den Sie sich denken können.« C.G. Jung, *Nietzsche's Zarathustra: Notes of the Seminar Given in 1934-1939*, a.a.O., S. 1128 [Vgl. im vorliegenden Buch Kap. 1 Anm. 23]

123 Vgl. Ludwig Klages, *Handschrift und Charakter*, Leipzig: J.A. Barth 1921. Bis 1929 erlebte dieses Werk dreizehn Auflagen. Vgl. ferner ein von Klages herausgegebenes *Graphologisches Lesebuch*, 5. Aufl., München: J.A. Barth [1930] 1954 sowie Ludwig Klages, *Die psychologischen Errungenschaften Nietzsches*, Leipzig: J.A. Barth 1926, S. 9-16, 210. Die von Klages konzipierte nietzscheanische Psychologie war offenbar gedacht als arische, irrationalistische Alternative zum rationalistischen jüdischen Freudianismus.

124 Vgl. Ludwig Klages, *Vom kosmogonischen Eros*, a.a.O., S. 87.

christlichen Einstellung entsprang, die er hätte verabscheuen müssen.[125] Der Wille zur Macht war Träger eines abstrakten und aggressiven Geistes, des Kapitalismus wie des Sozialismus, der die Menschen von ihren natürlichen, erdhaften Wurzeln abschnitt. Als Träger der Destruktion war der Wille zur Macht nichts weiter als ein Wille zur Abtötung des Lebens.

Wie viele andere Kommentatoren beschränkte sich auch Klages nicht auf die Analyse von Nietzsches Denken: Durch seine Seelenforschung und Graphologie verfügte er über die nötigen Voraussetzungen zur Mythologisierung von Nietzsches Person. Wie andere außerordentliche Individuen hatte Nietzsche ihm zufolge Anteil am ursprünglichen Sein, und daher war es ihm bestimmt, eine tragische Figur zu werden. Er war einer der »Märtyrer des Heidentums: ihre Seele stritt und starb für die Inbrunst des Lebens.«[126] Seine epochale Leistung bestand darin, die Mauern der Kirche zu zerbrechen. In der gesamten Geschichte der Menschheit gab es niemanden, der mehr und stärkere Ketten zerbrochen hätte. »Er hat Ozeane von Irrtümern vor uns, er hat sie aber auch für uns durchfahren.«[127] Doch Nietzsche konnte (und hier nimmt Klages die Argumentation des Georgekreises wieder auf) die neue Welt, auf die er vorauswies, zwar erahnen, doch nicht mehr selbst betreten.[128]

Die Tragik Nietzsches bestand darin, zerrissen zu werden zwischen den unvereinbaren Bestrebungen einer dionysischen Sehnsucht nach Selbstpreisgabe und dem unablässigen übermenschlichen Antrieb zur Selbstüberwindung. Da er sich von der rationalistischen Haltung des Sokrates zugleich angezogen und abgestoßen fand, überwand Nietzsche nie die innere Spannung zwischen den orgiastisch heidnischen und den auf christliche Selbstüberwindung zielenden Anteilen seines Charakters.[129]

Klages verwies auf einen Doppelaspekt, der sich für die unterschiedlichen Zirkel der Avantgarde in Deutschland als faszinierend erwiesen hatte. Seine beiden Themen deckten sich (wie immer unvollständig) mit deren Aspirationen. Es handelte sich dabei zum einen um den »maskulinen« Imperativ dynamischer und souveräner Selbsterschaffung und zum anderen um ein eher »feminines« Eintauchen in ein überindividuelles dionysisches Ganzes. Manchmal wurde der eine, dann wieder der andere dieser beiden Aspekte hervorgehoben. Zuweilen versuchte man, beide miteinander zu verbinden oder die Spannung zwischen ihnen einfach ungelöst zu lassen. Immer wieder aber verstärkten beide den unabgeschlossenen, eklektischen Radikalismus, der für die nietzscheanische Avantgarde charakteristisch war.

---

125 Diese Argumentation findet sich vor allem in dem besonders wichtigen Buch von Klages über *Die psychologischen Errungenschaften Nietzsches.*

126 Ludwig Klages, *Rhythmen und Runen*, Leipzig: J.A. Barth 1944, S. 332.

127 Vgl. R. Hinton Thomas »Nietzsche in Weimar Germany and the Case of Ludwig Klages« in: Anthony Phelan (ed.), *The Weimar Dilemma. Intellectuals in the Weimar Republic*, Manchester: Manchester University Press 1985, S. 71-91, hier S. 82.

128 Ludwig Klages, *Rhythmen und Runen*, a.a.O., S. 521.

129 Vgl. Ludwig Klages, *Die psychologischen Errungenschaften Nietzsches*, a.a.O., S. 179-207.

Das Werk von Klages bietet ein Beispiel dafür, wie schwer ein postliberaler, an Nietzsche orientierter Radikalismus einzuordnen ist.[130] Klages vertrat einen umfassenden Irrationalismus, die vitalistische Politik einer antimodernen, kosmischen Berufung aufs Dionysische, die sich zudem auf einen Antisemitismus und Antiindividualismus sowie auf eine Mystik des »Blutes« stützte. Gemeinhin wird er einer ideologischen Ahnenreihe zugeordnet, die direkt in den Nationalsozialismus führte. Marxistische Kritiker betrachteten seine organische, dionysische Erkenntnistheorie als zutiefst reaktionär, als eine Technik zur Leugnung allen historischen Fortschritts.[131] Klages, so erklärte Ernst Bloch, schließt die Zukunft als Möglichkeit aus, indem er das traumtrunkene utopische Zentrum Nietzsches beseitigt. »Er halbiert Nietzsches Heroismen, indem er ihnen den Willen zur Macht entzieht; er ›halbiert‹ Nietzsches Teleologie: der Mensch ist nicht etwas, das überwunden, sondern bloß etwas, das archaisch umgangen, entzielt werden muß.« Darüber hinaus wirft Bloch Klages vor: »Die Brücken zur Zukunft, an der gerade Nietzsches sämtliche Traumstätten gelegen waren, sind abgebrochen.« Die Frage nach Wahrheit und Falschheit warf für Faschisten stets unangenehme Probleme auf. Klages konnte sie mit seiner archaischen Mythologie so gut wie ganz beseitigen.[132]

Doch mit seiner Kritik an der nietzscheanischen Selbstüberwindung und am maskulinen Willen zur Macht trug Klages, wie Hinton Thomas gezeigt hat, auch eine Kritik an der Macht vor, die das genaue Gegenteil von deren Verherrlichung durch die Nazis war. Dieser Analyse zufolge kritisierte Klages Macht, Repression und Aggression in einer Art und Weise, die alle modernen Alternativen wie Liberalismus, Sozialismus und Kapitalismus als schuldig erscheinen ließ.[133] Unter diesem Gesichtspunkt gehörten seine Ideen eher in den Umkreis der anarchisch-libertären Vorstellungen der Avantgarde in Ascona und nicht in eine autoritäre Tradition.[134]

---

130 In anderen Zusammenhängen hat auch Gerd Klaus Kaltenbrunner die eigenartige Mischung aus progressiven und reaktionären Elementen in derartigen Radikalismen konstatiert. Vgl. Gerd Klaus Kaltenbrunner »Zwischen Rilke und Hitler – Alfred Schuler« in: *Zeitschrift für Religions- und Geistesgeschichte* 19, Nr. 4 (1967) S. 342.

131 Bei Klages tritt »seit Nietzsche zum erstenmal [...] die Lebensphilosophie offen als konkrete Mythen schaffend auf.« Georg Lukács, *Die Zerstörung der Vernunft*, in: *Werke*, Bd. 9, Darmstadt und Neuwied 1974, S. 462. Er war nach Auffassung von Lukács ein direkter Vorläufer des Nationalsozialismus. Obwohl Klages dem Nationalsozialismus gegenüber Vorbehalte hatte, fand er für ihn ein Publikum, und zwar eher in den Kaffeehäusern als auf der Straße.

132 Ernst Bloch »Romantik des Diluvium« in: *Erbschaft dieser Zeit*, Zürich: Oprecht und Helbling 1935, S. 246, 250f.

133 Vgl. R. Hinton Thomas »Nietzsche in Weimar Germany and the Case of Ludwig Klages«, a.a.O., S. 84-87.

134 »Ludwig Klages gehört unserer Meinung nach zu jenen Schwabingern, die zwar *nicht* nach Ascona gegangen sind, die dies aber aufgrund ihrer Ideen durchaus hätten tun *können* oder tun *sollen*.« Martin Green, *Mountain of Truth. The Counterture Begins. Ascona 1900-1920*, a.a.O., S. 162. Die Beziehungen zu Ascona waren vielleicht nicht rein geistiger Natur; denn gerüchteweise verlautete, Klages sei der Liebhaber der äußerst einflußreichen, erotisch emanzipierten Gräfin Reventlow gewesen.

Die Mischung beider Elemente erwies sich stets als attraktiv für die deutsche wie für die europäische Avantgarde. Mit ihren Radikalismen reagierte sie auf konkrete Probleme des Liberalismus und der industriellen Moderne. Da Nietzsche fast per definitionem als dem bürgerlichen Geschmack und der Politik der Bourgeoisie feindlich gesinnt galt, stellte er ein großartiges Reservoir an Themen bereit, mit dem die Avantgarde in eine postliberale Welt aufbrechen konnte. Gerade das erklärt vielleicht die Leichtigkeit, mit der sich bestimmte Bewohner Asconas, manche Lebensreformer, Expressionisten und Anhänger Georges von anarchistisch-libertären zu faschistischen und nationalsozialistischen Positionen zu bewegen vermochten.[135] Im Gefolge Nietzsches vermischten sich viele Arten von Dissens und alle politischen wie kulturellen Einstellungen, die durch eine Neigung zur Abkehr vom Rationalismus charakterisiert waren. Eine (aber gewiß nicht die einzig mögliche) dieser Entwicklungslinien führte zum Faschismus und Nationalsozialismus.

Die Avantgarde bestand jedoch nur aus einem begrenzten Kreis von kreativen Künstlern und Intellektuellen. Um zu dokumentieren, wie die Gedanken Nietzsches weitere Verbreitung fanden, müssen wir uns nun volkstümlicheren Zusammenhängen, also jenen Interessengruppen und Bewegungen zuwenden, die sich sein Werk auch institutionell anzueignen suchten.

---

135 Der Faschismus betrachtete sich in mancher Hinsicht als ein Phänomen der Avantgarde. Gewiß taten dies auch viele Intellektuelle, die sich zu ihm hingezogen fühlten. Vgl. George L. Mosse »Fascism and the Avantgarde« in: *Masses and Man*, a.a.O., S. 229-245.

KAPITEL 4

# Der institutionalisierte Nietzscheanismus

*Der Magen der Gesellschaft ist stärker als der meinige, er verträgt mich.*

Nietzsche, *Menschliches, Allzumenschliches*

Der Nietzscheanismus war keine eigenständige politische Ideologie, die von einer Partei oder Bewegung getragen worden wäre. Und er konnte dies wohl auch nicht werden; denn die für ihn charakteristische proteusartige Macht gewann er gerade, weil er nicht organisiert war. Da seine Anhänger keine formellen Voraussetzungen erfüllen und keinem vorgegebenen Dogma genügen mußten, konnte er aufgrund seiner Elastizität auf vielen Gebieten des institutionellen und gesellschaftlichen Lebens in Deutschland Fuß fassen. Er tat dies dank einer wechselvollen und kontextabhängigen Selektion, die den Bedürfnissen der jeweiligen Institutionen entsprach. Bei manchen von ihnen verlief die Rezeption Nietzsches euphorisch und ohne jeden Vorbehalt, bei anderen eher zögernd und bruchstückhaft. In der Regel wurde sie explizit und bewußt vorgenommen; zuweilen vollzog sie sich aber auch unterschwellig. Gedanken Nietzsches drangen selbst in die Thematik jener Gruppen ein, die sich ausdrücklich gegen Nietzsche wandten. Obwohl man sich meist mit radikalen Forderungen auf ihn berief, führte dies oft unbeabsichtigt zu konservativen Konsequenzen. Weil der Nietzscheanismus selten als unabhängige Kraft auftrat, ließ er sich unter institutionelle Zwänge setzen und konnte sich miteinander konkurrierenden ideologischen Forderungen beugen. Dennoch übte er eine ganze Reihe entscheidender Funktionen aus: er wirkte wie ein Lösungsmittel oder wie ein Sauerteig, wie ein Katalysator oder wie ein Ärgernis; er stellte überkommene Einstellungen und Kategorien in Frage, während er selbst von ihnen durchdrungen oder umgestaltet wurde.

Die Geschichte der Wirkung Nietzsches im deutschen Feminismus des späten 19. und frühen 20. Jahrhunderts bietet hier ein besonders eindrucksvolles Beispiel. Denn daß sich gerade Feministinnen auf Nietzsche beriefen und sich sein Werk zu eigen machen wollten, mußte einigermaßen irritierend wirken. Nietzsches Betonung von Macht, Härte und Männlichkeit, seine Behauptung »Güte am Weibe ist schon eine Form der *Entartung*«[1], seine schneidend scharfen Stellungnahmen zur

1 Friedrich Nietzsche, *Ecce homo,* »Warum ich so gute Bücher schreibe«, in: *Werke,* Bd. VI, 3, a.a.O., S. 304.

weiblichen Emanzipation[2] sowie seine Ermahnung »Du gehst zu Frauen? Vergiss die Peitsche nicht!«[3] - dies alles schien ihn kaum als Befürworter der Sache des Feminismus zu qualifizieren. Die »moderne Frau«, so bemerkte sarkastisch ein Kritiker, hatte zu Nietzsches Peitsche ein ambivalentes Verhältnis: Im Namen der »Emanzipation« suchte sie sich von ihr zu befreien, zugleich aber trieb ein uraltes Verlangen sie immer wieder zu ihr zurück.[4]

Frauen, die Nietzsches Ideen attraktiv fanden, konnten im großen und ganzen zwischen zwei Strategien wählen: Sie konnten die Auffassung vertreten, daß seine Ansichten zur Frauenfrage trotz ihrer Aggressivität in ihrer Grundtendenz von allgemeiner Bedeutung waren[5], oder sie konnten der Meinung sein, daß die These, Nietzsche sei Frauen gegenüber aggressiv eingestellt, oberflächlich und unzutreffend sei, weil er die Sache des Feminismus auf dem Punkt äußerster Selbstverwirklichung mit ungewöhnlicher Umsicht vertrat.[6] Beidesmal stand der Name Nietzsches für eine Befreiung der Frau von historischen und institutionellen Repressionen der Vergangenheit. Wie andere Autoren der Jahrhundertwende fanden auch Feministinnen im Werk Nietzsches eine kritische Diagnose ihrer eigenen Zeit

2 »›Emancipation des Weibes‹ - das ist der Instinkthass des *missrathenen*, das heisst gebäruntüchtigen Weibes gegen das wohlgerathene, - der Kampf gegen den ›Mann‹ ist immer nur Mittel, Vorwand, Taktik. Sie wollen, indem sie *sich* hinaufheben, als ›Weib an sich‹, als ›höheres Weib‹, als ›Idealistin‹ von Weib, das allgemeine Rang-Niveau des Weibes *herunter*bringen; kein sichereres Mittel dazu als Gymnasial-Bildung, Hosen und politische Stimmvieh-Rechte. Im Grunde sind die Emancipirten die *Anarchisten* in der Welt des ›Ewig-Weiblichen‹, die Schlechtweggekommenen, deren unterster Instinkt Rache ist.« Friedrich Nietzsche, *Ecce homo*, »Warum ich so gute Bücher schreibe«, in: *Werke*, Bd. VI, 3, a.a.O., S. 304.

3 Friedrich Nietzsche, *Also sprach Zarathustra*, in: *Werke*, Bd. VI, 1, a.a.O., S. 82.

4 Vgl. Oskar Ewald »Nietzsche und die Frauen (Die Peitsche Zarathustras)« in: *Wage* Nr. 50, 6 Jg. (1903) S. 1324-1328. Vgl. Richard Frank Krummel, *Nietzsche und der deutsche Geist*, Bd. 2, a.a.O., S. 138.

5 Vgl. Hedwig Dohm »Nietzsche und die Frauen« in: *Die Zukunft* 25 (24. Dezember 1898) S. 534-543.

6 Vgl. Eva »Nietzsche und die Frauen« in: *Wiener Sonn- und Montags-Zeitung* 40 Jg., Nr. 37 (15. September 1902) S. 2f., zit. nach Richard Frank Krummel, *Nietzsche und der deutsche Geist*, Bd. 2, a.a.O., S. 90. Nietzsche präsentierte sich in der Tat als Denker, der die Frauen verstand, auch wenn das Niveau, auf dem er für ihre Selbstverwirklichung eintrat, eindeutig interpretationsbedürftig blieb:
«Darf ich anbei die Vermuthung wagen, dass ich die Weiblein *kenne*? Das gehört zu meiner dionysischen Mitgift. Wer weiss? vielleicht bin ich der erste Psycholog des Ewig-Weiblichen. Sie lieben mich Alle - eine alte Geschichte: die *verunglückten* Weiblein abgerechnet, die ›Emancipirten‹, denen das Zeug zu Kindern abgeht. - Zum Glück bin ich nicht Willens mich zerreissen zu lassen: das vollkommne Weib zerreisst, wenn es liebt... Ich kenne diese liebenswürdigen Mänaden... Ah, was für ein gefährliches, schleichendes, unterirdisches kleines Raubthier! Und so angenehm dabei!... Ein kleines Weib, das seiner Rache nachrennt, würde das Schicksal selbst über den Haufen rennen. - Das Weib ist unsäglich viel böser als der Mann, auch klüger; Güte am Weibe ist schon eine Form der *Entartung*.« Friedrich Nietzsche, *Ecce homo*, »Warum ich so gute Bücher schreibe«, in: *Werke*, Bd. VI, 3, a.a.O., S. 303f.

und den Anstoß zu einer neugewonnenen Freiheit jenseits aller zuvor sanktionierten gesellschaftlichen Grenzen.

Beides spiegelte sich besonders deutlich wider in der Populärliteratur jener Zeit. Schon 1894 stellte Hedwig Dohm unter dem explizit an Nietzsche anknüpfenden Titel *Werde, die du bist* die Frustrationen von Frauen dar, deren Leben sich in einer Odyssee der Selbstverleugnung und Selbstauslöschung auf die ihnen vorgeschriebene Rolle eines Dienstes an anderen reduzierte. Dohm machte kein Hehl daraus, worin sie die Schuld an dieser Entwicklung sah. Die überkommene Moral legte fest, daß Frauen kein Selbst haben durften. Darum mußten ihre Gesetze beseitigt werden. Wen konnte es also überraschen, wenn Hedwig Dohms Heldinnen Nietzsche als den größten lebenden Philosophen betrachteten. In ihm sahen sie den Ursprung ihrer Leidenschaft, über ihre aktuellen Verhältnisse hinauszugelangen und zu größeren Höhen emporzusteigen.[7] Typisch für die feministische Literatur jener Jahre war auch Mathieu Schwanns Roman *Liebe* (1901). Er war mit Zitaten aus dem *Zarathustra* gepfeffert. Die in ihm beschriebene Neue Frau wurde von einem durch Nietzsche inspirierten Verlangen getrieben, tief einzutauchen in das volle, ganze und ungeteilte Leben. Dieser Roman ließ deutlich werden, daß eine repressive Moral wahre Liebe unmöglich machte und daß eine das Leben zerstörende Prüderie die Prostitution begünstigte.[8] Schon in Käthe Schirmachers 1893 erschienenem Roman *Halb* hatte eine dieser Neuen Frauen verkündet, sie wolle modern sein. Und das bedeute den Bruch mit falsch verstandenen griechischen und römischen Idealen sowie mit der orthodoxen Religion zugunsten von Freiheit, eigener Energie und Natürlichkeit. Die Entscheidung für Unabhängigkeit und Experimente anstelle von Abstraktionen und Stereotypen setze ein triumphierendes Ich voraus! In einer Zeit des Übergangs mochten die Schwachen zugrunde gehen, jene Übergangscharaktere, die nicht mehr sehr alt und noch nicht ganz neu sind - doch sie werde es schaffen![9]

Doch der feministische Nietzscheanismus blieb selbstverständlich nicht auf die Literatur beschränkt; er wurde vielmehr zu einem integralen Bestandteil der neuen radikal feministischen Politik. Die Organisationen der deutschen Frauenbewegung zerfielen, wie viele andere Bereiche der wilhelminischen Gesellschaft, in Gruppierungen, die sich jeweils an der Arbeiterklasse und der Bourgeoisie orientierten.[10]

---

7 Vgl. Hedwig Dohm, *Wie Frauen werden - Werde, die du bist*, Breslau: Schles. Buchdruck-, Kunst- und Verlagsanstalt 1894, zit. nach R. Hinton Thomas, *Nietzsche in German Politics and Society, 1890-1918*, a.a.O., S. 89f. Das Kapitel über die Frauenbewegung ist vielleicht das beste in diesem Buch.

8 Vgl. R. Hinton Thomas, *Nietzsche in German Politics and Society, 1890-1918*, a.a.O., S. 89f. Thomas behandelt ferner den nietzscheanischen Feminismus der Populärschriftstellerin Gabriele Reuter, a.a.O., S. 90f.

9 Käthe Schirmacher, *Halb*, Leipzig: W. Friedrich 1893, zit. nach Alfred G. Meyer, *The Feminism and Socialism of Lily Braun*, Bloomington: Indiana University Press 1985, S. 31f; vgl. ferner S. 197, Anm. 8 und 9.

10 Vgl. zur systematischen Geschichte der deutschen Frauenbewegung Richard J. Evans, *The Feminist Movement in Germany 1894-1933*, London und Beverly Hills: Sage 1976.

Bis Mitte der neunziger Jahre folgten beide Gruppierungen den üblichen Bahnen. Die sozialistischen Frauen entsprachen im allgemeinen dem Bild der Partei und unterwarfen ihren Feminismus der Disziplin der marxistischen Ideologie. Die Feministinnen des Bürgertums waren zwar den herrschenden Vorstellungen von der Rolle der Geschlechter und den damit zusammenhängenden diskriminierenden Praktiken gegenüber kritisch eingestellt, aber sie suchten gesellschaftliche Institutionen wie das politische System, die vorhandenen Eigentumsverhältnisse, die monogame Familie und die Kirche zu erhalten. Ihre konservative Einstellung ging oft Hand in Hand mit der Weigerung, zu unangenehmen Problemen wie der Prostitution, der Sexualität und den Geschlechtskrankheiten Stellung zu beziehen. In diesen Kreisen war die Lehre Nietzsches eindeutig unerwünscht.

Erst seit der Radikalisierung der Frauenbewegung Mitte der neunziger Jahre wirkte das Werk Nietzsches als Ausdruck der Dissidenz und inneren Gärung. Die bilderstürmerische Sozialdemokratin Lily Braun (1865-1916) und die radikalisierte bürgerliche Feministin Helene Stöcker (1869-1943) verkörperten diese Tendenzen. Für Lily Braun stellte Nietzsche eher die berauschenden Möglichkeiten individueller Emanzipation und allgemeiner Befreiung der Menschen dar, als daß er eine feministische Botschaft zu übermitteln gehabt hätte. In ihren Memoiren berichtet sie von dieser euphorisierten Stimmung anläßlich eines Zusammentreffens mit George Bernhard Shaw:

> Der Wille zur Macht, - die höchstmögliche Entwicklung der Persönlichkeit als Ziel des einzelnen, - der Übermensch als Ziel der Menschheit -: zu einem einzigen vollen Akkord vereinigten sich plötzlich die Klänge, die mir diesmal in England entgegengetönt hatten. Mein Herz schlug zum Zerspringen wie das eines Gefangenen, dem die Ketten vom Fuß gelöst werden und die Pforten sich öffnen zur freien Wanderschaft. Er sieht nichts wieder als die alte vertraute Welt seiner Jugend, und doch erscheint sie ihm wie ein Wunder so neu. Ein halbes Kind war ich gewesen, als ich aus Nietzsches Fröhlicher Wissenschaft den ersten Ruf persönlicher Befreiung vernahm: ›Das Leben sagt: Folge mir nicht nach; sondern dir! sondern dir!‹ - Galt nicht derselbe Ruf heute der Menschheit?[11]

Für Lily Braun war die Befreiung der Frau daher ein heroischer nietzscheanischer Akt der Selbsterschaffung, der in der Bildung einer Überfrau gipfelte. Zugleich kollektivierte sie als Sozialistin diesen nietzscheanischen Akt: Aus sowohl moralischen wie politischen Gründen sollte die Schaffung einer Überfrau in solidarischer Abstimmung mit anderen, ähnlich unterdrückten Frauen erfolgen. Am Ende würde die Freisetzung weiblicher Schöpfungsmacht in allen Bereichen des Lebens stehen, vor allem aber in denen, die Frauen traditionell verschlossen waren.[12]

Dieser allgemeine Aufruf an die Frauen, ihr Leben voll auszuleben und die engen, ihnen von der bürgerlichen Gesellschaft vorgeschriebenen Rollen zurückzuweisen, machte auch einen wesentlichen Bestandteil der Botschaft von Helene

---

11 Lily Braun, *Memoiren einer Sozialistin*, Bd. 2, *Kampfjahre*, München: Albert Langen 1911, S. 585.

12 Vgl. Alfred G. Meyer, *The Feminism and Socialism of Lily Braun*, a.a.O., S. 141ff.

Stöcker aus, die sie – als prominenteste und wirkungsmächtigste nietzscheanische Feministin Deutschlands – in ihren Schriften schon seit 1893 verkündete.[13] Nietzsche hatte ihr zufolge von beiden Geschlechtern eine höhere, hellere, daseinsfrohere Kultur verlangt. Er hatte die Aufgabe der Zukunft formuliert, das unvereinbar Scheinende zu vereinen, »ein freier Mensch, eine eigene Persönlichkeit und ein liebendes Weib zugleich zu sein.«[14]

Bis etwa 1900 war Helene Stöckers feministischer Nietzscheanismus zwar radikal, ging aber nicht über jene Forderungen hinaus, die der Frauenbewegung insgesamt akzeptabel erschienen. Erst danach rüstete sie sich zu einem Frontalangriff gegen konventionelle Sexualpraktiken und Institutionen.[15] Die Neue Moral, für die sie eintrat, ging weit hinaus über den konventionellen Feminismus des *Bundes Deutscher Frauenvereine*.

Diese Neue Moral berief sich ausdrücklich auf Nietzsche als Vorbild ihrer Suche. Es ging ihr um eine Reform der Sexualethik,[16] bei der es darauf ankam, »neue Formen, neue Gefühle für neue Menschen zu schaffen«.[17] Die Neue Moral stellte eine Kritik sowohl der konventionellen Ehe wie der asketischen Verleugnung des Sexuallebens dar.[18] Ihr zufolge bildete die Sexualität für Männer wie für Frauen einen

13 Vgl. Helene Stöcker »Frauengedanken« in: *Die Liebe und die Frauen*, 2. durchges. und verm. Aufl., Minden in Westf.: J.C.C. Bruns 1908, S. 24-29; Helene Stöcker »Friedrich Nietzsche und die Frauen« in: *Das Magazin für Litteratur* 67 (1898) S. 128-132, S. 153-158.

14 Helene Stöcker »Nietzsches Frauenfeindschaft« in: *Die Zukunft* 34 (1901) S. 432, zit. nach: dies., *Die Liebe und die Frauen*, Minden in Westf.: J.C.C. Bruns 1906, S. 65-74, hier: S. 73.

15 Richard J. Evans, *The Feminist Movement in Germany 1894-1913*, a.a.O., S. 118 sieht die biographische Ursache für diesen Meinungsumschwung in einer unglücklichen Liebesaffäre Stöckers mit einem verheirateten Mann. Während sie die Ehe zuvor nicht verurteilt hatte, betrachtete sie sie jetzt als ein ernsthaftes Entwicklungshindernis, als ein Besitzverhältnis oder gar als Prostitution und nicht als jene Liebesbeziehung, die Nietzsche gefordert hatte. In einer noch weitergehenden Radikalisierung ihrer Auffassungen lehnte sie die Keuschheit als weibliche Tugend ab und predigte eine an Nietzsche orientierte aktive sexuelle Befreiung. Ihre Liebesaffäre hatte sie mit niemandem anders als mit dem vom äußersten rechten Flügel stammenden, fanatischen Nietzscheaner Alexander Tille, der im vorliegenden Kapitel weiter unten erörtert wird. Die Attraktion zwischen beiden beruhte auf ihrem gemeinsamen, vor allem eugenisch betonten Nietzscheanismus. In ihrer mißlichen Lage machte sich Helene Stöcker eine Lektion Zarathustras zu eigen. Wie sie Anna Pappritz, einer anderen Feministin, gestand, suchte sie nun nach Stärke, nicht mehr nach Glück, vgl. Amy Hackett »Helene Stöcker. Left-Wing Intellectual and Sex Reformer« in: Renate Bridenthal u.a. (eds.): *When Biology Became Destiny*, New York: Monthly Review Press: 1984, S. 111f., 128, Anm. 6.

16 Vgl. insbesondere den stark nietzscheanisch geprägten Eröffnungstext von Helene Stöcker »Zur Reform der sexuellen Ethik« in: *Mutterschutz. Zeitschrift zur Reform der sexuellen Ethik*, 1, Nr. 1 (1905).

17 Helene Stöcker »Nietzsches Frauenfeindschaft«, a.a.O., S. 73.

18 Auch dieser antiasketische Impuls stand im Zeichen Nietzsches, vgl. Helene Stöcker »Von neuer Ethik« in: *Mutterschutz. Zeitschrift zur Reform der sexuellen Ethik* 2, Nr. 1 (1906) S. 3f.

Grundbestandteil des Lebens, einen legitimen und positiv zu bewertenden Aspekt ihres Menschseins. Nietzsche sei es, so schrieb Helene Stöcker, zu danken,

> daß er die alte asketische Moral der Kirchenväter, die in der Liebe der Geschlechter zueinander etwas Sündhaftes und im Weibe etwas Niedriges, Unreines erblickte, daß er diese lebenverneinende Moral durch seine stolze, lebenbejahende ersetzte, die Menschen dadurch vom bösen Gewissen befreit und ihre Liebe geheiligt hat. Er will nicht die Leidenschaften, die Instinkte ausrotten – das hieße ja, das Leben an der Wurzel ergreifen –, sondern er fragt immer: ›Wie verschönt, wie vergoldet, wie vergöttlicht man eine Begierde?‹ Und so hat er denn oft unsere ›vergeistigte Sinnlichkeit‹, unsere ›Liebe‹ der ›Freundschaft‹ des Altertums entgegengestellt und sie als den schönsten Sieg über die Askese des Christentums bezeichnet. Die ›Liebe als Passion‹ gehört ihm zur aristokratischen Empfindungsweise.[19]

Als biologisches und spirituelles Erfordernis sollte die Liebe hinausgehen über die Beschränkungen der Ehe. Die Doppelmoral, die nur Männern sexuelle Befriedigung außerhalb der Ehe gestattete, galt es abzuschaffen. Befürworterinnen der Neuen Moral vertraten wiederholt die Auffassung, zwischen der Liebe und der formalrechtlichen Institution der Ehe bestehe nicht unbedingt ein Zusammenhang. Die Ehe, so behaupteten sie, mache aus der Beziehung zwischen den Geschlechtern nur zu oft ein bloßes Eigentumsverhältnis. Lily Braun meinte, uneheliche Kinder seien potentiell die Elite der Menschheit, da sie aus reiner Liebe hervorgegangen seien; in der christlichen Gesellschaft und unterm Kapitalismus aber seien diese wertvollsten Glieder der Gesellschaft zum Scheitern verurteilt.[20]

Ihren institutionellen Ausdruck fand die Neue Moral in der Splittergruppe des 1905 gegründeten *Bundes für Mutterschutz*. Bis 1912 zählte er bereits etwa viertausend Mitglieder. Seine Aktivitäten wurden außer durch Helene Stöcker und Lily Braun durch bekannte Persönlichkeiten wie Iwan Bloch, Hedwig Dohm, Ellen Key, Max Marcuse, Werner Sombart und Max Weber unterstützt.[21] Der Bund setzte sich ein für die staatliche Anerkennung nichtehelicher Lebensgemeinschaften, errichtete Unterkünfte für ledige Mütter, vertrat die freie Liebe und forderte leichteren Zugang zu Verhütungsmitteln. Sein Verhältnis zum konservativeren *Bund deutscher Frauenvereine* blieb gespannt; denn dieser widersetzte sich den Bemühungen um eine Legalisierung des Schwangerschaftsabbruchs und verbot nach 1909 eine Doppelmitgliedschaft in beiden Verbänden.

Liberale und die wichtigsten der übrigen Organisationen der Frauenbewegung sahen im *Bund für Mutterschutz* (vor allem aufgrund seiner Verbindungen zum Nietzscheanismus) eine Beleidigung der wilhelminischen Wohlanständigkeit. Anton Erkelenz forderte Helene Stöcker nachdrücklich auf, ihren Nietzscheanismus *außerhalb* des Bundes fortzuführen.[22] Die Kritiker des Bundes, vor allem Helene

---

19 Helene Stöcker »Nietzsches Frauenfeindschaft«, a.a.O., S. 71.

20 Vgl. Alfred G. Meyer, *The Feminism and Socialism of Lily Braun*, a.a.O., S. 118.

21 Vgl. die umfassendere Zusammenstellung der Mitglieder des Bundes bei Richard J. Evans, *The Feminist Movement in Germany 1894-1933*, a.a.O., S. 121f.

22 Vgl. Richard J. Evans, *The Feminist Movement in Germany 1894-1933*, a.a.O., S. 128.

Lange, betrachteten den erotischen Nietzscheanismus als Verrat an den moderaten Bildungskonzeptionen der feministischen Persönlichkeitsauffassung und als offenen Angriff auf den Ehrenkondex der bürgerlichen Moral. In Nietzsche sah man unausweichlich den Grund dieser Hemmungslosigkeit, dieser sklavischen Unterwerfung unter die Leidenschaften und des Zusammenbruchs sexueller Selbstbeherrschung.[23] Interessanterweise gab es auch Kritikerinnen des Bundes, die Nietzsche bewunderten und statt seiner jene »ultraradikalen Feministinnen«, »die halbgebildeten Frauen, Blaustrümpfe, die in Allem dilettirten«, für alle Fehlentwicklungen verantwortlich machten. Im Gegensatz zu ihrem Meister hatten diese Feministinnen angeblich keinen Sinn für eine historische Revolution und sahen in ihm irrtümlicherweise nur den Herold unmittelbarer und schrankenloser Befriedigung.[24]

Solch wütende Proteste gegen anarchische Erotik und hemmungslose Unmoral schienen einigermaßen deplaziert. Denn Helene Stöcker und die Frauen des *Bundes für Mutterschutz* waren sehr viel seriöser und gesetzter als die im vorigen Kapitel erörterten Feministinnen der Avantgarde. In mancher Hinsicht wies ihr nietzscheanischer Feminismus konservative Vorurteile auf, die ironischerweise gerade der von ihnen angestrebten Selbstbemächtigung entgegenstanden. Während Valentine de Saint-Point eine Maskulinisierung der Frauen forderte, bestanden sie auf der vollen Verwirklichung einer gesonderten und eigenständigen weiblichen Natur. Sie faßten die unablässig zitierte Aufforderung Nietzsches »Werde, der du bist!« weniger als Aufruf zur individuellen Selbsterschaffung auf, sondern vielmehr als Gebot zur Erfüllung der den Frauen angeborenen Neigungen. Die Feministinnen des *Bundes für Mutterschutz* zitierten daher gern Zarathustras Worte »Alles am Weibe hat Eine Lösung: sie heisst Schwangerschaft [...]: der Zweck ist immer das Kind.«[25] Die Gründerin des Bundes, Ruth Bre, betonte immer wieder die Bedeutung von Liebe und Mutterschaft.[26] Auch Lily Braun pries stets die Mutterschaft als wesentliche Bestimmung der Frau und als edelste Form ihrer Selbstverwirklichung.[27] Diese Vorstellung von weiblicher Selbstverwirklichung geriet zunehmend ins Zentrum der Neuen Moral. Sehr früh bemerkte eine weitblickende Kritikerin der Frauenbewegung, daß diese Betonung einer »reinen Weibnatur« implizit die männliche Vorherrschaft bestätigte. »In Wahrheit«, so schrieb sie, »bedeutete der Nietzscheanismus innerhalb der Frauenwelt eine Abkehr von den Forderungen der ›radikalen

---

23 Vgl. zu Helene Lange und den zahlreichen übrigen Kritikern der Neuen Moral R. Hinton Thomas, *Nietzsche in German Politics and Society 1890-1918*, a. a. O., S. 80-86.

24 Vgl. Eva »Nietzsche und die Frauen«, a. a. O., S. 2ff.

25 Friedrich Nietzsche, *Also sprach Zarathustra*, in: *Werke*, Bd. VI, 1, a. a. O., S. 293, 80f.; vgl. hierzu R. Hinton Thomas, *Nietzsche in German Politics and Society 1890-1918*, a. a. O., S. 88.

26 Vgl. zu dieser sozialdarwinistisch orientierten, völkischen Feministin, die sich für das Ende der »kapitalistischen Herrschaft des Mannes« und für eine Restauration des Matriarchats einsetzte, Richard J. Evans, *The Feminist Movement in Germany 1894-1933*, a. a. O., S. 120-122, 159f.

27 Vgl. Alfred G. Meyer, *The Feminism and Socialism of Lily Braun*, a. a. O., S. 125.

Gleichmacherinnen‹. Er legte sich von neuem auf ihre biologische Rolle fest und verklärte auch von neuem die Herrschaft des Mannes.«[28]

Der Nietzscheanismus verwischte auch in diesem Teil der Frauenbewegung konventionelle Unterscheidungen und ließ diese Bewegung in ihrer politischen Ausrichtung auf gefährliche Weise zweideutig erscheinen.[29] Ihre Kritiker betrachteten darüber hinaus voller Argwohn die Eugenik der Neuen Moral, über die ein Historiker schrieb: »Weit davon entfernt, bloß ein hedonistischer Aufruf zu sein, die Fesseln einer überholten, repressiven Moral abzuschütteln [...], handelte es sich bei ihr in erster Linie um eine auf Ideen Darwins und Nietzsches zurückgreifende Theorie der praktischen Evolution.«[30]

Schon lange vor der nationalsozialistischen Machtübernahme war die Eugenik sowohl für progressive wie für reaktionäre Kreise des Fin de siècle attraktiv.[31] Die Eugenik der deutschen Feministinnen hing eng mit ihrer nietzscheanischen Lebensphilosophie zusammen, die in den Richtlinien des Bundes klar zutage trat. Der Bund setzte sich ein für eine frohe und lebensbejahende Weltsicht und suchte das Leben vor allem an seinem Ursprung zu schützen, um es rein und stark hervortreten zu lassen.[32] Sehr früh schon hatte sich Helene Stöcker der nietzscheanischen Eugenik zugewandt.[33] Obwohl es sich hier eindeutig nicht um eine rassistische Konzeption handelte und die von ihr vorgeschlagenen Maßnahmen durchweg pädagogischer Natur waren und auf freiwilliger Basis stattfinden sollten, vertrat sie dennoch eine Art nietzscheanischer »Sozialhygiene«, die heute einigermaßen suspekt erscheint. Ihre Neue Ethik war biologisch fundiert und zielte letztlich auf nichts weniger als auf die Schaffung eines Neuen Menschen. Es kam ihr darauf an,

28 Marie Hecht »Friedrich Nietzsches Einfluß auf die Frauen« in: *Die Frau* 6, Nr. 8 (1898/1899) S. 486-491; Nachdruck in: Erich Ruprecht und Dieter Bänsch (hrsg.): *Literarische Manifeste der Jahrhundertwende*, Stuttgart: Metzler 1970, S. 549, Anm. 16; 545.

29 Nietzscheanische Auffassungen dieser Art führten nicht schon von sich aus zu bestimmten politischen Positionen. Helene Stöcker trat nie der sozialdemokratischen Partei bei, obwohl sie linksintellektuell, sozialreformerisch und pazifistisch blieb. Auch Lily Braun konnte nie als orthodox bezeichnet werden. Selbst unter zunehmend militanten, den Krieg bejahenden, nationalistischen Verhältnissen hielt sie an ihrem Feminismus fest.

30 Vgl. Alfred G. Meyer, *The Feminism and Socialism of Lily Braun*, a.a.O., S. 117.

31 Oft waren eugenisch orientierte Sozialreformen das Werk »aufgeklärter« Leute wie z.B. von Francis Galton (einem Vetter Darwins), Herbert Spencer, Cesare Lombroso, Ernst Haeckel und Emma Goldmann; vgl. Allan Janik »The Jewish Self-hatred Hypothesis« in: Ivar Oxaal, Michael Pollack and Gerhard Botz (eds.), *Jews, Antisemitism and Culture in Vienna*, London and New York: Routledge and Kegan Paul 1987, S. 75-88, hier: S. 84.

32 Vgl. Amy Hackett »Helene Stöcker. Left-Wing Intellectual and Sex Reformer«, a.a.O., S. 115.

33 Vgl. Helene Stöcker »Friedrich Nietzsche und die Frauen« in: *Bühne und Welt* 6, Nr. 20 (1904) S. 857-860. Über Nietzsche heißt es dort: »Vielleicht auf keinem anderen Gebiet, wie auf dem einer höheren und ernsteren Auffassung von Liebe und Ehe, ihrer Bedeutsamkeit für die Zukunft der Rasse, für die Erhöhung des Typus Mensch lassen sich seine Wirkungen so sicher und segensreich spüren.«

Mittel zu finden, um die unheilbar Kranken oder Degenerierten an ihrer Fortpflanzung zu hindern.[34] Dementsprechend gab es bio-eugenische Richtlinien für die Aktivitäten des Bundes; sie legten fest, welchen Frauen geholfen werden sollte.[35] Wie in so vielen anderen Bereichen des politischen Nietzscheanismus führte auch hier die Ablehnung der Gegenwart und die Suche nach neuen Welten wie nach einer neuen Menschheit zu merkwürdigen Verbindungen und zu sozial oder moralisch zweideutigen Ergebnissen.

Der feministische Nietzscheanismus stellte eine Abweichung innerhalb einer einzelnen politischen Bewegung dar. Das deutsche Judentum hingegen bot ein umfassenderes Bild der vielschichtigen Rezeption Nietzsches. Mit ihm war eine bedeutende Minderheit gegeben, die das Werk Nietzsches auf vielfältige Weise ihrem Selbstverständnis sowie ihrem kulturellen und institutionellen Leben assimilierte.

Wir müssen uns im folgenden auf die Darstellung von Strömungen und Organisationen im jüdischen Gemeinschaftsleben beschränken, also das beträchtliche Interesse einzelner Juden an Nietzsche außer acht lassen. Wir können mithin nicht eingehen auf die bedeutende Rolle, die Männer wie Siegfried Lipiner, Georg Brandes und Georg Simmel[36] schon sehr früh bei der Deutung und in der Verbreitung von Nietzsches Werk gespielt haben. Ihre Arbeiten standen im Zeichen der allgemeinen (nicht einer jüdischen) Kultur, und sie werden im vorliegenden Buch auch entsprechend behandelt. Dennoch wurden sie nicht immer so wahrgenommen. Nach 1890 etwa schrieben nietzscheanische Antisemiten die ihrer Meinung nach vorherrschende Fehlinterpretation des Philosophen (als eines für die Freiheit des einzelnen eintretenden, nihilistischen Internationalisten) dem Judentum seiner Interpreten zu,[37] während Mitte der dreißiger Jahre, als Nietzsche so etwas wie staatliche Anerkennung zuteil wurde, jüdische Kommentatoren zustimmend auf die ethnische Abstammung seiner frühen Interpreten verwiesen.[38] Wir können hier zudem nicht weiter auf die kürzlich vorgetragene These eingehen, daß Juden gerade wegen ihrer gesellschaftlichen Randstellung ein leidenschaftliches Interesse an Nietzsche entwickelten, weil dessen Themen ihren post-traditionalen und assimilatorischen

34 Vgl. Helene Stöcker »Zur Reform der sexuellen Ethik«, a. a. O., S. 9; vgl. zum Einfluß Nietzsches auf Stöckers eugenisches Denken Amy Hackett »Helene Stöcker. Left-Wing Intellectual and Sex Reformer«, a. a. O., S. 119.

35 Vgl. Richard J. Evans, *The Feminist Movement in Germany 1894-1933*, a. a. O., S. 158ff.

36 Simmel war, streng genommen, kein Jude. Sein jüdischer Vater war zum Katholizismus konvertiert, und seine Mutter entstammte einer jüdischen Familie, in der sie lutherisch getauft worden war. Simmel war auch seinerseits getauft und mit einer Nicht-Jüdin verheiratet. Dennoch hielt sich die Meinung, er sei Jude, vgl. Peter Gay »Encounter with Modernism« in: *Freud, Jews and Other Germans*, New York: Oxford University Press 1978, S. 98; dt.: »Begegnung mit der Moderne. Die deutschen Juden in der wilhelminischen Kultur« in: *Freud, Juden und andere Deutsche*, Hamburg: Hoffmann & Campe 1986, S. 115.

37 Vgl. ein Beispiel aus Österreich »Friedrich Nietzsche und die Moderne« in: *Deutsche Zeitung* Nr. 10294 (28. August 1900).

38 Vgl. etwa Leo Hirsch über Siegfried Lipiner »Beinahe echt? Nietzsche und der jüdische Prometheus« in: *Central-Verein-Zeitung* 14, Nr. 25 (20. Juni 1935).

Bedürfnissen entgegenkamen.[39] Wir müssen uns hier auf die unterschiedlichen Funktionen beschränken, die die Berufung auf Nietzsche in explizit jüdischen Zusammenhängen erfüllte.

In der differenzierten, doch insgesamt positiven Reaktion auch der konservativsten und offiziösesten Organe des deutschen Judentums spiegelte sich die ebenso komplexe wie zentrale Stellung wider, die die Juden und ihre Religion im Werk Nietzsches einnehmen. Mit seinen feindseligen wie mit seinen wohlwollenden Überlegungen zum Judentum betonte Nietzsche dessen schicksalhafte Rolle in der europäischen Geschichte. Ob man diese Überlegungen als einheitliches und zusammenhängendes Moment in Nietzsches umfassenderer und systematischerer Weltsicht oder als unzusammenhängend und widersprüchlich betrachtete - aus jüdischer Sicht gab es jedenfalls sehr viel im Werk Nietzsches, was nutzbringend zu erforschen war und mit dem man sich sinnvoll auseinandersetzen konnte.[40] Wie sollte man beispielsweise um die Interpretation einer so zweideutigen Passage wie der folgenden aus der *Morgenröte* herumkommen, die zugleich einen zustimmend positiven und einen bedenklich drohenden Ton anschlug?

Zu den Schauspielen, auf welche uns das nächste Jahrhundert einladet, gehört die Entscheidung im Schicksale der europäischen Juden. Dass sie ihren Würfel geworfen, ihren Rubikon überschritten haben, greift man jetzt mit beiden Händen: es bleibt ihnen nur noch übrig, entweder die Herren Europa's zu werden oder Europa zu verlieren [...] Sie wissen selber am besten, dass an eine Eroberung Europa's und an irgend welche Gewaltsamkeit für sie nicht zu denken ist: wohl aber, dass Europa irgendwann einmal wie eine völlig reife Frucht ihnen in die Hand fallen dürfte, welche sich ihr nur leicht entgegenstreckt. Inzwischen haben sie dazu nöthig, auf allen Gebieten der europäischen Auszeichnung sich auszuzeichnen und unter den Ersten zu stehen: bis sie es so weit bringen, Das, was auszeichnen soll, selber zu bestimmen [...] Dann, wenn die Juden auf solche Edelsteine und goldene Gefässe als ihr Werk hinzuweisen haben, wie sie die europäischen Völker kürzerer und weniger tiefer Erfahrung nicht hervorzubringen vermögen und vermochten, wenn Israel seine ewige Rache in eine ewige Segnung Europa's verwandelt haben wird; dann wird jener siebente Tag wieder einmal da sein, an dem der alte Judengott sich seiner selber, seiner Schöpfung und seines auserwählten Volkes *freuen* darf, - und wir Alle, Alle wollen uns mit ihm freun![41]

---

39 Vgl. Jacob Golomb »Nietzsche und die marginalisierten Juden« (in hebräischer Sprache) in: *Jerusalem Studies in Jewish Thought* 4 (1985) S. 97-141. Da die vorliegende Untersuchung die große Attraktion Nietzsches auf die literarische Öffentlichkeit in ihrer ganzen Breite zum Thema hat, sind in ihr solche Ansprüche auf eine Sonderstellung der Juden problematisch.

40 Vgl. zu drei neueren Versuchen über Nietzsches Ansichten zum Judentum und zu den Juden im Verhältnis zu seiner gesamten Philosophie Arnold M. Eisen »Nietzsche and the Jews Reconsidered« in: *Jewish Social Studies* 48, Nr. 1 (Winter 1986); Willard Mittelman »Nietzsche's Attitude toward the Jews« in: *Journal of the History of Ideas* 49, Nr. 2 (April-June 1988); Jacob Golomb »Nietzsche's Judaism of Power« in: *Revue des études juives* 147 (Juillet-décembre 1988).

41 Friedrich Nietzsche, *Morgenröthe*, in: *Werke*, Bd. V, 1, a. a. O., S. 180-183. Vielleicht aufgrund einer Vorahnung der von seinen jüdischen Interpreten immer wieder beschworenen »jüdischen Renaissance« in Europa ist diese Passage äußerst zweischneidig formuliert.

Früh schon war den jüdischen Interpreten Nietzsches klar, daß sich in dessen Werk sowohl negative wie positive Extreme dargestellt fanden. Auf der einen Seite sprach er den Juden einen welthistorischen Makel zu. Die *Genealogie der Moral* behauptete, daß mit diesem priesterlichen Volk nichts weniger als »*der Sklavenaufstand in der Moral* beginnt: jener Aufstand, welcher eine zweitausendjährige Geschichte hinter sich hat und der uns heute nur deshalb aus den Augen gerückt ist, weil er – siegreich gewesen ist...« Die Geschichte Israels, wie sie im *Antichrist* dargestellt wird, erscheint Nietzsche »unschätzbar als typische Geschichte aller *Entnatürlichung* der Natur-Werthe [...]«, als »radikale *Fälschung* aller Natur, aller Natürlichkeit, aller Realität, der ganzen inneren Welt so gut als der äusseren.« Gleichzeitig aber fanden jüdische Leser in Nietzsche die wohl schärfste Argumentation von seiten eines Nicht-Juden gegen den rassistischen und antisemitischen »Schwindel« und die ausdrücklichste Bewunderung für die Fähigkeiten der europäischen Juden seiner Zeit.[42] Auch seine Bemerkungen über die Bibel waren unübertroffen:

> Das *alte* Testament – ja das ist ganz etwas Anderes: alle Achtung vor dem alten Testament! In ihm finde ich große Menschen, eine heroische Landschaft und Etwas vom Allerseltsamsten auf Erden, die unvergleichliche Naivetät des *starken Herzens*; mehr noch, ich finde ein Volk. Im neuen dagegen lauter kleine Sekten-Wirthschaft, lauter Rokoko der Seele, lauter Verschnörkeltes, Winkliges, Wunderliches.[43]

Die Rezeption Nietzsches durch die Juden begann zeitgleich mit seiner allgemeinen Rezeption. Trotz der problematischen Aspekte seines Werks gewannen die lobenden und apologetischen Gesichtspunkte auf jüdischer Seite sehr bald die Oberhand. Schließlich hatte in Europa kein anderer zeitgenössischer Denker von vergleichbarer Bedeutung den Juden stärkeres Lob ausgesprochen und ihre Feinde schärfer verurteilt. Die überwiegend liberalen Juden der Mittelschichten tendierten mithin dazu, Nietzsche wohlwollender zu beurteilen als andere (liberale oder konservative) Teile der Bourgeoisie.

Insgesamt gesehen wurde das Werk Nietzsches zu einem Aktivposten des Judentums. Die meisten seiner Darstellungen in jüdischen Zeitschriften hoben seine positiven Momente hervor. Seine eher unangenehmen, negativen Bestandteile wurden

---

42 Friedrich Nietzsche, *Zur Genealogie der Moral*, in: *Werke*, Bd. VI, 2, a.a.O., S. 282 sowie *Der Antichrist* in: *Werke*, Bd. VI, 3, S. 191, 189. Nietzsches pro-jüdische Bemerkungen sind Legion. Eine wenig bekannte extreme Äußerung findet sich in einem Entwurf zum *Ecce Homo*. Dort heißt es: »Wer mich heute in Deutschland liest, hat sich gründlich vorher, gleich mir selber, *entdeutscht*: man kennt meine Formel ›gut deutsch sein heißt sich entdeutschen‹ oder ist – keine kleine Distinktion unter Deutschen – jüdischer Herkunft. – Die Juden unter bloßen Deutschen immer die höhere Rasse – feiner, geistiger, liebenswürdiger...L'adorable Heine sagt man in Paris.« Friedrich Nietzsche, *Kritische Studienausgabe*, München: dtv, Berlin und New York: de Gruyter 1988, Bd. 14, S. 482. Vgl. die Zusammenstellung der eher positiven Ansichten Nietzsches über die Juden bei Kaufmann, *Nietzsche. Philosopher, Psychologist, Antichrist*, a.a.O.; dt.: *Nietzsche, Philosoph – Psychologe – Antichrist*, a.a.O., Kap. 10.

43 Friedrich Nietzsche, *Zur Genealogie der Moral*, in: *Werke*, Bd. VI, 2, a.a.O., S. 411.

zwar nicht außer acht gelassen, aber mit Stillschweigen übergangen oder hinweginterpretiert. Bereits 1892 brachte das liberale jüdische Organ, die *Allgemeine Zeitung des Judentums*, eine Reihe von bewundernden und ausgewogen positiven Darstellungen Nietzsches sowie seines Lobs des Judentums und seiner Hoffnungen auf eine jüdische Renaissance.[44] Ähnlich bewundernde Darstellungen erschienen überall in der jüdischen Presse, in bekannteren wie in vergleichsweise unbekannten Organen sowie in wissenschaftlich orientierten Werken.[45] Gleichzeitig benutzte man Nietzsche oft als Autorität im Kampf gegen den wachsenden Antisemitismus. Dieser wurde zuweilen mit seinen Begriffen diagnostiziert und als klassische Form von Ressentiment präsentiert.[46] Unterm Nationalsozialismus (in dem Nietzsche offiziell zum nationalen Propheten avancierte) wurden selbstverständlich ganz neue Formen der Apologetik und Anpassung erforderlich. Juden verwiesen auf ihre Rolle in der antipositivistischen Revolte wie in der Entdeckung Nietzsches und machten daraus eine Tugend, indem sie ältere antisemitische Anschuldigungen umkehrten. »Man muß es heute in die Gehirne hämmern«, schrieb ein jüdischer Autor 1934, »daß es Juden waren, die damals für Nietzsche und gegen den platten Materialismus fast allein auftraten: Georg Brandes im Norden, Henri Bergson im Westen, Berdyc-

---

44 Vgl. Leo Berg »Friedrich Nietzsche über das Judentum« in: *Allgemeine Zeitung des Judentums* 56 (1892) S. 282-284; Maximilian Stein »Friedrich Nietzsche und das Judentum« in: *Allgemeine Zeitung des Judentums* 64 (1900) S. 451-453.

45 Eine der bekannteren Quellen ist die Arbeit von Auguste Steinberg »Nietzsche und das Judentum« in: *Ost und West* 3, Nr. 8 (1903) S. 547-556. Diese äußerst beachtliche Arbeit steht dem Zionismus positiv gegenüber. Sie wirft Nietzsche vor, für eine Renaissance des Judentums durch Assimilation in Europa eingetreten zu sein, statt das Wiedererwachen eines modernen jüdischen Nationalbewußtseins berücksichtigt zu haben. Ein Beispiel der eher obskuren Literatur bietet die anonyme Schrift »Nietzsche und das Judenthum« in: *Dr. Adolf Bruells Populär-wissenschaftliche Monatsblätter* 21, Nr. 3 (1. März 1901) S. 49-52. (Die unkorrekte Schreibweise blieb durchweg erhalten.) Dieser Artikel stellte fest, daß Nietzsche zwar die Juden von außen sieht, dennoch aber der größte Ethnologe der jüdischen Problematik ist (vgl. S. 52). Vgl. ferner die langen Passagen über Nietzsche in dem wissenschaftlichen Werk von Albert Lewkowitz, einem Lehrer am jüdischen theologischen Seminar in Breslau, *Religiöse Denker der Gegenwart. Vom Wandel der modernen Lebensanschauung*, Berlin: Philo 1923.

46 Vgl. diese Diagnose bei Theodor Lessing, *Deutschland und seine Juden*, Prag: Neumann 1933; vgl. ferner »Nietzsche, ein Opfer des Antisemitismus« in: *Mitteilungen des Vereins zur Abwehr des Antisemitismus* Nr. 15 (1901); »Nietzsche und der Antisemitismus« in: *Mitteilungen des Vereins zur Abwehr des Antisemitismus* Nr. 14 (1904); vgl. zu späteren Jahren »Nietzsche und der Antisemitismus« in: *Allgemeine Zeitung des Judentums* 82 (1918) S. 89f.; »Friedrich Nietzsche als Wegbereiter völkischer und judenfeindlicher Strömungen?« in: *Bayerische israelitische Gemeindezeitung* 7, Nr. 1 (1. Januar 1931) S. 1f.; K.W. Goldschmidt »Nietzsches Stellung zum Judentum« in: *Berliner Gemeindeblatt* (Februar 1931). Derlei Aktivitäten blieben nicht auf Juden beschränkt. Vgl. die Veröffentlichung der Deutschen Demokratischen Partei *Wider den Nationalsozialismus*, Berlin 1932, darin vor allem August Weber »Die Nationalsozialisten sind auf dem Wege des politischen Mordes vorangegangen!«, S. 51f. Vgl. ferner P.B. Wiener »Die Parteien der Mitte« in: Werner E. Mosse (hrsg.), *Entscheidungsjahr 1932. Zur Judenfrage in der Endphase der Weimarer Republik*, Tübingen: J.C.B. Mohr 1966, S. 289-321, insbes. 297.

zewski im Osten [...] Warum kramen wir diese vergessenen Dinge heraus? Um wieder einmal den jüdischen Anteil an der Kultur zu reklamieren? Nein, nur um die Vorurteile auch der jüdischen Jugend einmal zu beleuchten, die vielfach so tut, als hätte es um die Jahrhundertwende nur liberale Kommerzienräte und ›historische‹ Materialisten unter unseren Eltern gegeben. Das Gegenteil ist der Fall.«[47]

Doch waren dies nicht die einzigen Funktionen, die das Werk Nietzsches im jüdischen Leben erfüllte. Wie in anderen Kreisen Deutschlands wurde seine Sprache mit ihren Schlag- und Reizwörtern auch unter Juden rasch allgemein verbreitet und auf eine Vielzahl unterschiedlicher Situationen angewandt. So half sie beispielsweise bei der Formulierung einer neuen jüdischen Solidarität. Die volkstümliche deutsch-jüdische Zeitschrift *Ost und West*, die sich um eine Vermittlung zwischen der weithin noch nicht emanzipierten jüdischen Welt Osteuropas und einem akkulturierten deutsch-jüdischen Publikum bemühte,[48] stellte, ohne den Namen Nietzsches zu erwähnen, die gegensätzlichen und einander ergänzenden Qualitäten der Ost- und Westjuden in Kategorien dar, die direkt der *Geburt der Tragödie* entnommen waren. Die Ostjuden waren zutiefst dionysisch, die Westjuden apollinisch, und aus ihrer wechselseitigen Befruchtung sollte jene Renaissance des Judentums hervorgehen, die Nietzsche für Deutschland vorhergesehen hatte.[49] Nietzscheanische Spruchweisheit diente darüber hinaus als Trost. In dem Versuch, den Leiden unter dem Nationalsozialismus ein Körnchen Sinn und Hoffnung abzugewinnen, griffen die Führer der deutschen Juden wiederholt auf den berühmten Aphorismus zurück: »Was mich nicht umbringt, macht mich stärker.«[50]

Selbstverständlich wurde die Sprache Nietzsches ebenso leicht von denen verwendet, die die jüdische Solidarität unterminieren wollten, wie von denen, die sie zu stärken suchten. 1910 machte Friedrich Blach aus der jüdischen Assimilation

47 Leo Hirsch »Friedrich Nietzsche und der jüdische Geist« in: *Der Morgen* 10 (1934) S. 187.

48 Vgl. zur allgemeinen Geschichte und Dynamik dieses Problems Steven E. Aschheim, *Brothers and Strangers. The East European Jew in German and German-Jewish Consciousness 1800-1923*, Madison: University of Wisconsin Press 1982.

49 Vgl. Fabius Schach »Ost und West« in: *Ost und West* 3, Nr. 8 (1903) S. 547-555. Vgl. ferner Gert Mattenklott »Nietzscheanismus und Judentum« in: Norbert Altendorfer und Renate Heuer (hrsg.), *Jahrbuch*, Bd. I, *Probleme deutsch-jüdischer Identität*, Frankfurt a. M.: Archiv Bibliographia Judaica 1985, S. 57-71, hier S. 60f. Für diesen Hinweis danke ich Itta Shidletzky.

50 Zitiert bei Jacob Boas »Countering Nazi Defamation: German Jews and the Jewish Tradition, 1933-1938« in: *Leo Baeck Institute Yearbook* 34 (1989) S. 219. Vgl. ferner Fritz Goldschmidt »Mehr Selbstvertrauen« in: *Central-Verein-Zeitung* 12 (28. September 1933); ders. »Rosch Haschana, 5696« in: *Central-Verein-Zeitung*14 (28. September 1935); Ernst Jacob »Freiheit durch Bindung. Pessachbetrachtung« in: *Central-Verein-Zeitung* 13 (29. März 1934). Wenn Juden Trost bei Nietzsche suchten, dann beriefen sich ironischerweise die Nazis auf ihn aus genau entgegengesetzten Gründen. So äußerte sich in Nürnberg ein nationalsozialistischer Parteiführer über eine jüdische *Mischlings*-Mutter mit dem Wort Nietzsches: »Was fällt, das soll man auch noch stoßen.« Vgl. Jeremy Noakes »The Development of Nazi Policy towards the German-Jewish ›Mischlinge‹. 1933-1945« in: *Leo Baeck Institute Yearbook* 34 (1989) S. 300f.

einen nietzscheanischen Akt der Lebensbejahung. Er trat vehement für ein kollektives jüdisches Selbstopfer ein, indem er schrieb: »Nennen doch die Zionisten Assimilation Selbstmord. Nun gut, das ist sie, freier, freudiger Selbstmord. Denn ich will nicht mehr das Selbst sein, das ich war, ich will dem herrlichen Volke angehören, in dessen Mitte ich geboren. ›Stirb zur rechten Zeit: also lehrte es Zarathustra.‹ Allzulange schon haben wir gezaudert.«[51]

Doch derlei Dinge waren eher nebensächlich. Es gab sehr viel direktere und wichtigere Formen der Aneignung von Nietzsches Denken. Bezeichnend für die Popularität von Slogans, die denen Nietzsches ähnelten, war es, daß einer der führenden liberalen Rabbiner - Caesar Seligmann - das vielzitierte Wort vom »Willen zum Judentum« prägte.[52] Seligmann bietet ein interessantes Beispiel für die vielschichtigen Reaktionen auf Nietzsche in den Kreisen des liberalen Judentums. An der Oberfläche handelte es sich dabei um das Zusammentreffen äußerster Gegensätze. Seligmann war typisch für die liberale Bildungstradition eines Großteils der deutschen Juden. Nichts wäre weniger nietzscheanisch gewesen als deren Interesse an einem ruhigen, gesetzten, fleißigen und patriotisch orientierten Leben. Doch als liberaler Rabbiner hielt es Seligmann für unerläßlich, offen zu sein für die wichtigsten Strömungen des modernen Denkens. Und Nietzsche, daran zweifelte Seligmann nicht, spielte im zeitgenössischen Denken eine wichtige Rolle. Er lobte ihn als Verkörperung der Moderne, als einen undogmatischen Wahrheitssucher ohne abgeschlossenes und sich als endgültig behauptendes System, als einen Propheten der neuesten Zeit, der nicht zum Schweigen gebracht oder totgesagt werden konnte. Obwohl er sich der eher fragwürdigen Aspekte von Nietzsches Deutung der jüdischen Geschichte durchaus bewußt war, war er doch durch den Umstand beeindruckt, daß nicht einmal die größten jüdischen Chauvinisten den Juden und der jüdischen Religion größere Bedeutung zugeschrieben hatten als Nietzsche.[53]

Für Seligmann war die Begegnung mit Nietzsche ihrerseits ein Zeichen kultureller Offenheit des Judentums. Letztlich aber führte sein Bildungsliberalismus zur Zurückweisung der Botschaft Nietzsches. Problematisch, so schrieb er, war nicht, wie Nietzsche glaubte, dessen prophetische Idee der Moral, sondern deren Mangel an Erfüllung. Für die jüdische Religion mußte, anders als für Nietzsche, nicht der Mensch, sondern der Unmensch überwunden werden.[54]

---

51 Friedrich Blach, *Die Juden in Deutschland*, Berlin: K. Curtius 1911, S. 42.

52 Vgl. zu diesem Slogan und zu Seligmann die Ausführungen von George L. Mosse »The Secularization of Jewish Theology« in: *Masses and Man*, a.a.O., S. 257-259 sowie ders., *German Jews Beyond Judaism*, Bloomington: Indiana University Press 1985, S. 74f.; dt. *Jüdische Intellektuelle in Deutschland zwischen Religion und Nationalismus*, Frankfurt a.M.: Campus 1992, S. 114.

53 Vgl. Caesar Seligmann »Nietzsche und das Judentum« in: *Judentum und moderne Weltanschauung. Fünf Vorträge*, Frankfurt a.M.: J. Kauffmann 1905, S. 69f., S. 76-79. Seligmann verwies insbesondere auf Nietzsches Liebe zur hebräischen Bibel und auf seine Bevorzugung des Alten vor dem Neuen Testament.

54 Vgl. Caesar Seligmann »Nietzsche und das Judentum«, a.a.O., S. 86-89.

Auch der prominente orthodoxe Rabbiner Nehemias Anton Nobel (1871-1922) lehnte Nietzsches Illiberalität letztlich ab. Er hielt den Immoralismus des Philosophen und seine Verachtung der Schwachen für nicht akzeptabel. Ihm zufolge gab »es nur eine Moral, und die ist sehr demokratisch, pflegt keinen unmäßigen Cultus des Genies, gebietet nicht eine schwärmerische, mystische Liebe zu den Fernen, sondern sie sagt: ›Liebe Deinen Nächsten, wie Dich selbst!‹«[55]

Dennoch ging Nobel beträchtlich über Seligmann hinaus. Gemeinsam mit einigen Protestanten, die ähnliches formulierten, erlag er 1898 wohl als erster der deutsch-jüdischen Versuchung, das Judentum zu nietzscheanisieren (und dabei zuweilen wohl auch Nietzsche zu judaisieren). Nobel zufolge drang die meist chronikartig betriebene Aufarbeitung dessen, was Nietzsche über die Juden und den Antisemitismus geäußert hatte, nicht zum Kern des Problems vor. Weit wesentlicher war ein Vergleich der inneren Beziehungen zwischen beiden Strukturen.[56] Wie Nietzsche so verkündete auch Nobel, die jüdische Religion habe stets das Moment des Willens betont. Gerade dieses Moment hatte ihm zufolge den Ruhm dieser Religion ausgemacht. Darüber hinaus war Nietzsches Ruf nach dem Übermenschen, nach einer Entwicklung der Menschheit zu immer höheren Zielen, die Grundlage des messianischen Glaubens im Judentum. Darin stimmte Nietzsche mit den Propheten überein.

Im Gegensatz zur pessimistischen Weltanschauung Schopenhauers war die jüdische Religion stets von einer affirmativen nietzscheanischen Lebensphilosophie bestimmt:

> Indem die jüdische Moral die Weltflucht, die Entsagung für unmoralisch erklärt, schafft sie sehr immanente, sehr irdische moralische Werthe [...] Die Gebote des Judentums beziehen sich auf das Leben selbst in all seinen Einzelheiten. Sie erheben die gewöhnlichsten Handlungen des Daseins in die Sphäre des Religiösen; Arbeit und Ruhe, Speise und Trank werden von ihnen geadelt. Jeder Jude, der eines von den sogenannten Ceremonialgesetzen mit Bewußtsein ausführt, erfüllt damit die Umwerthung aller Werthe, von der Nietzsche spricht.[57]

Derlei priesterliche Verlautbarungen waren nicht überall populär. Es war eine Sache, so klagte ein Kritiker, wenn Juden Nietzsche studierten oder sich mit seinem Werk auseinandersetzten, und es war eine ganz andere Sache, wenn ausgerechnet Rabbiner Nietzsche zu einem jüdischen Propheten zu machen suchten. Der hysterische Versuch eines Rabbiners, einen deutschen Philosophen in einen hebräischen zu verwandeln, war nichts als lächerlich und doch nur ein neuer Fall eines fehlgeleiteten jüdischen »Modernismus«.[58]

---

55 Vgl. N. A. Nobel »Friedrich Nietzsches Stellung zum Judentum« in: *Die jüdische Presse* 31, Nr. 36, 37, 39 (7. September, 14. September und 28. September 1900) S. 414, 373f.
56 Vgl. N. A. Nobel »Friedrich Nietzsches Stellung zum Judentum«, a.a.O., S. 374.
57 N. A. Nobel »Friedrich Nietzsches Stellung zum Judentum«, a.a.O., S. 413f.
58 Vgl. D. Neumark »Die jüdische Moderne« in: *Allgemeine Zeitung des Judentums* 64, Nr. 45 (9. November 1900) S. 536.

Dennoch blieb die kasuistische Nietzscheanisierung des Judentums auch weiterhin eine Versuchung.[59] In einem Aufsatz von 1925 stellte Isaac Heinemann in der *Central-Verein-Zeitung*, einem liberalen deutsch-jüdischen Organ, das nietzscheanische Modell des Übermenschen als für die jüdische Religion normativ verbindlich und als zentralen Bestandteil der philosophisch-religiösen Systeme von Philo, Jehuda Halevi und Maimonides dar. Heinemann wollte an den übermenschlichen Dimensionen der jüdischen Religion festhalten, ihnen aber einen eher menschlichen, weniger elitären Anstrich geben. Die jüdische Religion suchte seiner Auffassung nach die Mission des Übermenschen abzuschwächen und ihr ein neues Ziel zu verleihen, indem sie Bindungen zwischen den Führern und der Masse nahelegte und engere Beziehungen zwischen den höher stehenden Individuen und dem Volk herstellte. Größere Weisheit führte eben nicht zu wachsender Distanz zwischen beiden, sondern hatte größere Verantwortung zur Folge. Für Heinemann war der sich so ergebende jüdische Übermensch eine Synthese zwischen dem griechischen Begriff des höheren Menschen und den jüdischen Konzeptionen von Verantwortung und Solidarität.[60]

Heinemann hatte sich um eine kritische Anwendung nietzscheanischer Kategorien auf das Judentum bemüht. Andere waren weit weniger maßvoll. 1932 verkündete Heinrich Berl, Nietzsche sei nichts weniger als ein Prophet des jüdischen Geistes gewesen. Die Beziehung zwischen beiden sei als Kongenialität und nicht als Blutsverwandtschaft zu betrachten. Das Judentum und Nietzsche stimmten in ihrer Psychologie und Ethik überein; beide teilten paradigmatisch dieselbe Neutralität. Nietzsche sei zu erfassen vor dem Hintergrund des großen Konflikts der westlichen Kultur zwischen Griechenland (das er verachtete) und dem Judentum (das er bewunderte). Berls Exzen-

59 In Parenthese sollte vermerkt werden, daß die Gleichsetzung Nietzsches mit dem letzten Propheten des Judentums unter den unwahrscheinlichsten Umständen im gegenwärtigen Israel fortdauert. Rebbe Arye Weissfisch, ein frommer *hared* aus dem ultraorthodoxen Jerusalemer Viertel Mea Shearim, hat sein Leben ganz in den Dienst der Verbreitung des Wortes gestellt. Weissfisch zufolge galt Nietzsches ganze Liebe der jüdischen Religion und dem Judentum. Sein Nietzsche bewundert die jüdische Religion mehr, als die Juden selbst dies tun. In dem nach dem Holocaust entstandenen Glaubensvakuum ist Nietzsche nach Weissfisch weit davon entfernt, etwas Subversives darzustellen; er enthüllt vielmehr den Juden die innere Bedeutung und den Sinn ihres Glaubens. Denn Nietzsche lehnte nur den »Gott des Christentums« ab, während er in der jüdischen Religion und bei den Juden »das Ringen um Moral, um die Heiligkeit des Menschen« wahrnahm. Der Nietzsche Weissfischs ist ein offenkundig »heiligmäßiger Mann«, der in seiner Weisheit vom Göttlichen inspiriert ist. Weissfischs ultraorthodoxe, anti-zionistische Gemeinde der *Naturei Karta*, die allem Modernen oder gar anderen Formen des Nietzscheanismus gegenüber feindselig eingestellt ist, macht im Fall dieser Idiosynkrasie offensichtlich eine Ausnahme. Weissfischs Entdeckung Nietzsches durch seine *yeshiva*-Ausbildung und seine von anderen meist als bizarr angesehenen Aktivitäten in bezug auf Nietzsche werden (in einer der wenigen Publikationen in englischer Sprache) dargestellt von Abraham Rabinovich »Gathering of Foes« in: *Jerusalem Post* (26. April 1986). In einem Brief an Weissfisch stellt Walter Kaufmann fest, daß dessen Position ihm »einigermaßen befremdlich« erscheint. Ich danke Rabbi Weissfisch, mir freundlicherweise eine Kopie dieses Briefes überlassen zu haben.

60 Vgl. Isaac Heinemann »Der Begriff des Übermenschen in der modernen Religionsgeschichte« in: *Der Morgen* 1 (1925).

trizität konnte selbst unter Nietzscheanern als extrem gelten, wenn er behauptete, dies spiegele sich in Nietzsches leitenden Kategorien wider: Einem plastischen und apollinischen Griechenland stehe das musikalische und dionysische Judentum gegenüber!

Für Berl gab es entscheidende Parallelen zwischen dem Judentum und Nietzsche. Die jüdische Ethik erschien ihm als eine *Gattungsethik*, und Nietzsche war der erste *Gattungsethiker*. Mit ihr war eine Moral gegeben, die zudem – in ihrer ausschließlichen Ausrichtung auf Jahwe – jenseits von Gut und Böse stand. Nietzsche, so behauptete Berl, irrte in seiner Darstellung der jüdischen Sklavenmoral; ihre ganze Geschichte hindurch hätten die Juden entschieden nietzscheanische Eigenschaften besessen! Nietzsche hatte übersehen, daß der Herrschaftswille der Sklaven weit mächtiger war als der der Herren, weil die Herren längst über äußere Macht verfügten, während die Sklaven noch nach ihr lechzten.[61]

Während die meisten der bisher erörterten Darstellungen aufgrund ihrer religiösen Herkunft oder angesichts ihrer Orientierung an etablierten Wertvorstellungen überraschten, handelte es sich bei ihnen doch insgesamt um Variationen über ein gleichbleibendes Thema: die Parallelen und Gemeinsamkeiten zwischen dem Judentum und den Themen Nietzsches. Entstanden waren sie in Kreisen, die an einer wie immer gearteten Perpetuierung eines normativ orientierten Judentums interessiert waren. Wie in anderen Bereichen machte sich jedoch auch im Judentum die ganze Kraft des Nietzscheanismus bei den Nonkonformisten und Dissidenten geltend. In diesen Gruppen wurde Nietzsches Werk zu einem belebenden Element auf der posttraditionalen Suche nach erneuerten jüdischen Lebensformen und postliberalen Arten von Identität.

Es kann kaum überraschen, daß im Leben und Werk von Franz Rosenzweig (1886-1929), des innovativsten deutsch-jüdischen Theologen des 20. Jahrhunderts, Nietzsche (als Mensch und Denker, wenn nicht als Philosoph) eine ganz besondere Bedeutung gewonnen hat.[62] Unter dem erschütternden Eindruck des Ersten Weltkriegs suchte Rosenzweigs Werk (wie so viele der bedeutenderen kulturellen Produktionen der Weimarer Republik) alles von Grund auf neu zu bedenken. Seine Theologie einer radikalen Erneuerung war bestimmt durch die Krise des Zusammenbruchs der zuvor akzeptier-

---

61 Vgl. Heinrich Berl »Nietzsche und das Judentum« in: *Menorah* (1932), S. 59-61, 67f.

62 Robert A. Cohen hat kürzlich die Auffassung vertreten, daß Rosenzweig Nietzsche zwar über alles gelobt, aber auch totzusagen versucht hat. Während er Nietzsches post-hegelianischen und persönlichen Ansatz bewunderte, habe er ihn auch grundlegend kritisiert. Rosenzweig, so meint Cohen, betrachtete den Individualismus Nietzsches als dem Goethes unterlegen. Darüber hinaus waren die neuheidnischen religiösen Alternativen sowohl Goethes wie Nietzsches den judäo-christlichen Optionen unterlegen. Rosenzweigs post-hegelianisches Gefühl für Subjektivität veranlaßte ihn zu der Gleichsetzung von Offenbarung und Liebe, da beide ein paradoxes Zusammentreffen von Heteronomie und Autonomie implizierten. Nietzsches radikale Subjektivität hatte diese genuine Bedeutung von Subjektivität verfehlt und sie ganz von der Wahrheit geschieden. Selbstverständlich lehnte Rosenzweig mit seiner Neo-Orthodoxie wesentliche Bestandteile im Werk Nietzsches ab. Dennoch verdunkelt Cohens Interpretation den Umstand, daß der Einfluß Nietzsches auf Rosenzweig (wie dieser auch immer wieder hervorgehoben hat) von grundlegender Bedeutung war. Vgl. Robert A. Cohen »Rosenzweig vs. Nietzsche« in: *Nietzsche-Studien* 19 (1990) S. 346-366.

ten Kategorien. Gershom Scholem stellte 1930 fest, es sei offensichtlich unmöglich, »in der Welt Rosenzweigs die der Orthodoxie oder des Liberalismus wiederzuerkennen.«[63] Rosenzweig selbst beschrieb sein Werk als durch und durch phantastisch, ganz und gar nicht zu veröffentlichen, gleich skandalös für Christen, Juden und Heiden.[64] Nietzsche spielte für Rosenzweigs Ablehnung des hegelschen Idealismus und der abstrakten akademischen Gelehrsamkeit eine ebenso große Rolle wie für seine Entdeckung der »lebendigen« jüdischen Religion, für seine erkenntnistheoretische Betonung des Werdens und für sein Beharren auf einer personalen Philosophie, die den Ausgangspunkt des Denkens im Menschen nehmen sollte.[65] 1918 schrieb Rosenzweig, es sei zwar schade um Hegel, aber zustimmen könne man nur Nietzsche (und Kant).[66]

Ganz unabhängig vom Inhalt seiner eigenen Theologie rief Rosenzweig nach einem Theologen-Philosophen, der theologische Probleme in menschliche Begriffe übersetzen und menschliche Probleme in den Bereich der Theologie übertragen sollte.[67] Nietzsche, der Häretiker, stellte genau die Verkörperung dieser Vision dar. Eine nietzscheanische Ablehnung von Dogmen und Glaubensformeln sowie die Betonung der vollständigen und konkreten Freiheit der individuellen Entscheidung waren für Rosenzweig ebenso bestimmend wie das grundlegende Bewußtsein (und die Versuchung) des Nihilismus auf dem Weg zum Glauben. Wie er in seinem opus magnum, dem *Stern der Erlösung* von 1921, schrieb, war Nietzsche

> einer, der von seinem Leben und seiner Seele wußte, wie ein Dichter, und ihrer Stimme gehorchte, wie ein Heiliger, und der dennoch Philosoph war. Beinahe gleichgültig ist es schon heute, was er erphilosophierte. Das Dionysische und der Übermensch, die blonde Bestie, die ewige Wiederkunft - wo sind sie geblieben? Aber er selber, der in den Wandlungen seiner Gedankenbilder sich selber wandelte, er selber, dessen Seele keine Höhe scheute, sondern dem tollkühnen Kletterer Geist nachkletterte bis auf den steilen Gipfel des Wahnsinns, wo es kein Weiter mehr gab, er selber ist es, an dem nun keiner mehr von denen, die philosophieren müssen, vorbei kann. Das furchtbare und fordernde Bild des bedingungslosen Gefolgschaftsverhältnisses der Seele zum Geist, das war nun nicht mehr auszulöschen [...] Die Philosophie war dem Philosophen die kühle Höhe, auf die er vor den Dünsten der Niederung entwichen war. Für Nietzsche gab es diese Scheidung zwischen Höhe und Niederung im eigenen Selbst nicht; ganz ging er seinen Weg, Seele und Geist, Mensch und Denker eine Einheit bis ans Letzte.[68]

---

63 Vgl. Gershom Scholem »Zur Neuauflage des ›Stern der Erlösung‹« in: *Judaica I*, 2. Aufl., Frankfurt a.M.: Suhrkamp 1986, S. 228. Vgl. ferner Scholems Interpretation des *Sterns der Erlösung* als eines zutiefst revolutionär wirkenden Werks.

64 Vgl. Nahum N. Glatzer (ed.), *Franz Rosenzweig. His Life and Thought*, New York: Schocken 1976, S. 81.

65 Vgl. Nahum N. Glatzer, Vorwort zu *The Star of Redemption*, by Franz Rosenzweig, trans. William W. Hallo, Boston: Beacon 1971; Nahum N. Glatzer, *Franz Rosenzweig. His Life and Thought*, a. a. O., S. ix-xxxviii.

66 Vgl. Nahum N. Glatzer (ed.), *Franz Rosenzweig. His Life and Thought*, a.a.O., S. 81

67 Vgl. Paul Mendes-Flohr »Franz Rosenzweig's Concept of Philosophical Faith« in: *Leo Baeck Institute Yearbook* 34 (1989) S. 368. Mendes-Flohr bietet eine gute Darstellung von Rosenzweigs Konzeption des Verhältnisses von Philosophie und Theologie.

68 Franz Rosenzweig, *Der Stern der Erlösung. Der Mensch und sein Werk*, in: *Gesammelte Schriften*, Bd, 2, Haag: Martinus Nijhoff 1976, S. 9f.

Auch wenn Rosenzweigs Werk bewußt den Versuch einer deutsch-jüdischen Erneuerung unternahm, hielt es sich als zutiefst persönliches Unternehmen doch fern von allen umfassenderen gesellschaftlichen und politischen Bewegungen. Für sie steht der Zionismus ein, und wir werden nun zu untersuchen haben, welche Rolle Nietzsche in ihm spielte.

Als im wesentlichen säkularisierte und auf eine Modernisierung abzielende Bewegung war sich der klassische Zionismus der Krise der jüdischen Tradition und der sie tragenden Institutionen bewußt. Nietzsche galt ihm als Autorität seines Bruchs mit der Vergangenheit; aus ihm bezog er die Kraft zur Normalisierung und das aktivistische Ideal einer Selbsterschaffung des neuen jüdischen Menschen. Anders als die bisher erwähnten Kreise waren die Zionisten nicht in erster Linie daran interessiert, zu einer harmonischen Übereinstimmung von Judentum und Nietzscheanismus zu gelangen. Sie fühlten sich nicht durch Nietzsches Äußerungen über das Judentum bewegt, sondern durch seinen radikalen Antitraditionalismus, durch seine rebellische Haltung und durch die Forderung nach einer allgemeinen Umwertung aller Werte, die sie in ihrer eigenen Erfahrung als Juden zum Tragen bringen konnten. Der Zionismus unterlag stets der inneren Spannung zwischen der Forderung nach einer Kontinuität des Judentums und dem Gebot zur Rebellion gegen sie. Durch diese Spannung wurde der Einfluß Nietzsches gedämpft oder in eine eher konservative Richtung gelenkt.[69]

Dennoch brachte bis zum Ende des Ersten Weltkriegs ein radikaler Nietzscheanismus aktivistisch zionistische Erlösungshoffnungen zum Ausdruck. 1902 beispielsweise schrieb der spätere erste Präsident des Staates Israel, Chaim Weizmann, aus der Schweiz an seine damalige Verlobte, Vera Khatzman. Er sandte ihr Schriften von Nietzsche mit der Bitte, sie zu lesen, weil dies das beste sei, was er ihr zu schicken vermochte.[70] Weizmann begründete seine Bewunderung für Nietzsche nie, doch läßt vielleicht eine seiner frühen Äußerungen gewisse Schlüsse zu. Ihr zufolge waren die Franzosen unfähig, Nietzsche zu verstehen, weil sie für eine Umwertung aller Werte zu oberflächlich waren.[71] Offenbar galt dies nicht für die vom Zionismus beflügelten Juden.[72]

---

69 Eine hervorragende Untersuchung dieser Spannung findet sich bei Gershom Scholem »Zionism: Dialectic of Continuity and Rebellion« in: Ehud Ben Ezer (ed.), *Unease in Zion*, Jerusalem: Academic Press 1974.

70 Vgl. Leonard Stein and Gedalia Yogev (eds.), *The Letters and Papers of Chaim Weizmann*, Bd. 1, London: Oxford University Press 1968, S. 340f.

71 Vgl. Leonard Stein und Gedalia Yogev (eds.): *The Letters and Papers of Chaim Weizmann* Bd. 1, a. a. O., S. 95. In einem Brief vom 28. Juli 1902 versprach Weizmann seiner Verlobten, ihr eine wunderschöne Ausgabe des *Zarathustra* zu schenken, sobald sie würde Deutsch lesen können. Das war eindeutig der junge Weizmann; in späteren Jahren erwähnte er kaum mehr den Namen Nietzsches.

72 Die Aufgabe einer Umwertung aller Werte war zugegeben groß und ließ nur graduelle Lösungen zu. Weizmann schrieb in seiner Diagnose des Problems der Juden, die Gefahr des Niedergangs sei mit jedem Schritt gegeben. Jahre müßten noch vergehen, und viele wür-

Im deutschen Zionismus war die Attraktion Nietzsches zumeist ein Generationenproblem.[73] Die erste Generation von Zionisten war weit entfernt von einer Revolte gegen den liberalen Rationalismus und Positivismus, dessen Werte sie selbst verkörperte. Das offizielle zionistische Organ, *Die Welt*, blieb von dem Nietzschekult der Jahrhundertwende unbeeinflußt.[74] Theodor Herzls enger Freund, der bekannteste Zionist jener Zeit, Max Nordau, hatte in seinem Buch *Entartung* den spektakulärsten Angriff auf Nietzsche vorgetragen. Und Herzl selbst hatte mit Nietzsche wenig im Sinn. Gelegentlich bezeichnete er ihn sogar als »Irrsinnigen«.[75]

Die zweite Generation der deutschen Zionisten setzte die erste unter Druck, indem sie den Zionismus nicht als philanthropische und diplomatische Angelegenheit, sondern als Gebot zu persönlicher Veränderung und kultureller Verjüngung betrachtete. In dem Maße, in dem eine Renaissance des Judentums zunehmend als Problem personaler Selbstverwirklichung begriffen wurde, machten sich nietzscheanische Elemente im deutschen Zionismus geltend. Die intellektuelle Elite dieser Generation hielt die Tradition der rationalistischen Aufklärung nicht mehr für fraglos gegeben. Die umfassendere, antibürgerliche, neo-romantische Stimmung jener Jahre mit ihrer Betonung der schöpferischen Rolle des Mythos kam auf wunderbare Weise den Bedürfnissen eines reformierten Zionismus nach persönlicher und kollektiver Erneuerung entgegen.[76]

Die Umwertung aller Werte spielte in den geistigen Auseinandersetzungen dieser Generation eine wichtige Rolle.[77] Das Werk Nietzsches diente ihr als Vorbild jener

---

den den schrecklichen Bedingungen zum Opfer fallen, bevor eine schöpferische und konstruktive Arbeit beginnen könnte. Er fragte sich, ob er selbst dies noch erleben werde, und zweifelte daran. Sein Schicksal sei das von Menschen in einer Zeit des Übergangs, denen rein negative Aufgaben gestellt seien. Alte Werte des Judentums zu verstehen und zu bedenken, um dann möglichweise auf sie zu verzichten oder sie zu einem späteren Zeitpunkt wieder schätzen zu lernen - das sei, bei Gott, eine qualvolle Arbeit und Mühe, die auf den schwachen Schultern seiner Generation laste. Vgl. Leonard Stein und Gedalia Yogev (eds.), *The Letters and Papers of Chaim Weizmann*, Bd. 1, a.a.O., S. 123f. Bezeichnenderweise wird in dieser Passage Nietzsche nicht erwähnt, doch leitet schon der nächste Absatz (vielleicht unbewußt) direkt zum Thema Nietzsche - und zu dessen Mißbrauch durch die Sozialisten - über!

73 Vgl. Gert Mattenklott »Nietzscheanismus und Judentum«, a.a.O., S. 57.

74 Der einzige einschlägige Artikel war die unverbindliche Stellungnahme von Ernst Müller »Gedanken über Nietzsche und sein Verhältnis zu den Juden« in: *Die Welt*, Nr. 40 (5. Oktober 1900).

75 Über ein Gespräch mit Leo Franckel notierte er: »Ich erklärte ihm, warum ich gegen die Demokratien bin. ›Sie sind also ein Nietzsche-Anhänger?‹ sagte er. Ich: Gar nicht. Nietzsche ist ein Irrsinniger. Aber regiert kann nur aristokratisch werden.« Theodor Herzl, *Briefe und Tagebücher. Zionistisches Tagebuch 1895-1899*, hrsg. A. Bein, H. Greive, M. Schaerf, J.H. Schoeps, Bd. 2, Berlin, Frankfurt a.M. und Wien: Propyläen 1983, S. 206.

76 Vgl. zur Darstellung dieser Generationsunterschiede Steven E. Aschheim, *Brothers and Strangers. The East European Jew in German and German-Jewish Consciousness, 1800-1923*, a.a.O., Kap. 4 und 5.

77 Vgl. den Sammelband deutscher und tschechischer Zionisten *Vom Judentum. Ein Sammelbuch*, 1. Aufl., Leipzig: Kurt Wolff 1913; 2. Aufl., hrsg. vom Verein Jüdischer Hoch-

rebellischen Authentizität, die ihrer Meinung nach für den Typus des säkularisierten neuen Juden charakteristisch war. So berief sich etwa Robert Weltsch auf die damals vielfach zitierte These, aus dem Werk Nietzsches (und Hölderlins) würden stärkere Juden geschaffen als durch eine erzwungene Rückkehr zu einem Ritus, an den niemand mehr glaube.[78] 1922 portraitierte Hans Kohn (der damals noch Zionist war) Nietzsche als den Vater einer neuen, weniger institutionsbezogenen, menschlicheren Form eines Nationalismus, der zu einer Frage der persönlichen Ethik und Lebensgestaltung geworden war:

> Man spürt überall die Verzweiflung der glaubens-, der mythenlosen Zeit, die Müdigkeit des Endes, aber man will sich ihnen entreißen, ein neuer Song der Lebensbejahung und starken Mutes soll anheben. Das einzigartige Genie Nietzsches, das einsam wie eine Riesengestalt den Untergang einer Glaubensepoche überschattet, ist der Vater dieses verzweifelten Wagemuts, dieser unendlichen Hoffnung auf einen neuen Himmel.[79]

Manches von dieser nietzscheanischen Dynamik ging über den Bereich der Rhetorik hinaus und fand Eingang in die Praxis des Zionismus. Die radikale zionistische Jugendbewegung *Hashomer Hazair*, die 1916 in Wien gegründet worden war, stand (außer unter dem Einfluß von Hans Blüher, Sigmund Freud, Gustav Landauer und Gustav Wyneken) eindeutig auch unter dem Einfluß von Friedrich Nietzsche. Es ging ihr um die Schaffung einer intellektuell und sexuell befreiten Jugendkultur, die sich auf freiwillige Teilnahme an einem elitären Gemeinschaftsleben gründen und alle nur »mechanischen« Beziehungen sowie alle Parteiorganisationen ablehnen sollte.[80] Nach Palästina übertragen, erlangte dieses radikale, zentraleuropäische Jugendethos rasch eine traurige Berühmtheit. Der Hashomer Hazair-Kibbutz Bitania geriet immer wieder in Auseinandersetzungen mit Parteifunktionären, die seine Mitglieder in die herrschenden politischen Strukturen zu integrieren suchten. Lauthals verkündeten die Mitglieder des *Hashomer Hazair* ihre Unabhängigkeit von jeder Organisation und Ideologie. Mit Nachdruck bestanden sie auf der Durchsetzung »bewegter« (*t'sisa*), statt vorgegebener Formen des Gemeinschaftslebens. Nur mit ihnen glaubten sie ihr wichtigstes Ziel erreichen zu können, eine permanente Selbsterschaffung aller Mitglieder der Gemeinschaft. Ihr Ruf nach erotischer und intellektueller Freiheit war bestimmt durch das Erbe Nietzsches, das sie von Wien mitgebracht hatten nach Palästina.[81]

---

schüler Bar Kochba in Prag, Leipzig: Kurt Wolff 1913, insbesondere die Aufsätze von Moses Calvary und Moritz Goldstein. Auch wo der Name Nietzsches nicht erwähnt wurde, blieb sein Einfluß begrifflich nachweisbar.

78 Robert Weltsch zit. nach George L. Mosse »The Influence of the Völkisch Idea on German Jewry« in: ders., *Germans and Jews*, a.a.O., S. 96.

79 Hans Kohn »Nationalismus« in: *Der Jude* 6 (1921-1922) S. 674-686, hier: S. 683.

80 Vgl. den nützlichen Überblick bei Jehuda Reinharz »Hashomer Hazair in Germany (1), 1928-1933« in: *Leo Baeck Institute Yearbook* 31 (1986) S. 173f.

81 Vgl. zur Geschichte dieser Gruppe und ihrer Aktivitäten Muki Tzur (hrsg.), *K'hilateinu* (in hebräischer Sprache), Jerusalem: Yad Ben Tsvi 1988. Der Denkstil dieser Gruppe kommt am besten in dem Aufsatz ihres bemerkenswerten geistigen Führers zum Ausdruck: Meir Ya'ari »M'toch Hatsisa«, S. 266-269. Ich danke Rina Peled und David Biale für diesen Hinweis.

Selbst in einer weniger rauhen Umgebung hätte sich ein derart sektiererischer Nietzscheanismus ohne vermittelnden ideologischen Rahmen schwer aufrechterhalten lassen. Es kann daher kaum überraschen, daß die Gruppe sich um 1926 der Ideologie eines revolutionären Marxismus zuwandte. Dennoch hielt sie auch danach an ihrem Voluntarismus und an ihrer Forderung nach individueller Freiheit fest.

In allen Zirkeln des Zionismus machte sich in der einen oder anderen Weise der bedeutendste intellektuelle Einfluß auf diese Generation junger Juden bemerkbar, der Martin Bubers (1878-1965). Vor allem durch ihn wurde Nietzsche dem deutschen Zionismus assimiliert. An der besonderen Art seiner Vermittlung lassen sich die Möglichkeiten und Grenzen nachweisen, die dem Nietzscheanismus bei der Aufnahme in einen fremden religiösen und nationalen Rahmen gezogen waren.

Buber unterhielt über die Jahre eine wechselnde, aber leidenschaftliche Beziehung zu den Schriften Nietzsches, die sein Werk in allen seinen Phasen nachhaltig beeinflußten.[82] In seiner Jugend fand Buber das Werk Nietzsches sowohl berauschend wie bedrohlich; doch öffentlich lobte er es über alles, und sein eigenes Frühwerk wies thematisch wie sprachlich in vieler Hinsicht Ähnlichkeiten mit ihm auf.[83] Nietzsche, so schrieb Buber in seiner Lobrede aus dem Jahr 1900, gehörte zu jenen Aposteln des Lebens, deren Größe so undefinierbar war wie das Leben selbst. Er war ein Visionär, der zukünftige Formen menschlichen Lebens auf eine Weise zu erahnen vermochte, die über die Sprache und die Sehnsüchte des Alltags hinausgingen. Er war der Prophet der Immanenz und einer kreativen Erneuerung. Er zählte zu denen, die »groß und undefinierbar« erscheinen »wie das Leben selbst, dessen Apostel sie sind [...] aus toten Kulturen raffte er Elemente neuer Formationen ans Licht [...] Er errichtete vor unseren Augen die Bildsäule des heroischen Menschen, der sich selber schafft und über sich selber hinausgeht [...] Dem Gesetz des Weltbeginns brachte er einen großen Widersacher: den werdenden Gott, an dessen Entwicklung wir mitschaffen können.«[84]

---

82 Vgl. die ausgezeichnete und einläßliche Darstellung von Nietzsches Einfluß auf Buber bei Paul Mendes-Flohr, *From Mysticism to Dialogue. Martin Buber's Transformation of German Social Thought*, Detroit, Mich.: Wayne State University Press 1989: dt.: *Von der Mystik zum Dialog. Martin Bubers geistige Entwicklung bis zum ›Ich und Du‹*, Königstein: Jüdischer Verlag 1978.

83 Als er siebzehn war, so erinnerte sich Buber später, geriet er unter den Einfluß des *Zarathustra*. »Dieses Buch, vom Verfasser als das größte Geschenk bezeichnet, das der Menschheit bisher gemacht worden sei, hat auf mich nicht in der Weise einer Gabe, sondern in der Weise des Überfalls und der Freiheitsberaubung gewirkt, und es hat lang gedauert, bis ich mich loszumachen vermocht habe.« Martin Buber »Autobiographische Momente« in: Maurice Friedman und Paul Arthur Schilpp (hrsg.): *Philosophen des 20. Jahrhunderts: Martin Buber*, Stuttgart: Kohlhammer 1963, S. 1-34, hier S. 10. Die Bewunderung für Nietzsche (und die Angst vor seinem Werk) ist bei Buber überall zu spüren. Während in seinem Spätwerk kritische Stellungnahmen überwiegen, blieb der Einfluß Nietzsches doch auf vielfältige Weise erhalten.

84 Martin Buber »Ein Wort über Nietzsche und die Lebenswerte« in: *Die Kunst im Leben* (Dezember 1900) S. 13.

Und gerade diese Werte waren in der Zeit um die Jahrhundertwende für Bubers einflußreiche Vision einer jüdischen Renaissance verantwortlich, bei der ihm eine zu neuem Leben erweckte Nation aus freien und schöpferischen Individuen vor Augen stand: Buber betonte,

daß Renaissance nicht Rückkehr, sondern Wiedergeburt bedeutet: eine Wiedergeburt, eine Erneuerung des ganzen Menschen, den Weg aus der dialektischen Enge der Scholastik zu einer weiten seelenvollen Naturanschauung, aus mittelalterlicher Askese zu warmem, flutendem Lebensgefühl, aus dem Zwange engsinniger Gemeinschaften zur Freiheit der Persönlichkeit. Das Geheimnis des Neuen, der reiche Sinn des Entdeckers, das freie Leben der Wagnisse und der überströmenden Schaffenslust beherrschen diese Zeit.

Die jüdische Renaissance sollte, so schrieb Buber um 1900, keine »Rückkehr zu den alten, im Volkstum wurzelnden Gefühlstraditionen« und Gebräuchen sein, sondern konzipiert und angeleitet werden von »Menschen, die den Sinn für das Kommende besitzen«.[85]

Nach Bubers zionistischer Vision bestand die historische Voraussetzung einer jüdischen Wiedergeburt in der Überwindung der »lebensverneinenden«, zur Machtlosigkeit verurteilenden Abnormität des *galut* (des Exils) und der Abnormitäten der »unfreien Geistigkeit« des Ghettos. Durch sie würde die Wiederentstehung des »elementaren« Juden ermöglicht, der erneut ein Leben der »Unbedingtheit« zu leben imstande sei. Die Quellen dieser Erneuerung fanden sich in dem noch gesunden Material und in den Energien des jüdischen Volkes. Buber mußte bei seiner Interpretation Nietzsches (wie auch sonst die Nationalisten) einen Ausgleich schaffen zwischen einer intensiv erlebten Umwertung aller Werte und der Überzeugung von den ewigen, organischen Eigenschaften der Nation. Zu diesem Kompromiß gelangte er durch die These, nur eine dynamische Bewegung wie der Zionismus sei in der Lage, dem ungebrochenen, aber verdrängten »Lebensgefühl des Juden« wieder zu seinem Recht zu verhelfen. Dieses weit ausgreifende Lebensgefühl, das notwendige Gegenmittel zur »reinen Geistigkeit« bedurfte dringend einer Erneuerung. Denn das Exil hat es von seiner Vitalität, von »seinem freien natürlichen Ausdruck, dem freien Schaffen in Wirklichkeit und Kunst« abzulenken vermocht.[86]

Dem Zionismus ging es in dieser frühen, an Buber orientierten Version um die Wiederherstellung einer lebendigen Beziehung des Judentums zum Kosmos, um eine nietzscheanische Renaturierung. Bubers jugendlicher nietzscheanischer Zionismus stellte eine ästhetische, vitalistische Vision der »Unbedingtheit« dar, die es den Juden wieder ermöglichen sollte, ein freies, schöpferisches, frohes und gesundes Leben zu führen.[87] Selbst in Bubers Konzeption eines schöpferischen Lebens

85 Martin Buber »Jüdische Renaissance« in: *Die jüdische Bewegung. Gesammelte Aufsätze und Ansprachen*, Bd. 1 (1910-1915), Berlin: Jüdischer Verlag 1916, S. 10f.
86 Martin Buber »Jüdische Renaissance«, a. a. O., S. 13f.
87 Vgl. Martin Buber »Jüdische Renaissance«, a. a. O., S. 14.

der Nation klang die Sprache der *Geburt der Tragödie* an. »Die erlösende Bejahung eines Widerstreites«, so schrieb er, »ist das Wesen alles Schaffens.«[88]

Buber betonte in seinem frühen erlebnisorientierten, von der Forderung nach einer Renaturierung geprägten Zionismus weder die martialischen Aspekte Nietzsches noch erhob er eine nationale Gruppierung mit ihrem Willen zur Macht über eine andere. Er zeigte, daß ein nationalistisch interpretierter Nietzsche ebenso vom Humanismus wie vom Antihumanismus in Dienst genommen werden konnte. Zunehmend wurden bei Buber jedoch die aktivistischen Impulse des Zionismus überlagert und abgemildert durch die Betonung des religiösen Lebens und durch eine Mythologisierung des Chassidismus als des lebendigen Vorbilds gesteigerten, authentischen Erlebens.

Ein nietzscheanischer, zionistischer Vitalismus erhielt sich dagegen in den Schriften des umstrittenen deutsch-jüdischen Philosophen Theodor Lessing (1872-1933) auch während der späten zwanziger und frühen dreißiger Jahre. Doch Lessings Theorien entstanden im Schatten des Nationalsozialismus (dem er als einer der ersten zum Opfer fiel). Sie stellten einen letzten verzweifelten Versuch dar, auf ihn eine Antwort aus jüdischer Sicht zu geben. Lessing hatte bereits eine Reihe allgemeiner Arbeiten über Nietzsche sowie einige Essays durchaus in dessen Stil geschrieben.[89] Er bediente sich daher vieler dieser nietzscheanischen Argumentationen und Problemlösungsvorschläge bei seiner Untersuchung des zeitgenössischen Judentums. Lessings Diagnose vom jüdischen Selbsthaß - die nicht zuletzt auf eigenes Erleben zurückging - sowie die von ihm verordnete Therapie des Zionismus entstammten völkisch-nietzscheanischer Überzeugung. Der Selbsthaß der Juden war ihm zufolge ein Produkt des Exils und eines überintellektualisierten, der Erde entfremdeten Lebens. In dieser unnatürlichen Situation und in einer feindseligen Umgebung kehrten die Juden ihre übersteigerte Geistigkeit gegen sich selbst. Das Ergebnis war eine pathologische Entwicklung ihrer Psyche.

Wie konnten die Juden aus ihrem pathologischen Zustand heraus zu psychischer Gesundheit gelangen und sich selbst auf heilsame Weise zu akzeptieren lernen? Lessing berief sich ausdrücklich auf Nietzsches Aufforderung: »Werde, der Du bist.«[90] Für ihn war es jedoch klar, daß die Forderung, zu werden, was man war, zu etwas führen mußte, das von der konventionellen bürgerlich-jüdischen Selbstakzeptanz weit entfernt sein würde. Es bedeutete eher eine Art nietzscheanischer Renaturierung, die Behauptung eines jüdischen Willens zur Macht und eines virilen, ja sogar

---

88 Martin Buber »Die Schaffenden, das Volk und die Bewegung« in: *Die jüdische Bewegung. Gesammelte Aufsätze und Ansprachen*, a.a.O., S. 73.

89 Zu Theodor Lessings Arbeiten zählen *Schopenhauer - Wagner - Nietzsche*, München: C.H. Beck 1906 und *Nietzsche*, Berlin: Ullstein 1925. Einer seiner bekanntesten Essays trägt den Titel *Geschichte als Sinngebung des Sinnlosen. Oder die Geburt der Geschichte aus dem Mythos*, 4. Aufl., Leipzig: E. Reinicke 1927.

90 Theodor Lessing, *Der jüdische Selbsthaß*, Berlin: Jüdischer Verlag 1930.

instinkthaften Aktivismus. Der Jude im Exil mußte in einer Art Metamorphose umgewandelt werden zu einem neuen zionistischen Menschen, geschaffen aus dem Geist des Alten Testaments als eines heidnischen Naturmythos.[91]

Selbstverständlich offerierte Lessing seine späten, nietzscheanisch inspirierten Heilmittel nicht im Zeichen der Zuversicht, sondern der Verzweiflung. Ein auf praktische Befreiung angelegter nietzscheanischer Zionismus fand sich wohl nur in der osteuropäischen jüdischen Intelligenz; denn in ihr erreichte Nietzsche seine nachhaltigste und radikalste Wirkung. »Kein europäischer Denker«, so schrieb kürzlich der israelische Kritiker Menachem Brinker, »hatte einen so grundlegenden Einfluß auf die hebräische Literatur jener Zeit.«[92]

Die Gründe hierfür sind unmittelbar einleuchtend. Der westeuropäische Zionismus war ein im wesentlichen postassimilatorisches Phänomen, das Projekt einer Rückkehr zu einem vergessenen Judentum.[93] In dem noch vor der Emanzipation stehenden Osteuropa diente der Zionismus statt dessen als starke säkularisierende Kraft, als Modernisierungsmittel und Vehikel zur Flucht aus den Beschränkungen traditionellen jüdischen Lebens. Während sich Buber an ein Publikum wandte, das die Assimilierung bereits hinter sich hatte und den Bruch mit der Vergangenheit als gegeben ansah, wurde Nietzsche auf Hebräisch einem Publikum nahegebracht, das die Bindung an die Tradition noch nicht durchtrennt hatte. Der Antitraditionalismus Nietzsches erschien vielen osteuropäischen Juden gerade deshalb als unmittelbar sinnvoll, weil sie noch ganz dieser Tradition unterlagen.[94]

Durch eine historische Koinzidenz wurde Nietzsches Wirkung verstärkt: Die Europäisierung der hebräischen Intellektuellen in Osteuropa fiel in genau jene Zeit, in der Nietzsche am stärksten in Mode war. Der Nietzscheanismus konnte daher leicht

---

91 Vgl. Theodor Lessing, »Jüdisches Schicksal« in: *Der Jude* 9 (1928) S. 17. Vgl. ferner Jacob Golomb »Nietzsche und die marginalisierten Juden« (in hebräischer Sprache), a.a.O., S. 125f.

92 Menachem Brinker »Nietzsche's Impact on Hebrew Writers of the Russian Empire« in: Bernice Glatzer-Rosenthal (ed.), *Nietzsche in Russia*, Princeton, N.J.: Princeton University Press (1986). Ich danke Prof. Brinker für die Überlassung einer Kopie dieser Arbeit vor Drucklegung, auf die ich im folgenden zurückgreife.

93 Vgl. Jehuda Reinharz, *Fatherland or Promised Land. The Dilemma of the German Jew 1893-1914*, Ann Arbor: University of Michigan Press 1975; Stephen M. Poppel, *Zionism in Germany, 1897-1933. The Shaping of a Jewish Identity*, Philadelphia: Jewish Publication Society of America 1977.

94 Vgl. zu den Unterschieden zwischen ost- und westeuropäischem Zionismus die Einführung von Arthur Hertzberg in: *The Zionist Idea. A Historical Analysis and Reader*, New York: Atheneum 1975 sowie Walter Laqueur, *A History of Zionism*, London: Weidenfeld and Nicholson 1972; dt.: *Der Weg zum Staat Israel. Geschichte des Zionismus*, Wien: Europa Verlag 1975. Einige deutsche Zionisten waren sich dieser Unterschiede bewußt und warnten vor einer ähnlichen Radikalisierung angesichts ihrer (im Vergleich mit den Ostjuden) entwurzelten Lebenszusammenhänge. Vgl. Gerhard Holdheim und Walter Preuss, *Die theoretischen Grundlagen des Zionismus*, Berlin: Welt-Verlag 1919.

zu einem der wichtigsten Themen in der zionistischen Nationalrevolte gemacht werden.[95]

Der berühmteste und wortmächtigste der osteuropäischen Nietzscheaner war Micha Josef Berdyczewski (1865-1921; pseud. Bin Gorion).[96] Der explizit auf Nietzsche verweisende Titel seiner Sammlung von Aufsätzen, die er zwischen 1890-1896 geschrieben hatte, *Shinui Arachim* (Eine Umwertung der Werte), verkündete sein Programm.[97] Berdyczewski verkündete nichts weniger als eine auf die Gesamtheit jüdischer Erfahrung angewandte, nietzscheanische Lebensphilosophie.[98] In seinen frühen Schriften lehnte er sowohl das Leben in der Diaspora ab wie die Normen der Tradition mit ihren anti-individualistischen Zwängen.[99] Berdyczewski forderte eine zionistische Umwertung jüdischer Werte auf der Grundlage einer als unerläßlich wahrgenommenen jüdischen Selbstbemächtigung.

Berdyczewski zufolge hatte das religiöse und ideologische Establishment des Judentums eine beklagenswerte Machtlosigkeit zur moralischen Tugend erhoben. Ohne nationale Macht und ohne die Fähigkeit, auf die Geschichte Einfluß zu nehmen, waren die Juden einfach »unterhalb von Gut und Böse«. Nur wenn sie wieder

---

95 Vgl. Menachem Brinker »Nietzsche's Impact on Hebrew Writers of the Russian Empire«, a. a. O. Dort findet sich eine Zusammenstellung bedeutender Namen wie Shaul Tschernikowski, David Frischman und Hillel Zeitlin. Der wohl kritischste Kopf war Y. H. Brenner, der sich mit besonderem Scharfsinn nietzscheanischen Themen wie dem Perspektivismus und der Fiktionalität von Interpretationen widmete.

96 Andere zionistische Autoren opponierten, wie wohl kaum erwähnt werden muß, gegen Berdyczewskis Nietzscheanismus. Doch indem sie ihn widerlegten, übernahmen viele Kritiker ihrerseits nietzscheanische Kategorien, Thesen und Themen. Das galt gewiß für Berdyczewskis prominentesten Kritiker Ahad Ha-am (Asher Ginzburg). Leon Simon stellte fest, daß Ahad Ha-am in einem Aufsatz »eine jüdische Version des Nietzscheanismus skizziert hat, welche Moral durch Macht als Ideal des Übermenschen ersetzt und darüber hinaus eine ›Übernation‹ gefordert hat.« Leon Simon »Judaism and Nietzsche« in: Leon Simon (ed.), *Ahad Ha-am. Essays, Letters, Memoirs*, Oxford: East and West Library, 1946, S. 76ff. Vgl. ferner »The Supremacy of Reason« im selben Band sowie Ahad Ha-am »The Transvaluation of Values« in: Leon Simon (ed.), *Selected Essays of Ahad Ha-am*, New York: Atheneum 1970, S. 217-241.

97 Diese Aufsätze liegen leider nicht auf Englisch vor; vgl. Micha Josef Berdichevsky, *Collected Essays* (in hebräischer Sprache), Tel Aviv: Dvir 1960.

98 Bin Gorion war in Deutschland leidlich bekannt. Viele seiner Arbeiten wurden übersetzt. Vor allem Bubers Zeitschrift stellte ihn der deutsch-jüdischen Öffentlichkeit vor. Vgl. Baruch Krupnick »Micha Josef Berdyczewski. Seine Wahrheiten und Dichtung« in: *Der Jude* 3 (1918-1919); Markus Ehrenpreis »Gespräche mit Berdyczewski« in: *Der Jude* 6 (1921-1922); Moritz Heimann »Micha Josef Gorion. Seinem Gedächtnis« in: *Die Neue Rundschau* 33 (1922).

99 »Bei jedem anderen Volk gilt die Nation als der einzigartige Speicher menschlicher Individualität, in dem jedes Individuum seine Leistungen aufbewahrt und sichergestellt weiß. Unter uns Juden findet ein Individuum in seiner jüdischen Nationalität etwas vor, was ihm von Herzen feindselig gegenübersteht. Jeder von uns spürt diesen Gegensatz in dem Augenblick, in dem er sich voranzubringen und Bildung zu verschaffen sucht.« Micha Josef Berdichevsky »The Question of Culture« zit. nach Arthur Hertzberg, *The Zionist Idea. A Historical Analysis and Reader*, a. a. O., S. 298.

durch Macht und Verantwortung zu nationaler Einheit gelangten, würden sie erneut in die Lage versetzt, Gutes und Böses zu tun.[100] Der Nietzscheanismus war das wohl radikalste Mittel, mit dem dieser Teil des Zionismus seine Bemühungen um eine Selbstbemächtigung und »Normalisierung« zur Geltung bringen konnte.

Die nietzscheanische Lebensphilosophie führte darüber hinaus zu einer radikalen Neubewertung der jüdischen Vergangenheit, der Versklavung durch die Geschichte und der fortdauernden Privilegierung des »Buches« gegenüber dem »Schwert«.

Es gibt eine Zeit, in der Menschen und Nationen durch das Schwert leben, durch die Macht ihrer starken Arme und durch ihre lebendige Kühnheit. Dies ist die Zeit der Stärke, in der das Leben seinen wesentlichen Sinn gewinnt. Das Buch ist dagegen nicht mehr als der Schatten des Lebens, des Lebens in seinem Greisenalter.
Das Schwert steht nicht abstrakt neben dem Leben; es ist die Materialisierung des Lebens in seiner kühnsten Form. In ihm wird es wahrhaft wesentlich. Nicht so im Buch.[101]

Berdyczewski nahm eine noch heute wichtige Akzentverlagerung in der (hauptsächlich zionistischen) Geschichtsschreibung vor, indem er jüdische Macht und Souveränität gegenüber der bis dahin gepriesenen Spiritualität und politischen Passivität betonte. Der Würgegriff der Rabbiner, so schrieb er, hatte dem jüdischen Leben seine Vitalität genommen und dessen ursprünglich lebensbejahende, natürliche Religion unterdrückt und in eine abstrakte, vergeistigte Doktrin verwandelt. Die »antinatürliche«, mosaische Thora wurde dieser Religion erst spät übergestülpt. Auch die Propheten hatten zu dieser Entwicklung beigetragen: Indem sie die Ethik an die Stelle des Lebens setzten, hatten sie die Nation in ihrem Charakter so stark geschwächt, daß das Exil unvermeidlich wurde.

Berdyczewski, so hat David Biale klug bemerkt, wollte eine an Nietzsche orientierte Gegengeschichte entwickeln, indem er nach jenen vitalen Elementen suchte, die durch die verzerrte Konstruktion eines monolithischen, antipluralistischen, »historischen Judentums« verdrängt worden waren.[102] Er glaubte, daß im reichen Reservoir der jüdischen Tradition die Materialien für einen vitalistischen Neubeginn zu finden waren, vor allem in der vor-mosaischen Tradition des Schwertes sowie in der orgiastischen Identifizierung mit der Natur. Unter Berufung auf Nietzsches These, Zerstörung sei die Voraussetzung der Schöpfung, meinte Berdyczewsky, man müsse, um einen Tempel zu bauen, zunächst einen Tempel abreißen.[103]

Doch selbst für besonders enthusiastische Nationalisten, die sich auf Nietzsche beriefen, gab es Grenzen bei ihrem Aufstand gegen die Normen der Tradition, und

---

100 Vgl. Menachem Brinker »Nietzsche's Impact on Hebrew Writers of the Russian Empire«, a.a.O., der diesen Gesichtspunkt an einschlägigen Materialien entwickelt.

101 Micha Josef Berdichevsky »In Two Directions«, übers. in: Arthur Hertzberg, *The Zionist Idea. A Historical Analysis and Reader*, a.a.O., S. 295.

102 David Biale, *Gershom Scholem. Kabbalah and Counter-History*, Cambridge: Harvard University Press 1979, S. 37-43.

103 Zit. nach David Biale, *Gershom Scholem. Kabbalah and Counter-History*, a.a.O., S. 40.

auch ihr Drang zur Natur und zur Selbstbemächtigung entbehrte zuweilen nicht der Ironie. Trotz Berdyczewskis tiefer Sehnsucht nach einer Überwindung der unnatürlichen Schiefheit des Lebens im Ghetto oder im Exil verkörperte sich in seinem Werk die fortdauernd ungelöste innere Spannung des Zionismus zwischen Normalität und moralischer Einzigartigkeit, zwischen traditionaler Vergangenheit und offener Zukunft:

> Wenn wir die Vergangenheit besiegen, werden wir selbst besiegt. Doch wenn die Vergangenheit Macht über uns gewinnt, dann gewinnt sie sie über uns, über unsere Söhne sowie über die Söhne unserer Söhne [...] Allheilmittel und Gift sind ein und dieselbe Substanz.[104]

Schließlich akzeptierte Berdyczewski, was seine Kritiker ihm entgegengehalten hatten: Nachdem die moderne jüdische Nation geschaffen worden war und ihre Souveränität erlangt hatte, sollte sie in der Tat durch eben jenen moralischen Geist regiert werden, den er so scharf angeprangert hatte.[105] In seinem Spätwerk wandte sich Berdyczewski den vergessenen Aspekten der jüdischen Tradition zu, dem Chassidismus und den wenig bekannten Legenden, den Sprichwörtern sowie der Folklore.[106] Auch dabei mag es sich um Teile der von ihm gepriesenen Gegen-Geschichte gehandelt haben, um Wege zu unverwirklichten Möglichkeiten der jüdischen Vergangenheit. Berdyczewski betrachtete sich nun mehr und mehr als Historiker, als Chronisten statt als Mythologen der jüdischen Geschichte. Aus seinen frühen Arbeiten tilgte er häufig in späteren Sammlungen jeden Hinweis auf Nietzsche.[107]

1934 konnte ein jüdischer Interpret die Wende von Berdyczewsky und Buber zum Volksmärchen nicht als konservative Abkehr von Nietzsche beschreiben, sondern als logische Fortsetzung des Interesses an ihm. »Es ist keine Widerlegung, sondern, abrupt gesagt, die Fortführung Nietzsches dahin, wo die Extreme sich berühren und der Übermensch zum Volksgeist wird. (Der Weg vom Baalschem zu Nietzsche und von Nietzsche zum Baalschem ist möglich, nur vom Kommerzienrat und vom Parteifunktionäre zum Baalschem oder zu Nietzsche führt kein Weg.)«

Darüber hinaus gab es hier eindeutige Gemeinsamkeiten: »Mit Nietzsche und dem Chassidismus teilt Bin Gorion die Leidenschaft für die Leidenschaft, die Le-

---

104 Micha Josef Berdichevsky »The Question of Our Past«, übers. in: Arthur Hertzberg, *The Zionist Idea. A Historical Analysis and Reader*, a. a. O., S. 301.

105 Vgl. Menachem Brinker »Nietzsche's Impact on Hebrew Writers of the Russian Empire«, a. a. O., S. 23. Dennoch bestand Berdyczewski darauf, daß auch ein auserwähltes Volk ein normales nationales Leben führen sollte; vgl. Micha Josef Berdichevsky »On Sanctity«, übers. in: Arthur Hertzberg, *The Zionist Idea. A Historical Analysis and Reader*, a. a. O., S. 301f.

106 Vgl. Emanuel Berdyczewski alias Micha Josef bin Gorion: *Die Sagen der Juden*, Gesammelt von Micha Josef bin Gorion, *Juda und Israel. Jüdische Sagen und Mythen*, übersetzt und hrsg. v. Rahel und Emanuel bin Gorion. Frankfurt a.M.: Rütten & Loening Verlag 1927 (zuerst 1913 und 1919). Auf Englisch unter dem Titel *Mimekor Israel*, Bloomington: Indiana University Press 1976.

107 Vgl. David Biale, *Gershom Scholem, Kabbalah and Counter-History*, a. a. O., S. 43, 235 Anm. 23.

bensbejahung trotz allem Sinn und das Mißtrauen gegen alle Worte, Schlagworte, Programme.«[108] Indem Nietzsche mit dem Chassidismus verschmolzen wurde, wurde der Nietzscheanismus bei all seiner Elastizität bis zum äußersten gedehnt.

Doch die gesamte Geschichte des Nietzscheanismus steckt voll unwahrscheinlicher Verbindungen und politisch zweideutiger Vereinnahmungen, die sowohl zu neuen Radikalisierungen wie zu gelegentlich unvorhersehbaren konservativen Entwicklungen führten. Die Klassifikationsschwierigkeiten werden besonders deutlich, sobald wir uns nun den quasipolitischen und gegenkulturellen Bewegungen zuwenden, die zwischen 1890 und 1914 entstanden sind, und die Wirkung Nietzsches auf die erstarkende radikale Rechte untersuchen.

Es fällt nicht leicht, die Vielzahl von Lebensreformbewegungen zu klassifizieren, die im wilhelminischen Deutschland wie Pilze aus dem Boden schossen. Diese Gruppen, die ohne Zweifel die Belastungen einer raschen Industrialisierung zum Ausdruck brachten, hatten jeweils ihre eigene Lieblingsvorstellung von einem naturverbundenen Leben. Es sollte in vegetarischer Ernährung, in Freikörperkultur oder in der Abstinenz von Tabak bzw. Alkohol bestehen. Die Gruppierungen der Lebensreformbewegung waren durch ein starkes Erneuerungverlangen, ja sogar durch eugenische Impulse bestimmt, die vielfach mit anarchistischen, sozialdemokratischen, völkischen und rassistischen Erneuerungsvisionen vereinbar erschienen.[109]

Nietzsches Werk ließ sich in ihre Politik der Antidekadenz leicht integrieren. Sein affirmativer Vitalismus, seine eugenische Kritik der Schwäche und der lebensnegierenden Kräfte, seine Feier von Stärke und Gesundheit waren Markenzeichen dieser Bewegungen. Es gab sogar eine lebensreformerische Ikonographie Nietzsches. Fidus (Hugo Höppener) entwarf das Bild eines nackten, zur Eheschließung mit einem passenden Zarathustra-Zitat versehenen Paars, und Alfred Soder zeichnete Nietzsche nackt in der erhabenen Einsamkeit des Hochgebirges (vgl. Illustrationen 9 und 10). Zu Beginn des Jahrhunderts trug eine von den Vegetariern vertriebene Postkarte mit dem berühmten Portrait Nietzsches von Hans Olde ein Zitat von Nietzsche: »Ich glaube, daß die Vegetarier mit ihrer Vorschrift, weniger und einfacher zu essen, nützlicher gewesen sind als alle neueren Moralsysteme zusammengenommen.« (Illustration 11)[110]

Wenn die Lebensreformbewegung einen Theoretiker besaß, dann war dies Walter Hammer. Sein Buch *Friedrich Nietzsche. Der Lebensreformer und seine Zukunftskultur* vereinnahmte Nietzsche für die Hoffnungen der Bewegung auf eine

108 Leo Hirsch »Friedrich Nietzsche und der jüdische Geist«, a.a.O., S. 189.

109 Vgl. die gute Darstellung dieser Tendenzen bei Roy Pascal, *From Naturalism to Expressionism. German Literature and Society, 1880-1918*, New York: Basic Books 1973, S. 172.

110 Vgl. den etwas anderen Wortlaut bei Friedrich Nietzsche, *Nachgelassene Fragmente. Sommer 1872 bis Ende 1874*, in: *Werke*, Bd. III, 4, Berlin und New York: de Gruyter 1978, Nr. 31 [4], S. 361. [Anm. d. Übers.: Für den Hinweis auf die Fundstelle dieses und vieler anderer Zitate danke ich Christian Dorn.]

Vereinfachung des Lebens und für die Ablehnung der städtischen, industriellen und mechanistischen westeuropäischen Massenkultur. Die Kultur der Zukunft und eine Stärkung der Persönlichkeit waren möglich nur durch eine Erhebung über den herrschenden Materialismus.[111] Nietzsche war aufgrund seiner Ideen und als persönliches Beispiel für diese Bemühungen von entscheidender Wichtigkeit: In Genua etwa hatte er weder Suppen noch Fleisch gegessen, sondern von Gemüse und Früchten, vor allem von Mandeln gelebt! Hammer ließ die Leser der Zeitschrift *Gesundes Leben* wissen, Nietzsche repräsentiere einen reinigenden »Willen zur Gesundheit«. Mit seinem Erneuerungsideal des Übermenschen habe er den Zeitgenossen den Lebenswillen zurückgegeben.[112] In einer anderen Artikelserie vertrat Hammer die Auffassung, ein gesundes Leben sei nur durch eine Orientierung an den Grundlagen einer umfassenden vegetarischen *Kulturpolitik* im Sinne Nietzsches zu erlangen. Ihn interessierten nicht allein »Nietzsches Beziehungen zum Vegetarismus«, sondern auch »die Grundlagen für eine großzügige vegetarische Kulturpolitik im Sinne Nietzsches«.[113]

Eine ähnliche Erneuerungsrhetorik war bestimmend für eine weitere Institution der Gegenkultur – die Jugendbewegung.[114] In ihr fand das neugewonnene Selbstbewußtsein einer eigenständigen Jugendkultur seinen deutlichsten Ausdruck. Der Wahlspruch eines ihrer Propheten, des Pädagogen Gustav Wyneken, vom »Recht der Jugend auf sich selbst«[115] enthielt ihre Ablehnung der Elterngeneration, der schulischen Erziehung und der bürgerlichen Konventionen sowie ihr Verlangen nach freier Entfaltung im Geist der Jugend.

Der Einfluß Nietzsches auf ihr Ethos war erkennbar, obwohl er nie unvermischt auftrat. Ihn in seinen relevanten Aspekten aufzudecken fällt deshalb schwer, weil es in der Jugendbewegung unterschiedliche protopolitische Tendenzen gab. Nach dem Ersten Weltkrieg gingen nur wenige Beobachter auf diese Unterschiede ein. Nietzsche wurde einfach pauschal als »Prophet der deutschen Jugendbewegung« beschrieben.[116] Eine Historikerin schrieb 1929 über ihn:

---

111 Vgl. Walter Hammer, *Friedrich Nietzsche. Der Lebensreformer und seine Zukunftskultur*, 2. Aufl., Leipzig: Karl Lentze [1909] 1910.

112 Vgl. Walter Hammer »Nietzsche und sein Wille zur Gesundheit« in: *Gesundes Leben. Medizinpolitische Rundschau* (1910) S. 121-125.

113 Vgl. Walter Hammer »Nietzsche und der Vegetarismus« in: *Vegetarische Warte* 46, Nr. 7 (1913) S. 10-19.

114 Zur allgemeinen Geschichte der Jugendbewegung vgl. Walter Laqueur, *Young Germany. A History of the Youth Movement*, New York: Basic Books 1962; dt: *Die deutsche Jugendbewegung. Eine historische Studie*, Köln: Verlag Wissenschaft und Politik 1962; Peter D. Stachura, *The German Youth Movement, 1900-1945. An Interpretation and Documentary History*, London: Macmillan 1981.

115 Gustav Wyneken, *Der Kampf für die Jugend. Gesammelte Aufsätze*, Jena: Eugen Diederichs 1919, S. 211.

116 Vgl. Oskar Schütz »Friedrich Nietzsche als Prophet der deutschen Jugendbewegung« in: *Neue Jahrbücher für Wissenschaft und Jugendbildung* 5 (1929) S. 64-74. Wie viele seiner Zeitgenossen weist Schütz den Einfluß Nietzsches auf die Jugendbewegung nach, ohne beispielsweise zwischen dem *Wandervogel* und der *Freideutschen Jugend* zu unterscheiden.

Er hat neue leuchtende Menschheitsziele aufgestellt, die magisch lockten, und rief die Jugend auf neue Kampfbahnen [...] Nietzsche ist der große Zukunftsweise, der in der Jugend das Bewußtsein ihres Wertes und ihrer Bestimmung, die Zukunft zu gestalten, weckt. Seine Verachtung von Philistertum und Halbbildung, von gesellschaftlicher Lüge und Eitelkeit ist tief in die Jugendbewegung eingedrungen. Nietzsches Geist wird immer wieder lebendig in ihr. Denn er ist der Prophet des unentdeckten Landes, das die Jugendbewegung aufbauen will.[117]

Diese Bewegung stellte den Versuch dar, im Zeichen von Nietzsches Umwertung aller Werte zur Selbsterschaffung und Eigenverantwortlichkeit ebenso zu gelangen wie zur Entfaltung einer Jugendkultur durch Entwicklung von Führerqualitäten.[118]

Manche der späteren Historiker, die daran interessiert waren, einen emanzipatorischen, politisch korrekten Nietzsche zu retten, haben die Auffassung vertreten, Nietzsche sei in der Jugendbewegung durch die progressive Freideutsche Jugend nach 1912 rezipiert worden. Dieser Auffassung zufolge hielten sowohl die Führer wie die Mitglieder des ursprünglichen Wandervogel mit ihren zunehmend völkischen und antisemitischen Neigungen den Philosophen für gefährlich und häretisch.[119] Dies änderte sich erst in der ganz anders beschaffenen Atmosphäre der Weimarer Republik, in der Nietzsche nachträglich größter Einfluß auf den Wandervogel zugeschrieben wurde.[120]

Nietzsches Einfluß auf die Freideutsche Jugend und auf ihren Mentor, Gustav Wyneken, ist unbestritten. Wynekens Ablehnung völkischer und nationalistischer Themen sowie seine humanistische Betonung höchster individueller Kreativität stellte eine eklektische Verbindung des Denkens von Nietzsche mit dem von Hegel und Johann Gottlieb Fichte dar.[121] Wyneken suchte individualistische Kreativität in die Jugendbewegung zu integrieren, um eine Alternative zu den völkischen Gemeinschaftskonzepten zu schaffen. Er sah die Befreiung des Individuums als Voraussetzung für die Schaffung einer wahrhaft freien Gemeinschaft an. Auch die Konzeption dieser Gemeinschaft – wie sie auf den Seiten der von Wyneken inspirierten

---

117 Else Frobenius, *Mit uns zieht die neue Zeit. Eine Geschichte der deutschen Jugendbewegung*, Berlin: Deutsche Buchgemeinschaft 1929, S. 35f.

118 Vgl. Theo Herrle, *Die deutsche Jugendbewegung in ihren kulturellen Zusammenhängen*, Gotha und Stuttgart: Verlag Friedrich Andreas Perthes A.-G. 1924 , S. 14, zit. nach: Michael Jovy, *Jugendbewegung und Nationalsozialismus*, Münster: Lit-Verlag 1984, S. 53.

119 Vgl. zu einer genauen Analyse der völkischen Aspekte der Jugendbewegung George L. Mosse, *The Crisis of German Ideology*, a. a. O., Kap. 9; dt.: *Ein Volk, ein Reich, ein Führer. Die völkischen Ursprünge des Nationalsozialismus*, a. a. O., Kap. 9, Die Jugendbewegung, S. 185-204.

120 So der Hauptvorwurf in der Argumentation von R. Hinton Thomas, *Nietzsche in German Politics and Society 1890-1918*, a. a. O., Kap. 8.

121 Vgl. Gustav Wyneken, *Der Kampf für die Jugend. Gesammelte Aufsätze*, a. a. O. Zu Wyneken vgl. George L. Mosse, *The Crisis of German Ideology*, a.a.O., S. 184ff.; dt. *Ein Volk, ein Reich, ein Führer. Die völkischen Ursprünge des Nationalsozialismus*, a.a.O., S. 199ff. sowie R. Hinton Thomas, *Nietzsche in German Politics and Society 1890-1918*, a. a. O., S. 105ff.

Zeitschrift *Der Anfang* zum Ausdruck gelangte - war getragen von Nietzsches Emphase des Willens, der Selbsterschaffung und der Öffnung zur Welt.[122]

Die Beweise für den Einfluß des Philosophen auf die Wandervogeljugend sind zweideutig. Nietzsche hatte in ihr ganz ohne Frage Gegner. Der Gründer der Bewegung, Karl Fischer, stand ihm indifferent gegenüber und war statt dessen fasziniert von der anderen, entschieden völkischen Kultfigur der Jugendbewegung, Paul de Lagarde.[123] Der erklärte Antisemit Theodor Fritsch widersetzte sich ebenfalls dem Eindringen Nietzsches in die Kreise der Jugend; verzweifelt suchte er, Spuren seines Denkens sowie seiner antinationalistischen, pro-jüdischen Weltanschauung von ihr fernzuhalten. Ironischerweise war sein politisches Vokabular des Willens, der Männlichkeit und des Heroismus in weiten Teilen dem Sprachschatz Nietzsches entlehnt. Selbst der Name seiner Zeitschrift - *Hammer* - spielte auf Nietzsche an. Dennoch hielt er Nietzsches Ideen für krank; er sah in ihnen eine Quelle gefährlicher persönlicher und nationaler Ansteckungen. Auch er empfahl statt dessen de Lagarde als angemessenen und gesunden Führer der deutschen Jugend.[124] Die *Führerzeitung* des Wandervogel nannte das Buch von Hammer *Nietzsche als Erzieher* ein »gefährliches Gift für junge Seelen«. Hermann Poperts *Der Vortrupp* dagegen nahm Nietzsche während des Ersten Weltkriegs ins Pantheon deutscher Denker auf.[125]

Am exorzistischen wie am nationalistischen Eifer erwies sich Nietzsches Attraktivität. Seine Rhetorik bemächtigte sich der Sprache der Jugendbewegung und kam selbst im Subtext der Schriften seiner Gegner zur Geltung. So war auch sein Einfluß auf den Wandervogel beträchtlich. Unter den Führern des Bundes gab es zahlreiche Versuche, ihn zur Orientierungsfigur zu erklären. Walter Hammer beispielsweise suchte auch für die Jugendbewegung zu tun, was er bereits in den Kreisen der Lebensreformbewegung durchgesetzt hatte. Seine Schrift *Nietzsche als Erzieher* (1914) wollte ihr den Philosophen in einer entsprechenden Darstellung schmackhaft machen. Zwar meinte er in seinen zwanzig Briefen an einen Wandervogel, Nietzsche sei für die jüngeren Mitglieder nicht angemessen; doch schien er ihm denjenigen, die die Bewegung durchlaufen hatten und den Mut zur Auseinandersetzung besaßen, einen verläßlichen Pol zu bieten, an dem sich die Kultur der Zeit orientierte.

---

122 Vgl. beispielsweise Otto Brauns Gedicht »Warum sollte es Götter geben?«, das die Selbsterschaffung der Menschheit und deren heroische Willensmacht besingt, bei George L. Mosse, *The Crisis of German Ideology*, a. a. O., S. 186; dt.: *Ein Volk, ein Reich, ein Führer. Die völkischen Ursprünge des Nationalsozialismus*, a. a. O., S. 200. Dieses Gedicht erschien zuerst in *Der Anfang* 12 (Mai 1909).

123 Vgl. R. Hinton Thomas, *Nietzsche in Gereman Politics and Society 1890-1918*, a. a. O., S. 98f.

124 Vgl. Theodor Fritsch »Nietzsche und die Jugend« in: *Hammer. Blätter für deutschen Sinn*, 10, Nr. 29 (März 1911) S. 113ff..

125 Otto Riedel »Nietzsche als Erzieher« in: *Führerzeitung*, 2. Jg., Nr. 3 (1914) S. 66. Vgl. dagegen Paul Schulze-Berghof »Der Kulturprophet des deutschen Weltreichs« in: *Der Vortrupp* Jg. 5, Nr. 9 (1. Mai 1916) S. 265-271.

Man konnte nun über Nietzsche hinausgelangen, gerade weil er so voll und ganz gegenwärtig war.[126]

Eine selektive Indienstnahme Nietzsches fand auch von seiten schulreformerischer Kreise statt. Niemand anders als Wynekens geschworener Gegner, Ludwig Gurlitt,[127] der führende Theoretiker der völkischen Schulreformbewegung und der Erste Vorsitzende des Beirats des Wandervogel, beschrieb sich als einen Nietzsche-Verehrer und stellte den Philosophen ins Zentrum der neuen Reformation seiner Zeit. Nietzsche war für ihn der große Meister, der die Bedeutung des Willens und der Selbstdisziplin hervorhob. »Der Wandervogel, die ganze neue freideutsche Jugendbewegung, das Erwachen der Besten in unserem jungen Volke zu einem neuen Lebenswillen, das alles ist Nietzsches Geist.«[128]

Nietzscheanische Themen waren auch in Gurlitts Philosophie der Pädagogik eingebaut, die ihre Schützlinge als in vollem Sinn menschliche Wesen wahrzunehmen und zu behandeln suchte. Die Erziehung sollte zu einer Angelegenheit der Freude und der freien Entfaltung der Persönlichkeit werden. Darüber hinaus lehnte Gurlitt den Rationalismus ab, machte das bürgerliche Zeitalter herunter und lobte alles Schöpferische und Heroische. R. Hinton Thomas, der die für Nietzsche Partei ergreifenden Aufsätze von Gurlitt ignoriert, hat die Auffassung vertreten, daß Gurlitt aus dem ganz und gar nicht nietzscheanischen Grund wollte, daß die Schüler sich an ihrer Erziehung erfreuen, weil sie dann eher ihr Vaterland lieben und eine natürlichere Neigung zu patriotischem Denken und Handeln entwickeln würden.[129] Doch gerade diese Fähigkeit, sich innerhalb eines völkischen (wie irgend eines anderen) Rahmens zu entfalten, besaß der Nietzscheanismus in besonderem Maße; sie war die Grundlage seines weitreichenden Einflusses.

Und der vollzog sich durchaus nicht im Verborgenen. Die Führer der Jugendbewegung waren sich der Notwendigkeit bewußt, die Spannung zwischen Nietzsches individualistischer Haltung und dem aufkommenden Verlangen auszugleichen, ihn in einen kollektiven oder nationalen Zusammenhang zu integrieren. Eugen Diederichs war der Meinung, diese Spannung lasse sich in eine neue Einheit überführen. Für Diederichs war das Werk Nietzsches nur sinnvoll, wenn es in ein größeres Ganzes umgestaltet wurde. Die Jugendbewegung mit ihrem Selbsterlösungsbestre-

---

126 Vgl. Walter Hammer, *Nietzsche als Erzieher*, Leipzig: Hugo Vollrath 1914. Obwohl Nietzsche in dieser Schrift bewundert wurde, kritisierte sie ihn auch, vor allem im Hinblick auf seine Ansichten zu sozialen Fragen.

127 Vgl. zu Einzelheiten über Gurlitt die Ausführungen von George L. Mosse, *The Crisis of German Ideology*, a.a.O., S. 157ff.; dt.: *Ein Volk, ein Reich, ein Führer. Die völkischen Ursprünge des Nationalsozialismus*, a.a.O., S. 169, 171ff.

128 Vgl. Ludwig Gurlitt »Friedrich Nietzsche als Erzieher« in: *Das Freie Wort*, 14, Nr. 4 (Mai 1914) S. 131f. Gurlitt lobte zudem in diesem Artikel Hammers *Nietzsche als Erzieher*. Vgl. als weiteres Beispiel seiner positiven Einstellung den Aufsatz »Friedrich Nietzsche als Philologe und Lehrer« in: *Die Hilfe*, Nr. 22 (1914).

129 Vgl. R. Hinton Thomas, *Nietzsche in German Politics and Society 1890-1918*, a.a.O., S. 100.

ben war ihm zufolge aus Nietzsches Prophezeiung des Übermenschen hervorgegangen. Die Persönlichkeit war in der Tat von Bedeutung, doch das kommende Geschlecht konnte sich nicht isoliert nur mit sich selbst beschäftigen; es mußte in eine Gemeinschaft integriert werden. Die persönliche Selbstverwirklichung des Nietzscheanismus sollte daher im Volkstum aufgehen.[130]

Oskar Schütz ging sogar so weit, diesen Widerspruch als Ursache der immer neuen Fraktionierungen innerhalb der Jugendbewegung anzusehen. Der Wandervogel und die Freideutsche Jugend haben nach seiner Darstellung ein von Nietzsche inspiriertes individualistisches Elitedenken und eine Antipathie gegen die Massen gemein. Die gesamte Geschichte der Jugendbewegung ließe sich als ein Schwanken zwischen einem autokratischen und einem rebellischen Führungsstil beschreiben. War das, so fragte Schütz, nicht auf Nietzsches hemmungslosen Individualismus zurückzuführen? Die Antwort, die Schütz sich gab, fiel negativ aus; denn Nietzsche hatte gesehen, daß eine autonome Persönlichkeit stets das Vorrecht weniger war und daß es ein grober Irrtum wäre, anzunehmen, sie lasse sich generalisieren. Die Jugendbewegung hatte diese Grenze überschritten, und ihre sozialistischen wie ihre völkischen Führer hatten dem durch kollektive Ideale zu steuern versucht, die über das Individuum hinausgingen. Genau dieses Verhältnis zwischen Eliten und Gefolgsleuten, zwischen Individuum und Gemeinschaft hatte die Jugendbewegung nicht zu lösen vermocht. Wenn Nietzsche der Prophet der Jugendbewegung war, so folgerte Schütz, dann stammten deren spätere Gemeinschaftsvorstellungen und völkischen Ideen aus anderen Quellen.

Trotz seiner scharfen Analyse konnte Schütz der Neigung nicht widerstehen, in seinen Schlußfolgerungen die bestehenden Spannungen zu harmonisieren. Er formulierte eine völkisch-nietzscheanische Antwort auf das Dilemma! Nur Führer, so verkündete er, hatten das Recht, eigene Gesetze zu schaffen, aber sie mußten sie so entwerfen, daß das Wohl des Volkes als oberstes Gesetz galt.[131]

Die meisten der bisher erörterten Ansichten zu Nietzsche waren unkonventionell und wichen von herkömmlichen Meinungen ab. Innerhalb der *traditionalen* Rechten blieb Nietzsche – von wenigen Ausnahmen abgesehen[132] – für die Konservati-

---

130 Vgl. Eugen Diederichs »Entwicklungsphasen der freideutschen Jugend« in: *Die Tat* 10 (1918-1919) S. 313f.

131 Vgl. Oscar Schütz »Friedrich Nietzsche als Prophet der deutschen Jugenbewegung«, a.a.O., S. 74, Anm. 42.

132 Maximilian Harden beispielsweise, der Herausgeber der einflußreichen Zeitschrift *Die Zukunft*, befürwortete eine Politik, die sich auf jenen Willen zur Macht gründen sollte, als dessen Theoretiker Nietzsche und als dessen Praktiker Bismarck erschien. *Die Zukunft* war gespickt mit Nietzscheana. Eine vollständige Aufstellung findet sich bei Richard Frank Krummel, *Nietzsche und der deutsche Geist*, a.a.O. Viele Befürworter einer Vereinigung des nietzscheanischen Willens zur Macht mit dem Reich der Hohenzollern gehörten nicht zu den herrschenden Eliten, sondern zur Avantgarde – wie etwa Georg Fuchs, der das intellektulle Vakuum des Kaiserreichs kritisierte, oder der Kritiker Kurt Breysig, der dem Georgekreis angehörte.

ven der herrschenden Eliten wie für die Nationalisten ein Anathema.[133] Bis 1914 betrachtete man in Kreisen des Establishments den Philosophen meist auch weiterhin als subversiv und gefährlich, obwohl Elisabeth Förster-Nietzsche jede Anstrengung unternahm, ihm patriotisches Renommee zu verschaffen. Harry Graf Kessler berichtet in seinen Tagebüchern, daß in seiner Jugend ein junger Mann aus konservativem Elternhaus, der Nietzsche gelesen hatte, deshalb von seinem Vater »sechs Monate mit einem Pfarrer eingesperrt« wurde.[134] »Der deutsche Adel«, so schrieb sein führendes Organ, »hat mit einem Nietzsche und seinem Aristokratismus auch nicht die mindeste Gemeinschaft.«[135]

Manche Zeitgenossen waren über diese Aversion überrascht. Ein Beobachter schrieb, die Bergluft sowie das Fehlen jeder Industrielandschaft im Denken Nietzsches kämen konservativen Vorstellungen auf ideale Weise entgegen. Weil sie sonst in unerklärlichem Ausmaß vernachlässigt würden, feiere man Nietzsche auch in der liberalen und demokratischen Presse![136]

Der Adel meinte offenbar, Nietzsches aristokratischer Radikalismus gehe ihn nichts an. Er identifizierte sich keineswegs mit Nietzsches Kritik der traditionellen gesellschaftlichen und kirchlichen Ordnung. Als Nietzsche zum Sprecher der Rechten wurde, handelte es sich um eine neue und radikale Rechte, die sich von der traditional konservativen Rechten unterschied, wie sie nach dem Ersten Weltkrieg auftrat. Die ersten Umrisse dieser neuen radikalen Rechten waren dennoch bereits in den neunziger Jahren sichtbar. Wir können hier die Anfänge ihrer Entwicklung nachzeichnen.

Einige der Themen haben wir bereits kennengelernt, die im George-Kreis, bei den Kosmikern, in manchen Aspekten des Expressionismus und in Ascona diskutiert wurden. Doch diese Themen entstammten nicht in allen ihren Elementen der Avantgarde. Neben der Jugendbewegung gab es verschiedene nationalistische und völkische Bestrebungen, die sich gegen den herrschenden Konservativismus wand-

---

133 Damit widerspreche ich Arno J. Mayer, *The Persistence of the Old Regime. Europe to the Great War*, New York: Pantheon 1981. In Kap. 5 stellt Mayer Nietzsche als Hauptstütze der europäischen Aristokratie zur Aufrechterhaltung einer schwankenden alten Ordnung angesichts demokratischer Bedrohungen dar. Faktisch gibt es wenig Material, mit dem sich Mayers Behauptung stützen ließe.

134 Harry Graf Kessler, *Tagebücher 1918-1937*, Frankfurt a.M.: Insel 1961, S. 682.

135 Heinrich von Wedel »Friedrich Nietzsche und sein Menschheitsideal« in: *Deutsches Adelsblatt* 20 (1902), zit. nach Richard Frank Krummel, *Nietzsche und der deutsche Geist*, Bd. 2, a. a. O., S. 93. Zwischen 1867 und 1918 brachte diese Zeitschrift insgesamt nur drei Artikel über Nietzsche, die alle drei negativ waren. Jeannot Emil Grotthus »Das Christentum und Nietzsches Herrenmoral« in: *Deutsches Adelsblatt* 15 (1897) S. 270-275 betonte die Verbindung zwischen dem aristokratischen Prinzip und dem Begriff der göttlichen Autorität. Vgl. ferner den anonymen Artikel »Friedrich Nietzsche und die Zukunft Deutschlands« in: *Deutsches Adelsblatt* 20 (1902) S. 38-41, der nach den Ursachen für die Popularität dieses *Unsinnsdenkers* fragt.

136 Vgl. Georg Biedenkapp, *Friedrich Nietzsche und Friedrich Naumann als Politiker*, a.a.O., S 44f.

ten und das Werk Nietzsches für eigene Zwecke ausschlachteten. So gab es beispielsweise eine Minderheit nationalistischer und völkischer Pädagogen, die sich gegen das gängige Bild von Nietzsche als einem unmoralischen, atheistischen Verderber der Jugend wandten. Sie riefen ihn zum »König der Pädagogik« aus, weil er ihrer Meinung nach den Anstoß zu einer neuen, lebendigen Erziehung gegeben hatte, die sich gegen die Abstumpfungen des offiziell verordneten Lernens wandte. Nietzsche, so schrieb Martin Havenstein 1906, war als Erwecker und Befreier der Persönlichkeit wie der Seele zu begrüßen, als ein »Kolumbus der inneren Welt«, der sich, wie er später erklärte, gegen den oberflächlichen Intellektualismus und die Ausbreitung der entarteten Kräfte eines alexandrinischen Rationalismus und der gleichmacherischen Demokratie wandte.[137]

Eine Untersuchung der Rezeption Nietzsches durch die deutschen Studentenverbindungen könnte beinahe zu einer Studie über kognitive Dissonanz werden. Denn die Verbindungen verurteilten Nietzsche aufgrund ihrer eindeutig nationalistischen und christlichen Orientierung. Doch einzelne Autoren des Kyffhäuserverbandes räumten ein, daß sie sich wegen seines Antiliberalismus und Antisozialismus, wegen seines poetischen Genius und seiner Kritik der moralischen wie religiösen Hypokrisie zu ihm hingezogen fühlten.[138] Manche suchten diesen Widerspruch zu erklären, indem sie den frühen, ästhetisch orientierten und patriotischen Nietzsche von dem späten, kranken und nihilistischen trennten. Die Studentenverbindungen konnten sich nur zu leicht mit dem frühen Nietzsche der *Geburt der Tragödie* identifizieren, und sie fanden seine Kritik des Rationalismus und des Philistertums sowie seine Rhetorik einer tatkräftigen Erneuerung zunehmend attraktiv. »Eine gesunde Kultur,« so verkündete eine ihrer führenden Zeitschriften, »ein gesundes Volksleben verlangt eine dionysische Hingabe.«[139]

Obwohl Nietzsche also undefinierbar schien, hatte er eine so zentrale Rolle in der deutschen Kultur einzunehmen begonnen, daß die Studentenverbindungen ein Verhältnis zu ihm gewinnen mußten. Das konnte am leichtesten durch Artikel geschehen, in denen über Nietzsches Karriere als Corpsstudent berichtet wurde. Diese Artikel plädierten dann für eine selektive Aneignung der Schriften eines ver-

---

137 Vgl. Martin Havenstein, *Friedrich Nietzsche, ein Jugendverderber?*, Leipzig: J. Zeitler 1906, S. 51. Auf S. 57 warnt Havenstein jedoch, der *Zarathustra* sei nichts für Kinder, und Nietzsches Werk sei generell für ein breiteres Publikum ungeeignet. Vgl. ferner den Aufsatz von Havenstein »Nietzsche als Erzieher« in der von seiten der Rechten aus Anlaß des 75. Geburtstags von Elisabeth Förster-Nietzsche publizierten Festschrift, Max Öhler (hrsg.), *Den Manen Friedrich Nietzsches*, München: Musarion 1921, S. 93f. und 104.

138 Vgl. Richert »Ein Wort am Grabe Nietzsches« in: *Akademische Blätter. Zeitschrift des Kyffhäuser-Verbandes der Vereine deutscher Studenten* 15, Nr. 12 (16. September 1900); Reinhard Mumm »Nietzsche und der Nationalismus im Kyffhäuserverband« in: *Akademische Blätter* 11 (1896/1897) S. 238f., 255ff. Diese positiven Stellungnahmen stehen neben vielen anderen, die eher negativ sind.

139 Johann Georg Meyer »Friedrich Nietzsche als Ästhetiker und Patriot« in: *Burschenschaftliche Blätter* 10, Nr. 9 (1896) S. 234-240, hier: S. 240.

wirrenden Denkers, der dennoch »ein Ereignis allerersten Ranges in der europäischen Kultur« darstellte, »dessen Wirkungen für die Zukunft noch gar nicht abzuschätzen sind.«[140] Selbst in einer eher feindseligen Umgebung machte sich also der Einfluß Nietzsches geltend.

In der ideologisch amorphen völkischen Bewegung gab es unter den extremsten Antisemiten sowohl Anhänger wie Gegner Nietzsches.[141] Unter der Protektion von Elisabeth Förster-Nietzsche entwarf beispielsweise der einflußreiche völkische Romanautor und Gründer des völkischen Freilufttheaters Ernst Wachler das enthusiastische Bild von Nietzsche als germanischem Propheten einer neugeborenen Heldenrasse.[142] Dem Publizisten Wilhelm Schwaner wäre Nietzsche wohl am wenigsten geeignet erschienen für seinen Heilsplan, der eine Verschmelzung des arischen Rassismus und der Doktrin vom überlegenen Blut mit einem geläuterten und von Juden befreiten deutschen Christentum vorsah. Seine Insignien verbanden eklektisch Kreuz und Hakenkreuz![143] Doch Schwaner verkündete in einer Lobrede aus dem Jahr 1900, der verbreitete Glaube, Nietzsche sei ein Feind der Religion und des Volkes, sei ein Irrtum. Nietzsche habe die profundesten menschlichen Probleme in einer abstrusen Sprache behandelt. Bei angemessener Betrachtung werde deutlich, daß er sich für die Forderungen der Bergpredigt Christi einsetzte, für die Schaffung einer gesegneten, königlichen Rasse und für die Umgestaltung der Erde in ein Paradies.[144] Schwaners *Germanen-Bibel*, eine Zusammenstellung »heiliger Schriften germanischer Völker«, enthielt Auszüge aus Nietzsches »heiligen« Schriften.[145]

---

140 A. Langguth »Friedrich Nietzsche als Burschenschaftler« in: *Burschenschaftliche Blätter* 12, Nr. 1 (1. Oktober 1897) S. 5-10, hier: S. 6, zit. nach Richard Frank Krummel, *Nietzsche und der deutsche Geist*, Bd. 1, a.a.O., S. 200.

141 Vgl. etwa Fritschs Angriffe auf Nietzsches Philosemitismus, die er unter dem Pseudonym Thomas Frey geschrieben hat: »Der Antisemitismus im Spiegel eines ›Zukunfts-Philosophen‹« in: *Antisemitische Korrespondenz* Nr. 19 (Dezember 1887). Die Verachtung Nietzsches durch Dietrich Eckart - der Hitler entscheidend beeinflußt hat - wird dokumentiert bei Hans Goebel, *Nietzsche heute. Lebensfragen des deutschen Volkstums und der evangelischen Kirche*, Berlin: Kranz 1935.

142 Zu biographischen Details vgl. George L. Mosse, *The Crisis of German Ideology*, a.a.O., S. 80-82, 232, 296; dt. *Ein Volk, ein Reich, ein Führer. Die völkischen Ursprünge des Nationalsozialismus*, a.a.O., S. 91-93, 247, 311; vgl. Ernst Wachler »Elisabeth Förster-Nietzsche« in: *Deutsche Zeitung*, Nr. 388 (1918), zit. nach Richard Frank Krummel, *Nietzsche und der deutsche Geist*, Bd. 2, a.a.O., S. 647.

143 Vgl. zu Wilhelm Schwaner das Buch von Uriel Tal, *Christians and Jews in Germany. Religion, Politics, and Ideology in the Second Reich, 1870-1918*, trans. Noah Jonathan Jacobs, Ithaca, N.Y. and London: Cornell University Press 1973, S. 273, 275, 323f.

144 Vgl. Wilhelm Schwaner »Friedrich Nietzsche« in: *Der Volkserzieher* 4. Nr. 35 (2. September 1900) S. 273.

145 Vgl. Wilhelm Schwaner (hrsg.), *Germanen-Bibel. Aus den heiligen Schriften germanischer Völker*, Berlin: Volkserzieher Verlag 1904, S. 221-227. Zu den Details über diese und die folgenden Auflagen vgl. Richard Frank Krummel, *Nietzsche und der deutsche Geist*, Bd. 2, a.a.O., S. 181f.

Vor 1914 wandten sich völkische Antisemiten aus einer Vielzahl unterschiedlicher, aber durchaus eigennütziger Gründe Nietzsche zu. Franz Haiser, ein späterer Nazi, schrieb Werke mit markant nietzscheanischen Titeln wie etwa *Der aristokratische Imperativ*, in denen Nietzsche zum Kämpfer gegen das Christentum, gegen eine plebejische Wissenschaft und gegen die ressentimentgeladene »Sklavenrevolte« von 1789 stilisiert wurde. Nietzsche, so schrieb Haiser, hatte jene Kräfte verstanden und sich ihnen widersetzt, die zum europäischen Kosmopolitanismus und zur Entrassung beigetragen hatten.[146]

Der hartgesottene Antisemit Adolf Bartels gab den Weg vor, auf dem Nietzsche in Zukunft für das völkische Lager annektiert werden sollte. In seiner 1897 erschienenen Untersuchung zur zeitgenössischen deutschen Literatur beschrieb er Nietzsche einfach als »eine Decadencenatur wie wenige«, als »Philosoph und Prophet der Decadence.«[147] Einige Jahre später bewertete er die positiven und negativen Elemente im Werk Nietzsches etwas eingehender. Er verurteilte Nietzsches Europäertum und seine Attacken auf den deutschen Geist, aber er lobte ihn als umsichtigen kulturellen Beobachter und überragenden Moralpsychologen.[148] Die Attraktion Nietzsches war jedoch stärker als alles Zögern und alle Vorbehalte; schon bald darauf assimilierte Bartels den Philosophen voll und ganz der nationalistischen und antisemitischen Weltanschauung. Ein Volk, so schrieb Bartels jetzt in dem Aufsatz »Friedrich Nietzsche und das Deutschtum«, mußte sich auch dann an seine großen Männer halten, wenn die sich von ihm abzuwenden suchten. Denn eine derartige Abwendung war unmöglich, weil große Männer ihre Schätze aus dem Volk bezogen und weil die Bindung beider aneinander absolut war. Es war die Pflicht großer Männer, ihrem Volk unbequeme Wahrheiten zu sagen. Sie konnten ihre Zeitgenossen überragen, nicht aber ihr eigenes Volk. Niemals würden wir, so verkündete Bartels, Friedrich Nietzsche gestatten, sich von uns abzuwenden![149] Bartels konnte den Philosophen mithin als durch und durch deutsch präsentieren. Nietzsche hatte sich ihm zufolge nur deshalb von seinem Deutschtum abgewendet, weil er die Entstehung »eines tieferen und freieren Nationalismus«, wie ihn Leute vom Schlage Paul de Lagardes einführten, nicht vorhergesehen hatte. Der Philosoph hatte eine konstruktive, freiheitsliebende Kritik an Deutschland vorgelegt, die nichts gemein hatte mit dem Gift von Ludwig Börne oder Heinrich Heine, die ihren Rassenhaß für Freiheitsliebe aus-

---

146 Vgl. Franz Haiser, *Der aristokratische Imperativ. Beiträge zu den neudeutschen Kulturbestrebungen*, Berlin-Steglitz: Politisch-anthropologischer Verlag 1913.

147 Adolf Bartels, *Die deutsche Dichtung der Gegenwart. Die Alten und die Jungen*, Leipzig: Eduard Avenarius 1897, S. 72, zit. nach Richard Frank Krummel, *Nietzsche und der deutsche Geist*, Bd. 1, a.a.O., S. 183f.

148 Adolf Bartels, *Geschichte der deutschen Litteratur*, Bd. 2, *Das neunzehnte Jahrhundert*, Leipzig: Eduard Avenarius 1902, S. 625-655. Vgl. Richard Frank Krummel, *Nietzsche und der deutsche Geist*, Bd. 2, a.a.O., S. 79.

149 Vgl. Adolf Bartels »Friedrich Nietzsche und das Deutschtum« in: *Deutsche Monatsschrift für das gesamte Leben der Gegenwart* 2 (April-September 1902) S. 81f.

gaben.[150] Gewiß war Nietzsches Europäertum ein Fehler. Mehr noch, Nietzsche war seiner eigenen Nation gegenüber ungerecht, als er wiederholt Israel lobte, obwohl er in Wahrheit die bösartige Natur der Juden voll erkannt hatte.[151] Trotz dieser Vorbehalte ließ Bartels keinen Zweifel daran, zu welchem Lager Nietzsche gehörte.

Nach und nach nahmen Anhänger der Eugenik, Sozialdarwinisten und alldeutsche Nationalisten eine freundlichere Haltung Nietzsche gegenüber ein. Manche gingen nun behutsamer mit ihm um, andere erklärten ihn kurzerhand für erledigt und wieder andere machten ihn sich enthusiastisch zu eigen.[152] Schon früh distanzierte sich der Sozialdarwinist Willibald Hentschel[153] entschieden von der (wie er sagte) »Judenliebe« Nietzsches. 1909 erklärte er dann auf einer Tagung von Ärzten und Wissenschaftlern die Vorstellung, einen Übermenschen züchten zu wollen, für hochgradigen Schwachsinn.[154] Dennoch übernahm Hentschel Ideen Nietzsches in seine Konzeption einer neuen Adelsrasse und eines utopischen Landlebens. Es ist kaum verwunderlich, daß ihn der Nietzsche der *Geburt der Tragödie* anzog; er bewunderte die Frühschriften, die für Wagner Partei ergriffen, und sah in Nietzsche den »unermüdlichen Verfechter einer reinen Geistigkeit«.[155] Darüber hinaus spielten in seiner germanischen Eugenik trotz der oberflächlich zutage tretenden Widersprüche Themen Nietzsches eine herausragende Rolle, so etwa der Vitalismus und die »Höherentwicklung«, die Züchtung eines neuen und stärkeren Volkes, der Kult der Stärke sowie die »Unterlegenheit der Schwachen«. Hentschel kämpfte für die Einrichtung einer rassischen Verjüngungsutopie mit dem Namen *Mittgard,* aus der eine arische Elite von Kriegern und Adeligen hervorgehen sollte. Über dem Eingangstor dieser Institution sollten die Worte stehen, mit denen Nietzsche das Mysterium der Rassenzüchtung an den Namen des Dionysos band: »Der edelste Thon, der kostbarste Marmor wird hier geknetet und behauen, der Mensch.«[156]

---

150 Vgl. Adolf Bartels »Friedrich Nietzsche und das Deutschtum«, a.a.O., S. 86, 94.

151 Vgl. Adolf Bartels »Friedrich Nietzsche und das Deutschtum«, a.a.O., S. 89, 93.

152 R. Hinton Thomas, *Nietzsche in German Politics and Society 1890-1918,* a.a.O., Kap. 9 geht auf die Ablehnungen ein, erwähnt die ambivalenten Beurteilungen, ohne sie im Detail zu untersuchen und übergeht die eher positiven Stellungnahmen sowie viele der bisher erörterten völkischen und antisemitischen Persönlichkeiten.

153 Hentschel war ein antisemitischer Anhänger von Theodor Fritsch, einem der Gründer der extremen Deutschsozialen Partei und Autor der außerordentlich populären rassenanthropologischen Arbeit von 1907 *Varuna,* vgl. George L. Mosse, *The Crisis of German Ideology,* a.a.O., S. 112-116; dt. *Ein Volk, ein Reich, ein Führer. Die völkischen Ursprünge des Nationalsozialismus,* a.a.O., S. 125-129.

154 Vgl. R. Hinton Thomas, *Nietzsche in German Politics and Society 1890-1918,* a.a.O., S. 122.

155 Vgl. Willibald Hentschel »Irrende Spekulation oder wahre Geisteskultur?« in: *Antisemitische Correspondenz* Nr. 45 (17. Februar 1889) S. 4ff., zit. nach Richard Frank Krummel, *Nietzsche und der deutsche Geist,* Bd. 1, a.a.O., S. 112f.

156 Friedrich Nietzsche, *Die Geburt der Tragödie,* in: *Werke,* Bd. III, 1, a.a.O., S. 26. Vgl. Willibald Hentschel, *Vom aufsteigenden Leben. Ziele der Rassen-Hygiene,* hrsg. vom Mittgard-Bunde, 2. Aufl., Leipzig: Erich Matthes 1914, S. 43, zit. nach R. Hinton Thomas, *Nietzsche in German Politics and Society 1890-1918,* a.a.O., S. 112f.

Auch der führende Rassentheoretiker Wilhelm Schallmayer machte sich das Werk Nietzsches selektiv und kritisch zunutze. Als jemand, der sich mit Rassenfragen beschäftigte, hielt er Nietzsches Betonung des Individuums für übertrieben. Dennoch zählte er den Philosophen zu denen, die zu der Auffassung beigetragen haben, daß »wir [...] auf fortschreitende Sozialisierung, d.i. zunehmende Stärke und Leistungsfähigkeit angewiesen« sind »und demgemäß auf eine Moral, welche die Entfaltung der höchsten Gemeinschaftskräfte begünstigt.«[157]

Andere Autoren stellten eine noch engere Verbindung zwischen Nietzsche und dem Rassismus her. So veröffentlichte beispielsweise die *Politisch-Anthropologische Monatsschrift* 1906 eine längere Darstellung des bekannten Leipziger Nietzsche-Forschers Raoul Richter. In ihr wurde Nietzsche rundheraus als »Philosoph der biologischen Anthropologie« bezeichnet. Ihr zufolge hatte Nietzsche in der Entfaltung seiner Kulturgeschichte die Züchtung des Übermenschen gefordert und die Bedeutung einer unausrottbaren menschlichen Ungleichheit betont. Darüber hinaus hatte er die Unterschiede zwischen den Individuen durch gleichbleibende Rassemerkmale begründet. In seiner Bewertung der Arier als einer höheren Rasse, deren Blut durch die niederen Rassen vergiftet worden war, stimmte Nietzsche, wie Richter hervorhob, mit Arthur Graf Gobineau, Richard Wagner, Houston Stewart Chamberlain und deren Schülern überein! »Nietzsche hat als erster in großem Maßstab die enge Verbindung von Rassenanthropologie und biologischer Ethik (ja Religion) gefordert.«[158] Richters Darstellung war zwar eindeutig rassistisch, aber sie war nicht antisemitisch. Er betonte, daß die Züchtung des Übermenschen von der günstigsten Mischung verfügbarer anthropologischer Typen auszugehen habe – vorzugsweise von einer Mischung deutsch-slawischer und jüdischer Komponenten.[159]

Der rabiateste Nietzscheaner in den Kreisen der Sozialdarwinisten und Alldeutschen war Alexander Tille (1866-1912). Tille war nach 1898 ein führendes Mitglied des Alldeutschen Verbandes und befaßte sich als Publizist sehr früh und produktiv mit Nietzsche.[160] Er trug zugleich wesentlich zur Verbreitung der Schriften Nietzsches in England bei, da er zehn Jahre lang Deutsch an der Glasgow University unterrichtete und 1895 als Herausgeber einer englischen Übersetzung der Werke

157 Wilhelm Schallmayer, *Vererbung und Auslese im Lebenslauf der Völker. Eine staatswissenschaftliche Studie auf Grund der neueren Biologie*, Jena: Gustav Fischer 1903, zit. nach Richard Frank Krummel, *Nietzsche und der deutsche Geist*, Bd. 2, a.a.O., S. 106f.

158 Raoul Richter »Nietzsches Stellung zu Entwicklungslehre und Rassetheorie« in: *Politisch-Anthropologische Monatsschrift* (1906) S. 544-564, wiederabgedruckt in ders., *Essays*, hrsg. Lina Richter, Leipzig: F. Meiner 1913, S. 137-177, zit. nach Richard Frank Krummel, *Nietzsche und der deutsche Geist*, Bd. 2, a.a.O., S. 254. Vgl. ferner ders., *Friedrich Nietzsche, sein Leben und sein Werk*, Leipzig: Dürr 1903 sowie *Nietzsche-Aufsätze*, Leipzig: F. Meiner 1917.

159 Vgl. Raoul Richter, *Essays*, a.a.O., S. 173.

160 Vgl. Alexander Tille »Nietzsche und England« in: *Frankfurter Zeitung* 39 Nr. 289 (18. Oktober 1894); »Nietzsche als Ethiker der Entwicklung« in: *Die Zukunft* 9 (10. November 1894); »Zarathustras Lehre« in: *Das Neue Jahrhundert* 1, Nr. 5 (1898).

Nietzsches fungierte. Er war stellvertretender Vorsitzender des deutschen Industriellenverbandes in Berlin und wurde später Repräsentant eines Arbeitgeberverbandes in Saarbrücken.[161] Tille betonte in seinem Nietzscheanismus die Absage des Philosophen an Humanismus, Gleichheit, christliche Ethik, Sozialismus und Demokratie; er verband diese Bestrebungen mit einem brutalen Sozialdarwinismus.[162] Offen trat er dafür ein, durch die Tötung unproduktiver Elemente der Gesellschaft (also von Krüppeln und Geisteskranken usw.) sowie durch eine bessere Ernährung der effizienteren und begabteren Gesellschaftsmitglieder der Natur zu »helfen«. Slums, so befand er, waren insofern heilsam, als sie die Nation von ihren nutzlosen Bürgern säuberten.[163] Ohne Umschweife erläuterte er diese Zusammenhänge in seinem Buch *Von Darwin bis Nietzsche* (1895). Ihm zufolge hatte Nietzsche eine Ethik vorgelegt, die mit Darwins Evolutionslehre übereinstimmte und die auf die Entwicklung der Menschheit anwendbar war. Entscheidend war für Tille der Umstand, daß die neue Lehre unvereinbar war mit der »moderne(n) christlich-human-demokratische(n) Ethik«.[164] Erst mit Nietzsche gelangte man zu der Erkenntnis, daß eine neue Moral sich von der traditionellen Ethik der Nächstenliebe zu distanzieren hatte. Nietzsches grundlegende Lektion für die menschliche Spezies bestand darin, daß die Menschen keineswegs gleichen Wert besitzen; während die Starken eine aufwärts gerichtete Entwicklung verkörperten, stellten die Schwachen den Verfall dar. Gewiß war Nietzsche keineswegs immer bewußt, daß das Ideal Zarathustras dem Boden evolutionären Denkens entwachsen war, doch ohne jeden Zweifel zog er seine ethischen Schlüsse aus der darwinistischen Weltsicht: Ein physiologisch höherstehendes menschliches Wesen war zugleich das moralische Ziel der Menschheit.[165]

Wie die meisten, die sich Nietzsches Denken aneigneten, legte sich auch Tille aus ihm eine Weltanschauung zurecht. Und das hatte zur Folge, daß er bestimmte Aspekte im Werk des Meisters ablehnte. Als aktiver Verfechter der Sache der Indu-

---

161 Biographische Informationen zu Tille finden sich bei Alfred Kelly, *The Descent of Darwin. The Popularization of Darwinism in Germany, 1860-1914*, Chapel Hill: University of North Carolina Press 1981, S. 101ff.; vgl. ferner R. Hinton Thomas, *Nietzsche in German Politics and Society 1890-1918*, a. a. O., S. 113f.; Richard Frank Krummel, *Nietzsche und der deutsche Geist*, Bd. 1, a. a. O., S. 134, Anm. 157.

162 Tille stellte für Ferdinand Tönnies die wichtigste (wenn auch eine seltene) Verkörperung der zentralen Funktion des Nietzscheanismus dar - der Rechtfertigung der brutalsten Aspekte des Kapitalismus, vgl. Ferdinand Tönnies, *Der Nietzsche-Kultus. Eine Kritik*, a. a. O., S. 109f.

163 Vgl. Marielouise Janssen-Jurreit »Sexualreform und Geburtenrückgang. Über die Zusammenhänge von Bevölkerungspolitik und Frauenbewegung um die Jahrhundertwende« in: Annette Kuhn und Gerhard Schneider (hrsg.), *Frauen in der Geschichte*, Düsseldorf: Pädagogischer Verlag Schwann 1979, S. 60f.

164 Alexander Tille, *Von Darwin bis Nietzsche. Ein Buch Entwicklungsethik*, Leipzig: C. G. Naumann 1895, S. VII, 10f.

165 Alexander Tille, *Von Darwin bis Nietzsche. Ein Buch Entwicklungsethik*, a. a. O., S. 122f., 214, 225.

striellen glaubte er, daß Nietzsche in seiner Ethik den intrinsischen Wert der Arbeit unterschätzte. Er hegte den Verdacht, daß auf Nietzsches aristokratischem Ideal noch die Schatten des Feudalismus lagen, daß also Nietzsche noch keine vollentwickelte Aristokratie des Verdiensts konzipiert hatte. Ferner hatte er den Konflikten zwischen Stämmen, Nationen und Rassen keine hinreichende Aufmerksamkeit geschenkt. Zu einem Teil blieb er darüber hinaus einer traditionellen Menschenfreundlichkeit verhaftet, die blind war gegenüber der Tatsache, daß man der Menschheit nur durch den Dienst am eigenen Volk dienen konnte.[166]

In der Literatur ist kürzlich die These vertreten worden, es sei Tille »letztlich nur um die Fehler Nietzsches« gegangen.[167] Trotz aller Vorbehalte Tilles gegenüber Nietzsche handelt es sich bei dieser Schlußfolgerung aber nicht nur um eine grobe Übertreibung, sondern sie verfehlt auch, worum es in Wahrheit geht. Während seiner gesamten Laufbahn hat Tille ausgiebig das Werk Nietzsches in höchsten Tönen gelobt. Schon früh bezeichnete er den Meister als Herold des modernen Deutschland und wurde seinerseits als »furious Nietzschean« bezeichnet.[168] Seine unwahrscheinliche Affäre mit Helene Stöcker hatte ihren Grund in der leidenschaftlichen Nietzscheverehrung beider. Die wenigen Vorbehalte Nietzsche gegenüber, die Tille zur Sprache brachte, machen nur dann einen Sinn, wenn man die grundlegende Bedeutung anerkennt, die Nietzsche für die Herausbildung von Tilles alldeutschen Zielen und für seinen Sozialdarwinismus besaß.

Trotz all ihrer Bemühungen gelang es der dissidenten Rechten im Kaiserreich nicht, zu einer definitiven Auslegung Nietzsches zu gelangen, die ihren Bedürfnissen und ihrer Weltanschauung entsprochen hätte. Erst gegen Ende des Ersten Weltkriegs legte Ernst Bertram eine Nietzsche-Deutung vor, die exakt auf die veränderten Verhältnisse und Empfindlichkeiten der neuen radikalen Rechten abgestimmt war. Die Zustände während der wilhelminischen Ära waren offensichtlich für eine ebenso umfassende und radikale wie theoretisch zufriedenstellende Darstellung nicht günstig (obwohl der Georgekreis, aus dem Bertram hervorgegangen war, ihr schon sehr nahe kam). Die meisten Deutungen blieben entweder zu bruchstückhaft oder zu eigennützig, zu sehr der alten Ordnung verhaftet oder dem Philosophen gegenüber zu selektiv und kritisch, um dessen umfassende Mythologisierung zu gestatten. Dennoch gab es Theoretiker der Rechten, die sich ernsthaft mit dem Phänomen Nietzsche auseinanderzusetzen begannen. Schon 1899 skizzierte Arthur Möller van den Bruck – die spätere Kultfigur der konservativen Revolution – eine erste Einschätzung von Nietzsches Schriften, die in manchen ihrer

166 Alexander Tille, *Von Darwin bis Nietzsche. Ein Buch Entwicklungsethik*, a.a.O., S. 239-241.

167 Vgl. R. Hinton Thomas, *Nietzsche in German Politics and Society 1890-1918*, a.a.O., S. 114.

168 Vgl. R.M. Wesley »Nietzsche. Traffics and Discoveries« in: *Monist* 11 (January 1921) S. 136, zit. nach Richard Frank Krummel, *Nietzsche und der deutsche Geist*, Bd. 1, a.a.O., S. 134f. Auch R. Hinton Thomas zitiert diese Quelle.

Teile auf Elemente der späteren radikalen Deutung verwies.[169] Nietzsche wurde hier Wertschätzung zuteil, weil er die Unzufriedenheit zur Sprache brachte, die weite Kreise angesichts der wilhelminischen Gesellschaft sowie angesichts der Notwendigkeit befiel, eine neue Kultur zu schaffen. Nietzsches Kultur der Zukunft schien mit den Forderungen Möller van den Brucks übereinzustimmen: Es ging um eine Zukunft, die frei sein sollte von alltäglichem Mittelmaß und von selbstsüchtigen Interessen (und das waren Schlüsselworte im Wörterbuch der Völkischen für den Liberalismus und den alles entzweienden Parlamentarismus). Bereitwillig übernahm Möller van den Bruck Nietzsches Vorschlag aus der *Geburt der Tragödie*, die Gegenwart durch bewußte Anwendung des Mythos zu metamorphosieren.

Ironischerweise kam die feinsinnigste Lektüre Nietzsches, die mit den sich abzeichnenden Deutungen der Rechten übereinstimmte, nicht von einem völkischen Aktivisten, sondern von dem Gelehrten Karl Joel (1864-1934), der, wie zuvor schon Nietzsche selbst, in der abgelegenen, patrizischen Stille Basels schrieb. Sein Buch *Nietzsche und die Romantik* (1905) suchte den Philosophen in der Tradition der deutschen Romantik zu verankern - und teilweise wohl auch zu domestizieren. Ihm erschien sowohl das Leben Nietzsches wie sein Denken außerhalb der »berauschenden« Romantik als unverständlich. Darum war sein Buch auf einen umfassenden Vergleich angelegt. Nietzsches Leben interpretierte es als den heroischen Kampf, sich von der Romantik zu befreien, zu der er als Autor schließlich in gewandelter Form zurückkehrte.[170]

Der Kontext, in den Joel seinen wesentlich deutschen Nietzsche stellte, war so beschaffen, daß er unbeabsichtigt zu Aspekten einer neuen politischen Vision führen konnte.[171] »Man sehe Nietzsche vor dem düsteren Hintergrund von Sozialismus, Darwinismus, Pessimismus, von dem er sich losgerissen. Ohne diese Folie wird Nietzsche zum Narr und Verbrecher. Mit ihr gesehen erscheint er als Held.«[172] Joel nahm viele der nietzscheanischen und romantischen Themen vorweg, die die radikale Rechte später aufgegriffen hat: die Geringschätzung von Systemen und die Betonung von dynamischer Bewegung; den Versuch, Willen und Gefühl miteinander zu verschmelzen; das Lob der Leidenschaften gegenüber der Vernunft; vor allem

---

169 Vgl. Arthur Möller-Bruck, *Tschandala Nietzsche*, Berlin und Leipzig: Löffler 1899. Obwohl diese Untersuchung zu einem positiven Urteil gelangt, hatte Möller van den Bruck in der Zeit vor der Weimarer Republik Nietzsche gegenüber eindeutig noch Vorbehalte.

170 Vgl. Karl Joel, *Nietzsche und die Romantik*, Jena und Leipzig: Eugen Diederichs 1905, S. 68.

171 Joel vertrat die Auffassung, Nietzsches beißende Kritik des Deutschtums sei ihrerseits eine deutsche Eigenart. Nietzsche stand daher nicht länger in Gegensatz zum Deutschtum, sondern war dessen prophetische Verkörperung, vgl. Karl Joel, *Nietzsche und die Romantik*, a.a.O., S. 83f. Joel hatte sowohl Nietzsche wie der Romantik gegenüber eine ebenso kritische wie bewundernde Einstellung. Er wollte ihn als Philosophen überwinden, aber nicht herabsetzen (vgl. ibd. S. 327). Denn letzten Endes hielt er eine ausgereifte Synthese aus Klassik und Romantik für wünschbar.

172 Karl Joel, *Nietzsche und die Romantik*, a.a.O., S. 87.

aber die Bedeutung von Steigerung und Überwindung sowie die Forderung, »gefährlich zu leben«.[173]

Ganz entschieden verwies Joel aber auch auf die Unterschiede zwischen der Frühromantik und dem späteren Nietzscheanismus. Auch um 1900 war Nietzsche zwar schon als symptomatisch für eine neuromantische Stimmung bezeichnet worden,[174] doch Joel tat dies mit sehr viel mehr Nachdruck und Überzeugungskraft. Er wies nach, daß es einen weltweiten Unterschied gab zwischen der frühromantischen »weiblichen Seele« und Nietzsches »männlichem Geist«. Während für die Frühromantiker nichts schlimmer war als übertriebene Männlichkeit, forderte Nietzsche dazu auf, »hart zu werden«. Während die Romantik sich bis zur Sentimentalität feminisierte, strebte Nietzsche bis zur Brutalität nach Männlichkeit. Sein Hauptziel bestand in einer »Maskulinisierung der Kultur« – und dieses Thema sollte während der weiteren Entwicklung in Deutschland nur allzu sehr an Bekanntheit gewinnen.[175]

In einer noch tieferen Schicht nahm Joel Unterschiede vorweg, die für die politische Indienstnahme Nietzsches entscheidend werden sollten. Es gab im Kanon der Romantiker, so schrieb er, nichts, was auch nur von ferne Nietzsches berauschtem Lob des Krieges und der Grausamkeit ähnelte. Während für die Romantiker nichts böse war, betrachtete Nietzsche das Böse als der Menschheit bestes Teil. Die Romantiker sehnten sich nach einer »Moralisierung der Natur«; Nietzsche hingegen sehnte sich nach eisigen Regionen, nach der wilden, rohen Macht der destruktiven, entmenschten Natur. Romantiker waren rückwärtsgewandte, verträumte Geschöpfe, während Nietzsche ein vorwärtsblickendes, aktivistisches Schöpfertum guthieß: Nur in der Zukunft lag für ihn der Zauber. Die Geschichte war für die Romantiker angewandte Moral und Religion; Nietzsche dagegen war der große Säkularisierer, der Philosoph des Profanen und all seiner ungehemmten Möglichkeiten.[176]

Joel hatte ebenso unheilvoll wie unbeabsichtigt genau jene Themen des Nietzscheanismus umrissen, in die sich später eine veränderte Rechte nach der heillosen Profanität des Ersten Weltkriegs politisch verstricken sollte.

---

173 Vgl. Karl Joel, *Nietzsche und die Romantik*, a.a.O., S. 133. Dort auch Verweise auf die bacchanalischen und saturnalischen Gemeinsamkeiten sowie auf die Übereinstimmung im fragmenthaft aphoristischen Stil.

174 Vgl. Georg Tantzscher, *Friedrich Nietzsche und die Neuromantik*, Jurjew [Dorpat] 1900.

175 Vgl. Karl Joel, *Nietzsche und die Romantik*, a.a.O., S. 10-12.

176 Vgl. Karl Joel, *Nietzsche und die Romantik*, a.a.O., S. 57ff.

KAPITEL 5

# Zarathustra in den Schützengräben Der Nietzsche-Mythos, der Erste Weltkrieg und die Weimarer Republik

*Alle Machtgebilde der alten Gesellschaft sind*
*in die Luft gesprengt - sie ruhen allesamt auf der Lüge:*
*es wird Kriege geben,*
*wie es noch keine auf Erden gegeben hat.*

Nietzsche, *Ecce homo*

*Man wird noch vielerlei [...] Surrogate*
*des Krieges ausfindig machen,*
*aber vielleicht durch sie immer mehr einsehen,*
*daß eine solche hochkultivierte und daher notwendig*
*matte Menschheit, wie die der jetzigen Europäer,*
*nicht nur der Kriege,*
*sondern der größten und furchtbarsten Kriege -*
*also zeitweiliger Rückfälle in die Barbarei - bedarf,*
*um nicht an den Mitteln der Kultur*
*ihre Kultur und ihr Dasein selber einzubüßen.*

Nietzsche, *Menschliches, Allzumenschliches*

Kurz nach Ausbruch des Krieges sprach ein Londoner Verleger 1914 von dem »Euro-Nietzschean War«.[1] Er bezog sich damit zum einen auf den spektakulär ansteigenden Verkauf der Werke Nietzsches und zum anderen auf die unter den Kriegsgegnern Deutschlands verbreitete Überzeugung, daß dieser Denker nicht nur irgendwie für den Kriegsausbruch, sondern insbesondere auch für die brutale Kriegsführung direkt verantwortlich sei. In Großbritannien und im britischen Weltreich, in Frankreich und in den Vereinigten Staaten stand Nietzsche auf einmal im

1 James Joll »The English, Friedrich Nietzsche and the First World War« in: Immanuel Geiss und Bernd Jürgen Wendt (hrsg.), *Deutschland in der Weltpolitik des 19. und 20. Jahrhunderts*, Düsseldorf: Bertelsmann Universitätsverlag 1973, S. 305. Dieser Aufsatz bietet einen nützlichen Überblick über die Meinungen in England während dieser Zeit. Ich danke seinem Verfasser für Hinweise auf andere bibliographische Materialien.

Rampenlicht des öffentlichen Interesses. Unablässig wurde über sein Werk in der Massenpresse diskutiert, und sein Name war selbst in einfachen Haushalten geläufig als Name *des* Bösewichts schlechthin. International hörte man nun, Nietzsche sei ein Denker, der zu gefährlichen Handlungen verleite. Noch Jahre später bemerkte ein Beobachter, kein anderer Philosoph sei je zuvor für einen Krieg in Europa verantwortlich gemacht worden.[2]

An derlei Überzeugungen läßt sich ablesen, daß Friedrich Nietzsche 1914 in ein proteusartiges Symbol für viele der großen kulturellen Probleme in Europa verwandelt worden war. Sein Erbe war zu einer gestaltenden Kraft geworden, die ihrerseits durch veränderte politische Bedürfnisse und ideologische Umstände unablässig neu definiert wurde. Der Weltkrieg zeigt schlagend, wie dieses Erbe funktionierte. Nietzsches männliche Haltung und seine Ermahnung, gefährlich zu leben, beeinflußten ganz entschieden die Einstellungen der Zeit um die Jahrhundertwende gegenüber einem kommenden Krieg. Zugleich war der Krieg seinerseits ein Anlaß für die verschiedenen Gruppierungen und die kriegführenden Nationen, sich ein Bild von Nietzsche zurechtzulegen, das mit ihren wechselnden Interessen übereinstimmmte. Es kann kaum überraschen, daß sich durch den Ersten Weltkrieg die Anhängerschaft Nietzsches stärker ins deutschnationale Lager und auf die politische Rechte verschob.Wie nie zuvor schien die Wirklichkeit in dem Maße nietzscheanische Formen anzunehmen (oder ihnen angeglichen zu werden), wie die nietzscheanischen Bilder mit denen des hereinbrechenden Weltbrandes verschmolzen. Das hatte zur Folge, daß die Vergöttlichung bzw. Dämonisierung dieses Denkers neue Extreme erreichte.

Der Kriegsmythos Nietzsches bestand auf primitivstem Niveau darin, daß der Philosoph von den Kriegsgegnern Deutschlands zu Propagandazwecken verunglimpft wurde. Nur zu leicht konnte man den nietzscheanischen Extremismus mit den Zuständen in Deutschland gleichsetzen und als Ausgangspunkt für antideutsche Angriffe nehmen. Herbert Leslie Stewart stellte in seinem auf volle Buchlänge gebrachten Pamphlet *Nietzsche and the Ideals of Modern Germany* (1915) fest, der Krieg finde statt zwischen Deutschland, das für einen skrupellosen »nietzscheanischen Immoralismus« stehe, und jenen, die für die hehren Prinzipien »christlicher Zucht und Selbstbeherrschung« kämpften. Von der herrschenden Klasse Preußens seien die nietzscheanischen Auffassungen umgesetzt worden: »Und ich frage [...] War es denn nicht die Glaubenshaltung *Jenseits von Gut und Böse,* die ihre Spuren in den rauchenden Trümmern von Aerschot und auf den verstümmelten Leichen der Frauen von Dinant hinterließ?«[3] Die herabsetzende Identifizierung Nietzsches mit Deutschland und dem deutschen Geist sollte zu einer Tradition werden, an die während des Zweiten Weltkriegs erfolgreich wieder angeknüpft wurde.[4]

---

2 Vgl. die Stellungnahme von Eric Voegelin »Nietzsche, the Crisis and the War« in: *The Journal of Politics* 6, Nr. 1 (Februar 1944) S. 177.

3 Herbert Leslie Stewart, *Nietzsche and the Ideals of Modern Germany,* London: Edward Arnold 1915, S. 186, 228.

4 Vgl. Eric Bentley, *The Cult of the Superman,* Gloucester, Mass.: Peter Smith 1969, S. 248-250.

Obwohl sich einzelne Stimmen gegen diese Verunglimpfung aussprachen,[5] drangen sie vor allem zu Beginn des Weltkriegs nicht durch. Typisch für die damalige Stimmung waren die Briefe von Thomas Hardy an die englische *Daily Mail* und an den *Manchester Guardian*. »Ich meine, seit Beginn der Geschichte gibt es kein Beispiel dafür, daß je sich ein Land durch einen einzelnen Autor so der Moral entfremdet hat.«[6] Nur zu leicht ließen sich einzelne Begriffe Nietzsches in politische Nationaleigenschaften der Deutschen verkehren. So meinte Hardy, die deutsche Führung sei vom Willen zur Macht infiziert. Darüber hinaus stellte sich ihm Deutschland als eine Nation von raubgierigen Übermenschen dar. Einem theoretischen Kopf wie J.H. Muirhead war Nietzsches antipreußische und antinationalistische Einstellung bewußt. Dennoch vertrat er die Auffassung, die Rezeption Nietzsches habe in Deutschland zu explosiven Resultaten geführt:

Wenn Nietzsches Ich als das der Nation interpretiert und mit den Insignien der Staatsmacht geschmückt wird, wenn man höheren Orts im Ton von Prophezeiungen verkündet, dem Übermenschen sei es vom Schicksal bestimmt, aus den Lenden der deutschen Nation zu erwachsen, während deren wichtigste Feinde, den Hoffnungen der Deutschen entsprechend, bereits von Schwäche und Niedergang gezeichnet seien, wenn schließlich mit der ganzen Autorität des Expertenwissens behauptet wird, bald habe die Stunde geschlagen – dann fällt es nicht schwer, die Ernte vorauszusehen, die nach dieser langen Saat einzubringen sein wird.[7]

Auch in Frankreich begannen Intellektuelle, den deutschen Feind durch eine nietzscheanisch getönte Brille zu sehen. So vertrat etwa Romain Rolland die Auffassung, an den Kriegsentwicklungen lasse sich ablesen, »was die Masse aus dem Worte eines Weisen macht. Ein Übermensch ist ein erhabener Anblick. Zehn oder zwanzig Übermenschen werden schon unangenehm. Aber Hunderttausende, die jene hochmütige Überspanntheit mit Mittelmäßigkeit oder einer natürlichen Niedrigkeit verbinden, werden zu einer Geißel Gottes, gleich der, die Belgien und Frankreich verwüstet.«[8] Stellungnahmen wie diese dienten dazu, das kulturelle Erbe Deutschlands insgesamt als negativ zu sehen und als aggressiv abzutun. Zweifellos war der Erste Weltkrieg für die anglo-amerikanische Neigung verantwortlich, in Nietzsches Machtbegriff Militarismus und Imperialismus hineinzulesen.[9] Schon die Titel man-

---

5 Vgl. John Cowper Powys, *The Menace of German Culture*, London: William Rider and Son 1915; vgl. James Joll »The English, Friedrich Nietzsche and the First World War«, a.a.O., S. 305; Patrick Bridgwater, *Nietzsche in Anglo Saxony. A Study of Nietzsche's Impact on English and American Literature*, Leicester: Leicester University Press 1972, S. 147.

6 *Daily Mail*, 27. September 1914; *Manchester Guardian*, 7. Oktober 1914, zit. nach Patrick Bridgwater, *Nietzsche in Anglo Saxony. A Study of Nietzsche's Impact on English and American Literature*, a.a.O., S. 144.

7 J.H. Muirhead, *German Philosophy in Relation to the War*, London: J. Murray 1915, S. 80f., 78.

8 Romain Rolland, *Zwischen den Völkern. Aufzeichnungen und Dokumente aus den Jahren 1914 bis 1919*, Bd. 1, Stuttgart: Deutsche Verlags-Anstalt 1954, S. 146.

9 Vgl. Walter Kaufmann, *Nietzsche. Philosopher, Psychologist, Antichrist*, a. a. O., S. 8; dt.: *Nietzsche. Philosoph – Psychologe – Antichrist*, a.a.O., S. 8.

cher Pamphlete machten Nietzsche für die Gesellschaft verantwortlich, in die sie ihn stellten, so etwa: Ernst Barker *Nietzsche and Treitschke. The Worship of Power in Modern Germany* oder Canon E. McClure *Germany's War Inspirers Nietzsche and Treitschke.*[10] Darüber hinaus wurde er oft mit dem Erzmilitaristen und Imperialisten General Friedrich von Bernhardi in Verbindung gebracht. Seriöse Blätter wie das *Athenaeum* erklärten ihren Lesern, wie das Werk Nietzsches gleich einem Spinnennetz ganz Deutschland durchdrang:

> Wir finden die Prinzipien Nietzsches am Werk im Leben der deutschen Nation, im Unterricht ihrer Professoren und Lehrer; bestürzender noch, wir sehen sie verkörpert in Texten des deutschen Generalstabs - zumindest bei Bernhardi - und wir sehen sie, wenn schon nicht verkörpert, so doch implizit gegenwärtig in der Konversation von Diplomaten mit ausländischen Publizisten. Der tödliche Ernst, der deutsche Professoren aus dem Hörsaal hinaus und im Triumph durchs Land treibt - und diesen Ernst finden wir bei Nietzsche - er kann nur in einer Explosion enden.[11]

Doch abgesehen von der emblematischen und eher dekorativen Verwendung eines Zitats aus Nietzsches *Zarathustra* als Motto von Bernhardis berühmtem Buch *Deutschland und der nächste Krieg*[12] war die Beziehung zwischen Bernhardi und Nietzsche - wie viele verärgerte Kritiker feststellten[13] - von äußerst geringer Bedeutung. Wie jede Kriegspropaganda waren auch diese Diskussionen über Nietzsche von Unterstellungen statt von korrekten Aussagen beherrscht. Zuweilen erreichte die Dämonisierung das Niveau der Farce. H. L. Mencken, der Nietzsches Werk in Amerika verbreitete, wurde tatsächlich festgenommen und beschuldigt, ein Kriegsagent »des deutschen Monsters Nietzky« zu sein.[14] In seiner damaligen Beschreibung (1915) dessen, was er als »the imbecile Nietzsche legend« bezeichnete, hielt Mencken satirisch die volkstümliche Trivialisierung Nietzsches zu einem »Ho-

---

10 Ernst Barker, *Nietzsche and Treitschke. The Worship of Power in Modern Germany*, Oxford: Oxford University Press 1914; Canon E. McClure, *Germany's War Inspirers Nietzsche and Treitschke*, London: Society for Promoting Christian Knowledge 1915.

11 »Teutonismus« in: *The Athenaeum*, 10. Oktober 1914, zit. nach James Joll »The English, Friedrich Nietzsche and the First World War«, a.a.O., S. 302f.

12 Friedrich von Bernhardi, *Deutschland und der nächste Krieg*, 6. veränderte Aufl., Stuttgart und Berlin: Cotta 1913.

13 Es gibt dafür zahlreiche Beispiele, vgl. etwa Ernst Rolffs »Treitschke, Nietzsche und Bernhardi« in: *Die christliche Welt* 30 (1916) S. 857-865, 882-888; vgl. ferner: »Geläufig war die Zusammenstellung ›Nietzsche, Treitschke und Bernhardi‹ - eine groteske Kakophonie für das Ohr jedes geistigen Deutschen. Treitschke und den General von Bernhardi in einem Atemzug zu nennen, mochte allenfalls hingehen, obgleich viel Unrecht gegen Treitschke darin lag. Daß aber Nietzsche, um das Symbol deutscher Bösartigkeit zu vervollständigen, ihnen zugesellt wurde, war und bleibt zum Lachen.« Thomas Mann, Briefe aus Deutschland, 2. Brief, The Dial, in: *Die Forderung des Tages*, Frankfurt a.M. 1986, S. 121.

14 Vgl. H. L. Mencken »Introduction« in: Friedrich Nietzsche, *The Antichrist*, New York 1923, zit. nach Patrick Bridgwater, *Nietzsche in Anglo Saxony. A Study of Nietzsche's Impact on English and American Literature*, a.a.O., S. 145f.

henpriester des Diabolischen« fest, der für alle Sünden und Schlächtereien eines antichristlichen Krieges verantwortlich gemacht werden sollte.[15]

Der nietzscheanische Immoralismus, die symbolische Antithese zur aufrechten Respektabilität, wurde umstandslos in eine Metapher des deutschen Immoralismus verwandelt. William Archer tat dies so plump wie nur möglich. Der Krieg war ihm zufolge ein Krieg gegen die Philosophie Nietzsches. Nicht nur stimmten die Vorschriften Nietzsches mit der preußischen Militärpraxis überein, sondern die Ideen Nietzsches sanktionierten auch die Brutalität der deutschen Soldaten. »Der Durchschnittssoldat nimmt sich in quasi religiöser Verzückung des Philosophen ganz und gar zu Dogmen gewordene Beteuerungen zu Herzen, daß Gewalt, Raubgier, Skrupellosigkeit und Unbarmherzigkeit zur Ethik der Zukunft gehören.«[16] In diesen Worten tritt der Kriegsmythos von Nietzsche auf niedrigstem Niveau zutage. Es gab darüber hinaus aber auch komplexere Aussagen, die Nietzsche mit dem Krieg in Verbindung brachten und die über die elementare Motivation weit hinausgingen, sich ein negatives Feindbild zu verschaffen.

Ein Aspekt der Vorkriegsgeschichte des Nietzscheanismus kann als Erklärung für die spätere Verbindung zwischen nietzscheanischen Themen und dem Kriegserlebnis dienen. Für zahllose europäische Intellektuelle hing die Attraktion Nietzsches vor 1914 eng mit der verbreiteten Kritik an der Dekadenz und mit einer Erneuerungssehnsucht zusammen, die einen zukünftigen, kathartisch erlösenden Krieg glorifizierte.[17] Es fehlte nicht an brauchbaren Zitaten, in denen Nietzsche unabhängig von jedem Kontext den Krieg und seine martialischen Tugenden feierte. *»Der Krieg ist der Vater aller guten Dinge.«* [18] Zarathustras Mahnung, Krieg und Mut hätten weit größere Dinge erreicht als die Nächstenliebe, legte es den Nietzscheanern nahe, im Mut unabhängig von jedem Ziel einen Wert zu sehen. »Was ist gut? fragt ihr. Tapfer sein ist gut.« Nietzsche schien eine Konzeption des Krieges zu befürworten, die ihn als Mittel zur Überwindung der Banalitäten des Alltags, als Läuterungsform individuellen wie kollektiven Handelns hinstellte. Zwischen 1900 und 1945 berief man sich immer wieder auf den Ausspruch Zarathustras: »Ihr sagt, die gute Sache sei es, die sogar den Krieg heilige? Ich sage euch: der gute Krieg ist es, der jede Sache heiligt.«[19]

Nicht alle Nietzscheaner waren unbedingt »Kriegs-Nietzscheaner«, und nicht alle Intellektuellen, die für den Krieg eintraten, taten dies Nietzsches wegen. Dennoch

---

15 Vgl. William H. Nolte (ed.), *H.L. Mencken's Smart Set Criticism*, Ithaca, N.Y.: Cornell University Press 1968, zit. nach Patrick Bridgwater, *Nietzsche in Anglo Saxony. A Study of Nietzsche's Impact on English and American Literature*, a.a.O., S. 146.

16 William Archer, *Fighting a Philosophy*, Oxford: Oxford University Press 1914-1915, S. 5, 3ff.

17 Vgl. Ronald N. Stromberg, *Redemption by War. The Intellectual and 1914*, Lawrence: Regents Press of Kansas 1982.

18 Friedrich Nietzsche, *Die fröhliche Wissenschaft*, in: *Werke*, Bd. V, 2, a.a.O., Nr. 92, S. 124; das folgende Zitat: *Also sprach Zarathustra*, in: *Werke*, Bd. VI, 1, S. 55.

19 Friedrich Nietzsche, *Also sprach Zarathustra*, in: *Werke*, Bd. VI, 1, a.a.O., S. 55.

war die Beziehung zwischen beidem eindeutig. Vielen Ästheten, Dichtern und Intellektuellen der Avantgarde erschien ein aus dem Geist der Lebensphilosophie geborener Krieg, ohne alles ideologische Drum und Dran, als die angemessene Antwort auf die großen Probleme der Zeit, wie sie Nietzsche diagnostiziert hatte. Würde nicht der Krieg Nietzsches Diktum verwirklichen, man solle »gefährlich leben«? Würde er nicht die Suche nach gesteigertem und authentischem Erleben erleichtern und die allerorten vorherrschende Dekadenz überwinden?

Solche Einstellungen waren überall in Europa in intellektuellen Zirkeln verbreitet. Sie waren Teil eines neuen kulturellen und politischen Stils. Gabriele D'Annunzio, ein ästhetischer Dandy und wichtiger Vermittler Nietzsches in der italienischen Welt, beschrieb in seinem berühmten Roman *La vergine delle rocce* (1896)[20] seine Vorfahren, die er als eine »noble Kriegerkaste« bezeichnete. An anderer Stelle feierte er in einer rhapsodisch-nietzscheanischen Sprache primitive und brutale Handlungen, »die schrecklichen Energien, das Empfinden der Macht, den Instinkt des Kampfes und der Herrschaft, das Übermaß der zeugenden und befruchtenden Kräfte, all die Tugenden des dionysischen Menschen, des Siegers, des Zerstörers, des Schöpfers«.[21]

Dieser Sehnsucht gaben zur selben Zeit auch die Futuristen in ihrem Manifest von 1909 Ausdruck, das in seiner Leidenschaftlichkeit an Themen und Bilder Nietzsches erinnert:

> Wir wollen preisen die angriffslustige Bewegung, die fiebrige Schlaflosigkeit, den Laufschritt, den Salto mortale, die Ohrfeige, den Faustschlag [...] Wir wollen den Krieg verherrlichen – diese einzige Hygiene der Welt –, den Militarismus, den Patriotismus, die Vernichtungstat der Anarchisten, die schönen Ideen, für die man stirbt, und die Verachtung des Weibes [...] Wir wollen die Museen, die Bibliotheken und die Akademien jeder Art zerstören und gegen den Moralismus, den Feminismus und gegen jede Feigheit kämpfen, die auf Zweckmäßigkeit und Eigennutz beruht.[22]

In Frankreich gab Georges Sorel ein Beispiel für diese neue Ästhetik, indem er die Hoffnung zum Ausdruck brachte, ein großer Krieg werde die dekadenten Energien zu neuem Leben erwecken und Männer hervorbringen, die über den notwendigen Willen zur Macht verfügten.[23] Wem es um Handlung und Dynamik statt um Stagnation ging, der konnte nur zu leicht den Krieg gutheißen. Mussolini beispielsweise begann im sozialistischen Lager, doch sein Marxismus war stets auch von Nietzsche

---

20 Vgl. Michael A. Ledeen, *The First Duce. D'Annunzio at Fiume*, Baltimore: Johns Hopkins University Press 1977, S. 5.

21 Gabriele D'Annunzio »Il Trionfo della Morte« in: *Prose di romanzi*, Bd. 1, Milano: Mondadori 1954, S. 958, zit. nach Ernst Nolte, *Der Faschismus in seiner Epoche. Die Action francaise. Der italienische Faschismus. Der Nationalsozialismus*, München: R. Piper & Co. 1963, S. 197f. Anm. 7.

22 Umbro Apollonio (hrsg.), *Der Futurismus. Manifeste und Dokumente einer künstlerischen Revolution 1909-1918*, Köln: DuMont Schauberg 1972, S. 33f.

23 Vgl. Georges Sorel, *Über die Gewalt*, mit e. Nachwort von George Lichtheim, Frankfurt a.M.: Suhrkamp 1969.

beeinflußt; er enthielt Elemente der zeitgenössischen Lebensphilosophie und stellte weniger die Ideologie in den Mittelpunkt als vielmehr den heroischen Willen zur Vitalität. Mit ihm trat ein männlicher Marxismus hervor, der in einer kriegerischen Beziehung zur Wirklichkeit stand. Das erleichterte Mussolini nicht nur seine spätere Wendung zum Faschismus, sondern es bedingte auch seine Einstellung zum heraufkommenden Weltkrieg. In seiner Befürwortung einer Intervention verband sich die sozialistische Wahrnehmung des Krieges als eines Vorspiels zur Revolution mit einem weniger instrumentell gedachten nietzscheanischen Vitalismus.[24]

Vor dem Ersten Weltkrieg entwickelte sich der Nietzscheanismus also unabhängig von politischen und nationalen Grenzen. Mit einiger Elastizität ließ sich Nietzsche einer Vielzahl unterschiedlicher Ideologien anpassen. Und vielleicht hat er *wirklich* beim Kriegsausbruch eine Rolle gespielt. Denn sein Werk war auch in der Bewegung der Jungen Bosnier verbreitet, der der Mörder von Erzherzog Franz Ferdinand angehörte. Ihre Mitglieder, hitzköpfige serbische Studenten, griffen bestimmte radikale Ideen Nietzsches auf und suchten sie in Handlungen umzusetzen. Von ihrem geistigen Ziehvater, Vladimir Cerina, lernten sie die Lektion von der Umwertung aller Werte:

> Der Gedanke, der freie Gedanke, ist der größte und mutigste Herrscher des Universums. Er hat die riesengroßen Flügel des freiesten und kühnsten Vogels, der keine Gefahr und keine Angst kennt. Sein wilder Flug führt ins Endlose, ins Ewige. Er zerstört heute, was gestern geschaffen worden ist. Er zerstört alle Dogmen, alle Normen, alle Autorität. Er hat keinen anderen Glauben, nur den Glauben an seine Macht. Er schafft Kritiker, Umstürzler, Rebellen und Zerstörende.[25]

Der Mörder des Erzherzogs, Gavrilo Princip, der mit seiner Tat die Krise von 1914 auslöste, zitierte gern und oft das kurze Gedicht seines Lieblingspoeten Nietzsche aus dessen *Ecce homo*: »Ungesättigt gleich der Flamme/ glühe und verzehr ich mich.«[26]

Wie stark der Einfluß Nietzsches auf die Studenten in Serbien auch immer gewesen sein mag, so gibt es doch keinen Zweifel daran, daß seine Attraktion für die Intellektuellen überall in Europa sehr hoch war. Sie erleichterte es ihnen, den *Zarathustra* vor ihrem Abmarsch in den Weltkrieg in ihre Tornister zu packen. Schriftsteller wie Robert Graves in England,[27] D'Annunzio in Italien (der durch den Krieg zum militärischen Helden wurde und dem es 1919 gelang, die Stadt Fiume einzu-

---

24 Vgl. zur äußerst gründlichen Behandlung dieses Problems Ernst Nolte »Marx und Nietzsche im Sozialismus des jungen Mussolini« in: *Historische Zeitschrift* 191 (1960) S. 249-335.

25 Vladimir Dedijer, *Die Zeitbombe. Sarajewo 1914*, Wien, Frankfurt a. M. und Zürich: Europa-Verlag 1967, S. 439f.; vgl. James Joll »The Unspoken Assumptions« in: Hannsjoachim Wolfgang Koch (ed.), *The Origins of the First World War. Great Power Rivalry and German War Aims*, Basingstoke: Macmillan 1972, S. 324.

26 Friedrich Nietzsche, *Ecce homo*, zit. nach Vladimir Dedijer, *Die Zeitbombe. Sarajewo 1914*, a.a.O., S. 533.

27 Vgl. Patrick Bridgwater, *Nietzsche in Anglo Saxony. A Study of Nietzsche's Impact on English and American Literature*, a.a.O., S. 10.

nehmen),[28] sowie der spätere Faschist Drieu La Rochelle in Frankreich[29] sind nur wenige Beispiele von vielen. Sie alle konnten Nietzsche mit aufs Schlachtfeld nehmen, weil sein Werk hinausging über Nationalunterschiede und konventionelle politische Differenzen. Wie das vorweggenommene Kriegserlebnis symbolisierte Nietzsches *Zarathustra* die Sehnsucht nach einer Transzendenz, nach dem Außergewöhnlichen und Heroischen.

Während nietzscheanischer Gefühlsüberschwang zu einer positiven Einstellung dem heraufziehenden Krieg gegenüber führte, schuf sich der Weltkrieg einen Nietzsche-Mythos nach eigenen Bedürfnissen. Schon fast mit dem Ausbruch der Feindseligkeiten schien Zarathustra seine individualistischen und übernationalen Eigenschaften zu verlieren. Der Nietzscheanismus verfiel einer raschen Politisierung und Nationalisierung, die sehr viel schneller vor sich ging als seine Veränderungen vor 1914. Kosmopolitische und individualistische Motive wurden zunehmend durch erhitzte nationalistische Leidenschaften verdrängt. Augenblicke einer übernationalen Fraternisierung, wie sie von Herbert Read berichtet wird, der seelenruhig mit einem gefangenen Deutschen über Nietzsche diskutierte, den er nur wenige Augenblicke zuvor im Grabenkrieg beinahe getötet hätte, wurden immer seltener.[30] Die Dämonisierung Nietzsches in Frankreich und in den angelsächsischen Ländern stellte nur die eine Seite der Medaille dar. Auch in Deutschland brachte man Nietzsche mit den Kriegsanstrengungen in Verbindung und feierte ihn als Quelle nationaler Begeisterung sowie als Verkörperung des Besten innerhalb der deutschen Kultur. Obwohl sich manche gegen diese Tendenzen wandten - aus Respekt vor Nietzsche oder weil sie ihn auch weiterhin verachteten -, gingen ihre Stimmen im Schlachtengetöse mehr oder weniger unter.[31] Tatsächlich spiegelten sich in den wechselnden Inhalten der Kanonisierung Nietzsches die verschiedenen Stadien des deutschen Kriegserlebnisses im Übergang vom militanten Enthusiasmus zur Verwirrung und schließlich zur Verzweiflung und Niederlage sehr genau wider.

Zu Beginn des Krieges machten britische Kommentatoren Nietzsche für dessen Ausbruch verantwortlich, während deutsche Autoren in ihm die beste Waffe in

28 Vgl. Michael E. Ledeen, *The First Duce. D'Annunzio at Fiume*, a. a. O., S. 10f.

29 Vgl. Robert Soucy, *Fascist Intellectual. Drieu La Rochelle*, Berkeley, Los Angeles und London: University of California Press 1979, S. 45.

30 Vgl. Jon Glover und Jon Silkin, *The Penguin Book of First World War Prose*, London: Viking 1989, zit. nach C. J. Fox »Bondservants of Destruction« in: *Times Literary Supplement*, 16-22 Februar 1990.

31 Einige Hochschullehrer und Nationalisten hielten es auch weiterhin nicht für wünschenswert, Nietzsche mit dem Krieg in Verbindung zu bringen, da sie an seinen patriotischen Motiven zweifelten. Ernst Troeltsch sagte Friedrich Meinecke in einer Unterhaltung während des Krieges, Nietzsche sei wie Rattengift im Gedärm, vgl. Friedrich Meinecke, *Erlebtes 1862-1901*, Leipzig: Koehler-Amelang 1941, S. 184f.; vgl. ferner Karl Lamprecht, *Krieg und Kultur*, Leipzig: Hirzel 1914; Adolf Dryoff, *Was bedeutet »Kulturvolk«? Nietzsche und der deutsche Geist*, Bonn: Peter Hanstein 1915.

ihrem Kampf sahen. In Deutschland gab es zudem einen dramatischen Anstieg der Verkaufszahlen von Werken Nietzsches. Zusammen mit Goethes *Faust* und dem *Neuen Testament* war der *Zarathustra* das populärste Werk, das gebildete Soldaten zu Trost und Anregung mit ins Feld nahmen. Es waren »herrliche Worte«, so fand ein Autor, die besonders geeignet schienen für das deutsche Volk, das »mehr als jedes andere ein Volk von Kampfnaturen im Sinne Zarathustras« sein sollte.[32] Ungefähr 150 000 Exemplare einer besonders haltbaren Kriegsausgabe des *Zarathustra* wurden an die Truppe verteilt.[33] Selbst christliche Kommentatoren zeigten sich überrascht, daß der *Zarathustra* im Feld seinen Platz neben der Bibel hatte.[34] Und gerade diese Kombination diente vielen Interpreten dazu, dem berüchtigten Autor des *Antichrist* Respektabilität zu verschaffen. Ernst Wurche, der Held von Walter Flex' überaus erfolgreichem, nietzscheanisch inspiriertem Kriegsroman *Wanderer zwischen beiden Welten* (1917), behauptete, einander so offen widersprechende Bücher seien wie die Menschen in den Schützengräben. »Sie mögen so verschieden sein, wie sie wollen - nur stark und ehrlich müssen sie sein und sich behaupten können, das gibt die beste Kameradschaft.«[35] In seinem Kriegstraktat erklärte Karl Joel, die Tatsache, daß die deutschen Soldaten mit der Bibel, dem *Faust* und dem *Zarathustra* in die Schlacht zögen, sei der beste Beweis für das idealistische Wesen des deutschen Volkes und die beste Widerlegung derer, die die Deutschen als barbarisch verschrieen.[36] Andere lobten den *Zarathustra* als ein Buch, das für die deutschen Truppen außerordentlich geeignet sei. Es sei so sehr Teil des Lebens der Nation, daß es auch passend und angebracht sei für die Stunde des eigenen Todes.[37]

Unabhängig davon entsprach Nietzsches emphatische Bejahung des Heroismus und des Willens den Herausforderungen des Krieges. Was beispielsweise Ernst Wurche am meisten am *Zarathustra* bewunderte, das war die immer wiederkehrende Erinnerung daran, daß der Mensch etwas sei, das es zu überwinden gelte. Der

---

32 Rektor P. Hoche »Nietzsche und der deutsche Kampf« in: *Zeitung für Literatur, Kunst und Wissenschaft* 39, Nr. 6 (12. März 1916), zit. nach Richard Frank Krummel, *Nietzsche und der deutsche Geist*, Bd. 2, a. a. O., S. 607.

33 Vgl. Robert G.L. Waite, *The Psychopathic God. Adolf Hitler*, New York: Basic Books 1977, S. 279; Ernst Rolffs »Treitschke, Nietzsche, Bernhardi«, a. a. O., S. 859. Allein in den Jahren 1914 bis 1919 wurden 165.000 Kopien des *Zarathustra* verkauft, vgl. Heinz Frederick Peters, *Zarathustra's Sister. The Case of Elisabeth and Friedrich Nietzsche*, a. a. O., S. 205; dt.: *Zarathustras Schwester. Fritz und Lieschen Nietzsche - ein deutsches Trauerspiel*, a. a. O., S. 280.

34 Vgl. Edelbert Kurz, *Nietzsche, der Deutsche und wir Christen*, hrsg. Sekretariat soz. Studentenarbeit, Mönchen-Gladbach o.J. [1918], zit. nach Richard Frank Krummel, *Nietzsche und der deutsche Geist*, Bd. 2, a. a. O., S. 645f.

35 Walter Flex, *Der Wanderer zwischen beiden Welten. Ein Kriegserlebnis*. München: C. H. Beck 1918, S. 9. Das Buch erlebte neununddreißig Auflagen, und in weniger als zwei Jahren wurden 250 000 Exemplare verkauft.

36 Vgl. Karl Joel »Neue Weltkultur« in: Axel Ripke (hrsg.), *10 deutsche Reden*, Leipzig und München: Kurt Wolff 1915, S. 88f.

37 Vgl. Richard Gröper »Nietzsche und der Krieg« in: *Die Tat* 8 (1916-1917) S. 25.

Krieg erschien als der Abgrund Zarathustras und als die äußerste Probe aufs eigene Selbst. Als das jedenfalls suchten ihn die Hersteller des nietzscheanischen Kriegsmythos ihren Lesern in Deutschland zu präsentieren.

Wir haben keine genauen Hinweise darauf, wieviele Soldaten den *Zarathustra* tatsächlich gelesen haben. Kritiker seiner nationalistischen Indienstnahme vertraten die Auffassung, daß es sich dabei um keine großen Zahlen gehandelt haben dürfte.[38] Wie dem auch immer gewesen sein mag, man wird gewiß eher skeptisch fragen müssen, ob Soldaten im Feld den *Zarathustra* wirklich als lebendige Anleitung zu einem ekstatischen Kriegserlebnis erfahren haben. Eine erste Durchsicht von Kriegsbriefen, Tagebüchern und Memoiren läßt erkennen, daß das Buch angesichts der rauhen Realität der Schützengräben nicht durchweg eine beherrschende Rolle gespielt hat. Denn es fiel nicht leicht, den Schmutz der Schlachtfelder an der Somme mit der erhabenen Berglandschaft Nietzsches zusammenzubringen.[39] Zarathustras Lob des Krieges um seiner selbst willen, so bemerkte ein Kritiker mit beißender Schärfe, hatte sich als verheerendes Rezept erwiesen. Wäre der Truppe nicht gesagt worden, die deutsche Sache sei eine gute Sache und der Kampf rechtfertige sich von allein, sie hätte sich auf diesen Krieg nie eingelassen.[40]

Manche Soldaten hatten allerdings angesichts des *Zarathustra* ein Erweckungserlebnis.[41] Die meisten aber tendierten dazu, den Krieg eher gleichgültig und als trivial wahrzunehmen, wenn er ihnen aus nietzscheanischer Perspektive präsentiert wurde. 1915 beschrieb ein Theologiestudent in einem Brief von der Front seinen Vorgesetzten als Übermenschen. Dieser Brief zeigt die Personalisierung einer derartigen Wahrnehmung. Beschrieben wird ein furchtloser Offizier, der das Christentum als eine Religion der Schwachen betrachtete und der sich äußerst wenig um die Meinungen anderer kümmerte. »Ich kenne Nietzsche ja nicht genau, aber meiner Ansicht nach muß er so etwa gewesen sein. Eines Urteils enthalte ich mich, aber gerade neben ihm wird es mir deutlich, daß ich zu den Schwachen gehöre.«[42] Wenn es denn schon einen Übermenschen gab, dann betrachteten sich die meisten Soldaten dennoch nicht als solchen; seine Existenz wurde entfernteren Gestalten zuge-

---

38 Vgl. Oskar Levy »Nietzsche im Krieg« in: *Die weißen Blätter* (1919) S. 277ff.

39 Für Walter Laqueur steht fest: »Die mitreißenden Rhythmen hielten der großen Probe nicht allzugut stand. Jene, die über die verbrannte Erde Flanderns, durch Schlamm und Eis der Ostfront gegangen waren, wußten alles, was sie über das Wesen des Tragischen wissen mußten.« Walter Laqueur, *Young Germany. A History of the Youth Movement*, a.a.O., S. 9; dt.: *Die deutsche Jugendbewegung. Eine historische Studie*, a.a.O., S. 20.

40 Vgl. Ruthardt Schuhmann »Der Nietzsche Kult und der Krieg« in: *Bühne und Welt* 17 (1915) S. 354.

41 Vgl. Hans Leip, *Der Widerschein. Eine Rückschau, 1893-1943*, Stuttgart: Cotta 1943, S. 42. Nach der Lektüre des *Zarathustra* notierte Leip 1915: »Beim Lesen des Zarathustra schreien wir manchmal auf vor Entzücken. Ich bin erhoben und wieder niedergeschmettert, so daß mir die Seele weh tut.« Zit. nach Richard Frank Krummel, *Nietzsche und der deutsche Geist*, Bd. 2, a.a.O., S. 597.

42 Philipp Witkop (hrsg.), *Kriegsbriefe gefallener Studenten*, München: Georg Müller 1929, S. 36.

schrieben. Im Gegenzug filterten nietzscheanische Kategorien die Wahrnehmungen im Krieg eher nach idiosynkratischen Kriterien. So legte sich beispielsweise der Maler Franz Marc einen domestizierten Nietzsche für seine beruflichen Zwecke zurecht. Die Idee der ewigen Wiederkehr wurde zur Metapher für Marcs Beobachtung während des Krieges, es gebe nur wenige standardisierte Typen von Menschen, die immer wieder auftauchten.[43] Das war schwerlich ein Stück berauschender Ideologie.

Es darf wohl angenommen werden, daß der *Zarathustra* im Feld nicht so populär war, wie die Vertreter des nietzscheanischen Mythos behaupteten. Doch schon dieser Anspruch ist entscheidend für ein Verständnis der Rezeption Nietzsches während und nach dem Ersten Weltkrieg; denn dieser Anspruch hatte großen Einfluß auf die Mythenbildung in der Öffentlichkeit und auf die Mobilisierung von Symbolen in der Politik. Die mit diesem Anspruch einhergehende Propaganda erleichterte die Anpassung des Nietzscheanismus an das im wesentlichen nationalistische Ziel des Establishments, den Krieg zu gewinnen. Gleichzeitig (und auch das ist von erheblicher Bedeutung) fand der Nietzscheanismus nach und nach Eingang in die politischen Vorstellungen einer entstehenden radikalen Rechten.

Es handelte sich dabei um eine neue Entwicklung. Wie wir bereits gesehen haben, waren die meisten Nietzscheaner vor 1914 nicht sonderlich patriotisch eingestellt. Tatsächlich bestand das einzige Bindeglied zwischen den verschiedenen Strömungen des Nietzscheanismus vor dem Krieg in ihrer Einstellung gegen die etablierten Machtzentren und die Orthodoxie. Der Krieg bereitete nun den Boden für die plausiblere Konstruktion eines nationalistischen Nietzsche. Darüber hinaus entzog er der progressiven Nietzschedeutung ihre Attraktivität. Es fiel den für die Freiheit des einzelnen eintretenden Kreisen zunehmend schwerer, in Nietzsche einen angemessenen Vertreter ihrer Sache zu erkennen.[44]

Ein in dieser Hinsicht interessanter Fall ist der von Arnold Zweig. Dieser war vor dem Krieg ein erklärter Nietzscheaner. Nietzsche hatte ihm geholfen, seine Unzufriedenheit mit dem wilhelminischen Philistertum und mit dessen Materialismus zum Ausdruck zu bringen, und er hatte ihn auf eine dionysische Befreiung von dieser Plage hoffen lassen. Darüber hinaus betrachtete Zweig sich bei Kriegsausbruch

43 Vgl. Franz Marc, *Briefe, Aufzeichnungen und Aphorismen*, Berlin: Cassirer 1920, S. 41.

44 Doch auch in diesen Kreisen ließ man ihn nicht ganz fallen. Ernst Toller erinnerte in einer Ansprache vor den vereinigten Münchener Arbeiter-, Bauern und Soldatenräten an seinen revolutionären Genossen Kurt Eisner mit einem bemerkenswert ironischen Zitat aus *Zarathustra*: »Siehe die Guten und Gerechten! Wen hassen sie am meisten? Den, der zerbricht ihre Tafeln der Werthe, den Brecher, den Verbrecher: – das aber ist der Schaffende. Siehe die Gläubigen aller Glauben! Wen hassen sie am meisten? Den der zerbricht ihre Tafeln der Werthe, den Brecher, den Verbrecher: – das aber ist der Schaffende.« Friedrich Nietzsche, *Also sprach Zarathustra*, in: *Werke*, Bd. VI, 1, a.a.O., S. 20; vgl. Wolfgang Frühwald und John M. Spalek (hrsg.), *Der Fall Toller. Kommentar und Materialien*, München und Wien: Carl Hanser Verlag 1979, S. 54.

als nietzscheanischen Militaristen.[45] Mitten im Krieg schrieb er, der deutsche Geist sei durch jene »musikalisch-politische« Natur ausgezeichnet, für die Nietzsche als Beispiel stehe. Und die Größe des Krieges bestehe darin, daß er diesen schöpferischen Geist zu neuem Leben erwecke.[46] Doch Zweig blieb solchen Ansichten nicht lange treu. Die massive Verschwendung und Zerstörung von Menschenleben ließ ihn zu einem der größten Kriegskritiker in Deutschland werden. Entsprechend änderte er auch seine Einstellung zu Nietzsche. Jahre später schrieb er an Sigmund Freud: »Sie wissen, daß ich seit der Nachkriegszeit in bitterer Ablehnung von diesem Gott meiner Jugend weggesehen habe.«[47]

Zweig erkannte, was Freud und Nietzsche miteinander gemein hatten: den kühnen neuen Blick auf das Alte, die Umwertung geltender Werte, die Kritik am Christentum und die grundstürzende Neubewertung der Kultur. Freud unterschied sich aber von Nietzsche, wie Zweig nach dem Krieg bemerkte, dadurch, daß er solche Einsichten mit dem ihm eigenen Humanismus und Rationalismus verband. Der Krieg hatte dieser Verbindung zu großer Bedeutung verholfen; denn in ihm war deutlich geworden, wie problematisch die Freisetzung des Instinkthaften und Triebhaften ohne die vermittelnde Kontrolle des Rationalen war. Zweig schrieb daher, Freud sei »der wirkliche Immoralist und Atheist, Neubenenner der menschlichen Triebe und Kritiker des bisherigen Kulturverlaufs [...] der aber alle seine [i. e. Nietzsches] Verzerrungen und Narreteien vermeidet, weil er halt die Analyse erfand und nicht den Zarathustra.«[48] Als die Nazis an die Macht kamen, vertrat Zweig die Auffassung, die spätere nationalsozialistische Führung sei im Krieg durch einen vulgarisierten Nietzscheanismus erzogen worden. Schon im Lärm der Schlachten wurden ihm zufolge Nietzsches Ideen

> als Schild und Glorie verwendet. Seine Begriffe von ›guter Rasse‹, seine Verherrlichung der ›blonden Bestie‹, sein Kampf gegen Ratio, Aufklärung und Vernunft, seine [...] hochgespannte Verneinung der bürgerlichen Ideale, der christlichen Moral und des langsamen Aufstiegs sozialistischer Massen, vor allem seine hysterische Beseitigung des Mitleids und der Nächstenliebe.[49]

Was die Franzosen im Weltkrieg vorhergesagt hatten, wurde nun Wirklichkeit: Wer mit dem Hammer philosophierte, zerstörte alle Werte.

Manchen Zeitgenossen war bewußt, daß das Werk Nietzsches durch die Ereignisse symbolisch in eine neue Richtung gedrängt wurde. Erwin Piscator, der radikale

45 Vgl. Arnold Zweig, *Werk und Leben in Dokumenten und Bildern*, hrsg. Georg Wenzel, Berlin und Weimar: Aufbau Verlag 1978, S. 61; vgl. Richard Frank Krummel, *Nietzsche und der deutsche Geist*, Bd. 2, a.a.O., S. 358f.

46 Vgl. Arnold Zweig, *Werk und Leben in Dokumenten und Bildern*, a.a.O., S. 66.

47 Ernst L. Freud (hrsg.), *Sigmund Freud und Arnold Zweig. Briefwechsel*, Frankfurt a.M.: S. Fischer 1968, S. 85.

48 ebda.

49 Arnold Zweig, *Bilanz der deutschen Judenheit 1933. Ein Versuch*, Amsterdam: Querido 1934, S. 290.

Regisseur des politischen Theaters in Deutschland, klagte, vor dem Krieg sei Nietzsche die Geißel der Mittelklasse gewesen; er habe ihm geholfen, sich von seiner kleinbürgerlichen Herkunft zu lösen. Nach dem Krieg aber sei in einem »allgemeinen Massentaumel« ein neuer Nietzsche entstanden. Ihm schien es ganz und gar unverständlich,

> daß, von wenigen Ausnahmen abgesehen, die ganze geistige Elite Europas wie ein Mann zur Verteidigung der ›heiligsten Güter‹, die sie bis dahin sehr skeptisch betrachtet hatte, aufstand [...] Aufstand gegen die ›Feinde‹ Tolstoi und Dostojewski und Puschkin und Zola und Balzac und Anatole France und Shaw und Shakespeare, mit ihrem Goethe und ihrem Nietzsche im Tornister. Diese Generation besiegelte damit ihren geistigen Bankrott. Was immer sie gedacht und was immer sie getan haben mag, am 4. August wurde es offenbar, daß sie nichts getan und nichts gedacht hatte.[50]

In dieser chauvinistisch aufgeheizten Atmosphäre konnte ein sich auf Nietzsche berufender Widerstand gegen den Krieg kaum auf enthusiastische Reaktionen rechnen. Denn wie sollte es möglich sein, sich unter Berufung auf Nietzsche gegen den Krieg zu stellen? Lehrreich ist hier das Beispiel mancher deutscher Expressionisten. Vor 1914 hatten sie in Nietzsche den artistischen Schöpfer gesehen, der nur seinem eigenen Gesetz unterstand und der weit entfernt war von herkömmlichen sozialen und patriotischen Überlegungen. So weigert sich beispielsweise der Held Egon, ein mittelloser Schriftsteller, in Gustav Sacks Drama von 1916, *Der Refraktär*, als der Krieg erklärt wird, die Schweiz zu verlassen und sich der deutschen Armee anzuschließen. Seine Vorbehalte begründet er (und darauf hat Walter Sokel zu Recht aufmerksam gemacht) nicht mit dem Glauben der Quäker, mit dem Sozialismus oder mit Tolstoi, sondern mit Nietzsche. Er widerspricht mit ihnen explizit einem humanitären Pazifismus. Denn seine Einwände gegen den Krieg gründen sich ausschließlich auf seine Künstlernatur. Egon hat nur Verachtung für die Massen übrig, deren Schicksal er indifferent gegenübersteht; er glaubt, daß sie diesen Krieg verdient haben. Nietzscheanische Vorbehalte richten sich hier also nicht gegen den Krieg als solchen, sondern gegen einen kleinbürgerlichen Krieg, der ausschließlich der entwürdigenden Profitsucht dient.[51]

Vor 1914 war den Expressionisten in nietzscheanisch inspirierten Visionen aus einer Mischung von Langeweile und nihilistischem Ekel ein apokalyptischer Krieg willkommen. Solch ein Krieg, so meinten sie, wäre eine Vorahnung des Untergangs der bürgerlichen Gesellschaft, aus deren Asche dann eine edlere Welt hervorgehen würde. In Sacks erstem Roman, *Ein verbummelter Student* (1910), verkündet der Held: »Käme der Krieg! In gleißenden Wolkentürmen lauert er rings:

---

50 Erwin Piscator, *Das politische Theater. Schriften 1*, hrsg. Ludwig Hoffmann, Berlin: Henschelverlag für Kunst und Gesellschaft 1968, S. 12.

51 Vgl. Gustav Sack, *Paralyse. Der Refraktär*, hrsg. Karl Eibl, München: Wilhelm Fink 1971, S. 67-134. Vgl. Walter H. Sokel, *The Writer in Extremis. Expressionism in Twentieth-Century German Literature*, a.a.O., S. 67; dt.: *Der literarische Expressionismus. Der Expressionismus in der deutschen Literatur des zwanzigsten Jahrhunderts*, a.a.O., S. 89.

erwachte ein Sturm, der ihn aufjagte aus seiner lauernden Ruh...! Volk gegen Volk [...] nichts denn ein tobendes Gewitterfeld, eine Menschheitsdämmerung, ein jauchzendes Vernichten –! Oh, ob dann nicht ein Höheres [geboren würde].«[52] Expressionisten dieses Schlages betrachteten den Weltkrieg als ein kapitalistisches und nicht als jenes nietzscheanisch inspirierte Unternehmen, das sie sich ersehnt hatten.

Mehr noch – als die groteske Wirklichkeit des Krieges immer deutlicher wurde, entwickelten sich viele Expressionisten zu entschiedenen Kriegsgegnern und übernahmen in wachsendem Maße pazifistische und humanitäre Positionen. Es war daher nur folgerichtig, wenn sich die führende Zeitschrift des radikalen Expressionismus, *Die Aktion*, leidenschaftlich der Deutschsprechung Nietzsches während des Krieges widersetzte. Ihr Herausgeber, Franz Pfemfert, wandte sich ganz entschieden gegen die Umwandlung des Philosophen in einen großen Patrioten, also jenes »Nietzsche, dessen Preußen- und Deutschenhaß heute kein Ausländer übertreffen kann«.[53]

Auch Stefan George hatte voller Sehnsucht von einem heiligen Krieg der Zukunft gesprochen. In seinem Gedicht von 1914, »Der Stern des Bundes«, stellte er dar, wie dieser Krieg die geistig verrottete Gesellschaft seiner Zeit läutern würde. Doch derselbe Band machte auch klar, daß der bevorstehende europäische Krieg weit entfernt war von Georges heroischer, durch Nietzsche inspirierter Erneuerungsvision. Nietzsche wird porträtiert als ein Mensch, der mit aller Macht daran arbeitet, die kommende Katastrophe abzuwenden:

> Einer stand auf der scharf wie blitz und stahl
> Die klüfte aufriss und die lager schied
> Ein Drüben schuf durch umkehr eures Hier..
> Der euren wahnsinn so lang in euch schrie
> Mit solcher wucht dass ihm die kehle barst.
> Und ihr? ob dumpf ob klug ob falsch ob echt
> Vernahmt und saht als wäre nichts geschehn..
> Ihr handelt weiter sprecht und lacht und heckt.
> Der warner ging.. dem rad das niederrollt
> Zur leere greift kein arm mehr in die speiche.[54]

Georges Gedicht von 1917, »Der Krieg«, stellte unmißverständlich fest, daß es sich beim Ersten Weltkrieg nicht um einen heiligen, nietzscheanischen Krieg handelte. In ihm blickt der »Siedler auf dem berg« (wobei George, Nietzsche und Zarathustra

52 Walter H. Sokel, *The Writer in Extremis. Expressionism in Twentieth-Century German Literature*, a. a. O., S. 68; dt.: *Der literarische Expressionismus. Der Expressionismus in der deutschen Literatur des zwanzigsten Jahrhunderts*, a. a. O., S 90.

53 Franz Pfemfert »Die Deutschsprechung Friedrich Nietzsches« in: *Die Aktion. Wochenschrift für Politik, Literatur, Kunst* 5; Nr. 26 (1915) S. 321.

54 Stefan George, »Der Stern des Bundes« in: *Sämtliche Werke*, Bd. 8, Stuttgart: Klett-Cotta 1993, S. 34.

zu einer Person verschmolzen) mißtrauisch auf das Schlachtfeld und erklärt: »Am streit wie ihr ihn fühlt nehm ich nicht teil.«[55]

Doch waren solche Reaktionen von eher marginaler Bedeutung. Weit wichtiger war die Mobilisierung Nietzsches für nationalistische und militärische Zwecke. Selbstverständlich widersetzten sich viele seiner Indienstnahme, nicht weil sie glaubten, der Krieg sei zu schmutzig für Nietzsche, sondern eher weil sie der Überzeugung waren, Nietzsche sei zu schmutzig für den Krieg! R. Hinton Thomas hat die Auffassung vertreten, die Berufung auf Nietzsche sei als Teil der Kriegsanstrengungen durchaus *nicht* allgemein willkommen geheißen worden. Seiner Meinung nach nahmen Nationalisten, Annexionisten und Propagandisten auch weiterhin gegen Nietzsche Stellung. Deshalb sei dessen Erbe während des ganzen Krieges in den Händen der Progressiven gut aufgehoben gewesen.[56] Doch während Nietzsches Werk niemals ausschließlich nur einem Teil des politischen Spektrums zuzuordnen war, läßt sich die Auffassung von R. Hinton Thomas auch aus folgendem Grund einfach nicht halten: Nietzsches Nationalisierung und Vereinnahmung durch eine zunehmend radikalisierte Rechte während des Ersten Weltkriegs ist unverkennbar. In der Tat wurde diese Tendenz sowohl von progressiven Intellektuellen[57] wie von prokommunistischen Kreisen[58] und (noch bezeichnender) von den unerbittlichen Gegnern Nietzsches auf der politischen Rechten bestätigt und zugleich bitter bekämpft. Theodor Fritsch beispielsweise protestierte wütender als je zuvor. Nietzsche selbst, so erklärte er in einer ironisch an den Philosophen erinnernden Sprache, sei »etwas, das überwunden werden muß«.[59] Doch Fritschs Einwände stellten eine kaum wahrnehmbare Reaktion auf eine überwältigende Neigung der Rechten dar, Nietzsche zu feiern.

Der Krieg bescherte schließlich auch dem Langzeitprojekt von Elisabeth Förster-Nietzsche und ihren Mitarbeitern im Weimarer Archiv einen gewissen Erfolg; denn Nietzsches Schwester war die stärkste Verfechterin einer konservativen und patriotischen Deutung der Werke ihres Bruders. Mit dem Kriegsausbruch wuchs die Neigung, ihr gereinigtes Nietzschebild zu akzeptieren. Ihre Aufsätze wurden während

---

55 Stefan George »Der Krieg« in: *Das Neue Reich. Gesamtausgabe der Werke*, endgültige Fassung, Berlin: Georg Bondi o.J. [1928], S. 27-34, hier S. 29. Vgl. Patrick Bridgwater »German Poetry and the First World War« in: *European Studies Review* 1, Nr. 2, (April 1971) S. 155f.

56 Vgl. R. Hinton Thomas, *Nietzsche in German Politics and Society 1890-1918*, a.a.O., S. 126ff.

57 Vgl. Franz Pfemfert »Die Deutschsprechung Friedrich Nietzsches«, a. a. O.; Oskar Levy »Nietzsche im Krieg«, a.a.O.; Arnold Zweig, *Bilanz der deutschen Judenheit 1933*, a.a.O.

58 F. Schwangart beschreibt die deutsche nationalistische Kriegspropaganda in bezug auf Nietzsche als »eine *unvergeßliche Untat*«, vgl. »Was ist uns Nietzsche?« in: *Heimstunden. Proletarische Tribüne für Kunst, Literatur, Dichtung* Nr. 5 (Mai 1925) S. 145.

59 Vgl. Fritschs Aufsatz unter dem Pseudonym F. Roderick-Stoltheim »Nietzsches Machtphilosophie und der Deutschenhaß« in: *Hammer. Blätter für deutschen Sinn* 14, Nr. 301 (1. Januar 1915) S. 3.

der gesamten Dauer des Krieges publiziert.[60] Bezeichnenderweise erschien einer ihrer ersten Beiträge in einem bedeutenden *liberalen* Organ, dem *Berliner Tageblatt*, im September 1914. Unter dem Titel »Der ›echt-preußische‹ Friedrich Nietzsche« unterstützte sie einen im selben Blatt erschienenen Aufsatz von Werner Sombart. Sie bekräftigte die Wahrnehmung Nietzsches als Verkörperung der besten Traditionen Preußens.[61] Zu seinen Idealen gehörten nach ihrer Darstellung die noblen preußischen Tugenden der Disziplin, der Zucht, der Ordnung und der Pflichterfüllung. Das war der »wahre« Nietzsche, und der hatte wenig gemein mit dem pöbelhaften Bild, das irgendwelche Kaffeehausintellektuellen von ihm zu übermitteln suchten.

Seit der von ihr verfaßten Biographie (1904)[62] stellte sie ihren Bruder immer wieder als Preußen dar. Nietzsche war ihr zufolge ein Patriot und ein kriegerischer Mensch. Insofern sah sie in ihm einen Reflex ihrer eigenen Vorliebe für marschierende Soldaten und strahlende Uniformen. Es war wohl ein böses Omen, daß ausgerechnet der extrem völkische Ernst Wachler ihren Beitrag zum Erbe Nietzsches in Deutschland wohlwollend würdigte. Wenn die Nation, so schrieb er, in wachsendem Maße von den Geistesschätzen Nietzsches durchdrungen werde, so sei das den noblen Bemühungen von Frau Förster-Nietzsche zu verdanken.[63] Das Nietzschebild Wachlers, wie es sich durch die Übermittlung von Nietzsches Schwester herausbildete, war nicht allzu weit entfernt von jenem heroischen, politischen und zum Nazi gemachten Nietzsche, den bald darauf Alfred Bäumler und andere portraitieren sollten.[64]

Der militante Nationalismus zu Beginn des Krieges fiel zeitlich mit Nietzsches siebzigstem Geburtstag zusammen. Der bot eine passende Gelegenheit, die Kategorien Nietzsches rasch an die neu entstandene Kriegswirklichkeit anzupassen.

---

60 Bei den Schriften von Elisabeth Förster-Nietzsche aus dieser Zeit sollte zumindest auf folgende Titel verwiesen werden: »Nietzsche und der Krieg« in: *Tag* 212 (10. September 1914); »Nietzsche im Kriege 1870« in: *Der Neue Merkur* 1 (1914); »Nietzsche und Deutschland« in: *Berliner Tageblatt* 44, Nr. 453 (5. September 1915); »Nietzsche, Frankreich und England« in: *Neue Freie Presse* (11. Juni 1916). Richard Frank Krummel, *Nietzsche und der deutsche Geist* a. a. O., enthält eine vollständige Liste der Veröffentlichungen der Schwester des Philosophen.

61 Elisabeth Förster-Nietzsche »Der ›echt-preußische‹ Friedrich Nietzsche« in: *Berliner Tageblatt* (16. September 1914). Sombarts Aufsatz war im gleichen Blatt am 6. September 1914 erschienen.

62 Elisabeth Förster-Nietzsche, *Das Leben Friedrich Nietzsche's*, 2 Bde., Leipzig: C. G. Naumann 1904. In diesem Buch vertrat sie die These, Nietzsche habe seine Konzeption des Willens zur Macht anläßlich eines Ereignisses im deutsch-französischen Krieg entwickelt. Er sei Zeuge des temperamentvollen Angriffs eines schwer erschöpften preußischen Regiments geworden. Dadurch sei er, so erfährt der Leser, davon überzeugt worden, daß nicht Darwins Kampf ums Überleben, sondern der Wille zur Macht die richtige Konzeption des Lebens sei (S. 682ff.).

63 Vgl. Ernst Wachler »Elisabeth Förster-Nietzsche (Zur Begründung des Nietzsche-Archivs)« in: *Deutsche Zeitung* 388 (1918).

64 Vgl. Alfred Bäumler, *Nietzsche, der Philosoph und Politiker*, Leipzig: P. Reclam, jun. 1931.

Überlegungen in dieser Richtung erschienen nicht nur in akademischen Organen und kleinen Zeitschriften am Rande, sondern in der nationalen und überregionalen Presse. Sie beschworen einen germanischen Nietzsche, dessen Bild auf die Bedürfnisse der Nation im Krieg abgestimmt war.

Die rhetorische Verbindung zwischen dem germanischen und dem nietzscheanischen Heldentum wurde zuerst von der liberalen Presse vorgenommen. Verbunden werden sollten beide durch eine affirmative Philosophie von Kampf und Heroismus, in der Leiden und Disziplin (statt des in England verbreiteten, oberflächlich utilitaristischen Strebens nach Glück) zu Geist und Größe führen sollten. Diese schwierige Aufgabe bewies, daß »der viel verkannte und verlästerte ›Übermensch‹ [...] durchaus deutsche Züge« trug.[65] Derselbe Autor, der Nietzsches Übermenschen für die deutsche Nation reklamierte, zitierte aus der »Götzen-Dämmerung«, um auch die gebotene anti-englische, antiliberale und antidemokratische Ideologie unter Beweis zu stellen:

> Der Krieg erzieht zur Freiheit. Denn was ist Freiheit! Dass man den Willen zur Selbstverantwortlichkeit hat. Dass man die Distanz, die uns abtrennt, festhält. Dass man gegen Mühsal, Härte, Entbehrung, selbst gegen das Leben gleichgültiger wird. Dass man bereit ist, seiner Sache Menschen zu opfern, sich selber nicht abgerechnet. Freiheit bedeutet, dass die männlichen, die kriegs- und siegsfrohen Instinkte die Herrschaft haben über andre Instinkte, zum Beispiel über die des ›Glücks‹. Der *freigewordne* Mensch, um wie viel mehr der freigewordne *Geist,* tritt mit Füssen auf die verächtliche Art von Wohlbefinden, von dem Krämer, Christen, Kühe, Weiber, Engländer und andre Demokraten träumen. Der freie Mensch ist *Krieger.*[66]

Nietzsche, so wurde betont, war kein akademischer Denker, sondern einer, der sich mit umfassenderen Problemen beschäftigte, die eng mit dem Schicksal Deutschlands zusammenhingen.[67] Eines dieser vitalen Probleme war die Bedeutung des individuellen wie des nationalen Todes. Es fiel nicht schwer, Nietzsche für dieses Thema einzuspannen. Er wurde portraitiert als Philosoph des Weltkriegs. »Er, der nicht nach seinem Glück fragte, wohl aber nach seinem Werk, hat unsere gesamte Generation zur herben Wahrhaftigkeit erzogen, zur lebensgefährlichen Redlichkeit, zur Todesverachtung, zur höchsten Anspannung jeder Fähigkeit, zum Opfer auf dem Altar der Gesamtheit, zur Heldenhaftigkeit, zur stillen, freudigen Größe.«[68] Mit dieser Emphase wurde Zarathustra zum Gemeingut gemacht, mit ihr begeisterte man die Leute für den Krieg und mit ihr verwandelte man Nietzsches Pathos des Überwindens zur moralischen Glorifizierung des persönlichen wie kollektiven Todes.

---

65 Vgl. August Messer »Nietzsche und der Krieg. Zum 70. Geburtstag des Philosophen, 15. Oktober« in: *Frankfurter Zeitung* 286 (15. Oktober 1914).

66 Friedrich Nietzsche, *Götzen-Dämmerung,* in: *Werke,* Bd. VI, 3, a. a. O., S. 133f.

67 Vgl. Kurt Singer »Nietzsches Vermächtnis. 15. Oktober 1844 - 15. Oktober 1914« in: *Hamburgischer Correspondent* 184. Nr. 524 (15. Oktober 1914).

68 Vgl. Theodor Kappstein »Nietzsche der Philosoph des Weltkriegs. Zu seinem 70. Geburtstag am 15. Oktober« in: *Straßburger Post* 1028 (1914).

Dieses Bild Nietzsches wurde in einer Flut von Publikationen unter den Soldaten und in der Öffentlichkeit verbreitet. Nietzsche war eine der ersten Figuren der *Illustrierten Helden-Bibliothek*.[69] Verschiedene Zeitschriften druckten besondere Kriegsausgaben mit Auszügen aus seinen Schriften und mit dem *Willen zur Macht*.[70] Gedichte wurden geschrieben, die zur Nachahmung seines martialischen Deutschtums aufforderten.[71] Mindestens 20 000 Exemplare von Hermann Itschners Nietzsche-Anthologie, die Zuspruch in großer Zeit verhieß, wurden verteilt.[72] Die Themen des Heroismus, des Patriotismus und des Willens verschmolzen mit dem Namen Nietzsches als des großen Jasagers und Propheten einer großen Generation nach dem Krieg.

In bestimmten Kreisen der radikalen Rechten, der Völkischen und der Jugendbewegung vereinigte der Krieg martialische Tugenden mit der Vision einer grandiosen, nationalen, kulturellen und geistigen Umgestaltung. Nietzscheanische Metaphern wurden entscheidend für diese Vision, die zu einem integralen Bestandteil des Arsenals der konservativen Revolution in der Weimarer Republik werden sollte. In diesen Metaphern konnte Nietzsche als wirkungsmächtiger Widerpart zu Marx fungieren, weil mit ihnen das Kulturelle gegenüber dem Materiellen, das Geistige gegenüber dem Ökonomischen hervorgehoben wurde. Gewiß ließen sich diese Tendenzen in manchen Kreisen schon bis in die Zeit vor dem Krieg zurückverfolgen. So hatte beispielsweise die neuromantische Gruppe von Eugen Diederichs um die Zeitschrift *Die Tat* von Anfang an ihr Ideal einer kulturellen Wiedergeburt Deutschlands auf den Einfluß Nietzsches gegründet.[73] Der Krieg steigerte lediglich ihre Erwartungen. Die Kommentatoren der Zeitschrift bestanden darauf, daß nach der Feuerprobe des Krieges in der Tat ein Durchbruch zu neuer, nationaler und nietzscheanischer Wahrhaftigkeit wirklich werden würde.[74]

Bei anderen wichtigen völkischen Gruppen führte erst der Krieg selbst eine neue Einstellung zu Nietzsche herbei. Der von Hermann Popert beeinflußte Teil der Jugendbewegung, der »Vortrupp«, der Nietzsche zunächst als für ein gesundes Natio-

---

69 Vgl. O. te Kloot. *Nietzsche*, Illustrierte Helden-Bibliothek 30, Berlin: Ed. Rose 1914.

70 Vgl. »Friedrich Nietzsche. Vom Kriege« in: *Insel-Almanach* (Kriegsalmanach 1915), Leipzig: Insel Verlag 1915.

71 So z.B. Elisabeth Gnade »Zu Friedrich Nietzsches 70. Geburtstage, 15. Oktober 1914« in: *Tägliche Rundschau* 241 (14. Oktober 1914):
Uns bleibt nur Zeit,
Um deutsch zu sein, deutsch, wie du selber warst -
Damals - vom Lehrstuhl aus der sich'ren Schweiz
Herzugeeilt beim Schall der Kriegsfanfare!

72 Vgl. Hermann Itschner, *Nietzsche-Worte. Weggenossen in großer Zeit*, Leipzig: Alfred Kröner 1915.

73 Vgl. zu den Aktivitäten von Eugen Diederichs das Buch von Gary D. Stark, *Entrepreneurs of Ideology. Neoconservative Publishers in Germany, 1890-1933*, Chapel Hill: University of North Carolina Press 1981. Der volle Titel der Zeitschrift *Die Tat. Wege zu freiem Menschentum* spielte offenkundig auf Nietzsche an. In ihrer ersten Nummer (April 1909) war auf dem Titelblatt eine heroische Büste des Philosophen abgebildet.

74 Vgl. Richard Gröper »Nietzsche und der Krieg«, a.a.O.

nalempfinden zutiefst gefährlich abgelehnt hatte, machte einen völligen Sinneswandel durch. Nietzsche wurde durch den Krieg zu seinem völkischen Leitstern. Paul Schulze-Berghof (der später den nationalsozialistischen Zarathustra-Mythos verbreitete)[75] gab ein Beispiel für die neue Haltung des Vortrupp, als er Nietzsche einen »Kulturpropheten des deutschen Weltreichs« nannte. Die nietzscheanische Selbsterlösung war ihm zufolge letzten Endes die Selbsterlösung der deutschen Menschheit als Nation. Die Gesetzestafeln des Zarathustra waren für die Deutschen, was die Gesetzestafeln des Moses für die Israeliten waren. Und der Krieg war eine Feuertaufe, die den Zarathustra als das große Sturmlied der Zeit hatte erkennbar werden lassen, als die Eroica der deutschen Volksseele, als Deutschlands eigenstes Heldenlied.[76]

Die Nationalrevolutionäre der radikalen Rechten, deren Gruppen während der Weimarer Republik wie Pilze aus dem Boden schossen, waren vor 1918 als politische Kraft keineswegs offen erkennbar. Doch schon während des Krieges tauchten sie hier und da auf. Denn selbstverständlich bereitete der Krieg die Grundlage für ihre wichtigsten Themen und Ziele. Nietzscheanische Bilder der Männlichkeit, des Willens, der Tapferkeit und des Kampfes durchdrangen ihr politisches Vokabular. Kommentatoren wie Max Brahn verbanden diese Werte mit der Darstellung Nietzsches als eines Lehrers der politischen Organisation. In diesem politisierten Bild Nietzsches erschien der Staat als ein lebenswichtiges Mittel zur Erreichung des Übermenschen als des höchsten nietzscheanischen Ziels.[77] Während diese Verbindung später typisch werden sollte für die Aneignung Nietzsches durch die politische Rechte, wurden hier zunächst noch die Ideale einer neuen, durch das Kriegserlebnis gestählten Kultur betont. In bestimmten esoterischen Zeitschriften der Rechten beeinflußte Nietzsche aufkeimende proto-faschistische Tendenzen. So stellte beispielsweise *Der Panther. Deutsche Monatsschrift für Politik und Volkstum* Nietzsche durchgängig als Vertreter einer kulturellen Totalität dar, die sich aus einer Verschmelzung ästhetischer und heldischer Werte ergab und die im Gegensatz stand zu einer zersplitterten liberalen, intellektualistischen und moralistischen Welt. Diese kulturelle Totalität konnte nur durch Kampf und Stärke geschaffen werden. In dem Bild, das *Der Panther* von Nietzsche entwarf, kündigte sich bereits das rechtsradikale Nietzschebild der Nachkriegszeit an. In ihm erschien Politik umgewandelt in ein Problem des Willens, und es suchte Nietzsches Willen zur Macht nationalistisch als furchtlosen deutschen Willen zu Macht und Selbstbehauptung hinzustellen.[78]

---

75 Paul Schulze-Berghof »Der Zarathustra-Dichter als Mystiker« in: *Die musische Erziehung* 9 (1942).

76 Paul Schulze-Berghof »Der Kulturprophet des deutschen Weltreichs« in: *Der Vortrupp* 5 (1916); ders. »Zarathustra. Deutsche Mystik - deutscher Glaube« in: *Der Vortrupp* 5 (1916). Schulze-Berghof entwarf darüber hinaus eine nietzscheanische Religion.

77 Vgl. Max Brahn, *Friedrich Nietzsches Meinungen über Staaten und Kriege*, Leipzig: Alfred Kröner 1915.

78 Vgl. Lenore Ripke-Kühn »Nietzsches Kulturanschauung« in: *Der Panther* 3 (1915) S. 420-456; dies. »Nietzsches Willenserziehung« in: *Der Panther* 5, Nr. 4 (April 1917) S. 519-535.

Nietzsche wurde zu nationaler Respektabilität domestiziert, indem man ihn dem patriotischen Kriegserlebnis zuschlug. Wie kaum anders zu erwarten, hielt Karl Joel Nietzsches pro-französische Haltung für Schauspielerei. In Wahrheit, so meinte er, blieb »seine Seele [...] treu in der deutschen Linie«, in der sich männlich »das deutsche Denken in Einheit zeigt mit der deutschen Tat«.[79] Auf diese Weise ließen sich subtile Verbindungen zwischen Nietzsche und Bismarck behaupten. Beide waren für Kampf und kriegerischen Geist. »Blut und Eisen« sowie der Übermensch widersprachen sich nicht, sondern ergänzten einander.[80] Auch Max Schelers Schriften *Der Genius des Krieges und der deutsche Krieg* sowie *Das Ressentiment im Aufbau der Moralen* (beide von 1915) priesen im Geist einer nietzscheanischen Lebensphilosophie die veredelnden Aspekte des Krieges.[81] Scheler suchte die christliche Ethik mit der Kriegerethik zu versöhnen. Seiner Meinung nach waren nicht die Christen, wie Nietzsche behauptet hatte, Träger der Sklavenmoral und des verachteten Ressentiments, sondern die Bourgeoisie.

In der politischen Kultur Deutschlands war die Kritik an der Bourgeoisie nie ein Monopol der Linken. An ihr beteiligten sich seit wilhelminischer Zeit traditionalistische Konservative ebenso wie die enttäuschte völkische Rechte. Bei ihr handelte es sich um eine idealisierte nationale Selbstdarstellung in einer Gesellschaft, die sich mit ihrem eigenen Kapitalismus noch nicht ausgesöhnt hatte.[82] Vor 1914 und nach 1918 wurde diese Unzufriedenheit durch die Gleichsetzung des Judentums mit der Bourgeoisie kanalisiert. Während des Krieges jedoch wurden oft die Engländer als die wahren Bourgeois, nämlich als jene Händler hingestellt, welche die negativen Züge verkörperten, gegen die sich das Ressentiment wandte. Nietzsches Werk konnte auch hier zum brauchbaren Instrument einer negativen Etikettierung des Feindes werden. Und niemand bediente sich seiner wirkungsvoller als Werner Sombart in seiner außerordentlich weit verbreiteten Schrift *Händler und Helden* (1915).[83] Wie viele andere Vertreter der konservativen Revolution reduzierte auch Sombart sozioökonomische Erscheinungen auf Hypostasierungen des Geistes.[84] *Händler und Helden* übertrug ganz einfach auf die Engländer, was Sombart zuvor

---

79 Karl Joel, *Neue Weltkultur*, a.a.O., S. 55f.

80 Vgl. Richard Gröper »Nietzsche und der Krieg«, a.a.O., S. 30.

81 Vgl. Max Scheler, *Der Genius des Krieges und der deutsche Krieg*, 3. Aufl., Leipzig: Der Neue Geist Verlag 1917 sowie »Das Ressentiment im Aufbau der Moralen« in: ders., *Abhandlungen und Aufsätze*, Bd. 1, Leipzig: Der Neue Geist Verlag 1915, S. 39-274.

82 Vgl. Fritz Stern »Money, Morals, and the Pillars of Society« in: ders.: *The Failure of Illiberalism. Essays on the Political Culture of Modern Germany*, Chicago und London: University of Chicago Press 1971; dt.: »Geld, Moral und die Stützen der Gesellschaft« in: *Das Scheitern illiberaler Politik. Studien zur politischen Kultur Deutschlands im 19. und 20. Jahrhundert*, Frankfurt a.M., Berlin und Wien: Propyläen 1974, S. 62-89.

83 Vgl. Werner Sombart, *Händler und Helden. Patriotische Besinnungen*, München und Leipzig: Duncker und Humblot 1915.

84 Vgl. Jeffrey Herf, *Reactionary Modernism. Technology, Culture, and Politics in Weimar and the Third Reich*, a.a.O., S. 133f.

über die Juden geschrieben hatte.[85] Die Gegenüberstellung von krämerischem und heldischem Geist war, wie Sombart betonte, nicht bloß seine private Vorliebe, also eine Frage des indivuellen Temperaments, sondern in ihr spiegelte sich der Unterschied zwischen der englischen und der deutschen Volksseele. Begrifflich spielte diese Gegenüberstellung indes eindeutig auf Nietzsche an. Sombarts nietzscheanische Betonung der zentralen Bedeutung des Willens und des Heldentums ging nur zu leicht in eine Hypostasierung von Typen über. Während die Engländer den Typus des Händlers repräsentierten, wandelte sich der Geist Nietzsches kaum merklich zum heldischen deutschen Geist.

Wenn Ausländer über den gegenwärtigen Krieg philosophieren, so kommen sie seltsamerweise immer auf den *einen* Gedanken zurück: der Krieg von 1914 ist der Krieg *Nietzsches*. Deutschland hat ihn entfacht, und Deutschland ist dazu beseelt worden von *Nietzsche*schem Geiste. Das ist, wenn wir von der Unwahrheit absehen, daß wir den Krieg allein gewollt haben, nicht unrichtig. Aber es ist einseitig. So gut nämlich, wie man diesen Krieg den Krieg *Nietzsches* nennen kann, kann man ihn auch den Krieg *Friedrichs des Großen*, oder *Goethes*, oder *Schillers*, oder *Beethovens*, oder *Fichtes*, oder *Hegels*, oder *Bismarcks* nennen: es ist eben der *deutsche* Krieg. Und *Friedrich Nietzsche* ist nur der letzte Sänger und Seher gewesen, der, vom Himmel hoch dahergekommen, uns die Mär verkündet hat, daß aus uns der Gottessohn geboren werden soll, den er in seiner Sprache den Übermenschen nannte.[86]

Für Sombart war der deutsche Militarismus nur das äußere Anzeichen eines inneren heldischen Geistes, »Potsdam und Weimar in höchster Vereinigung. Er ist ›Faust‹ und ›Zarathustra‹ und Beethoven-Partitur in den Schützengräben«.[87] Dennoch mußte auch Sombart mit Nietzsches angeblichem Antinationalismus fertigwerden. Er argumentierte, das von Nietzsche befürwortete heldische Leben führe notwendig zu einer nationalistischen, völkischen Haltung; denn es könne kein Heldentum ohne Vaterland geben, und der Übermensch sei eine Vorbedingung nationaler Existenz. Hatte nicht Nietzsche selbst sein Idealbild des metanationalen ›guten Europäers‹ zerstört und seiner eigenen Lehre im *Zarathustra* widersprochen? Ein metanationaler Übermensch war eine Absurdität.[88]

Alle Verfechter des nationalistischen nietzscheanischen Kriegsmythos sahen sich in gleicher Weise gezwungen, Nietzsches zahlreiche antideutsche Ausfälle hinwegzuerklären. Meist wurde dabei zwischen einem tieferen oder wirklichen und einem nur scheinbaren Nietzsche unterschieden. Im Gegensatz zu Fritsch vertraten radikale nietz-

---

85 Sombarts berühmtestes Werk zu diesem Thema vor dem Krieg war *Die Juden und das Wirtschaftsleben*, Leipzig: Duncker und Humblot 1911. Nach dem Krieg behandelte er erneut das Thema des jüdischen Geistes. Vgl. die kritische Untersuchung von Paul R. Mendes-Flohr »Werner Sombart's ›The Jews and Modern Capitalism‹. An Analysis of Its Ideological Premises« in: *Leo Baeck Institute Yearbook* (1976). Vgl. ferner Steven E. Aschheim »›The Jew Within‹. The Myth of ›Judaization‹ in Germany« in: Jehuda Reinharz and Walter Schatzberg (eds.), *The Jewish Response to German Culture*, New Hampshire: University Press of New England 1985, S. 212-241.

86 Werner Sombart, *Händler und Helden. Patriotische Besinnungen*, a.a.O., S. 53.

87 Werner Sombart, *Händler und Helden. Patriotische Besinnungen*, , a.a.O., S. 84f.

88 Vgl. Werner Sombart, *Händler und Helden. Patriotische Besinnungen*, a.a.O., S. 141.

scheanische Antisemiten die Auffassung, es gelte, den wahren deutschen Nietzsche zu entdecken, den die Juden systematisch vor dem Bewußtsein der Öffentlichkeit verborgen gehalten hätten, indem sie seine Darstellung in Deutschland monopolisierten. Sie hätten ihn in Übereinstimmung mit ihren eigenen destruktiven Interessen zu einem Nihilisten und Internationalisten entstellt.[89] Andere meinten, das Jahr 1914 hätte für Nietzsche ohne Zweifel eine entschiedene Veränderung in seiner Einstellung seinem deutschen Vaterland gegenüber zur Folge gehabt. Ein Kritiker schrieb, Nietzsche hätte sich wohl als ein zweiter Fichte erwiesen; denn er hätte den Kampf in seiner ganzen Größe erfaßt und sich zur leidenschaftlichen Verteidigung Deutschlands aufgeschwungen.[90] Wieder andere lasen aus Nietzsches ätzender Kritik an Deutschland geheime Liebe und tiefe Verbundenheit heraus. Wie ein jüdischer Prophet erschien er ihnen als Organ seines Volkes, das er durch seine Züchtigung zu immer höheren Höhen trieb.[91]

Mit dem Fortgang der Krieges erwies sich das Werk Nietzsches als wichtige Quelle einer veränderten und sich ändernden politischen Sinngebung. In den Wandlungen seiner Kanonisierung spiegelten sich die einzelnen Phasen des Krieges wider. Zunächst wurde Nietzsche, wie wir bereits gesehen haben, als derjenige hingestellt, der durch sein Heldentum die Grundlage für eine allgemeine Mobilisierung und für den Triumph in der Schlacht geschaffen hatte.

Als der Krieg sich dem Ende zuneigte und eine Niederlage bevorzustehen schien, traten Verwirrung und Angst an die Stelle dieses überschwenglichen Triumphs. 1918 dachte man in Deutschland nicht mehr voller Selbstvertrauen daran, die Einheit von Denken und Handeln zu verkünden, sondern man fühlte sich durch nationale Verunsicherung, allgemeines Versagen und die eigene Unvollkommenheit gefährdet. Der überkommene, fast gespenstische Geist der Kultur sah sich erneut durch die fremde, westliche Zivilisation bedroht. Nietzsche wurde zu einer zentralen Figur bei dem Versuch, aus einer Situationsbestimmung den Trost eines Neuanfangs zu gewinnen. Dieser neue Nietzsche stellte die Verkörperung der verzweifelten Situation in Deutschland dar, und sein Werk galt zugleich als Vermächtnis eines sich künftig entwickelnden deutschen Wesens.

Die beiden besten Darstellungen Nietzsches, die aus dem Krieg hervorgegangen sind und die beide 1918 veröffentlicht wurden, sind Thomas Manns *Betrachtungen eines Unpolitischen* und Ernst Bertrams *Nietzsche. Versuch einer Mythologie*. Sie brachten die Stimmung der Zeit und eine Weltsicht zum Ausdruck, die damals viele Intellektuelle teilten.[92] Trotz ihrer Nähe zueinander, die beide sofort bemerkten,

---

89 Vgl. Lenore Ripke-Kühn »Nietzsche, der ewige Deutsche. Zu Ernst Bertrams ›Nietzsche. Versuch einer Mythologie‹« in: *Deutschlands Erneuerung* 6 (1919) S. 420, 424.

90 Vgl. Max Brahn, *Friedrich Nietzsches Meinungen über Staaten und Kriege*, a. a. O., S. 29.

91 Vgl. den Aufsatz von Moritz Heimann aus dem Jahr 1915 »Nietzsche und sein Volk« in dessen *Prosaische Schriften*, 3 Bde., Berlin: S. Fischer 1918, Bd. 1, S. 180-184.

92 Vgl. Jens Rieckmann »Erlösung und Beglaubigung. Thomas Manns ›Betrachtungen eines Unpolitischen‹ und Ernst Bertrams ›Nietzsche. Versuch einer Mythologie‹« in: *Modern Language Notes* 90 (1975) S. 424-430.

gingen sie später getrennte Wege: Thomas Mann revidierte seine antidemokratische Haltung und wurde zu einem Befürworter der Weimarer Republik; Bertram dagegen wandte sich immer stärker der Rechten zu, bis er schließlich sogar eine Zeitlang mit den Nationalsozialisten sympathisierte. Während des Krieges und in der Nachkriegszeit blieben beide jedoch enge Freunde; gemeinsam war ihnen die Überzeugung von der symbolischen Bedeutung Nietzsches für Deutschland.[93] Thomas Mann notierte in seinem Tagebuch:

> Beendete nach dem Abendessen Bertrams ›Nietzsche‹. Wohlthuend zu denken, daß ohne den Tonio Kröger und den Tod in Venedig dies Buch weder in Einzelwendungen noch auch wohl als Ganzes möglich gewesen wäre. Ergreifend, wie es, würdig, besonnen, historisierend, unantastbar, unbeschimpfbar, geschwisterlich neben meinem unbesonnenen, ungebildeten, stammelnden und kompromittierenden Künstlerbuche steht [...] Wahrhaftig, ich bin stolz auf dies Werk, als wärs ein Stück von mir.[94]

Angesichts der sich abzeichnenden Niederlage Deutschlands, die beide Werke beschreiben und zu überwinden suchen, war Thomas Manns wütende Polemik, wie er selbst später eingestand,[95] durch die verzweifelte Verteidigung seiner eigenen konservativ bürgerlichen Herkunft veranlaßt. Dabei war er sich des Umstands voll bewußt, daß die Sache, der er sich widersetzte, am Ende siegen würde. Bertrams sehr viel poetischeres Werk, das Nietzsche als gemarterten Kulturheros darstellte, erwähnte den Weltkrieg nicht einmal. Dennoch waren seine hochfliegenden Reflexionen eindeutig ein verschlüsseltes und sublimiertes Produkt der mit dem Krieg einsetzenden Krise. Sein erklärtes, neuromantisches und antirationalistisches Ziel war es, eine »Mythologie des letzten großen Deutschen« zu schaffen und etwas von dem festzuhalten, »was der geschichtliche Augenblick unserer Gegenwart in Nietzsche und als Nietzsche zu sehen scheint«.[96]

Unsere nachträgliche Kenntnis vom »guten« Thomas Mann sollte uns aber nicht blind machen gegenüber seiner bösartig antidemokratischen und antiwestlichen Haltung in der Zeit vor der Weimarer Republik bzw. seiner komplexen und zweideutigen Haltung noch lange danach.[97] In den *Betrachtungen eines Unpolitischen*

---

93 Vgl. zu ihrer Beziehung Inge Jens (hrsg.), *Thomas Mann und Ernst Bertram. Briefe aus den Jahren 1910-1955*, Pfullingen: Neske 1960.

94 Thomas Mann, *Tagebücher 1918-1921*, hrsg. Peter de Mendelssohn, Frankfurt a.M.: S. Fischer 1979, S. 9. Die Eintragung ist vom 18. September; vgl. ferner die Eintragungen vom 14. und 15. September 1918.

95 Vgl. Thomas Mann, *Briefe 1889-1936*, Frankfurt: S. Fischer 1961, S. 291 sowie H. Stefan Schultz »Thomas Mann's ›Betrachtungen eines Unpolitischen‹. Some Oberservations« in: *Modern Language Notes* 90 (1975) S. 431.

96 Ernst Bertram, *Nietzsche. Versuch einer Mythologie*, a.a.O., S. 6.

97 Selbst nach der nationalsozialistischen Machtergreifung blieb diese Einstellung des frühen Thomas Mann erhalten, auch wenn sie nur privat geäußert wurde. Auch sie bezog sich u.a. auf Nietzsche und auf dessen Fehldeutung durch die Juden: »Aber geht dennoch Bedeutendes und Groß-Revolutionäres vor in Deutschland? Die Juden... Daß die übermütige und vergiftende Nietzsche-Vermauschelung Kerr's ausgeschlossen ist, ist am Ende kein

war Nietzsche die zentrale Rechtfertigungsfigur, um die herum er seine antizivilisatorischen Thesen gruppierte. Seine offen politische Verwendung von Gedanken des Philosophen war insofern eigenartig, als er selbst den (von ihm so genannten) »Romanen« immer wieder vorhielt, Nietzsche politisiert zu haben: »Die Politisierung Nietzsche's, das ist die Verhunzung Nietzsche's, nichts anderes, und wenn irgend etwas Geistiges den Krieg aktiv herbeigeführt hat, so war es dies: die Unfähigkeit der Romanen, Philosophie und Politik auseinanderzuhalten.«[98]

Doch auch Thomas Mann selbst hatte einige Mühe, sie auseinanderzuhalten: »Die ungeheuere Männlichkeit seiner [i.e. Nietzsches] Seele, sein Antifeminismus, Antidemokratismus, - was wäre deutscher? Was wäre deutscher als seine Verachtung der ›modernen Ideen‹, der ›Ideen des achtzehnten Jahrhunderts‹, der ›französischen Ideen‹, auf deren englischem Ursprung er besteht?«[99]

Für Bertram war das Deutschtum im wesentlichen eine eigene und andersartige ästhetische und psychische Seinsweise, die sich durch das sprachjenseitige Mittel der Musikalität ausdrückte:[100]

Die Einheit von Musik und Deutschtum, die der junge Nietzsche überall empfindet, läßt ihn dies Deutschtum als ernstesten und ewigen Gegner alles dessen sehen, was nur Zivilisation ist [...] (Die Idee des Urgegensatzes von Zivilisation und Kultur ist ebenso echt nietzschisch wie sie echt deutsch ist...)[101]

Der Nietzsche sowohl Thomas Manns wie Ernst Bertrams transzendierte die eher statischen Darstellungen der Vergangenheit. Im Angesicht der Niederlage betonten beide das Paradoxe und Prozeßhafte, die Dualität. Daher besitzt Thomas Manns Nietzsche (der in vieler Hinsicht dessen eigene Ambivalenzen widerspiegelt) eine komplexe und widersprüchliche Attraktivität. Er ist aufgespalten in »ästhetische« und in »machtbezogene« Komponenten, die im Gegensatz stehen zu seinen »ethischen« und »ironischen« Aspekten. (Thomas Mann optierte eindeutig für die jeweils zuletzt genannten Eigenschaften.) Sein Nietzsche wird darüber hinaus mitschuldig an dem Konflikt, um den der Krieg ausgefochten wird.

Nietzsche hat, unbeschadet der tiefen Deutschheit seines Geistes, durch seinen Europäismus zur kritizistischen Erziehung, zur Intellektualisierung, Psychologisierung, Literarisierung, Radikalisierung oder, um das politische Wort nicht zu scheuen, zur *Demokratisierung* Deutschlands stärker beigetragen als irgend jemand [...] Was ich aber meine, wenn ich sage, daß die ge-

---

Unglück; auch die Entjudung der Justiz am Ende nicht. - Geheime, bewegte und angestrengte Gedanken. Widrig-Feindseliges, Niedriges, Undeutsches im höheren Sinn bleibt auf jeden Fall bestehen. Aber ich fange an zu argwöhnen, daß der Prozeß immerhin von dem Range derer sein könnte, die ihre zwei Seiten haben...« Thomas Mann, *Tagebücher 1933-1934*, hrsg. Peter de Mendelssohn, Frankfurt a.M.: S. Fischer 1977, S. 46.

98 Thomas Mann, *Betrachtungen eines Unpolitischen*, in: *Gesammelte Werke*, Bd. 14, Frankfurt a.M.: S. Fischer 1983, S. 211.

99 Thomas Mann, *Betrachtungen eines Unpolitischen*, a.a.O., S. 81f.

100 Vgl. die kenntnisreiche Lektüre von Bertram bei Joel Golb, *Celan and Hölderlin. An Essay on the Problem of Tradition*, Ph.D. diss., Princeton University 1985, S. 119ff.

101 Ernst Bertram, *Nietzsche. Versuch einer Mythologie*, a.a.O., S. 108.

waltige Verstärkung des prosaistisch-kritizistischen Elementes in Deutschland, die Nietzsche bewirkt hat, *Fortschritt* im bedenklichsten, politischsten Sinne, im Sinne der ›Vermenschlichung‹, - Fortschritt in westlich-demokratischer Richtung bedeutet, und daß die Erziehung durch ihn nicht gerade das ist, was man eine Erziehung in deutsch-erhaltendem Geiste nennen dürfte, das hoffe ich deutlich gemacht zu haben...«[102]

Das persönliche Exempel Nietzsches aber war für Thomas Mann noch bedeutsamer. Ergriffen beschrieb er »die seelischen Voraussetzungen und Ursprünge [...] der ethischen Tragödie seines Lebens, dieses unsterblichen europäischen Schauspiels von Selbstüberwindung, Selbstzüchtigung, Selbstkreuzigung mit dem geistigen Opfertode als herz- und hirnzerreißendem Abschluß«.[103] Auch der Nietzsche Bertrams war zwiespältig konzipiert. Sein Werk folgt einem vorgegebenen Muster von Gegensätzen (Kultur gegen Zivilisation, Norden gegen Süden usw.). Nietzsche wird zur epischen Verkörperung deutschen Schicksals, dessen Seele gefangen ist zwischen einander widerstrebenden Geisteszuständen. Diese Konflikte umschließen das deutsche Erleben in seiner erhabensten Form. Darum erreicht Nietzsches Deutschtum paradoxerweise seinen tiefsten Ausdruck in den Augenblicken seiner radikalsten Selbstkritik.[104]

Trotz aller Gemeinsamkeiten zwischen Thomas Mann und Ernst Bertram liefern gerade die Unterschiede zwischen den Schriften beider einen Schlüssel zur Unterscheidung zwischen der alten und der sich herausbildenden neuen Rechten. Die Schrift Thomas Manns war ein Dokument des Übergangs, zerrissen von Widersprüchen und randvoll mit Ambivalenzen, aber dennoch ihrer Form nach der alten, untergehenden Ordnung verpflichtet. Sie blieb in ihrer Weltsicht quietistisch, ironisch und zutiefst konservativ. In ihr hieß es: »Radikalismus ist Nihilismus. Der Ironiker ist konservativ.« Von daher kann es kaum überraschen, wenn Thomas Mann Nietzsches Radikalismus als Antiradikalismus beschrieb, als »*anti-radikal* in einem bis dahin unerhörten, einem wahrhaft *radikalen* Sinne und Grade, und in dieser Eigenschaft und Willensmeinung kam sein Deutschtum zu seinem Elementarausbruch wie in sonst keiner andern. Denn Anti-Radikalismus [...] ist die spezifische, die unterscheidende und entscheidende Eigenschaft oder Eigenheit des deutschen Geistes.«[105]

Doch gerade diese Elemente radikaler Macht, die Thomas Mann als Ironiker und Konservativer ablehnte, waren charakteristisch für die entstehende neue deutsche Rechte. Ironie war das letzte, was diese Weimarer Radikalen interessierte. Während Thomas Mann die Widersprüche, die er am Ende einer historischen Epoche so lebhaft empfand, nicht zu lösen vermochte, wirkte Bertram wegweisend, indem er die Konflikte der Zeit so zu lösen vorgab, daß er Nietzsche in einen in sich geschlosse-

102 Thomas Mann, *Betrachtungen eines Unpolitischen*, a.a.O., S. 85, 87.
103 Thomas Mann, *Betrachtungen eines Unpolitischen*, a.a.O., S. 146.
104 Vgl. die detailliertere literarische Analyse dieser Struktur bei Joel Golb, *Celan and Hölderlin. An Essay on the Problem of Tradition*, a.a.O., S. 118-120.
105 Thomas Mann, *Betrachtungen eines Unpolitischen*, a. a. O., S. 569 und 82.

nen, ausgesprochen völkischen Mythos integrierte.[106] An der Schwelle eines neuen Zeitalters war Bertrams Werk entscheidend für die nationalistische Rezeption Nietzsches nach 1918 sowie für dessen Umwandlung in eine Verkörperung des von Bertram so bezeichneten Überdeutschtums.[107] Sein Nietzsche ging über alle Dualismen hinaus und wurde zur Metapher wie zum Träger der Erlösungshoffnungen Deutschlands.

Echtes Deutschtum lag Bertram zufolge in einem nietzscheanischen Prozeß der Übersteigerung und des schöpferischen Werdens. Nietzsche war der tiefste Ausdruck des Deutschseins und seiner Sehnsucht nach Selbstverwirklichung auf immer höherer Stufe. Mitten in Niederlage und Verwirrung gab es hier in der Tat eine Botschaft des Trostes. Eine Übersteigerung war noch möglich, und die Tiefen der Verzweiflung wie des Leidens waren Teil des Erlösungsprozesses.

Dieser erneuernde Durchbruch war erreichbar kraft des nietzscheanischen Willens zur Macht. Hier dienten sowohl die Ideen Nietzsches wie dessen heldische Persönlichkeit dazu, den Mythos mit den Erwartungen des Volkes zu verschmelzen. Nietzsche, so verkündete Bertram, »ist die grelle Minute der Selbsterkenntnis eines Volkes im Augenblick [...] seiner dringendsten inneren Gefahr - und ist zugleich ein Erwachen und Erwachsen des rettenden Gefühls und des rettenden Willens.«[108]

Bertrams *Nietzsche* gab zugleich ein Beispiel der unumwunden irrationalistischen Epistemologie, die ein Kennzeichen der radikalen Rechten während der Weimarer Republik werden sollte. Wie der elitäre, antidemokratische George-Kreis, dem er assoziiert war, bestand auch Bertram darauf, in der Geschichte ausdrücklich eine Aufgabe zur Schaffung von Mythen zu sehen. Objektivität war für ihn sowohl unerreichbar wie unerwünscht. Wert hatten nur Einfühlung und tatkräftige Erkenntnis. »Alles Geschehene will zum Bild, alles Lebendige zur Legende, alle Wirklichkeit zum Mythos.«[109] Nietzsche wurde nun zur Verkörperung eines zeitlos nordischen Erlebens, einer metaphysischen Gegenwart, die über historische Begrenzungen hinausging, und zu einer fortdauernden Metapher für die unausgesetzte deutsche Konfrontation mit der Welt. Bertram und Thomas Mann verwiesen auf Nietzsches Verehrung für Dürers berühmten Kupferstich von 1513 *Ritter, Tod und Teufel*, der nach völkischer Weltanschauung die nordische Not symbolisierte und zu heldischem Handeln mahnte.[110] Der Mythos Nietzsches verschmolz mit dem

---

106 Vgl. die erhellende Analyse von Bertrams Rolle in der völkischen Bewegung bei George L. Mosse, *The Crisis of German Ideology*, a.a.O., S. 204-209; dt.: *Ein Volk, ein Reich, ein Führer. Die völkischen Ursprünge des Nationalsozialismus*, a.a.O., S. 221-228.

107 Vgl. Ernst Bertram, *Nietzsche. Versuch einer Mythologie*, a. a. O., S. 250. Diese Konstruktion fand auch außerhalb radikaler und völkischer Kreise vielfach Beachtung; vgl. Curt Hotzel »Nietzsches deutsche Aufgabe« in: *Der Türmer*, 28, Nr. 10 (Juli 1926).

108 Ernst Bertram, *Nietzsche. Versuch einer Mythologie*, a.a.O., S. 87.

109 Ernst Bertram, *Nietzsche. Versuch einer Mythologie*, a.a.O., S. 14.

110 Vgl. Ernst Bertrams Kapitel »Ritter, Tod und Teufel« in: *Nietzsche. Versuch einer Mythologie*, a.a.O., S. 42-63 sowie Thomas Mann, *Betrachtungen eines Unpolitischen*, a.a.O.

des deutschen Ritters. Und seine Eigenschaften des Willens, der Ausdauer und des Mutes waren genau das, was man 1918 in Deutschland brauchte.

Es konnte kaum überraschen, daß sich die radikale Rechte dieses mythisierten Nietzschebildes bediente, als nach dem Ende des Krieges die schwierige Lage Deutschlands sichtbar wurde.[111] Dieses Bild beherrschte die Darstellungen Nietzsches in Deutschland vom Beginn der Weimarer Republik bis zum Ende des Nationalsozialismus.

*Die symbolisch mit ihm geschlossene politische Verbindung stellte etwas Neues dar; denn sie wurde erst durch eine Umgestaltung Nietzsches sowohl wie der Rechten möglich.* Während man Nietzsche einer weitgehenden Nationalisierung unterzog, durchlief die Rechte eine entsprechende Radikalisierung. Sie wurde modernisiert und lockerte ihre traditionellen Bindungen an Aristokratie, Monarchie und Kirche. Sie machte sich eine oppositionelle Dynamik zu eigen, deren Handlungsspielraum abgesteckt wurde, indem sie das Werk Nietzsches selektiv ausschlachtete.[112] Zweifellos war diese gleichzeitig vor sich gegangene Umgestaltung ein Ergebnis des Krieges und der unmittelbaren Nachkriegszeit. Die alte Spannung zwischen der etablierten Rechten und einem als subversiv angesehenen Nietzsche wurde beseitigt. Bei beiden handelte es sich nun um radikale Opponenten eines als verächtlich betrachteten Status quo, die auf der Suche waren nach einer revolutionären und doch kaum greifbaren Zukunft. Beide trugen bei zur zunehmend brutalisierten Atmosphäre der Weimarer Republik, die sich zugleich in ihnen darstellte.

Wir brauchen uns nicht lange dabei aufzuhalten, die zentrale Bedeutung Nietzsches für die radikale Rechte in Weimar zwischen 1918 und 1933 zu betonen. Obwohl sich vereinzelt auch andere Meinungen zu Wort meldeten, galt er als ihre Inspirationsquelle und genoß in ihr größte Autorität. Wie der mit ihr sympthisierende Chronist Armin Mohler feststellte, wäre die »konservative Revolution« ohne Nietzsche undenkbar gewesen.[113] In seinem proteusartigen Werk stieß die neue Rechte auf die schier unerschöpfliche Quelle einer radikalen Weltanschauung, die es ihr gestattete, sowohl ihre Gegner auszumachen wie sich selbst mit eigenen Idealen zu versorgen. 1931 faßte Friedrich Hielscher, ein Publizist der radikalen Rechten, Nietzsches vielfältige Funktionen im politischen Universum der Rechten folgendermaßen zusammen: »Nietzsche steht für sich als Fragender, als Kämpfender, als Ein-

---

111 Vgl. Lenore Ripke-Kühn »Nietzsche der ewige Deutsche. Zu Ernst Bertrams ›Nietzsche. Versuch einer Mythologie«, a. a. O., S. 420f.

112 Um der historischen Genauigkeit willen sollte betont werden, daß es sich hier um eine entsprechende Tendenz und um ein Bündel von Haltungen oder Einstellungen, nicht aber um ein ehernes Gesetz handelte. Denn es gab auch weiterhin Umrisse jenes Nietzschebildes, wie es auf seiten der Rechten vor 1914 vorherrschend gewesen war, und es gab stets auch innerhalb der radikalen Rechten einigen Widerstand gegen diese Vereinnahmung Nietzsches.

113 Vgl. Armin Mohler, *Die konservative Revolution in Deutschland, 1918-1932. Ein Handbuch*, Darmstadt: Wissenschaftliche Buchgesellschaft 1972, S. 29 und 87.

samer. Er steht für das Reich als Hüter der Vergangenheit, als Brecher der Gegenwart, als Verwandelnder der Zukunft.«[114]

Nietzsches Werk stellte im wesentlichen das begriffliche Instrumentarium zur Verfügung, durch das sich die Themen der neuen Rechten von den traditionalen Themen der Rechten aus der Zeit Bismarcks und Wilhelms II. unterschieden: die nachdrückliche Betonung des Aktivismus und einer Dynamik um ihrer selbst willen; ein männliches, soldatisches, nationalistisches Ethos im Gegensatz zum eher statischen Patriotismus vor dem Krieg;[115] eine scharfe Kritik am Weimarer Liberalismus, am Marxismus und an der Massenkultur sowie schließlich die Umrisse des heldischen, nachbürgerlichen, neuen Menschen der Zukunft.

Als besonders gefährlich erwies es sich, daß die Rechte dem Werk Nietzsches das äußerst reichhaltige Arsenal einer Lebensphilosophie entlehnte, die sie in einer zuvor unerhörten Weise politisierte. Unablässig wiederholte die radikale Rechte die umgewertete nietzscheanische Vision von einer nachrationalistischen und nachchristlichen Gesellschaftsordnung »jenseits von Gut und Böse«. Nietzsche stellte darüber hinaus die vitalistischen Kriterien bereit zur Feststellung der gesunden, lebensbejahenden Kräfte und zur Diagnose jener dekadenten und entarteten lebensfeindlichen Elemente, die der Fortpflanzung nicht für wert erachtet wurden.

In einem Zeitalter radikaler Entwurzelung und Polarisierung schossen detaillierte Entwürfe einer idealen, nietzscheanischen Ordnung der Zukunft wie Pilze aus dem Boden. Das umfangreiche Werk von Friedrich Mess aus dem Jahre 1930, *Nietzsche, der Gesetzgeber*, stellte nur den systematischsten von vielen dieser Versuche dar. Mess verkündete: »Wie aus der Bibel und den Schriften der Kirchenväter das kanonische Recht abgeleitet wurde, muß aus Nietzsches Weisheiten und Weistümern die lex Futurana Europaeorum aufgebaut werden.«[116] In solchen Kommentaren (wie in den später folgenden der Nazis) wurde eine neue Konzeption von Recht und Moral formuliert. Eine nietzscheanische Jurisprudenz, darauf bestand Mess, war weder abstrakt noch kodifizierte sie eine unwandelbare Vernunft, sondern sie war Teil des sich steigernden Lebens. Sowohl Recht wie Moral wurden als Werkzeuge im Leben des Volkes begriffen und dem Dienst der Nation (oder der Rasse) unterstellt. Der Kampf um nationale Selbstbehauptung und Machtsteigerung war die Quelle sowohl des Rechts wie der Moral; er veränderte sie nach den jeweils veränderten Bedürfnissen. Das nietzscheanische Recht war dynamisch, nicht statisch.[117] In jeder dieser Darstellungen wurde die nietzscheanische Gesellschaft in

114 Friedrich Hielscher, *Das Reich*, Berlin: Verlag Das Reich 1931, S. 200.

115 Eine gute Darstellung der Themen der neuen Rechten findet sich bei Karl Prümm, *Die Literatur des soldatischen Nationalismus der 20er Jahre (1918-1933). Gruppenideologie und Epochenproblematik*, Kronberg/Ts.: Scriptor Verlag 1974. Bei Eugen Schmahl, *Der Aufstieg der nationalen Idee*, Berlin und Leipzig: Union Deutsche Verlagsgesellschaft o.J. handelt es sich um eine nationalsozialistische Arbeit, die die These vertritt, daß Nietzsche den neuen Nationalismus bereits in jeder Hinsicht vorweggenommen hatte.

116 Friedrich Mess, *Nietzsche. Der Gesetzgeber*, Leipzig: Felix Meiner 1930, S. vii.

117 Vgl. Kurt Kassler, *Nietzsche und das Recht*, München: Ernst Reinhardt 1941.

transzendenzfeindlichen Begriffen präsentiert: als immanent, renaturalisiert und entmoralisiert.

Dieses kulturfeindliche Bild Nietzsches ließ Hermann Hesses Konzeption, der sich 1919 auf ein anderes Verständnis des Philosophen berief, sofort anachronistisch erscheinen. Seine zunächst anonym publizierte Schrift »Zarathustras Wiederkehr. Ein Wort an die deutsche Jugend. Von einem Deutschen« war in der Bildungssprache der Vorkriegszeit abgefaßt und stand in der Tradition kritischen Denkens.[118] Doch in der polarisierten und politisierten Nachkriegsatmosphäre Weimars fand das ältere nonkonformistische, auf Freiheitsliebe angelegte, internationalistische Bild Nietzsches kaum noch Resonanz. Obwohl manche Indizien das Gegenteil anzudeuten schienen (so notierte etwa Elisabeth Förster-Nietzsche verstört, daß beim Ausbruch der Revolution ungefähr 25 000 Exemplare der billigen Ausgabe des *Zarathustra* binnen vier Wochen verkauft wurden!),[119] war jetzt das ganz andere Bild der Rechten an seine Stelle getreten.

Dieses neue Bild muß im Zusammenhang mit einer gewissen Brutalisierung gesehen werden, die der Krieg mit sich gebracht hatte und die nun für manche Verhaltensweisen der Nachkriegszeit bestimmend wurde. Die sich aus ihr ergebende Ermäßigung der alltäglichen Ansprüche und Erwartungen, die stärkere Entpersönlichung sowie die Durchdringung der Öffentlichkeit mit zunehmender sprachlicher Verrohung und wachsender physischer Gewaltbereitschaft mögen zwar als Phänomene überall in Europa verbreitet gewesen sein, in Deutschland aber wurden sie verstärkt durch die militärische Niederlage des Landes, durch die Revolution und durch die fortdauernde sozioökonomische Krise. Diese allgemeine Brutalisierung ließ politischen Extremisten einen zunehmend größeren Handlungsspielraum.[120]

Es muß wohl nicht eigens hervorgehoben werden, daß sich sowohl die radikale Rechte wie die geschilderte Brutalisierung des öffentlichen Lebens auch ohne Nietzsche entwickelt haben würden. Denn unabhängig von ihm wurden beide auch durch andere Tendenzen wie den Sozialdarwinismus, die verschiedenen Gewaltdoktrinen, den Antisemitismus und den Rassismus beeinflußt. Doch das Werk Nietzsches konnte sowohl philosophische Legitimität verschaffen wie auch zu einer umfassenderen Weltsicht verhelfen, in die sich die genannten Tendenzen kanalisieren ließen. Das erforderte einen fortdauernden Prozeß selektiven Zitierens und Uminterpretierens – in dessen Verlauf das Werk Nietzsches in die benötigte brutalisierte Form gebracht wurde.

---

118 Vgl. »Zarathustras Wiederkehr. Ein Wort an die deutsche Jugend. Von einem Deutschen.« (zunächst anonym) Bern: Stämpfli 1919, zit. nach Hermann Hesse, *Politik des Gewissens. Die politischen Schriften*, Bd. 1: 1914-1932, hrsg. Volker Michels, Frankfurt a.M.: Suhrkamp 1981, S. 296-322.

119 Vgl. Heinz Frederick Peters, *Zarathustra's Sister. The Case of Elisabeth and Friedrich Nietzsche*, a.a.O. S. 206f; dt.: *Zarathustras Schwester. Fritz und Lieschen Nietzsche – ein deutsches Trauerspiel*, a.a.O., S. 278.

120 Vgl. George L. Mosse, *Fallen Soldiers. Reshaping the Memory of the World Wars*, New York: Oxford University Press 1990, Kap. 8.

Zwischen 1918 und 1933 umfaßte die Rechte mehr als 550 Vereinigungen und unterhielt 530 Publikationsorgane.[121] Die radikale Rechte stellte nie eine monolithische Einheit dar; sie reichte von der angeblich konservativen Deutschnationalen Volkspartei bis zu den Nazis und blieb nie auf irgendeine einzelne Partei beschränkt. Während sie sich als recht formbar und elastisch erwies, sich also selbst in ihren moderateren und eher konservativen Teilen mit einer Vielzahl von Organisationen und Ideologien vereinbar zeigte, spielte Nietzsche in ihr stets eine führende Rolle. Zwar blieb auch auf seiten der Rechten mancher ihm gegenüber mißtrauisch,[122] doch seine Schriften waren von entscheidender Bedeutung für die zahlreichen völkischen Zirkel, für die dionysischen Irrationalisten, für manche Expressionisten, für die mit Eugen Diederichs und Hans Freyer verbündeten kulturellen und politischen Erneuerer, für verschiedene Splittergruppen der Jugendbewegung und sogar für elitäre Christen der radikalen Rechten wie beispielsweise Edgar Jung.[123]

Das Weimarer Nietzsche-Archiv spielte in diesen Entwicklungen auf der radikalen Rechten eine Schlüsselrolle.[124] Es konnte seine Auffassung von Nietzsche in eigenen Publikationen verbreiten und zu Ehren von Geistesgrößen wie Oswald Spengler Festlichkeiten veranstalten.[125] Ein zu Recht entsetzter Besucher faßte seine Eindrücke von dieser Institution folgendermaßen zusammen: »Im Archiv ist alles vom Diener bis zum Major hinauf Nazi.«[126] Doch Nietzsches Denken war viel tiefer und spontaner in die politische Kultur Deutschlands eingedrungen, als an einer einzelnen Institution abzulesen gewesen wäre. Wir müssen uns daher nun den

121 Vgl. Armin Mohler, *Die konservative Revolution*, a.a.O., S. 539-554.

122 Vgl. Karl Kynast »Der Fall Nietzsche im Lichte rassenkundlicher Betrachtung« in: *Die Sonne* 2 (1925) S. 533f. Diejenigen, die im »Geiste der Nordrasse« lebten, so warnte Kynast, sollten vor den Ressentiments dieses »Mongolmischlings« auf der Hut sein.

123 Zu völkischen Stellungnahmen vgl. Paul Schulze-Berghof »Nietzsches historisch-mythische Sendung« in: *Der Volkserzieher* 34 (1930); Hans Kern »Nietzsche und die romantischen Theorien des Unbewußten« in: *Zeitschrift für Menschenkunde* 3 (1927). Ludwig Klages, *Der Geist als Widersacher der Seele*, Leipzig: Barth 1926 kann als Beispiel der irrationalistischen Position gelten. Gottfried Benn bietet das herausragende expressionistische Beispiel. Seine Parteinahme für die Nazis findet sich in seiner »Akademie-Rede« in: *Gesammelte Werke*, hrsg. Dieter Wellershoff, Bd. 4, München: dtv 1975, S. 995-1003. Vgl. ferner Eugen Diederichs »Das Kommen des Dritten Reiches« und »Entwicklungsphasen der freideutschen Jugend« in: *Die Tat* 10 (1918); Jerry Z. Muller, *The Other God that Failed. Hans Freyer and the Deradicalization of German Conservatism*, Princeton, N.J.: Princeton University Press 1987 sowie Edgar Jung, *Die Herrschaft der Minderwertigkeiten. Ihr Zerfall und ihre Auflösung durch ein neues Reich*, Berlin: Deutsche Rundschau 1927.

124 Vgl. Heinz Frederick Peters, *Zarathustra's Sister. The Case of Elisabeth and Friedrich Nietzsche*, a.a.O. Kap. 22-24; dt.: *Zarathustras Schwester. Fritz und Lieschen Nietzsche - ein deutsches Trauerspiel*, a.a.O., Kap. 22-24, S. 266-303.

125 Vgl. Max Öhler (hrsg.), *Den Manen Friedrich Nietzsches*, München: Musarion 1921; Oswald Spengler »Nietzsche und sein Jahrhundert«, a. a. O..

126 Harry Graf Kessler, *Tagebücher 1918-1937*, a.a.O., S. 681.

radikalsten und besonders symptomatischen Auswüchsen der neuen Rechten während der Nachkriegszeit zuwenden.

Diese Auswüchse traten am eindeutigsten in ihren positiven Idealvorstellungen zutage. Hitler und Mussolini beispielsweise erschienen Krieg und Konflikt als normative Vorbilder des Alltagslebens wie der Politik. Politische Ereignisse konnten jetzt direkt zu Gewaltausbrüchen führen. In gewisser Hinsicht waren die Freikorps, die sich aus Soldaten zusammensetzten, die auch nach Kriegsende noch weiterkämpften, die früheste politische Manifestation einer aktualisierten nationalistisch-nihilistischen nietzscheanischen Praxis. In ihr materialisierte sich Zarathustras Ausruf, der gute Krieg heilige jede Sache. Mitglieder der Freikorps wurden zu Karikaturen ihrer selbst, wenn sie sich in den Begriffen Nietzsches beschrieben. Sie sahen sich als eine bewaffnete Horde skrupelloser Männer, verliebt in den Kampf und in die Aktion um ihrer selbst willen. Ihre Aufgabe, so meinten sie, war es, »sich abzuhärten« und »gefährlich zu leben«. Obwohl sie entschieden nationalistisch und anti-bolschewistisch waren, betrachteten sie sich als frei von jeder Ideologie. Ernst von Salomon, der Barde der Freikorps und einer der Komplizen des Mordes an Walther Rathenau, schrieb: »Was wir wollten, wußten wir nicht, und was wir wußten, wollten wir nicht. Krieg und Abenteuer, Aufruhr und Zerstörung und ein unbekannter, quälender, aus allen Winkeln unserer Herzen peitschender Drang!«[127] Die Freikorps stellten sich dar als eine einzigartige und neue Form menschlicher Gemeinschaft, zusammengeschweißt durch das Erlebnis der Schützengräben. »Der ungeheure Druck des Krieges und Nachkrieges«, so erklärte Salomon 1930, »hatte eine neue Rasse, einen neuen Typus Krieger geformt, dessen bedeutendstes Merkmal seine Einmaligkeit ist. Keine Ordnung kann sie dulden und ertragen, aber keine kann ohne sie auch gegründet werden.«[128] Die vor dem Krieg zu beobachtende Suche nach moralischer und persönlicher Läuterung, nach einer Überwindung der bürgerlichen Malaise und der sie begleitenden Hypokrisie wurde zunehmend ersetzt durch die Vision enthemmter Instinkte.[129]

1930 formulierte Werner Best, der später eine wichtige Rolle bei der Vernichtung der europäischen Juden spielen sollte, diese nietzscheanische Vision in Begriffen, die er für die juristischen Normen der Zukunft hielt. Der Krieg, so schrieb er, war ebensowenig eine Sünde gegen die Natur, wie es ein Naturrecht gab, das nach Meinung liberaler Rationalisten höher stand als die Rechte der Nationen. Der Krieg widersprach dem Leben nicht, sondern war dessen wesentlichstes Element. Schließ-

---

127 Ernst von Salomon, *Die Geächteten*, Gütersloh: C. Bertelsmann 1930, S. 83.

128 Ernst von Salomon »Der verlorene Haufe« in: Ernst Jünger (hrsg.), *Krieg und Krieger*, Berlin: Junker und Dünnhaupt 1930, S. 103-126, hier: 122f.

129 Vgl. George L. Mosse, *Nationalism and Sexuality. Respectability and Abnormal Sexuality in Modern Europe*, New York: Howard Fertig 1985, S. 125; dt.: *Nationalismus und Sexualität. Bürgerliche Moral und sexuelle Normen*, München und Wien: Carl Hanser 1985, S. 160.

lich hatte das Leben kein letztes Ziel. Werner Best berief sich dabei auf das Diktum Nietzsches: »Hätte die Welt ein Ziel, so müßte es erreicht sein.«[130] Es blieb also nur der ewige, dynamische Kampf und die Notwendigkeit, angesichts dieser nihilistischen Aussage die Haltung eines heldischen Realismus einzunehmen.[131] Diese Haltung, die Überwindung des Nihilismus durch den Willen, bildete den Kern der nationalsozialistischen Ummodelung Nietzsches durch Alfred Bäumler. Dieser machte den Philosophen zu einem Denker der großen Politik, in dessen Willen zur Macht sich das große postliberale und nachbürgerliche Zeitalter ankündigte.[132] Sein Buch bildete zugleich die Grundlage für Heideggers Neigung zur radikalen Rechten während der frühen dreißiger Jahre.[133]

Der vielfach zu hörende Ruf nach einer harten, männlichen Elite zur Bekämpfung der Misere der Nachkriegszeit war von nietzscheschem Vokabular gesättigt. Oswald Spenglers Vision von einer neuen barbarischen Elite, sein Ruf aus dem Jahr 1931 nach einem »Raubtier«, das in seinem Willen noch nicht kastriert worden war durch die verweiblichende Wirkung der bürgerlichen und christlichen Moral, stellte nur eine von vielen Varianten dieses Themas dar.[134]

Doch die radikale Rechte eignete sich das Werk Nietzsches auf zwei besonderen und miteinander zusammenhängenden Wegen in etwas gemäßigterer Form an. Zum einen nahm sie eine grundlegende Veränderung von Nietzsches Individualismus vor. Der Neue Mensch Nietzsches war nicht länger einsam, und er besaß auch keine charakteristische Einmaligkeit mehr. Statt dessen wurde er ganz und gar typologisiert. Diese Entpersönlichung war ein weiteres Symptom der bereits erwähnten Brutalisierung. Zum anderen wurde die Dynamik Nietzsches ihrerseits reglementiert und dem Dienst einer scharf kontrollierten Nation unterstellt. Diese Entindividualisierung und Reglementierung war notwendig, bevor Nietzsche für die radikale Rechte brauchbar werden konnte.

Am Beispiel Ernst Jüngers lassen sich beide Tendenzen veranschaulichen. Denn Jünger konzipierte die Vision einer nackten, nietzscheanischen Dynamik, eine Vision des Kampfes als ästhetischer und erlösender Form männlichen Schöpfertums. Diese Gewaltvision schilderte er in äußerst populären Werken – vor allem in seinem

---

130 Friedrich Nietzsche, *Nachgelassene Fragmente Herbst 1884 – Herbst 1885*, in: *Werke*, Bd. VII, 3, Berlin und New York: de Gruyter 1974, 36 [15], S. 280.

131 Vgl. Werner Best »Der Krieg und das Recht« in: Ernst Jünger (hrsg.), *Krieg und Krieger*, Berlin: Junker & Dünnhaupt 1930, S. 135-161, hier S. 152.

132 Alfred Bäumler, *Nietzsche, der Philosoph und Politiker*, a.a.O.

133 Vgl. Jürgen Habermas »Heidegger – Werk und Weltanschauung« zuerst als Einleitung zu: Victor Farías, *Heidegger und der Nationalsozialismus*, Frankfurt a.M.: S. Fischer 1987, S. 11-37; wieder abgedruckt in: Jürgen Habermas, *Texte und Kontexte*, Frankfurt a.M.: Suhrkamp 1991, S. 49-83.

134 Vgl. Oswald Spengler, *Der Untergang des Abendlandes*, 2 Bde., München: C.H. Beck 1918. Seither hatte Spengler dieses Thema weiterentwickelt und radikalisiert. Zum »Raubtier« vgl. sein Buch *Der Mensch und die Technik*, München: C.H. Beck 1971, S. 10-17 [zuerst 1931].

Buch von 1919 *In Stahlgewittern.*[135] Jünger übertrug das Risiko und die Spannung der Gewalt vom Schlachtfeld ins Zivilleben.[136] Doch wie alle rechtsradikalen Nietzscheaner in Deutschland verlieh er seiner Ästhetik des nietzscheanischen Nachkriegsmenschen eine abstrakte Form und zähmte sie in einem beherrschbaren größeren Ganzen. Sobald Jüngers Zarathustra aus den Schützengräben herauskroch, hatte er sein einzigartiges Gesicht an eine austauschbare Physiognomie verloren. Es gibt kaum einen Unterschied zwischen dieser Physiognomie und Hitlers Beschreibung des neu auftretenden Sturmpioniers, der die Elite Mitteleuropas darstellen sollte. Bei beiden handelt es sich um die Abstraktion einer neuen Rasse, die nicht nur durch ihren stählernen Willen charakterisiert ist, sondern auch durch ihr stereotypisiertes Äußeres: »Geschmeidige, hagere, sehnige Körper, markante Gesichter, Augen in tausend Schrecken unterm Helm versteinert.«[137]

Die individualistische Dynamik Nietzsches tritt zurück, sobald Jünger seine Kämpfer in einen nationalen und industriellen Rahmen stellt, in eine mobilisierte Gesellschaft, in der die Energie und Dynamik des Krieges durch Disziplin, Gehorsam und Unterordnung entschärft werden.[138]

Diese Unterordnung fügte sich in einen explizit modernen industriellen Kontext, der weit entfernt war von den älteren Bildern des Konservatismus, etwa von einer rückwärtsgewandten ländlichen Idylle. Jeffrey Herf hat scharfsichtig nachgewiesen, wie die radikale Rechte der Weimarer Republik die neuen Dimensionen von Technik und Industrie in ihre Weltsicht zu integrieren vermochte.[139] Trotz der ganz und gar nicht industrialisierten Landschaft des *Zarathustra* spielte Nietzsche dabei eine entscheidende Rolle.[140] Jünger formulierte dies folgendermaßen:

Ja, die Maschine ist schön, sie muß schön sein für den, der das Leben in seiner Fülle und Gewaltmäßigkeit liebt. Und in das, was Nietzsche, der in seiner Renaissancelandschaft für die Maschine noch keinen Raum hatte, gegen den Darwinismus gesagt hat, daß das Leben nicht nur ein erbärmlicher Kampf ums Dasein, sondern ein Wille zu höheren und tieferen

135 Vgl. Ernst Jünger, *In Stahlgewittern. Aus dem Tagebuch eines Stoßtruppführers*, 8. Aufl., Berlin: E. S. Mittler & Sohn 1927 [1920]. Von diesem Buch wurden mehr als 244 000 Exemplare verlauft. Es erlebte sechsundzwanzig Auflagen und wurde in sieben Sprachen übersetzt.

136 Vgl. Ernst Jünger »Über die Gefahr« in: *Widerstand* 3 (1931).

137 Ernst Jünger, *Der Kampf als inneres Erlebnis*, Berlin: S.E. Mittler & Sohn 1922, S. 32, zit. nach Karl Prümm, *Die Literatur des soldatischen Nationalismus der 20er Jahre (1918-1933). Gruppenideologie und Epochenproblematik*, a.a.O., Bd, 1, S. 155. Zum Thema des Willens vgl. Ernst Jünger, *Der Kampf als inneres Erlebnis*, a.a.O., S. 76.

138 Vgl. Ernst Jünger, *Der Arbeiter. Herrschaft und Gestalt*, in: *Werke*, Bd. 6, *Essays II*, Stuttgart: Ernst Klett 1964.

139 Vgl. Jeffrey Herf, *Reactionary Modernism. Technology, Culture, and Politics in Weimar and the Third Reich*, a.a.O..

140 Nietzsche hielt die Technik für einen Segen, soweit sie den Interessen des Übermenschen diente; er verdammte sie, soweit sie den Interessen der *letzten Menschen* und ihres *Machtwillens* diente, also sich einließ auf die nivellierende, christliche, demokratische oder sozialistische Gesellschaft. Vgl. Reinhart Maurer »Nietzsche und die kritische Theorie« in: *Nietzsche-Studien* 10/11 (1981/1982) S. 61.

Zielen ist, muß auch die Maschine einbezogen werden. Sie darf uns nicht nur Mittel zur Produktion, zur Befriedigung unserer kümmerlichen Notdurft sein, sondern sie soll uns eine höhere und tiefere Befriedigung verleihen. Wenn das geschieht, ist manche Frage gelöst. Der künstlerische Mensch, der in ihr plötzlich eine Ganzheit statt einer zweckmäßigen Zusammensetzung aus Eisenteilen sieht, der Stratege, der sich vom Banne des Produktionskrieges loszulösen strebt, sie sind an dieser Lösung ebenso tätig wie der Techniker oder der Sozialist.[141]

Den am besten ausgearbeiteten Versuch, aus Nietzsche den Philosophen sowohl des technischen wie eines nachtechnischen Zeitalters zu machen, enthielt das Werk von Georg Förster aus dem Jahre 1930 *Machtwille und Maschinenwelt*. In ihm gab es keine ästhetische Renaissancelandschaft mehr. Nietzsche galt hier nicht »als ein einsamer und zerrissener Träumer«, sondern als ein entscheidend bedeutsamer »Mittler der Technik, Wegbereiter der Maschine, Künder neuer, übernaturhafter Wirklichkeit.« Es ging Förster ausdrücklich darum, den nietzscheanischen Willen zur Macht im industriellen Rahmen zu modernisieren und zu kollektivieren, also die Geburt des Übermenschen an die schöpferische Beherrschung der Technik sowie an die Möglichkeit planetarischer Kontrolle zu binden. Für ihn war »der (materiale) Ursprung des Übermenschen [...] nicht der blasse, auf sich selbst bezogene [...] Gedanke, sondern die eiserne Welt der Technik«.[142]

Ähnlich hatte auch bei Jünger der Arbeiter nichts gemein mit der überkommenen Feudalordnung im Sinne des 19. Jahrhunderts. Jünger stellte ihn sich als einen neuen Menschen vor, der sich nicht selbst als Zweck, sondern nur als Mittel, als den Träger eines elementaren Willens zur Macht begriff.[143]

Solche Überlegungen wurden während der gesamten Zeit der Weimarer Republik veröffentlicht, obwohl die Verbindung zwischen Nietzsche und der Technik immer wieder auch auf Kritik stieß. Schon früh bemerkten Skeptiker, daß beides zugleich nicht zu haben war. Einer von ihnen schrieb: »Wir haben nur die Macht, dionysisch ohne Technik zu leben oder vielmehr zu sterben, oder tech-

141 Ernst Jünger, *Feuer und Blut. Ein kleiner Ausschnitt aus einer großen Schlacht*, 4. Aufl., Berlin: Frundsberg Verlag 1929, S. 82, zit. nach Klaus Theweleit, *Männerphantasien*, Bd. 2, Männerkörper. Zur Psychoanalyse des weißen Terrors, Frankfurt a.M. und Basel: Stroemfeld/Roter Stern 1978, S. 228.

142 Georg Förster, *Machtwille und Maschinenwelt. Deutung unserer Zeit*, Potsdam: Alfred Protte 1930, S. 67 und 78; vgl. ferner S. 12. Wer Nietzsche mit der industriellen Welt in Verbindung bringen wollte, der mußte stark selektiv zu Werke gehen. Die Aphorismen 218 und 220 von *Menschliches, Allzumenschliches* beispielsweise erkannten die energiespendende und zentralisierende Macht der Maschinenkultur zwar an, warnten aber vor ihren reglementierenden und entindividualisierenden Auswirkungen. Der Aphorismus 288 ist ganz und gar unzweideutig, wie schon sein Titel erkennen läßt: »*Inwiefern die Maschine demüthigt*«, vgl. Friedrich Nietzsche, *Menschliches, Allzumenschliches II. Nachlaß 1878-1879*, in: *Werke*, Bd. IV, 3, a.a.O., S. 320.

143 Vgl. Ernst Jünger, *Der Arbeiter. Herrschaft und Gestalt*, a.a.O., S. 118ff. sowie den Abschnitt »Die Ablösung des bürgerlichen Individuums durch den Typus des Arbeiters«.

nisch-geordnet ohne das Dionysische zu leben. Eine Synthese ist hier nicht möglich.«[144]

Doch die Zeiten waren für Skeptiker alles andere als günstig. Denn Nietzsches Werk wurde nicht nur maßgebend für die revolutionären Entwürfe von einer verjüngten Menschheit auf seiten der Rechten, sondern (weit verhängnisvoller) auch für ihre Gegenbilder. Eine politisierte nietzscheanische Lebensphilosophie ließ sich nur zu leicht dazu verwenden, Ressentiments gegen lebensfeindliche Elemente zu mobilisieren und entsprechend skrupellose Maßnahmen für den Umgang mit ihnen vorzuschreiben. Sie gewann neue Bedeutung in einer entwurzelten Gesellschaft, in der die Begriffe »Besserung« und »Entartung« in den allgemeinen Sprachgebrauch Eingang gefunden hatten und in der die Forderung, gegen äußere wie innere Feinde hart durchzugreifen, immer lautstärker erhoben wurde.

Die bekannteren Figuren der radikalen Rechten, Theoretiker vom Schlage Spenglers oder Möller van den Brucks, bezeichneten gewöhnlich ihre Gegner mit stereotypen Etikettierungen und beließen es dabei. Ein offenkundiges Beispiel hierfür ist der in den Schriften Ernst Jüngers überall wiederkehrende *bourgeois*. Unbedingt bemerkenswert ist jedoch die veritable Explosion einer heute weniger bekannten Literatur zu Fragen der Rassenhygiene, des Antisemitismus und des Antikommunismus, die in allen Schichten der Weimarer Gesellschaft verbreitet war und die nicht einfach nur von den Nazis unters Volk gebracht wurde. Sie erschien in Form von kruden, paranoiden Pamphleten[145] ebenso wie in ausgefeilteren Formen, die bis in die vorgeblich gehobene Welt der Wissenschaft reichten. Viele dieser Erscheinungen wären gewiß auch unter anderen Verhältnissen zu beobachten gewesen, doch der Hinweis auf Nietzsche verlieh ihnen einen gewissen Anstrich von Seriosität und schien ihnen eine wie immer geartete Legitimation zu verschaffen. Denjenigen, die es nötig hatten, stellte Nietzsche ein Vokabular zur Verfügung, das den Enthumanisierungstendenzen der Weimarer Republik Respektabilität verlieh.

Ein sprachliches Beispiel einer derartigen Enthumanisierung bietet die damals neue Praxis, politische Gegner, unerwünschte Außenseiter und Abweichler als Untermenschen zu bezeichnen. Gewiß, das Wort stammt aus dem späten 18. Jahrhundert, und Nietzsche verwendete es recht häufig in einem ganz anderen Kontext. In der Weimarer Republik aber traten seine brutalisierten Konnotationen durch seine Verbindung zu dem mit ihm verwandten nietzscheanischen Übermenschen klar her-

---

144 Rudolf Paulsen »Dionysische Politik?« in: *Der Türmer* 22 (Oktober 1919 - März 1920) S. 59f. Paulsens kritische Bemerkungen bezogen sich vermutlich auf Spengler, der die Technik mit Apokalypse und Untergang zu verschmelzen suchte. *Der Türmer* hatte stets sein Interesse an Nietzsche bekundet. Die Juli-Nummer des Jahres 1926 enthielt größtenteils rechte Nietzscheana.

145 Diese paranoide Literatur befaßte sich auch mit Nietzsches Tod. Ein anonymer Artikel in einem obskuren Blättchen galt den geheimen Mächten, die Nietzsches Werke zu stehlen versucht und ihn zu vergiften beabsichtigt hatten. Vgl. »Zarathustras Übergang. Ein Verbrechen der Geheimtcheka an Nietzsche?« in: *Ludendorffs Volkswarte* 3, Nr. 24 (1931).

vor. Die Nazis zogen dann einige Jahre später die logischen Schlußfolgerungen aus diesen Zusammenhängen.[146]

Der vitalistische Immoralismus entsprach in besonderem Maße der nach dem Krieg stark ansteigenden Unterströmung rassistischer und eugenischer Theorien. Typisch für diesen Trend in seiner marktschreierischsten Form war das Pamphlet von Ernst Mann aus dem Jahre 1920, *Die Moral der Kraft*. Mann schrieb in Übereinstimmung mit Nietzsche: »Gut ist, was zur Erhöhung der geistigen und körperlichen Kraft des Menschen beiträgt. Böse ist, was die Kraft des Geistes und Körpers mindert.«[147] Hier wurden Nietzsches Aufforderungen, lebensfeindliche Elemente an ihrer Fortpflanzung zu hindern, sowie seine Befürwortung der Euthanasie in denkbar krudester Form wiederholt.[148] »Achtes Gebot: ›Vernichtet als Schwächlinge und Kränklinge‹.« Zu den Schwachen und Kranken zählte er auch die Tuberkulösen, die Geisteskranken, alle Krüppel und Blinden. Notorische Schwarzseher sowie alle diejenigen, die nichts zum gesellschaftlichen Wohl beizutragen vermochten, sollten auf ihr Leben verzichten müssen. Ihre Vernichtung war die Vorbedingung zur Entwicklung eines gesunden und starken Volkes. »Männliche Männer« waren dessen wertvollste Mitglieder - darum mußten Homosexuelle ausgemerzt werden. Wie in der übrigen Natur mußte auch das menschliche Raubtier als Gesundheitspolizei tätig werden. Der Vernichtungsinstinkt der Starken hatte sich in seiner Moral gegenüber den ressentimentgeladenen, zersetzenden Kräften der Schwachen zu behaupten.[149]

Die allgemeine Brutalisierung hatte zur Folge, daß man immer mehr Menschen und Gruppen immer radikaler auszugrenzen suchte. Der Titel des nationalsozialistischen Buches von Franz Haiser aus dem Jahre 1926 *Die Judenfrage vom Standpunkt der Herrenmoral* spricht für sich selbst. Hier wurde wörtlich genommen und in Handlungsanweisungen umgesetzt, was Nietzsche im *Antichrist* und in der *Genealogie der Moral* über die jüdische Entnatürlichung aller Werte, ja der Moral selbst geschrieben hatte.[150] Haiser zufolge waren die Entartung und das rassische

---

146 Vgl. zur Erörterung des *Untermenschen* und der verschiedenen Verwendungsweisen dieses Wortes Alexander Bein »The Jewish Parasite« in: *Leo Baeck Institute Yearbook* 10 (1964) S. 27f.; dt .« ›Der jüdische Parasit.‹ Bemerkungen zur Semantik der Judenfrage« in: *Vierteljahreshefte für Zeitgeschichte* Jg. 13, H. 2 (1965) S. 121-149.

147 Ernst Mann, *Die Moral der Kraft*, Weimar: Gerhard Hofmann 1920, S. 7.

148 Entsprechende Passagen finden sich in vielen Werken Nietzsches. Vgl. *Die nachgelassenen Fragmente, Die fröhliche Wissenschaft,* »Vom freien Tode« in: *Also sprach Zarathustra, Die Genealogie der Moral.*

149 Vgl. Ernst Mann, *Die Moral der Kraft*, a.a.O., S. 43ff., 41, 47. Mann erwähnt Nietzsche nie, doch dessen Begriffe sind überall in seinem Werk präsent. Den Rezensenten des Buches, deren Stellungnahmen auf dem rückseitigen Schutzumschlag abgedruckt sind, ist das nicht entgangen.

150 Vgl. Franz Haiser, *Die Judenfrage vom Standpunkt der Herrenmoral. Rechtsvölkische und linksvölkische Weltanschauung*, Leipzig; T. Weicher 1926. Vgl. Friedrich Nietzsche, *Zur Genealogie der Moral*, in: *Werke*, Bd. VI, 2, a.a.O., S. 282 sowie *Der Antichrist* in: *Werke*, Bd. VI, 3, S. 191, 189.

Chaos der Weimarer Republik und Europas ein Ergebnis der jüdischen Herrschaft und der damit einhergehenden Schwächung des Herrenmenschen. Die Rückkehr des ursprünglichen Herrenmenschen und seine Erhöhung in den Rang eines weltlichen Übermenschen waren eine biologische Notwendigkeit. Um dies beides zu erreichen, war eine massive, nietzscheanisch bestimmte Auseinandersetzung zwischen den nordischen Ariern und ihren jüdischen wie ihren übrigen Feinden unumgänglich.

Schriften wie diese oder die von Arno Schickedanz aus dem Jahre 1927, *Sozialparasiten im Völkerleben*, verliehen diesem Krieg der Lebensphilosophie immer heftigere und aopkalyptischere Züge. Die Welt stand in der Schwebe zwischen den lichten Mächten des gesunden Ariertums und denen eines semitischen Dunkels. Die Forderung Nietzsches, man selbst zu sein, wurde als heiligste Grundlage einer fundamentalen Konfrontation beschworen. »Wir stehen«, schrieb Schickedanz, »an der Weltenwende. Ist die Natur des Judentums - fortschreitende Zerstörung, so ist die unsere - aufstrebendes Leben. Es gibt für uns auch nur ein einziges heiliges Gesetz des ›Seins‹, zu werden, die wir sind!«[151]

Das Ausmaß, in dem der Antisemitismus der späten Weimarer Republik durchsetzt war von nietzscheanischen Themen und Ideen, war, wie ein jüdischer Beobachter erschreckt feststellte, ganz außerordentlich.[152] Die Diskussion der Judenfrage wurde auch mit einseitigen Auswahlausgaben aus den Schriften Nietzsches bestritten (vor allem mit Auszügen aus dem *Antichrist* und der *Genealogie der Moral*!), die begleitet wurden von der Feststellung, Nietzsche sei der radikalste antijüdische Denker gewesen, den man sich nur vorstellen könne.[153]

In Pamphleten wie diesen wurden stets die Begriffe der traditionellen Moral und die Moralvorstellungen Kants direkt angegriffen. Die Abhängigkeit von einem ethischen Gewissen bildet, so schrieb Ludwig Klages, »das Stigma derer [...], die Nietzsche ›Sklavenmenschen‹ nannte [...] Der Erzieher zur ›Sittlichkeit‹ ist unbewußt systematischer Lebensfrevler.«[154]

Diese Art zu denken drang bis in wissenschaftliche Kreise vor. So sah beispielsweise eine wissenschaftliche Zeitschrift in Nietzsche den Begründer der Rassenhygiene und hielt seine Schriften für nützlich im Klassenkampf. E. Kirchner schrieb:

---

151 Arno Schickedanz, *Sozialparasiten im Völkerleben*, Leipzig: Lotus-Verlag 1927, S. 177.

152 Vgl. Arthur Prinz »Diskussion der Judenfrage« in: *Jüdische Rundschau* (20. April 1932).

153 Vgl. *Klärung. 12 Autoren, Politiker über die Judenfrage*, Berlin: Traditions-Verlag 1932. Die Auszüge aus den Schriften Nietzsches sind überschrieben »Rom gegen Judäa, Judäa gegen Rom«, S. 57-65. (Vgl. zu dieser Überschrift Friedrich Nietzsche, *Zur Genealogie der Moral*, in: *Werke*, Bd, VI, 2, a. a. O., S. 300) Zur Analyse der Bedeutung Nietzsches als Antisemiten vgl. Ernst Johannsen »Über den Antisemitismus als gegebene Tatsache«, S. 15-17.

154 Ludwig Klages »Brief über Ethik. 1918« in: *Mensch und Erde. Sieben Abhandlungen*, 5. Aufl., Jena: Eugen Diederichs 1937, S. 118f., 127f., zit. nach Harry Pross (hrsg.), *Die Zerstörung der deutschen Politik. Dokumente 1871-1933*, Frankfurt a.M. und Hamburg: Fischer Taschenbuchverlag 1959, S. 87f.

Nietzsches Feindschaft gegen das Proletariat, gegen die Masse der vielen Schwachbegabten, Armen, Unbedeutenden, seine aristokratische Weltanschauung ist daher eine notwendige, gesunde Reaktion gegen diesen Prozeß der Proletarisierung, der überdies durch die Politik der Sozialpolitik beschleunigt wird. Man kann ebenso wie Nietzsche für den einzelnen, wirtschaftlich und sozial unglücklich gestellten Proletarier ein warmes Herz haben, ohne sich doch der Einsicht zu verschließen, daß die Vermehrung der traditionslosen Proletarier zur Degeneration unserer Rasse führt.[155]

1920 veröffentlichten Karl Bindung und Alfred Hoch eine Schrift unter dem Titel *Die Freigabe der Vernichtung lebensunwerten Lebens,* die von einem Rezensenten als schöpferische Lösung der Probleme gelobt wurde, die sich seit Plato, Thomas More und Nietzsche stellten. Sie gebe eine Antwort auf Nietzsches Beobachtung, ein Kranker sei ein Parasit an der Gesellschaft.[156] Von da an bis zu ihrer Durchführung durch die Nationalsozialisten wurden die Euthanasie und ihr nietzscheanisches Lob von ihren Befürwortern und späteren Praktikern immer wieder als ein wesentlicher Bestandteil bei der Schaffung einer gesunden Gesellschaft beschworen.[157]

Als die Nazis dann an die Macht kamen, lagen die Bausteine einer vitalistischen, renaturalisierten, elementaren, von Nietzsche inspirierten Gesellschaft bereit. In vielen Fällen waren sie herbeigeschafft worden von Menschen, die dem Nationalsozialismus fernblieben oder gar feindlich gegenüberstanden. Nachdem die neuen Machthaber die Staatsmaschine unter ihre Kontrolle gebracht hatten, konnte, was bis dahin nur im Bereich der politischen Rhetorik Geltung beanspruchte, in die Praxis umgesetzt werden.

Der Erste Weltkrieg und die Weimarer Republik führten plastisch vor Augen, daß das Erbe Nietzsches die vorherrschende kulturelle, politische und ideologische Weltsicht jener Zeit sowohl prägte wie selbst von ihr geprägt wurde. Doch dieses Erbe trat auch in Verbindung mit den anderen bedeutenden Themen dieser Epoche auf: dem Sozialismus, der Religion und schließlich dem Nationalsozialismus.

---

155 E. Kirchner »Nietzsches Lehren im Lichte der Rassenhygiene« in: *Archiv für Rassen- und Gesellschaftsbiologie* (1926) S. 380. Dieser Nietzsche im ganzen eher lobende Artikel wendet sich jedoch gegen dessen Betonung des Willens sowie gegen die Schaffung des Übermenschen und tritt für einen stärker biologisch fundierten Ansatz ein. Im übrigen war die rassistische und eugenische Zeitschrift, in der der Artikel erschien, nicht antisemitisch, obwohl ihre Herausgeber die nationalsozialistische Machtergreifung enthusiastisch begrüßten.

156 Vgl. E. Kirchner »Anfänge rassenhygienischen Denkens in Morus ›Utopie‹ und Campanellas ›Sonnenstaat‹« in: *Archiv für Rassen- und Gesellschaftsbiologie* (1927); Robert N. Proctor, *Racial Hygiene Medicine under the Nazis,* Cambridge: Harvard University Press 1988, S. 179.

157 Vgl. beispielsweise Margarete Adam »Unwertiges Leben und seine Überwindung bei Nietzsche« in: *Monistische Monatshefte* 14 (Juni 1929) S. 140-145. Zu den Praktikern vgl. Ernst Klee, *›Euthanasie‹ im NS-Staat, Die ›Vernichtung lebensunwerten Lebens‹,* Frankfurt a.M.: S. Fischer 1983, S. 16ff.

KAPITEL 6

# Der nietzscheanische Sozialismus der Linken und der Rechten

*Der arme, arme Nietzsche [...] die Herren Sozialisten versuchen, diesem gigantischen Genius ihr kleines rotes Mützchen aufzusetzen.*

Chaim Weizmann, *Brief vom 8. Juni 1901*

*Der Sozialismus ist insofern ein moralisches Problem, als er der Welt eine neue Beurteilung allen menschlichen Handelns zur Verfügung stellt oder – um Nietzsches berühmtes Wort zu verwenden – eine vollständige Umwertung aller Dinge.*

Georges Sorel, *Bases de critique sociale,* in: *Matériaux d'une théorie du prolétariat*

Nietzsches elitäre Verachtung für den gleichmacherischen und despotischen Sozialismus wie für die Massen und ihre Moral eines lebensverneinenden Ressentiments ist bekannt.[1] Die Gegner des Sozialismus waren sich dessen bewußt und beriefen sich auf ihn bei ihren Angriffen auf die Linke. So formulierte ein konservativer britischer Autor 1909: »John Bull ist jetzt wirklich krank. Und Nietzsche ist der einzige Arzt, der ihm helfen kann; denn sein größtes Leiden ist der Sozialismus [...] Dr. Nietzsche heilt seine Patienten entweder von Grund auf oder er bringt sie um.«[2] In den neunziger Jahren des 19. Jahrhunderts begann mit Franz Mehring eine Tradition, in der auch die orthodox marxistische Einstellung zu Nietzsche eindeutig festgeschrieben wurde.[3] Nietzsche galt als der anti-egalitäre »Philosoph des fortge-

1 Es gibt dafür zahlreiche Belege vor allem in *Menschliches, Allzumenschliches, Jenseits von Gut und Böse* sowie in den *Nachgelassenen Fragmenten.*

2 J. M. Kennedy, *The Quintessence of Nietzsche,* London: T.W. Lawrie 1909, S. 79f., zit. nach James Joll »The English, Friedrich Nietzsche and the First World War«, a.a.O., S. 296.

3 Vgl. Franz Mehring, *Kapital und Presse. Ein Nachspiel zum Falle Lindau,* Berlin: Kurt Brachvogel 1891, »Zur Philosophie und Poesie des Kapitalismus«, »Nietzsche gegen den Sozialismus« sowie Kap. 9 seiner »Ästhetischen Streifzüge« in den Bdn. 9, 11, 13 seiner *Gesammelten Schriften,* Berlin: Dietz 1961. Einen Überblick über die frühen sozialistischen Reaktionen auf Nietzsche in Deutschland bietet Ernst Behler »Zur frühen sozialistischen Rezeption Nietzsches in Deutschland« in: *Nietzsche-Studien* 13 (1984) S. 503-520.

schrittenen Kapitalismus«, als Symptom und Sprecher einer nachhegelschen Philosophie, die die Interessen der Bourgeoisie und des Kapitals in ihren aggressivsten Formen widerspiegelte. Er, der in vollständiger Unkenntnis des wissenschaftlichen Sozialismus lebte, war der größte Feind des Proletariats.

Was konnte angesichts dieser Zusammenhänge die Rede von einem *nietzscheanischen Sozialismus* bedeuten? Die Antwort auf diese Frage muß das äußerst unbeständige politische Bewußtsein berücksichtigen, das sich nach 1890 in einer Dauerkrise zu befinden glaubte. In politischen Kreisen wurden zunehmend die Unterschiede zwischen links und rechts verwischt oder in Frage gestellt. Politische und geistige Grenzen wurden in der Wahrnehmung vieler Politiker und Denker, die nach neuen Identifizierungen suchten, durchlässig. Kategorien Nietzsches trugen zu dieser allgemeinen Verflüssigung zuvor als fest geltender Konturen bei; sie lockerten traditionelle moralische und intellektuelle Positionen und führten zu flexibleren politischen Einstellungen.

Diese Entwicklungen betrafen das Selbstverständnis von Sozialisten ebenso wie das anderer Teile des kulturellen und politischen Spektrums. Überall in Europa wurde die strikte marxistische Definition des Sozialismus von Abweichlern auf seiten der Linken in Frage gestellt. Entschieden anti-orthodoxe, anarchistische, syndikalistische und revisionistische Gruppen schossen wie Pilze aus dem Boden. Die Idee des Sozialismus wurde immer vager - wenn man von einer allgemeinen Identifizierung mit den arbeitenden Klassen und einem wie immer gearteten egalitären Engagement absah. Sie war zunehmend anderen Einflüssen und Gegeninterpretationen ausgesetzt. Das Werk Nietzsches diente dabei häufig als Quelle zur Artikulation abweichender Meinungen.

Man sollte in Erinnerung behalten, daß Nietzsche zunächst vielfach, wie Harry Graf Kessler in seinem Tagebuch bemerkte, als »Revolutionär« galt und fast ebensosehr als »vaterlandsloser Geselle wie die Sozis.«[4] Im allgemeinen Bewußtsein wurden beide häufig einfach gleichgesetzt. In dem relativ unbekannten Drama *Kinder* von Robert Misch (1906) beispielsweise erklärte eine Figur, Nietzsche sei Unsinn, denn er sei ein Sozialdemokrat.[5]

Ähnlich assoziative Verbindungen stellten aber auch manche her, die Nietzsche über alles zu loben beabsichtigten. So setzte beispielsweise Isadora Duncan vor ihren Artikel aus Moskau, in dem sie im Frühjahr 1921 für die Tageszeitung der französischen Kommunisten, *L'Humanité*, über die Revolution berichtete, ein Motto aus dem *Zarathustra*, in dem die schöpferische Selbstüberwindung des Menschen gerade angesichts seines Scheiterns verherrlicht wurde. Sie schloß ihren Artikel mit der »Vision einer glänzenden Zukunft. Die Prophezeiungen von Beethoven, Nietzsche und Walt Whitman werden nun verwirklicht. Alle Menschen werden Brü-

---

4 Harry Graf Kessler, *Tagebücher 1918-1937*, a.a.O., S. 682.

5 Vgl. Robert Misch, *Kinder. Eine Gymnasiasten-Komödie*, Berlin: Harmonie 1906, S. 12. Für diesen Hinweis danke ich Robert Hollub.

der, hinweggetragen von der großen Welle der Befreiung, die jetzt von Rußland ausgeht.«[6]

Vielen erschien die assoziative Verbindung Nietzsches mit dem Sozialismus ganz natürlich und unproblematisch. So ging für Helene Stöcker das Bekenntnis zu Nietzsche nicht nur einher mit ihrem Feminismus, sondern auch mit ihrer unorthodox linken und zunehmend pazifistischen Einstellung. In ihren Augen hatten Nietzsche und der Sozialismus das gemeinsame Ziel einer emanzipierten Menschheit. Beide, so räumte sie ein, waren je für sich einseitig. Die Sozialreformer waren so sehr mit Alltagsproblemen beschäftigt, daß sie die Höhen des Lebens vernachlässigten, während Nietzsche aus seiner Ewigkeitsperspektive vielleicht den äußeren Verhältnissen nicht genügend Beachtung geschenkt hatte. Wäre es aber nicht dennoch, so fragte sie, vermessen, vom Propheten des Übermenschen ein Studium der Nationalökonomie oder der Sozialwissenschaften zu verlangen, um von ihm den Weg zu erfahren, den es zu seinem Ziel einzuschlagen galt?[7] In einem autobiographischen Fragment von 1939 erklärte sie ihre fast lebenslange Auffassung in dieser Frage folgendermaßen: Die beiden Pole der menschlichen Entwicklung, die Suche nach sozialer Gerechtigkeit und der Drang zu höchster persönlicher Entfaltung, hätten für sie stets eine unauflösliche Einheit gebildet. Während des letzten halben Jahrhunderts habe sie dies für sich in die Worte gefaßt »Nietzsche *und* Sozialismus«.[8]

Wer radikal war, fühlte sich zu Nietzsche hingezogen wegen dessen vernichtender Kritik der Bourgeoisie. Zudem bot der Philosoph eine Gegensprache, eine Rhetorik der totalen Erneuerung und des Neuen Menschen, die revolutionäre Impulse zu kanalisieren vermochte, ihre Inhalte aber im Vagen und nicht genau Festzulegenden beließ.

Als die radikale Rechte sich den Sozialismus für ihre Zwecke anzueignen suchte, war Nietzsche dabei eine treibende Kraft. Daß sich die neue Rechte als sozialistisch zu deklarieren entschloß, war vielleicht paradox, zeigte aber immerhin, wie weitgehend dieser Begriff nach ihrer Auffassung zu einem bedeutsamen Reizwort der modernen Massenpolitik geworden war. In den Augen der radikalen Rechten war es äußerst wichtig, der Linken die sozialistische Wählerschaft und das Definitionsmonopol dessen zu entreißen, was als sozialistisch galt. Indem sie sich einen eigenen Begriff von Sozialismus erfand, brachte sie ihn um beinahe alle marxistischen Merkmale und ließ jede präzise Erfassung seiner Konturen noch aussichtsloser erscheinen.[9]

---

6 Isadora Duncan, *Isadora Speaks*, a.a.O., S. 65f.

7 Vgl. Helene Stöcker »Friedrich Nietzsche und die Frauen« in: *Das Magazin für Literatur* 67 (1898) S. 156f.

8 Vgl. Helene Stöcker, autobiogr. Fragment von 1939 zit. nach Amy Hackett »Helene Stöcker. Left-Wing Intellectual and Sex Reformer«, a.a.O., S. 117.

9 Die Befürworter eines Sozialismus der Rechten waren sich dieser Vagheit bewußt und machten sie sich zunutze. Vgl. Werner Sombart, *Deutscher Sozialismus*, Berlin-Charlottenburg: Buchholz & Weisswange 1934.

Als Gegengewicht gegen die marxistische Idee einer internationalen proletarischen Revolution offerierte die Rechte nun einen nationalen Sozialismus. Ihre Ideologen konnten sich nicht nur deshalb als Sozialisten bezeichnen, weil sie dem Staat autoritäre Macht zur Regulierung des sozioökonomischen Lebens nach einem quasi korporativen Schema verleihen wollten, sondern auch deshalb, weil sie ihre Gesellschaftsanalayse in eine beißende Kritik der Bourgeoisie münden ließen und den unteren Klassen in ihren Konzeptionen von nationaler Erneuerung eine bedeutsame Rolle zusprachen. Nietzsche erwies sich für diese Themen als ertragreiche Quelle. Sein Radikalismus konnte leicht in den Rahmen einer neuen Rechten eingepaßt werden, die (anders als ihr älteres, konservatives Gegenstück) die nationale Mobilisierung sowie die Integration der arbeitenden Klassen hoch veranschlagte. Das Wort Sozialismus bezog sich hier auf eine Verschmelzung des Nationalen mit dem Sozialen. Es zielte auf den Einschluß und die Teilhabe der arbeitenden Massen an einem größeren Ganzen. Die Hingabe an die Nation sollte zu einem Sozialismus der Volksgemeinschaft führen, also zu einem brauchbaren Ersatz für den Sozialismus nur einer Klasse.

Die nietzscheanischen Impulse im Sozialismus sowohl der Linken wie der Rechten sind nur zu verstehen vor dem Hintergrund dieser politischen Umwertungskrise. Obwohl sie in zahllosen Verkleidungen auftraten und oft aus entgegengesetzten Kreisen hervorgingen, handelte es sich bei ihnen stets um den Ausdruck nonkonformistischer Abweichung von konservativen Traditionen, von bürgerlicher Respektabilität oder von linker Orthodoxie. Der nietzscheanische Sozialismus war Teil einer unausgesetzten Suche nach neuen Formen politischer und kultureller Integration, die an die suggestiven Bilder einer idealisierten Zukunft jenseits der herkömmlichen Klassenunterschiede gebunden blieb.

Wir werden uns hier nur mit den Verhältnissen in Deutschland befassen, obwohl Varianten eines nietzscheanischen Sozialismus überall in Europa auftauchten. Sie reichten von einer individualistischen Ethik jenseits verpflichtender Normen und von einem emanzipatorischen Kommunismus jenseits von Gut und Böse, wie er von den vorrevolutionären russischen Marxisten, etwa von Anatoli W. Lunatscharski und Stanislaw Wolski,[10] vertreten wurde, bis hin zum zionistischen Sozialismus eines Bitania. In der österreichischen Sozialdemokratie versuchte Viktor Adler, dem neu entstehenden Proletariat durch die Berufung auf dionysische Elemente zu einem starken Bewußtsein seiner eigenen Macht zu verhelfen.[11] Ein nietzscheanischer Sozialismus war schließlich von entscheidendem Einfluß auf den Syndikalismus und auf dessen Veränderung des Marxismus zu einer Verherrlichung von Gewalt und dynamischem Aktivismus. Das wohl berühmteste Beispiel dieses Trends

---

10 Vgl. Eugen Kamenka, *The Ethical Foundations of Marxism*, London: Routledge and Kegan Paul 1962, S. 178f.; George L. Kline »›Nietzschean Marxism‹ in Russia« in: Frederick J. Adelmann (ed.), *Demythologizing Marxism*, 2 Bde., hier: Bd. 1, Chestnut Hill and The Hague: Boston College and Martinus Nijhoff 1969, S. 166-183.

11 Vgl. J. McGrath, *Dionysian Art and Populist Politics in Austria,* a.a.O., Kap. 2 und 8.

bot Georges Sorel, der aus Nietzsches Elitedenken die Haltung einer neuen Aristokratie von Revolutionären gewinnen wollte, die das Proletariat zunächst in den Klassenkampf und dann in eine heroische, nachdekadente Zukunft führen sollte.[12] Und zum nietzscheanischen Sozialismus zählt schließlich auch Mussolinis Verbindung von Lebensphilosophie und Marxismus vor 1914 mit ihrer Betonung des Willens, mit ihrem energiegeladenen Vitalismus und ihrem kriegerischen Verhältnis zur Wirklichkeit.[13]

Wir müssen uns jedoch hier auf Deutschland konzentrieren. Nietzsches Präsenz zeigte sich in der deutschen Sozialdemokratie verstärkt in den neunziger Jahren des 19. Jahrhunderts, also zeitgleich mit der wachsenden Verbreitung der Schriften des Philosophen und mit dem Auftauchen verschiedener Nietzsche-Kulte. Damals fanden Wendungen und Kategorien Nietzsches Eingang in das Vokabular der sozialistischen Organisationen. Trotz ihres politischen Separatismus waren weder die Arbeiterklasse noch die sozialistische Bewegung kulturellen Einflüssen gegenüber immun. Bestimmte Elemente der nietzscheanischen Terminologie wurden Teile eines Systems negativer Reizwörter, mit dem man politische Gegner verunglimpfte. Die sozialistische Propaganda machte in wachsendem Maße ihre Opponenten mit dem Vorwurf verächtlich, es gehe ihnen nur um die eigene Größe und um den sie steigernden »Willen zur Macht«. Angehörige der Bourgeoisie wurden als skrupellose Übermenschen oder Gewaltmenschen, als Raubtiere oder dergleichen bezeichnet.[14]

Doch nietzscheanische Begriffe nahmen zuweilen auch einen positiveren Sinn an. Denn auch das sozialistische Ziel einer Emanzipation der Arbeiterschaft wurde in der Sprache Nietzsches skizziert. So stellte beispielsweise die Schrift von J. Karmeluk aus dem Jahr 1904 *Die proletarische Bergpredigt. Ein Intermezzo aus der Umwertung aller Werte* eine explizit nietzscheanisch konzipierte Gegenliturgie dar.[15] Es handelte sich dabei um ein sozialistisches Evangelium, in dem der Wille zur Macht der Arbeiterschaft bekräftigt und die These vertreten wurde, nur Kampf und Rebellion würden das proletarische Paradies herbeischaffen. Gemeinsam mit dem Antichrist sollte der Sozialismus zu einer neuen irdischen Befreiung führen.

Unklar ist wegen des nur in geringem Umfang vorhandenen Materials, in welchem Ausmaß die Schriften Nietzsches in der Arbeiterklasse tatsächlich Fuß zu fassen vermochten. Dennoch gibt es vereinzelte Hinweise. Ein Überblick über die Ar-

---

12 Vgl. J. L. Talmon, *The Myth of the Nation and the Vision of Revolution. The Origins of Ideological Polarization in the Twentieth Century*, Berkeley, Los Angeles und London: University of California Press 1981, S. 468f., vgl. ferner Ze'ev Sternhell, *Neither Right nor Left*, a.a.O., S. 56, 87, 89.

13 Vgl. Ernst Nolte »Marx und Nietzsche im Sozialismus des jungen Mussolini«, a.a.O.

14 Vgl. Vivetta Vivarelli »Das Nietzsche-Bild in der Presse der deutschen Sozialdemokratie um die Jahrhundertwende« in: *Nietzsche-Studien* 13 (1984).

15 J. Karmeluk, *Die proletarische Bergpredigt. Ein Intermezzo aus der Umwertung aller Werte*, Zürich 1904; vgl. Vivetta Vivarelli »Die Nietzsche-Bild in der Presse der deutschen Sozialdemokratie um die Jahrhundertwende«, a.a.O., S. 564f.

beiterbüchereien in Leipzig aus dem Jahre 1897 zeigt, daß er zumindest unter gebildeten Arbeitern einige Bekanntheit erlangt hatte. Der Autor dieser Untersuchung berichtet, daß die Schriften Nietzsches sehr viel häufiger ausgeliehen wurden als die von Marx, Lassalle oder sogar Bebel.[16] 1914 veröffentlichte Adolf Levenstein die Ergebnisse einer Untersuchung, die briefliche Interviews umfaßte. Mit ihr suchte er den Einfluß Nietzsches auf die Arbeiterschaft nach Art und Umfang zu bestimmen. Diese Schrift unter dem Titel *Friedrich Nietzsche im Urteil der Arbeiterklasse*[17] konnte zeigen, daß nicht nur viele gebildete Arbeiter mit dem Werk des Philosophen vertraut waren, sondern daß Nietzsche in der überwiegenden Mehrzahl der Fälle eine positive Funktion zugeschrieben wurde. Nur zwei der Befragten lehnten ihn ab, doch selbst die räumten ein, ihn anregend gefunden zu haben. Levenstein verwies auf die unerwartete Nähe zwischen den Arbeitern und Nietzsche in der tragischen Isolation ihres Lebens und in dem verzweifelten Bestreben, diese Isolation durch ein »Innenleben zu kompensieren«.[18] Bei beiden handelte es sich im Grunde um Außenseiter. Das erklärte wohl das Paradox, auf das ein Rezensent aufmerksam machte, daß die zentrifugalste aller Philosophien so stark und nachhaltig auf den am stärksten vernachlässigten Kern der Gesellschaft einwirkte.[19] Für unsere Zwecke gilt es festzuhalten, daß die Antworten auf die Fragen Levensteins bei den Angehörigen des Proletariats ein gewisses Maß an Vertrautheit mit Nietzsche unter Beweis stellten. Unabhängig davon, ob sie ihm gegenüber nun positiv oder negativ eingestellt waren, wurde deutlich, daß Nietzsche für sie zu einem anerkannten Bezugspunkt geworden war. Dennoch hängt die historische Bedeutung des nietzscheanischen Sozialismus nicht vom vorgeblichen Einfluß des Philosophen auf die alltäglichen Einstellungen der Arbeiterklasse ab. Diese Bedeutung ist vielmehr abhängig von den Funktionen, die dieser Sozialismus als kritisches Werkzeug und visionäre Argumentationshilfe zur Entwicklung alternativer, postorthodoxer Vorstellungen für seine führenden Aktivisten und Theoretiker erfüllte. In der deutschen Sozialdemokratie stellte sich nietzscheanisches Denken beinahe stets als Abweichung dar - ganz gleich, ob nun nach links oder rechts. Seine zahllosen Versionen waren Ausdruck einer Entwicklungskrise innerhalb des Marxismus. Verteidigern wie Angreifern war durchaus bewußt, daß nietzscheanische Ansätze in der Sozialdemokratie fast per definitionem häretisch waren.

---

16 A. H. T. Pfannkuche, *Was liest der deutsche Arbeiter? Auf Grund einer Enquete beantwortet*, Tübingen: J.C.B. Mohr 1900, S. 23; vgl. Vivetta Vivarelli »Das Nietzsche-Bild in der Presse der deutschen Sozialdemokratie um die Jahrhundertwende«, a.a.O., S. 521.

17 Levenstein berichtete, daß siebenunddreißig Metallarbeiter, sechzehn Textilarbeiter, zwei Bergleute und vierundfünfzig Arbeiter aus anderen Berufszweigen sich mit Nietzsches *Zarathustra* beschäftigt hatten. Vgl. Adolf Levenstein, *Friedrich Nietzsche im Urteil der Arbeiterklasse*, Leipzig: F. Meiner 1914.

18 Adolf Levenstein, *Friedrich Nietzsche im Urteil der Arbeiterklasse*, 2. Aufl., a.a.O. 1919, S. III.

19 Vgl. Max Adler »Arbeiterbriefe über Nietzsche« in: *Wissen und Leben* 14 (1921) S. 430-433.

Schon die Formulierung der orthodoxen Linie der Partei durch Franz Mehring, der Nietzsche als den »Philosophen des Kapitalismus« bezeichnete, geschah in Reaktion auf die Übernahme Nietzsches während der neunziger Jahre durch eine Gruppe von Radikalen, die bekannt wurden unter dem Namen die »Jungen«. Unter der Führung von Bruno Wille beschuldigte dieser Kreis die Partei einer Verbürgerlichung, weil sie sich auf einen parlamentarischen statt auf einen revolutionären Kurs festgelegt hatte. Die Partei sei verknöchert und entferne sich mit ihren bürokratischen Institutionen immer weiter von den Massen. Letzten Endes artikulierten die Jungen nicht mehr und nicht weniger als eine Kritik an den autoritären Gefahren innerhalb des Marxismus.

Die utopischen und anarchistischen Strömungen ihrer Kritik gründeten sich auf einen nietzscheanischen Individualismus. Willes Theaterstück *Ein Feind des Volkes*, das die Freie Volksbühne 1890 herausbrachte, machte die Position der Jungen mit ebensoviel Nachdruck deutlich wie eine Reihe weiterer Polemiken.[20] Nietzsche galt als idealer Befürworter einer Kritik an der Geistlosigkeit und Konformität einer Partei, die jede Möglichkeit schöpferischen Ausdrucks erstickte. Ihr Individualismus, so behaupteten die Jungen, stellte keine Ablehnung des Sozialismus dar. Ideale Nietzsches sollten vielmehr universalisiert und zu einem integralen Bestandteil des sozialistischen Kampfes gemacht werden. Proletarier mußten nicht Teil einer anonymen Masse bleiben; auch sie konnten »höhere Menschen« sein. Persönliche Freiheit und Sozialismus waren durchaus miteinander vereinbar.

Der direkte Angriff der Jungen auf die Parteiführung zog unausweichlich eine Auseinandersetzung nach sich, die nur mit ihrer Niederlage enden konnte.[21] Viele ihrer Anhänger verließen die Partei und wurden unabhängige Sozialisten. Ihre Zeitschrift, *Der Sozialist*, schlug rasch eine antizentralistische und antidirigistische Linie ein. Ihre nietzscheanischen Willensbekundungen mündeten in anarchische sozialistische Zukunftsvisionen. Die Grundlagen dieses nietzscheanischen Anarchismus wurden von niemandem radikaler ausgearbeitet als von Gustav Landauer (1870-1919), der vorübergehend als Herausgeber des *Sozialisten* fungierte.

Wie Eugene Lunn gezeigt hat, verstand es Landauer, sich des nietzscheanischen Irrationalismus und Voluntarismus zu bedienen und beide nach links zu wenden.[22] Er schuf einen Anarchismus, der auf einer Form von Vitalismus beruhte sowie auf der Vorstellung von individueller und kollektiver willensgesteuerter Selbstveränderung. Landauer verzichtete auf Nietzsches Verneinung menschlicher Solidarität und Gemeinschaftlichkeit, übernahm aber die Kritik des Philosophen am Materialismus

---

20 Diese Polemiken begannen mit Bruno Willes »Der Mensch als Massenmitglied« in: *Freie Volksbühne* (1890), und sie kulminierten in seiner *Philosophie der Befreiung durch das reine Mittel. Beiträge zur Pädagogik des Menschengeschlechts*, Berlin: S. Fischer 1894.

21 R. Hinton Thomas, *Nietzsche in German Politics and Society 1890-1918*, a. a. O., S. 7-16, gibt eine nützliche Darstellung dieser Auseinandersetzung.

22 Vgl. Eugene Lunn, *Prophet of Community. The Romantic Socialism of Gustav Landauer*, Berkeley, Los Angeles und London: University of California Press 1973.

und seinen Argwohn gegenüber dem Staat. Er bestand darauf, daß soziale Fragen am besten durch willentliche Bewußtseinsveränderungen zu lösen seien. In seinem *Aufruf zum Sozialismus* (1911) hieß es: »Der Sozialismus ist zu allen Zeiten möglich und zu allen Zeiten unmöglich; er ist möglich, wenn die rechten Menschen da sind, die ihn wollen, das heißt tun; und er ist unmöglich, wenn die Menschen ihn nicht wollen oder ihn nur sogenannt wollen, aber nicht zu tun vermögen.«[23] Der nietzscheanische anarchische Sozialismus diente also als Alternative zur kalten, deterministischen Orthodoxie des Marxismus. Landauer machte sich ausdrücklich Nietzsches These zu eigen, derzufolge das Leben und die Kultur der Illusion bedürfen.[24] Aus dieser Perspektive betrachtet, erschien der Sozialismus als bewußt erzeugter, antihistoristischer Mythos fortdauernder Selbsterschaffung.

Obwohl die Auseinandersetzung um die Jungen zunächst großen Aufruhr verursachte, bewirkte sie langfristig nur eine verstärkte Skepsis der Parteiführung gegenüber modischen Intellektuellen. Zustimmend zitierte Mehring Kurt Eisners Charakterisierung der Jungen (und der ihnen oft zugerechneten Naturalisten) als »Dekadenzjünger, Fäulnispiraten, Verfallsschnüffler«, »die sich mit der Syphilis brüsten, um ihre Mannheit zu beweisen.«[25] In seiner Schrift von 1892 bemerkte Eisner scharfsichtig, der radikale Schick der Nietzsche-Kulte lasse die älteren Allüren jener Radikalen, die mit dem Sozialismus liebäugelten, trivial, langweilig und altmodisch erscheinen.[26]

Doch bei den Jungen und bei Landauer handelte es sich nicht einfach nur um Verrückte. Sie gewannen zwar nie prägenden Einfluß auf den Sozialismus in Deutschland, aber dessen Geschichte wurde doch immer wieder von Herausforderungen dieser Art unterbrochen. Während Landauer und die Jungen eine linksradikale Kritik formulierten, traten nietzscheanische Einflüsse auch bei einem bestimmten Teil der revisionistischen Rechten zutage. 1893 bezeichnete Eduard Bernstein die literarischen Anhänger Nietzsches und die Jungen zwar als elitäre Vertreter eines nietzscheanischen »Herren-Anarchismus«.[27] Aber auch die Reformisten um die unabhängigen *Sozialistischen Monatshefte* und ihren Herausgeber Joseph Bloch sahen in

---

23 Gustav Landauer, *Aufruf zum Sozialismus*, Berlin: Cassirer 1911, zit. nach Martin Buber, *Pfade in Utopia*, Heidelberg: Lambert Schneider 1950, S. 92.

24 Mit besonderer Emphase vertrat Gustav Landauer die Notwendigkeit der Illusion in seiner Schrift *Skepsis und Mystik. Versuche im Anschluß an Mauthners Sprachkritik*, Berlin: E. Fleischel 1903; vgl. Eugene Lunn, *Prophet of Community. The Romantic Socialism of Gustav Landauer*, a.a.O. S. 160.

25 Franz Mehring »Der heutige Naturalismus« in: *Die Volksbühne* 1, Nr. 3 (1892-1893) S. 9-12, zit. nach *Gesammelte Schriften*, Bd. 11: *Aufsätze zur deutschen Literatur von Hebbel bis Schweichel*, Berlin: Dietz Verlag 1961, S. 133; vgl. Mehrings Rezension von Eisner »Literarische Rundschau« in: *Die neue Zeit* 10 (1892) S. 669.

26 Kurt Eisner, *Friedrich Nietzsche und die Apostel der Zukunft. Beiträge zur modernen Psychopathia Spiritualis*, a.a.O., S. 87.

27 Vgl. Bernsteins Rezension von W. Weigands *Friedrich Nietzsche* in: *Die neue Zeit* 11 (1892-1893) zit. nach Vivetta Vivarelli »Das Nietzsche-Bild in der Presse der deutschen Sozialdemokratie um die Jahrhundertwende«, a.a.O., S. 530.

Nietzsche ihre wichtigste Autorität und fühlten sich durch ihn angeregt zu ihrer Art von Sozialismus (Illustration 12). Auf ganz andere Weise als bei den Jungen dienten auch bei ihnen nietzscheanische Bilder und Metaphern als Anleitung zu einer Häresie im sozialistischen Lager. Im Namen Nietzsches legitimierten die *Monatshefte* eine neue Konzeption zur Integration der Arbeiterklasse in Deutschland und im Ausland.[28] Bei ihnen fand sich wenig von der feurigen revolutionären Rhetorik, die für den Nietzscheanismus von Wille und Landauer so bezeichnend war. Die *Monatshefte* bemühten sich vielmehr im Namen Nietzsches um eine revisionistische Nationalisierung der Massen.

Diese Nationalisierung sollte auf zwei Wegen erfolgen. Innenpolitisch sollte sie zu einer nietzscheanischen Individuierung führen, in deren Verlauf die allzu homogene und isolierte Arbeiterklasse sich allmählich differenzieren würde. Das sollte ihr die Möglichkeit verschaffen, sich stärker in das Leben der Nation zu integrieren. Für dieses Stadium der sozialistischen und proletarischen Entwicklung, so schrieb Willy Hellpach im Jahr 1900, konnte Nietzsche von ausschlaggebender Bedeutung sein.[29] Obwohl Nietzsche zum Sozialismus keinerlei Vebindung unterhalten hatte, mußte er als dessen Prophet betrachtet werden. Hellpach unterzog sich hier einer kasuistischen Übung, die bei allen Spielarten des Nietzscheanismus anzutreffen ist. Wie die Feministinnen Nietzsche für sich reklamierten, wie die Juden sich durch ihn verteidigt sahen und wie völkische Zirkel ihn nationalisierten, so suchte nun Hellpach, Nietzsches beginnenden Sozialismus nachzuweisen.

Nietzsche hatte sich, so argumentierte Hellpach, der politischen Demokratie widersetzt, weil sie nur den Herdentrieb unterstützte und eine massenhafte Nivellierung nach sich zog. Eine ökonomische Demokratisierung indes käme der Anwendung von Nietzsches Individualitätsprinzip auf die Proletarier gleich und würde ihnen das Gefühl verschaffen, selbst etwas darzustellen. Die Individuen würden dadurch allmählich in die Lage versetzt, sich durch eigene Anstrengung emporzuarbeiten. Das wiederum würde die Mobilität zwischen den Klassen erhöhen. Die Sozialisten müßten mithin Nietzsches aristokratisches Prinzip zu ihrem eigenen machen. In dem Maße, in dem die Arbeiterklasse differenzierter würde, wären auch ihre Angehörigen in der Lage, sich zur Mitgliedschaft in jener Elite zu qualifizieren, die Nietzsche als die Gesetzgeber der Zukunft idealisiert habe.

Ein martialisches Bild Nietzsches mit der dazugehörigen Betonung von Konflikt, Mut und Härte entwarfen die *Monatshefte* zur Propagierung einer expansionistischen Außenpolitik. Die Arbeiter sollten in die deutsche Gesellschaft durch Deutschlands Imperialismus integriert werden. Energisch wurde diese Politik von

---

28 Eine brauchbare historische Darstellung dieses Kreises, in der die Bedeutung Nietzsches für dessen politische Auffassungen betont wird, ist die Arbeit von Roger Fletcher, *Revisionism and Empire. Socialist Imperialism in Germany*. London: George Allen and Unwin 1984.

29 Hellpach schrieb unter dem Pseudonym Ernst Gystrow »Etwas über Nietzsche und uns Sozialisten« in: *Sozialistische Monatshefte* 4 (1900).

dem Journalisten Karl Leuthner befürwortet. Leuthner schulte seine Leser in der ekstatischen Sprache von Nietzsches Willen zur Macht, den er zu einem stahlharten Instrument der Nation zu kollektivieren suchte. Er machte sich Nietzsches Vitalismus und seine Betonung des Kampfes zu eigen, um eine sozialistische Politik imperialer Aggression zu fordern, die im Einklang stehen sollte mit den Interessen der Arbeiterklasse.[30]

Doch wie die Parteiführung sich von den linken Nietzscheanern trennte, so distanzierte sie sich auch von diesen Vorstellungen. Der Name Leuthner, schrieb Karl Kautsky, war zu einem Synonym für deutsch-völkische Arroganz geworden und für jene alldeutschen Ansichten, die bei ihm alle anderen Erwägungen überwogen. Otto Bauer warf Leuthner vor, weite Teile der Bevölkerung mit einer zynisch nationalistischen »Herrenideologie« zu vergiften, die jeder Ethik ins Gesicht schlage.[31]

Während der Weimarer Republik veröffentlichten die *Monatshefte* einen weiteren Aufsatz, in dem Nietzsche auf ganz andere Weise zu einem »sozialistischen Imperialisten« stilisiert wurde. Ohne Zweifel, schrieb Regina Barkan, gründete Nietzsches Wille zur Macht in einer imperialistischen Philosophie. Doch sein Imperialismus hatte ihr zufolge nichts gemein mit der aggressiven Nationalpolitik von Eroberungen und Expansionen. Er hatte seinen Grund vielmehr in Nietzsches Konzeption der Welt als Ganzheit, in seiner Behauptung einer Gesamtnatur und in dem Verlangen, alle Zweiheiten zu überwinden. Es handelte sich also nicht um einen Imperialismus materiellen Erwerbs, um ein Mehrhaben, sondern um ein Mehrwerden. Das war Nietzsches große Politik: die Konzeption einer europäischen, ja einer Welteinheit, die zusammengehalten wurde durch gemeinsames menschliches Schöpfertum. Vereinigte und gefestigte weltökonomische und politische Strukturen, so erklärte Regina Barkan, waren bloß Formen, die der Verwirklichung tieferer nietzscheanischer Schöpfungsprozesse dienten. »Mit einem solchen Imperialismus vor Augen darf man den Willen zur Macht im Gesellschaftsleben als einen Willen zur Gemeinschaft definieren [...] Ein solcher Imperialismus ist ein ins Außenpolitische gewendeter Sozialismus. (Daß hier irgendein Zusammenhang besteht, hat Nietzsche, trotz allem, bereits dunkel geahnt.)«[32]

Außer den linken und rechten Nietzscheanern entwickelten andere Teile der Partei weitere Spielarten des Nietzscheanismus. Vor dem Ersten Weltkrieg suchten Männer wie Max Maurenbrecher (1874-1930) nach Wegen, um die Arbeiterklasse für einen nachchristlichen, sozialistischen und nietzscheanischen Glauben zu gewinnen.[33]

30 Vgl. Karl Leuthner »Herrenvolk und Pöbelvolk« in: *Sozialistische Monatshefte* 13 (1909). Eine vollständige Liste der Veröffentlichungen von Leuthner findet sich bei Roger Fletcher, *Revisionism and Empire. Socialist Imperialism in Germany*, a.a.O., S. 199f.

31 Karl Kautsky und Otto Bauer zit. nach Roger Fletcher, *Revisionism and Empire. Socialist Imperialism in Germany*, a.a.O., S. 101, 99.

32 Regina Barkan »Nietzsche der Imperialist« in: *Sozialistische Monatshefte* 30 (1924) S. 506f.

33 Auch Albert Kalthoff wollte als protestantischer Pastor den Arbeitern eine nietzscheanisch bestimmte, sozialistische Religion nahebringen, beließ ihr aber entschieden christliche Züge.

Maurenbrecher war sowohl protestantischer Pastor wie politischer Aktivist. Und seine politischen wie religiösen Ansichten waren äußerst unbeständig. Er spielte eine führende Rolle in Friedrich Naumanns Nationalsozialem Verein bis zu dessen Auflösung im Jahre 1903; danach trat er in die SPD ein. Die Evangelische Kirche verließ er 1907; danach schloß er sich den neuen freireligiösen Gemeinden an, die, unabhängig vom offiziellen sozialistischen Parteiapparat, die Arbeiter den traditionellen Kirchen abzuwerben suchten. Nietzsche hatte nach Maurenbrechers Überzeugung das Paradigma moderner säkularisierter Religiosität geboten, und Zarathustra war ihm zufolge das Vorbild einer gottgleichen Selbsterschaffung der Welt.

Bezeichnenderweise begriff Maurenbrecher seinen Nietzscheanismus als Komplement zur Vision des Kommunismus. Ihm zufolge galt seine Arbeit dem Zusammenspiel zwischen Nietzsche und Marx.[34] Maurenbrecher betonte die beiden Denkern gemeinsamen diesseitsbezogenen Elemente. Marx und Nietzsche teilten den Antiklerikalismus der Aufklärung, lehnten das Christentum ab und verfochten die Idee einer innerweltlichen Erlösung.

Doch das waren die Überzeugungen Maurenbrechers vor dem Ersten Weltkrieg. Während des Kriegs trat er wieder in die Kirche ein und schwenkte von Marx und der Sozialdemokratie zu einer deutschnationalen Position über. Doch trotz dieses Schwenks blieb sein Engagement für die Werte des Nietzscheanismus unangefochten. Auf das »Heldentum«, den »Willen« und das »Tragische« konnte man sich bequem auf beiden Seiten der Barrikade berufen.[35]

Maurenbrecher war keineswegs der einzige nietzscheanische Sozialist, der seine politische Position änderte und sich dabei ausdrücklich auf Nietzsche berief. Weiter oben haben wir bereits den nietzscheanischen Feminismus von Lily Braun dargestellt. Als aktives Mitglied der sozialdemokratischen Partei kam Lily Braun über den Marxismus zum Feminismus. Zum Leidwesen der Parteiführung war ihr Marxismus stets äußerst unorthodox; er beruhte nicht auf christlichen, kantianischen oder hegelschen Motiven, sondern berief sich auf Nietzsche. Lily Braun wandte sich gegen Dogmatismus, bürokratische Kontrolle und Reglementierung; sie trat ein für schöpferische Kreativität. Es sei dahingestellt, ob Alfred G. Meyer sie zu Recht als radikale Vorläuferin einer westlichen Spielart des Marxismus nach dem Ersten Weltkrieg betrachtet. Zweifellos aber ging es ihr um einen menschlichen Sozialismus und um

34 Vgl. Max Maurenbrecher, *Das Leid. Eine Auseinandersetzung mit der Religion*, Jena: Eugen Diederichs 1912.

35 Zum protestantischen und germanisierten Nietzsche vgl. Max Maurenbrecher, *Über Friedrich Nietzsche zum deutschen Evangelium: Gottesdienste, Andachten und religiöse Auseinandersetzungen*, Dresden: Verlag Glaube und Deutschtum 1926. Die These von R. Hinton Thomas, daß Maurenbrecher Nietzsche in dem Maße zu ignorieren begann, in dem er sich dem Nationalismus zuwandte, ist falsch. Nietzsche diente den Leuten in allen Teilen des politischen Spektrums als Eideshelfer, auch wenn sie im Laufe ihrer Entwicklung unterschiedliche Meinungen zum Ausdruck brachten. Vgl. R. Hinton Thomas, *Nietzsche in German Politics and Society 1890-1918*, a.a.O., S. 128.

jene heroische Selbstüberschreitung durch revolutionäre Praxis, die sich auf Nietzsche stützte.[36] Den Sozialismus hielt sie für die notwendige Voraussetzung des Individualismus, und den Individualismus betrachtete sie als notwendige Ergänzung des Sozialismus.[37] Das Gemeinschaftsleben sollte der freien Entwicklung der menschlichen Persönlichkeit nie untergeordnet werden, sondern sie unterstützen.[38] Auch durch die Betonung des Ästhetischen gewann ihr Marxismus eine nietzscheanische Tönung. Obwohl sie die sozioökonomische Unterdrückung keineswegs ignorierte, sollte die kommende Revolution auch spirituelle und ästhetische Qualitäten besitzen: Die arbeitenden Klassen sollten teilhaben am ästhetischen Genuß und am Vergnügen schöpferischer Kreativität.

Lily Braun bestand auf dem »Geist der Verneinung« als dem Verjüngungsprinzip des Sozialismus. Dieser Geist schloß die Philosophie Kants als Anleitung zum Sozialismus explizit aus. Nietzsche hingegen galt als dessen prophetische Kraft, »weil er dem Sozialismus das gab, was wir brauchen: eine ethische Grundlage«.

> Alle seine großen Ideen leben in uns: der Trieb zur Persönlichkeit, die Umwertung aller Werte, das Jasagen zum Leben, der Wille zur Macht. Wir brauchen die blitzenden Waffen aus seiner Rüstkammer nur zu nehmen, - und wir sollten es tun. Mit dem Ziel des größten Glücks der größten Anzahl [...] schaffen wir eine Gesellschaft behäbiger Kleinbürger [...] Und spüren Sie den Geist der Verneinung nicht in allem, was heute lebenskräftig ist und vorwärts will? [...] die Zeit war noch nicht reif. Heute aber ist sie es; der Sozialismus hat ihr den Boden bereitet. Wäre ihre Fahne voll entfaltet, so würden sich vor ihr die Feigen von den Mutigen, die Schwachen von den Starken sondern, und alles würde ihr zuströmen, was jungen Geistes ist, was Zukunft in sich hat. Den Weg zu unserem Ziel finden wir nur, wenn die Idee der ethischen Revolution der Idee der ökonomischen Umwälzung Flügel verleiht...[39]

Wie der Nietzscheanismus Max Maurenbrechers war auch der Lily Brauns sowohl mit marxistisch-kosmopolitischen wie mit nationalistisch-patriotischen Zielen vereinbar. Dieselben Kategorien von Heldentum, Willen, Ästhetizismus und Selbstüberschreitung, die ihre Radikalsierung des orthodoxen Marxismus bestimmt hatten, beflügelten später ihr intensives nationalistisches Engagement im Ersten Weltkrieg, ihren Antipazifismus, ihre Unterstützung der annexionistischen deutschen Kriegsziele, sogar ihre Hinwendung zu einem autoritären Kult des Staates sowie schließ-

---

36 Vgl. Alfred G. Meyer, *The Feminism and Socialism of Lily Braun*, a. a. O., Kap. 7 und 8.

37 Vgl. Lily Braun »›Bürgerliches‹ und ›proletarisches‹ Erziehungsprinzip« in: *Die neue Gesellschaft* 3, Nr. 8 (1906) S. 93f., zit. nach Alfred G. Meyer, *The Feminism and Socialism of Lily Braun*, a.a.O., S. 102.

38 Das letzte Ziel jeder Arbeit für das Wohlergehen des Gemeinwesens, für die Befreiung der Menschheit aus jeder Form von geistiger und persönlicher Sklaverei konnte nichts anderes sein als die Freiheit der Entwicklung des Individuums, das Recht auf die eigene Persönlichkeit. Doch wer für diese Ziele kämpfte, mußte gleich doppelt achtgeben, in diesem Kampf sein Ich nicht zu verlieren, sondern zu erhalten. Vgl. Lily Braun »Abseits vom Wege« in: *Die neue Gesellschaft* 4, Nr. 4 (1906) S. 126, zit. nach Alfred G. Meyer, *The Feminism and Socialism of Lily Braun*, a.a.O., S. 102f.

39 Lily Braun, *Memoiren einer Sozialistin*, Bd. 2: *Kampfjahre*, München: Albert Langen 1911, S. 653f.

lich die Sehnsucht nach einem begeisternden jungen Führer.[40] Das Bild, das Lily Braun während des Krieges von Nietzsche entwarf, unterschied sich nicht sehr von den im vorigen Kapitel behandelten. Auch für sie war er der Philosoph des Heldentums, der die Individuen in ihrer Gesamtheit zu mobilisieren vermochte, der Visionär einer Kultur, die hinausging über die bürgerlichen Alltagssorgen, und der Verteidiger männlicher, martialischer Werte.[41]

Obwohl Lily Braun stets gegen das Christentum eingestellt war, weckte der Krieg in ihr doch religiöse Gefühle. In einer ganz und gar unmarxistischen Weise rief sie nun nach einem Helden, der eine den Bedürfnissen des Krieges entsprechende nietzscheanische Religion stiften sollte. An Otto Braun schrieb sie: Wenn ein neuer Erlöser käme, der für alle Sehnsüchte das rechte Wort fände, um - jetzt und hier, im Angesicht des Todes - eine neue Religion des Lebens zu verkünden (und zwar nicht im trivial alltäglichen Sinn, sondern im Sinne einer schöpferischen, sich selbst auf ewig zu neuem Leben gebärenden Religion), dann wäre dies die Axt, mit der das Christentum an der Wurzel auszurotten wäre.[42]

Lily Brauns etwas konturenloser Nietzscheanismus war nicht nur das Kennzeichen einer einzelgängerischen Exzentrikerin. 1903 schuf sie sich gemeinsam mit ihrem Mann Heinrich eine unabhängige institutionelle Basis durch die Gründung der umstrittenen Zeitschrift *Die neue Gesellschaft*. In diesem Organ konnten sie und die ihr nahestehenden Kreise ihre bilderstürmerischen Ansichten zum Ausdruck bringen. Trotz des Widerstands von seiten der Partei (der für das sporadische Erscheinen und die Kurzlebigkeit des Blattes verantwortlich gewesen sein mag) kamen hier Abweichler mit alternativen und gelegentlich kaum zu erwartenden Meinungen zu Wort. Franz Laufkötter berief sich in seiner Arbeit *Die Taktik des Starken und die Taktik des Schwachen* auf den Nietzscheanismus als radikalisierendes und zugleich als mäßigendes Element. Bei seiner Anwendung nietzscheanischer Ideen auf den Klassenkampf sah er das Proletariat bestimmt durch Stärke, Mut und Bereitschaft zur Auseinandersetzung. Es besaß diese Eigenschaften, weil es eine aufsteigende, keine dekadente Klasse war und weil es das Leben sowie den Willen zur Macht verkörperte. Aber Laufkötters Richtlinien für die Taktik der Partei und der militanten Gewerkschaften in Deutschland empfahlen auch einen vorsichtigen Umgang mit dem Klassenfeind. Die Arbeiter sollten ehrlich sein; denn Unehrlichkeit war eine Waffe des Ressentiments der Schwachen. Streben sollte das Proletariat nach dem nietzscheanischen Ziel einer höheren, edleren Kultur. Diesem Ethos sollte es in seinem Verhalten gerecht werden.[43]

---

40 Vgl. Alfred G. Meyer, *The Feminism and Socialism of Lily Braun*, a.a.O., S. 182ff.

41 Zur gleichzeitigen Bejahung des Krieges, des Feminismus und Nietzsches vgl. Lily Braun, *Die Frauen und der Krieg*, Leipzig: Hirzel 1915.

42 Vgl. den Brief von Lily Braun an Otto Braun am 17. Januar 1916 in: Alfred G. Meyer, *The Feminism and Socialism of Lily Braun*, a.a.O., S. 178.

43 Vgl. Franz Laufkötter »Die Taktik des Starken und die Taktik des Schwachen« in: *Die neue Gesellschaft* 4 (Juli 1906).

Selbst wo *Die neue Gesellschaft* nicht ausdrücklich Nietzsche zitierte, verbreitete die Zeitschrift Meinungen, die seinen Thesen exakt entsprachen. Sie glaubte nicht an die ehernen Gesetze des Historischen Materialismus; sie legte vielmehr Wert auf die Rolle des Individuums in der Geschichte; sie war den Massen gegenüber zunehmend skeptisch und betonte die Bedeutung des Willens.[44]

Die Themen »Nietzsche und Marx« bzw. »Nietzsche und der Sozialismus« wurden jedoch auch außerhalb jener Kreise behandelt, die noch eine mehr oder weniger lockere Bindung an die SPD unterhielten. Während der gesamten Rezeption Nietzsches wurden sowohl die epochale Bedeutung beider Denker wie die unabweisbaren Verbindungen zwischen ihnen immer wieder erkannt.[45] Kulturkritische Reflexionen über sie haben sich beinahe zu einem eigenen Genre entwickelt, das von philosophisch differenzierten Untersuchungen bis hin zu Belanglosigkeiten reicht.[46] Theoretiker und Praktiker auf allen Seiten des politischen Spektrums haben die negativen[47] bzw. positiven Affinitäten zwischen Marx und Nietzsche hervorzuheben versucht - also den revolutionären Elan, den Antiklerikalismus, die unnachgiebige Kritik aller Ideologien, die Antibürgerlichkeit sowie das gemeinsame Ziel einer befreiten Menschheit - oder sie haben ihre unüberbrückbaren Meinungsunterschiede betont.

---

44 Vgl. Dieter Fricke »Zur Rolle der revisionistischen Zeitschrift *Die neue Gesellschaft* in der deutschen Arbeiterbewegung, 1905-1907« in: *Beiträge zur Geschichte der deutschen Arbeiterbewegung* 17 (1975); R. Hinton Thomas, *Nietzsche in German Politics and Society 1890-1918*, a.a.O., S. 35.

45 Vgl. die neueste Untersuchung beider Philosophen unterm Aspekt der Moderne bei Nancy S. Love, *Marx, Nietzsche, and Modernity*, New York: Columbia University Press 1986.

46 In einer Reihe von Arbeiten suchte der Neo-Hegelianer Emil Hammacher, aufgrund einer Kritik von Marx und Nietzsche aus den entscheidenden Antinomien der Moderne - aus Arbeit und Kapital, aus Individuum und Massengesellschaft - eine Synthese herzustellen, indem er die Bedeutungen des Sozialismus und des Individualismus neu definierte, vgl. »Marx und Nietzsche« in: *Kölnische Zeitung*, Nr. 58, Beilage (17. Januar 1909); »Nietzsche und die soziale Frage« in: *Archiv für Sozialwissenschaft und Sozialpolitik* 31 (1910); *Hauptfragen der modernen Kultur*, Leipzig und Berlin: B.G. Teubner 1914; vgl. ferner Albert Dietrich »Marx' und Nietzsches Bedeutung für die deutsche Philosophie der Gegenwart« in: *Die Dioskuren* 1 (1922). Zu den Belanglosigkeiten zählt dagegen das Vorwort von Max Falkenfeld zu seinem Buch *Marx und Nietzsche*, Leipzig: Wilhelm Friedrich 1899, in dem er auf die gemeinsamen deutschen Ursprünge beider Denker verweist und die Auffassung vertritt, das deutsche Volk habe die Kraft und den Mut, die offenkundigen Unvereinbarkeiten zwischen ihnen zu überwinden.

47 In der Weimarer Zeit wurde auf die despotischen Ziele beider verwiesen von Hugo Bund, *Nietzsche als Prophet des Sozialismus*, Breslau: Trewendt und Grenier 1919. Nietzsches grundlegende Klassenunterscheidung zwischen Herren und Sklaven hatte ihm zufolge dieselben nivellierenden Auswirkungen wie der von ihm so heruntergemachte Sozialismus; denn beiden ging es um eine Abwertung der Persönlichkleit. Diese negative Auffassung ist in zahlreichen Varianten vor allem von konservativen und religiösen Kritikern vorgetragen worden. Vgl. Eduard Schreiber »Nietzsche und Marx im sozialen Kampfe« in: *Deutsche Arbeit* 8, Nr. 6 (Juni 1923). Mit dem Aufkommen des Bolschewismus, Faschimus und Nationalsozialismus verschärfte sich diese Kritik.

Sehr früh schon war manchen sozialistischen Intellektuellen klar, daß Nietzsche einige der grundlegenden Fragen der modernen Kultur aufgeworfen hatte. Nietzsche, so schrieb Samuel Lublinski 1905, gehöre »zu jenen wahrhaft nützlichen Feinden, die uns zwingen, unsere Probleme immer schärfer und feiner zu formulieren und zu vertiefen und ihnen dadurch eine noch größere Schlagkraft und Überzeugungswucht zu verleihen.« Die Sozialdemokratie könne von Nietzsche sehr viel lernen und ihn in sich aufnehmen, indem sie ihn überwinde: »Es wäre eine edle und gewaltige Rache des Sozialismus an Nietzsche, wenn er sich als sein einziger Erbe erwiese.«[48]

Spuren solcher Ironie der Geschichte fanden sich selbst in sozialistischen Schriften, die es sich explizit vornahmen, Nietzsches Werk abzulehnen. Das beste Beispiel liefert die Schrift von Kurt Eisner *Psychopathia Spiritualis*, die ihr Autor schrieb, Jahre bevor er zu einem der Führer der glücklosen Nachkriegsrevolution in Bayern wurde. Einerseits war Eisners Kritik eindeutig genug. Nietzsche bot ihm zufolge nichts mehr als einen romantischen Traum, während doch der Sozialismus rational und praktisch war.[49] Auch konnte Eisner als von Kant beeinflußter Sozialist Nietzsches Ethik nicht akzeptieren.[50] Man durfte seiner Auffassung nach eine Ideologie weder auf einem egozentrischen Mangel an Mitgefühl noch auf rein negativen Vorstellungen wie dem Antifeminismus oder Antisemitismus aufbauen. Darüber hinaus führte, wie Eisner glaubte, das Gebot Nietzsches, hart zu werden, zur Entartung. Der Philosoph einer zukünftigen Welt werde, so meinte er im Gegensatz zu Nietzsche, ausrufen: »Werdet weich!«[51]

Bedeutsamer als die Kritik Eisners war aber andererseits der Umstand, daß es sich bei seinem Werk um einen Akt ausdrücklicher Selbstbefreiung von Nietzsche, ja beinahe um eine Teufelsaustreibung handelte. Denn Eisner gab offen zu, unter dem mächtigen und beinahe unheimlichen Einfluß Nietzsches gestanden zu haben. Die Schriften dieses Philosophen, so schrieb er, wirkten zu jener Zeit wie eine obsessive Versuchung. Nur durch direkte Konfrontation hätte er das Problem Nietzsche bewältigen können. Er fühlte sich zu dessen magischen Lyrismen, zu seiner berauschenden Sprache und zu seinem narkotisierenden Stil hingezogen und schätzte seine einsichtsvolle Kritik der zeitgenössischen Seichtheit und Mittelmäßigkeit. Eisners Skepsis gegenüber dem Historischen Materialismus trug gewiß dazu bei, daß ihm das Denken Nietzsches überzeugender erschien als die dogmatischen Gewißhei-

---

48 Samuel Lublinski »Nietzsche und der Sozialismus« in: *Europa. Wochenschrift für Kultur und Politik* 1, Nr. 22 (15. Juni 1905) S. 1085 und 1092.

49 Vgl. Kurt Eisner, *Friedrich Nietzsche und die Apostel der Zukunft. Beiträge zur modernen Psychopathia Spiritualis*, a.a.O., S. 86.

50 Vgl. zu Eisner als Kantianer die Arbeit von George L. Mosse »Left-Wing Intellectuals in the Weimar Republic« in: *Germans and Jews. The Right, the Left, and the Search for a ›Third Force‹ in Pre-Nazi Germany* , a.a.O., S. 179f.

51 Kurt Eisner, *Friedrich Nietzsche und die Apostel der Zukunft. Beiträge zur modernen Psychopathia Spiritualis*, a.a.O., S. 58 sowie 95-99.

ten der offiziellen Parteilinie.[52] Sein Kantianismus veranlaßte ihn, paradox genug, mit Nietzsches Betonung einer freien und weitestgehend individuierten Entwicklung zu sympathisieren.[53]

Und gerade dieses Ingrediens ließ Eisners Teufelsaustreibung so vollständig nicht gelingen; denn letztlich behielt bei ihm die kritische Vision einer sozialistischen Selbstbefreiung einen nietzscheanischen Kern. Sozialisten, so glaubte Eisner, konnten selektiv durchaus von Nietzsche lernen. Während dieser durch seinen anmaßenden Kult der Exzentrizität über den Sozialismus hinausgetrieben wurde, blieb es dennoch notwendig, sein aristokratisches Prinzip und sein Gebot der Selbstsucht mit den Prinzipien der Demokratie und des Sozialismus zu verschmelzen. Eisner suchte mit seiner Spielart des Sozialismus eine Demokratisierung von Nietzsches aristokratischem Prinzip zu erreichen - also eine Aristokratisierung der Massen. Die Demokratie sollte dabei zu einer »Panaristokratie« werden, in der sich die Bedeutung der Aristokratie als Altruismus enthüllen würde und nicht als Skrupellosigkeit oder Selbstsucht.[54]

Diese Gedanken Eisners sollten in einem größeren Zusammenhang gesehen werden. In den Jahren nach 1890 versuchten eine Reihe von sozialistischen Theoretikern und Politikern in Europa, zu einer zeitgemäßen Synthese aus Nietzsche und Marx zu gelangen.[55] In ihrer verbreitetsten Form sollte diese Synthese die Gebote des Gemeinschaftslebens mit denen der Eigenständigkeit, die Entwicklung des Individuums mit der einer gerechten Gesellschaft versöhnen.[56] Doch gerade vor solchen Bestrebungen hatte Nietzsche ausdrücklich gewarnt:

---

52 Vgl. Kurt Eisner, *Friedrich Nietzsche und die Apostel der Zukunft. Beiträge zur modernen Psychopathia Spiritualis*, a.a.O., 6, 9, 11 und 94. Eisners Werk stellte zumindest teilweise eine Antwort auf die Nietzsche-Interpretation von Franz Mehring dar. Dieser lobte in seiner Rezension Eisner zwar wegen seiner Ablehnung Nietzsches, ging aber dennoch mit ihm ins Gericht, weil Mehring allein der historisch-materialistische Gesichtspunkt zulässig erschien. Vgl. *Neue Zeit*, 10, Nr. 2, S. 668f.

53 Vgl. Kurt Eisner, *Friedrich Nietzsche und die Apostel der Zukunft. Beiträge zur modernen Psychopathia Spiritualis*, a.a.O., S. 78-86.

54 Kurt Eisner, *Friedrich Nietzsche und die Apostel der Zukunft. Beiträge zur modernen Psychopathia Spiritualis*, a.a.O., S. 79.

55 Chaim Weizmann beschreibt die Atmosphäre dieser Zeit folgendermaßen: »Am Montag wird Frl. Axelrod aus Bern hier einen Vortrag über Nietzsche und den Soz[ialismus] halten. Armer, armer Nietzsche, wie häßlich die Lippen sind, die seine Worte aussprechen. Die Herren Sozialisten versuchen, diesem gigantischen Genius ihr kleines rotes Mützchen aufzusetzen. Es scheint eindeutig genug, daß niemandem diese Kumpanei weniger gefallen hätte als Nietzsche. Sie hätten ihn in Frieden lassen, sie hätten ihn im Grab ruhen lassen sollen, statt seinen Namen vor sich herzutragen. Und zu welchem Zweck? Frl. A. wird vermutlich beweisen, daß Nietzsche Unrecht hatte, daß er, wenn er nur sie gekannt hätte, viel klüger gewesen wäre. Unsinn! Unsinn! Unsinn!« Chaim Weizmann, *Papers and Letters*, a.a.O., S. 123.

56 Vgl. Franz Serväs »Nietzsche und der Sozialismus. Subjektive Betrachtungen« in: *Freie Bühne* 3 (1892) S. 85-88 und 202-211.

> man soll den solitären Typus *nicht* abschätzen nach dem heerdenhaften, und den heerdenhaften *nicht* nach dem solitären. Aus der Höhe betrachtet: sind beide nothwendig; insgleichen ist ihr Antagonism nothwendig, - und nichts ist *mehr* zu verbannen, als jene ›Wünschbarkeit‹, es möchte sich etwas *Drittes* aus Beiden entwickeln.[57]

Es muß wohl nicht eigens erwähnt werden, daß diejenigen, die an einem derartigen Dritten interessiert waren, diese Warnung munter ignorierten.

Versuche dieser Art wurden auf unterschiedlichem Niveau und in oft unterschiedlichen Zyklen wiederholt. Noch 1925 machte ein Aufsatz mit dem Titel »Was ist uns Nietzsche?« in der Zeitschrift *Heimstunden* den Philosophen zu einem zeitgenössischen Propheten des Kommunismus. Ihm zufolge stimmten Nietzsches psychologisch begründete Einsichten, sein Atheismus und seine Lebensbejahung mit dem Sozialismus überein. Am allerwichtigsten aber erschien es dem Autor dieses Beitrags, daß der »Typ seines ›Aristokratismus‹, der den Nihilismus aufheben sollte, [...] viel eher Züge jener auf stete Qualitätsauswahl basierten ›Proletarischen Aristokratie‹«[58] tragen sollte als Züge jener proletarischen Aristokratie, von der Leo Trotzki gesprochen hatte. War nicht Lenin viel eher die Verkörperung einer nietzscheanischen »Persönlichkeit« als die Angehörigen der alten feudalen Oligarchien? Es lagen doch Welten zwischen den Schein-Individualismen der erblichen Aristokratie oder Plutokratie und jener »Arbeiteraristokratie«, die hervorgegangen war aus den gelernten Angehörigen des Proletariats, jenen wirklichen Individualisten, die in Zukunft eine entscheidende Rolle für die Revolution spielen sollten. Obwohl man offiziell über Nietzsche die Nase rümpfte, schlichen seine Texte sich doch zuweilen auch in autorisierte Publikationen der sozialdemokratischen Partei ein. So beispielsweise in eine 1911 erschienene Anthologie bürgerlicher und revolutionärer Lyrik.[59] Der selbstbewußte proletarische Romanautor Karl Henckell widmete dem Philosophen ein lobhudelndes Gedicht[60] und schlug bei seinem gegen die Bourgeoisie gerichteten Ruf zu den Waffen militant nietzscheanische Töne an.[61] In einer (ausgerechnet Franz Mehring !) gewidmeten Arbeit verkündete Alfred Klineberg, Nietzsche sei durch seine Kritik neben Marx zu dem wohl bedeutendsten geistigen Geburtshelfer der deutschen Gegenwart geworden, dessen Werk den Weg bereitet habe zu einer zukünftigen klassenlosen Gesellschaft.[62]

---

57 Friedrich Nietzsche zit. nach Reinhart Maurer »Nietzsche und die Kritische Theorie« in: *Nietzsche-Studien* 10/11 (1981-1982) S. 46.

58 F. Schwangart »Was ist uns Nietzsche?« in: *Heimstunden. Proletarische Tribüne für Kunst, Literatur, Dichtung* Nr. 5 (Mai 1925) S. 141-148, hier: S. 146.

59 Nietzsches Gedicht »Vereinsamt« wurde aufgenommen in Franz Diederich (hrsg.), *Von unten auf. Das Buch der Freiheit*, 3. Aufl., Dresden: Verlag Kaden 1928, S. 365.

60 Vgl. dieses Gedicht und die entsprechende Stellungnahme bei Karl Henckell, *Deutsche Dichter seit Heinrich Heine*, Berlin: Bard-Marquardt 1906, S. 112-120. Vgl. ferner Richard Frank Krummel, *Nietzsche und der deutsche Geist*. Bd. 2, a. a. O., S. 264.

61 Vgl. George L. Mosse »Literature and Society in Germany« in: *Masses and Man*, a. a. O., S. 26.

62 Vgl. Alfred Klineberg. *Die deutsche Dichtung in ihren sozialen, zeit- und geistesgeschichtlichen Bedingungen*, Berlin: J. H. W. Dietz 1927, S. 397f.

Selbst Franz Mehring erkannte Nietzsche beim Übergang zum Sozialismus eine gewisse Aufgabe zu.[63]

In einigen Fällen war Mehrings Darstellung ganz und gar zutreffend. So stellte beispielsweise für Clara Zetkin und Erich Mühsam die Faszination durch Nietzsche eine Übergangsphase ihrer Entwicklung dar.[64] Ähnlich wurde auch Georg Lukács in seiner frühen Lebensphilosophie und in seiner Befürwortung einer tragischen Weltsicht durch den Meister (den er später ablehnte) so sehr beeinflußt, daß er ihn gar nachahmte. Ironischerweise befleißigte er sich genau jenes von Nietzsche gepflegten romantischen Antikapitalismus, den er im nachhinein an dem Philosophen mit äußerster Schärfe verurteilte.[65]

Bei anderen unorthodoxen Sozialisten hat sich jedoch der Einfluß Nietzsches länger erhalten und war für die Entwicklung freier, nach-marxistischer Visionen von entscheidender Bedeutung. Auf das Beispiel des nietzscheanischen Expressionismus von Kurt Hiller haben wir bereits in Kapitel 3 verwiesen. Für Hiller sollte der Sozialismus nicht so sehr mit dem Individualismus als vielmehr mit einer aus freien Stücken erwählten elitären Einstellung vereinigt werden. In seiner Zeitschrift *Das Ziel* kritisierten Radikale aller Richtungen den Mangel an Geist in der bürgerlichen Gesellschaft und riefen nach einer sozialen Revolution. Das Hauptziel dieser Zeitschrift bestand in der Abschaffung aller Barrieren gegen die unerläßliche Etablierung einer Elite, eine natürliche Aristokratie der Intelligenz, die zu ergänzen sein sollte durch frisches proletarisches Blut.[66] Ende 1918 gründete Hiller einen nur für kurze Zeit existierenden *Rat der geistigen Arbeiter*, der die vereinigten Ziele des Sozialismus, des Pazifismus und der Geistesaristokratie fördern sollte. Nietzsche war für diese eklektische, »logokratische« Konzeption von zentraler Bedeutung: »Es ist der Auftrag an das Jahrhundert, die Geistlinie, die von der Bergpredigt zum Kommunistischen Manifest

---

63 Vgl. Franz Mehring »Literarische Rundschau«, a. a. O., S. 668f.

64 Vgl. David Bathrick und Paul Breines »Marx und/oder Nietzsche. Anmerkungen zur Krise des Marxismus« in: R. Grimm und J. Hermand (hrsg.), *Karl Marx und Friedrich Nietzsche*, Königstein i. Ts.: Athenäum Verlag 1978, S. 127-129. Durch diesen Aufsatz bin ich auf einige Themen des vorliegenden Kapitels aufmerksam geworden.

65 Vgl. zu einer detaillierten, mit bibliographischen Angaben versehenen Darstellung Henning Ottmann »Anti-Lukács. Eine Kritik der Nietzsche-Kritik von Georg Lukács« in: *Nietzsche-Studien* 13 (1984). Ottmann läßt sich auf die psychologische Spekulation ein, die äußerste Vehemenz der Nietzsche-Kritik von Lukács sei als Angriff auf die Positionen der eigenen Jugend zu deuten, vgl. S. 571f.

66 Vgl. Kurt Hiller »Logokratie« in: *Das Ziel. Jahrbücher für geistige Politik*, 4 (1920) S. 220, zit. nach George L. Mosse »Left-Wing Intellectuals in the Weimar Republic« in: *Germans and Jews. The Right, the Left, and the Search for a ›Third Force‹ in Pre-Nazi Germany*, a. a. O., S. 188ff. Mosse betont den Einfluß Kants eher als den Nietzsches. Die Ratio löse den menschlichen Willen auf. Kurt Hiller habe geschrieben, der Wille erhebe sich aus dem Rationalismus, befreie sich aus den Ketten, die der Intellektualismus ihm angelegt habe. Doch diese Wendung verweist auf Nietzsche ebenso wie auf Kant.

führt, konvergieren zu lassen mit jener anderen gewaltigen Linie: Platon-Nietzsche.«[67]

Selbst nach der Erfahrung des Nationalsozialismus hörte für manche die Versuchung nicht auf, Nietzsche mit dem Sozialismus in Verbindung zu bringen. Thomas Mann trat in der für ihn typischen sublimierten und vorsichtig bewahrenden Form noch 1947 dafür ein. Sein neues Nietzsche-Bild stellte den Philosophen nicht länger als Vertreter der alten antidemokratischen Ordnung dar, sondern er bot nun eine Anleitung zu Manns eigener, patrizischer und vergeistigter Form von Sozialismus.[68] Er erklärte den Ästhetizismus Nietzsches als mit dem ethischen Anspruch des Sozialismus letztlich unvereinbar. Dennoch bestand er darauf, daß es wesentliche Berührungspunkte gebe, die zu benennen den vor-demokratischen Thomas Mann nicht sonderlich interessiert haben würde. Nietzsche, so schrieb er nun, ging es darum, »den Besitz moralischer zu machen.« Ihm war »die Gefährlichkeit des Zuviel-Besitzers« bewußt. Er habe die Großmächte aufgerufen, sich umzustellen auf eine weltweite Perspektive, und er habe für die Zukunft eine einheitliche Wirtschaftsverwaltung der Erde als unausweichlich vorhergesagt. Schließlich stellte Thomas Mann fest,

> daß der sozialistische Einschlag in seiner Vision nachbürgerlichen Lebens ebenso stark ist wie derjenige, den man den faschistischen nennen kann. Was ist es denn, wenn Zarathustra ruft: ›Ich beschwöre euch, meine Brüder, bleibt der Erde treu! Nicht mehr den Kopf in den Sand der himmlischen Dinge stecken, sondern frei ihn tragen, einen Erdenkopf, der der Erde Sinn schafft!... Führt gleich mir die verflogene Tugend zur Erde zurück – ja, zurück zu Liebe und Leben: daß sie der Erde einen Sinn gebe, einen Menschensinn!‹ ? Es bedeutet den Willen, das Materielle mit Menschlichem zu durchdringen, den Materialismus des Geistes, es ist Sozialismus.
>
> Sein Kulturbegriff hat hier und da eine starke sozialistische, jedenfalls nicht mehr bürgerliche Färbung. Er wendet sich gegen das Auseinanderfallen von Gebildeten und Ungebildeten, und sein jugendlicher Wagnerismus meint vor allem dies: das Ende der Renaissance-Kultur, dieses Groß-Zeitalters der Bürgerlichkeit, eine Kunst für Hoch und Niedrig, keine höchsten Beglückungen mehr, die nicht den Herzen aller gemein wären.
>
> Von Arbeiterfeindschaft zeugt es nicht, es zeugt vom Gegenteil, wenn er sagt: ›Die Arbeiter sollen als Soldaten empfinden lernen: ein Honorar, ein Gehalt, aber keine Bezahlung. Sie sollen einmal leben wie jetzt die Bürger; aber *über* ihnen, sich durch Bedürfnislosigkeit auszeichnend, die *höhere* Kaste, also ärmer und einfacher, aber im Besitz der Macht.‹[69]

Thomas Mann blieb jedoch in der besonderen Eigenart seines Denkens auf Distanz zu den traditionellen politischen und ideologischen Formen des Marxismus und So-

---

67 Kurt Hiller, *Leben gegen die Zeit*, 2 Bde., Hamburg: Rowohlt 1969-1973, hier: Bd. 1, S. 141; vgl. Richard Frank Krummel, *Nietzsche und der deutsche Geist*, Bd. 2, a. a. O., S. 102. Anm. 86.

68 Vgl. zu dieser für Thomas Mann (und die Deutschen) charakteristischen Problematik den Essay von 1928 »Kultur und Sozialismus« in: *Gesammelte Werke in dreizehn Bänden*, Bd. 12: *Reden und Aufsätze 4*, 2. Aufl., Frankfurt a. M.: S. Fischer 1974, S. 639-649.

69 Thomas Mann »Nietzsche's Philosophie im Lichte unserer Erfahrung« in: *Gesammelte Werke in dreizehn Bänden*, Bd. 9: *Reden und Aufsätze*, 2. Aufl., Frankfurt a. M.: S. Fischer 1974, S. 675-712, hier S. 703f.

zialismus, wie weit man deren Rahmen auch immer fassen mag. Um die Wirkung Nietzsches auf seiten der Linken in der Zeit nach dem Ersten Weltkrieg in ihren wichtigsten Phänomenen darzustellen, müssen wir uns nunmehr dem zuwenden, was unter dem Namen eines westlichen Marxismus bekannt geworden ist. In den Schriften der kulturtheoretischen und sich von der Orthodoxie immer weiter entfernenden Denker wie Ernst Bloch sowie in den Arbeiten der Frankfurter Schule spielte Nietzsche eine entscheidende Rolle. Die Heterodoxie dieser Autoren stellte insofern eine Herausforderung und Revision des normativen Marxismus dar, als sie nicht mehr wie ihre bisher hier geschilderten Vorläufer aus der Zeit vor dem Weltkrieg nur sporadisch und unzusammenhängend vorgingen, sondern sehr viel nachdrücklicher und subtiler arbeiteten. Sie taten dies angesichts der Krisen des Oktober 1917, der gescheiterten Revolutionen in Deutschland, der kaum vorhersehbaren Konsolidierung des avancierten Kapitalismus sowie des Totalitarismus in seinen faschistischen, stalinistischen und nationalsozialistischen Formen. Die Schriften Nietzsches boten hier vielfältige Anregungen. Ihre Rezeption wurde zudem (nach Darstellung von Martin Jay) durch die Bereitschaft dieser Autoren erleichtert, sich auf nicht-marxistische intellektuelle Strömungen einzulassen. Mit der aus dem 19. Jahrhundert stammenden Tradition des Marxismus wollten sie den Anschluß an neuere Entwicklungen nicht verlieren bzw. erneut eine Führungsrolle beanspruchen.[70] Ob solche eklektischen wechselseitigen Befruchtungen zur Bereicherung und Verjüngung der Tradition des Marxismus von innen heraus beigetragen haben, wie diese Autoren behaupteten, oder ob sie die Tradition unterminierten bzw. unterdrückten und den Marxismus ganz und gar entstellten, wie ihre Kritiker behaupten, muß hier unentschieden bleiben. Ohne Zweifel wurde der traditionelle Marxismus mit diesen Autoren seinen eigenen naiven, rationalistischen und fortschrittsbewußten Annahmen gegenüber zunehmend kritischer. Ihre umsichtigen und subtilen Erwägungen, ihre voraussetzungsreiche Erkenntnistheorie, ihr Gespür für Katastrophen und ihre zuweilen verzweifelte Suche nach einer Erneuerung sind unabhängig von ihrer oft qualvollen Auseinandersetzung mit Nietzsche kaum zu verstehen.[71]

---

70 Vgl. Martin Jay, *Marxism and Totality. The Adventures of a Concept from Lukács to Habermas*, Berkeley, Los Angeles and London: University of California Press 1984, S. 8-10. Dieser ausgezeichneten Arbeit verdanke ich wertvolle Hinweise.

71 Dieses komplexe Verhältnis hat Terry Eagleton bewunderungswürdig dargestellt am Beispiel von Walter Benjamin. Dessen Auffassungen von einer kulturellen Revolution, sein anti-historistisches Beharren auf den Brüchen und der Wiederkehr der Geschichte waren zutiefst von Nietzsche beeinflußt. »Benjamins Schriften sind in einer entscheidenden Hinsicht post-nietzscheanisch, undenkbar ohne dessen erstaunliche Bilderstürmerei. Doch Benjamin wußte auch, daß es eine Tradition des politischen Kampfes und eine ›Überlieferung‹ gibt, die, wenn die Erinnerung an sie wachgehalten werden kann, selbst Nietzsches krasse politische Auffassungen dem historischen Aufruhr zutreibt, den Nietzsche selbst geschaffen hat.« Terry Eagleton, *Benjamin. Towards a Revolutionary Criticism*, London: Verso 1985, S. 66.

Ernst Bloch (1885-1977), »der deutsche Philosoph der Oktoberrevolution«, war ein Außenseiter und Einzelgänger.[72] Während die Frankfurter Schule von den finsteren Jahren nach 1930 traumatisiert wurde, blieb der revolutionäre Elan von 1917 bei Ernst Bloch sein ganzes Leben über erhalten. Aus dieser Leidenschaft speiste sich sein Bedürfnis nach einem »warmen« Marxismus, der seine Inspiration nicht selten aus antipositivistischen, neoromantischen und bürgerlichen Quellen bezog.[73] Deren Konzepte, so argumentierte Bloch, bildeten stets einen Teil des marxistischen Erbes, auch wenn sie zuvor verdrängt oder ignoriert worden waren. Religiöse und irrationalistische Dimensionen des Erlebens konnten legitimerweise einen Platz in der Tradition des Marxismus beanspruchen. Blochs Suche nach Anzeichen einer utopischen Hoffnung in der Welt der Moderne, der Eifer, mit dem er auch die (marxistisch gesehen) unwahrscheinlichsten Fundorte nach Materialien für diese Hoffnung durchstöberte - seine Sensibilität, die Lukács sarkastisch als eine Verbindung von linkem Ethos mit rechter Erkenntnistheorie bezeichnete[74] - mußten ihn, ohne daß man dies als Überraschung hätte empfinden können, auch zu Nietzsche führen. Als »Philosoph der Hoffnung« entwarf er ein Bild Nietzsches, das dem archaisch dionysischen von Klages mit seiner Rückwärtsgewandtheit und seiner Weigerung, die Möglichkeit einer qualitativ veränderten utopischen Zukunft auch nur zuzulassen, diametral entgegengesetzt war.[75] Bloch lehnte die Vorstellung einer ewigen Wiederkehr ausdrücklich als statisch und utopiefeindlich ab. Anders als bei Klages sollte sich bei ihm der Wille zur Macht nicht durch derlei Archaismen kastrieren lassen. Statt dessen sollte er belebt werden durch den dynamisch dionysischen Impuls einer »unvollendeten Natur«, die von offenen und explosiv revolutionären Möglichkeiten durchdrungen war.[76] Bloch bewunderte Nietzsches Kritik der zeitgenössischen Kultur wie seine wesentlich musikalische Sensibilität und integrierte Nietzsches Willen zur »Überwindung«, den kritisch-revolutionären Impuls seinem eigenen esoterischen Marxismus.[77] In Blochs Auffassung radikalisierte sich die dionysische Dynamik zur subversiven Gegenbewegung des Subjekts gegen eine ent-

---

72 Vgl. Oskar Negt »Ernst Bloch. The German Philosopher of the October Revolution« in: *New German Critique* 4 (Winter 1975); vgl den Überblick über Blochs Werk bei Wayne Hudson, *The Marxist Philosophy of Ernst Bloch*, London: Macmillan 1982.

73 Vgl. Martin Jay, *Marxism and Totality. The Adventures of a Concept from Lukács to Habermas*, a.a.O., Kap. 5.

74 Vgl. Martin Jay, *Marxism and Totality. The Adventures of a Concept from Lukács to Habermas*, a.a.O., S. 179f.

75 Vgl. zu dieser Kritik am Nietzscheanismus von Klages Ernst Bloch »Romantik des Diluvium« in: *Gesamtausgabe*, Bd. 4: *Erbschaft dieser Zeit* (Erweiterte Ausgabe), Frankfurt a.M.: Suhrkamp 1962, S. 334-343.

76 Zu den Äußerungen Blochs über Nietzsche aus der Zeit vor dem Ersten Weltkrieg vgl. »Über das Problem Nietzsches« in: *Durch die Wüste. Frühe kritische Aufsätze*, Frankfurt a. M.: Suhrkamp 1964, S. 105-109 sowie den Aufsatz »Der Impuls Nietzsche« aus *Erbschaft dieser Zeit*, a.a.O., S. 358-366.

77 Vgl. David Bathrick und Paul Breines »Marx und/oder Nietzsche. Anmerkungen zur Krise des Marxismus«, a.a.O., S. 125ff.

fremdende Objektwelt und wurde zu einem universalen Zeichen menschlicher Erlösungsfähigkeit.[78]

Im Gegensatz zu Bloch wurden die Mitglieder der Frankfurter Schule solchen totalisierten Erlösungshoffnungen gegenüber zunehmend skeptisch. Die Erfahrungen ihrer Generation ließen sie umfassenden Ideologien und Systemen gegenüber mißtrauisch werden. Insofern kam ihnen Nietzsche entgegen. Ihre nachmarxistische *Ideologiekritik* und ihr Gespür für eine von Nietzsche beeinflußte Erkenntnistheorie verboten ihnen allzu leichtfertige Entwürfe von einem teleologischen Fortschritt in der Geschichte und ließen ihnen die Annahme einer letztendlichen Einheit von Objekt und Subjekt problematisch erscheinen. Die Frankfurter Schule konnte - und das war ein seltener Fall in der Geschichte der politisch inspirierten Nietzsche-Rezeption - die Ideologiekritik ins Zentrum ihrer Arbeiten rücken, weil sie sich in wachsendem Ausmaß von globalen politischen Programmen distanzierte. Statt dessen glaubte sie, sich für das Projekt einer Rettung der kritischen Theorie zu engagieren. Solche Betonung einer kritischen Negation beschwor nicht die glühende Hoffnung, die Bloch belebte, sondern die finsteren dreißiger und vierziger Jahre. Der kritischen Theorie ging es um die fortdauernde Falschheit des Ganzen, obwohl auch sie sich an die schmale Hoffnung einer endlichen Emanzipation der Menschen klammerte. Weniger besorgt um die Mechanik des Fortschritts als um die Gründe einer alles umfassenden modernen Barbarei und voll wachsender Skepsis gegenüber der Möglichkeit, Träger einer Erlösung der Menschheit überhaupt auszumachen, arbeitete die Frankfurter Schule dennoch (wie ein Autor kürzlich schrieb) in der paradoxen Hoffnung, die Hoffnungslosen zu retten.[79] Die Wege zu einer Verwirklichung dieser Hoffnung waren selbstverständlich immer weniger zu erkennen, und die Wegweiser nach Utopia wurden in immer abstrakteren Begriffen präsentiert. Sie erschienen (in den Worten von Martin Jay) als eine nuancierte Verteidigung der Theorie, die ihrerseits beanspruchte, eine nicht resignative Form von Praxis zu sein.[80]

Es gab selbstverständlich eine ganze Reihe von Einflüssen auf die Frankfurter Schule (so von Marx, Hegel, Freud, Heidegger u.a.). Dennoch handelte es sich bei ihr, wie Reinhart Maurer vor kurzem überzeugend dargelegt hat, um einen nietzscheanischen Neo-Marxismus.[81] Den beiden Urhebern der kritischen Theorie war diese Beziehung ebenso bewußt wie späteren Autoren. Ohne Zweifel handelte es sich um eine sehr weitgehende Revision des Marxismus, wenn der späte Max Horkheimer (in einem Interview mit dem italienischen Nachrichtenmagazin *L'Espresso*)

78 Ernst Bloch »Der Impuls Nietzsche«, a.a.O.

79 Vgl. Reinhart Maurer »Nietzsche und die kritische Theorie«, a.a.O., S. 41f. Es handelt sich hier um eine ebenso brillante wie provozierende Untersuchung.

80 Vgl. Martin Jay, *Marxism and Totality. The Adventures of a Concept from Lukács to Habermas*, a.a.O., S. 8.

81 Vgl. Reinhart Maurer »Nietzsche und die kritische Theorie«, a.a.O., S. 35f. und 43f.

erklären konnte, Nietzsche sei höchstwahrscheinlich ein bedeutenderer Denker als Marx.[82]

Nietzsche spielte innerhalb der kritischen Theorie eine komplexe Rolle; sein Werk erfüllte sowohl manifeste wie latente Funktionen. Oberflächlich betrachtet war er ganz offenkundig für die Frankfurter Schule attraktiv, weil er jede Orthodoxie in Frage stellte, weil er auf der Notwendigkeit und Komplexität von Interpretationen bestand und sich weigerte, parteiliche und simplifizierte Formeln gutzuheißen. »Es gibt in Gottes Namen nur die eine Wahrheit«, so schalt Theodor W. Adorno den orthodoxeren Walter Benjamin in einem Brief vom 10. November 1938. »Schließlich steht auch in Nietzsches Genealogie der Moral mehr von der einen Wahrheit als in Bucharins ABC [des Kommunismus].«[83] Die Autoren der Frankfurter Schule bewunderten Nietzsches unerschrockenen kritischen Geist und seine Distanzierung »vom Einverständnis mit der Welt«.[84] Vor allem Adorno gab Nietzsches Negativismus ein Beispiel für die Aufgabe, die die kritische Theorie sich zu stellen hatte. Er erschien ihm als »einzigartige Demonstration des repressiven Charakters abendländischer Kultur«; denn er »drückte das Menschliche in einer Welt aus, in der Menschlichkeit zum Schein geworden war«.[85]

Die Bewunderung der Frankfurter Schule für Nietzsche wurde zuweilen dadurch zum Ausdruck gebracht, daß man sich über reaktionäre Adepten abfällig äußerte, die ihn vulgarisierten. »Nietzsches Hymnus auf das Raubtier Mensch«, so schrieb Horkheimer 1933 gegen Spengler, »hatte immerhin noch einen gesellschaftskritischen Unterton [...] einzelne Tendenzen der Aufklärung sind in ihm noch lebendig.«[86] Mit noch größerem Nachdruck schrieb Horkheimer 1937 über Nietzsche: »Die Unabhängigkeit, die in seiner Philosophie zum Ausdruck kommt, die Freiheit von den versklavenden ideologischen Mächten ist die Wurzel seines Denkens.«[87] Solch kritische Unabhängigkeit war entscheidend für einen Marxismus ohne Prole-

82 Vgl. *Der Spiegel* 37 (8. September 1969) S. 164; vgl. ferner Peter Pütz »Nietzsche im Lichte der kritischen Theorie« in: *Nietzsche-Studien* 3 (1974).

83 Theodor W. Adorno, Brief aus New York vom 10. November 1938 in: Gershom Scholem und Theodor W. Adorno (hrsg.): *Walter Benjamin. Briefe*, Bd. 2, Frankfurt a. M.: Suhrkamp Verlag 1966, S. 787f.

84 Theodor W. Adorno »Spengler nach dem Untergang« in: *Prismen. Kulturkritik und Gesellschaft*, Frankfurt a. M.: Suhrkamp Verlag 1955, S. 70.

85 Theodor W. Adorno in einer Rezension der Wagner-Biographie von Franz Neumann in: *Kenyon Review* 9, Nr. 1 (Winter 1947) S. 161 zit. nach Martin Jay, *The Dialectical Imagination. A History of the Frankfurt School and the Institute of Social Research, 1923-1950* Boston and Toronto: Little, Brown 1973, S. 311, Anm. 41; dt.: *Dialektische Phantasie. Die Geschichte der Frankfurter Schule und des Instituts für Sozialforschung 1923-1950*, Frankfurt a. M.: S. Fischer 1976, S. 356, Anm. 41.

86 Max Horkheimer, Rezension von Spenglers Buch *Jahre der Entscheidung* in: *Zeitschrift für Sozialforschung*, 2 (1933) S. 423.

87 Max Horkheimer »Bemerkungen zu Jaspers' ›Nietzsche‹« in: *Zeitschrift für Sozialforschung* 6 (1937) S. 414.

tariat, in dem die Theorie selbst zur Praxis geworden war.[88] Selbst Herbert Marcuse konnte in dem sonst eher pessimistischen Buch *Der eindimensionale Mensch* »die befreiende Atmosphäre von Nietzsches Denken« beschwören, die »Gesetz und Ordnung« durchbricht.[89] In seinem früheren (und für die kritische Theorie ganz untypisch optimistischen) Buch *Triebstruktur und Gesellschaft* (zuerst amerik. 1955) verwies Marcuse auf die nach Nietzsche sich bietenden Möglichkeiten konkreter Befreiung. Mit seiner Betonung der emanzipatorischen Macht des Gedächtnisses[90] gab Nietzsche den Anstoß zu gesellschaftlich erlösendem Handeln, den Freuds Konzept der Verdrängung nicht zu bieten vermochte; denn dem ging es um das psychische Bedürfnis, individuelle Schmerzen und Traumen zu vergessen.[91] Nietzsches Konzeption der Verdrängung als einer Reaktion auf lebensverneinenden sozialen Druck von außen gab diesem Begriff hingegen einen eindeutig soziohistorischen und damit umkehrbaren Sinn:

> Nietzsche sah in der Übung des Gedächtnisses den Anfang der kulturellen Moral - besonders des Gedächtnisses für Verpflichtungen, Verträge, Schuldigkeiten. Diese Zusammenhänge machen die Einseitigkeit der Gedächtnis-Schulung in unserer Kultur deutlich: die Gedächtnisfähigkeit wurde hauptsächlich darauf ausgerichtet, Pflichten zu erinnern statt Freuden; das Gedächtnis wurde mit schlechtem Gewissen, mit Schuldgefühl und Sünde in Verbindung gebracht. Es ist Elend, Unglücklichsein und Strafdrohung, was im Gedächtnis haftet, nicht Glück, nicht das Versprechen der Freiheit.[92]

Der Nietzsche Marcuses stellte »den gigantischen Trugschluß bloß, auf dem die westliche Philosophie und Moral errichtet ist - nämlich die Umformung von Tatsachen in Wesenhaftes, von historischen in metaphysische Bedingungen«. Diesem Nietzsche geht es um »die vollständige Bestätigung des Lebenstriebs, die jede Ausflucht und Negation ablehnt«. »Nietzsche spricht im Namen eines Realitätsprinzips, das dem der westlichen Kultur von Grund auf widerspricht.«[93] Und Marcuse schloß in seine Kritik der westlichen Kultur die Äußerungen des offiziellen Marxismus ein.

---

88 Vgl. den vielsagenden Titel »Marx Minus the Proletariat. Theory as Practice« von Kap. 2 des Buches von Susan Buck-Morss, *The Origin of Negative Dialectics. Theodor W. Adorno, Walter Benjamin und the Frankfurt Institute*, Hassocks, Sussex: Harvester 1977.

89 Herbert Marcuse, *One-Dimensional Man*, Boston: The Beacon Press 1966, S. 216; dt.: *Der eindimensionale Mensch. Studien zur Ideologie der fortgeschrittenen Industriegesellschaft*, in: *Schriften*, Bd. 7, Frankfurt a. M.: Suhrkamp Verlag 1989, S. 228.

90 Friedrich Nietzsche, *Zur Genealogie der Moral*, in: *Werke*, Bd. VI, 2, a. a. O., Teil II, 1-3, S. 307-313, zit. nach Herbert Marcuse, *Triebstruktur und Gesellschaft. Ein philosophischer Beitrag zu Sigmund Freud*, Frankfurt a. M.: Suhrkamp Verlag 1965, S. 229.

91 Vgl. Martin Jay »Anamnestic Totalization. Memory in the Thought of Herbert Marcuse«, Kap. 7 von *Marxism and Totality. The Adventures of a Concept from Lukács to Habermas*, a. a. O..

92 Herbert Marcuse, *Eros and Civilization. A Philosophical Inquiry into Freud*, Boston: Beacon 1966, S. 232, dt.: *Triebstruktur und Gesellschaft. Ein philosophischer Beitrag zu Sigmund Freud*, a. a. O., S. 229.

93 Herbert Marcuse, *Eros and Civilization. A Philosophical Inquiry into Freud*, a.a.O., 121f., dt.: *Triebstruktur und Gesellschaft. Ein philosophischer Beitrag zu Sigmund Freud*, a.a.O., 120ff..

Er betrachtete den Angriff seiner Orthodoxie auf den nietzscheanischen wie auf den bürgerlichen Irrationalismus als »besonders erhellend, weil er die Züge an den Tag bringt, die der sowjetischen und der westlichen Rationalität gemeinsam sind, nämlich das Herrschen technischer Elemente über humanistische.« Schopenhauer, Nietzsche und die verschiedenen Schulen der Lebensphilosophie sind nach Marcuses Auffassung einander

darin verwandt, daß sie die technische Rationalität der modernen Zivilisation sprengen. Das tun sie, indem sie die psychischen und biologischen Kräfte unter dieser Rationalität aufzeigen und die nichtwiedergutzumachenden Opfer, die sie dem Menschen abverlangt. Das Ergebnis ist eine Umwertung der Werte, die die Ideologie des Fortschritts erschüttert - nicht durch eine romantische und sentimentale Regression, sondern indem sie in die tabuierten Dimensionen der bürgerlichen Gesellschaft selbst einbricht. Diese Umwertung wirkt sich gerade auf diejenigen Werte aus, die die Sowjetgesellschaft um jeden Preis schützen muß: den sittlichen Wert des Wettbewerbsverhaltens, die gesellschaftlich notwendige Arbeit, Arbeitsdisziplin im Dienste der Selbsterhaltung, hinausgezögertes und unterdrücktes Glück.[94]

Obwohl die positiven Aspekte von Nietzsches Programm für die kritische Theorie nie von entscheidender Bedeutung waren, spielten sie in ihr doch eine gewisse Rolle. Horkheimer verwies zuweilen auf den affirmativen gesellschaftlichen Gehalt der Visionen Nietzsches und nicht nur auf den kritischen Elan seines Individualismus. »Sein Ziel war eine Zukunft, in der auf Grund äußerst gesteigerter Naturbeherrschung unbestimmbar viele menschliche Kräfte freiwerden. Der Begriff des Übermenschen bezeichnet diesen Zustand.« Dieser Begriff war nicht so individualistisch, wie er hätte erscheinen können. Nietzsche »hat trotz allem gewußt,« so schrieb Horkheimer, »dass es viele ›Übermenschen‹ geben wird oder gar keine«.[95]

Wir können hier auf die vielfältigen Parallelen zwischen dem Werk Nietzsches und den Schriften der Frankfurter Schule nicht eingehen. Ähnlichkeiten in Stil und Form sind offenkundig. Adornos *Minima Moralia* beispielsweise stellten eindeutig eine Replik auf den aphoristischen Stil von Nietzsches mittlerer Schaffensperiode dar. Auch ihr Argumentationsrahmen war durch Nietzsche vorgegeben: Adorno bestimmte seine »negative Dialektik« (in der die Negation einer Negation nicht zu einer neuen positiven Stellungnahme, sondern vielmehr zu einer umfassenden Nichtidentität der behandelten Gegenstände führen sollte) in ausdrücklichem Gegensatz zu Nietzsches *Fröhlicher Wissenschaft* als »die traurige Wissen-

---

94 Herbert Marcuse, *Soviet Marxism. A Critical Analysis*, New York: Columbia University Press 1958, S. 228f.; dt.: *Die Gesellschaftslehre des sowjetischen Marxismus*, in: *Schriften*, Bd. 6, Frankfurt a. M.: Suhrkamp Verlag 1989, S. 213.

95 Horkheimer bemerkt, daß die von Nietzsche in Erwägung gezogenen Mittel zur Erlangung einer Gesellschaft des Übermenschen, vor allem seine Betonung der Eugenik, Folgen seiner eigenen Isolierung waren. Nietzsches Vorstellungen vom Sozialismus und von der klassenlosen Gesellschaft waren dadurch bestimmt, daß er nicht Marx, sondern bloß die damalige Sozialdemokratie gekannt hat; »sie hat er gar nicht so verkehrt beurteilt.« Max Horkheimer »Bemerkungen zu Jaspers' ›Nietzsche‹«, a. a. O., S. 409.

schaft«.[96] Die Beziehungen zwischen der kritischen Theorie und Nietzsche sind jedoch auch in einer tieferen, latenten Schicht festzustellen, also im Verhältnis der zugrundeliegenden Fragestellungen, ihrer Kategorien sowie ihrer methodologischen Annahmen und philosophischen Interessen.

Das überwiegende Interesse der Frankfurter Schule am kulturellen Überbau geht zwar außer auf Nietzsche auch auf viele andere Quellen zurück. Nichtsdestoweniger aber bleibt ihre Analyse der philiströsen, entmenschlichenden und nivellierenden Massenkultur der Moderne unverkennbar selbst dann durch Nietzsche geprägt, wenn sie auf den neuesten Stand gebracht erscheint.[97] Nietzscheanische Elemente (anstelle einer Klassenorientierung) finden sich darüber hinaus in dem entschiedenen Ästhetizismus und Individualismus der kritischen Theorie. »Wenn überhaupt die Kunst für ein ›kollektives Bewußtsein‹ ist, wäre es das von Individuen, die sich in der Notwendigkeit der Befreiung einig sind - zu welcher Klasse sie auch gehören mögen. Nietzsches Zueignung ›Für Alle und Keinen‹ mag auch für die Wahrheit der Kunst gelten.«[98]

Mit der Kritik an der Massenkultur und mit dem Ästhetizismus ging bei der Frankfurter Schule eine gewisse Sympathie für die Lebensphilosophie einher. Sie stellte nach Horkheimers Meinung einen genuinen Protest gegen den fortgeschrittenen Kapitalismus mit seiner unerbittlichen Nivellierung der individuellen Existenz und mit der zunehmenden Rigidität seines abstrakten Rationalismus dar. Im Gegensatz zu Lukács unterschied die Frankfurter Schule zwischen verschiedenen Spielarten des Irrationalismus. Sie suchte in ihm nach einem brauchbaren kritischen Potential, das sich von reaktionären Anteilen trennen ließ. Nietzsches Vitalismus war ein Beispiel für dieses kritische Potential, während die Lebensphilosophie der dreißiger Jahre, welche die Menschen mit der Irrationalität der herrschenden Ordnung versöhnen wollte, genügend Beispiele für reaktionäre Anteile bot.[99]

---

96 Theodor W. Adorno, *Minima Moralia. Reflexionen aus dem beschädigten Leben*, in: *Gesammelte Schriften*, Bd. 4, Frankfurt a. M.: Suhrkamp Verlag 1980, S. 13.

97 Diese Verbindung ist überzeugend nachgewiesen worden von George Friedman, *The Political Philosophy of the Frankfurt School*, Ithaca, N.Y. und London: Cornell University Press 1981, Kap. 3. Im Gegensatz zu Nietzsche ging die Frankfurter Schule bei ihren Analysen auf sozioökonomische Faktoren der kapitalistischen Gesellschaft ein.

98 Herbert Marcuse »Die Permanenz der Kunst. Wider eine bestimmte marxistische Ästhetik« (1977) in: *Schriften*, Bd. 9, Frankfurt a.M.: Suhrkamp Verlag 1987, S. 191-241, hier: S. 216.

99 Vgl. Max Horkheimer »Materialismus und Metaphysik« in: *Zeitschrift für Sozialforschung*, 2, Nr. 1 (1933) S. 3f.; ders., »Zum Rationalismusstreit in der gegenwärtigen Philosophie« in: *Zeitschrift für Sozialforschung*, 3, Nr. 1 (1934) S. 9. Jay bemerkt: »Horkheimer sah im Irrationalismus der dreißiger Jahre vornehmlich eine Ideologie der Passivität und übersah damit seine dynamischen und destruktiven Komponenten, die sich die Nazis so trefflich zunutze zu machen wußten.« Martin Jay, *The Dialectical Imagination. A History of the Frankfurt School and the Institute of Social Research, 1923-1950*, a. a. O., 48f.; dt.: *Dialektische Phantasie. Die Geschichte der Frankfurter Schule und des Instituts für Sozialforschung 1923-1950*, a. a. O., S. 71.

Das Bewußtsein der Frankfurter Schule vom Zusammenbruch der moralischen und epistemologischen Gewißheiten der westlichen Kultur und ihre Einsichten in die »Dialektik der Aufklärung« verdankten Nietzsche viel von ihrer Schärfe. Denn er hatte den subjektiven Relativismus und Perspektivismus der Aufklärung mit besonderer Radikalität angewendet und gegen das aufgeklärte Subjekt gekehrt.[100] Die kritische Theorie radikalisierte diese Wendung, indem sie sie undifferenziert auf die finsteren totalitären Erfahrungen der dreißiger und vierziger Jahre anwendete, also auf den Stalinismus, den Faschismus und den amerikanischen Konsumkapitalismus. Sich selbst betrachtete sie als umfassende Ideologiekritik, als eine »Aufklärung der Aufklärung«[101] und als radikale Kritik jeder Kulturkritik! Adorno befaßte sich geradezu obsessiv mit der Ironie dieser Verhältnisse und mit ihrer inneren Dynamik.[102]

Trotz dieser Einflüsse erhielt sich in der Frankfurter Schule eine gewisse kritische Ambivalenz gegenüber Nietzsche. (Am deutlichsten kam sie in der *Dialektik der Aufklärung* zum Ausdruck.) In dieser Ambivalenz blieb die Erinnerung an die marxistischen Ursprünge der kritischen Theorie lebendig. Nach wie vor erschien Nietzsche in ihr als ein bürgerlicher Philosoph, der in seinen Analysen die Bedeutung der Gesellschaft nicht zu erkennen vermochte und der nur über einen unzureichenden

---

100 Vgl. Friedrich Nietzsche, *Jenseits von Gut und Böse*, in: *Werke*, Bd. VI, 2, a.a.O., Nr. 44, S. 56-59; ders., *Die Genealogie der Moral*, a.a.O., Nr. 3, S. 310-313 und Nr. 24 S. 351-353. Dieses Problem wird im Detail untersucht von Reinhart Maurer »Nietzsche und die kritische Theorie«, a.a.O., S. 36.

101 Vgl. Maurer, ebda.

102 Adorno schrieb: »Unter den Motiven der Kulturkritik ist von alters her zentral das der Lüge: daß Kultur eine menschenwürdige Gesellschaft vortäuscht, die nicht existiert; daß sie die materiellen Bedingungen verdeckt, auf denen alles Menschliche sich erhebt, und daß sie mit Trost und Beschwichtigung dazu dient, die schlechte ökonomische Bestimmtheit des Daseins am Leben zu erhalten. Es ist der Gedanke von der Kultur als Ideologie, wie ihn auf den ersten Blick die bürgerliche Gewaltlehre und ihr Widerpart, Nietzsche und Marx, miteinander gemeinsam haben. Aber gerade dieser Gedanke, gleich allem Wettern über die Lüge, hat eine verdächtige Neigung, selber zur Ideologie zu werden. Das erweist sich am Privaten. Zwangshaft reicht der Gedanke an Geld und aller Konflikt, den er mit sich führt, bis in die zartesten erotischen, die sublimsten geistigen Beziehungen hinein. Mit der Logik der Konsequenz und dem Pathos der Wahrheit könnte daher die Kulturkritik fordern, daß die Verhältnisse durchaus auf ihren materiellen Ursprung reduziert, rücksichtslos und unverhüllt nach der Interessenlage zwischen den Beteiligten gestaltet werden müßten. Ist doch der Sinn nicht unabhängig von der Genese, und leicht läßt an allem, was über das Materielle sich legt oder es vermittelt, die Spur von Unaufrichtigkeit, Sentimentalität, ja gerade das verkappte und doppelt giftige Interesse sich finden. Wollte man aber radikal danach handeln, so würde man mit dem Unwahren auch alles Wahre ausrotten, alles was wie immer ohnmächtig dem Umkreis der universellen Praxis sich zu entheben trachtet, alle schimärische Vorwegnahme des edleren Zustands, und würde unmittelbar zur Barbarei übergehen, die man als vermittelte der Kultur vorwirft. Bei den bürgerlichen Kulturkritikern nach Nietzsche war dieser Umschlag stets offenbar: begeistert unterschrieben hat ihn Spengler. Aber die Marxisten sind nicht davor gefeit.« *Minima Moralia*, a.a.O., S. 48.

Einblick in die Dialektik verfügte.[103] In einer materialistisch ausgerichteten, aber respektvollen Kritik lieferte Horkheimer ein eindeutiges Beispiel dieser Argumentation:

Der einzige große Geist, der angesichts der argen Verdichtung dieses Nebels, die seit der Mitte des letzten Jahrhunderts eingetreten ist, die Freiheit von Illusionen und den Überblick gewonnen hat, die von den Positionen des Großbürgertums aus möglich sind, ist Nietzsche. Es mußte ihm freilich entgehen, daß die intellektuelle Redlichkeit, um die es ihm zu tun war, sich mit diesem gesellschaftlichen Standpunkt nicht vertrug. Weder im individuellen noch im nationalen Charakter liegt der Grund der von ihm bekämpften Unsauberkeit, sondern in der Struktur der gesellschaftlichen Totalität, die beide in sich enthält. Indem er als typisch bürgerlicher Philosoph die Psychologie, wenngleich die tiefste, die es bis heute gibt, zur Grundwissenschaft der Geschichte machte, hat er den Ursprung der geistigen Verkommenheit sowie den Weg aus ihr verkannt, und das Schicksal, das seinem eigenen Werke widerfuhr [...] hat daher seine Notwendigkeit.[104]

Die Bewertungen des Verhältnisses der kritischen Theorie zu Nietzsche gehen selbstverständlich sehr weit auseinander. Manche Autoren wie z. B. Reinhart Maurer haben ihr angesichts ihrer nietzscheanischen Überzeugungen mangelnden Mut vorgeworfen. Für Maurer ist Nietzsche der äußerste Gegner jeder Utopie, dessen Ideologiekritik alles, auch die gedämpfte Utopie der Frankfurter Schule in Frage stellt. Dieser Auffassung zufolge bleibt Nietzsche in seiner Radikalität konsistenter als die kritische Theorie.[105] Das vermag in gewisser Hinsicht die Bemerkung von George Friedman zu illustrieren, die Frankfurter Schule sei »zu nietzscheanisch gewesen, ohne nietzscheanisch genug gewesen zu sein.«[106] Für andere Kritiker liegt das Problem der kritischen Theorie nicht in einer mangelnden, sondern in einer hoffnungslos überstrapazierten Berücksichtigung Nietzsches. J. G. Merquior formulierte dies kürzlich folgendermaßen:

Auf Adornos Ideal einer negativen Dialektik lag der Schatten Nietzsches, des Meisters der Misologie, also der Angriffe auf Vernunft und Logik. In seiner *Genealogie der Moral* (1887) hatte Nietzsche behauptet, definiert werden könne nur, was keine Geschichte habe. Nun versuchte Adorno, wie wohl bemerkt wurde, dieses Argument auf die Gesellschaft, das Medium der Geschichte zu übertragen. Folglich verbot er sich eine begrifflich stabile Erfassung sozialer Strukturen und kultureller Prozesse. Darum fehlte seiner negativen Dialektik, einer klugen Beobachtung Siegfried Kracauers zufolge, nicht nur eine Richtung, sondern auch der Inhalt.[107]

---

103 Vgl. die Zusammenfassung dieser Kritik bei Peter Pütz »Nietzsche im Lichte der kritischen Theorie«, a. a. O., S. 187ff.

104 Max Horkheimer »Zum Problem der Wahrheit« (1935) in: *Gesammelte Schriften*, Bd. 3: Schriften 1931-1936, Frankfurt a. M.: S. Fischer 1988, S. 277-325, hier: S. 323.

105 Vgl. Reinhart Maurer »Nietzsche und die kritische Theorie«, a. a. O., S. 46-49.

106 George Friedman, *The Political Philosophy of the Frankfurt School*, a. a. O., S. 300.

107 J. G. Merquior, *Western Marxism*, London: Paladin 1986 S. 134. In Merquiors vernichtender Untersuchung wird an dieser Stelle verwiesen auf Siegfried Kracauer, *History. The Last Things Before the Last*, New York: Oxford University Press 1969, S. 201: dt.: *Geschichte - Vor den letzten Dingen*, Frankfurt a. M.: Suhrkamp Verlag 1971, S. 228f. Erkannt worden war dies bereits bei Gillian Rose, *The Melancholy Science. An Introduction to the Thought of T. W. Adorno*, London: Macmillan 1979, S. 22 und 24.

Es ist recht aufschlußreich, daß Jürgen Habermas bei seinen Bemühungen um den Neuentwurf einer sozialistischen Humanwissenschaft eine respektvolle Kritik an der Frankfurter Schule mit einer grundsätzlichen Ablehnung ihrer nietzscheanischen Bestandteile verbindet.[108] Vor allem ergibt sich dies aus Habermas' Suche nach der Konzeption einer kohärenten Rationalität, welche die Frankfurter Schule - der Versuchung durch Nietzsche erliegend - in so auffallender Weise bereitzustellen versäumte: »Horkheimer und Adorno [...] haben sich [...] einer hemmungslosen Vernunftskepsis überlassen, statt die Gründe zu erwägen, die an dieser Skepsis selber zweifeln lassen.«[109]

Zwanzig Jahre zuvor kommentierte Habermas Nietzsches Verbindung von »Erkenntnis und Interesse«, ohne die Neigung des Philosophen zu akzeptieren, derartige Zusammenhänge zu psychologisieren und seine Skepsis so weit zu radikalisieren, daß sie alle Erkenntnis, vor allem auch die am weitesten ausgearbeiteten Konzeptionen der Vernunft umfaßte. Eine solche Ideologiekritik ging über ihre traditionellen, die rettenden Funktionen weit hinaus. »Nietzsche hat die von Hegel ins Werk gesetzte, von Marx fortgeführte *Selbstaufhebung der Erkenntnistheorie* vollendet: als *Selbstverleugnung der Reflexion*.«[110] In den Augen von Habermas war das keine Dialektik der Aufklärung mehr, sondern einfach eine Form von spätbürgerlichem Irrationalismus. In jüngster Zeit hat er dieser seiner Überzeugung erneut Ausdruck verliehen und sie auf den neuesten (im Neo-Heideggerianismus sich manifestierenden) »Nietzscheanismus«, auf den Poststrukturalismus Foucaults und den Dekonstruktivismus Derridas ausgedehnt.[111]

Doch trotz der Bemühungen von Habermas bleibt es zweifelhaft, ob in einem so späten Stadium der Entwicklung eines postmodernen Bewußtseins Nietzsche tatsächlich einfach von der radikalen oder gar marxistischen Linken als »gestrichen« erklärt werden kann.[112] Er steht gegenwärtig gewiß im Zentrum der radikalen fran-

108 Habermas versucht, mit seiner Kritik sowohl über Nietzsche wie über die Frankfurter Schule hinauszugelangen. Am deutlichsten geschieht das in seinem Buch *Der philosophische Diskurs der Moderne. Zwölf Vorlesungen*, Frankfurt a. M.: Suhrkamp Verlag 1985.

109 Jürgen Habermas »Die Verschlingung von Mythos und Aufklärung. Horkheimer und Adorno« in: *Der philosophische Diskurs der Moderne*, a. a. O., S. 156.

110 Jürgen Habermas, *Erkenntnis und Interesse*, Frankfurt a. M.: Suhrkamp Verlag 1973, S. 353.

111 Nietzsche kehrt in Habermas' Antwort auf die aktuelle Welle des »Irrationalismus«, die er im *Philosophischen Diskurs der Moderne* gibt, ständig wieder. Obwohl Habermas Adorno in die Nähe von Jacques Derrida und Michel Foucault rückt (die sich wie er eines spielerisch-subversiven Elements der Vernunftkritik bedienen, das sich seiner eigenen paradoxen Selbstbezüglichkeit bewußt ist), bleibt Adorno doch der Idee verpflichtet, daß es für die Aufklärung kein Heil gibt, es sei denn in einer ihrerseits radikalisierten Aufklärung.

112 Dies ist die Kernthese von James Miller »Some Implications of Nietzsche's Thought for Marxism« in: *Telos*, 37 (Herbst 1978). Es gibt selbstverständlich Marxisten, die solchem Synkretismus überzeugend widerstehen: »Der gewagte ›radikale‹ Rückgriff auf Nietzsche erweist sich als Weg zu einer abgeklärt liberaldemokratischen Position, die den

zösischen Konzeptionen von Kultur, die bestimmt sind durch die Betonung von Heterogenität, Spiel und Lachen, durch den Pluralismus, die Widersprüche, das Begehren und die *Differenz* sowie durch den Glauben, daß die Erosion des Glaubens an eine verläßliche und einheitliche Wahrheit eine Form der Befreiung darstellt.[113] Wie der Stammbaum so vieler Nietzscheanismen ist auch ihre Herkunft schwer zu bestimmen. Während Habermas diese Strömungen als Formen des politischen Irrationalismus angegriffen hat, sind sie vielfach auch als postmarxistische Fortsetzungen des Linksradikalismus, als nihilistischer Anarchismus oder gar als ein konservativer Quietismus bezeichnet worden, der unfähig sei, auch nur die Möglichkeit sinnvoller Veränderung ins Auge zu fassen.[114]

Die häufig konfusen Versuche, Nietzsche mit Marx zu verbinden, dauern an. Doch in der organisierten sozialistischen Bewegung der Linken hat das Werk Nietzsches nie zentrale Bedeutung gewonnen. Obwohl es in vielfältigen, ja proteusartigen Erscheinungen auftrat und immer wieder irritierende Neubewertungen erzwang, konnte es keine dominierende Position erlangen.

Das gilt nicht für die zahlreichen Ideologien von einem deutschen Sozialismus, die von Propagandisten und Polemikern der radikalen Rechten während der Weimarer Republik entwickelt worden sind. In ihnen spielte Nietzsche eine entscheidende Rolle bei dem Versuch konservativer Revolutionäre, das Monopol der Linken auf den Sozialismus zu brechen und ihn für die Ziele der Rechten nutzbar zu machen. Dabei diente Nietzsche als autoritative Gegenfigur zu Marx sowie als Prophet, der den wahren deutschen Geist und die echten deutschen Werte sowohl verkörperte wie verkündete. Die entsprechenden Autoren stöberten selbstverständlich nur solche Kategorien, Metaphern und Bilder im nietzscheanischen Lager auf, die ihnen zupaß kamen. Sie reformulierten den Sozialismus in einer Art und Weise, die alle marxistischen Assoziationen hinter sich ließ. Viele der Schöpfer eines deutschen Sozialismus hielten nur Nietzsche für prophetisch und revolutionär genug, um das Arsenal notwendiger Begriffe, das Idiom der Macht und des heldenhaften Kampfes be-

---

radikalen Mätzchen der Jugend skeptisch verbittert, aber mit jovialer Toleranz begegnet [...] Worum es hier geht [...] das ist nichts weniger als das dialektische Verhältnis von Theorie und Praxis. Denn wenn die Praxis neo-nietzscheanisch als Folge spontaner Irrtümer, produktiver Blindheiten oder historischer Amnesien bestimmt wird, dann kann die Theorie selbstverständlich nicht mehr sein als eine Versammlung müder Reflexionen über ihre letztendliche Vergeblichkeit.« Terry Eagleton »Capitalism, Modernism, and Postmodernism« in: *Against the Grain. Selected Essays*, London: Verso 1986, S. 137.

113 Zu den prominenten Vertretern dieses Trends gehören Gilles Deleuze, Jacques Derrida, Jean Lyotard und Michel Foucault. Vgl. als Beispiel für die nietzscheanische Komponente dieses Denkens die Anthologie von David B. Allison, *The New Nietzsche. Contemporary Styles of Interpretation*, Cambridge: MIT Press 1985.

114 Vgl. den meisterhaften »Epilogue. The Challenge of Post-Structuralism« in: Martin Jay, *Marxism and Totality. The Adventures of a Concept from Lukács to Habermas*, a. a. O., S. 510-537.

reitzustellen sowie eine attraktive und moderne Gegenkonzeption des Sozialismus zu entwickeln.

Obwohl es im nietzscheanisch inspirierten deutschen Sozialismus der Rechten unterschiedliche Strömungen gab, lassen sich in ihm einige grundlegende Gemeinsamkeiten benennen. Auch er mußte sich auf Spitzfindigkeiten einlassen. So erklärte ein Kommentator zu Beginn der nationalsozialistischen Ära, Nietzsches Haß auf gesellschaftliche und soziale Zielsetzungen sei bloß vordergründig. In Wahrheit habe Nietzsche eine Einheit aus sozialistischen Bestrebungen und wahrhafter Führung verlangt. Darüber hinaus hätte er ohne Zweifel den Umstand begrüßt, daß der Klassenkampf beendet und der Weg frei war für die großen Herausforderungen einer kommenden Politik. Ihm zufolge gab es »guten und schlechten Sozialismus. Demokratie ist Sozialismus zum Selbstzweck erhoben, für Nietzsche jedoch ist Sozialismus ein Mittel, ein notwendiges Fundament, auf welchem große Führer den gegliederten Bau neuen Volkstums errichten können.«[115]

Die nietzscheanischen Sozialisten der Rechten waren vernarrt in eine ausgesprochen irrationalistische Lebensphilosophie, die den abstrakten Vernunftglauben des Marxismus und des Liberalismus für hoffnungslos ungeeignet hielt, das Leben in seinen echten Ursprüngen zu erfassen. Da die Rechte vorgab, das Leben zu verkörpern, war sie rationaler Prüfung überhoben. Die Politik betrachtete sie als eine im wesentlichen ästhetische Angelegenheit. Mit einer Konzeption aktiven Willens verschmolzen, wurde die Politik zu einem nationalen, an Nietzsche orientierten Willen zur Macht umgestaltet und vergesellschaftet. Diese Konzeption des Sozialismus blieb unverbrüchlich verbunden mit den Themen und der Mythologie des Ersten Weltkriegs. Sie suchte die Sprache der Klassen zu ersetzen durch die einer Männergemeinschaft im Krieg. Sie sollte die Grundlage einer neuen Integration des Arbeiters in die Gesellschaft bilden, für die sich der Nietzscheanismus als außerordentlich geeignet erwies.

Als direkte Antwort auf die deutsche Revolution und als Versuch, ihre Ziele zu definieren, verkündete Arthur Möller van den Bruck 1919 die Einheit Nietzsches mit dem Sozialismus. Zuerst legte er diese Auffassung in einem Aufsatz unter dem Titel »Nietzsche und der Sozialismus« für die populäre *Illustrierte Zeitung* dar. Nietzsche, so behauptete van den Bruck, habe gespürt, daß der Sozialismus über positive wie über negative Potentiale verfügte. Bei angemessenem Verständnis konnte der Sozialismus als Wille zur Affirmation des Lebens aufgefaßt werden. Wurden sie nur richtig gelenkt, konnten alle Revolutionen schöpferisch sein und neue menschliche Fähigkeiten hervorbringen, welche die Nation zu stärken vermochten. Diese Erkenntnis war auch auf die aktuellen Ereignisse anzuwenden. Van den Bruck zitierte Nietzsches Vorhersage (auf die sich später auch Thomas Mann berief): »Die Arbeiter sollen [...] einmal leben wie jetzt die Bürger; aber *über* ihnen, sich durch Be-

---

115 Friedrich Wurzbach, *Nietzsche und das deutsche Schicksal*, Berlin und Leipzig: Deutsches Verlagshaus Bong 1933, S. 19f.

dürfnislosigkeit auszeichnend, die *höhere* Kaste, also ärmer und einfacher, aber im Besitz der Macht.«[116]

Nietzsches Vision, so schrieb der elitäre van den Bruck, war für die Arbeiter teilweise schon Wirklichkeit geworden. Doch im aktuellen Stadium der Revolution mußten sie sich für bestimmte Werte entscheiden: entweder für den Materialismus eines bloß politischen Sozialismus oder für den idealistischen, geistigen Sozialismus, dessen ethische Konsequenzen Nietzsche klargemacht hatte.

Als 1923 die Bedrohung durch eine Machtübernahme der Arbeiter verschwunden zu sein schien, veröffentlichte van den Bruck sein berühmtes Buch *Das dritte Reich*, in dem er eine weniger eilfertige Konzeption des deutschen Sozialismus formulierte und seine vorherigen Auffassungen erläuterte. Van den Bruck verband in seinem Begriff des Sozialismus individualistische und korporatistische Vorstellungen von einer offeneren Sozialstruktur mit einem massiven Antimarxismus und der eindeutigen Bemühung um eine Patronage über die arbeitenden Klassen, die er vorgab befreien zu wollen. Nietzsche, so behauptete van den Bruck, suchte Individuen aus dem Proletariat der Nation als neue Mitglieder zuzuführen. Gegenwärtig lebten diese Menschen unleugbar ohne Ideale, materialistisch gefangen in einer ökonomisch gelenkten Welt. Als Proletarier führten sie noch eine Existenz, die der von Tieren nahekam. Doch trotz ihrer materialistischen und amorphen Verfassung ließen sie sich durch eine allmähliche Gestaltung und Vergeistigung ihrer Lebensverhältnisse nach und nach in die Nation integrieren. Dachte Nietzsche nicht an die Würde der Arbeiter, als er verkündete: »Kein Verhältnis zwischen Abzahlung und Leistung! sondern das Individuum je nach seiner Art so stellen, daß es das Höchste leisten kann, was in seinem Bereiche liegt.«[117]

Van den Bruck erklärte, Nietzsche verfüge über eine edlere Interpretation des Kommunismus, denn er habe die nivellierende Idee der Gleichheit auf höherem moralischen Niveau durch die Idee gleicher Rechte ersetzt. Er habe nur *ein* Maß menschlicher Werte anerkannt und vom Proletariat verlangt, es zu erreichen. Van den Brucks Konzeption des Sozialismus war darüber hinaus sehr eng mit der der Nation verbunden. Wenn die Arbeiter im Rahmen der Nation handelten, würden ihre Aktionen aus bloßer Gewalt umgewandelt zu schöpferischer Macht. Sinn gewann der Sozialismus nur, wenn er das gesamte Volk mit seinen ökonomischen Nöten erfaßte. Die Integration der Arbeiter war die Grundlage einer nationalen Erneuerung. »Dieser deutsche Sozialismus ist nicht erst die Aufgabe eines dritten Reiches. Er ist vielmehr seine Grundlage.« Beginnen sollte dieser Sozialismus dort, wo Marxismus und Liberalismus endeten; er schien unlösbar mit der Idee einer explizit nietzscheanisch formulierten nationalen Erneuerung verbunden. Van den Bruck

116 Arthur Möller van den Bruck »Nietzsche und der Sozialismus« in: *Illustrierte Zeitung* 152 (1919) S. 233.

117 Arthur Möller van den Bruck, *Das dritte Reich*, Hamburg: Hanseat. Verlagsanstalt 1931, S. 139.

schrieb, die Kraft von sechzig Millionen Menschen müsse in den Willen zur Macht von sechzig Millionen umgewandelt werden. Das allein zähle.[118]

Die nietzscheanischen Sozialisten der Rechten bedienten sich der Gedanken Nietzsches auch zur Darstellung der Dekadenz und des Weges zur Erneuerung. Hugo Fischer, ein Anhänger des radikal konservativen Kreises um Hans Freyer,[119] empfahl sowohl Marx wie Nietzsche als Kritiker der Dekadenz der bürgerlichen Gesellschaft. Dennoch hielt er Nietzsche für den überlegenen Denker. Denn der hatte die Dekadenz ins Zentrum seiner Überlegungen gerückt und war, anders als Marx, in der Lage, zwischen einer bloß symptomatischen und der wirklichen Dekadenz zu unterscheiden.[120] Fischer zufolge war der Sozialismus der Rechten entstanden durch die Suche nach dem gesunden, postdekadenten und antibürgerlichen Neuen Menschen.

Nietzscheanische Werte wie Heldentum, Kampf und Macht waren von außerordentlicher Bedeutung für eine Solidarität, die nicht aus der gemeinsamen Fabrikarbeit, sondern aus der Gemeinschaft der Schützengräben erwuchs. Das wohl am häufigsten angeführte Zitat im Hinblick auf diese Form von Sozialismus waren die Worte Nietzsches über die Arbeiter der Zukunft: »Arbeiter sollen wie Soldaten empfinden lernen. Ein Sold, ein Gehalt, aber keine Belohnung.«[121]

Werner Sombart vertrat die Auffassung, es gebe einen grundlegenden Unterschied zwischen einem materialistischen, marxistischen Sozialismus, der durch berechnenden Händlergeist zu charakterisieren sei, und einem idealistischen, heldenhaften deutschen Sozialismus, der lieber einen Tag lang den Löwen als ein Jahrhundert hindurch ein Schaf darstelle. Das war die Antithese eines Arbeitskults, der sich in seiner gesamten Ideologie auf tiefsitzende Ressentiments gründete.[122]

---

118 Vgl. Arthur Möller van den Bruck, *Das dritte Reich*, a. a. O., S. 136.

119 Vgl. Jerry Z. Muller, *The Other God that Failed*, a. a. O., S. 149f. und 288f.

120 Vgl. Hugo Fischer, *Nietzsche Apostata oder die Philosophie des Ärgernisses*, Erfurt: Verlag Kurt Stenger 1931, S. 11-17.

121 Friedrich Nietzsche zit. nach Arthur Möller van den Bruck, *Das dritte Reich*, a. a. O., S. 139. Merkwürdigerweise führten nur wenige die folgenden Worte Nietzsches an: »Soldaten und Führer haben immer noch ein viel höheres Verhalten zu einander, als Arbeiter und Arbeitgeber. Einstweilen wenigstens steht alle militärisch begründete Cultur noch hoch über aller sogenannten industriellen Cultur: letztere in ihrer jetzigen Gestalt ist überhaupt die gemeinste Daseinsform, die es bisher gegeben hat. Hier wirkt einfach das Gesetz der Noth: man will leben und muss sich verkaufen, aber verachtet Den, der diese Noth ausnützt und sich den Arbeiter *kauft*. Es ist seltsam, dass die Unterwerfung unter mächtige, furchterregende, ja schreckliche Personen, unter Tyrannen und Heerführer, bei Weitem nicht so peinlich empfunden wird, als diese Unterwerfung unter unbekannte und uninteressante Personen, wie es alle Grössen der Industrie sind: in dem Arbeitgeber sieht der Arbeiter gewöhnlich nur den listigen, aussaugenden, auf alle Noth speculirenden Hund von Menschen«. Friedrich Nietzsche, *Die fröhliche Wissenschaft*, in: *Werke*, Bd. V, 2, a. a. O., S. 81.

122 Sombarts *Deutscher Sozialismus* steht für die hier summarisch dargestellten Typisierungen. In Umrissen waren diese Gedanken bereits in Sombarts Pamphlet *Händler und Helden* enthalten.

Der Sozialismus der Rechten sollte ein Gegengewicht abgeben zu den westlichen Ideen von Hedonismus, Fortschritt und Nützlichkeit, die mit den abgelehnten Weltanschauungen des Marxismus und Liberalismus assoziiert wurden. Deren Werte sollten ersetzt werden durch einen tragischen, nietzscheanisch bestimmten, antihistoristischen Vitalismus, der einen Sozialismus der Pflichten ebenso wie der Rechte ermutigen und ein Opfer zugunsten eines überindividuellen Zieles befürworten sollte. Dieses Ziel wurde bezeichnenderweise vom internationalen Proletariat auf die Nation verschoben.

Nicht alle Befürworter irgendeiner Form von nationalem Sozialismus waren Nazis. Doch Versuche, das Soziale auf das Nationale zu reduzieren und umgekehrt, waren in wachsendem Maße typisch für die radikale Rechte Deutschlands in allen ihren Teilen. Eine Äußerung Hitlers wurde 1932 wie folgt wiedergegeben:

> Jeder wahrhaft nationale Gedanke ist letzten Endes sozial, d.h. wer bereit ist, für sein Volk vollständig einzutreten [...] wer unser großes Lied ›Deutschland, Deutschland über alles‹ so erfaßt hat, daß nichts auf der Welt ihm höher steht als dieses Deutschland [...] der ist Sozialist. Das war und ist der Sozialismus des Frontsoldaten Adolf Hitler, und der war und ist der Sozialismus des Stahlhelm.[123]

Die verschiedenen Varianten dieser Entwicklung konnten preußische an die Stelle marxistischer Traditionen als konstuitutiv für den »wahren« Sozialismus rücken. Die für sie wichtigsten sozialistischen Tugenden waren Mut, Disziplin, Ordnung und Gehorsam. Nietzsche stellte das modernste männliche Vokabular für diese Werte bereit. Ein Kommentator schrieb: »Es ist das revolutionäre Element im Sozialismus, was er ebensosehr liebt, wie er das demokratisch-ökonomische Element in der sozialistischen Bewegung gering schätzt.« Einer Verbreitung wert war am Sozialismus vor allem seine revolutionäre Energie.[124] Darüber hinaus wurden die überhistorischen nietzscheanischen Werte des Lebens und des Willens zur Macht einem Sozialismus integriert, der sich auf die arbeitenden Klassen konzentrierte, ohne die Institution des Privateigentums anzutasten oder ein Ende der ökonomischen Ungleichheit zu versprechen.

Nietzscheanische Sozialisten der Rechten begannen ihre Untersuchungen mit Diagnosen der zeitgenössischen Dekadenz. Sie stellten fest, Deutschland versinke in hoffnungsloser Entartung. Nur radikal sozialistische, ja sogar apokalyptische Maßnahmen konnten ihrer Meinung nach zur erforderlichen Neubelebung des Landes führen. Der außerordentlich populäre Oswald Spengler – den Thomas Mann als Nietzsches »klugen Affen« bezeichnete[125] – faßte beide Themen zusammen.

Bezeichnenderweise verband Spengler im ersten Band seines *Untergang des Abendlandes* (1918) die Erörterung des Sozialismus als Kulturphänomen mit der einzigen in diesem Buch enthaltenen umfangreicheren Untersuchung über Nietz-

---

123 Adolf Hitler zit. nach Seldte in: *Ring*, H. 30 (1933), zit. nach Werner Sombart, *Deutscher Sozialismus*, a. a. O., S. 49.

124 Friedrich Mess, *Nietzsche, Der Gesetzgeber*, Leipzig: Felix Meiner 1930, S. 216.

125 Thomas Mann »Nietzsches Philosophie im Lichte unserer Erfahrung«, a. a. O., S. 703.

sche.[126] Zu diesem Zeitpunkt war Spengler sowohl Nietzsche wie dem Sozialismus gegenüber ambivalent und kritisch eingestellt. Den Sozialismus schilderte er als Teil der späten abendländischen Tradition, als universalen und letzten Ausdruck einer faustischen Ethik in ihrem negativen Untergangsstadium. Wie der Wissenschaft fehlte auch ihm die Kreativität der faustischen Ethik, wie sie während der hohen Entwicklungsphase der Kultur in Erscheinung trat. Er war praktisch, seelenlos und bar jeder metaphysischen Qualität. Er reduzierte alles auf äußerliche, gesellschaftliche Merkmale und erwies sich als intolerant in seinen Bemühungen, die Dinge nach seiner Fasson zu vergesellschaften. Auf diese Weise war er ein universaler und unvermeidlicher Bestandteil der Moderne:

> Gesetzt, daß der Sozialismus, ethisch, nicht wirtschaftlich verstanden, das Weltgefühl ist, welches die eigne Meinung im Namen aller verfolgt, so sind wir ohne Ausnahme Sozialisten, ob wir es wissen und wollen oder nicht. Selbst der leidenschaftlichste Gegner aller ›Herdenmoral‹, Nietzsche, ist gar nicht fähig, in antikem Sinne seinen Eifer auf sich selbst zu beschränken. Er denkt nur an die ›Menschheit‹. Er greift jeden an, der es anders meint [...] Aber der ganze Zarathustra - angeblich jenseits von Gut und Böse stehend - atmet die Pein, die Menschen so zu sehen, wie man sie nicht haben will [...]
>
> Der Sozialismus - in seinem höchsten Sinne, nicht in dem der Gasse - ist wie alles Faustische ein exklusives Ideal [...] Als Nietzsche das Wort ›Umwertung aller Werte‹ zum ersten Male niederschrieb, hatte endlich die seelische Bewegung dieser Jahrhunderte, in deren Mitte wir leben, ihre Formel gefunden [...] Innerhalb des ethischen Sozialismus in dem hier festgelegten Sinne, als der Grundstimmung der in die Steinmassen der großen Städte verschlagenen faustischen Seele, ist diese Umwertung eben jetzt im Gange.[127]

Nietzsche, so schrieb Spengler, hatte nicht den Mut, selbst die notwendigen Schlußfolgerungen zu ziehen. Es blieb George Bernhard Shaw überlassen, so behauptete er, die These zum Abschluß zu führen, die dem Zarathustra zu heikel erschienen war. Shaw faßte in seinen Stücken *Man and Superman* sowie *Major Barbara,* was Nietzsche vage angeregt hatte, in genaue und praktische Formen. Er verfolgte Nietzsches Gedanken von einer Züchtung des Übermenschen. Er erkannte, daß es sich dabei um ein darwinistisches Projekt handelte. Ihm war klar, daß Nietzsche letztlich »die Verwandlung der Menschheit in ein Gestüt« verlangt hatte. Spengler erschien es als eine Ironie der Begriffsgeschichte, daß die Idee »von planmäßiger Züchtung«, also von »einem vollkommen materialistischen und utilitaristischen Begriff [...] auf einem merkwürdigen, aber für den Sinn der Zeit bezeichnenden Wege aus der Quelle aller geistigen Modernität, der Atmosphäre der englischen Maschinenindustrie« stammte.[128]

Eine derart gewitzte Kritik änderte die herkömmliche Bedeutung des Sozialismus von grundauf. Doch Spengler deutete bereits seine später positive Bewertung

---

126 Zum weiteren Verhältnis Spenglers zu Nietzsche vgl. Massimo Ferrari Zumbini »Untergänge und Morgenröten: Über Spengler und Nietzsche«, a. a. O..

127 Oswald Spengler, *Der Untergang des Abendlandes. Umrisse einer Morphologie der Weltgeschichte,* 8. Aufl., München: dtv 1986, S. 435 und 448f.

128 Oswald Spengler, *Der Untergang des Abendlandes,* a. a. O., S. 477.

des nietzscheanischen Sozialismus an. Friedrich Wilhelm I., so erklärte er, sei »das Urbild eines Sozialisten in großem Sinne«.[129] Der Sozialismus erschien ihm darüber hinaus als

> *kein* System des Mitleids, der Humanität, des Friedens und der Fürsorge, sondern des Willens zur Macht. Alles andere ist Selbsttäuschung. Das Ziel ist durchaus imperialistisch: Wohlfahrt, aber im expansiven Sinne, nicht der Kranken, sondern der Tatkräftigen, denen man die Freiheit des Wirkens geben will, und zwar mit Gewalt, ungehemmt durch die Widerstände des Besitzes, der Geburt und der Tradition.[130]

Obwohl Spengler die einschlägige Passage nicht erwähnt, hatte Nietzsche in der Tat eine ähnliche Konzeption umrissen:

> Der *Socialism* ist bloß ein *Agitationsmittel des Individualisten*: er begreift, daß man sich, um etwas zu erreichen, zu einer Gesammtaktion organisiren muß, zu einer ›Macht‹. Aber was er will, ist nicht die Societät als Zweck des Einzelnen, sondern die Societät als *Mittel zur Ermöglichung vieler Einzelnen*: – Das ist der Instinkt der Socialisten, über den sie sich häufig betrügen.[131]

Spenglers Sozialismus wird zur Freiheit, sich über die eigene Klasse zu erheben; er verschafft den entsprechend Begabten Gelegenheit, ihren Willen zur Macht auszudrücken. Der zweite Band des *Untergang des Abendlandes* (1922) ging beträchtlich über diese Position hinaus. In ihm entwarf Spengler eine kosmische Auseinandersetzung, in welcher der Kapitalismus die Rolle der zerstörerischen Macht des Geldes spielte. Der Sozialismus erschien statt dessen als schwer arbeitender, sich selbst aufopfernder, fürsorglicher Diener des Staates. Er wurde »plötzlich zum Sammelpunkt ungeheurer Lebenskräfte.«[132] Er war in der Tat nichts weniger als der »Wille(n), über alle Klasseninteressen hinaus eine mächtige politisch-wirtschaftliche Ordnung ins Leben zu rufen, ein System der *vornehmen* Sorge und Pflicht, die das Ganze für den Entscheidungskampf der Geschichte in fester Form hält«.[133]

*Der Untergang des Abendlandes* war indes eine quasi wissenschaftliche Publikation, und das Thema des Sozialismus ging nur zu leicht im Labyrinth seiner Überlegungen unter. Das galt nicht für die polemische Streitschrift Spenglers aus dem Jahre 1920 *Preußentum und Sozialismus*. In ihr wurde der Sozialismus einfach gleichgesetzt mit den preußischen Tugenden der Führerschaft, des Muts, der Disziplin und des Gehorsams. Sie galten als Schlüssel zur Integration der Arbeiterklasse in die größere Gemeinschaft sowie als Grundlage der nationalen Erneuerung. In diesem Band wird Nietzsche kaum namentlich erwähnt, doch sein Geist, seine Sprache und seine Wertvorstellungen kommen in Spenglers Konzeptionen zur Geltung.

---

129 Oswald Spengler, *Der Untergang des Abendlandes*, a.a.O., S. 443.
130 Oswald Spengler, *Der Untergang des Abendlandes*, a.a.O., S. 463.
131 Friedrich Nietzsche, *Nachgelassene Fragmente. Herbst 1887 – März 1888*, in: *Werke*, Bd. VIII, 2, Berlin 1970, 10 [82], S. 169.
132 Oswald Spengler, *Der Untergang des Abendlandes*, a.a.O., S. 1143.
133 Oswald Spengler, *Der Untergang des Abendlandes*, a.a.O., S. 1193.

Der Sozialismus, so schrieb Spengler, hatte nichts zu tun mit dem Widerspruch zwischen Reich und Arm, sondern nur mit der Fähigkeit, das Leben zu beherrschen:

> Ich wende mich an die Jugend [...] Werdet Männer! Wir bauchen keine Ideologen mehr, kein Gerede von Bildung und Weltbürgertum und geistiger Mission der Deutschen. Wir brauchen Härte, wir brauchen eine tapfere Skepsis, wir brauchen eine Klasse von sozialistischen Herrennaturen. Noch einmal: der Sozialismus bedeutet Macht, Macht und immer wieder Macht.[134]

In Ernst Jüngers Buch *Der Arbeiter* erreichte diese Entwicklung ihren Höhepunkt. Bei Jünger verwischen sich die Grenzen von links und rechts. In den späten zwanziger Jahren hatte er Sympathien geäußert für die Kommunisten und für ihren entschiedenen, militanten Willen zur Macht. Während der dreißiger Jahre schloß er sich den Nationalbolschewisten und ihrer Suche nach einer gemeinsamen Basis mit Rußland gegen den Westen an. *Der Arbeiter,* dieser radikale Versuch, die kommende Ordnung vorherzusehen und die Bedeutung der Arbeit neu zu bestimmen, sollte zum Manifest der Nationalbolschewisten werden.[135] Gerade wegen ihrer Fähigkeit zur totalen Mobilisierung und zur Schaffung einer neuen Ordnung konnte Jünger die italienischen Faschisten sowohl wie die Bolschewisten bewundern.

Sein Buch *Der Arbeiter* radikalisierte eine neue Konzeption der Arbeit; sie wurde nun zum Prinzip der gesamten Gesellschaft. In Jüngers Nietzscherezeption und in seinem eigenartigen Bild eines nationalisierten Sozialismus wird der Arbeiter zum Zentrum allen Lebens - zu dessen sich selbst erneuernder Existenzgrundlage. Doch Jüngers Arbeiter ähnelt in gar keiner Weise dem alltäglich vertrauten Proletarier. Er ist vielmehr ein stilisierter Prototyp. Der Arbeiter wird nicht mittels sozioökonomischer Kategorien betrachtet, sondern als ein übergeschichtlicher Typus, eine entindividualisierte Gestalt. Diese Gestalt war fundiert in einer ästhetisierten Politik; sie stand jenseits von Gut und Böse und war weder falsch noch wahr.[136] Sie war vielmehr ein Phänomen, das nur aus sich selbst heraus verstanden werden konnte. Entweder setzte man sich ihrer Dynamik aus oder nicht.

In einer unverkennbar an Nietzsche erinnernden Sprache suchte Jünger während der Weimarer Zeit in seinen Nachkriegsvisionen einer zukünftigen Arbeitsgesellschaft das Kriegserlebnis zu einem Teil des modernen Alltagslebens zu machen. Durch den Arbeiter ging aus der neuen Ordnung ein reiner Wille zur Macht hervor, der sich von allen vorherigen bürgerlichen Ausdrucksformen ganz und gar unterschied. Der Arbeiter stellte in der Tat die Antithese zum Bürger dar, dem es im wesentlichen darum ging, die elementaren und gefährlichen Aspekte des Lebens zu verleugnen. Der Krieg, so schrieb Jünger, hatte diesen Aspekten wieder ihre zen-

---

134 Oswald Spengler, *Preußentum und Sozialismus,* München: C.H. Beck 1925, S. 99.

135 Vgl. zu den Details der Verbindung Jüngers mit den Nationalbolschewisten J.P. Stern, *Ernst Jünger. A Writer of Our Time,* Cambridge: Bowes and Bowes 1953, S. 10-13.

136 Vgl. Ernst Jünger, *Der Arbeiter. Herrschaft und Gestalt,* in: *Werke,* Bd. 6: *Essays II,* Stuttgart: E. Klett 1964, S. 47.

trale Bedeutung verschafft und die bürgerliche Ordnung in die Vergangenheit verbannt. Die neue Ordnung der Zukunft war bereits greifbar nahe gerückt: »Es ist unnötig geworden, sich noch mit einer Umwertung der Werte zu beschäftigen – es genügt, das Neue zu sehen und sich zu beteiligen.«[137]

Das neue Zeitalter erschien als nichts weniger denn als Aktualisierung von Nietzsches Mahnung, gefährlich zu leben. Ohne Nietzsche ist Ernst Jünger nicht vorstellbar. Jünger selbst schrieb in *Das Wäldchen 125*, alles, was ihn und seine Freunde bewegte, habe er dem einsamen Nietzsche zu verdanken.[138] Aus seinen gesamten Schriften atmet der eigentümlich aktualisierte, leidenschaftliche Geist Nietzsches. *Der Arbeiter* schien ein nietzscheanisches Zeitalter zu verkünden, eine Gesellschaft, geschaffen aus der Dynamik Nietzsches und nach seinem nihilistischen Bild.

Doch Jünger zähmte diese Dynamik, indem er den Arbeiter in eine hochgradig disziplinierte Welt integrierte. Er typologisierte und kollektivierte seinen nietzscheanischen Menschen und spannte ihn in einen unpersönlichen nationalen und industriellen Bezugsrahmen. Nietzsche wurde an die Werkbank gestellt. Aus Zarathustra machte er eine gesichtslose Unperson, ein Rädchen in einer industriellen Maschinerie, die auf die totale Mobilmachung aus war. Das Primitive und das Elitäre kamen in Jüngers Phantasie dadurch zusammen, daß er den Willen zur vermittelnden Kraft erklärte. Die Disziplin und das Gespür für Macht wurden vereinigt durch die Willenskontrolle über Technik und Produktion. Arbeit war seit jeher ein Schlüssel zur Gesamtheit der Dinge. Aufgrund ihrer elementaren Fähigkeiten und durch ihre Arbeit waren die Arbeiter dazu ausersehen, zur erneuernden Kraft und beherrschenden Macht zu werden.[139]

Ziel des Arbeiters war die Schaffung einer neuen Menschheit. Sie hatte nichts zu tun mit den klassischen Ideen des Marxismus. Gegründet auf das Prinzip eines heldischen Realismus, stellte die neue Ordnung den Tod des Individuums und die Heraufkunft des Typus dar. Jüngers Neuer Mensch sollte sich nicht als Ziel, sondern nur als Mittel erleben, als Träger eines elementaren Willens zur Macht. Wie im Krieg, in dem der Charakter des Einzelnen weniger zählte als kollektives, mechanisiertes Handeln, würde auch in der neuen Epoche der Charakter des Individuums obsolet werden.[140] Der Apparat des modernen industriellen Staates würde ein Ausdruck des Willens zur Macht von seiten des Arbeiters sein.[141]

In dieser neuen Gesellschaft sollten die Gesetze des Krieges und die totale Mobilmachung auf alle Gebiete des Lebens angewendet und die Unterscheidung zwischen Kämpfenden und Nichtkämpfenden aufgehoben werden. Freiheit wurde nicht länger als Ausdruck individueller Unabhängigkeit aufgefaßt, sondern als die

137 Ernst Jünger, *Der Arbeiter. Herrschaft und Gestalt*, a.a.O., S. 61, 26ff. und 53ff.
138 Vgl. Ernst Jünger, *Das Wäldchen 125. Eine Chronik aus den Grabenkämpfen, 1918*, 3. Aufl., Berlin: E. S. Mittler & Sohn 1926, S. 154. Für diesen Hinweis danke ich Millard Griffin.
139 Vgl. Ernst Jünger, *Der Arbeiter. Herrschaft und Gestalt*, a.a.O., S. 154.
140 Vgl. Ernst Jünger, *Der Arbeiter. Herrschaft und Gestalt*, a.a.O., S. 118ff.
141 Vgl. Ernst Jünger, *Der Arbeiter. Herrschaft und Gestalt*, a.a.O., S. 164ff.

Chance, handelnd Teil einer Totalität zu werden. In dieser Welt wurden für den Arbeiter kraft seines Willens zur Macht Freiheit und Gehorsam identisch.[142] Mit dieser letzten Version eines nietzscheanischen Sozialismus der Rechten ging der Individualismus Nietzsches voll und ganz in der Brutalisierung der Nachkriegszeit unter. Am Vorabend der Heraufkunft des Nationalsozialismus wurden sowohl Nietzsche wie der Sozialismus einer endgültigen Umgestaltung unterworfen.

---

142 Vgl. Ernst Jünger, *Der Arbeiter. Herrschaft und Gestalt,* a.a.O., S. 159.

DER RIESE

FRIEDRICH NIETZSCHE

«Meine Brüder», sagte der älteste Zwerg, «wir sind in Gefahr. Ich verstehe die Attitüde dieses Riesen. Er ist im Begriff, uns anzurieseln. Wenn ein Riese rieselt, giebt es eine Sandfluth. Wir sind verloren, wenn er rieselt. Ich rede nicht davon, in welch affreusem Elemente wir da ertrinken.»

«Problem», sagte der zweite Zwerg, «wie verhindert man einen Riesen am Rieseln?»

«Problem», sagte der dritte Zwerg, «wie verhindert man einen Grossen, dass er etwas Grosses gross thut?»

«Ich danke», antwortete der älteste Zwerg mit Würde. «Hiermit ist das Problem philosophischer genommen, sein Interesse verdoppelt, seine Lösung vorbereitet.»

«Man muss ihn erschrecken», sagte der vierte Zwerg.

«Man muss ihn kitzeln», sagte der fünfte Zwerg.

«Man muss ihn in die Fusszehe beissen», sagte der sechste Zwerg.

«Thun wir Alles zugleich», entschied der Älteste. «Ich sehe, wir sind dieser Lage gewachsen. Dieser Riese wird nicht rieseln.»

Turin, 21. April 1888



1. *Ernst Moritz Geyger: Illustration zu Nietzsches Parabel »Der Riese« (1895), Pan 1, Nr. 2 (1895/96) S. 91.*

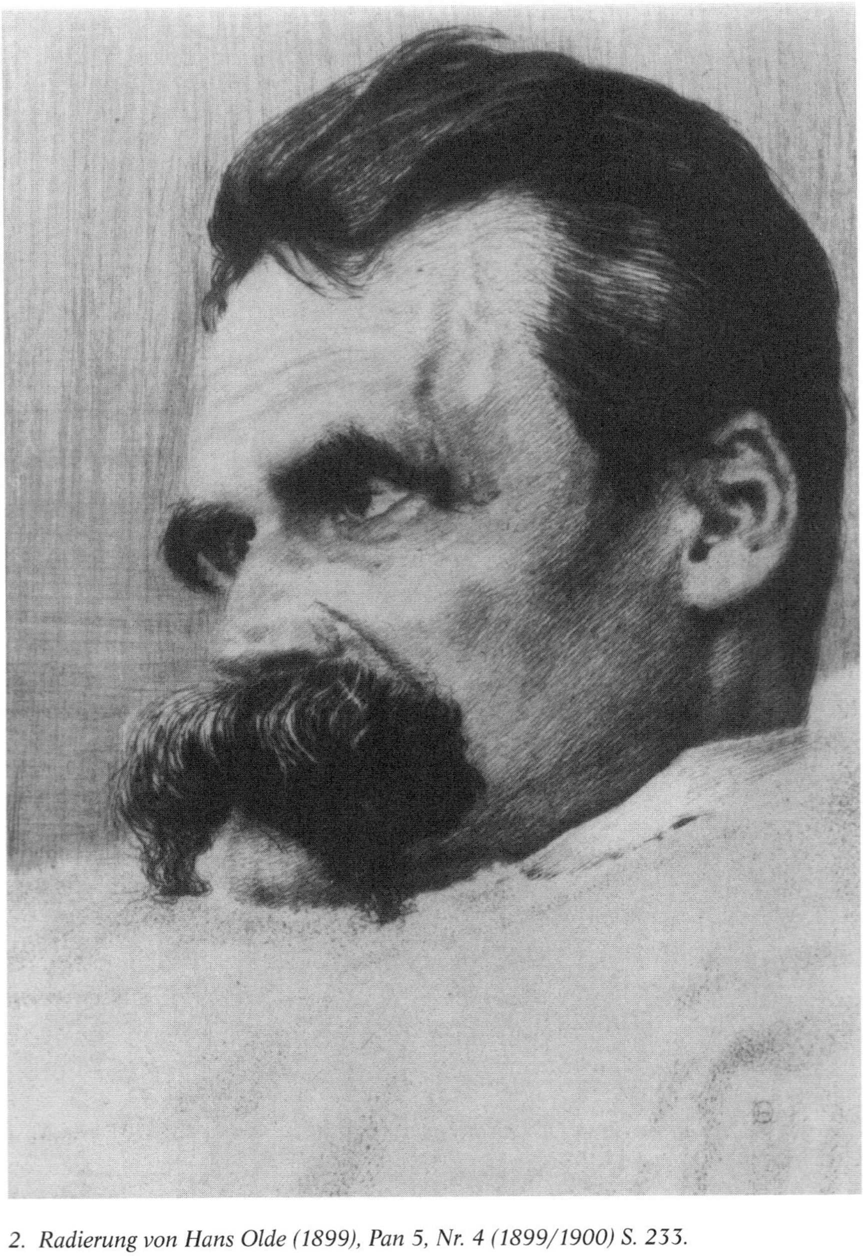

2. *Radierung von Hans Olde (1899), Pan 5, Nr. 4 (1899/1900) S. 233.*

3. *Anonymus: Nietzsche mit einer Dornenkrone. Ex libris von Georg Lapper (ca. 1900). Mit freundlicher Genehmigung des Goethe- und Schiller-Archivs, Weimar.*

4. *Nietzsche bei der Abfassung eines Empfehlungsschreibens für Berson. Arbeiter-Zeitung zit. nach Die Fackel 15. Jg., Nr. 391/392 (21. Januar 1914) S. 6.*

5. *Haus in Darmstadt von Peter Behrens: Mosaik im Vestibül mit vier stilisierten Adlern. Tilmann Buddensieg, »Das Wohnhaus als Kultbau«, in: Peter Behrens und Nürnberg, München: Prestel 1980, S. 39. Mit freundlicher Genehmigung des Germanischen Nationalmuseums Nürnberg.*

6. *Bruno Taut, Alpine Architektur, Hagen: Folkwang 1919.*

7. *Fritz Schumacher, Entwurf für ein Nietzsche-Denkmal (1898). Fritz Schumacher, Studien, Leipzig: Baumgärtner 1900, Abb. 1.*

*8. Arnold Kramer, Nietzsche im Krankenstuhl. Skulptur (1898). Ausstellung im renovierten Nietzsche-Archiv. Im Hintergrund die Arbeit eines unbekannten Künstlers. Sie zeigt Nietzsche mit Schlange und Adler, den Symbolen Zarathustras. Mit freundlicher Genehmigung des Goethe- und Schiller-Archivs, Weimar.*

*9. Fidus (Hugo Hoeppener), Darstellung einer Hochzeitszeremonie mit einem Zitat aus Nietzsches Zarathustra (1906). Jugend 11 (1906) S. 369.*

*10. Alfred Soder, Bild des nackten Nietzsche in den Bergen. Ex libris von Friedrich Bertold Sutter (1907). Mit freundlicher Genehmigung des Goethe- und Schiller-Archivs, Weimar.*

*11. Anonymus, Postkarte mit einem Vegetarier-Zitat. Holzschnitt nach einem Bildnis Nietzsches von Hans Olde (ca. 1900). Mit freundlicher Genehmigung des Goethe- und Schiller-Archivs, Weimar.*

*12. Portraitzeichnung Nietzsches aus Sozialistische Monatshefte Nr. 10 (Oktober 1900) S. 626.*

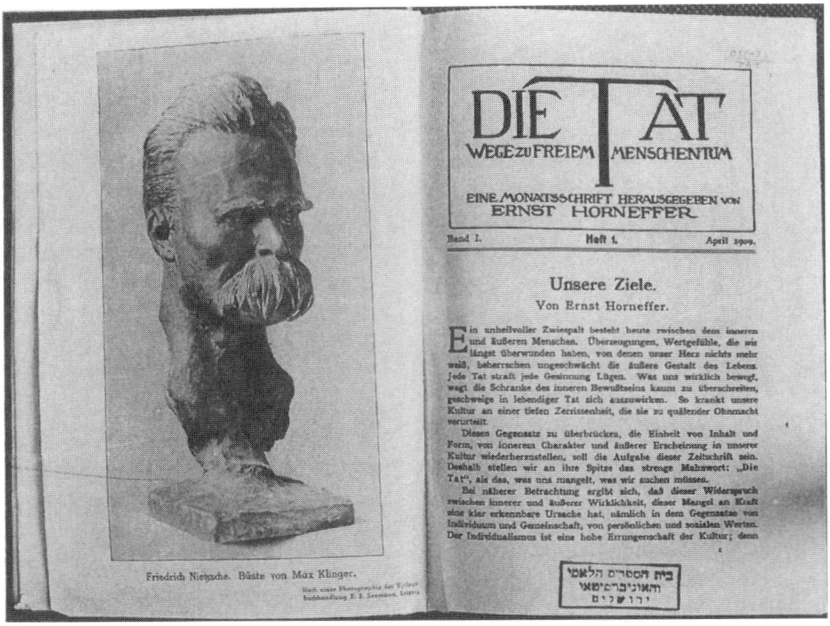

Friedrich Nietzsche. Büste von Max Klinger.

DIE TAT
WEGE ZU FREIEM MENSCHENTUM
EINE MONATSSCHRIFT HERAUSGEGEBEN VON
ERNST HORNEFFER

Band I. Heft 1. April 1909.

Unsere Ziele.
Von Ernst Horneffer.

Ein unheilvoller Zwiespalt besteht heute zwischen dem inneren und äußeren Menschen. Überzeugungen, Wertgefühle, die wir längst überwunden haben, von denen unser Herz nichts mehr weiß, beherrschen ungeschwächt die äußere Gestalt des Lebens. Jede Tat straft jede Gesinnung Lügen. Was uns wirklich bewegt, wagt die Schranke des inneren Bewußtseins kaum zu überschreiten, geschweige in lebendiger Tat sich auszuwirken. So krankt unsere Kultur an einer tiefen Zerrissenheit, die sie zu quälender Ohnmacht verurteilt.

Diesen Gegensatz zu überbrücken, die Einheit von Inhalt und Form, von innerem Charakter und äußerer Erscheinung in unserer Kultur wiederherzustellen, soll die Aufgabe dieser Zeitschrift sein. Deshalb stellen wir an ihre Spitze das strenge Mahnwort: „Die Tat“, als das, was uns mangelt, was wir suchen müssen.

Bei näherer Betrachtung ergibt sich, daß dieser Widerspruch zwischen innerer und äußerer Wirklichkeit, dieser Mangel an Kraft eine klar erkennbare Ursache hat, nämlich in dem Gegensatze von Individuum und Gemeinschaft, von persönlichen und sozialen Werten. Der Individualismus ist eine hohe Errungenschaft der Kultur; denn

1

בית הספרים הלאמי
והאוניברסיטאי
ירושלים

13. *Max Klinger, Büste Nietzsches, Die Tat 1, Nr. 1 (April 1909).*

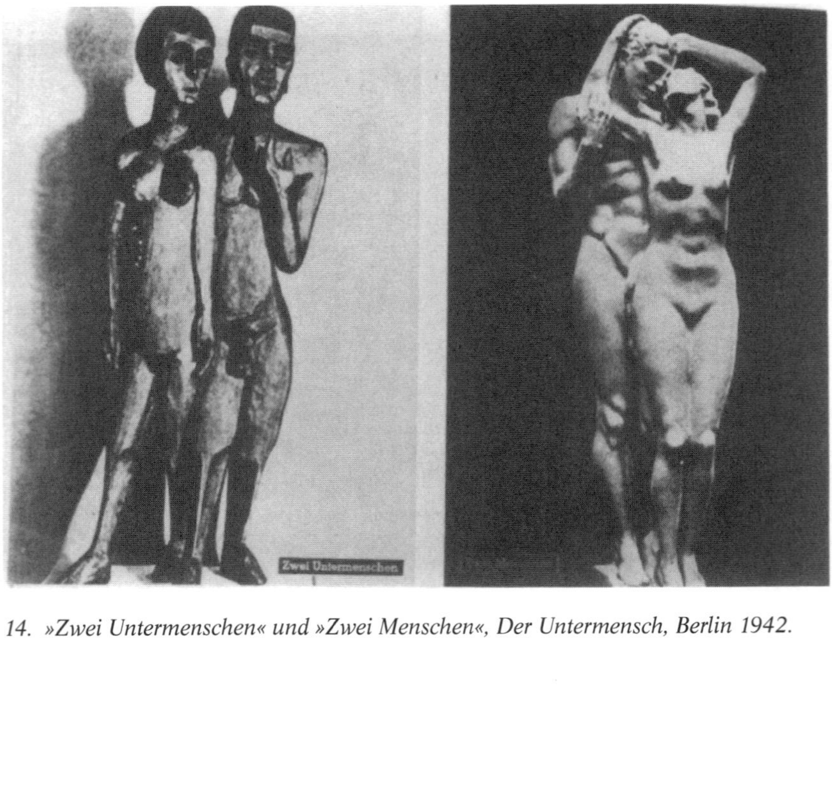


14. *»Zwei Untermenschen« und »Zwei Menschen«, Der Untermensch, Berlin 1942.*

15. *Hitler beim Anblick einer Nietzsche-Büste, 1934. Mit freundlicher Genehmigung des Goethe- und Schiller-Archivs, Weimar.*

16. *Im Alter von 88 Jahren empfängt Elisabeth Förster-Nietzsche am Eingang des Nietzsche-Archivs Adolf Hitler. Mit frdl. Genehmigung des Goethe- und Schiller-Archivs, Weimar.*

17. *»Wiederkehr eines Philosophen. Täter Hitler, Denker Nietzsche«, Titelblatt Der Spiegel 35, Nr. 24 (8. Juni 1981). Mit freundlicher Genehmigung von Der Spiegel. Das Deutsche Nachrichten-Magazin.*

KAPITEL 7

# Nach dem Tod Gottes
# Varianten nietzscheanischer Religion

> *Und wie viele neue Götter sind noch möglich! Mir selber, in dem der religiöse, das heisst gott*bildende *Instinkt mitunter zur Unzeit lebendig wird: wie anders, wie verschieden hat sich mir jedesmal das Göttliche offenbart! [...] Ist es nöthig, auszuführen, dass ein Gott sich mit Vorliebe jenseits alles Biedermännischen und Vernunftgemässen zu halten weiss? jenseits auch, unter uns gesagt, von Gut und Böse?*
>
> Friedrich Nietzsche, *Nachgelassene Fragmente*

Es ist ein Gemeinplatz, daß Nietzsche und seine Anhänger in Europa eine seit dem 19. Jahrhundert andauernde, grundlegende Krise des christlichen Glaubens ausgelöst haben.[1] Doch niemand hat bisher im Detail dargestellt, wie Generationen von Nietzscheanern diese Krise überwinden wollten, indem sie religiösen Impulsen eine neue Richtung und neue Kraft zu verleihen suchten, statt sie zu bekämpfen oder für nichtexistent zu erklären. Die Schaffung einer Reihe alternativer Gegenreligionen stellte einen wesentlichen Bestandteil der Anpassung des Nietzscheanismus an die europäische und vor allem an die deutsche Kultur dar. Unsere Aufgabe wird es hier sein, diese Ersatzreligionen in Umrissen darzustellen, sie in einen ideologischen Kontext zu plazieren und ihre politischen Implikationen für die Entwicklung in Deutschland von den achtziger Jahren des 19. Jahrhunderts bis zum Dritten Reich zu untersuchen.

Der Nietzscheanismus löste eine allgemeine Erosion des überkommenen Glaubens und eine Unzufriedenheit mit den etablierten Kirchen ebenso aus, wie er von ihr profitierte. Bei vielen Menschen führte diese Unzufriedenheit keineswegs zu einer Übersättigung ihres religiösen Verlangens, sondern gab ihm neuen Auftrieb. Während der Jahrhundertwende versuchte man in Deutschland verschiedentlich, zu einer Verjüngung der Anstaltskirchen zu gelangen oder der Religiosität selbstbewußt weltliche Formen aufzupfropfen. Die wachsende Unglaubwürdigkeit religiöser Dogmen

1 Die klassische Darstellung der Krise der »bürgerlich-christlichen Welt« findet sich bei Karl Löwith, *Von Hegel zu Nietzsche. Der revolutionäre Bruch im Denken des 19. Jahrhunderts*, Stuttgart: Metzler 1988.

und die sich daraus ergebenden Verluste der Religionen führten (verstärkt durch eine rasche und weitgehende Industrialisierung) zu einer Vielzahl von Reformansätzen sowohl innerhalb wie außerhalb der Kirchen, zur Entstehung von Naturreligionen und allerlei okkulten und mystischen Gesellschaften.[2] Zwar waren viele dieser Vereinigungen nur eine Sache für Spinner oder Verrückte,[3] doch sie wiesen auf die Existenz neuer Glaubensrichtungen, in denen sich die Bereiche von Religion und Politik zunehmend vermischten. Die Formen und Inhalte dieser Alternativreligionen waren unvermeidlich eklektizistisch. Wie auf anderen Gebieten der Rezeption Nietzsches wurden auch hier die herkömmlichen politischen Demarkationslinien verwischt. Die Adepten dieser neuen Kulte, die sich in zuvor unbekannten Formen spiritueller Selbstdarstellung ergingen, waren daher oft ideologisch zweideutig und politisch unstet.[4]

Der Umstand, daß diejenigen, die nach einem religiösen Glauben suchten, sich oft gerade durch den radikalsten aller Atheisten inspirieren ließen, war eine für die Rezeption Nietzsches typische Ironie der Geschichte. Dennoch waren die Entwürfe einer nietzscheanischen Religion nie ganz und gar willkürlich; denn, wie das Motto des vorliegenden Kapitels zeigt, ließen sich durchaus plausible Rechtfertigungen der Religion in den Schriften des Meisters finden. Der Tod Gottes, so argumentierte Nietzsche zuweilen, wies nicht notwendig voraus auf ein Zeitalter des Nihilismus und auf das Ende der Religion als solcher. »Es scheint mir, dass zwar der religiöse Instinkt mächtig im Wachsen ist, - dass er aber gerade die theistische Befriedigung mit tiefem Misstrauen ablehnt.«[5]

Wer nach einem religiösen Nietzsche suchte, konnte überall in seinem Werk Anspielungen finden.[6] Schon die Sprache und der Stil des *Zarathustra* (der allgemein als eine der großen lyrischen Leistungen in deutscher Sprache gilt) atmeten den Geist der Bibel.[7] Doch selbstverständlich ging die Dimension des Religiösen weit

---

2 Einen Überblick über diese Entwicklungen gibt Roy Pascal, *From Naturalism to Expressionism. German Literature and Society, 1880-1918*, a.a.O., Kap. 7 »Religion and the Churches«.

3 Einen wunderbaren Einblick in die nietzscheanische und dämonische Scharlatanerie dieser Gruppen bietet Thomas Manns Satire aus dem Jahre 1904 »Beim Propheten« in: *Gesammelte Werke in dreizehn Bänden*, Bd. 8: Erzählungen, 2. Aufl., Frankfurt a.M.: S. Fischer 1974, S. 362-370. Vgl. für die spätere Zeit Ulrich Linse, *Barfüßige Propheten. Erlöser der zwanziger Jahre*, Berlin: Siedler Verlag 1983.

4 Zwischen 1890 und 1910 entstanden Dutzende von Freidenkerorganisationen. 1909 vereinigten sie sich zum Weimarer Kartell mit angeblich 60 000 Mitgliedern. Angesichts ihrer weitreichenden Differenzen führte diese Koalition kaum zu nennenswerten Ergebnissen. Vgl. Alfred Kelly, *The Descent of Darwin. The Popularization of Darwinism in Germany, 1860-1914*, a.a.O., S. 91ff.

5 Friedrich Nietzsche, *Jenseits von Gut und Böse*, in: *Werke*, Bd. VI, 2, a.a.O., S. 71.

6 Vgl. die Erörterung von Nietzsches Ansichten über die Religion bei Dieter Henke, *Gott und die Grammatik. Nietzsches Kritik der Religion*, Pfullingen: Verlag Günther Neske 1981.

7 Die Religiosität des *Zarathustra* war wohl auch für die inoffizielle Konsekration dieses Werkes als eines heiligen Dokuments der deutschen Nation im Ersten Weltkrieg verantwortlich. Während des Dritten Reichs wurde sie offiziell zelebriert, als es im Gewölbe des Tannenbergdenkmals seinen Platz fand.

über Fragen der Sprache und des Stils hinaus. Sie brachte sich in allen Schriften Nietzsches zur Geltung. Seine eindringliche Forderung nach Schaffung neuer Gesetzestafeln, seine Erhebung des göttlichen Dionysos in den Rang des Gekreuzigten (und letztlich auf einen Platz an seiner Seite), seine Lehre von der ewigen Wiederkehr und seine Vision des Übermenschen als eines irdischen Erben des alten Gottes - dies alles ermutigte seine Adepten zu religiösen Entwürfen.

Und diese Entwürfe umfaßten das gesamte politisch-ideologische Spektrum. Nietzscheanisch konzipierte religiöse Themen tauchten in verschiedenartigen linken Einkleidungen auf, sie inspirierten die Bilderwelt zahlloser neoromantischer und völkischer Gruppierungen ebenso wie die der vorgeblich unpolitischen spiritualistischen, literarischen und intellektuellen Zirkel.

Trotz aller Vielfalt bestanden die meisten nietzscheanischen Religionen aus einigen grundlegenden Elementen. Sie befürworteten eine Welt des voluntaristischen Willens, des Vitalismus, des Mythos und des Heldentums. Sie suchten in den verschiedenen christlichen oder nachchristlichen Einflußsphären eine neue Sensibilität zu verbreiten, in deren Mittelpunkt Nietzsche stand.

Diese Verbreitung einer nietzscheanischen Religion in Deutschland setzte überraschenderweise ein als mehr oder weniger kuriose Eskapade. Denn sie begann *innerhalb* der etablierten Ordnung des Glaubens und sie war bestrebt, das Christentum nicht zu beseitigen, sondern mit neuem Leben zu erfüllen! Als ein im wesentlichen protestantisches Phänomen wurde sie von einer Reihe kritischer, aber engagierter Pastoren und Theologen getragen, die sich im Kampf um eine Wiederbelebung der ursprünglichen Botschaft des Christentums auf religiöse Anregungen Nietzsches beriefen.

Wir wissen, wie die Mehrzahl der Christen auf Nietzsche reagierte. War nicht er es, der ihrem Glauben übel mitgespielt und sich selbst als den Antichrist bezeichnet hatte? Seine Verrufenheit und Niedertracht war zum größten Teil auf seine skrupellose Verurteilung des Christentums als lebensverneinende Kraft zurückzuführen, als Quelle der fortdauernden Schwächung durch das Ressentiment einer Sklavenmoral. An die Stelle der verweichlichten, dekadenten Ethik des Christentums, die die Zivilisationen des Westens bis in ihr Innerstes vergiftet hatte, wollte er eine immoralistische Moral jenseits von Gut und Böse setzen.

Wie kaum anders zu erwarten war, zahlten ihm viele Christen dies mit gleicher Münze zurück. Nietzsche, so argumentierten sie, war ein unmoralischer Mensch, der blasphemisch antichristliche und sozial gefährliche Thesen vertrat. Seine Verkündigung, Gott sei tot und nun sei alles erlaubt, hatte für sie etwas Dämonisches. Seine Lehren wie sein Denken erschienen ihnen als destruktiv, verrückt und krank.[8]

---

8 Vgl. die zu anderen Ergebnissen gelangenden Überblicksdarstellungen der Rezeption Nietzsches in der Theologie bei Peter Köster »Nietzsche-Kritik und Nietzsche-Rezeption in der Theologie des 20. Jahrhunderts« in: *Nietzsche-Studien* 10/11 (1981/1982) S. 615-685 und Joelle Phillipi, *Das Nietzsche-Bild in der deutschen Zeitschriftenpresse der Jahrhundertwende*, a.a.O., Kap. 9, »Nietzsche als Feind der Religion und der Moral«.

Es gab jedoch auch davon abweichende Meinungen, denen einige Bedeutung zukam. In einer Zeit inneren Unbehagens fanden nicht wenige Protestanten die Rede Nietzsches von Erneuerung und Lebensbejahung besonders attraktiv. Der Protestantismus, der selbst aus dem Bruch mit einer mächtigen Tradition hervorgegangen war, hatte sich stets für die äußeren Einflüsse der Moderne empfänglich gezeigt. Doch trotz dieser Innovationsfähigkeit erforderte die Integration Nietzsches ins Christentum mehr als die üblichen Spitzfindigkeiten. Die zahlreichen in dieser Richtung unternommenen Anläufe bezeugen Nietzsches Attraktivität; sie lassen zudem die Extreme erkennen, in denen sich der Protestantismus seit den neunziger Jahren des 19. Jahrhunderts darstellte.

Schon 1896 gab der Theologe Hans Gallwitz dem Protestantismus einen eindeutig nietzscheanischen Anstrich. Ihm erschienen die von Nietzsche propagierten Werte der Mannhaftigkeit und des Kriegertums nicht nur der Nachahmung wert, sondern sie bildeten ihm zufolge das Zentrum des ursprünglichen und echten Christentums. Die maskulinen, heroischen Tugenden des Nietzscheanismus und das »wirkliche« Christentum waren buchstäblich nicht voneinander zu unterscheiden. Sie standen einander in der Tat so nahe, daß Gallwitz (in einem renommierten Organ wie den *Preußischen Jahrbüchern*) Nietzsche als »Erzieher zum Christentum« propagieren konnte.[9]

Wenn man, so führte Gallwitz aus, ins »Paradox« von Nietzsches Denken eindrang und zum Kern seiner Ethik gelangte, würde man entdecken, daß Christus und der Antichrist für dieselben Werte und Wahrheiten eintraten. Gewappnet mit Zitaten aus dem Neuen Testament und aus dem Werk Nietzsches wies Gallwitz die Affinität zwischen beiden nach. In seiner Exegese wurde Christus umgewandelt in einen Nietzscheaner. Das Verhalten des Erlösers schien bestimmt durch die Gleichsetzung der Güte mit einem Gefühl für Macht, während das Schlechte identisch war mit dem Schwachen. Christus hatte laut Matthäus 10, 34 verkündet: »Ihr sollt nicht wähnen, daß ich gekommen sei, Frieden zu bringen auf die Erde. Ich bin nicht gekommen, Frieden zu bringen, sondern das Schwert.« Diese Worte stimmten voll und ganz mit den Auffassungen Nietzsches überein. Die Gemeinsamkeiten zwischen beiden waren für jedermann sichtbar: Beiden ging es darum, ein erschöpftes Zeitalter zu neuer Lebensenergie zu erwecken; beide liebten die Wahrheit und beide waren einander verbunden durch ihre mutige Selbstbehauptung und den Abscheu vor aller Feigheit.

Selbstverständlich hatte sich Nietzsche in seiner Darstellung des Christentums geirrt; denn es handelte sich beim Christentum nicht um eine Religion mitleidigen Ressentiments. Weit davon entfernt, allgemeine Gleichheit und kränkliches Mittelmaß zu pflegen, hatte das Christentum ursprünglich die Bekehrung aus einer falschen und fruchtlosen Wirklichkeit zu Natur, Stärke und Schönheit gefordert. Die

---

9 Hans Gallwitz »Friedrich Nietzsche als Erzieher zum Christentum« in: *Preußische Jahrbücher* 83/84 (1896) S. 324-347.

Angriffe des Heiligen Paulus auf die Vernunft der Heiden und der Spott Jesus' über den Legalismus der Pharisäer waren nach Meinung von Gallwitz den frühen Konzeptionen von Nietzsches Lebensphilosophie verwandt, also Teil einer Rückkehr zum Sinn der Erde.[10]

In einer Zeit, die Männlichkeit zunehmend mit Nationalbewußtsein und Normalität gleichsetzte, konnte der Versuch von Gallwitz nachvollziehbarer erscheinen, das Christentum gemäß den nietzscheanischen Begriffen der Macht, des Heldentums und der Virilität umzugestalten.[11] Aufgebrachte Katholiken betrachteten diese Nietzscheanisierung des Christentums als Ausdruck der schlimmen Zustände im Protestantismus. Da diesem ihrer Ansicht nach jede Bindung und alle Autorität fehlte, war es nur zu verständlich, daß die Protestanten anfangen mußten, sich als Übermenschen zu betrachten. Die Vernichtung der traditionellen Moral zugunsten eines Vitalismus, der Geschöpfe jenseits aller Sünde hervorbrachte, denen nichts verboten war, galt in den Augen der Katholiken als radikal böse.[12]

Doch auch auf anderen Wegen wurde versucht, den Protestantismus zu nietzscheanisieren (und aus Nietzsche einen Protestanten zu machen). In wachsendem Umfang brach sich die Erkenntnis Bahn, daß Nietzsche als Kritiker der modernen Kultur unerläßlich war, weil er Fragen von grundlegender Bedeutung aufwarf. Protestanten, die sich auf Nietzsche stützten, taten dies gewöhnlich aus Kritik am Protestantismus. Auf die mißliche Lage, in der sie sich als Christen befanden, wandten sie die neoromantische Sprache der Entartung und Erneuerung an. Die Rolle Nietzsches sollte ihrer Meinung nach darin bestehen, das Christentum aus dem Schlummer seiner Selbsttäuschungen zu erwecken, ihm seine Lage und seine Unzulänglichkeiten zu Bewußtsein zu bringen und damit den Weg freizumachen zu einer authentischeren und verjüngten Religiosität. Nietzsche wurde also nutzbar gemacht, um der Krise des Protestantismus zu steuern.

Um dies wirksam zu gewährleisten, mußten Nietzsche Legitimationen verschafft werden. Von diesem Philosophen, so schrieb ein protestantischer Pastor im Jahr 1900, konnten die Christen eine wichtige Lektion schon allein deshalb lernen, weil sein ganzes Leben von Geistigkeit durchdrungen war.[13] Aufgrund seiner pietistischen Herkunft, durch seine lebenslange Beschäftigung mit theologischen Fragen und wegen seiner unerschütterlich religiösen Natur konnte er zu einem wichtigen Gewährsmann moderner Christen werden. Nietzsches vorgeblicher Atheismus verriet eine offenkundige Glaubenssehnsucht: Hatte nicht Zarathustra ausgerufen,

---

10 Hans Gallwitz »Friedrich Nietzsche als Erzieher zum Christentum«, a.a.O., S. 336.

11 Vgl. George L. Mosse, *Nationalism and Sexuality*, a.a.O.; dt.: *Nationalismus und Sexualität*, a.a.O.

12 Vgl. G. Grupp »Nietzsches Bedeutung für unsere Zeit« in: *Historisch-politische Blätter für das katholische Deutschland* 122 (1898); Adelbert Düringer, *Nietzsches Philosophie und das heutige Christentum*, Leipzig: von Velt 1907.

13 Vgl. Eduard Grimm »Wie wurde Friedrich Nietzsche ein Feind des Christentums, und was können wir von ihm lernen?« in: *Protestantische Monatshefte* 4, Nr. 7 (1900).

Gott selbst habe ihn zur Gottlosigkeit bekehrt?[14] Zwar war Nietzsches anderslautende Botschaft von der ewigen Wiederkehr, wie der Nürnberger Pastor F. Rittelmeyer erklärte, für Christen inakzeptabel, aber diese Botschaft Zarathustras blieb zutiefst religiös. War nicht Nietzsches Berufung auf eine »Übereinstimmung des Denkens mit dem Sein« das indirekte und verborgene Eingeständnis des Glaubens an einen »Gott, der die Welt vernünftig eingerichtet hat«?[15]

Indem sie sich das Werk Nietzsches zu eigen machten, folgten die Protestanten dem üblichen Muster, dessen sich all jene bedienten, die den Philosophen für ihre Sache einzuspannen suchten: Es ging darum, den wahren, zutiefst verborgenen Nietzsche zu entdecken. Eine wahrhaft christliche Aneignung Nietzsches mußte, so forderte der Theologe Theodor Odenwald, zwischen ihm und jener ungeheuren Vielzahl seichter und sensationsgieriger Kulte unterscheiden, die ihn umgaben. Nietzsche, so argumentierte er, war nicht als Symbol einer allgemeinen Religionsfeindschaft auszubeuten; seine Verneinung des Christentums entstammte seiner Sehnsucht nach ihm. Tatsächlich war Nietzsche, wie Odenwald hocherfreut konstatierte, nur im Zusammenhang mit der Gesamtheit jener europäischen Geistigkeit zu begreifen, die seit jeher ans Christentum gebunden war. In Nietzsches Denken fanden sowohl katholische wie protestantische und mystische Strömungen ihren Ort.

Diese Domestizierung Nietzsches zu einem Ausdruck der religiösen Traditionen in Europa erfüllte eine wichtige Funktion. Waren die Ziele des Nietzscheanismus erst einmal in die Religion integriert, durften sie legitim verfolgt werden. Odenwald konnte dann das Christentum mit einem allgemeinen Umwertungsprozeß verschmelzen. Nietzsche ließ sich unter dieser Voraussetzung als eine Zentralfigur darstellen, die das Christentum zu dessen eigenem Umwertungsprozeß inspirierte, zu seinen Bemühungen um eine Formulierung des Glaubens in weltlichen Begriffen, zu seiner Abkehr von Dogmen und fixierten Riten zugunsten einer stärkeren Betonung dynamischen Handelns. Nietzsches Konfrontation mit dem Christentum, so behauptete Odenwald, war eins mit dem zu seiner eigenen Zeit geführten Kampf um ein neues Verständnis des Christentums. Nietzsches Suche nach einer Erneuerung sollte zum Vorbild für jene werden, die sich um die Zukunft einer lebbaren Religion sorgten. »Sein Kampf gegen seine Zeit und gegen das Christentum seiner Zeit ist die Vorwegnahme unseres eigenen Kampfes. Nietzsches innere Spannung, unter der sein Geist zersprang, ist unsere eigene Spannung.«[16]

Der aktivste und einflußreichste Vermittler Nietzsches innerhalb der protestantischen Kirche war der Bremer Pastor Albert Kalthoff (1850-1906), eine überaus ab-

---

14 Vgl. Eberhard Arnold »Nietzsches Ringen um Gott« in: *Der Geisteskampf der Gegenwart. Monatsschrift für christliche Bildung und Weltanschauung* 52, Nr. 10 (1916) S. 380.

15 Friedrich Rittelmeyer, *Friedrich Nietzsche und die Religion. Vier Vorträge,* Ulm: Heinrich Kerler 1904, S. 89.

16 Theodor Odenwald, *Friedrich Nietzsche und das heutige Christentum,* Gießen: Alfred Töpelmann 1926, S. 17 und 23.

wechslungsreiche und exzentrische Erscheinung.[17] Einer seiner Kritiker behauptete, er, der vorgeblich einer evangelischen Gemeinde diene, schmuggele insgeheim Nietzsche und den Nietzscheanismus in die Kirche ein.[18] Dieser Kritiker bezog sich auf eine Reihe von Predigten, die Kalthoff vor seiner Gemeinde gehalten hatte und die er unter dem Titel *Zarathustrapredigten* veröffentlichte.[19] Kalthoff sprach, wo immer das möglich war, vor Zuhörern aus der Arbeiterklasse. Obwohl er nie aus der protestantischen Kirche austrat, erinnerten seine Aktivitäten an jene in den Jahren nach 1890 Mode werdenden, freireligiösen Prediger, die Gemeinden außerhalb der Kirche gründeten.

Kalthoffs Werdegang und sein eklektisches Denken waren symptomatisch für jene Gottsucher, die sich aus einer Vielzahl von Gründen zu einer nietzscheanischen Religion hingezogen fühlten. Mehr oder weniger bedenkenlos vermischte er Monismus, Sozialismus und Nietzscheanismus. Wie andere Anhänger Nietzsches stimmte er mit der Mehrheit seiner Interpreten nicht überein und ergab sich einem frei flottierenden Radikalismus, der sich in häretischen Positionen Ausdruck verschaffte. Angesichts seiner Neigung zum Marxismus lösten seine Schriften über das Christentum Skandale aus. Die Urkirche, so schrieb er, hatte der Welt das weitreichendste kommunistische Manifest übermittelt, das je konzipiert wurde. Jesus dagegen hatte nie wirklich existiert. Er war vielmehr die mythische Verkörperung der Bedürfnisse und Wünsche der unteren Klassen der Alten Welt.[20]

Kalthoffs marxistisch begründete Leugnung der Figur des Jesus von Nazareth trat auf in Verbindung mit einem sich an Nietzsche orientierenden, vitalistischen Antihistorismus. Ein Mensch, der in einer anderen historischen Epoche gelebt hatte, so führte Kalthoff aus, konnte für die eigene Zeit nicht zu einem absoluten Gesetz werden. Wer Erlösung aus der Vergangenheit erwartete, war auf dem falschen Weg. Eine Befreiung war nur durch Lösungen zu erreichen, die sich an der Zukunft orientierten und ein religiöses Bewußtsein mit den Geboten des modernen Lebens zu vermitteln wußten. Wie die meisten Nietzscheaner verwies Kalthoff auf den Mythos vom Menschen als einen integralen Bestandteil nietzscheanischer Erlösungshoffnungen. Nietzsche, so schrieb er, verkörperte sein Zeitalter und dessen Möglichkeiten, sein Leiden und dessen Gesundungschancen. »Auch wenn ihr ihn nicht kenntet, nie von seinem Namen gehört hättet, würdet ihr doch ihn kennen, weil ihr selber ein Stück von ihm in euch tragt.«[21]

---

17 Vgl. zu Kalthoffs Werdegang Friedrich Steudel »Lebensskizze« in: Albert Kalthoff, *Zukunftsideale*, Jena: Eugen Diedrichs 1907.

18 Vgl. Adelbert Düringer, *Nietzsches Philosophie und das heutige Christentum*, a.a.O. S. 150

19 Vgl. Albert Kalthoff, *Zarathustrapredigten. Reden über die sittliche Lebensauffassung Friedrich Nietzsches*, Leipzig: Eugen Diederichs 1904.

20 Vgl. Albert Kalthoff, *Entstehung des Christentums. Neue Beiträge zum Christusproblem*, Jena: Eugen Diederichs 1904; James Bentley, *Between Marx and Christ. The Dialogue in German-Speaking Europe*, London: Verso 1982, S. 36-41.

21 Albert Kalthoff, *Zarathustrapredigten. Reden über die sittliche Lebensauffassung Friedrich Nietzsches*, a. a. O., S. 4.

Die Kirche, so führte Kalthoff aus, konnte sich die Schriften ihres größten Feindes nur zu eigen machen, wenn ihr klar wurde, daß »in diesem Immoralisten mehr Moral, in diesem Antichristen mehr Christentum steckte, als in den Verkündigungen aller derer, die auch heute noch so schnell bereit sind, alles zu verdammen und zu lästern, was sie nicht verstehen«.[22] Die Grundlage für eine Erneuerung des Christentums war die Erneuerung seiner ursprünglichen Radikalität. Das Urchristentum hatte diesen radikalen Impuls mit Nietzsche gemein. Denn es hatte seinerseits alle alten Werte des Glaubens und der Moral umgewertet. Wäre sich das Christentum selbst treu geblieben, dann wäre es bis in die Gegenwart hinein mit dem Göttlichen unzufrieden gewesen und hätte sich der Zukunft gegenüber konspirativ verhalten.

Kalthoff formulierte ein explizit modernes Programm für eine religiöse Sensibilität, die durchaus mit nietzscheanischen Kategorien zu beschreiben war. Sie sollte befreit werden von den Fesseln der Geschichte, durch die sie bisher geschwächt wurde. Eine freie individuelle Entwicklung ohne äußere Vorschriften erschien ihm als der Weg zu einer positiven Lebensführung und zu einem lebensbejahenden Christentum, durch das auch die Kirche frei werden würde. Dem Beispiel Nietzsches folgend würde die neue Religion ganz und gar untheologisch und unkirchlich sein, mithin ihren Ort jenseits von Glauben und Unglauben finden. Sie sollte sich nicht aus steriler Scholastik entwickeln, sondern aus den schöpferischen Quellen des jeweils eigenen Lebens der Menschen hervorgehen.

Die meisten nonkonformistischen Ideologien des Fin de siècle projizierten ihre Visionen auf das Ideal eines neuen Menschen der Zukunft. Kalthoff fand sein Vorbild in einem nietzscheanisch protestantischen Übermenschen, in dem sich ein neues religiöses Bewußtsein verkörpern sollte, um den Zusammenhang der Welt zu sichern und die Fragmentierung des Lebens in der bürgerlich kommerziellen Gesellschaft zu überwinden. Der neue Mensch würde eine Integrität erreichen, die hinausging über die üblichen individualistischen oder sozialistischen Kategorien.[23]

Dem Nietzsche Kalthoffs - diesem Propheten des neuen Menschen und einer neuen Kultur - ging es um Emanzipation. Er hatte eine Kultur vorhergesehen, die eine Verwirklichung des noch unerfüllten Potentials einer befreiten Menschheit versprach. Dieses neue Christentum würde eine im wesentlichen nietzscheanische Gestalt annehmen; es würde die Menschheit als sein Ziel, die Schönheit als seine Form und das Leben als sein Gesetz betrachten und in der Gegenwart eine Ewigkeit erschaffen.

Wie viele andere progressive Nietzscheaner machte sich auch Kalthoff jene eugenischen Theorien zu eigen, die uns heute eher problematisch erscheinen. Seine neuen Protestanten strebten nach einem »Menschenideal, in dem alles Unlebendige,

---

22 Albert Kalthoff, *Zarathustrapredigten. Reden über die sittliche Lebensauffassung Friedrich Nietzsches*, a.a.O., S. 9.

23 Vgl. Albert Kalthoff, *Die Religion der Modernen*, Jena und Leipzig: Eugen Diederichs 1905, S. 88 und 310.

Unfreie, alles Absterbende, Schwächliche und Krankhafte am Menschen ausgetilgt« sein sollte.[24] Dabei handelte es sich für ihn um eine christliche Utopie mit subversiven Prämissen, die ältere Konzeptionen christlichen Handelns und christlicher Moral als überholt erscheinen lassen sollte. Sie wollte das protestantische Leben durchdrungen sehen von einer vitalistischen, lebensphilosophischen Ästhetik, um die sterile, lebensverneinende Ethik eines scholastischen Christentums zu überwinden.

Der harmonische Ausgleich zwischen Nietzsche und dem Protestantismus nahm indes eine eindeutiger politisch bestimmte Richtung an, als die Denkanstöße des Nietzscheanismus selektiv in jenen Teil der völkischen Bewegung integriert zu werden begannen, der sich mit dem Entwurf eines spezifisch deutschen Christentums befaßte. Das Werk Nietzsches wurde damit zu einem Faktor in der umfassenderen nationalistischen Annektierung und Neubestimmung der Religion.

Nietzsche konnte bei den Bemühungen um die Schaffung eines deutschen Christentums offenkundig keineswegs als Kandidat für eine Heiligsprechung gelten. Denn er schien den christlichen wie den deutschen Elementen des deutschen Christentums Widerstand entgegenzusetzen. Paul de Lagarde hätte sich als der sehr viel geeignetere Kandiat erweisen können.[25] Doch die Schriften Nietzsches, der zunehmend an kultureller Autorität gewann, brachten in ausreichendem Umfang brauchbare und mitreißende Themen zum Ausdruck, um ihn Teil des Pantheons eines deutschen Christentums werden zu lassen. Seine unerreicht radikale Kritik der zeitgenössischen Kultur, seine Betonung der Rolle mythischer und irrationaler Kräfte sowie seine Bemühung um eine neue Vitalität gefielen den wichtigsten Vertretern der völkisch christlichen Erneuerungsbewegung.

Entschiedene Propagandisten des deutschen Christentums wie Arthur Bonus verliehen ihm einen nietzscheanischen Anstrich, zu dem sie sich nicht immer offen bekannten. Die deutsche Religion, so erklärte Bonus, widersetzte sich der jüdisch-griechischen Betonung des Erkennens. Sie war statt dessen gegründet auf die zentrale Bedeutung des Schaffens. Ihr ging es um das Individuum und um die Freiheit der Persönlichkeit. Ihr Wesen brachte der von Nietzsche inspirierte Titel eines der Bücher von Bonus zum Ausdruck, *Religion als Wille*.[26] Bonus vertrat die Auffassung, daß das Christentum nur mannhaft einzudeutschen sei. Denn mit dieser Na-

---

24 Albert Kalthoff, *Zarathustrapredigten. Reden über die sittliche Lebensauffassung Friedrich Nietzsches*, a.a.O., S. 19f.

25 Vgl. Fritz Stern »Paul de Lagarde and a Germanic Religion«, Teil 1 in: *The Politics of Cultural Despair. A Study in the Rise of Germanic Ideology*, Berkeley und Los Angeles: University of California Press 1961, S. 3-94; dt.: *Kulturpessimismus als politische Gefahr. Eine Analyse nationaler Ideologie in Deutschland*, Bern, Stuttgart und Wien: Scherz 1963.

26 Arthur Bonus, *Religion als Wille. Grundlegendes zur neuen Frömmigkeit*, Jena: Eugen Diederichs 1915. Diese Ideen gewannen durch den Ersten Weltkrieg an Bedeutung, doch sie hatten sich schon einige Zeit vorher entwickelt. Vgl. die Artikelserie von Bonus über die Germanisierung des Christentums in: *Die christliche Welt. Evangelisches Gemeindeblatt für Gebildete aller Stände* 13 (1899).

tionalisierung der Religion würde der alte, furchtsame und feige Geist des Christentums ersetzt durch ein mutiges, gerechtes und freies *Deutschtum.*

Gewiß stand Bonus manchen Begriffen Nietzsches kritisch gegenüber. So war für ihn der Übermensch konzipiert aufgrund einer im wesentlichen römischen Weltsicht. Sein deutsches Gegenstück, verkörpert in Dietrich von Bern, repräsentierte ein ganz anderes Ideal.[27] Doch selbst wenn er den Inhalt dieses Ideals in Frage stellte, behielt das Ideal des Übermenschen für ihn zentrale Bedeutung. Es wurde in eine Religionsauffassung integriert, deren wichtigste Antriebskraft ein nietzscheanischer Wille war. Die beinahe selbstverständliche und präreflexive Verwendung nietzscheanischer Kategorien und Begriffe für eigene Zwecke zeigte, wie tief Bonus von Nietzsche beeinflußt war.

Bonus stärkte durch seine Konzeption des Übermenschen seine eigene Weltsicht. Indem er das allgemein akzeptierte Verständnis des Begriffs umkehrte, vertrat er die Auffassung, in Wahrheit könne nur der Übermensch eine angemessene Beziehung zu Gott aufnehmen. Weit davon entfernt, der Fleisch gewordene Zusammenbruch des Glaubens zu sein, wurde der Übermensch nun bei ihm zum Vorbild wahren Glaubens! Für Bonus repräsentierten ihn Luther und Ernst Moritz Arndt. »Der deutsche Christ,« so schrieb er, »[...] fürchtet sich auch vor dem lautesten Übermenschen nicht. Übervoll von trotziger Kraft und Übermensch fühlt er sich selbst und deshalb liebt und fürchtet er den Gott, von dem er seine Kraft sich gegeben weiß.«[28]

Der neue Glaube führte zu einer neuen moralisch-religiösen Entschlossenheit, die Bonus als einen unbeugsamen Willen zur Macht bezeichnete. Mit diesem Willen wurden ihm zufolge die Voraussetzungen geschaffen, Gott als Verbündeten statt als Feind zu erleben. Das deutsche Christentum sollte nicht auf Angst, sondern auf Gefühle der Macht und Stärke gegründet sein.[29] Selbst Gott wurde dieser Auffassung zufolge mit nietzscheanischen Merkmalen ausgestattet. Bonus erklärte, es müsse eine Symmetrie geben zwischen der Persönlichkeit der Deutschen und dem Gott, den sie verehrten. Sie würden entweder einen starken und freien Gott entdecken, der sie ihrerseits stark und frei machte, oder sie würden sich ganz und gar von ihm abwenden. Der deutsche Atheismus war mithin nicht gottlos. Er war vielmehr nur eine entschiedene Abkehr von jenem Gott, der einen sklavischen Verzicht auf das eigene Selbst verlangte und die Macht des Willens sowie die Behauptung schöpferischer Diesseitigkeit verbot.[30]

Die neuen Religionen mußten Nietzsches potentiell anarchische Begriffe des Willens, des Vitalismus, des Immoralismus und des Individualismus soziopolitisch und intellektuell handhabbar machen. Die Anhänger eines völkischen deutschen Chri-

27 Vgl. Arthur Bonus, *Religion als Wille. Grundlegendes zur neuen Frömmigkeit,* a.a.O., S. 106.
28 Arthur Bonus »Der neue Geist« in: *Die christliche Welt* 13 (1899) S. 173.
29 Vgl. Arthur Bonus, *Zur Germanisierung des Christentums,* Jena: Eugen Diederichs 1911, S. 66f.
30 Vgl. Arthur Bonus »Der neue Geist«, a.a.O., S. 173.

stentums taten dies, indem sie die Dynamik Nietzsches in die Grenzen der Nation verwiesen. Das ließ ihr bemerkenswerterweise Raum, ihre Radikalität sowohl zu entfalten wie unter Kontrolle zu halten.

Das Beispiel von Karl Joels Buch *Nietzsche und die Romantik* zeigt, wie der deutsche und christliche Nietzsche generell domestiziert wurde. Nietzsche habe sich, so schrieb Joel, »als Mann des Gewissens« gefühlt, »als Erbe deutscher Frömmigkeit der Jahrtausende«.[31] Durch seine Nationalisierung gewann dieser deutsche und christliche Nietzsche infolge des Ersten Weltkriegs zunehmend an Bedeutung. Die Weihe des *Zarathustra* zu einem heiligen Buch der Nation ging einher mit Stellungnahmen wie der von Paul Schulze-Berghof, in welcher »der metaphysische Äther des Zarathustra« in voller Übereinstimmung mit dem mystischen Christentum Deutschlands beschworen wurde.[32]

In völkischen Kreisen wurde häufig die Meinung vertreten, eine deutsche Mystik verschaffe Zugang zu einer höheren Wirklichkeit jenseits der oberflächlichen Vernunft und des mechanistischen Denkens der Aufklärung. Schulze-Berghof assimilierte nicht nur Nietzsche dieser Tradition, sondern bearbeitete auch umgekehrt die Mystik nach einem nietzscheanischen Modell. Ihm zufolge hatte auch der große deutsche Mystiker Jakob Böhme (1575-1625) wie Nietzsche die absolute Unterscheidung von Gut und Böse geleugnet. Auch er hatte das Leben bejaht in all seiner wilden Schönheit. Und nach Art Nietzsches hatte schon vor Böhme der mittelalterliche Mystiker Meister Eckhart (1260-1327) der Schöpferkraft Gottes ihren Platz in der Menschheit zugewiesen. Die christliche deutsche Mystik, so schrieb Schulze-Berghof, erkannte, im Gegensatz zur Religion der Bibel, daß die Kräfte der Menschen die Grundlage der Erlösung bildeten. Nietzsche mußte als Höhepunkt dieser Tradition gesehen werden. Sein Ideal des Übermenschen war ein Ausdruck seiner emphatischen Betonung einer gottgleichen Menschheit.

Wenn eine Verbindung hergestellt wurde zwischen Meister Eckhart und Nietzsche, so schrieb ein anderer Autor, dann war dies Teil einer fortschreitenden Säkularisierung Gottes oder der Vergottung des Menschen.[33] Sie begünstigte eine weit tiefere, durch die Liebe zur Gefahr bestimmte Religiosität, die mit dem Leben an sich ins reine zu kommen suchte. Wer also ein über Nietzsche vermitteltes deutsches Christentum konzipieren wollte, der ließ die Dynamik Nietzsches nicht zu quietistischer Mystik abgleiten. Er war vielmehr bestrebt, deren »revolutionäre« Implikationen zu entfalten und zugleich ihren Neo-Irrationalismus für völkische und nationale Zwecke einzuspannen.

Es kann kaum überraschen, daß sich Ernst Bertram gegen Ende des Krieges in seinem mythisierenden Buch über Nietzsche ausgiebig der Themen des religiösen

---

31 Karl Joel, *Nietzsche und die Romantik*, Jena: Eugen Diederichs 1911, S. 143.

32 Paul Schulze-Berghof »Zarathustra - Deutsche Mystik - Deutscher Glaube« in: *Der Vortrupp* 5 (1916) S. 299.

33 Vgl. Joseph Bernhart »Meister Eckhart und Nietzsche« in: *Blätter für deutsche Philosophie* 3, Nr. 4 (1930).

Nietzscheanismus bediente. Die religiöse Problematik war Bertram zufolge für Nietzsche von größter Bedeutung. Er bot ihm das Bild eines »gläubigen Zweiflers«, eines »gottsuchenden Lästerers«, »eines der großartigsten Bilder innerhalb der Geschichte nordischen Christentums«.[34] Nietzsche wurde für ihn sogar zu einem integralen Bestandteil der Kirchengeschichte. Als Held des Volkes war er der höchste Ausdruck all seiner positiven und nur ihm eigenen Kräfte. Zumindest stammte alles, was an Nietzsche schöpferisch und gut war, aus seinem lutherischen, reformatorischen, nordischen und romantischen Erbe. Auch wenn er von den Welten der Klassik und des Südens berauscht war, so schrieb Bertram, ging sein gesamtes Bemühen um eine Ethik doch auf sein nordisches Christentum zurück. Er war die letzte und wesentlichste Verkörperung des Protestantismus.

Nur an der Oberfläche, so verkündete Bertram, waren das Erbe Luthers und Zarathustras einander entgegengesetzt; in einer tieferen Schicht waren sie eng miteinander verwandt. Denn wer hätte ein stärkeres Beispiel des Protests abgeben können als Nietzsche? Eine Untersuchung seines Werkes würde darüber hinaus zeigen, daß dieser große Atheist seine Irrfahrten durch das Christentum keineswegs zu einem Ende gebracht hatte. Bewies das nicht seine paradoxe Vision des Dionysos am Kreuz? Nietzsches Leben und Werk waren nichts als die letzte Erfüllung einer ewigen nordischen Sehnsucht nach einem jasagenden Christentum. Das ewige dionysische Ja der Lehre von der Wiederkehr hatte seinen Ursprung bei Pascal, nicht bei den Griechen. Es war das Ja des Christen zu einer endlos verlängerten Wette und zu einer immer erneuten Selbstüberwindung. Sowohl der Mann Nietzsche wie sein Denken waren legendäre Darstellungen eines Glaubens, der nach außen hin als Verrat erschien, tatsächlich aber eine Errettung des Göttlichen durch die Ermordung Gottes (zumindest in seiner östlichen Erscheinungsweise als Jehowa) bewirkte.[35]

Wenn Nietzsche den Konflikt zwischen dem Sokratischen, Individualistischen und Destruktiven einerseits und dem Prophetischen, Gemeinschaftsbildenden und Mystischen andererseits verkörperte, dann ahnte er zugleich nach Auffassung von Bertram die Lösung dieses Konflikts; denn in ihm selbst waren diese Gegensätze in einer höheren, überpersönlichen Wirklichkeit aufgehoben.[36] Letztlich nahm Nietzsche bei Bertram mythische, ja sogar christusartige Züge an.

Nicht alle, die sich auf eine nietzscheanische Religiosität einließen, waren der Überzeugung, daß Gott tot sei. In den zahlreichen Spielarten des protestantischen Nietzscheanismus suchte man den christlichen Gott weniger zu begraben als vielmehr wiederauferstehen zu lassen und ihm (wie seinen Anhängern) ein neues Gesicht mit nietzscheanischen Zügen zu verschaffen. Bezeichnenderweise wurden solche Bemühungen nur dadurch ermöglicht, daß man sein tieferes, verborgenes Wesen aufzudecken versprach. Auf diese Weise wurde Nietzsche kooptiert als ent-

34 Ernst Bertram, *Nietzsche. Versuch einer Mythologie*, a.a.O., S. 16 und 61.
35 Ernst Bertram, *Nietzsche. Versuch einer Mythologie*, a.a.O., S. 135-151.
36 Ernst Bertram, *Nietzsche. Versuch einer Mythologie*, a.a.O., S. 351-372.

schiedener Befürworter einer Erneuerung des Protestantismus. Und das wirkte sich in zweierlei Hinsicht aus. Zum einen wurde er integriert als anerkannter Teil der deutschen kulturellen Tradition, zum anderen konnten damit radikale und irrationale Ideen leichter in die verschiedenen Strömungen des Protestantismus eindringen.

Für den deutschen Protestantismus besaß Nietzsche gerade deshalb eine entscheidende Funktion, weil in ihm ein Gefühl der Krise vorherrschte und weil Nietzsche sowohl die angemessene Diagnose wie die Mittel zur Gesundung bereitzustellen schien. Die protestantischen Zirkel jener Zeit waren in der Tat die lebende Widerlegung von Nietzsches eigenem Diktum: »Alle Möglichkeiten des christlichen Lebens, die ernstesten und die lässigsten, die [...] gedankenlosesten und die reflektiertesten sind durchprobiert, es ist Zeit zur Erfindung von etwas Neuem.«[37]

Bei den nietzscheanischen Christen handelte es sich zwar zumeist um Protestanten, doch fühlten sich auch einige Katholiken durch diesen Philosophen versucht. Auf den Fall Max Schelers haben wir bereits verwiesen. Die vielleicht exotischsten Beispiele bieten indes der Münchner Bohémien Ludwig Derleth und sein Kreis. Derleth schlug die Schaffung eines modernen Klosters für Übermenschen vor.[38] Es sollte sich dabei selbstverständlich um keine gewöhnliche Gemeinschaft handeln. Derleths *Proklamationen* von 1904 entwarfen das Bild eines der Welt entsagenden Eliteordens, der auf einem strikt cäsaristischen Prinzip mit einer Trennung von Führern und Gefolgsleuten aufgebaut war.[39] Dieses cäsaristische Prinzip war deshalb wichtig, weil Derleth sich selbst als die Verwirklichung von Nietzsches Definition des Übermenschen betrachtete, als »der römische Cäsar mit Christi Seele.«[40] Spaßvögel in München machten sich über Derleth lustig und verfaßten über ihn den Spottvers »Warte Schwabing, Schwabing warte! Dich holt Jesus Bonaparte«.[41] Dennoch befürwortete er in seinen Proklamationen allen Ernstes eine Umwertung aller Werte auf christlicher Grundlage und die Schaffung eines dionysischen Katholizismus.[42] Ein Zeitgenosse beschrieb Derleth: »Er war ein frommer Katholik mit Nietzscheanischen Ideen! Sein Traum war, die Kirche zu reformieren, zu reinigen und

---

37 Nietzsche zit. nach Karl Löwith, *Von Hegel zu Nietzsche. Der revolutionäre Bruch im Denken des 19. Jahrhunderts*, a. a. O., S. 461.

38 Vgl. Hubert Treiber »Nietzsches ›Kloster für freiere Geister‹« in: Peter Antes und Donate Pahnke (hrsg.): *Die Religion von Oberschichten. Religion, Profession, Intellektualismus*, a. a. O., S. 149f.

39 Vgl. Ludwig Derleth, *Die Proklamationen*, Leipzig: Insel 1904; vgl. ferner Richard Frank Krummel, *Nietzsche und der deutsche Geist*, Bd. 2, a. a. O., S. 182f.

40 Friedrich Nietzsche, *Nachgelassene Fragmente. Frühjahr-Herbst 1884*, in: *Werke*, Bd. VII, 2, a. a. O., 27 [60], S. 289.

41 Vgl. Helmut Kreuzer, *Die Boheme. Beiträge zu ihrer Beschreibung*, Stuttgart: J. B. Metzler 1968, S. 334.

42 Vgl. Dominik Jost, *Ludwig Derleth. Gestalt und Leistung*, Stuttgart: Kohlhammer 1965, zit. nach Richard Frank Krummel, *Nietzsche und der deutsche Geist*, Bd. 2, a. a. O., S. 183, Anm. 156.

eine neue Theokratie zu bilden, in der er selbst eine hohe Stelle einnehmen würde.«[43] Wie eigenartig die Aktivitäten Derleths auch gewesen sein mögen – sie bewiesen doch, daß auch gläubige Katholiken gegen die Versuchungen Nietzsches nicht voll und ganz gefeit waren.

Daneben gab es nietzscheanisch inspirierte Religionsbewegungen, deren Anhänger zwar die Angriffe des Philosophen gegen den jüdisch-christlichen Glauben akzeptierten, aber nach einer Erlösung außerhalb des traditionellen Offenbarungsglaubens und des überkommenen Monotheismus suchten.

Keineswegs alle nachchristlichen Ersatzreligionen, die sich seit den neunziger Jahren des 19. Jahrhunderts unter wissenschaftlichen Monisten, Anarchisten, Sozialisten verschiedener Couleur, neoromantischen Propheten einer nationalen kulturellen Erneuerung, Naturgläubigen, Bohémiens und völkischen Rassisten ausgebreitet hatten, waren von Nietzsche beeinflußt. Dennoch kamen die Schriften Nietzsches, wie eine Zeitschrift der Avantgarde formulierte, der zeitgenössischen Sehnsucht nach einer genuinen Religiosität jenseits der Konfessionsgrenzen in besonderer Weise entgegen.[44]

Für die vielen Vorboten einer neuen spirituellen Geistigkeit, die »barfüßigen Propheten« jener Zeit, konnte das Werk Nietzsches zahlreiche Funktionen erfüllen. Obwohl die meisten dieser Propheten bald in Vergessenheit gerieten, gelangten manche von ihnen wie z. B. Rudolf Steiner (1861-1925) zu fortdauerndem Ruhm. Steiners Anthroposophie hat sich als attraktiv erwiesen, weil sie den Spiritualismus zu demokratisieren schien, indem sie ihn nicht mehr nur den Eingeweihten vorbehielt. Steiner vertrat die Auffassung, die Welt des Übersinnlichen und Spirituellen jenseits der materiellen Welt sei ebenso wirklich wie diese; sie sei zudem durch einfache Übung zugänglich. Nietzsche, so bemerkte Steiners Biograph Colin Wilson, hätte diese Vorstellung von gesonderten und gleich wirklichen physischen und metaphysischen Welten wohl kaum unterstützt.[45] Dennoch fühlte sich Steiner sehr stark zu dem Philosophen hingezogen. Er arbeitete eine Zeitlang im Nietzsche-Archiv (und geriet dabei unweigerlich mit Elisabeth Förster-Nietzsche aneinander).[46] In Nietz-

---

43 Pieter van der Meer de Walcheren, *Heimweh nach Gott*, Freiburg i. B.: Herder 1937, S. 52, 58ff. und 93, zit. nach Richard Frank Krummel, *Nietzsche und der deutsche Geist*, Bd. 2, a. a. O. S. 183, Anm. 156.

44 Vgl. Hans von Liebig »Nietzsches Religion« in: *Die Umschau* 4, Nr. 42 (13. Oktober 1900); H. Driesmans »Friedrich Nietzsche und die Religion« in: *Ernstes Wollen* 6, Nr. 113 (1. August 1904).

45 Colin Wilson, *Rudolf Steiner. The Man and His Vision*, a. a. O., S. 86-90. Wilson stellt Steiner recht wohlwollend dar.

46 Wie mächtig diese Attraktion war, zeigt die große Zahl der schon 1892 einsetzenden Veröffentlichungen Steiners über Nietzsche. Zu nennen sind: »Nietzscheanismus« in: *Litterarischer Merkur* 12, Nr. 14 (2. April 1892) S. 105-108: »Nietzsche in frommer Beleuchtung« in: *Das Magazin für Litteratur* 67, Nr. 33 (20. August 1898) S. 769-772; »Tolstoi und Nietzsche« in: *Das Magazin für Litteratur* 70, Nr. 45 (1901) S. 1068-1071. Eine vollständigere

sche sah der junge Rudolf Steiner wahrscheinlich sich selbst.[47] Der Titel seiner ersten längeren Arbeit über den Meister brachte jedenfalls zugleich seine Selbstwahrnehmung und sein Sendungsbewußtsein zum Ausdruck: *Friedrich Nietzsche. Ein Kämpfer gegen seine Zeit.*[48] Steiner sah in Nietzsche sowohl den Kritiker wie den Visionär, einen Mann, der wie er selbst begriffen hatte, daß die Menschen ihre eigene Wirklichkeit schaffen, und der die Zukunft der Menschheit ohne religiöse Illusionen vorhergesehen hatte.

Steiners Zusammentreffen mit dem kranken Philosophen in Naumburg bestätigte, was er zuvor über das Wesen der spirituellen Welt erahnt hatte. In Nietzsche verkörperte sich deren tiefere Wahrheit:

> Eine innere Erschütterung, die meine Seele ergriff, durfte meinen, daß sie sich in Verständnis für den Genius verwandle, dessen Blick auf mich gerichtet war, mich aber nicht traf. Die Passivität dieses lange Zeit verharrenden Blickes löste das Verständnis des eigenen Blickes aus, der die Seelenkraft des Auges wirken lassen durfte, ohne daß ihm begegnet wurde.[49]

Den verschiedenen Kulten und Ersatzreligionen der Zeit war die Wahrnehmung gemein, in einem besonders nichtssagenden, materialistischen und entgeistigten Zeitalter zu leben. Viele von ihnen definierten sich als nietzscheanisch insofern, als sie sich als Reaktion auf Nietzsches berühmte Verkündigung, Gott sei tot, begriffen. Diese nachchristlichen nietzscheanischen Glaubensrichtungen sind als »religiöser Atheismus«,[50] als weltlicher Polytheismus und als pan-kosmische Religion ohne

---

Zusammenstellung findet sich in den beiden Bänden von Richard Frank Krummel, *Nietzsche und der deutsche Geist*, a. a. O. Zum Konflikt Steiners mit Elisabeth Förster-Nietzsche vgl. »Das Nietzsche-Archiv und seine Anklagen gegen den bisherigen Herausgeber. Eine Enthüllung« in: *Das Magazin für Litteratur* 69, Nr. 6 (10. Februar 1900) S. 145-158; »Frau Elisabeth Förster-Nietzsche und ihr Ritter von komischer Gestalt« in: *Die Gesellschaft* 16 (Mai 1900) S. 197-212.

47 Steiners Bewunderung hielt nicht lange vor. Wohl weil er seinerseits prophetischen Ehrgeiz besaß, schrieb er sehr kritisch und psychologisierend über Nietzsche, in dem er bald nicht mehr den führenden Geist der Zukunft sah. Einige dieser Aufsätze sind enthalten in Steiners Buch *Friedrich Nietzsche. Ein Kämpfer gegen seine Zeit*, Dornach: Rudolf Steiner Verlag [1895] 1983: »Die Philosophie Friedrich Nietzsches als psychopathologisches Problem«; »Friedrich Nietzsches Persönlichkeit und die Psychopathologie« sowie »Die Persönlichkeit Friedrich Nietzsches«. Steiners anthroposophische Anhänger waren noch stärker davon überzeugt, daß nicht Nietzsche, sondern Steiner als wirklicher Erbe der Zukunft anzusehen war. Vgl. Diana Beckenhaupt »Nietzsches Sehnsucht nach einem neuen Menschheitsführer« in: *Die Drei* 10 (1930) S. 352-370 und 430-445; Diana Beckenhaupt, *Nietzsche und das gegenwärtige Geistesleben*, Straßburg: Heitz & Cie. 1931.

48 Rudolf Steiner, *Friedrich Nietzsche. Ein Kämpfer gegen seine Zeit*, a. a. O..

49 Rudolf Steiner zit. nach Colin Wilson, *Rudolf Steiner, The Man and His Vision*, a. a. O., S. 87f.; dt. *Rudolf Steiner. Verkünder eines neuen Welt- und Menschenbildes*, München 1985, S. 97f. [A. d. Ü.: In der dt. Ausg., der die Übersetzung folgt, ist das nicht weiter nachgewiesene Zitat von Steiner verkürzt wiedergegeben.]

50 Vgl. Georg Lukács, *Die Zerstörung der Vernunft*, a. a. O., S. 316; vgl. James Miller »Some Implications of Nietzsche's Thought for Marxism«, a. a. O.; Rudolf Pannwitz, *Einführung in Nietzsche*, a. a. O.

Transzendenz bezeichnet worden. Wie man sie auch immer bezeichnen mag – es gab sie in großer Zahl, und sie bewiesen ihre Anpassungsfähigkeit gegenüber einem ganzen Spektrum unterschiedlicher politischer und kultureller Bestrebungen.

Selbst dort, wo Nietzsche heftig angegriffen wurde, bildeten seine Begriffe die sprachlichen Voraussetzungen fortschrittlicher Intellektueller auf der Suche nach neuen Formen der Religiosität. Ein ausgezeichnetes Beispiel bietet hier Julius Harts Buch *Der neue Gott.*[51] Harts Analyse der Krise und der Verdrängung des Christentums, seine Konstruktion eines neuen Menschen, der an die Stelle der alten Gottheit treten sollte, seine Betonung dynamischen Werdens und menschlichen Schöpfertums sowie sein schriftstellerischer Stil erinnerten, wie ein zeitgenössischer Rezensent nachwies, sofort an den Einfluß Nietzsches.[52]

Der Inhalt der von Hart verkündeten neuen Religion stand jedoch in teilweise direktem Widerspruch zu Nietzsche. Wie dieser lehnte auch Hart Nazareth ab, verzichtete aber zugleich entschieden auf Hellas. Nietzsche, so argumentierte er, war rückwärtsgewandt, während die neue Religion dynamisch, progressiv und auf ein durchgehend pantheistisches Prinzip gegründet sein sollte. Dies war, so behauptete Hart, das genaue Gegenteil des dionysischen Prinzips, das, statt Gott, Natur und Menschheit zu vereinen, einstand für Chaos und Negation. Der Übermensch Nietzsches repräsentierte zudem den südländischen Arier, das Prinzip eines unbarmherzigen Egoismus, der dem nordischen Arier oder der deutschen Moral freier und fröhlicher Geister diametral entgegengesetzt war. Diese Menschen sollten anstelle eines nietzscheanischen Ödlands eine blühende und harmonische Kultur schaffen, in der die Starken die Schwachen nicht beherrschen, sondern unterstützen würden. Kurioserweise aber wiederholte sich in Harts nordischem Menschen das Ideal Nietzsches. Hart schrieb: »Durch und durch Thaten- und Willensmensch, kampf- und arbeitsfroh, bejaht er das Leben und die Erde [...] Er empfindet ihre Tragik, aber er überwindet sie auch.«[53] Die neue Kultur würde die Fragmentarisierungen des 19. Jahrhunderts überwinden und ein gestaltendes Schöpfertum an ihre Stelle setzen.

Der Einfluß Nietzsches war offenkundig. Hart erklärte: »Was sucht Ihr nach dem Ding an sich und nennt es unerforschlich, unergründlich? Ihr *seid* Ding an sich! Gott – Mittelpunkt – Centralsonne – Kern der Dinge – Substanz!«[54] Paul Robert Mendes-Flohr hat nachgewiesen, daß es sich dabei im wesentlichen um eine von

---

51 Julius Hart, *Der neue Gott. Ein Ausblick auf das kommende Jahrhundert*, Florenz und Leipzig: Eugen Diederichs 1899.

52 Richard Meyer, Rezension des Buches von Julius Hart *Der neue Gott* in: *Deutsche Literaturzeitung* Nr. 14 (8. April 1899).

53 Julius Hart, *Der neue Gott. Ein Ausblick auf das kommende Jahrhundert*, a. a. O. S. 92.

54 Julius Hart »Der neue Mensch« in: *Das Reich der Erfüllung* 2 (1901) S. 21, zit. nach Paul Robert Mendes-Flohr, *From Mysticism to Dialogue. Martin Buber's Transformation of German Social Thought*, a.a.O., S. 56; dt.: *Von der Mystik zum Dialog. Martin Bubers geistige Entwicklung bis hin zum ›Ich und Du‹*, a.a.O., S. 61.

Nietzsche entlehnte dionysisch-heraklitische Sichtweise handelte.[55] Durch den Begriff eines ewigen Fließens suchte Hart (wie Nietzsche) die zehrende Zwiespältigkeit der Welt durch die Verschmelzung von Einheit und Vielfalt zu überwinden. In der Erkenntnis der grenzenlosen Veränderlichkeit der Welt wie in der Vision der ewigen Wiederkehr wurden Einheit und Vielheit eins. In den Visionen von Hart führte das keineswegs zu einer passiven Einstellung:

> Nicht erschaffene Geister seid Ihr, sondern daß Ihr schaffende Geister seid [...] das sollt Ihr wissen: wir *sind* innere Natur, und indem wir schaffen, offenbaren und enthüllen wir das Wesen der Dinge, und der Wein der *Substanz* fließt im Becher unserer *Gestalten* [...] Indem wir leben, *suchen* wir nicht, sondern *sind* die Wahrheit.[56]

In Harts Ansichten spiegelten sich die der Neuen Gemeinschaft, eines Intellektuellenzirkels, den er zusammen mit seinem Bruder Heinrich gegründet hatte. Es handelte sich dabei um eine Gruppe kritischer, radikaler, bürgerlicher Intellektueller, die erfüllt waren von der Sehnsucht nach einer sinnvollen Gemeinschaft außerhalb der konventionellen liberalen, marxistischen oder sozialdemokratischen Gruppierungen. In die Ansätze ihrer Gemeinschaftssehnsucht mischte sich eine Neigung zu Nietzsche und zu den antipositivistischen, neoromantischen Strömungen der Zeit. Viele Anhänger dieser Gruppe (zu denen der Anarchist Erich Mühsam ebenso gehörte wie der Zionist Martin Buber) fühlten sich vage zur Linken hingezogen, obwohl sie gleichzeitig einem humanistischen, völkischen Nationalismus anhingen. Was sie miteinander verband und ihren Aktivitäten einen eindeutig nietzscheanischen Anstrich verlieh - den sie in der Sprache selbstbewußter Befreiung zum Ausdruck brachten -, das war ihre Betonung des Dynamischen und der für jedes Individuum zentralen Bedeutung schöpferischer Selbstbestimmung.

Ein Mitglied dieses Kreises war der Sozialist und völkische Anarchist Gustav Landauer.[57] Seine anarchistische Ausrichtung auf die Gemeinschaft enthielt Elemente einer nach links tendierenden, menschheitsorientierten, nietzscheanisch religiösen Vision. Wir haben Landauers Nietzscheanismus bereits in Umrissen erörtert. Hier geht es jetzt nur darum, auf die zentrale Bedeutung der Religion und des Willens für Landauers Konzeptionen aufmerksam zu machen. Gott, so schrieb Landauer, war

---

55 Vgl. die ausgezeichnete Darstellung der Brüder Hart, der Neuen Gemeinschaft und Nietzsches in Kap. 3 über »Bubers Erlebnis-Mystik« in: Paul Robert Mendes-Flohr, *From Mysticism to Dialogue. Martin Buber's Transformation of German Social Thought*, a. a. O.; dt.: *Von der Mystik zum Dialog. Martin Bubers geistige Entwicklung bis hin zum ›Ich und Du‹*, a. a. O.

56 Julius Hart »Der neue Mensch«, a. a. O. S. 27, zit. nach Paul Robert Mendes-Flohr, *From Mysticism to Dialogue. Martin Buber's Transformation of German Social Thought*, a. a. O., S. 57; dt.: *Von der Mystik zum Dialog. Martin Bubers geistige Entwicklung bis hin zum ›Ich und Du‹*, a. a. O., S. 62.

57 Landauer hielt die Brüder Hart für oberflächlich und nur an leeren Wortspielen interessiert. In ihrer Suche nach einer Gemeinschaft sah er weniger ein Verlangen nach einer lebendigen Alternative als vielmehr reine Rhetorik. Vgl. Eugene Lunn, *Prophet of Community. The Romantic Socialism of Gustav Landauer*, a. a. O., S. 142-147.

kein äußeres, transzendentes Wesen, sondern er bestand vielmehr aus den Zielen, die die Menschen sich selbst setzen. Sie glaubten ihm zufolge an das Ziel, dem sie zustrebten, »an den Gott, der werden will und werden wird.«[58] Das war nichts weiter als eine eindeutige Übernahme der nietzscheanischen Konzeption des Übermenschen, verbunden mit einer Vorstellung von der Religion als einem aktiven Umgestaltungsprozeß unablässigen Werdens.

Darüber hinaus fand Landauer den Ruf Nietzsches nach einem Mythos als dem Energien freisetzenden Faktor von Kultur und Geschichte attraktiv. Sein sozialistischer Anarchismus enthielt Elemente von Nietzsches skeptischer Epistemologie, jenen Perspektivismus, der eine objektive Wahrheit ausschloß. Neue und selbstgeschaffene Illusionen, so schrieb Landauer, waren die Voraussetzung für eine unablässige Neubelebung menschlicher Tätigkeit. Während die Tradition des Marxismus Entmystifizierungen zu betreiben suchte, forderte Landauers Lebensphilosophie der Linken gerade Illusionen als Verjüngungsprinzip des sozialen Lebens. Mit Worten, die an Nietzsches Verkündung der Erneuerungsfähigkeit des Mythos aus der *Geburt der Tragödie* erinnerten, schrieb Landauer: »Illusion - eine geglaubte Idee, ein heiliges Ziel - das war bisher der Bann der Völker, der alle Kultur geschaffen hat.«[59]

Während sich Landauer der religiösen Impulse des Nietzscheanismus zur Verkündung eines eindeutig nicht-marxistischen Sozialismus bediente, bezeichnete Ernst Bloch diese Impulse als notwendige Anstöße zur Rettung auch der marxistischen Tradition. Bloch bestand darauf, daß die mythischen, mystischen und religiösen Dimensionen insgesamt einen legitimen Platz in dieser Tradition beanspruchen durften. Dieser marxistische Metaphysiker einer messianisch vorwärtsgerichteten Hoffnung und der Vision eines merkwürdig vibrierenden und explosiven Jenseits[60] fühlte sich offenbar zu Nietzsche durch dessen apokalyptischen Traum hingezogen. In Blochs Denken verbanden sich die Häresien von Dionysos, Christus und Nietzsche zur machtvollen Verkündigung einer möglichen Erlösung der Menschheit.

> Der wahre »Antichrist« des dionysischen Sinns, des Eritis sicut Deus ist - Jesus. Das ist »Dionysos, der Gekreuzigte«, darauf dringt die einzige Erkenntnis, aus den Tiefen der christlichen Ketzerei, und zwar der ältesten, »ophitischen«, schlangenkundigen, welche der »Auferstehung und dem Leben« gemäß wird. Dieser Christus ist der Verkünder einer unbekannten menschlichen Glorie [...] Er ist die Eroberung der Menschenglorie noch hinter dem geringsten und unerwartetsten Fenster, und gerade dort, gerade im Paradox des ganz und gar Unerwarteten, nicht im zufriedenen Maß des bereits Erschienenen, Herrschenden, Satten, wozu ihn die

---

58 Gustav Landauer »Die religiöse Jugenderziehung« in: *Freie Bühne* (11. Feb. 1891) S. 135, zit. nach Eugene Lunn, *Prophet of Community. The Romantic Socialism of Gustav Landauer*, a.a.O., S. 32.

59 Gustav Landauer, *Skepsis und Mystik. Versuche im Anschluß an Mauthners Sprachkritik*, a.a.O., S. 2, zit. nach Eugene Lunn, *Prophet of Community. The Romantic Socialism of Gustav Landauer*, a.a.O., S. 160.

60 Vgl. George Steiner »Sojournes in the Wondrous« in: *Times Literary Supplement* (4. Okt. 1985) S. 1087.

Kirche gefälscht und entspannt hat. Der Jesus der Ketzer [...] in diesem Jesusbild ist auch das Leben des Dionysos oder der Trunk eines Reichs, das weder von dieser (gewordenen) Welt ist noch auch von jener (menschenfernen, schicksalhaften). Solche Berührungen und »ophitische« Erinnerungen, zu Paulus feindselig, in der Geschichte des »siegreichen« Christentums unterschlagen, waren in Nietzsches letzten Visionen allerhöchst, in »Dionysos, dem Gekreuzigten«.[61]

Aber die charakteristischen Konzeptionen von Intellektuellen wie Bloch und Landauer konnten kaum größeren Einfluß auf Organisationen gewinnen. Es gab jedoch neben ihnen Kreise, die eine nietzscheanische Religion in der sozialistischen Bewegung durchzusetzen suchten. Und dieser Innovationsschub blieb nicht auf Deutschland beschränkt.

In Rußland entwickelte sich zwischen 1903 und 1913 im linken Flügel der bolschewistischen Fraktion der marxistischen Sozialdemokratie die am weitesten ausgearbeitete Form einer nietzscheanischen sozialistischen Religion. Dieser Gegenglaube, den Maxim Gorki (1868-1936) und Anatoli W. Lunatscharski (1875-1933) begründeten, trug den unverkennbar nietzscheanischen Namen des »Gottbildnertums«.[62]

Gorki und Lunatscharski vertraten die Auffassung, der Sozialismus sollte die positiv zu bewertenden, schöpferischen Aspekte der historischen Religion in Dienst nehmen und sich dessen entledigen, was die Sozialisten als ideologisch falsch betrachteten. In einer sozialistischen Religion sollte zwar der traditionelle Offenbarungsglaube keinen Platz haben, doch ihre Anhänger sollten auch weiterhin eine spirituelle Teilhabe an der Welt und die Sehnsucht nach Selbstüberschreitung in sich verkörpert sehen.[63]

Das erinnerte zwar eindeutig an Feuerbach, doch grundlegend war hier auch der explizit ins Kollektive gewendete Einfluß Nietzsches. Gott sollte ersetzt werden durch eine selbstbewußte und schöpferische Menschheit, der individuelle Übermensch sollte umgewandelt werden zu einem marxistischen Übermenschentum. Der wahre Schöpfer Gottes war das Proletariat, und die Revolution wurde als grundlegender Befreiungsakt des Gottbildnertums betrachtet. Lunatscharski vertraute auf den Glauben an eine selbstgeschaffene kollektive Zukunft, in der die Arbeiterklasse zur Teilhabe am Leben der Menschheit gelangte und zu einem Glied in jener Kette wurde, die emporreichte zum Übermenschen, zu einem schönen Geschöpf, zu einem vollkommenen Organismus.[64]

---

61 Ernst Bloch, *Erbschaft dieser Zeit*, in: *Gesamtausgabe*, Bd. 4, Frankfurt a. M.: Suhrkamp 1962, S. 365f.

62 Vgl. George L. Kline »›The God-Builders‹. Gorky and Lunacharsky«, Kap. 4 von *Religious and Anti-Religious Thought in Russia*, Chicago und London: University of Chicago Press 1968. Ich danke Prof. Jonathan Frankel für diesen Hinweis.

63 Vgl. Leszek Kolakowskis knappe Analyse des Gottbildnertums in: *Die Hauptströmungen des Marxismus. Entstehung, Entwicklung, Zerfall*, Bd. 2: *Das goldene Zeitalter*, München und Zürich: Piper 1978, S. 498-500.

64 Vgl. George L. Kline, *Religious and Anti-Religious Thought in Russia*, a. a. O., S. 119.

Lenin lehnte solche Überlegungen selbstverständlich ab. Ihm erschien ein katholischer Priester, der junge Mädchen verführte, weit weniger gefährlich als ein Priester ohne kirchliches Amt, ein demokratischer Priester, der in seinen Predigten zur Erschaffung Gottes anhielt.[65] Aufgrund seines Zentralismus und seiner hartnäckigen Betonung einer Sozialtechnologie konnte er solche neoromantischen Phantasien in keiner Weise ertragen. Daher konnten sich in der neuen bolschewistischen Ordnung nach 1917 nur wenige Spuren des nietzscheanischen Gottbildnertums erhalten.

Eindeutig waren alle sozialistischen Religionen, die sich auf Nietzsche beriefen, Ausdruck eines Nonkonformismus. In Deutschland fanden sie ihre am weitesten entwickelte Form durch Max Maurenbrecher, der unter Berufung auf Nietzsche eine revisionistische sozialistische Religion ins Leben rief, die er, wie wir bereits gesehen haben, in der Arbeiterklasse und in Freidenkervereinigungen zu verbreiten suchte.

Die systematischste Formulierung seiner Theologie erschien 1912 in seinem Buch *Das Leid.* Wie viele andere Befürworter einer transzendenzfeindlichen nietzscheanischen Religiosität setzte sich auch Maurenbrecher für eine Neudefinition und Beibehaltung des schöpferischen Wesens der Religion ein. Ihm zufolge war die Religion ihrem Wesen nach tragisch und dionysisch, unentwirrbar verbunden mit menschlichem Schmerz und Leid. Das Leben, so meinte er in eindeutig Nietzsche entlehnten Begriffen, mußte trotz all seiner Härte gelebt und geliebt werden.[66] Die Probe auf die Echtheit einer Religion bestand in ihrer Fähigkeit, Leiden in Freude zu verwandeln, in eine Bejahung des Lebens in all seiner Fülle. Maurenbrecher setzte ausdrücklich dem nur zu leichten Optimismus der Aufklärung seine Auffassung der Religion entgegen, die er in einer tragisch affirmativen Philosophie des Lebens formulierte.

Seiner Ansicht nach hatte die kirchliche Religion jede Fähigkeit zur Authentizität verloren. Es ging nun darum, durch welche Religion sie am zufriedenstellendsten zu ersetzen wäre. Das Maß der Authentizität wurde dabei in quasi-nietzscheanischen Begriffen konzipiert. Das Zeitalter einer axiomatisch akzeptierten, als objektiv erachteten, historisch gültigen und für alle geltenden Tradition war, wie Maurenbrecher erklärte, vorüber. Jetzt mußten selbstbewußte Individuen sich einen Glauben zu eigen machen, der offenkundig nietzscheanischen Vorgaben entsprach: »Jeder Mythos, jede Ethik, jeder Kultus hat für uns nur noch so viel Bedeutung, wie sie uns leisten für die Gestaltung und Energie unseres Willens zum Leben.«[67] Nur ein frei gewählter Mythos oder eine wirklich gelebte Religion konnten im 20. Jahrhundert etwas gelten. Die Entscheidung für sie, so erklärte Maurenbrecher, folgte einer neuen,

---

65 Vgl. George L. Kline, *Religious and Anti-Religious Thought in Russia*, a.a.O., S. 124.

66 Vgl. Max Maurenbrecher, *Das Leid. Eine Auseinandersetzung mit der Religion*, Jena: Eugen Diederichs 1912, S. 5f.

67 Max Maurenbrecher, *Das Leid. Eine Auseinandersetzung mit der Religion*, a.a.O., S. 9.

weltlichen Tradition, dem Denken von Männern wie Goethe, Spinoza, Marx und Nietzsche. Sie waren zu der großen Einsicht gelangt, daß die um Gott ringenden Menschenwesen selbst das Ziel des Lebens waren.[68]

Nietzsche nahm für diese Religion deshalb eine Sonderstellung ein, weil er den Pessimismus Schopenhauers heroisch überwunden hatte. Aus der Perspektive der Sozialisten war der Pessimismus nie voll zu überwinden, solange man ihn nur als individuelle Privatsache betrachtete. »Die volle Überwindung des Pessimismus [...] wird erst erlebt, wenn wir den sozialen Prozeß als den eigentlichen Inhalt und das Wesen alles Geschehens betrachten.«[69] Technik und Wissenschaft hatten mit ihren Organisationen die Grundlage für Hoffnungen auf eine bessere Zukunft gelegt, für die man jetzt arbeiten konnte. Das Dasein verfügte nunmehr über einen Willen.

Dennoch waren Leiden und Tragödien, wie Maurenbrecher warnte, unausweichlich ein wesentlicher Bestandteil aller Entwicklung. Zwar konnte man dem Leiden zu entkommen suchen, indem man Willen und Werden leugnete, aber als nietzscheanischer Voluntarist lehnte Maurenbrecher diese Lösung ab. Ihm zufolge stellte vielmehr die Bejahung des Leidens, die das Leben sich entwickeln ließ, die wahre Überwindung des Pessimismus dar. Im Gegensatz zu den Sozialisten der ersten Generation, so verkündete Maurenbrecher, war sich die neue Generation darüber im klaren, daß ihre Hoffnungen auf eine unmittelbar anbrechende Utopie aufgeschoben werden mußten und daß sich der Prozeß einer Umgestaltung der Gesellschaft lange hinziehen würde.

Die sozialistische Religion, so betonte er, erforderte keine Sakramente, Priester, Kirchen oder heilige Stätten. Sie bedurfte vielmehr eines nietzscheanischen Heroismus und der täglichen Übung des Willens. »Das ist das religiöse Problem des Sozialismus der zweiten Generation [...]: das Problem des Leidenden, der nicht nur weiß, daß er persönlich das Ende des Leidens nicht mehr erleben wird, sondern der es gar nicht mehr erleben will, weder für sich noch für irgendeine ausdenkbare Zukunft der Menschheit, weil ihm Leid nichts anderes ist als Vorbedingung für schaffende Kraft und wachsenden Willen.«[70]

Wir haben bereits gesehen, daß Maurenbrecher seine politische und religiöse Position mehrfach änderte und daß ihm Nietzsche dabei jeweils als Inspirationsquelle diente. In seinem Nietzschebild dominierten jedoch stets das Leid und die Schwere des Lebens. Das erleichterte ihm den Wechsel von der Linken zur Rechten. Vor dem Ersten Weltkrieg waren seine Überlegungen zu einer nachchristlichen, nietzscheanischen Religion bemerkenswert frei von völkischen Inhalten (wofür er von seinen neuheidnischen nietzscheanischen Gesinnungsgenossen getadelt wurde).[71] Dennoch bevorzugte er einen maskulinen, harten Nietzsche. Wenn er als Sozialist die

---

68 Vgl. Max Maurenbrecher, *Das Leid. Eine Auseinandersetzung mit der Religion*, a.a.O., S. 133.
69 Max Maurenbrecher, *Das Leid. Eine Auseinandersetzung mit der Religion*, a.a.O., S. 168.
70 Max Maurenbrecher, *Das Leid. Eine Auseinandersetzung mit der Religion*, a.a.O., S. 182.
71 Vgl. Ernst Horneffer »Die Deutschen und die Religion. Eine Ergänzung und Entgegnung« in: *Die Tat* 2, Nr. 7 (1910).

Notwendigkeit der Züchtung eines Übermenschen betonte, so ließ sich das ebensogut mit den Vorstellungen der radikalen Rechten vereinbaren.[72] Das Bild des maskulinen, antiliberalen, postrationalistischen Nietzsche begleitete Maurenbrecher auch bei seiner Rückkehr zur protestantischen Kirche. In den Predigten vor seiner Dresdner Gemeinde griff er (nach Jahren der Gottlosigkeit vielleicht etwas apologetisch) erneut auf diese Themen zurück, doch nun mit der nietzscheanischen Diktion des nationalistischen Protestantismus seiner Anfangsjahre.[73]

Maurenbrecher hatte in seiner nietzscheanischen Religion entweder den Sozialismus mit einer radikalen Feindschaft gegenüber dem Christentum verbunden oder aber den völkischen Nationalismus mit einer erneuerten protestantischen Frömmigkeit. Nie aber hatte er sich für eine Religion eingesetzt, die zugleich nationalistisch, antichristlich und explizit heidnisch war. Diese sowohl nationalistische wie heidnische Orientierung gewann später in faschistischen und nationalsozialistischen Strömungen an Bedeutung.

Vor dem Ersten Weltkrieg wurden solche nationalistischen und heidnischen Tendenzen systematisch durch die (1909 gegründete) Zeitschrift *Die Tat* gefördert, die vor allem neoromantischem Denken verpflichtet war. Der Tat-Kreis stand in Verbindung mit dem Doyen und Verleger der neoromantischen Bewegung, Eugen Diederichs.[74] Als Schriftsteller und Publizist unterstützte Diederichs verschiedene Gruppen, die sich für eine (vor allem religiöse und spirituelle) nationale Erneuerung einsetzten. Er verlegte die Schriften vieler der hier erörterten Nietzscheaner, so u.a. Arbeiten von Kalthoff, Bonus, Maurenbrecher, Joel und Julius Hart. Diederichs hegte keinen Zweifel, daß Nietzsches Philosophie für spirituelle Zwecke eine geradezu prophetische Quelle der Inspiration darstellte.[75] Durchdrungen von mythischen und mystischen Ideen, ja selbst von der Kraft und Macht des »Irrationalen«, verband Diederichs völkische Themen mit einer fast verwirrenden Vielfalt an Projekten zur »schöpferischen« kulturellen und religiösen Erneuerung.[76] Seine un-

---

72 Vgl. Max Maurenbrecher, *Christentum oder Monismus*, Annaberg i. Sa.: Grasers 1914, S. 10.

73 Vgl. Max Maurenbrecher, *Offenbarung. Eine Probepredigt*, Langensalza: Wendt und Klauwell 1919; ders., *Über Friedrich Nietzsche zum deutschen Evangelium. Gottesdienste, Andachten und religiöse Auseinandersetzungen*, Dresden: Verlag Glaube und Deutschtum 1926.

74 Vgl. zu Diederichs das Buch von Gary D. Stark, *Entrepreneurs of Ideology. Neoconservative Publishers in Germany, 1890-1933*, a. a. O..

75 Vgl. Eugen Diederichs »Sils Maria und Friedrich Nietzsche« in: *Berliner Tageblatt* (8. August 1906); vgl. ferner die autobiographischen Anmerkungen in seiner Festschrift, *Eugen Diederichs. Sein Leben und sein Werk*, Leipzig: Eugen Diederichs 1927.

76 Zur völkischen Einstellung von Diederichs und zu seinen Kontakten zu völkischen Gruppierungen vgl. George L. Mosse, *The Crisis of German Ideology*, a. a. O., Kap. 3; dt.: *Ein Volk, ein Reich, ein Führer. Die völkischen Ursprünge des Nationalsozialismus*, a.a.O., Kap. 3, S. 62-76. Eine davon abweichende, eher wohlwollende Sicht findet sich bei R. Hinton Thomas, *Nietzsche in German Politics and Society 1890-1918*, a. a. O., S.116ff., sowie bei Martin Green, *Mountain of Truth. The Counterculture Begins: Ascona 1900-1920*, a. a. O., S. 219ff., 239f. 242f. Eine wieder andere Perspektive bietet die vernichtende Kritik von

christlichen metaphysischen Ideen wurden von einer Jugend enthusiastisch übernommen, die in Jena den Sera-Kreis bildete und die sich (unter Anleitung des Verlegers) auf heidnische Rituale einließ, Sonnwendfeiern veranstaltete, sich an pseudoklassischen Dekorationen erfreute und sich wilden dionysischen Tänzen überantwortete.[77]

Die avanciertesten Befürworter eines neuheidnischen Nietzscheanismus in Deutschland waren jedoch die Brüder August und Ernst Horneffer – glühende Anhänger Nietzsches und Mitarbeiter im Nietzsche-Archiv.[78] Unter ihrer Obhut wurde der Nietzsche des Tat-Kreises entschieden heroisch. Er erschien als scharfer Kritiker einer fragmentarisierten und dekadenten bürgerlichen Kultur sowie als Prophet ihrer Überwindung auf der Grundlage einer neuen und höheren Totalität. Durch ihn sollte die verlorene Einheit von Form und Gehalt wiederzufinden sein.[79]

Keineswegs zufällig erschien neben dem Titelblatt der ersten Nummer der *Tat*, das den Untertitel trug »Wege zu freiem Menschentum«, eine heroische Büste Nietzsches von Max Klinger (Illustration 13).[80] Obwohl die Zeitschrift sich also aus-

---

Theodor W. Adorno aus dem Jahr 1945: »Man braucht nur in den Büchern des Verlegers Eugen Diederichs zu blättern oder in denen einer gewissen Art muckerhaft-emanzipierter Theologen. Das markige Vokabular weckt Zweifel an der Fairness der von der Innerlichkeit arrangierten und ausgefochtenen Ringkämpfe. Die Ausdrücke sind allesamt von Krieg, leibhafter Gefahr, wirklicher Vernichtung entlehnt, aber sie beschreiben bloß Vorgänge der Reflexion, die zwar bei Kierkegaard und Nietzsche, auf welche die Ringer mit Vorliebe hinweisen, mit dem tödlichen Ausgang zusammenhängen mochten, ganz gewiß aber nicht bei ihren unerbetenen Gefolgsleuten, die sich selber aufs Wagnis berufen. Während sie die Sublimierung des Daseinskampfs sich zur doppelten Ehre, der der Vergeistigung und des Mutes anrechnen, ist zugleich durch die Verinnerlichung das Gefahrmoment neutralisiert, zu einem Ingredienz selbstgefällig wurzelhafter, kerngesunder Weltanschauung herabgesetzt.« Theodor W. Adorno, *Mimima Moralia. Reflexionen aus dem beschädigten Leben*, a.a.O., S. 149f.

77 Vgl. George L. Mosse, *The Crisis of German Ideology*, a.a.O., S. 59f.; dt.: *Ein Volk, ein Reich, ein Führer. Die völkischen Ursprünge des Nationalsozialismus*, a.a.O., S. 63.

78 Vgl. zur Beziehung der Brüder Horneffer zum Archiv Heinz Frederick Peters, *Zarathustra's Sister. The Case of Elisabeth and Friedrich Nietzsche*, a.a.O., S. 168f.; dt.: *Zarathustras Schwester. Fritz und Lieschen Nietzsche – ein deutsches Trauerspiel*, a.a.O., S. 235f.. Aus den zahlreichen Schriften der Brüder Horneffer über Nietzsche seien die folgenden Titel genannt: Beide Brüder veröffentlichten gemeinsam einen Band, in dem Nietzsche eine herausragende Rolle spielt: *Das klassische Ideal. Reden und Aufsätze*, Leipzig: J. Zeitler 1906; August Horneffer, *Nietzsche als Moralist und Schriftsteller*, Jena: Eugen Diederichs 1906; Ernst Horneffer, *Nietzsches Lehre von der Ewigen Wiederkunft und deren bisherige Veröffentlichungen*, Leipzig: C.G. Naumann 1900; *Vorträge über Nietzsche. Versuch einer Wiedergabe seiner Gedanken*, Göttingen: Franz Wunder 1901.

79 Der Begriff *Totalität* war in der Rhetorik der neoromantischen Rechten weit verbreitet. Obwohl ihm die theoretische Nuancierung fehlte, die er (wie Martin Jay in seinem Buch *Marxism and Totality* gezeigt hat) auf der Linken besaß, war er auch für die Rechte eine wichtige Beschwörungskategorie. Auch die autoritativen Formulierungen dieser Idee stammten von Nietzsche, der hier das Gegenbild zu Marx darstellte.

80 Vgl. *Die Tat. Wege zu freiem Menschentum* 1, Nr. 1 (April 1909) S. 2.

drücklich auf Nietzsche berief, war sie zugleich bestrebt, ihn in soziale und nationale Zusammenhänge zu integrieren. Ernst Horneffer (1871-1945) forderte, Nietzsche zwar als den Eckpfeiler einer religiösen und kulturellen Erneuerung zu betrachten, aber seinen einseitigen Individualismus zu überwinden. Die Verwirklichung der ursprünglichen Werte Nietzsches erforderte ihm zufolge einen kollektiven Rahmen: »Das losgelöste Individuum, das mit seinen Werken und Strebungen keinen Widerhall in der allgemeinen Wertung findet, ist nicht das starke, sondern das schwache Individuum.«[81] Das neue »starke« Individuum sollte selbstbestimmt, doch in einem größeren, sinnvollen Ganzen zu seiner persönlichen Religion finden.[82]

In seiner Schrift »Der heidnische Lebensweg« stellte Horneffer den nationalistischen, maskulinen Charakter der neuen Religion noch deutlicher dar.[83] Der Staat erschien Horneffer als die geeignete Basis für das von ihm vorgeschlagene neue Heidentum, weil der Staat nicht an Gott, sondern an sich selbst glaubte und weil sich sein Handeln, anders als das der organisierten christlichen Religion, auf die Erde bezog. Nietzsches Beschwörung, der Erde treu zu bleiben, war nur möglich, wenn sie im Gemeinschaftsleben verankert blieb. Und die Gemeinschaft, die Horneffer vorschwebte, hatte nietzscheanische Konturen. Er schrieb: »Nicht um ›Mitleid‹ mit den Armen und Kranken, nicht um christliche Nächstenliebe handelt es sich, sondern um Gemeinsamkeit des Schaffens, um Waffenbrüderschaft, um gegenseitige Steigerung und Befruchtung.«[84] Nur in einer besonderen Gemeinschaft ließ sich mithin diese nietzscheanische Vision verwirklichen. Selten wurde die Vereinnahmung Nietzsches für die deutsche männerbündische Tradition mit ihrer Vorliebe für Männerfreundschaften deutlicher zum Ausdruck gebracht als hier.

In seiner Schrift *Die künftige Religion* ließ Ernst Horneffer die Grundlagen seiner Weltanschauung deutlich werden.[85] Europa, so verkündete er, war durch das Christentum sich selbst entfremdet worden. Mit einer an Nietzsche erinnernden vernichtenden Geringschätzung erklärte er, das Christentum habe Europa nicht nur nicht geformt, sondern Europa sei durch das Christentum regelrecht geschändet und vergewaltigt worden. Erst seit kurzem beginne es, sich durch eine weltliche Philosophie nach langer Selbstentfremdung zu entdecken.

Nach Ernst Horneffer, der auch darin Nietzsche folgte, ging der ursprünglich europäische Geist von den Griechen aus. Ihre emphatische Betonung von Bewegung,

---

81 Ernst Horneffer »Unsere Ziele« in: *Die Tat* 1, Nr. 1 (April 1909) S. 2.

82 Vgl. die sorgfältige Unterscheidung zwischen Diederichs' Unterstützung der Individualität und seiner Opposition gegen den Individualismus bei Martin Green, *Mountain of Truth. The Counterculture Begins: Ascona 1900-1920*, a.a.O. S. 220. Diese Unterscheidung läßt sich auch auf die Unterstützung anwenden, die Diederichs den Horneffers und anderen zuteil werden ließ.

83 August Horneffer »Der heidnische Lebensweg« in: *Die Tat* 3 (1911-1912).

84 August Horneffer »Der heidnische Lebensweg«, a.a.O., S. 30.

85 Ernst Horneffer, *Die künftige Religion*, Leipzig: Werner Klinkhardt 1909.

Veränderung und Freiheit stand in entschiedenem Gegensatz zur orientalischen (und mithin christlichen) Immobilität und Stagnation sowie zum christlichen Fatalismus und Fanatismus. Nur langsam erwachten die Europäer zu ihrer eigenen inneren Wahrheit. Luther hatte die Laien zwar aus dem Joch der Priester und dem äußeren Zwang der Kirche befreit, an der Idee einer göttlichen Offenbarung aber festgehalten. Kant hatte diesen Befreiungsprozeß entschieden vorangetrieben, indem er das moralische Gesetz vom religiösen Glauben löste und es statt dessen vom kategorischen Imperativ abhängen ließ. Doch Kant blieb der Auffassung, die Moral sei ein sich selbst genügendes Gesetz der Vernunft und ihre Inhalte seien gegeben.[86]

Mit Nietzsche, so schrieb Ernst Horneffer, war die europäische Revolution in der Ethik vollendet und der Kampf um theoretische wie praktische Freiheit an ein Ende gelangt. Darin bestand die historische Leistung Nietzsches: Er hatte die Voraussetzungen dafür geschaffen, daß Menschen ihre Ideale in Übereinstimmung mit ihrer Natur zu entwickeln vermochten. Jetzt konnten sie ihre eigene Moral entwerfen und sich an sie halten, also den Inhalt des Gesetzes aus eigenem freien Willen bestimmen. Nietzsche war der letzte und radikalste »Gewissensbefreier« in Deutschland.[87]

Der Nietzscheaner Ernst Horneffers - der selbstbestimmte Schöpfer einer ungehemmten naturalistischen Moral - schien mithin eine radikale Dynamik freizusetzen. Die aber unterstellte er zugleich eindeutig nationaler Kontrolle. Eine Abkehr von der organisierten Religion, so argumentierte Horneffer, führte keineswegs ins Leere. Denn der Entwurf einer Alternative konnte sein Material aus den »großen Schöpfungen unseres eigenen Volksgeistes« ebenso gewinnen, wie er sich nach Horneffers Ansicht zu stützen vermochte auf »die Heldentaten, die mannigfaltigen Kämpfe, in denen unser Volkstum auf die Probe gestellt wurde und sich bewährte«.[88] Eine so konzipierte Religion betrachtete das Leben als eine Wette. Da sie sich als entschieden heidnisch und nietzscheanisch verstand, war sie etwas für Starke und Helden, nicht für Schwache, Feiglinge und am Leben Zerbrochene. Denn die hatten viel zu lange geherrscht. Ein derartiges Neuheidentum, so betonte Horneffer, bestand in der grundlegenden Überzeugung von der menschlichen Fähigkeit, sich selbst zu erlösen, und war von traditionellen Religionsvorstellungen weit entfernt.

Obwohl eine willentliche Selbsterlösung sich auf das Vorbild der Griechen gründete, unterstellte Ernst Horneffer den nietzscheanischen Willen zur Macht dem von ihm so genannten »Willen zur Form«.[89] Der nietzscheanische Wille, so behauptete Horneffer, konnte sich nicht wirklich freudig behaupten, wenn er seinem Wesen nach ewiger Kampf, unaufhörliche Bewegung und sogar gegenseitige Versklavung nach sich zog. Ein derartiger Wille war nur auf die eigene Entwicklung gerichtet,

86 Vgl. Ernst Horneffer, *Die künftige Religion*, a. a. O., S. 29ff.
87 Ernst Horneffer, *Die künftige Religion*, a. a. O., S. 30.
88 Ernst Horneffer, *Die künftige Religion*, a. a. O., S. 70.
89 Ernst Horneffer, *Die künftige Religion*, a. a. O., S. 103-105.

also ohne Klarheit und Ordnung. Er bedurfte einer Form, die ihm einen stabilen Rahmen verschaffte. Denn schließlich hatte der Wille das Ziel, sich selbst zur Form zu gestalten. Er suchte dem Chaos Einheit, Folge und Würde abzugewinnen.

Dies bedeutete nicht unbedingt, daß die nietzscheanische Dynamik gezähmt oder ästhetisiert werden mußte; sie sollte vielmehr in nationale Kanäle gelenkt und politisch strukturiert werden. Horneffer schrieb: »Nur durch Konzentration, Ordnung, Organisation kann der Wille zu seiner vollen Äußerung kommen, kann er sich voll erschöpfen.«[90]

Das nietzscheanische Neuheidentum der Brüder Horneffer aus der Vorkriegszeit vereinigte zwar radikale Feindschaft gegenüber dem Christentum, die Freisetzung der Moral aus traditionalen Zwängen und eine heroisch nationale Einstellung mit den herkömmlichen Vorstellungen in bezug auf das Volk, aber zugleich wies es eine dem Futurismus ähnliche modernistische Thematik auf. Der Neue Mensch wurde in dem Maße Teil der Nation, wie er zu »persönlicher Selbstverwirklichung« und zu »selbstbestimmter« Freiheit gelangte. Dieser Nationalismus hatte vorgeblich das Ziel, Raum zu schaffen für die nietzscheanischen Prioritäten von Individualität und Personalität.[91] Ernst Horneffer und seine Nachfolger stellten jedoch sicher, daß sich diese Prioritäten im geistigen Rahmen des Deutschtums hielten. Als die Nationalsozialisten zur Macht gelangten, begrüßte Horneffer dies als Verwirklichung seiner Visionen und rief Nietzsche zum wichtigsten Propheten der Bewegung aus.[92]

Horneffers deutsche Religion entwickelte sich indes nie zu einer selbständigen Bewegung. Mit dem Anbruch des Dritten Reiches ging ihr Neuheidentum im Nationalsozialismus auf. Gleiches galt nicht für die Deutsche Glaubensbewegung. Zumindest während der ersten Jahre des Dritten Reiches vertrat sie weiterhin ihre antichristliche, nietzscheanische und deutsche Religiosität. Sie behauptete von sich, sie stelle den authentischen Geist der nationalsozialistischen Revolution dar.[93]

Unter Führung von Jakob Wilhelm Hauer (1881-1962), der selbst als protestantischer Theologe ausgebildet war, setzte sich diese Bewegung aus einer Vielfalt von Gruppen und Zirkeln zusammen. Sie umfaßte die stark nationalistische Germanische Glaubenschaft und die Deutschgläubige Gemeinschaft ebenso wie den freidenkerischen Bund freireligiöser Gemeinden, eine breit angelegte antiklerikale Organisation, der sich (teils zum Schutz vor den Nazis) auch Marxisten angeschlossen hatten. 1934 vereinigten sich diese Gruppierungen in Scharzfeld.

---

90 Ernst Horneffer, *Die künftige Religion*, a.a.O., S. 120.

91 Vgl. George L. Mosse »The Political Culture of Italian Futurism. A General Perspective« in: *Journal of Contemporary History* 25, Nr. 2-3 (Mai-Juni 1990) S. 256.

92 Vgl. Ernst Horneffer, *Nietzsche als Vorbote der Gegenwart*, Düsseldorf: A. Bagel 1934.

93 Vgl. zur Geschichte dieser Bewegung Hans Buchheim, *Glaubenskrise im Dritten Reich. Drei Kapitel nationalsozialistischer Religionspolitik*, Stuttgart: Deutsche Verlagsanstalt 1953; J. Conway, *The Nazi Persecution of the Churches, 1933-1945*, London: Weidenfeld und Nicholson 1968; dt.: *Die nationalsozialistische Kirchenpolitik 1933-1945. Ihre Ziele, Widersprüche und Fehlschläge*, München: Kaiser 1969.

In den ersten Jahren des Dritten Reiches kam es bei der Glaubensbewegung zu einem beeindruckenden Wachstum der Mitgliederzahlen; ihren Höhepunkt erreichte diese Entwicklung 1935. Überall in Deutschland wurden Versammlungen abgehalten, die im April in einer Massenveranstaltung im Berliner Sportpalast gipfelten. Danach gelangte die Bewegung nie wieder zu vergleichbarer Bedeutung. Ihr wechselvolles Geschick war nur zum Teil auf ihre ungleichartige Zusammensetzung zurückzuführen. Denn letztlich hing es von der Gunst der NSdAP ab. Die Glaubensbewegung florierte nur, solange die Partei dem Einfluß der Kirchen entgegentreten wollte. Hitler wollte sich diese Organisation zwar politisch zunutze machen, doch er konnte seine bekannte Aversion gegen kultische Cliquen nur schwer verbergen. Von der Glaubensbewegung soll er gesagt haben: »Diese Professoren und Dunkelmänner, die ihre nordischen Religionen stiften, verderben mir nur das Ganze. Warum ich es dann dulde? Sie helfen zersetzen, das ist es, was wir zur Zeit allein machen können.«[94] Im Grunde stellte der Nationalsozialismus selbst einen allumfassenden politischen Glauben dar und wollte neben sich eine eigenständige Konfession auch dann nicht dulden, wenn sie sich als seinen religiösen Handlanger betrachtete. Die Glaubensbewegung wurde daher zunehmend nationalsozialistischer Kontrolle unterworfen und verlor dabei faktisch ihre Eigenständigkeit.[95]

Trotz der Zurückweisung durch die Nationalsozialisten gab es viele ideologische Affinitäten zu ihnen. Sie äußerten sich vor allem in den absurden Versuchen, ein deutsches Christentum zu begründen. Wie groß die Ähnlichkeiten und Unterschiede auch immer gewesen sein mögen – die Glaubensbewegung hielt sich selbst für den geistigen Ausdruck der neuen Wirklichkeit des Nationalsozialismus. Hauer betrachtete sie als etwas, das aus den biologischen und geistigen Tiefen der Nation hervorgebrochen war. Entstanden war sie ihm zufolge durch jene ursprünglichen Kräfte, deren Wesen versinnbildlicht wurde in den Worten Blut, Boden und Reich. Die deutsche Revolution erschien ihm als ein Ereignis, das aus dem Urwillen der Nation geboren war, ein Ereignis, durch das sich ewige Mächte in der Vollendung ganz neuer und großer Dinge offenbarten.[96]

---

94 Hermann Rauschning, *Gespräche mit Hitler*, Wien: Europaverlag 1973, S. 52. Gegenüber den Schilderungen Rauschnings ist gesunde Skepsis angebracht; denn Wolfgang Hänel hat ihren Wahrheitswert in Frage gestellt. Vgl. Karl-Heinz Jansen »Kümmerliche Notizen: Rauschnings ›Gespräche mit Hitler‹ – wie ein Schweizer Lehrer nach 45 Jahren einen Schwindel auffliegen ließ« in: *Die Zeit*, 19. Juli 1985, S. 16. Dennoch herrscht allgemein Konsens in bezug auf Hitlers Unmut über die kultischen Aktivitäten der Glaubensbewegung.

95 Die Bewegung wurde mit Hilfe der Zeitschrift *Durchbruch* unter Aufsicht der Nazis in ein Propagandainstrument umgewandelt. Auch nachdem Hauer die Kontrolle über sie faktisch verloren hatte, predigte er weiterhin seine Religion und war einer der führenden Anhänger der Arisierung an der Universität Tübingen. Vgl. Uwe Dietrich Adam, *Hochschule und Nationalsozialismus, Die Universität Tübingen im Dritten Reich*, Tübingen: J. C. B. Mohr 1977.

96 Vgl. Wilhelm Hauer »The Origin of the German Faith Movement« in: Wilhelm Hauer, Karl Heim und Karl Adam, *Germany's New Religion. The German Faith Movement*, New York: The Abingdon Press 1937, S. 29, 36.

Die Ideologen der Glaubensbewegung (unter ihnen Ernst Bergmann[97] und Hans Günther) schufen eine deutsche Religion, die den Nietzscheanismus auf eine rassisch-nationale Grundlage stellte. Nietzscheanische Qualitäten wurden dabei einfach auf idealisierte Schilderungen der nordischen Rasse projiziert. Die indogermanische Religion galt als Antithese zu Judentum und Christentum; sie war eine rein weltliche Angelegenheit. Ihre von Furcht und Angst freie Ethik schuf Menschen, die Nietzsches Vision von einer großartigen Gesundheit verkörperten und die das Leben in all seiner Tragik bejahten.[98]

Nietzsche kam in der Gegenreligion der Glaubensbewegung überall zur Geltung. Er stand als wichtigste Autorität hinter ihren Angriffen auf die Vernunft der Aufklärung, den Liberalismus und Sozialismus.[99] Gleichzeitig aber war er auch die stärkste Kraft hinter ihren positiven Zukunftsvisionen. Hauer (der im Wartezimmer eines Zahnarztes auf eine Schrift von Nietzsche gestoßen war!)[100] erschien der Philosoph ganz einfach als die entscheidende Schicksalsgestalt, als das Vorbild eines inneren Durchbruchs, den jeder Deutsche nachzuvollziehen hatte. Die deutsche Rassenreligion nationalisierte den bekannten nietzscheanischen Gegenglauben von Immanenz, Heldentum und Vitalismus. Aus der Moral Nietzsches wurde eine deutsche religiöse Moral gemacht. Gut und Böse wurden zwar noch nach ihrer lebenssteigernden Fähigkeit beurteilt, doch das Volk, nicht mehr das Individuum war jetzt ihr Ursprung. Hauer behauptete, gut sei, was den größten Wünschen des Volkes entspreche, und böse, was seinem Willen zuwiderlaufe. Solch deutsche Moral wurde unweigerlich ihrem christlichen Gegenstück konfrontiert. Um die Unterschiede zwischen beiden an einem Beispiel zu veranschaulichen, verwies Hauer auf das Thema der Sterilisierung. Während Christen sie als einen Verstoß gegen das Gesetz Gottes betrachteten, war der deutsche Glaube ihr gegenüber positiv eingestellt: »Kann es ein höheres göttliches Gebot geben als die Gesundheit eines Volkes, das die Vernichtung schlechter Instinkte, verbrecherischer Triebe unbedingt fordert? Das Volk will nach seinem tiefsten Willen rein, stark und gut sein.«[101]

Der nationalisierte Vitalismus der Glaubensbewegung war selbstverständlich mit einer dynamischen nietzscheanischen Ethik vereinbar. Gut und Böse waren formbare Instrumente im Dienste des Lebens und bedurften daher ständiger Erneue-

97 Vgl. Ernst Bergmann, *Die 25 Thesen der Deutschreligion. Ein Katechismus*, Breslau: F. Hirt 1934.

98 Vgl. Hans Günther, *Frömmigkeit nordischer Artung*, Jena: Eugen Diederichs 1937, S. 24.

99 In den zahlreichen Arbeiten von Hauer sowie in der Zeitschrift der Bewegung *Deutscher Glaube* finden sich fast endlos Zitate aus Nietzsche und Hinweise auf nietzscheanische Themen. Vgl. Hans Kern »Die Umwertung aller Werte« in: *Deutscher Glaube* 3 (1936); Hans Endres »Aussprache. Der Erlösungsgedanke bei Nietzsche« in: *Deutscher Glaube* 5 (1938).

100 Vgl. Wilhelm Hauer »Meine Begegnung mit Nietzsche« in: *Deutscher Glaube* 2, Nr. 11 (1935) S. 569.

101 Wilhelm Hauer, *Deutsche Gottschau. Grundzüge eines Deutschen Glaubens*, Stuttgart: Karl Gutbrod 1935, S. 110.

rung. Aus diesem Grund hatte Nietzsche, wie Hauer predigte, die alten Gesetzestafeln zerbrochen. Mit seiner Dynamik hatte er die Befreiung des deutschen Genius aus dessen Ketten ermöglicht. Nie hätte Nietzsche für sich allein einen neuen Dekalog erlassen können; denn das widerstrebte dem deutschen Wesen. Doch er schuf die Voraussetzungen dafür, daß die Deutschen die ihnen eigene Art zu sein erneut zu erkennen vermochten. Nur auf der Grundlage dieser besonderen rassischen Veranlagung konnte sich eine deutsche Moral entwickeln.[102]

Solche Zukunftsoffenheit trat auch im Entwurf von Hauers neuer deutscher Liturgie zutage. Sie berief sich auf die deutsche Vergangenheit und auf die alte griechische Mythologie, betonte jedoch stärker jene Dynamik, kraft derer sich deutsches Blut und Wesen unablässig erneuerten. Die deutsche Religion gründete sich auf ein heidnisches Erbe im Zusammenhang mit Sonnenfesten und Naturkulten, doch sie entwickelte sich immer weiter von niederen zu höheren Formen, bei denen heldische und schöpferische Elemente zunehmend in den Mittelpunkt rückten.[103]

Mit der Entmachtung der Deutschen Glaubensbewegung waren die Versuche, Nietzsche für spezifisch religiöse Zwecke zu vereinnahmen, erschöpft. Wie im folgenden Kapitel zu zeigen sein wird, beeinflußte das Denken Nietzsches den Nationalsozialismus in entscheidender Hinsicht und auf komplexe Weise, doch ging dieser Einfluß direkt vonstatten und war frei von religiösen Impulsen. Hans Schröder, ein Ideologe der Nationalsozialisten, verdeutlichte das in seiner Kritik an der Glaubensbewegung.[104] Nietzsche, so schrieb er, hätte sich ganz gewiß über Kulte wie den von Hauer ebenso lustig gemacht wie schon 1873 im Ersten Stück seiner *Unzeitgemäßen Betrachtungen* über den »neuen Glauben« von David Friedrich Strauss.[105] Hauer setzte sich lediglich ein für Veränderungen von Glauben und Dogmen. Der Nationalsozialismus dagegen beschränkte sich nicht auf konfessionelle Probleme, sondern führte zur totalen Revolution. Eine seiner großen Aufgaben bestand in der Überwindung von Entartung und Christentum, die im Widerspruch standen zum gesunden Volksempfinden. Hauer hatte das Christentum einfach als rassenfremd betrachtet. Das aber hieß, es mißzuverstehen; denn das Christentum war nicht Ausdruck eines anderen Rassenprinzips, sondern vielmehr dessen Widerspruch. Schröder verschmolz eine rassische mit der nietzscheanischen Weltanschauung in der Behauptung, das Christentum stelle eine innere Bedrohung des Rassenprinzips dar, weil es ein Beispiel der Unrassigkeit liefere – nämlich eine

102 Wilhelm Hauer, *Deutsche Gottschau. Grundzüge eines Deutschen Glaubens*, a.a.O.

103 Vgl. Wilhelm Hauer, *Fest und Feier aus deutscher Art*, Stuttgart: Karl Gutbrod 1936. Hauer war in seiner schriftstellerischen Produktion während dieser Zeit äußerst fruchtbar. In seinen Werken beschäftigte er sich vor allem mit den Zusammenhängen von Religion und Rasse. Vgl. Wilhelm Hauer, *Glaube und Blut. Beiträge zum Problem Religion und Rasse*, Karlsruhe und Leipzig: Bolze 1938.

104 Vgl. Hans Eggert Schröder, *Nietzsche und das Christentum*, Berlin: Widukind-Verlag 1937, S. 50ff. und 74ff.

105 Vgl. Friedrich Nietzsche, *Unzeitgemäße Betrachtungen I*, in: *Werke*, Bd. III, 1, Berlin und New York: de Gruyter 1972.

Rassenvermischung mit anschließendem Niedergang und nachfolgender Dekadenz. Überwunden werden konnte es ihm zufolge nur durch eine nietzscheanisch heldenhafte, männliche und ganz dem Leben geweihte Kultur, die von der rassischen Sendung des Deutschtums durchdrungen war.

Nur wenige der nietzscheanisch motivierten Religionsgründer nahmen sich die elitäre Ermahnung von Rudolf Pannwitz zu Herzen, Nietzsche sei »kein prophet fürs volk sondern ein prophet für die propheten.«[106] Denn sie suchten zumeist die neuen Formen des Glaubens in eine größere Gemeinschaft und in einen umfassenderen ideologischen Zusammenhang zu integrieren bzw. die Bereiche von Religion und Politik miteinander zu verschmelzen. Wenn Nietzsches Schriften rundheraus elitär waren, dann verlor sich dieser Anspruch bei seinen Gefolgsleuten. Im Bewußtsein der großen Krise der Religion suchten sie Nietzsches Werk für ihre Zwecke zu vereinnahmen und dem Nietzscheanismus eine breitere gesellschaftliche und institutionelle Basis zu verschaffen. Eine nietzscheanische Religion war per definitionem kulturell und politisch über mehrere Zwischenstufen hinweg vermittelt, denn ohne solche Vermittlung wäre sie außerstande gewesen, ihre Interessenten zu erreichen.

Bezeichnenderweise wurde der Versuch zur Schaffung einer »reinen«, von keiner Ideologie befleckten und gegen jede Vereinnahmung resistenten nietzscheanischen Religion nicht in Deutschland, sondern in Frankreich unternommen. Sein Urheber war Georges Bataille (1897-1962). Dessen Religion war ihrem Wesen nach dekonstruktiv und zersetzend. Denn Bataille ging in seinen religiösen Visionen (wie auch sonst in seinem Nietzscheanismus) bis zum äußersten und verfolgte eine ebenso bedingungslose wie uneingeschränkte Dynamik um ihrer selbst willen. Für ihn wurden das Böse, Gewalt, Sexualität und Tod zu unverzichtbaren Bestandteilen einer dem Menschen eigenen Suche nach Souveränität und Totalität in einer Sphäre des ganz und gar Unverfügbaren.[107] Damit erschien Nietzsche nicht mehr als Denker des Willens zur Macht, sondern als Philosoph eines Bösen, das als Mittel zu konkreter Befreiung, zum irritierenden Bruch mit dem Tabu konzipiert wurde. Bataille entwarf seine nietzscheanische Religion ausdrücklich nicht als Selbstverwirklichung, sondern als Fanal der Auflösung in eine Totalität. Die Menschen sollten ihm zufolge ihr Leben wie ein grundloses Fest in jeder Hinsicht des Wortes zelebrieren. Sie sollten es feiern als Gelächter, als Tanz, als Orgie ohne Ansehen von Rängen und Namen, als Opfer ohne Rücksicht auf ein Ziel, auf materielle Erwägungen oder auf eine Moral.[108] Batailles nietzscheanische Religion fand ihren angemessenen und am wenigsten zu vereinnahmenden Ausdruck in seiner Konzeption eines nicht theolo-

---

106 Rudolf Pannwitz, *Einführung in Nietzsche*, a.a.O., S. 4.

107 Vgl. den ausgezeichneten Überblick bei Allan S. Weiss »Impossible Sovereignty. Between *The Will to Power* and *The Will to Chance*« in: *October* 36 (Spring 1986).

108 Vgl. Georges Bataille »Sur Nietzsche: Volonté de chance«, a.a.O.

gisch konzipierten Gottes, mit der die transzendenten, logozentrischen Gebilde der westlichen Gottheiten abgelehnt wurden.[109]

In Deutschland gab es unter dem Einfluß Nietzsches keinen vergleichbaren Kult des Nichts; hier ging die nietzscheanische Religiosität unvermeidlich eine Vermittlung mit positiven äußeren und politischen Zielen ein. Dennoch wäre es falsch, diese Religiosität in Deutschland einfach hinwegzuerklären, indem man sie auf ihre politischen Funktionen reduzierte. Ihre weite Verbreitung (bis hinein in verschiedene Strömungen des Marxismus) läßt die Behauptung von Lukács zweifelhaft erscheinen, der religiöse Atheismus der Nietzscheaner sei »die für den Bestand der kapitalistischen Gesellschaft wichtige Religiosität« gewesen und sei daher ebenfalls als »Erscheinungsform der indirekten Apologetik« des Kapitalismus zu betrachten.[110] Diese Reduktion der Religiosität auf die Zwänge des Kapitalismus ging an dem wichtigeren historischen Moment hinter dem religiösen Nietzscheanismus vorbei, an der tiefen Krise des Protestantismus und der Suche nach Alternativen zu ihm.[111]

Bei einer unverhältnismäßig großen Zahl von Anhängern der verschiedenen nietzscheanischen Religionen handelte es sich um Protestanten oder um frühere protestantische Pastoren und Theologen. Sie alle nahmen die kritische Lage ihrer Religion ernst und sie suchten sie durch die Sprache einer quasi-nietzscheanischen Erlösung zu überwinden. Selbstverständlich aber sollten die nietzscheanischen Religionen über den Protestantismus hinausgehen. Sie eröffneten einen der wichtigsten Wege, auf denen die Begriffe Nietzsches Eingang fanden in den Bereich der Politik. Zwar wurde dieser Bereich von völkischen, nationalistischen und rechten Gruppierungen vereinnahmt, aber auch progressive, avantgardistische und linke Intellektuelle sahen sich ihm zwingend konfrontiert. In ihrer kulturellen Bedeutung konnten die religiösen Anstöße, die von Nietzsche ausgegangen waren (wie so viele andere Aspekte seines Erbes), nicht einfach als Ausdruck eines »reaktionären Irrationalismus« im Gegensatz zu einem »fortschrittlichen Rationalismus« abgelehnt werden.

Verschiedene Kritiker sind jedoch noch weiter gegangen. Sie behaupten, die pseudoreligiöse Sprache des Antichrist, dessen naturalistische Auffassung vom Menschen und sein damit einhergehender desakralisierter Amoralismus hätten im Zentrum des millionenfachen mörderischen Genozids unserer Epoche gestanden.[112] Der Atheismus Nietzsches, so argumentierte George Lichtheim, »hatte [...]

---

109 Vgl. Allan S. Weiss »Impossible Sovereignty. Between *The Will to Power* and *The Will to Chance*«, a.a.O., S. 130.

110 Georg Lukács, *Die Zerstörung der Vernunft*, in: *Werke*, Bd. 9, Darmstadt und Neuwied: Luchterhand 1974, S. 316.

111 Dieser Einwand gegen Lukács wird zu Recht vorgebracht von George Lichtheim: »Nirgends setzt sich Lukács mit der Auffassung auseinander, daß Nietzsches massiver Einfluß auf eine ganze Generation von Deutschen mit der Auflösung des protestantischen Christentums in Zusammenhang stand. Die religiöse Dimension scheint für ihn nirgendwo zu existieren.« George Lichtheim, *Georg Lukács*, München: dtv 1971, S. 109.

112 Vgl. Roger Scruton »The Philosopher on Dover Beach« in: *Times Literary Supplement* (23. Mai 1986) S. 565f.

nicht das geringste gemein mit dem von Marx-Vorläufern wie Ludwig Feuerbach, bei dem an die Stelle des Deismus der Humanismus trat.«[113] Diese Argumentation vertritt die Auffassung, daß die nietzscheanische (anders als die marxistische) Kritik an der organisierten christlichen Religion nicht als Protest gegen deren historische Unmenschlichkeiten vorgebracht wurde, sondern weil diese Religion nicht grausam genug war.

Unabhängig davon, ob diese Argumentation zu Recht vorgebracht wird oder nicht, gilt es festzuhalten, daß Nietzsche nur insofern zur Brutalisierung der Lebensverhältnisse in Europa beitrug, als sein Werk notwendig über andere vermittelt wurde. »Die liturgische Sprache der Religion des Antichrist« wurde stets in größeren politischen Organisationszusammenhängen zum Ausdruck gebracht und durch sie kanalisiert. Als öffentliche Kraft war der Nietzscheanismus nur dann wirksam, wenn er durch die Vermittlung ideologischer Systeme strukturiert wurde. Es gab nicht den nackten oder reinen nietzscheanischen Kult des Nichts. In allen seinen bisher von uns erörterten Versionen wurden die Themen Nietzsches auf irgendeine Weise an gesellschaftliche Bedürfnisse angepaßt oder im Dienste anderer Ziele nationalisiert. Das hatte zur Folge, daß ihre Dynamik herabgesetzt oder begrenzt bzw. selektiv entwickelt oder verstärkt wurde. Die Ideologien, die das Werk Nietzsches zu vereinnahmen suchten, waren weit davon entfernt, auf eine Transzendenz zu verzichten; sie definierten sie vielmehr einfach neu und verharrten entschlossen in ihren selbstgeschaffenen, als sakrosankt ausgegebenen Grenzen.[114]

Dies gilt vor allem im Fall des Nationalsozialismus. Wir müssen uns daher jetzt den vielfältigen Vermittlungen und komplexen Entwicklungen zuwenden, durch die die Welt Nietzsches und die der Nationalsozialisten zusammengeführt wurden.

---

113 George Lichtheim, *Europe in the Twentieth Century*, London: Weidenfeld and Nicolson 1972, S. 186.

114 Ein beträchtlicher Teil der Forschungen zum Nationalsozialismus will in ihm ausdrücklich keinen Nihilismus sehen. Ernst Noltes Auffassung, der den Nationalsozialismus als eine nietzscheanische, naturalistische Revolte gegen die theoretische und praktische Transzendenz des Bürgertums betrachtet, ist durchaus plausibel. Vgl. Ernst Nolte, *Three Faces of Fascism*, New York: New American Library 1969; dt.: *Der Faschismus in seiner Epoche. Die Action française. Der italienische Faschismus. Der Nationalsozialismus*, München: R. Piper & Co 1963. Nolte glaubt allerdings nicht, daß der Nationalsozialismus seine eigene Form von Transzendenz entwarf, die zwar Raum ließ für radikales Handeln, doch dessen Grenzen stets sorgfältig absteckte. Vgl. George L. Mosses interessante Rezension in: *Journal of the History of Ideas* 27, Nr. 4 (1966) S. 621-626.

KAPITEL 8

# Nietzsche im Dritten Reich

*Die Folgen eurer Lehre müssen fürchterlich wüten:*
*aber* es sollen an ihr Unzählige zugrunde gehen. –
Wir machen einen Versuch mit der Wahrheit!
*Vielleicht geht die Menschheit daran zugrunde! Wohlan!*

Friedrich Nietzsche, *Entwürfe zu einer Fortsetzung des Zarathustra*

*»Nichts ist wahr, alles ist erlaubt«: so sprach ich mir zu.*
*In die kältesten Wasser stürzte ich mich, mit Kopf und Herzen...*
*Ach, wohin kam mir alles Gute und alle Scham*
*und aller Glaube an die Guten!*

Friedrich Nietzsche, *Also sprach Zarathustra*

Weil sowohl Nietzsche wie der Nationalsozialismus für das 20. Jahrhundert von zentraler Bedeutung sind und weil beide sich nach wie vor als äußerst folgenreich erweisen, ist ihr Verhältnis zueinander umstritten. Unter den gegenwärtig herrschenden kulturellen und ideologischen Bedingungen bildet dies einen Index für die Wahrnehmung der modernen Welt. Die kontroverse Geschichte dieses Verhältnisses beginnt bereits vor der nationalsozialistischen Machtergreifung. Von Anfang an hielten manche Autoren die Affinitäten zwischen Nietzsche und dem Nationalsozialismus für offenkundig (oder zumindest für nachvollziehbar), während andere schon die Andeutung eines Zusammenhangs zwischen beiden beängstigend fanden. Bis heute haben die unterschiedlichsten Urteile über Nietzsche die Bereitschaft gefördert, ihn mit dem Nationalsozialismus in Verbindung zu bringen. Im Gegenzug haben auch manche Deutungen des Nationalsozialismus dazu geführt, daß Nietzsches Werk dessen Umkreis zugerechnet werden konnte. Dieses Thema hat also mit seinen ideologisch vorgegebenen Interessen und schrillen Obertönen endlose Kontroversen nach sich gezogen.

Was kann ein Historiker zu diesem irritierenden Problem so spät noch beitragen? Am brauchbarsten wäre vielleicht eine Klärung und kritische Analyse der wichtigsten Ansprüche, die in diesem Zusammenhang erhoben werden. Im vorliegenden Kapitel sollen daher die merkwürdig wenig berücksichtigten empirischen Dimensionen des Verhältnisses zwischen Nietzsche und dem Nationalsozialismus behandelt werden. Es geht dabei darum, wie Nietzsche in den Diskurs der Nazis integriert oder aus ihm ausgeschlossen wurde und welche Funktionen der Nietzscheanismus im Dritten Reich erfüllte.

Daß Nietzsche ins Pantheon deutscher Geistesgrößen aufgenommen und zu einem integralen Bestandteil des nationalsozialistischen Selbstverständnisses wurde, steht empirisch außer Frage. Selbstverständlich läßt sich nicht genau feststellen, in welchem Umfang sich dies auf die Einstellungen der Menschen im Alltag auswirkte. Sicher ist jedoch, daß Nietzsche in der offiziellen Kultur des Dritten Reiches eine Rolle spielte. Daher sollten wir den Zusammenhang zwischen dieser Konstruktion und dem Selbstbild des Regimes untersuchen.

Die Analyse der Rolle Nietzsches in der nationalsozialistischen Kultur, Ideologie und wohl auch Politik muß frei bleiben von der Erwägung, ob durch sie Nietzsches Denken angemessen oder verzerrt wiedergegeben wurde. Bisher hat man das Problem meist in dieser Perspektive erörtert. Wie wir im Zusammenhang unserer Überlegungen jedoch immer wieder betont haben, geht es bei einer ideologischen Indienstnahme stets um diese selbst und weniger um die Frage, ob sie zu Recht erfolgte oder nicht.[1] Daß sie eine selektive Lektüre, spitzfindige Deutungen und häufig sogar die Außerachtlassung potentiell unangenehmer Materialien mit sich brachte, macht das Verständnis dieses Vorgangs jeweils noch dringlicher. Obwohl Nietzsches Indienstnahme durch den Nationalsozialismus sowie dessen Nietzscheanisierung hinreichend bekannt sind, steht eine systematische Analyse dieser Anverwandlung und des Umfangs ihrer Verbreitung bisher noch aus.[2]

Die Übernahme Nietzsches durch den Nationalsozialismus wurde dadurch erleichtert, daß sich die radikale Rechte bereits in der Zeit nach dem Ersten Weltkrieg sein Werk zu eigen gemacht hatte. Die »philosophische« Indienstnahme Nietzsches ging der Machtergreifung voraus. Schon 1931 hatte Alfred Bäumler - der später als Philosophieprofessor in Berlin zum autoritativen Nietzsche-Forscher des Reiches werden sollte - die wichtigsten Themen der nationalsozialistischen Anverwandlung Nietzsches dargelegt. Bäumler betonte die Komponente der Macht im Denken des Philosophen. Für ihn war Nietzsche ein im wesentlichen politischer Denker, der

---

1 Hans Langreder, *Die Auseinandersetzung mit Nietzsche im Dritten Reich. Ein Beitrag zur Wirkungsgeschichte Nietzsches*, Phil. Diss. Christian-Albrechts-Universität Kiel 1971 befürwortet eine ähnliche Methode, obwohl er ihr nicht durchgängig folgt. Der Titel seiner Arbeit verspricht zudem mehr, als diese hält. Denn sie beschränkt sich auf einige wesentliche Beispiele, ohne die vielschichtige Verbreitung und die Inhalte des nationalsozialistischen Nietzsche im Detail zu untersuchen. Die These, daß die Bedeutung Nietzsches während der Dauer des Nationalsozialismus zurück ging, wird nicht nachgewiesen. Ihr widersprechen sogar einige der von Langreder herangezogenen Materialien.

2 Schon 1942, also während der Zeit des Nationalsozialismus, verlangte Franz Neumann eine Untersuchung der »zeitgenössische(n) Verbreitung von Nietzsches Ideen unter den verschiedenen Gruppen des deutschen Volkes« und der »Veränderung seiner Ideen im Verlauf der Popularisierung« in: Franz Neumann, *Behemoth. The Structure and Practice of National Socialism*, New York: Oxford University Press 1944, S. 490, Anm. 93; dt.: *Behemoth. Struktur und Praxis des Nationalsozialismus 1933-1945*, Köln und Frankfurt a. M.: Europäische Verlagsanstalt 1977, S. 167, Anm. 98.

Mann, der ein postliberales, nachbürgerliches Zeitalter der Großen Politik vorhergesehen hatte. Der Nietzsche, auf den sich Bäumler berief, hatte in *Jenseits von Gut und Böse* geschrieben, Europa müsse sich entschließen, bedrohlich zu werden,

> nämlich *Einen Willen zu bekommen*, durch das Mittel einer neuen über Europa herrschenden Kaste, einen langen furchtbaren eigenen Willen, der sich über Jahrtausende hin Ziele setzen könnte: - damit endlich die langgesponnene Komödie seiner Kleinstaaterei und ebenso seine dynastische wie demokratische Vielwollerei zu einem Abschluss käme. Die Zeit für kleine Politik ist vorbei: schon das nächste Jahrhundert bringt den Kampf um die Erd-Herrschaft, - den *Zwang* zur grossen Politik.[3]

Bäumler wandte sich explizit gegen die von ihm für passiv gehaltene Lehre von der ewigen Wiederkehr. Er lehnte sie ab als eine unglückselige und philosophisch bedeutungslose Laune. Ihm zufolge war Nietzsche in Wahrheit am grenzenlosen Fließen des Werdens interessiert. Und eben dessen Möglichkeit leugnete der Begriff der ewigen Wiederkehr. Nietzsche war für ihn der Philosoph des Willens zur Macht, ein dynamischer, an Heraklit orientierter und kein dionysischer Denker. Er war der Philosoph eines heroischen Realismus, der politisch die Vorstellung von einer stabilen Welt der Normen und Werte nicht mehr akzeptierte, sondern statt ihrer ein Universum von Konflikten postulierte, in dem alles unablässig im Fluß ist. Das brachte eine Abkehr vom rationalistischen Bewußtsein, von einer objektivistischen Ethik und von einer traditionalen transzendentalen Logik ebenso mit sich wie die Ablehnung der dekadenten Formen der Demokratie und des »theoretischen Menschen«. Bäumler setzte sich ein für eine naturalisierte »Ästhetik des Körpers«, für die Behauptung heldischer und kriegerischer männlicher Werte in einer Gemeinschaft sowie für das vitalistische Ethos des Kampfes.[4]

Bei diesem Unternehmen stand Bäumler nicht allein. Schon lange vor 1933 verkündeten offizielle Organe der Nationalsozialisten, Nietzsche sei einer der ihren.[5] Zum Zeitpunkt der Machtergreifung erschien es als selbstverständlich, Nietzsche als einen der wichtigsten Vorläufer der Bewegung darzustellen. Gottlieb Scheuffler bot ein typisches Bild dieser Argumentation, als er in seiner Schrift *Friedrich Nietzsche im Dritten Reich* die großen »natürlichen Aristokraten« Mussolini und Hitler

---

3 Friedrich Nietzsche, *Jenseits von Gut und Böse*, in: *Werke*, Bd. VI, 2, a.a.O., S. 144; vgl. ferner: »wenn die Wahrheit mit der Lüge von Jahrtausenden in Kampf tritt, werden wir Erschütterungen haben, einen Krampf von Erdbeben, eine Versetzung von Berg und Thal, wie dergleichen nie geträumt worden ist. Der Begriff Politik ist dann gänzlich in einen Geisterkieg aufgegangen, alle Machtgebilde der alten Gesellschaft sind in die Luft gesprengt - sie ruhen allesamt auf der Lüge: es wird Kriege geben, wie es noch keine auf Erden gegeben hat. Erst von mir an giebt es auf Erden *grosse Politik*. -« Friedrich Nietzsche, »Warum ich ein Schicksal bin«, *Ecce Homo*, in: *Werke*, Bd. VI, 3, a.a.O., S. 364.

4 Vgl. Alfred Bäumler, *Nietzsche der Philosoph und Politiker*, Leipzig: Reclam 1931. Zu weiteren einschlägigen Arbeiten aus der Zeit vor dem Dritten Reich sei verwiesen auf die Nachdrucke »Bachofen und Nietzsche« (1930) und »Nietzsche« (1930) in: Bäumler, *Studien zur deutschen Geistesgeschichte*, Berlin: Junker und Dünnhaupt 1937.

5 Vgl. beispielsweise J. Günther »Nietzsche und der Nationalsozialismus« in: *Nationalsozialistische Monatshefte* 2, Nr. 21 (Dezember 1931) S. 560-563.

als Nietzsches geistige Nachfahren bezeichnete.[6] Selbstverständlich galt Nietzsche nicht als einzige Säule der Ideologie des Nationalsozialismus. Man konnte sich ebensogut auch auf Paul de Lagarde oder auf Houston Stewart Chamberlain als unmittelbare Vorläufer berufen.[7]

Doch diese angeblichen Vorläufer besaßen keinesfalls das Format, das Nietzsche mit der Zeit gewonnen hatte. Denn dessen Größe beruhte in den Augen der Nationalsozialisten gerade darauf, ihnen zu einer Legitimation zu verhelfen. Selbstverständlich beriefen sich die Nationalsozialisten unablässig auch auf andere Geistesgrößen wie Herder, Schiller und Goethe. Im Unterschied zu ihnen aber ging die Berufung auf Nietzsche über das nur Beiläufige oder Dekorative hinaus. Denn in ihm sahen sie einen deutschen Denker, dem sie aufgrund seiner Themen und seines Tons verbunden waren und der sie philosophisch nobilitierte bzw. in den Grundsätzen ihrer Weltanschauung bestärkte. Franz Neumann schrieb 1942: »Was immer Nietzsche letztlich bedeutet haben mag - seine Rezeption in Deutschland begünstigte das Aufkommen des Nationalsozialismus. Sie lieferte dem Nationalsozialismus einen geistigen Stammvater, der Größe und Scharfsinn besaß, dessen Stil schön und nicht ein Greuel war und dem es gelang, die Ressentiments sowohl gegen

---

6 Vgl. Gottlieb Scheuffler, *Friedrich Nietzsche im Dritten Reich. Bestätigung und Aufgabe*, Erfurt: E. Scheuffler 1933.

7 Vgl. Dr. Gross »Die Propheten. Friedrich Nietzsche, Paul de Lagarde und Houston Stewart Chamberlain in ihrer Bedeutung für uns« in: *Nationalsozialistische Monatshefte* 1 (1930) S. 29-33. Zusammenstellungen von Vorläufern des Nationalsozialismus finden sich bei Alfred Rosenberg »Gegen Tarnung« in: *Völkischer Beobachter* (3. Dezember 1933); Fritz Peuckert »Chamberlain und Nietzsche« in: *Nationalsozialistische Monatshefte* 5, Nr. 49 (April 1934); Alfred Rosenberg, *Gestaltung der Idee*, München: F. Eher Nachf. 1938, S. 18. Auch Richard Wagner galt als prominenter Vorläufer des Nationalsozialismus. Nationalsozialistische Kommentare, die sich zugunsten von Nietzsche aussprachen, bezogen auf unterschiedliche Weise Stellung zur Auseinandersetzung Nietzsches mit Wagner, indem sie sie entweder außer acht ließen, spitzfindig hinwegdisputierten oder durch die höhere Synthese des Nationalsozialismus für überwunden erklärten. Zur wiedergewonnenen Harmonie zwischen Weimar und Bayreuth, die durch Hitlers Besuch im Nietzsche-Archiv unmittelbar vor seiner Teilnahme an der Eröffnung der Bayreuther Festspiele unter Beweis gestellt wurde, vgl. Richard Öhler, *Friedrich Nietzsche und die deutsche Zukunft*, Leipzig: Armanen 1935, S. 11. Winifred Wagner und Elisabeth Förster-Nietzsche begruben in der Tat das Kriegsbeil. Michael Tanner hat ihre Versöhnung mit starken Worten beschrieben. »Nietzsches unsägliche Schwester hatte den Vorsitz bei einem feierlichen Abendessen zu Ehren von Winifred Wagner, das den beiden bösartigen Damen Gelegenheit bot, die bedauernswerte Fehde zwischen ihrem längst verstorbenen Bruder und Schwiegervater für beendet zu erklären.« Michael Tanner »Organizing the self and the world« in: *Times Literary Supplement* (16. Mai 1986) S. 519. Vgl. ferner die Darstellung des Verhältnisses zwischen Nietzsche und Wagner sowie ihres Versuchs, einen tragischen deutschen Mythos zu schaffen, bei Hans Kern, *Schöpferische Freundschaft*, Jena: Eugen Diederichs 1932. Tatsächlich wurde lange vor dem Dritten Reich der Versuch unternommen, die Gemeinsamkeit beider in ihrem Kampf gegen das 19. Jahrhundert zu sehen, vgl. Kurt Hildebrandt, *Wagner und Nietzsche. Ihr Kampf gegen das 19. Jahrhundert*, Breslau: Ferdinand Hirt 1924.

den Monopolkapitalismus wie auch gegen das aufsteigende Proletariat zu artikulieren.«[8]

Seine Anhänger betonten, daß die Berufung Nietzsches ins Pantheon des deutschen Geistes über eine kosmetische Legitimation weit hinausging. Die Visionäre des Nationalsozialismus, so schrieb ein Autor, konnten nicht passiv und distanziert gewesen sein. Es geht nicht an, »daß man zu jeder Idee und Bewegung Vorläufer, Hauptvertreter, Nachahmer und Nachfolger aussucht. Für eine Idee und Bewegung gibt es Schöpfer, Vorkämpfer, Mitkämpfer und Mitläufer«.[9] In seiner Schrift aus dem Jahre 1934 *Nietzsche als Vorbote der Gegenwart* faßte der alte Anhänger Nietzsches, Ernst Horneffer (jetzt schmuck in nationalsozialistischem Gewande), dies ultimativ in die mythopoetische Form, Nietzsche gehöre nicht seiner eigenen Zeit an, sondern weile gleichsam noch unter den Lebenden.[10] In der neuen gesellschaftlichen Wirklichkeit wurde Nietzsche wiederbelebt zu voller, handlungsmächtiger Gegenwart.

Ein angemessen stilisiertes Bild Nietzsches wurde nicht nur explizit, sondern auch unterschwellig - und damit vielleicht sehr viel wirkungsvoller - durch die Aufnahme nietzscheanischer Schlagworte in die nationalsozialistische Alltagsrhetorik verbreitet. Das Vokabular der Nationalsozialisten war durchsetzt von einer ihren Bedürfnissen entsprechend umgewandelten Phraseologie Nietzsches. Da der Philosoph als ihr Autor oft nicht genannt wurde, konnten seine Schlagworte mit der Zeit ganz natürlich und selbstverständlich klingen. Seine heroische Sprache des Willens diente zweifellos einer (politischen) Aktivierung der Menschen.[11] Diesen Effekt

---

8 Franz Neumann, *Behemoth. The Structure and Practice of National Socialism*, a. a. O., S. 490, Anm. 93; dt.: *Behemoth. Struktur und Praxis des Nationalsozialismus 1933-1945*, a. a. O., S. 167, Anm. 93. Vgl. ferner Rudolf E. Künzli »The Nazi Appropriation of Nietzsche« in: *Nietzsche-Studien* 12 (1983) S. 429-430.

9 Hans Herbert Reeder »Leidenschaft um das Reich. Hölderlin, Kleist, Nietzsche« in: *Die Westmark* 4, Nr. 10 (Juli 1937) S. 493.

10 Vgl. Ernst Horneffer, *Nietzsche als Vorbote der Gegenwart*, Düsseldorf: A. Bagel 1934, S. 12. Horneffer war nicht der einzige Nietzscheaner, der sich auch während des Dritten Reiches weiter aktiv für Nietzsche einsetzte. Das taten außer ihm auch Gottfried Benn, Richard Gröper, Paul Schulze-Berghof und Kurt Hildebrandt.

11 Es gibt dafür zahllose Beispiele. So gab es etwa in der nationalsozialistischen Jugendzeitschrift Baldur von Schirachs kaum direkte Hinweise auf Nietzsche. Auch ihr Titel *Wille und Macht* war nicht direkt identisch mit Nietzsches *Willen zur Macht*. Doch ihr Sprachgebrauch und die in ihr verwendeten Kategorien entstammten (selbst wo sie parodistisch, parteiisch oder auch nur unwissentlich verwendet wurden) dem Arsenal Nietzsches. Vgl. die umfassendste Darstellung der (vor allem um den Begriff des Willens zentrierten) Rolle der nietzscheanischen Rhetorik in der Welt des Nationalsozialismus bei Joseph Peter Stern, *Hitler. The Führer and the People*, Berkeley: University of California Press 1975, Kap. 7 und 8; dt.: *Hitler. Der Führer und das Volk*, München: Hanser 1978. Da Sterns intelligente Untersuchung jedoch stärker an allgemeinen Schlußfolgerungen interessiert ist, dokumentiert sie die direkten Einflüsse nur unzureichend. Vgl. zu den Veränderungen im Sprachgebrauch während des Dritten Reiches Victor Klemperer, *LTI. Notizbuch eines Philologen*, 2. Aufl., Berlin: Aufbau-Verlag 1949.

hatte gewiß auch die ihr entgegengesetzte entmenschende Wortwahl. So beschrieb beispielsweise Heinrich Himmler Russen und Slawen regelmäßig als Untermenschen und die Juden als deren wichtigste Vertreter.[12] Enorme Verbreitung fanden diese Vorstellungen zudem in den Veröffentlichungen der Schutzstaffel (SS), so etwa in der vom Reichsführer-SS herausgegebenen Schrift *Der Untermensch*. Diese Publikation wurde in fünfzehn Sprachen übersetzt und in vier Millionen Exemplaren gedruckt (vgl. Illustration 14).[13] Ohne Zweifel hatten solch unterschwellige Einflüsse ihre Bedeutung. Da die aber von vornherein nicht exakt zu benennen ist, sollten wir uns nun verläßlicherem Material zuwenden, um zu zeigen, wie der Nietzscheanismus in der Welt des Nationalsozialismus Verbreitung fand.

Die Nationalsozialisten machten Nietzsche zu einem Seher und Propheten - zu jenem isolierten Einzelnen, der in der hoffnungslosen Epoche liberalen Verfalls als einziger jenen Geist wahren Deutschtums verkörpert hatte, der dann im neuen Reich zu so mächtiger Entfaltung gelangt war.[14] Nietzsche wurde als Genius präsentiert, der auf neue und verständliche Weise zu denken begonnen hatte und der sowohl die heraufziehende Krise wie deren Lösung vorhergesehen hatte. Für viele war er der größte Seher, der im Reich der Ideen erahnt hatte, was der Nationalsozialismus dann in die Praxis umsetzte. Man konnte sich ihrer Meinung nach in kritischen Fragen der Politik von ihm als sensiblem Führer inspirieren lassen.

Gleichzeitig offerierten die Nationalsozialisten ein Stück reziproker Wissenssoziologie: Wenn Nietzsche nationalsozialistische Ideen verkündet hatte, dann konnte sein Werk nur aufgrund einer besonderen historischen Entwicklung und durch die Schaffung einer neuen gesellschaftlichen Wirklichkeit voll verstanden werden. Es bedurfte zur Entfaltung seiner eigentlichen Bedeutung des Ersten Weltkriegs und der nationalsozialistischen Machtergreifung. »Aus innerem Protest zu seiner geistigen und politischen Umwelt«, so verkündete Alfred Rosenberg, mußte Nietzsche zum Revolutionär werden, der »das Schicksal eines Mißverstandenwerdens Jahrzehnte zu tragen hatte und erst in unserer Zeit seiner geschichtlichen Würdigung entgegenreift«.[15]

---

12 Nietzsche verwendete das Wort *Untermensch*, wie Kaufmann in der englischen Übersetzung der *Fröhlichen Wissenschaft* S. 192, Anm. 30 gezeigt hat, in dieser Schrift und in der Vorrede zum *Zarathustra*. Das Wort ist allerdings nicht seine Erfindung, sondern wurde zuerst gegen Ende des 18. Jahrhunderts verwendet. Bei Nietzsche spielte es zudem eine sehr untergeordnete Rolle. Die Nationalsozialisten bedienten sich seiner weitaus häufiger, nachdem sie es sich zu eigen gemacht hatten. Dennoch nahm der Ausdruck in einem durch Nietzsche bestimmten Assoziationshof einen besonderen Klang an; denn die Berufung auf den Übermenschen rief implizit Bilder des Untermenschen hervor. Vgl. Alexander Bein »The Jewish Parasite«, a. a. O., S. 27f.; dt.« ›Der jüdische Parasit.‹ Bemerkungen zur Semantik der Judenfrage«, a. a. O., S. 121f.

13 Vgl. Josef Ackermann, *Heinrich Himmler als Ideologe*, Göttingen: Musterschmidt 1970, S. 210-214.

14 Vgl. Dietrich Beitzke, Rez. von Hans Endres' *Rasse, Ehe, Zucht und Züchtung bei Nietzsche und heute*, in: *Deutscher Glaube* 4 (1939) S. 183.

15 Vgl. Alfred Rosenberg, *Friedrich Nietzsche*, München: Zentralverlag der Nationalsozialistischen Deutschen Arbeiterpartei (NSDAP) 1944, S. 3.

Ein Engagement zugunsten des Nationalsozialismus erwies sich als notwendige Voraussetzung eines derartigen Verständnisses: »Wer außerhalb dieser Revolution steht und nicht mindestens ahnt, woher sie kommt und wohin sie will, wird allerdings Nietzsche niemals begreifen können.«[16] Und in einer autoritativen Stellungnahme hieß es: »Der weltanschauliche Umbruch beginnt auch hier zu wirken, wie ich denn überzeugt bin, daß überhaupt nur ein bewußter Nationalsozialist Nietzsche ganz erfassen kann.«[17]

Und was bedeutete es, Nietzsche nationalsozialistisch angemessen zu erfassen? Was waren die entscheidenden Materialien in seinem Werk, aus denen der Nationalsozialismus hervorgegangen war oder auf die er sich zumindest schöpferisch beziehen konnte? Wie ließ sich der Nationalsozialismus seinerseits als nietzscheanisches Projekt begreifen? Was waren die allgemein als unerläßlich betrachteten Minimalvoraussetzungen einer Umwandlung Nietzsches zum Vorläufer des Nationalsozialismus?

In beinahe allen Darstellungen wurde er als jemand portraitiert, der die wesentlichen Ziele des Nationalsozialismus festgelegt hatte, das, wofür dieser einstand und was er ablehnte. In erster Linie lehnte Nietzsche als Philosoph die bürgerliche Gesellschaft ebenso radikal ab wie den Liberalismus, den Sozialismus, die Demokratie, den Egalitarismus und die christliche Ethik. Unablässig wurden den Leuten bis fast in die letzten Ecken und Winkel der nationalsozialistischen Welt hinein Nietzsches antiuniversalistische Thesen eingehämmert. Fast ebenso großen Wert aber legte man auf die erneuernde Kraft seines Werks, also auf die Bedeutung, die es für das Versprechen der Nationalsozialisten hatte, die Welt ganz und gar neu zu bewerten.[18] Diese Ziele wurden üblicherweise als Alternativen zu jener Welt hingestellt, die sowohl Nietzsche wie der Nationalsozialismus ablehnten. Das dekadente und feminisierte 19. Jahrhundert sollte einem neuen, maskulinen und kriegerischen Zeitalter Platz machen, das Nietzsche als Pionier der deutschen Wiederentdeckung des Leibes angesehen hatte.[19] Ein derartiges Zeitalter sollte materialistische und mechanistische Konzeptionen durch organische und gesunde ersetzen. Die Nationalsozialisten hofften, Nietzsches libertäre Konzeption des Körpers als eines Ausgangspunkts gesellschaftlicher und erotischer Emanzipation abzulösen durch Vorstellungen von einer völkisch und soldatisch disziplinierten körperlichen Erneuerung. [20] Eine instinkt-

---

16 Hans Kern »Nietzsche und die deutsche Revolution« in: *Rhythmus. Monatsschrift für Bewegungslehre* 12 (1934) S. 146.

17 Heinrich Härtle, *Nietzsche und der Nationalsozialismus*, München: Zentralverlag der NSDAP 1937, S. 6.

18 Vgl. K. O. Schmidt, *Liebe dein Schicksal! Nietzsche und die deutsche Erneuerung. Ein Überblick und ein Ausblick*, Pfullingen: Johannes Baum 1933.

19 Vgl. Hans Kern »Die deutsche Wiederentdeckung des Leibes« in: *Rhythmus* 12, Nr. 5/6 (Mai/Juni 1934); Rudolf Luck »Nietzsches Lebenslehre des Leibes« in: *Rhythmus* 14 (1936) S. 97-105.

20 Vgl. die erhellende Darstellung der politischen Bedeutung des wiederentdeckten Körpers bei George L. Mosse, *Nationalism and Sexuality*, a. a. O., Kap. insbes. S. 53; dt.: Nationalismus und Sexualität. Bürgerliche Moral und sexuelle Normen, a. a. O., S. 63-83, insbes. 68f.

hafte, renaturalisierte, vitalistische und tragische Kultur sollte an die Stelle der »transzendentalen« (und mithin lebensbedrohlichen) rationalistischen Weltsicht treten. Das alte bürgerliche Sicherheitsethos sollte durch das Auftauchen harter Persönlichkeiten anachronistisch gemacht werden, die begeistert waren von der Freude, gefährlich zu leben. Individuell und kollektiv sollte sich hier der Übermensch als Gegenbild zur seichten, nachaufklärerischen Humanität handelnd zur Geltung bringen.

Es versteht sich von selbst, daß Nietzsche in Dienst genommen wurde für den Kampf gegen Marxismus und Bolschewismus, die der Philosoph, wie Richard Öhler sich ausdrückte, als seine in Zukunft größten Feinde betrachtete, als Verkörperungen des Nihilismus. Nietzsches Anwort auf diesen Nihilismus - die Schaffung eines kommenden höheren Menschentums, voller Begeisterung für den Willen zur Macht - war im Nationalsozialismus bereits Wirklichkeit geworden. Denn dieser war ein Schutzwall, das von Nietzsche vorgeschlagene Mittel gegen den Nihilismus. »Nietzsche wie Hitler sehen die einzige Möglichkeit, dem Zerstörungswillen des Nihilismus zu entgehen, in der Erneuerung, Verschärfung, Neuschaffung der gesunden, aus dem Urborn der großen Natur geschöpften Werte.«[21]

In zahllosen Veröffentlichungen wurde der Nationalsozialismus als die Verwirklichung der Visionen Nietzsches, als entscheidend von ihm inspiriert oder in seinen Themen ganz ähnlich gelagert dargestellt. Hatte nicht der Meister dazu aufgerufen, eine biologisch orientierte und hierarchisch straffe, an der Lebenphilosophie ausgerichtete Gesellschaftsordnung zu schaffen? Hatte er nicht die Züchtung eines höheren, soldatischen Neuen Menschen gefordert, der nicht beeinträchtigt wurde durch die Ketten des Ressentiments einer traditionellen Moral und eines lebensfeindlichen rationalistischen Intellekts? War nicht die aktuelle Gegenwart bereits die Verwirklichung von Nietzsches vitalistischen Visionen? Schließlich diente der Nationalsozialismus der Erneuerung einer postdemokratischen, nachchristlichen Gesellschaftsordnung, in der die Schwachen, Hinfälligen und Nutzlosen per Gesetz um ihr Daseinsrecht gebracht wurden.[22]

Die Verbindung zwischen Nietzsche und dem Nationalsozialismus wurde auf höchster Ebene autorisiert sowie mit publizitätswirksamem Pomp und zu Fanfarenklängen vollzogen. Gemeinsam mit Hitlers *Mein Kampf* und neben Rosenbergs *Der Mythus des 20. Jahrhunderts* wurde ein Exemplar des *Zarathustra* im Gewölbe des Tannenberg-Denkmals (zur Erinnerung an Deutschlands Sieg über Rußland) deponiert.[23]

---

21 Richard Öhler, *Nietzsche und die deutsche Zukunft*, a. a. O., S. 18.

22 Ich stelle hier die Einzelheiten eines Bildes zusammen, die in buchstäblich allen in diesem Kapitel zitierten nietzscheanischen Quellen enthalten sind. Fast alle diese Einzelheiten aber finden sich bei Richard Öhler, *Nietzsche und die deutsche Zukunft*.

23 Vgl. Heinz Frederick Peters, *Zarathustra's Sister. The Case of Elisabeth and Friedrich Nietzsche*, a. a. O., S. 221; dt.: *Zarathustras Schwester. Fritz und Lieschen Nietzsche - ein deutsches Trauerspiel*, a. a. O., S. 300.

Zur großen Freude der Anhänger Nietzsches wurde diese Verbindung auch öffentlich gutgeheißen in der Heimstatt des Kults - dem Nietzsche-Archiv. »Wir leben eigentlich in einem Rausch der Begeisterung«, schrieb Elisabeth Förster-Nietzsche im Mai 1933, »weil eine so wundervolle, geradezu phänomenale Persönlichkeit, unser herrlicher Reichskanzler Adolf Hitler an der Spitze unserer Regierung steht.«[24] Bereits 1932 waren alle im Nietzsche-Archiv Tätigen, von der Leitung bis zum Pförtner, wie Harry Graf Kessler notierte, enthusiastische Anhänger der Nationalsozialisten. »Im Archiv ist alles vom Diener bis zum Major hinauf Nazi.«[25] Elisabeth Förster-Nietzsche hatte selbstverständlich seit jeher eine politisch der vaterländischen Rechten nahestehende Deutung der Werke ihres Bruders vertreten und sich der Weimarer Republik vehement widersetzt. Als sie 1923 von der nationalen Revolte unter Führung von Ludendorff und Hitler erfuhr, erklärte sie, daß sie sich ihnen bei ihrem Marsch auf Berlin angeschlossen haben würde, wenn sie nur jünger gewesen wäre. Unmittelbar vor der Machtergreifung hielt sie sich eher für eine Anhängerin der nationalistischen Rechten als der Nazis. Zunächst bewunderte sie Hitler als religiösen und weniger als politischen Führer. Doch das sollte sich bald ändern. In ihrem Hang zur politischen Rechten machte sie jedenfalls zu keinem Zeitpunkt besondere Unterschiede. Offen brachte sie ihre Sympathien für Mussolini und die italienischen Faschisten zum Ausdruck.[26] (Mussolini bedankte sich 1931 mit einer Schenkung von zwanzigtausend Lire.)[27] Hitler besuchte das Nietzsche-Archiv 1934 und ließ sich neben einer Büste des Philosophen fotografieren, die ironischerweise nur zur Hälfte sichtbar war (Illustration 15). Hitler erklärte sich bereit, zum Bau einer Gedenkhalle für Nietzsche, die Schultze-Naumburg entwerfen sollte, Geld zur Verfügung zu stellen. Albert Speer, der Hitler bei diesem Besuch begleitete, berichtet, die Atmosphäre zwischen Hitler und Elisabeth Förster-Nietzsche sei ganz und gar unbefriedigend gewesen: »Die exzentrisch-versponnene Frau konnte mit Hitler offensichtlich nicht zu Rande kommen, es entspann sich ein eigentümlich flaches, verquer laufendes Gespräch.« (Illustration 16)[28]

Dieses unbefriedigend verlaufene private Zusammentreffen hatte weit weniger Bedeutung als seine Bewertung in der Öffentlichkeit. Im November 1935 wurde Elisabeth Förster-Nietzsche mit großer Feierlichkeit zu Grabe betragen. An der Be-

---

24 Elisabeth Förster-Nietzsche an Ernst Thiel, 12. Mai 1933, zit. nach Heinz Frederick Peters, *Zarathustra's Sister. The Case of Elisabeth and Friedrich Nietzsche,* a.a.O., S. 220; dt.: *Zarathustras Schwester. Fritz und Lieschen Nietzsche - ein deutsches Trauerspiel*, a.a.O., S. 298.

25 Harry Graf Kessler, *Tagebücher 1918-1937*, a.a.O., S. 681.

26 Vgl. Heinz Frederick Peters, *Zarathustra's Sister. The Case of Elisabeth and Friedrich Nietzsche,* a.a.O., S. 211f.; dt.: *Zarathustras Schwester. Fritz und Lieschen Nietzsche - ein deutsches Trauerspiel*, a.a.O., S. 286f.; vgl. ferner ebd. Kap. 23 »Der Kampf gegen die Weimarer Republik«.

27 Vgl. Harry Graf Kessler, *Tagebücher 1918-1937*, a.a.O., S. 682.

28 Albert Speer, *Erinnerungen*, Frankfurt a.M. und Berlin: Propyläen 1993, S. 78.

erdigung nahmen lokale Würdenträger und Vertreter der Reichsregierung (unter ihnen auch Hitler) teil.[29] In offiziellen Stellungnahmen der Nationalsozialisten wurde Elisabeth Förster-Nietzsche mit überschwenglichem Lob bedacht.[30] Auch weiterhin zeigten sich offizielle Stellen an der Wirkung Nietzsches in der deutschen Öffentlichkeit interessiert. So wurde beispielsweise sein hundertster Geburtstag 1944 unter der Schirmherrschaft von Alfred Rosenberg gefeiert, der als Hitlers Stellvertreter fungierte.

Doch der Einfluß Nietzsches reichte im Dritten Reich weit über solche offiziösen Feierlichkeiten hinaus. Es wäre falsch, sich bei seiner Untersuchung nur auf sie oder auf die Aktivitäten der bekannteren Protagonisten des Regimes wie Bäumler und Rosenberg zu beschränken und die weite Verbreitung von Vorstellungen außer acht zu lassen, durch die Gedanken Nietzsches zu einem wesentlichen Bestandteil des nationalsozialistischen Selbstverständnisses wurden. Die Verbindung von Vorstellungen der Nationalsozialisten mit denen Nietzsches sollte nach Meinung ihrer Befürworter nichts weniger als eine völlige Umgestaltung der Verhältnisse bewirken. Suggestive Pläne zur Durchsetzung dieses Vorhabens wurden auf allen Ebenen des gesellschaftlichen Lebens gemacht.

In erster Linie wurde das Werk Nietzsches zu einem wesentlichen Bestandteil der ideologischen Ausbildung der Nationalsozialisten und diente zur Legitimation eines neuen Erziehungswesens. Nietzsches Antiliberalismus, sein Antihumanismus und seine politisierte Lebensphilosophie standen im Zentrum einer neuen Pädagogik. In pädagogischen Zeitschriften wurden Nietzsches Erneuerungsprinzipien oft und zuweilen auch kritisch erörtert. Die Kritik des Philosophen am traditionellen Erziehungswesen, am antiquarischen Geist des akademischen Lebens und am lebenszerstörerischen Rationalismus, die angeblich von Nietzsche hergestellte Verbindung zwischen dem griechischen Prinzip der *paideia* und dem einer politischen Bildung, Nietzsches emphatische Betonung des Lebens und der kulturellen Totalität – dies alles wurde zur Grundlage der beabsichtigten Revolution der Pädagogik.[31]

---

29 Vgl. Heinz Frederick Peters, *Zarathustra's Sister. The Case of Elisabeth and Friedrich Nietzsche*, a. a. O., S. 222 und 224; dt.: *Zarathustras Schwester. Fritz und Lieschen Nietzsche – ein deutsches Trauerspiel*, a. a. O., S. 302.

30 Vgl. *Völkischer Beobachter* (11. November 1935).

31 Vgl. Hans Donndorf »Friedrich Nietzsche und die deutsche Schule der Gegenwart« in: *Deutsches Philologen-Blatt* 43 (1935); Heinrich Weinstock »Die Überwindung der ›Bildungskrise‹ durch Nietzsche« in: *Die Erziehung. Monatsschrift für den Zusammenhang von Kultur und Erziehung in Wissenschaft und Leben* 10 (1935) S. 469f.; Gerhard Budde »Nietzsche und die höhere Schule« in: *Monatsschrift für höhere Schulen* 37 (1938); Friedrich Meyer »Die aktuelle Bedeutung der Gedanken Nietzsches über Kultur und Bildungsform im Schlussabschnitt seiner ›Zweiten Unzeitgemässen‹« in: *Nationalsozialistisches Bildungswesen* 5, Nr. 8 (August 1940); Erich Weisser »Der Erzieher Nietzsche und die nationalsozialistische Schulerneuerung« in: *Nationalsozialistisches Bildungswesen* 6 (1941) S. 125-134, 356-367; F. Beck »Nietzsches Philosophie unter nationalsozialistischer Blickrichtung« in: *Der deutsche Erzieher* (1942).

Solche Vorstellungen ließen sich auch auf ein revidiertes Konzept von Wissenschaft und Erkenntnis anwenden. In seiner Königsberger Rektoratsrede vom Oktober 1933 verkündete der Philosoph Hans Heyse: »Wir stehen in einer schicksalhaften Wende der Zeiten.« Nach seiner Überzeugung erforderte diese Wende eine an Nietzsche orientierte Umwertung aller Werte. »In diesem tiefsten und letzten Sinne ist die moderne Wissenschaft, als Form des Existierens, der Ausdruck eines gebrochenen Existierens, das als unwahres Existieren mit Notwendigkeit in die Katastrophe führt.«[32] Nietzsche, so schrieb ein anderer Autor in der Zeitschrift *Volk im Werden*, hatte die Tyrannei der Objektivität und die kranke Souveränität einer blasierten, selbstgefälligen Wissenschaft kritisiert. Er hatte gezeigt, daß es keine absolute Wahrheit gibt, sondern nur das Bedürfnis zur Schaffung einer eigenen Kultur.

> Und nehmen wir Nietzsche als geistigen Führer zu einer neuen Kultur, so dürfen, ja müssen wir sagen: Die deutsche Kultur sei eine Einheit; das heißt, alle Teile müssen deutsch sein. Und somit auch die Wissenschaft. Die ersten Schritte zu einer Kultur sind die Erziehung zum Kampf und die Erziehung zur Einheit von Blut und Tat.[33]

War nicht der politische Soldat an der Universität ein erster Schritt zu jener heldischen Konzeption des Erkennens, von der Nietzsche sprach?

Die Erhebung Nietzsches in den Status eines Erneuerers des Rechtswesens, eines Gesetzgebers und Propheten einer neuen Rechtsordnung läßt sich zurückverfolgen bis ins Kaiserreich.[34] Obwohl es nicht rassistisch im nationalsozialistischen Sinn war, wurde das Buch von Friedrich Mess, *Nietzsche. Der Gesetzgeber*, Leipzig: F. Meiner 1930, doch von vielen späteren Nazikommentatoren als wegweisend anerkannt. Wie Mess vertraten sie die Auffassung, die Sozialstrukturen eines künftigen Europa müßten auf einer nietzscheanischen Grundlage errichtet werden. Denn wer hatte die Umrisse der gewünschten nachchristlichen, nachaufklärerischen und antikantianischen Gesellschaft klarer entworfen? Nietzsche, so schrieb H. Specht 1939 in der Zeitschrift der kriminalbiologischen Gesellschaft, mußte als Gesetzgeber der Zukunft angesehen werden.[35] Anders als die kranke jüdisch-christliche Rechtsauffassung war die seine kein geschlossenes System. Das nietzscheanische Recht wurde

---

32 Hans Heyse, *Die Idee der Wissenschaft und die deutsche Universität*, Königsberg: Gräfe und Unzer 1935, S. 3 und 9, zit. nach Hans Sluga »Metadiscourse. German Philosophy and National Socialism« in: *Social Research* 56, Nr. 4 (Winter 1989) S. 812. Für den Hinweis auf diese Stelle danke ich Menachem Brinker.

33 Hans-Joachim Falkenberg »Nietzsche und die politische Wissenschaft« in: *Volk im Werden* 2 (1934) S. 455-469, hier S. 457.

34 Vgl. Alfred Rosenthal »Nietzsche und die Reform des Strafrechts« in: *Deutsche Juristenzeitung* 11, Nr. 19 (1906) S. 1069-1072; Josef Kohler »Nietzsche und die Rechtsphilosophie« in: *Archiv für Rechts- und Sozialphilosophie* 1, Nr. 3 (1908) S. 355-360; Dietrich Heinrich Kerler, *Nietzsche und die Vergeltungsidee. Zur Strafrechtsreform*, Ulm: Kerler 1910.

35 Vgl. H. Specht »Friedrich Nietzsches Anthropologie und das Strafrecht« in: *Monatsschrift für Kriminalbiologie. Organ der kriminalbiologischen Gesellschaft* 30, Nr. 8 (1939).

entworfen, um die Menschen zurückzuführen zum Leben; es beruhte auf der nichtchristlichen Annahme einer Unschuld des Daseins und auf grundlegend umgewerteten Konzeptionen von Gut und Böse. Nietzsche war nicht bemüht, Strafen abzuschaffen, sondern sie zu entmoralisieren und den Zugriff klerikaler Gesetze auf sie zu lockern. Strafen existierten für ihn nur im Dienste einer lebenssteigernden hierarchischen Ordnung, die gegründet war auf den Willen zur Macht und den Drang zur Schaffung eines höheren, stärkeren Seins. Der Philosoph hatte denkend ein Gesellschaftssystem vorweggenommen, das kraft einer Hierarchie von Abstammung und Verdienst gegründet war auf die Beziehung von Führern und Geführten. »Bedarf es noch eines Wortes, um zu zeigen, wie sehr Nietzsche heute lebendig ist? Mit sicherem historisch-politischen Instinkt hat er die Zukunft erkannt und ihr bewußt den Weg bereitet.«[36] Zwar räumte Specht ein, daß im System Nietzsches die Bedeutungen von Rasse, Volk und Staat unklar geblieben waren, doch nur zu deutlich hatte der Philosoph gegen eine Auflösung dieser Werte Stellung bezogen.

In Kurt Kasslers Buch *Nietzsche und das Recht* wurden selbst diese Unsicherheiten beseitigt. Nietzsche, so schrieb Kassler, »erkannte die starke untrennbare Verbindung des Rechts mit machtpolitischen Notwendigkeiten jeden Volkes«. Das Recht war für Nietzsche keine abstrakte Kodifizierung einer unveränderlichen Vernunft. Es war vielmehr ein dynamisches Werkzeug des Lebens eines Volkes sowie ein integraler Bestandteil seiner biologischen und anthropologischen Entwicklung, die im Dienste seiner politischen Bedürfnisse und seines Machtwillens stand. Ein angemessenes Recht entstammte dem gesunden, völkischen Leben: »Ein allgemein gültiges menschliches Recht ist eine lebensfremde und ungeschichtliche utopische Vorstellung.« Nietzsche hatte geschrieben: »Es bleibt uns keine Wahl, wir müssen Eroberer sein...« Folglich hing seine Ablehnung egalitärer Gerechtigkeit mit seiner Entscheidung für Hierarchien aufs engste zusammen.[37]

Der Kampf um Selbstbehauptung und um Steigerung der Macht war die Quelle veränderlichen Rechts. Es gab weder eine Vernunft des Rechts noch ein Naturrecht. Das Recht Nietzsches folgte dem Leben, nicht umgekehrt folgte das Leben dem Recht. Dieses Recht war nicht transzendental, sondern immanent, dynamisch, anthropologisch und biologisch.[38]

Nietzsche, so fuhr Kassler fort, war der erste Denker, der die zentrale Bedeutung der Rasse und der Rassenhygiene erkannt und ihre Forderungen bewußt auf das gesellschaftliche Leben angewendet hatte. Hatte er sich nicht gegen eine Fortpflan-

---

36 H. Specht »Friedrich Nietzsches Anthropologie und das Strafrecht«, a. a. O., S. 358.

37 Kurt Kassler, *Nietzsche und das Recht*, München: Ernst Reinhardt 1941, S. 12 und 15; Friedrich Nietzsche, *Nachgelassene Fragmente Herbst 1885 - Herbst 1887*, in: *Werke*, a. a. O., Bd. VIII, 1, Berlin und New York 1974, 2 [207], S. 166.

38 Vgl. Kurt Kassler, *Nietzsche und das Recht*, a. a. O., S. 31-34.

zung der Nutzlosen ausgesprochen? Die Verkündung nationalsozialistischer Gesetze zur Rassenhygiene sowie »zur Verhütung erbkranken Nachwuchses und zum Schutze der Erbgesundheit des deutschen Volkes« stellten in der Tat die Verwirklichung von Visionen Nietzsches dar.[39] Kassler stand, wenn er sich zur Rechtfertigung nationalsozialistischer Maßnahmen gegen unheilbar Kranke und Sexualverbrecher ausdrücklich auf Nietzsche berief, keineswegs allein.[40] Darüber hinaus mangelte es nicht an Empfehlungen Nietzsches zu der von ihm so genannten »Heilige(n) Grausamkeit«.[41]

> Das Bibel-Verbot ›du sollst nicht tödten!‹ ist eine Naivetät im Vergleich zum Ernst des Lebens-Verbots an die décadents: ›ihr sollt nicht zeugen!‹...Das Leben selbst erkennt keine Solidarität, kein ›gleiches Recht‹ zwischen gesunden und entartenden Theilen eines Organismus an: letztere muß man *ausschneiden* - oder das Ganze geht zu Grunde. - *Mitleiden* mit den décadents, *gleiche Rechte* auch für die Mißrathenen - das wäre die tiefste Unmoralität, das wäre die *Widernatur* selbst als Moral![42]

Wir haben bereits gesehen, wie Nietzsches Einfluß sich auf die Befürworter der Euthanasie auswirkte und wie er sich dabei mit älterem eugenischen Denken verband. In der neuen Rechtsordnung des Dritten Reiches beriefen sich medizinische Praktiker der Kindereuthanasie - wie etwa Dr. Werner Catel - zur Rechtfertigung ihrer Arbeit auch weiterhin auf Nietzsche. Die Macht dieses Einflusses wurde keineswegs dadurch beeinträchtigt, daß ironischerweise Nietzsche selbst (wie Ernst Klee bemerkt hat) wegen seiner geistigen Erkrankung den von ihm empfohlenen Maßnahmen zum Opfer gefallen wäre.[43]

Die von Nietzsche in Aussicht genommene Gesellschaftsordnung setzte zur Schaffung des zu ihr passenden Herrenmenschen ein entsprechendes Programm positiver Eugenik voraus. Zucht und Selektion im Dienste der Höherentwicklung, so erinnerte Kassler seine Leser, wurden überall im Werk Nietzsches bejaht. Sie hingen zusammen mit seiner tiefen Besorgnis über Dekadenz, Entartung und Verfall. Gewiß hatte Nietzsche unrecht, wenn er meinte, es habe ursprünglich keine reinen Rassen gegeben - sie müßten vielmehr erst rein werden.[44] Dennoch war er für Kassler ein Führer im Kampf gegen die Entartung des europäischen Blutes.[45]

39 Vgl. Kurt Kassler, *Nietzsche und das Recht*, a. a. O., S. 50 und 66-69.
40 Vgl. Richard Öhler, *Nietzsche und die deutsche Zukunft*, a. a. O., S. 45f.
41 Friedrich Nietzsche, *Die fröhliche Wissenschaft*, in: *Werke*, Bd. V, 2, a. a. O., S. 106.
42 Friedrich Nietzsche, *Nachgelassene Fragmente Anfang 1888 - Anfang Januar 1889*, in: *Werke*, Bd. VIII, 3, Berlin und New York 1972, S. 409f.
43 Vgl. Werner Catel, *Leben im Widerstreit. Bekenntnisse eines Arztes*, Nürnberg: Glock und Lutz 1974, S. 179ff., zit. nach Ernst Klee, *›Euthanasie‹ im NS-Staat. Die ›Vernichtung lebensunwerten Lebens‹*, Frankfurt a. M.: S. Fischer 1983, S. 16. Zu Nietzsche als potentiellem Opfer der Euthanasie vgl. ebd. S. 17.
44 Vgl. Friedrich Nietzsche, *Morgenröthe*, in: *Werke*, Bd. V, 1, a. a. O., S. 215.
45 Vgl. Kurt Kassler, *Nietzsche und das Recht*, a. a. O., S. 70-79.

Kassler bestritt keineswegs die Schwierigkeit, sich auf Nietzsche als Befürworter einer rassisch begründeten Gesellschaft zu berufen, meinte aber doch, daß der Philosoph dabei von Nutzen sein konnte. Vor allem in den Augen derer, die an einer Verschmelzung seines Denkens mit einer rechtslastigen Politik der Rassenhygiene interessiert waren, überwogen die vorhandenen Gemeinsamkeiten diese Schwierigkeit.[46] Wenn Nietzsche, so schrieb ein anderer nationalsozialistischer Autor, schon über kein geschlossenes rassisches System im landläufigen Sinne verfügte, so durfte er doch als einflußreicher Wegbereiter der Rassenkultur gelten. Denn schließlich war er es, der die Biologie für die Philosophie wiederentdeckt hatte. »Diese biologisch unterbaute Lebenslehre Nietzsches geht zwar nicht von der Rasse aus, sie stößt aber eine Reihe mächtiger Tore auf, die zur rassischen Betrachtung des Lebens hinführen.«[47]

Seine Verteidiger verwiesen auf Nietzsches Wiederentdeckung der Instinkte und des Körpers, vor allem aber auf jene naturalistische Umwertung, mit der er die moralische durch eine biologische Ethik ersetzte. Besonders relevant erschienen in diesem Zusammenhang Nietzsches Bemerkungen über die Juden. Der Philosoph wurde gepriesen für seinen Dienst an der Weltgeschichte durch die Erkenntnis der in Israel vollzogenen »Entnatürlichung der Naturwerte«.[48] Eindeutig konnte der Nationalsozialismus als die Gegenbewegung gelten, die zu einer Renaturalisierung der Natur führte.

Nietzsche, so wurde betont, hatte den von ihm so genannten »Rassenschwindel« zunächst schroff abgelehnt, weil er sich von jenen zu distanzieren suchte, die zur damaligen Zeit die Rassenlehre repräsentierten. »Trotzdem ist Nietzsche [...] *auf seine Art* der schärfste Antisemit gewesen, den es je gegeben hat: er ist der rücksichtsloseste Aufdecker der unheilvollen Rolle, die das Judentum in der geistigen Entwicklung Europas gespielt hat.« Wenn er nachzuweisen vermochte, daß das Christentum als letzte Konsequenz des Judentums zu betrachten war und die Verbreitung vergifteten jüdischen Blutes beförderte, dann hatte er die Israeliten zum verhängnisvollsten Volk der Weltgeschichte gemacht. Auf diesem Weg sah sich Nietzsche mit dem Rasseproblem konfrontiert; folglich stieß er das Tor auf zur Rassenhygiene und versuchte, eine tausendjährige Entartung rückgängig zu machen.[49]

Ein nationalsozialistisch überformter Nietzscheanismus erfüllte eine Vielzahl von Funktionen und wurde in allen Bereichen der Gesellschaft verbreitet. Die Werke des Philosophen wurden (in entsprechenden Editionen) mit schwindelerregendem

46 Vgl. E. Kirchner »Nietzsches Lehren im Lichte der Rassenhygiene« in: *Archiv für Rassen- und Gesellschaftsbiologie* 17 (1926).

47 Heinrich Römer »Nietzsche und das Rasseproblem« in: *Rasse. Monatsschrift für den Nordischen Gedanken* 7 (1940) S. 59.

48 Heinrich Römer »Nietzsche und das Rasseproblem«, a. a. O., S. 61.

49 Heinrich Römer »Nietzsche und das Rasseproblem«, a. a. O., S. 63.

Tempo publiziert.[50] Sie wurden in den Schulen gelesen[51] und den besonderen Bedürfnissen einer Vielzahl von Organisationen angepaßt.[52]

Die Themen des Nietzscheanismus durchdrangen das Alltagsleben. Sie bestimmten die Ideologie von Eliteorganen der SS wie Das schwarze Korps, in dem es hieß: »Der Frontsoldat war die Einheit von Nietzsche, Arbeiter, Bauer und jener bürgerlichen Jugend, die von der Rasse zu neuer Gestaltung getrieben wurde.«[53] Sie waren Gegenstand feinsinniger Universitätsveranstaltungen; sie wurden in populärwissenschaftlichen Radiovorträgen etwa über die Vorstellungen Nietzsches von der Rolle der Arbeit in einer neuen Gesellschaftsordnung verbreitet oder in Ansprachen vor Bergleuten und Gewerkschaftlern dargestellt.[54]

Man berief sich auf Nietzsche nicht nur als entscheidendes Bindeglied zur soldatischen Weltanschauung des Nationalsozialismus[55] sowie auf seine Mahnung, gefährlich zu leben,[56] sondern man bediente sich seiner auch zur mythischen Motivierung der eigenen Person in der Schlacht. Wenn Nietzsche im Ersten Weltkrieg eine bedeutende Rolle gespielt hatte, dann war er im Zweiten Weltkrieg offiziell in

---

50 Vgl. etwa Walther Linden (hrsg.), *Nietzsches Werke*, 4 Bde., Berlin und Leipzig: Deutsches Verlagshaus Bong 1933. Als Teil der *Goldenen Klassiker Bibliothek* wurde diese Ausgabe angekündigt als wesentlich für ein Verständnis Nietzsches, des Visionärs der Zukunft, mit seiner Kritik des Deutschtums und seiner Untersuchung der natürlichen Schichtung des deutschen Volkes. Vgl. ferner die Bände der *Gesammelten Werke*, die der Beck Verlag zusammen mit dem Nietzsche-Archiv herausbrachte. Zu den Auswahlausgaben gehören Paul Bergenhahn (hrsg.), *Judentum/Christentum/Deutschtum*, Berlin: Paul Stegemann 1936; Hans Endres (hrsg.), *Rasse, Ehe, Zucht und Züchtung bei Nietzsche und heute*, Heidelberg: Carl Winter 1938.

51 Walter Kaufmann hat daran erinnert, daß die Werke Nietzsches (nicht aber die Richard Wagners), bevor sie im Unterricht gelesen werden durften, gesäubert werden mußten. Vgl. Walter Kaufmann, *Nietzsche. Philosopher, Psychologist, Antichrist*, a. a. O., S. 41; dt.: *Nietzsche. Philosoph - Psychologe - Antichrist*, a. a. O., S. 46.

52 Ein gutes Beispiel bietet die neuheidnische, antichristliche *Deutsche Glaubensbewegung* von Jakob Wilhelm Hauer.

53 »Soldat und Bürger« in: *Das schwarze Korps* (4. April 1935) S. 9.

54 Im ›arischen Seminar‹ der Universität Tübingen wurden beispielsweise Vorlesungen gehalten über »Nietzsche als Zeuge arischer Weltanschauung«. Vgl. Werner Wirths Zusammenfassung seiner Vorlesung, »Nietzsche und das Christentum« in: *Deutscher Glaube* 6 (1939). In Berlin dozierte Bäumler im Sommer 1934 über »Nietzsches Philosophie (Ethik und Philosophie der Geschichte)« und 1941 über »Nietzsche. Grundprobleme der Geschichtsphilosophie«; vgl. Rudolf Schottlaender »Richtiges und Wichtiges« in: *Sinn und Form* (Januar 1988) S. 186. Zu den Radiovorträgen vgl. Friedrich Wurzbach, *Arbeit und Arbeiter in der neuen Gesellschaftsordnung. Nach Aphorismen von Nietzsche*, Berlin und Leipzig: Deutsches Verlagshaus Bong 1933; ders.: *Nietzsche und das deutsche Schicksal*, Berlin und Leipzig: Deutsches Verlagshaus Bong 1933. Ernst Horneffers *Nietzsche als Vorbote der Gegenwart* beruhte auf Ansprachen vor Bergleuten, die zuerst in der *Deutschen Bergwerkszeitung* erschienen waren.

55 Vgl. »›Gegen Krämerseelen, wie Engländer und andere Demokraten!‹. Nietzsche, der Philosoph des Soldatentums« in: *Der deutsche Erzieher* Nr. 3 (1940) S. 68-70.

56 Vgl. Jakob Hauer »Gefährlich leben. Zu Neujahr 1943« in: *Deutscher Glaube* 10 (Januar 1943).

die kriegsverherrlichende Ideologie des Staates integriert.[57] Unterm Nationalsozialismus setzte die deutsche Jugend, wie ein Autor betonte, Nietzsches Konzeption des gesunden und befreienden Krieges in die Tat um. In seinem Denken und Handeln hatte Nietzsche für das Schicksal der deutschen Gegenwart lebendige und mythische Bedeutung: »Arm in Arm geht er mit jedem Opfer.«[58]

Als sich (besonders an der Ostfront) das Kriegsglück gegen Deutschland wandte, berief man sich zunehmend auf Nietzsche in dem apokalyptischen Kampf gegen die verheerenden Mächte des Bolschewismus und des Weltjudentums. Mit der sich drohend abzeichnenden Niederlage wurde der Befehl »Liebe dein Schicksal« zu einem Leitmotiv der Opferbereitschaft. »Nietzsche ist der Künder des Entweder - Oder. Er haßt den Kompromiß und bejaht die Unausweichlichkeit echter Entscheidungen. Er ist berufen, uns in diesem totalen Krieg Kraft zu geben.«[59] Die offizielle Feier zu Nietzsches hundertstem Geburtstag im Oktober 1944 verlief eindeutig weniger freudig und dionysisch als frühere Feste des Nietzsche-Archivs. Sie stand ganz im Zeichen des Schicksals wie der Einsamkeit und wurde geprägt vom Diktum Nietzsches, was uns nicht umbringe, mache uns nur stärker.[60] Alfred Rosenbergs Rede auf Nietzsche war bei dieser Gelegenheit stark von der verzweifelten Lage der deutschen Kriegsmaschinerie beeinflußt. Der Nationalsozialismus, so verkündete Rosenberg, stehe vor dem Rest der Welt genau so da, wie Nietzsche den Mächten seiner Zeit gegenübergestanden habe. Von anderen Denkern unterscheide sich Nietzsche durch seine Fähigkeit, in radikalen Extremen zu denken, kriegerisch und soldatisch zu philosophieren und äußerste Entwürfe wie den gegenwärtigen Krieg zu konzipieren. Zwei Prinzipien - das zerstörerische jüdisch-bolschewistische und das einer nationalsozialistischen Verjüngung Europas - standen einander Rosenberg zufolge in tödlichem Kampf gegenüber. Auf dem Spiel stand dabei das alles entscheidende Experiment um Natur und Leben.[61]

Doch das Werk Nietzsches erfüllte daneben andere wichtige Funktionen. Die erhabene Gestalt und die kulturelle Bildung des Philosophen versetzten einige Angehörige der deutschen Intelligenz in die Lage, die Wende zum Nationalsozialismus zu vollziehen und sich zu ihrer Rechtfertigung auf ihn als Quelle ihrer Inspirationen

---

57 Der kriegerische Aspekt im Bild Nietzsches wurde selbst dann hervorgehoben, wenn man mit ihm in anderer Hinsicht nicht übereinstimmte. Vgl. August Faust, *Philosophie des Krieges. Schriftenreihe zur weltanschaulichen Schulungsarbeit der NSDAP* Nr. 17, München: Zentralverlag der NSDAP 1942, S. 39-43.

58 Richard Gröper »Nietzsches Stellung zum Kriege« in: *Nationalsozialistisches Bildungswesen* 7, Nr. 4 (April 1942) S. 104. (Gröper hatte bereits zu denen gehört, die während des Ersten Weltkriegs Nietzsche an die vorderste Front stellten.)

59 Wilhelm Löbsack »Nietzsche und der totale Krieg« in: *Der Deutsche im Osten* 6, Nr. 5 (August 1943) S. 213.

60 Vgl. Hubert A. Cancik »Der Nietzsche-Kult in Weimar (II)« in: Peter Antes und Donate Pahnke (hrsg.), *Die Religion von Oberschichten. Religion, Profession, Intellektualismus*, a. a. O., S. 105f.

61 Alfred Rosenberg, *Friedrich Nietzsche*, a. a. O., S. 16 und 21-24.

zu berufen. Für den berühmtesten unter ihnen, für Gottfried Benn, war Nietzsche seit jeher eine Berufungsinstanz. Auf ihn bezog sich Benn in seiner Polemik gegen die literarischen Emigranten. Als Reaktion auf Klaus Manns Verwünschungen gegen die nationalsozialistische »Barbarei« zitierte Benn die folgende Äußerung Nietzsches: »eine herrschaftliche Rasse kann nur aus furchtbaren und gewaltsamen Anfängen emporwachsen. Problem: wo sind die Barbaren des zwanzigsten Jahrhunderts?«[62] Für Nietzsche gibt es, Benn zufolge, nur *einen* Maßstab für das geschichtlich Echte, »sein Erscheinen [...] als der neue Typ, und der, muß man sagen, ist da [...] Eine echte neue geschichtliche Bewegung ist vorhanden [...] sie ist typologisch weder gut noch böse, sie beginnt ihr Sein [...] Die Geschichte verfährt nicht demokratisch, sondern elementar, an ihren Wendepunkten immer elementar.«[63]

Der nietzscheanische Faktor war vielleicht noch ausgeprägter im Selbstbewußtsein vieler, die als ausländische Intellektuelle zu Kollaborateuren wurden wie etwa jene französischen und belgischen Freiwilligen, die sich der Brigade Charlemagne und der Waffen-SS anschlossen. Sie begründeten ihre Neigung zum Nationalsozialismus durch die Vision einer ästhetisierten neuen Ordnung in Europa unter Führung einer schneidigen Elite echter und harter neuer Männer, jener Übermenschen, die zu radikalstem Handeln fähig waren. So beschreibt etwa Christian de La Mazière seine Aufnahme in die Waffen-SS in einer Weise, die als Karikatur einer nietzscheanischen Sprache gelten darf: »Ich war fasziniert von diesen Männern, ich wollte zu ihnen gehören. Sie schienen mir stark, großmütig und makellos: Wesen ohne Schwäche, die nie verfaulen würden.«[64] Marc Augier, ein Propagandist der SS, schrieb:

> Diese Leute dachten die Welt neu. Man fühlte, sie waren auf der äußersten Stufe der nietzscheanischen Gedankenwelt und seines schöpferischen Leidens angelangt. Ich muß sagen, daß alles in allem, im Vergleich zu dem Nichts der Nachkriegszeit, ein Sieg der SS (der nicht notwendigerweise den Sieg Deutschlands bedeuten mußte) eine Welt geboren hätte, die gewiß ziemlich erschreckend, aber gänzlich neu und wahrscheinlich sehr großartig gewesen wäre. In diesem Hildesheimer Kloster bereitete sich die Umwertung aller Werte Friedrich Nietzsches vor. Er ist in der Geschichte der Menschheit das einzige Beispiel eines Philosophen, der solche Gefolgschaft gehabt hat, mit Armeen, Panzerwagen, Flugzeugen, Ärzten, Rittern, Beamten, Henkern. Die SS hat nur deshalb den Haß der Welt auf sich gezogen, weil sie eine wirkliche Gefahr für die bestehende Ordnung bedeutete.[65]

---

62 Gottfried Benn »Antwort an die literarischen Emigranten« in: *Gesammelte Werke*, hrsg. Dieter Wellershoff, Bd. 7, München: dtv 1975, S. 1704. Das Zitat findet sich bei Friedrich Nietzsche, *Nachgelassene Fragmente, Herbst 1887 - März 1888*, in: *Werke*, Bd. VIII, 2, Berlin 1970, 11 [31], S. 260.

63 Gottfried Benn »Der neue Staat und die Intellektuellen« in; *Gesammelte Werke*, hrsg. Dieter Wellerhoff, Bd. 4, München: dtv 1975, S. 1007f.

64 Christian de La Mazière, zit. nach Saul Friedländer, *Kitsch und Tod. Der Widerschein des Nazismus*, München und Wien: Hanser 1984, S. 29.

65 Marc Augier, *Götterdämmerung. Wende und Ende einer großen Zeit*, Buenos Aires: Editorial Prometheus 1950, S. 79f. Für diesen Hinweis danke ich George L. Mosse.

Dieses Thema taucht in den Darstellungen der nicht-deutschen Sympathisanten der SS immer wieder auf. Marcel Deat beschrieb es folgendermaßen: »Nietzsches Idee einer Selektion der ›guten Europäer‹ wird jetzt durch die LFV und die Waffen-SS auf dem Schlachtfeld verwirklicht. Durch den Krieg wird eine Aristokratie, ein Ritterstand geschaffen, der den harten, reinen Kern eines künftigen Europa bilden wird.«[66]

Die Nazis konnten sich für ihre Konzeption einer neuen Kontinentalordnung den Umstand zunutze machen, daß Nietzsches Denken sich in europäischen Dimensionen bewegte. Nietzsches europäisches Denken (das, oberflächlich betrachtet, für eine nationalistische Bewegung eher ein Nachteil war) wurde insofern für sie zu einem entscheidenden Vorteil; denn es gab in der Tat keine andere Autorität, auf die sie ihre imperialistischen Visionen hätten gründen können. Selbst wenn ein Autor (wie beispielsweise Kurt Hildebrandt) auf die Unterschiede zwischen einer nietzscheanischen und der nationalsozialistischen Idee eines vereinten Europa aufmerksam machte, blieben die thematischen Gemeinsamkeiten bestehen, nämlich die deutsche Führungsrolle in einer erneuerten europäischen Kultur und Politik sowie die Züchtung einer aristokratischen Kaste auf der Grundlage vitalistischer, antidemokratischer und antimarxistischer Prinzipien.[67]

Nietzsche vollzog eine Wendung von Deutschland zu Europa, so schrieb Hildebrandt später, weil er wußte, daß nur die Deutschen die Größe besaßen, dessen Wiedergeburt zustande zu bringen. Nach der *Geburt der Tragödie* sei Nietzsche sehr viel realistischer und politisch bewußter geworden. Sein Ziel wurde immer deutlicher. Es bestand nicht im Pazifismus und Weltbürgertum, sondern in einem »großen Krieg«. Und in diesem Krieg sollte es in erster Linie um den Führungsanspruch in Europa und um die Herausforderung an das deutsche Volk gehen, Europa neu zu erschaffen. In den Augen Nietzsches war der moderne Nationalismus daher zu provinziell. Seine Vision einer Großen Politik war weit grandioser.[68] Gegenwärtig waren, so verkündete Rosenberg, die Deutschen die »guten Europäer«, weil sie

---

66 Marcel Deat, *Pensée allemande et pensée française* S. 97f. zit. nach Ze'ev Sternhell »Fascist Ideology« in: Walter Laqueur (ed.), *Fascism. A Reader's Guide: Analyses. Interpretations, Bibliography*, Harmondsworth: Penguin 1988, S. 363. Ähnlich argumentierte Bertrand de Jouvenel, daß die nietzscheanische Auffassung des Menschen als etwas zu Überwindendem ein »heroisches Heilmittel« in den Händen »all jener Staatsmänner war, die die Ordnung in ihren jeweiligen Gesellschaften wieder herstellen wollten. Männer wie Augustus und Napoleon suchten die männlichen Tugenden der Eigeninitiative, Verantwortlichkeit und Selbstbeherrschung wieder zubeleben.« Und er schloß: »Schlagend ist die Ähnlichkeit mit dem, was Mussolini und Hitler heute anstreben.« Bertrand de Jouvenel, *Le Réveil de l'Europe*, Paris: Gallimard 1938, S. 245f., zit. nach Ze'ev Sternhell, *Neither Right nor Left*, a. a. O., S. 256.

67 Vgl. die nuancierte, aber doch affirmative Darstellung bei Kurt Hildebrandt »Der ›gute Europäer‹« in: *Deutscher Almanach* (1930) S. 151-165.

68 Vgl. Kurt Hildebrandt »Die Idee des Krieges bei Goethe, Hölderlin, Nietzsche« in: *Das Bild des Krieges im deutschen Denken*, Bd. 1, hrsg. August Faust, Stuttgart und Berlin: W. Kohlhammer 1941, S. 406f.

Nietzsches Vision einer kontinentalen, revolutionären Erneuerung in die Tat umsetzten.[69]

Denjenigen, die das Werk Nietzsches im Sinne des Nationalsozialismus umzuinterpretieren suchten, war durchaus bewußt, daß sie es kasuistisch und selektiv auf kollektive und nationalistische Gebote hin auszulegen hatten. Sie mußten die Dynamik Nietzsches zugleich freigeben und unter Kontrolle halten. Notwendig mußte sich eine nationalistische, antisemitische und rassistische Bewegung dieser Anstrengung unterziehen. Ein gewisses Maß an Umdeutungen wurde offen für unerläßlich erklärt, weil die »wirkliche« Botschaft Nietzsches zuvor entweder mißverstanden oder durch Nietzsches frühere literarische und nihilistische (und das hieß meist: jüdische) Anhänger entstellt worden war. »Vorüber sind [...] die unfruchtbaren und gefährlichen Jahre der Nietzschemode, in denen unreife, sich revolutionär gebärdende Geister, dekadente Nihilisten und nichtsnutzige Literaten ihr Unwesen trieben.«[70]

Die Kollektivierung Nietzsches ging rasch vonstatten. Ernst Horneffer behauptete, Nietzsche habe keineswegs einen Individualismus gepredigt, sondern sich für die Errichtung einer neuen Gesellschaft mit neuen Bindungen und neuen kollektiven Werten eingesetzt. »Der Übermensch ist kein Singularbegriff, sondern ein Art- und Gattungsbegriff [...] der Übermensch ist das Ergebnis, die Frucht einer großen, unausgesetzten Züchtungsarbeit am Menschen.«[71] Der Umstand, so schrieb Hildebrandt, daß Nietzsche die Vergöttlichung des Staates durch Hegel angegriffen hatte, machte aus ihm noch keinen antinationalistischen Individualisten; »denn nicht den bindungslosen Einzelnen, sondern die echte Volksgemeinschaft, in Wirklichkeit das Volksreich, will er dem kalten Zweckverband Staat, der seelenlosen Organisation entgegensetzen.«[72]

Die Wendung vom individuellen zum kollektiven Nietzsche, so meinte Bäumler, war schwer, aber notwendig zu vollziehen. »Hier entspringt der Begriff der *großen Politik*: Was die große Politik vorwärts treibt, ist das Bedürfnis des Machtgefühls, welches nicht nur in den Seelen der Einzelnen, sondern auch in den niederen Schichten des Volkes aus unversieglichen Quellen von Zeit zu Zeit hervorstößt.«[73] Schließlich hatte Nietzsche geschrieben: »Wir sind mehr als das Individuum, wir sind die ganze Kette noch mit den Aufgaben aller Zukünfte der *Kette*.«[74] Wer immer sich wie Nietzsche dem Körper als seinem Führer überließ, der konnte, so verkündete Bäumler, kein Individualist sein oder historisch denken. Man mußte nur die

---

69 Vgl. Alfred Rosenberg, *Friedrich Nietzsche*, a. a. O., S. 22.

70 Erich Weisser »Der Erzieher Nietzsche und die nationalsozialistische Schulerneuerung«, a. a. O., S. 125f.

71 Ernst Horneffer, *Nietzsche als Vorbote der Gegenwart*, a. a. O., S. 18, 12-14, 41.

72 Kurt Hildebrandt »Die Idee des Krieges bei Goethe, Hölderlin, Nietzsche«, a. a. O., S. 403.

73 Alfred Bäumler, *Nietzsche, der Philosoph und Politiker*, a. a. O., S. 171f.

74 Friedrich Nietzsche, *Nachgelassene Fragmente Herbst 1887 - März 1888*, in: *Werke*, Bd. VIII, 2, Berlin 1970, S. 6.

*Genealogie der Moral* zur Hand nehmen, um zu sehen, daß für Nietzsche Arten, Rassen, Nationen und Klassen historische Kategorien waren. Die Gemeinschaft, aus der das Individuum hervorging und aus der es seine Kraft bezog, war nicht die Menschheit im allgemeinen, sondern stets eine konkrete Einheit, die Rasse, das Volk, die Klasse.[75]

In zahllosen Diskussionen bemühten sich bedeutendere und weniger bedeutende Vermittler von Nietzsches Denken um eine Klärung seiner »wirklichen« Beziehung zu Deutschland und den Deutschen.[76] Ging es ihm nicht um die zentrale Unterscheidung zwischen dem Deutschen (d. h. den römischen und christlichen Einflüssen auf Deutschland) und dem Germanischen (d.h. dessen freiheitsliebendem, kriegerischem Wesen)? War nicht Zarathustra eine germanische Figur, die sich der Sendung verpflichtet fühlte, die Rechte des Volkes zu schützen?[77] Waren nicht Nietzsches radikale Kritik und sein beißender Spott ein Zeichen seines Schmerzes, seiner Verpflichtung und seiner Hoffnungen angesichts eines Volkes, das erst es selbst werden sollte? Man zitierte gern die Worte Nietzsches von 1885: »Die Deutschen *sind* noch nichts, aber sie *werden* etwas [...] kurz, wir Deutschen *wollen* Etwas von uns, was man von uns noch nicht wollte - wir wollen Etwas mehr!«[78] Erst jetzt dämmerte die Erkenntnis, daß Nietzsche mit dem Schicksal Deutschlands unauflöslich verbunden war. Deutlich machten das Titel wie *Nietzsche und das deutsche Schicksal* sowie *Friedrich Nietzsche als deutscher Prophet*.[79] Das Thema gewann etwas Beschwörerisches. 1942 war kaum noch jemand überrascht zu erfahren, die Sendung Nietzsches sei im wesentlichen völkisch und rassisch, der *Zarathustra* sei geschrieben worden zur Schaffung des neuen Mythus einer *Deutsch-Germanischen Menschheit*.[80]

Nietzsches pro-jüdische Stellungnahmen und seine entschiedene Verachtung des Antisemitismus bedurften freilich einer besonderen Erklärung. Wer mit dem Werk Nietzsches vertraut war, so schrieb Bäumler, wußte, wie sehr er in Wirklichkeit gegen die Juden war. Seine philosemitischen Äußerungen waren lediglich eine Maßnahme, um Aufmerksamkeit zu erregen. Es war ein Teil seiner Strategie, die Juden gegen die Deutschen auszuspielen, damit diese ihn beachteten.[81] Zahlreiche Kommentatoren betonten darüber hinaus, Nietzsche habe sich lediglich den im 19. Jahr-

---

75 Vgl. Alfred Bäumler, *Nietzsche, der Philosoph und Politiker*, a. a. O., S. 172, 180f.

76 Vgl. Hans Eggert Schröder »Nietzsche und die Germanen« in: *Germanien* 9, Nr. 5 (Mai 1937).

77 Vgl. Alfred Bäumler, *Nietzsche, der Philosoph und Politiker*, a. a. O., S. 88-100.

78 Friedrich Nietzsche, *Nachgelassene Fragmente. Herbst 1884 - Herbst 1885*, in: *Werke*, Bd. VII, 3, Berlin und New York 1974, 36 [53], S. 296.

79 Vgl. Friedrich Wurzbach, *Nietzsche und das deutsche Schicksal*, a. a. O.; W. Huhle, *Friedrich Nietzsche als deutscher Prophet*, Chemnitz: Werner Boehm 1935.

80 Vgl. Paul Schulze-Berghof »Der Zarathustra-Dichter als Mystiker« in: *Die musische Erziehung* Nr. 9 (1942) S. 7-10.

81 Vgl. Alfred Bäumler, *Nietzsche, der Philosoph und Politiker*, a. a. O., S. 157; Richard Öhler, *Nietzsche und die deutsche Zukunft*, a. a. O., S. 87ff.

hundert üblichen Formen eines christlichen Antisemitismus widersetzt, weil er für einen neueren und radikaleren Antisemitismus eintrat. Abgelehnt habe er ihn nur insofern, als dieser sich auf konfessionelle, ökonomische und soziale Gesichtspunkte beschränkte und dabei die biologischen Grundlagen außer acht ließ. In Wirklichkeit betrachtete er die Juden durchaus als eine »parasitäre Menschengattung«, die für das Überleben der nordischen Rasse eine Gefahr darstellte.[82] Selbstverständlich wurde Nietzsche zur entscheidenden Quelle jener Radikalisierung, die Uriel Tal als »antichristlichen Antisemitismus« bezeichnet hat.[83]

Der fand seinen wohl extremsten Ausdruck in Hans Eggert Schröders Buch aus dem Jahre 1937 *Nietzsche und das Christentum*.[84] Wie viele völkische Darstellungen Nietzsches wies es der *Geburt der Tragödie* eine zentrale Bedeutung zu. Die Rolle des Philosophen, so schrieb Schröder, bestand darin, für sein Volk eine ihm noch unbewußte historische Aufgabe aufzuspüren und zu deuten. Mit Sokrates wurde diese Tendenz durchbrochen; denn mit ihm gelangte, wie Nietzsche gezeigt hatte, ein antivölkisches Prinzip in der Antike zur Geltung. Es hinderte die Griechen daran, sich ihrer historischen Aufgabe als Träger einer tragischen Kultur bewußt zu werden, in der kriegerische Werte vorherrschten. Sokrates hatte als Rationalist diese Kultur in ihrem dionysischen Kern zerstört. Die erste große Umwertung Nietzsches, mit der er Deutschland herausforderte, bestand in der Wiederbelebung einer in diesem Sinn tragischen Kultur.

Der Sokratismus funktionierte wie das Christentum. Nietzsche hatte in der *Genealogie der Moral* gezeigt, daß das Christentum eine jüdische Erfindung war, ein verteufelt schlauer Weg, die Herzen anderer Völker mit dem für alle Welt gefährlichen Geist des Judentums zu infizieren. Der Sokratismus war bloß eine Vorstufe des Christentums. Schließlich hatte Platons moralischer Fanatismus das Heidentum zerstört. Und was war das Christentum anderes als »Platonismus für das Volk«? Nietzsche zufolge gab es ein gemeinsames völkisches Wesen für Griechen und Deutsche: die tragische Kultur. Die Voraussetzungen ihrer Wiedererschaffung lagen, wie Nietzsche unnachsichtig hatte deutlich werden lassen, in der Überwindung des Christentums. Denn das Christentum repräsentierte den Sieg des antivölkischen Prinzips über die Nationen. Das judaisierte Christentum stand für Unrassigkeit, Rassenzerfall und Dekadenz. »Man kann das Christentum nicht unter dem Gesichtspunkt rassischer Unterschiedlichkeiten, man kann es nur unter dem Gesichtspunkt des antirassischen Prinzips gegen das Rassige betrachten!«[85]

Die Wiederbelebung einer tragischen Kultur und einer Wehrgemeinschaft hing mithin davon ab, daß das jüdische Christentum und zugleich die anderen Formen

---

82 Vgl. Kurt Kassler, *Nietzsche und das Recht*, a. a. O., S. 74ff.

83 Vgl. Uriel Tal, *Christians and Jews in Germany. Religion, Politics, and Ideology in the Second Reich, 1870-1918*, a. a. O., Kap. 5.

84 Vgl. Hans Eggert Schröder, *Nietzsche und das Christentum*, Berlin-Lichterfelde: Widukind 1937.

85 Hans Eggert Schröder, *Nietzsche und das Christentum*, a. a. O., S. 75.

des theoretischen Menschentums überwunden wurden. Solche und andere Pläne eines völkischen Nietzscheanismus - wie etwa die radikale Unterscheidung zwischen einem gräkojudaischen (also logozentrischen) und einem gräkogermanischen (also biozentrischen) Prinzip - gab es im Dritten Reich in großer Zahl.[86] Es ging diesen Naturalisierungsplänen um die Schaffung von Alternativen zum Humanismus und zur Transzendenz, also zu Prinzipien, die das Leben untergruben.[87] Die irrationalistische, tragisch-dionysische Kultur des Nietzscheanismus arbeitete in diesen Plänen gegen die traditionellen Konzeptionen der westlichen Moral, der rationalistischen Aufklärung und der marxistischen Fortschrittsideen.

Daß Nietzsche im Nationalsozialismus überall massiv präsent war, sollte uns nicht blind machen für den Umstand, daß sein Bild auch hier komplex erschien und vielfältige Funktionen erfüllte. Neben unverfälschter Bewunderung, gedankenloser Indienstnahme und ideologischer Verkupplung gab es Bestrebungen, an gewissen Unterscheidungen festzuhalten, genauere Bestimmungen vorzunehmen und gegen eine totale Gleichsetzung Nietzsches mit dem Nationalsozialismus Vorbehalte geltend zu machen.[88]

Das galt zweifellos für Heinrich Härtles offiziöse Darstellung *Nietzsche und der Nationalsozialismus* (die zudem herausgebracht wurde vom Zentralverlag der NSDAP). Diese vielzitierte Schrift hatte es sich »zur Aufgabe gestellt, *Nietzsches politische Gedankenwelt und den Nationalsozialismus scharf abzugrenzen, Verwandtschaft und Gegensatz klarzustellen*«.[89] Angesichts der vielfältigen Aspekte im Werk Nietzsches, so argumentierte Härtle, mußten die Nationalsozialisten sich darauf einlassen, selbstbewußt dessen »fruchtbare« Ideen von den weniger akzeptablen zu trennen. Härtle nannte einige der problematischen Aspekte - so etwa Nietzsches Befürwortung einer Mischung der Rassen, seine Kritik des Staates und seinen Individualismus -, gelangte aber dann doch zu dem Schluß, die Ideen Nietzsches seien die Bausteine einer künftigen Philosophie des Nationalsozialismus.[90]

---

86 Vgl. Werner Deubel »Gräkogermanisch-Gräkojudaisch: Bemerkungen über die Herkunft des neuen Menschenbildes« in: *Völkische Kultur* 2 (1934) S. 440-443. Deubel stellte den Logozentrismus als unweigerlich im Verfall begriffen hin. (Seine Schurken und Gespenster reichten vom Apostel Paulus und Platon über Descartes, Kant und Marx bis zur Industrialisierung, zum Positivismus, Amerikanismus und Bolschewismus.) Der gräkogermanische Biozentrismus dagegen führte zum Triumph einer kulturellen Revolution in Deutschland. Zu seinen Helden gehörten Heraklit, Luther, Paracelsus, Herder, Goethe und Schiller; seinen Höhepunkt aber erreichte er in Nietzsche und Klages.

87 Vgl. Günther Augustins Rezension von Hans Eggert Schröder, *Nietzsche und das Christentum* in: *Deutscher Glaube* 5 (1938) S. 212.

88 Solche Bestrebungen wurden unterstützt von Donndorf, Hildebrandt, Horneffer, Kassler und Römer. Sie alle blieben jedoch Nietzsche gegenüber, wie selektiv sie sein Werk auch betrachten mochten, generell positiv eingestellt.

89 Heinrich Härtle, *Nietzsche und der Nationalsozialismus*, München: Zentralverlag der NSDAP, Frank Eher Nachf. 1937, S. 5.

90 Heinrich Härtle, *Nietzsche und der Nationalsozialismus*, a. a. O., S. 164.

Alle bisher erörterten Autoren waren der Ansicht, daß zwischen den Schriften Nietzsches und dem Nationalsozialismus eine überaus enge Verbindung bestand. Es gab indes zahlreiche Kritiker, die sich dieser Vereinnahmung verbissen widersetzten und Nietzsche gegenüber eine durchweg feindselige Haltung einnahmen. Von den Spitzfindigkeiten ideologisch zurechtgestutzter Doktrinen unbeeindruckt, vertraten sie auch weiterhin Auffassungen, die jene Anhänger der Rechten, die von Nietzsche nicht überzeugt waren, schon seit 1880 vertreten hatten. Wie die liberalen Verteidiger Nietzsches behaupteten auch sie, hier werde ein schrecklicher Irrtum begangen. Ernst Krieck, Professor für Pädagogik an der Universität Heidelberg und prominenter Ideologe des Nationalsozialismus, bemerkte sarkastisch, abgesehen von der Tatsache, daß Nietzsche weder Sozialist noch Nationalist und darüber hinaus ein Gegner jedes Rassegedankens war, hätte er sehr wohl ein führender Theoretiker des Nationalsozialismus sein können.[91] Nach Meinung von Krieck konnte Nietzsche auf keinen Fall als Nationalsozialist betrachtet werden. Ein anderer Autor behauptete, Nietzsche sei nicht das Heilmittel gegen die Krankheit Europas, sondern deren Symptom.[92]

Dietrich Eckart, der hausbacken völkische Philosoph aus Schwabing, der grundlegenden Einfluß auf Hitler hatte, lehnte Nietzsche schon sehr früh ab, weil er in ihm einen Fall erblich bedingter Geisteskrankheit meinte sehen zu können.[93] Auch andere Teile der völkischen Bewegung blieben in ihrer Ablehnung Nietzsches verstockt. Es war der Gipfel der Absurdität, so argumentierten sie, Nietzsches Haß auf die Deutschen als eine Art »Haßliebe« hinzustellen. Schließlich war er ein bekennender Antinationalist und der große Verleumder des Deutschtums wie des Deutschen Reiches. Was konnte dieser Fürsprecher eines egoistischen Individualismus gemein haben mit dem Gemeinschaftsgefühl des Nationalsozialismus oder mit dem Ziel einer völkisch-organischen, rassischen Totalität? Nietzsche hatte unzweifelhaft den von ihm so genannten »Rassenschwindel« verurteilt; er hatte für den Antisemitismus nur Verachtung übrig und war in der Tat so etwas wie ein Liebhaber der Juden.[94]

---

91 Vgl. Georg Müller, *Nietzsche und die deutsche Katastrophe*, Gütersloh: C. Bertelsmann 1946, S. 15. Zu Kriecks Opposition gegen Nietzsche vgl. Hans Langreder, *Die Auseinandersetzung mit Nietzsche im Dritten Reich. Ein Beitrag zur Wirkungsgeschichte Nietzsches*, a. a. O., S. 105ff. Doch auch Kriecks Opposition sollte nicht überbewertet werden. Denn schließlich erschien in seiner Zeitschrift *Volk im Werden* der Aufsatz von Hans-Joachim Falkenberg »Nietzsche und die politische Wissenschaft«.

92 Vgl. Christoph Steding, *Das Reich und die Krankheit der europäischen Kultur*, Hamburg: Hanseatische Verlagsanstalt 1943.

93 Vgl. Hans Göbel, *Nietzsche heute. Lebensfragen des deutschen Volkstums und der evangelischen Kirche*, a. a. O., S. 72.

94 Vgl. als typisches Beispiel einer fortdauernden völkischen Opposition gegen Nietzsche Arthur Drews »Nietzsche als Philosoph des Nationalsozialismus?« in: *Nordische Stimmen* 4 (1934) S. 15. Auch der Ausdruck »zürnende Liebe« stammt von Drews, vgl. S. 177. Interessanterweise glaubt er, daß Heines Kritik an Deutschland, anders als die Nietzsches, aus seiner Liebe zu Deutschland hervorging! Mit besonderem Nachdruck wird Nietzsche als

Nietzsche konnte kritisiert und geschmäht werden, weil er kein lebender Amtsträger des Reiches, sondern ein toter Philosoph war. Daher konnten kirchliche Kreise auf Angriffe durch Alfred Rosenberg und ihm nahestehende neuheidnische Gruppierungen reagieren, indem sie zwar gegen Nietzsche polemisierten, diese Polemik aber als Mittel des Widerstands gegen die Religionspolitik der Nationalsozialisten im allgemeinen und gegen Ideen Rosenbergs im besonderen nutzten.[95] Diese Polemiken - vor allem von protestantischer Seite - waren ihrerseits vom nationalistischen und rassistischen Geist jener Jahre durchdrungen. Ein neuheidnischer Kommentator bemerkte scharf, in diesen Protesten werde Nietzsche nicht wegen seiner antichristlichen Ideen verurteilt, sondern wegen seines Mangels an nationalistischer Leidenschaft und wegen seiner blasphemischen Einstellung gegenüber dem deutschen Volk![96] Ironischerweise schimpften diese christlichen Polemiker als Fürsprecher eines christlichen Deutschlands gegen Nietzsches antinationalistische, anti-rassistische und judenfreundliche Einstellung. Sie betrachteten sie als unpassend für eine neue Gesellschaft, in der auch die Kirchen eine Rolle zu spielen suchten.[97] In religiösen Polemiken dieser Art zögerte man nicht, aus Opposition gegen Nietzsche auf rassistische Argumente zurückzugreifen. Eine oppositionelle Stimme aus dem

---

Philosemit dargestellt durch den Wagnerianer Curt von Westernhagen, *Nietzsche, Juden, Antijuden*, Weimar: Alexander Duncker 1936. Kaufmann schreibt über ihn: »Westernhagens sorgfältige Analyse von Nietzsches Thesen zur Rassenfrage hebt sich von anderen Nazi-Untersuchungen durch ihre Wissenschaftlichkeit und Redlichkeit ab; bezeichnenderweise kommt er zu dem Schluß, daß man im Namen des Nationalsozialismus Nietzsche verwerfen müsse.« Walter Kaufmann, *Nietzsche, Philosopher, Psychologist, Antichrist*, a. a. O., S. 296f., Anm. 11; dt.: *Nietzsche, Philosoph - Psychologe - Antichrist*, a. a. O., S. 346f., Anm. 12. Westernhagens im Nazi-Deutschland implizit gegen Nietzsche erhobener Vorwurf, kein Antisemit gewesen zu sein, läßt seine Arbeit suspekter erscheinen, als Kaufmann zugibt.

95 Vgl. Karl Kindt »Nietzsches Heidentum. Randglossen zu einem unausschöpflichen Thema«; Carl Schweitzer »Nietzsche und die reformatorische Botschaft« sowie Tim Klein »Erlebnisse um Nietzsche« in der protestantischen Zeitschrift *Zeitwende* 12 Nr. 1 (Oktober 1935).

96 Vgl. Georg Duwe »Nietzsche der deutsche Denker. Eine Antwort an Prof. D. E. Pfennigsdorf, Bonn« in: *Deutscher Glaube* 4 (1937). Als nicht minder ironisch ist es wohl zu bewerten, wenn Duwe mit seinem Aufsatz die Tiefe von Nietzsches Deutschtum nachwies! Nietzsche erschien ihm als Prophet der deutschen rassenbezogenen Mythen.

97 Das galt insbesondere für Polemiken von seiten der Protestanten. Ein wichtiges Beispiel liefert Hans Göbel, *Nietzsche heute. Lebensfragen des deutschen Volkstums und der evangelischen Kirche*, a. a. O.. Vgl. ferner Karl Kindt »Nietzsche und die Deutschen« in: *Zeitwende* 12, Nr. 1 (Oktober 1935). Eine sorgfältigere Bilanz, die an einer im wesentlichen christlichen Auffassung sowie an der Einheit von Welt und Natur, Leben und Tod, Staat und Volk festhält, findet sich bei Wilhelm Michel, *Nietzsche in unserem Jahrhundert*, Berlin-Steglitz: Eckart 1939. Zu einem katholischen Beispiel vgl. *Amtsblatt des Bischöflichen Ordinariats Berlin*, [Amtliche Beilage: Grundfragen der Lebensauffassung und Lebensgestaltung: Fünfter Teil der »Studien zum Mythus des XX. Jahrhunderts«] (Bischöftliches Ordinariat, o. J.). Für diesen Literaturhinweis danke ich Prof. Y. Arielli.

katholischen Lager schimpfte, Nietzsche sei aufgrund seiner polnischen Abstammung nicht nordisch, sondern mongolid![98]

Ähnlich argumentierten manche weltlichen Kritiker. In dem Essay Alfred von Martins aus dem Jahre 1941 über *Nietzsche und Burckhardt* beispielsweise, einer Arbeit, die eindeutig den konservativen Humanismus des letzteren der revolutionären Politik des ersteren vorzog, wurde Nietzsches Philosemitismus als eine Form von Deutschenfeindschaft bestimmt.[99]

Doch damit waren die Funktionen solcher Diskurse durchaus nicht erschöpft. Raffiniertere Denker benutzten Nietzsche oft als Grundlage dessen, was Jerry Muller einmal als »äsopische Kritik« bezeichnet hat. So kam es beispielsweise bei dem desillusionierten Hans Freyer[100] 1937 zur Wiederentdeckung von Nietzsches These, Kultur und Geist seien vernachlässigt. Denn nach Freyers Überzeugung waren auch im Dritten Reich kritische und unzeitgemäße Betrachtungen notwendig.[101] Und Martin Heidegger behauptete (1966), seine umfangreiche Vorlesungsreihe über Nietzsche zwischen 1936 und 1940 sei ein wesentlicher Bestandteil seiner Auseinandersetzung mit dem Nationalsozialismus gewesen.[102]

Doch all diese gelehrten Darstellungen, die direkte ebenso wie die äsopische Kritik oder die Polemik von oppositioneller Seite, erst recht die Verwendung Nietzsches als Bezugspunkt von Versuchen, sich mit dem Nationalsozialismus zu arrangieren, beweisen *die normative Stellung und maßgebliche Bedeutung dieses Denkers für die nationalsozialistische Ordnung.* Sie war an den kritischeren und nuancierteren Beiträgen ebenso abzulesen wie an den unumwunden lobhudlerischen. Fast allen war klar, daß die gegenwärtige revolutionäre Epoche durch die Auseinandersetzung mit Nietzsche (und sei es aus einer Opposition heraus) bestimmt und begriffen werden mußte.

In philosophischen Überblicksdarstellungen aus jener Zeit wurde immer wie der betont, »daß Nietzsche der Gegenwart angehört«.[103] Sein Werk wurde eindeutig zu

98 Vgl. Karl Kynast, in: *Die Sonne* (1933) S. 19.

99 Alfred von Martin, *Nietzsche und Burckhardt. Zwei geistige Welten*, München: Erasmus-Verlag 1941, S. 170. Martin diente Burckhardt als positives Gegenbild zu jener nietzscheanischen Weltsicht, die implizit auf den Nationalsozialismus verwies. Während des Dritten Reiches war dieser Vergleich wegen seines Anspielungsreichtums beliebt. Vgl. die für Nietzsche Partei ergreifende Arbeit von Edgar Salin, *Jacob Burckhardt und Nietzsche*, Basel: Univ.-Bibilothek 1938 sowie Hans-Joachim Schoeps, *Gestalten an der Zeitwende. Burckhardt, Nietzsche, Kafka*, Berlin: Vortrupp Verlag 1936.

100 Hans Freyers frühere Arbeiten, darunter *Antäus. Grundlegung einer Ethik des bewußten Lebens*, Jena: Eugen Diederichs 1918 sowie *Prometheus. Ideen zur Philosophie der Kultur*, Jena: Eugen Diederichs 1923, waren als Fortsetzung von Gedanken Nietzsches gelobt worden. Als sein berühmtestes Buch gilt *Revolution von rechts*, Jena: Eugen Diederichs 1931.

101 Vgl. das Nachwort zu Friedrich Nietzsche, *Vom Nutzen und Nachteil der Historie für das Leben*, Leipzig: Insel-Verlag 1937, S. 85-95; Jerry Z. Muller, *The Other God that Failed*, a. a. O., S. 299f.

102 Vgl. das Interview mit Martin Heidegger in: *Der Spiegel*, 30, Nr. 23 (1966) S. 204.

103 Gerhard Lehmann, *Die deutsche Philosophie der Gegenwart*, a. a. O., S. 184.

einem Prüfstein jeder Kritik. Am besten läßt sich dies veranschaulichen, wenn man sich den sogenannten »Metadiskurs« der deutschen Philosophie unterm Nationalsozialismus vor Augen führt. Mit dieser Bezeichnung hat ein neuerer Forscher die Art und Weise beschrieben, in der die verschiedenen Schulen miteinander konkurrierten, um den Nationalsozialismus und die aktuelle politische Lage in ihrer jeweils eigenen Begrifflichkeit zu interpretieren und zu rechtfertigen.[104] Alle noch vorhandenen philosophischen Schulen beteiligten sich an diesem Unternehmen. So vertraten etwa die Neukantianer (die das Dritte Reich bemerkenswert gut überlebten) die Auffassung, daß die große Tradition des Idealismus und die »objektive Wertlehre« die der deutschen Revolution angemessene Philosophie seien.[105]

Wie verblüffend die Vorstellung von einem kantianischen Nationalsozialismus auch immer sein mag – die diese Position vertraten, wurden dadurch zu ihr verleitet, daß sie Nietzsche als den entscheidenden Bezugspunkt betrachteten.[106] Der führende Neukantianer Bruno Bauch vertrat die Auffassung, Werte seien generell nicht nietzscheanisch, sondern objektiv. Erst durch sie gewinne unser subjektives Leben seinen Inhalt und seine Bestimmung. Doch es gab einen Unterschied zwischen Werten und Zielen. Ziele existierten nur insofern, als sie gesetzt wurden. Da sie seinsmäßig nicht fixiert waren, waren sie ein Werden, das zur Totalität der Wertsphäre paßte. Dies, so argumentierte Bauch, war der wahre Sinn von Nietzsches Umwertung aller Werte. Nietzsche hatte keinen Relativismus gepredigt, sondern die Auffassung vertreten, jede Verfolgung von Werten stelle eine Annäherung an eine objektive Sphäre dar.[107] Nicolai Hartmann bediente sich einer ähnlichen Taktik: Er kritisierte Nietzsche zwar, suchte ihn aber einzubinden in seine objektivistische Konzeption und mit Kant zu verschmelzen. Nietzsche wurde gelobt für den Nachweis einer Fülle von Werten sowie für seine Behauptung, Moral und Christentum seien nicht identisch. Die materiale Ethik jener Zeit erforderte nach Hartmann eine

104 Zur Konstellation der deutschen Philosophie in dieser Zeit zeigt Hans Sluga, daß (abgesehen von den Marxisten und Positivisten) die philosophischen Hauptströmungen sich ohne große Schwierigkeiten mit dem Regime arrangierten. Alle wetteiferten metadiskursiv miteinander, »die wahre Philosophie des Nationalsozialismus zu erarbeiten«, und führten eine Auseinandersetzung um die Frage, »welche von ihnen die innere Wahrheit und Größe der Bewegung angemessen darzustellen vermochte«. Hans Sluga »Metadiscourse. German Philosophy and National Socialism«, a. a. O., S. 801.

105 Zu den bekannteren Neukantianern, die mit dem Regime zusammenarbeiteten, gehörten Nicolai Hartmann sowie Bruno Bauch, der Gründer der *Deutschen philosophischen Gesellschaft*, die die Aufgabe hatte, das Eindringen fremder Ideen in die deutsche Philosophie zu verhindern. Vgl. Hans Sluga »Metadiscourse. German Philosophy and National Socialism«, a. a. O., S. 798f.

106 Vgl. Hans Sluga »Metadiscourse. German Philosophy and National Socialism«, a. a. O., S. 809.

107 Vgl. Bruno Bauch in: *Blätter für deutsche Philosophie* 8 (1934) sowie die ausgezeichnete Zusammenfassung bei Hans Sluga »Metadiscourse. German Philosophy and National Socialism«, a. a. O., S. 808ff.

Synthese der kantianischen Apriorität und der Zeitlosigkeit moralischer Forderungen mit Nietzsches Erkenntnis der Vielfältigkeit von Werten.[108]

Die Neukantianer waren der Ansicht, nur auf der Grundlage stabilerer und objektiverer Wertsysteme lasse sich der Nationalsozialismus verläßlich begründen. Dennoch war ihnen, wie vielen anderen, Nietzsches entscheidende Bedeutung für die politische und philosophische Realität des Dritten Reiches voll bewußt. In seinen Begriffen galt es zu debattieren.

Keineswegs zufällig widmeten daher die großen Denker der Zeit - insbesondere Jaspers, Jung und Heidegger - Nietzsches Werk umfangreiche Untersuchungen. Auch wenn sie in ihren Zielen, Methoden und Ergebnissen kaum miteinander übereinstimmten, war die Tatsache an sich bezeichnend genug, daß sie Nietzsche wie einen Filter verwendeten und sich intensiv auf ihn einließen. Alle drei schrieben komplexe Werke, die unvermeidlich geprägt waren von dem neuen Erlebnis des Nationalsozialismus und in denen ihre Einstellung zu ihm offenbar wurde.

Das gilt ohne Zweifel für das 1936 erschienene Buch von Karl Jaspers über Nietzsche. Es ergriff durchaus nicht Partei für die Nazis, sondern plädierte leidenschaftlich für einen nicht ideologisch festgelegten Nietzsche jenseits aller einseitigen Beschränkungen.[109] Die Bedeutung Nietzsches bestand ihm zufolge nicht in den Inhalten seines Denkens, sondern in seiner mutigen Art zu philosophieren. Für Jaspers war Nietzsches Größe eins mit dem geordneten Wirbel seiner Gedanken, der Widersprüche so in sich aufnahm, daß sie allein durch die Form seines Denkens bedeutungsvoll wurden.

Zeitgenössische, mit den Nazis sympathisierende Kritiker in Deutschland wie etwa Kurt Hildebrandt, Gegner im Exil und Nachkriegskommentatoren wie etwa Walter Kaufmann warfen Jaspers vor, ein rein epistemologisch orientiertes Bild Nietzsches ohne jeden Bezug auf dessen System präsentiert zu haben.[110] Hildebrandt verurteilte Jaspers wegen seiner Distanz zum nationalsozialistischen Regime, während Kaufmann ihm jene Zweideutigkeit vorhielt, durch die seine Interpretation nicht zu einem Kristallisationspunkt des Widerstands werden konnte.

1936 bestand Hildebrandt in einer ausführlichen Kritik darauf, daß Nietzsche zeitgemäß sei und eine positive Rolle spiele. Als Existenzialist, so schrieb er, hatte Jaspers ein ganz und gar nicht existenzialistisches Bild Nietzsches entworfen. Wäh-

---

108 Vgl. Hans Sluga »Metadiscourse. German Philosophy and National Socialism«, a. a. O., S. 810.

109 Vgl. Karl Jaspers, *Nietzsche. Einführung in das Verständnis seines Philosophierens*, Berlin und Leipzig: de Gruyter 1936.

110 Vgl. Kurt Hildebrandt »Über Deutung und Einordnung von Nietzsches ›System‹« in: *Kant-Studien* 41, Nr. 3/4 (1936) S. 221-293. Zu den Rezensionen von Gegnern vgl. Karl Löwith und Max Horkheimer in: *Zeitschrift für Sozialforschung* 6 (1937) S. 405-414. Kaufmann lobt zu Recht, daß Jaspers ausdrücklich gegen die Nazis Partei ergreift, rügt ihn aber, weil er in Nietzsches Philosophie keine positiven Inhalte anerkennen will. Vgl. Walter Kaufmann »Jaspers' Beziehung zu Nietzsche« in: Paul-Arthur Schilpp (hrsg.), *Philosophen des 20. Jahrhunderts. Karl Jaspers*, Stuttgart: Kohlhammer 1957, S. 400-429; dort auch Karl Jaspers »Jaspers' Antwort«, a. a. O., S. 750-852.

rend dieser sich der Transzendenz widersetzte, suchte Jaspers zu ihr in abgeschwächter Form zurückzukehren. Zudem hatte Jaspers die Verbindungen zwischen Nietzsches Leben und Werk, zwischen seinen Leidenschaften und Werten übergangen. Er hatte darüber hinaus grundlegende Texte wie den *Zarathustra* und die *Genealogie der Moral* nicht erwähnt. »Nietzsche ist erfüllt von der Leidenschaft des Erkennens, aber höher als das Erkennen steht das Schaffen, die neue Wertung, die Gesetzgebung.« Nietzsche hatte eine Philosophie geschaffen, in der Bedeutungen aus unablässigen schöpferischen Auseinandersetzungen hervorgingen als »Norm und Macht des beginnenden Weltalters«.[111] Für Hildebrandt war sie nicht, wie Jaspers meinte, frei flottierend. Es handelte sich bei ihr vielmehr um eine Dynamik, die sich in ein normatives System und in eine feste Gemeinschaft entlud.

Selbst wenn das Buch von Jaspers über Nietzsche von seinen Inhalten her kein ideologisches Gegengewicht gegen das Dritte Reich bot, war es durch die Betonung der Gedankenfreiheit, durch die systematisch bewußte Disziplin des eigenen Denkens ebenso mutig wie unmittelbar einleuchtend.[112] Jaspers schrieb später: »Man kann auch mit dem Nationalsozialismus die Rassentheorie und die wilde Verherrlichung des Deutschen mit den nazistischen Konsequenzen bis ins Einzelne auf Nietzsche gründen, wie man auch die Gegenposition, die Verachtung und den Haß gegen alles Deutsche, mit gleicher Vehemenz von Nietzsche vertreten sehen muß.« Und eine Seite vorher hatte er geschrieben: »Nicht durch Ausnutzung von Entgleisungen, sondern aus der Sache selbst, wiederum mit Begründung durch eigene Sätze Nietzsches, zeige ich die faktische Bewegung Nietzscheschen Denkens als das raumschaffende, erhellende, dialektisch wagende, nirgends sich fixierende Denken.«[113]

Vor demselben Hintergrund des drohend sich abzeichnenden Nationalsozialismus sind die umfangreichen Mitschriften der Seminare zu lesen, die C.G. Jung 1934-1939 in Zürich über den *Zarathustra* gehalten hat. Dieses bemerkenswerte und für jene Zeit überaus charakteristische Unternehmen - mit seinen besonders einläßlichen Analysen der inneren Zusammenhänge und der psychologischen Strukturen der Symbolwelt dieses Werkes - beschrieb den *Zarathustra* als Beispiel der schöpferischen und dämonischen Bewegungen des kollektiven Unbewußten. Darüber hinaus verwendete es Nietzsche und den *Zarathustra* zur Veranschaulichung und Bestätigung von Jungs eigenem psychologischen System und suchte einige der tieferliegenden und verborgenen Beziehungen zwischen Nietzsche und dem Nationalsozialismus aufzudecken.[114] Nach anfänglichem Zögern, so berichtete Jung seinen Studenten,

---

111 Kurt Hildebrandt »Über Deutung und Einordnung von Nietzsches ›System‹«, a. a. O., S. 229, 236ff.

112 Vgl. Karl Jaspers »Jaspers' Antwort«, a. a. O., S. 750-756.

113 Karl Jaspers »Jaspers' Antwort«, a. a. O., S. 844 und 843.

114 Vgl. Carl Gustav Jung, *Nietzsche's Zarathustra: Notes of the Seminar Given in 1934-1939*, a. a. O. Ich habe diese Vorlesungen zunächst im Manuskript gelesen und danke Gustav Dreyfuss, es mir zugänglich gemacht zu haben. Bernie Stein danke ich für den Hinweis auf diese Quelle. [Anm. d. Übers.: vgl. Kap. 1 Anm. 23 des vorliegen den Buches]

habe ich mich auf das Risiko einer Analyse des *Zarathustra* vor allem deshalb eingelassen, weil es sich hier um ein modernes Werk handelt, das sehr viel mit dem zu tun hat, was heutzutage geschieht. Ich dachte, es müßte außerordentlich interessant sein, Einblick zu nehmen in die Arbeitsweise eines Unbewußten, das alle großen politischen und historischen Ereignisse unserer Tage vorweggenommen hat.[115]

Gegen Ende des Seminars formulierte Jung dessen Ziele noch vorbehaltloser:

Die Menschen der Moderne folgen Zarathustra. Doch er selbst sah nicht, daß er in der Tat die gesamte zukünftige Entwicklung vorwegnahm, daß eine Zeit kommen würde, in der, was er hier sagt, wahr würde. Es ist, als hätte alle Welt von Nietzsche gehört oder seine Bücher gelesen und sie bewußt verwirklicht. Selbstverständlich war dies nicht der Fall. Er lauschte einfach dem untergründigen Prozeß des kollektiven Unbewußten und war in der Lage, es wahrzunehmen - er sprach von ihm, doch niemand bemerkte es. Dennoch haben sich alle in diese Richtung entwickelt, und sie hätten sich selbst dann in diese Richtung entwickelt, wenn es keinen Nietzsche gegeben hätte. Denn sie haben das nie verstanden. Vielleicht bin ich der einzige, der sich die Mühe macht, den Zarathustra so detailliert zu untersuchen - zu detailliert, wie manche meinen werden. Niemand macht sich in der Tat klar, in welchem Ausmaß Nietzsche in Verbindung stand mit dem Unbewußten und daher mit dem Schicksal Europas im allgemeinen; denn dieselbe Schwierigkeit besteht überall auf der Welt.[116]

In der vergleichsweise kurzen Geschichte der Nietzschedeutungen sind einige Klassiker entstanden. Bezeichnenderweise offenbaren uns diese schöpferischen Arbeiten ebensoviel über ihre jeweiligen Autoren wie über ihren Gegenstand. Nietzsche und sein proteusartiges Werk waren wie geschaffen, um Jungs eigene Vorstellungen zu erhellen, ihm eine intensive projektive Bestätigung seines psychologischen Systems zu verschaffen. *Zarathustra,* so verkündete Jung gleich zu Beginn seines Seminars, ließ sehr viel deutlich werden. Dieses Werk brach gleichsam wie eine selbsttätige Produktion aus Nietzsche hervor, als Ausdruck nicht seines persönlichen, sondern des kollektiven Unbewußten, »in einem Zustand der Besessenheit, in dem er selbst praktisch nicht mehr existierte«.[117] Dies zu erfassen erforderte feines psychologisches Gespür. Doch es bedurfte, wie Jung betonte, »der Erfahrungen des Krieges und der gesellschaftlichen wie politischen Erscheinungen der Nachkriegs-

---

115 Carl Gustav Jung, *Nietzsche's Zarathustra: Notes of the Seminar Given in 1934-1939,* a. a. O., Bd. 2, S. 893.

116 Carl Gustav Jung, *Nietzsche's Zarathustra: Notes of the Seminar Given in 1934-1939,* a. a. O., Bd. 2, S. 1518.

117 Carl Gustav Jung, *Nietzsche's Zarathustra: Notes of the Seminar Given in 1934-1939,* a. a. O., Bd. 1, S. 11. Jung war der Ansicht, Nietzsche habe deshalb direkten Zugang zum Unbewußten gehabt, weil er von der vermittelnden Tradition des Mittelalters vollständig getrennt war (Bd. 2, S. 894). Ein großer Teil der Untersuchung ist einer einläßlichen Deutung der Symbole des Zarathustra gewidmet. Wenn Nietzsche beispielsweise davon spricht, er habe seinen heimatlichen See verlassen (Bd. 1, S. 14), dann sieht Jung darin eine Bestätigung für den Übergang zum kollektiven Unbewußten. Seen, so sagt er, sind begrenzt und vom Festland umschlossen, stehen also stets fürs Bewußtsein ein, während das Meer, als Symbol des kollektiven Unbewußten, nicht wirklich Grenzen hat. Die von Jung geleiteten Seminardiskussionen waren bemerkenswert aufnahmefähig und offen.

zeit, um Einblick in die Bedeutung des *Zarathustra* zu gewinnen«.[118] Wenn irgend etwas als Beweis der Existenz (und Vitalität) des von Jung behaupteten kollektiven Unbewußten gelten konnte, dann das Werk Nietzsches. Er »erregte etwas im Unbewußten; denn er versuchte zu formulieren, was im kollektiven Unbewußten des modernen Menschen tatsächlich geschieht; er suchte diese Erregung in Worte zu fassen«.[119]

Jungs Seminar war eine weit ausholende psychologische Untersuchung des *Zarathustra* in buchstäblich jeder Hinsicht. Nur intermittierend wurden die impliziten Bezüge dieses Werks zum Nationalsozialismus sichtbar. Doch sobald sie explizit gemacht wurden, warfen sie ein Licht sowohl auf Jungs Lektüre von Nietzsche wie auf seine Auffassung von der Ontologie des Nationalsozialismus. Seine ambivalente Einstellung zum Nationalsozialismus läßt sich den folgenden Bemerkungen entnehmen:

> Gut, wir sind keine Richter, wir treffen lediglich Feststellungen. Sie wissen, daß nichts so böse ist, daß sich aus ihm nicht doch etwas Gutes entwickeln könnte [...] Man muß wohl zugeben, daß der Faschismus Italien sehr viel Gutes gebracht hat; es ist jetzt ein ganz anderes Land. Und so gibt es auch viele (Ausländer zumal, denn die Deutschen sind ja leicht voreingenommen), die das, was in Deutschland und selbst in Rußland geschehen ist, gesehen und als Fortschritt zum Besseren gelobt haben. Daher ist es außerordentlich schwer, hier ein Urteil zu fällen. In einer Hinsicht sind die Dinge durchaus positiv zu bewerten, in einer anderen ganz negativ.[120]

Mit der Zeit änderte Jung seine Meinung. Dennoch hielt er (wenn auch auf andere Weise) an der Ansicht fest, der Nationalsozialismus sei ein nietzscheanisches Projekt. Waren nicht die SS-Ordensburgen (und die Kommunistische Partei in Rußland) Unternehmungen, in denen Nietzsches neuer Adel geformt werden sollte? Nietzsche hatte genau dies vorhergesehen, obwohl er, wie Jung sich beeilte hinzuzufügen, einen wirklichen Adel meinte, »nicht den, der gemacht wird, sondern den, der sich selbst schafft«.[121]

Nietzsches Konzeption des Lebens als *amor fati*, als Selbstopfer, hielt Jung

> für die mittlerweile in Deutschland vorherrschende Einstellung; sie ist der innere Sinn des Nationalsozialismus. Die Deutschen leben, um weiterzuleben - oder um zu sterben. Wenn man die wirklich ernstzunehmenden Leute reden hört, dann wird einem klar, daß Nietzsche diesen Stil einfach vorweggenommen hat. Sie rühmen sich, bereit zu sein. Und selbstverständlich fragt jeder Rationalist - wozu? Doch darum geht es ja gerade - niemand weiß, wozu. Darum haben sie kein Programm; sie haben keinen ausgearbeiteten Plan, den es zu erfüllen gilt. Sie leben für den Augenblick. Sie wissen nicht, wohin sie gehen. Sehr einflußreiche und kompetente Leute

118 Carl Gustav Jung, *Nietzsche's Zarathustra: Notes of the Seminar Given in 1934-1939*, a. a. O., Bd. 1, S. 60.
119 Carl Gustav Jung, *Nietzsche's Zarathustra: Notes of the Seminar Given in 1934-1939*, a. a. O., Bd. 1, S. 104.
120 Carl Gustav Jung, *Nietzsche's Zarathustra: Notes of the Seminar Given in 1934-1939*, a. a. O., Bd. 1, S. 377f.
121 Carl Gustav Jung, *Nietzsche's Zarathustra: Notes of the Seminar Given in 1934-1939*, a. a. O., Bd. 2, S. 1523f.

aus dieser Partei geben zu, es nicht zu wissen. Eines aber ist sicher: sie sind in Bewegung, es gibt kein Zurück, sie müssen es wagen. Da fragt der Rationalist: was wagen? Die Antwort lautet, *es* wagen [...] Das ist vom rationalistischen Standpunkt aus gesehen selbstverständlich reiner Wahnsinn, und genau ihn meint Nietzsche. Man kann dies alles für pathologisch halten oder für göttlichen bzw. dämonischen Wahnsinn, doch es ist genau der Wahnsinn, den Nietzsche meint. Darum ist Nietzsche in bestimmter Hinsicht der große Prophet dessen, was gegenwärtig in Deutschland geschieht.[122]

Jung diente diese angeblich psychologische Affinität zwischen Nietzsche und dem deutschen Volk als Beispiel und als Bestätigung seiner eigenen Theorie. Nietzsche, so erklärte er,

nahm durch seine Sensibilität die spätere geistige Entwicklung ein gutes Stück weit vorweg. Er wurde in einem solchen Ausmaß vom kollektiven Unbewußten bestürmt, daß er ganz unwillkürlich jenes kollektiven Unbewußten gewahr wurde, das für seine eigene und die kommende Zeit charakteristisch war. Darum wird er als Prophet bezeichnet. Und in bestimmter Hinsicht ist er dies auch.[...] Sein Leben und sein Schicksal, so könnte man sagen, waren ein kollektives Programm; sein Leben war die Vorhersage eines bestimmten Schicksals seines eigenen Landes.[123]

Das traditionelle Konzept des Vorläufers wurde in Jungs System einer Veränderung unterworfen und durch die Theorie einer unwillkürlichen, antizipatorischen Intuition ersetzt:

Sie sehen also, inwiefern Nietzsche ein Vorläufer ist. Doch die Deutschen seiner Generation und der folgenden wie aller folgenden Generationen waren nicht so begabt, daß sie dies von Nietzsche gelernt hätten; es geschah einfach mit ihnen. Und Nietzsche konnte es vorhersagen, weil es auch ihm geschah. In bestimmter Hinsicht antizipierte er in seinem eigenen Leben und mit seinem eigenen Körper, was die Zukunft seines Volkes sein sollte.[124]

Doch Jung reduzierte Nietzsche nicht einfach zu einer Präfiguration des Nationalsozialismus als Ausdruck des kollektiven Unbewußten in Deutschland. Zuweilen kritisierte er den Nationalsozialismus ausdrücklich. Er stellte ihn dann als eine Fehlanwendung Nietzsches dar, dessen Denken zu seinem korrekten Verständnis besonderer Vorbereitung bedürfe. Das soll hier im Detail zitiert werden:

Nietzsche selbst wäre über solche Nachrichten wohl äußerst erstaunt gewesen. Er hätte sich gewiß nie träumen lassen, als Vater alles Bösen der Moderne bezeichnet zu werden. Das ergibt sich in der Tat aus den Mißverständnissen, denen er ausgesetzt ist. Er machte einen grundlegenden Fehler, der sicher nicht generell als Fehler betrachtet wird. Doch *ich* betrachte es als einen Fehler, daß er den *Zarathustra* veröffentlichte. Dieses Buch hätte nicht veröffentlicht werden, sondern denen vorbehalten bleiben sollen, die sich einer sorgfältigen Ausbildung in der Psychologie des Unbewußten unterzogen haben. Erst wenn sie unter Beweis gestellt hätten,

---

122 Carl Gustav Jung, *Nietzsche's Zarathustra: Notes of the Seminar Given in 1934-1939*, a. a. O., Bd. 1, S. 87f.

123 Carl Gustav Jung, *Nietzsche's Zarathustra: Notes of the Seminar Given in 1934-1939*, a. a. O., Bd. 2, S. 1300.

124 Carl Gustav Jung, *Nietzsche's Zarathustra: Notes of the Seminar Given in 1934-1939*, a. a. O., Bd. 1, S. 495f.

daß sie von den gelegentlichen Äußerungen des Unbewußten nicht geistig zerrüttet werden, sollte den Menschen dieses Buch zugänglich sein [...] Liest jemand den *Zarathustra* unvorbereitet und mit all den naiven Unterstellungen unserer heutigen Zivilisation, dann muß er notwendig falsche Schlüsse ziehen hinsichtlich der Bedeutung des ›Übermenschen‹, ›der blonden Bestie‹ oder des ›bleichen Verbrechers‹ usw.[125]

Jung war durchaus bewußt, daß Nietzsches Äußerungen im Abschnitt »Vom neuen Götzen« »zugunsten eines faschistischen, nationalsozialistischen oder kommunistischen Staates verwendet werden konnten, allerdings ebensogut als die besten Argumente gegen sie«.[126]

Für ihn waren in der Tat sowohl der Nationalsozialismus wie Nietzsche Ausdruck bedeutender, tiefer Schichten des kollektiven Unbewußten. Im weiteren Verlauf des Seminars machte er jedoch deutlich, daß er die Vereinnahmung Nietzsches durch den Nationalsozialismus für weniger zuträglich hielt. Er veranschaulichte dies an folgender Weissagung aus dem *Zarathustra*: »Ihr Einsamen von heute, ihr Ausscheidenden, ihr sollt einst ein Volk sein: aus euch, die ihr euch selber auswähltet, soll ein auserwähltes Volk erwachsen: - und aus ihm der Übermensch.«[127] Die psychohermeneutische Dynamik dieser Passage deutete Jung wie folgt:

Sehen Sie, der Übermensch ist in Wirklichkeit kein Mensch, sondern ›ein Volk‹. Das darf sehr buchstäblich verstanden werden. Denn wenn diese Einsamen oder Ausscheidenden ihr Unbewußtes integrieren, unterscheiden sie sich selbstverständlich insofern von anderen Menschen, als sie ein ausgedehnteres Bewußtsein haben. Dann vereinigen sie gleichsam die Statistik eines ganzen Volkes in einer Psychologie [...] Wenn man sein Bewußtsein so erweitert, daß man sich neben dem eigenen Ich als vielerlei erfährt, dann nähert man sich einer gewissen Selbstverwirklichung. Doch gilt dies auch in anderer Hinsicht: Wenn nämlich ein Versuch zur Bewußtseinserweiterung irgendwo eintritt und nicht bemerkt wird, dann verursacht dies eine Art seelischer Ansteckung [...] oder eine geistige Epidemie, wie sie gegenwärtig in Deutschland zu beobachten ist. Das ist dann der Übermensch, der nicht bemerkt wird. Das ganze Volk ist gleichsam ein Mensch, und ein Mensch erweist sich als Zeichen oder Symbol einer gesamten Nation. Dies ist ein Ersatz für die Integration des Bewußtseins eines Individuums. Wie Sie sehen, *sollte* Deutschland ein Individuum sein, aber mit einem integrierten Bewußtsein. Statt dessen gibt es keine Integration des Unbewußten, sondern das ganze Volk ist in eine sakralisierte Gestalt integriert - von der niemand voll und ganz glaubt, daß sie heilig sein *könnte*. Und das ist ein Unglück.[128]

Wie immer man Jungs Seminar aus den dreißiger Jahren über den *Zarathustra* auch lesen mag, so läßt dieses Dokument kaum Zweifel an seiner Beziehung zur apokalyptischen Politik seiner eigenen Zeit. Es beschäftigte sich mit den komplexen Verstrickungen zwischen Nietzsche und dem Nationalsozialismus. Auf seine Weise tat

---

125 Carl Gustav Jung, *Nietzsche's Zarathustra: Notes of the Seminar Given in 1934-1939*, a. a. O., Bd. 1, S. 475f.

126 Carl Gustav Jung, *Nietzsche's Zarathustra: Notes of the Seminar Given in 1934-1939*, a. a. O., Bd. 1, S. 582.

127 Friedrich Nietzsche, *Also sprach Zarathustra*, in: *Werke*, Bd. VI, 1, a. a. O., S. 96f.

128 Carl Gustav Jung, *Nietzsche's Zarathustra: Notes of the Seminar Given in 1934-1939*, a. a. O., Bd. 2, S. 827.

dies auch Martin Heidegger. Wir beabsichtigen nicht, uns an der aktuellen Debatte über Heidegger und den Nationalsozialismus zu beteiligen, und unser Interesse gilt ebensowenig den Beziehungen zwischen seinen politischen und seinen philosophischen Ansichten; wir beschränken uns hier auf die Beziehung Heideggers zu Nietzsche.[129]

Nietzsche und der Nietzscheanismus sowie die Kritik der Werte und der Vernunft bzw. die Betonung einer überwältigenden heldischen Mythologie gehörten zu den wichtigsten Themen Heideggers seit den dreißiger Jahren. Sein Buch über *Nietzsche* - mit den Vorlesungen von 1936 bis 1940 und den dazugehörigen Abhandlungen aus den Jahren 1940 bis 1946 - gab seine wechselnden Auffassungen, seine Erwartungen und Einschätzungen sowohl Nietzsches wie des Nationalsozialismus wieder. Die nach seiner Meinung »erschütternde« Auseinandersetzung mit Nietzsche führte zu der von Heidegger für entscheidend gehaltenen Wende in seinem eigenen Denken. Sie stellte ihm zufolge den Schlüssel für seine geistige Entwicklung zwischen 1930 und dem Brief *Über den Humanismus* von 1947 dar.[130]

Nach Heideggers Selbstdarstellung nahm Nietzsche eine Schlüsselrolle in diesen philosophischen und politischen Veränderungen ein. In einem offenen Brief an seinen Freund Ernst Jünger, der wie er selbst als Nietzscheaner der radikalen Rechten zuzurechnen war, schrieb Heidegger viele Jahre nach dem Krieg, es sei »Nietzsche, in dessen Licht und Schatten jeder Heutige mit seinem ›für ihn‹ oder ›wider ihn‹ denkt und dichtet«.[131] Tatsächlich stand (zumindest in Heideggers Selbstauslegung) seine Befürwortung und spätere Ablehnung des Nationalsozialismus in ursächlichem Zusammenhang damit, daß er sich das Denken Nietzsches zunächst zu eigen machte und es dann zurückwies.

Nietzsche ist in *Sein und Zeit* (1926) kaum gegenwärtig, obwohl das Buch sich mit einem nietzscheanischen Problem befaßt; denn es geht in ihm um die Angst angesichts des Nihilismus und um die Ahnung, daß es keine »objektive« Grundlegung für eine Ethik geben kann.[132] Wie dem auch sei - Heideggers ausdrückliche Wende zu Nietzsche fällt zeitlich damit zusammen, daß er sich ab 1929 zum antidemokratischen, rechtsradikalen Denken der Weimarer Republik hingezogen fühlte. Das Bewußtsein der Krise trieb ihn immer stärker in die Nähe Nietzsches. In jener Zeit

---

129 Dieses (nicht ganz neue) Problem hat an Aktualität gewonnen durch die Übersetzung des Buches von Victor Farías, *Heidegger und der Nationalsozialismus*, mit einem Vorwort von Jürgen Habermas, Frankfurt a.M.: S. Fischer 1989. Vgl. ferner Jürg Altwegg, *Die Heidegger-Kontroverse*, Frankfurt a.M.: Athenäum 1988; Hugo Ott, *Martin Heidegger. Unterwegs zu einer Biographie*, Frankfurt a.M.: Campus 1988.

130 Vgl. das Vorwort von David Farrell Krell zu Martin Heidegger, *Nietzsche. The Will to Power as Art*, Bd. 1, San Francisco: Harper and Row 1979, S. XVI.

131 Martin Heidegger »Zur Seinsfrage« in: *Gesamtausgabe*, I. Abt., Bd. 9: *Wegmarken*, Frankfurt a.M.: Klostermann 1976, S. 252.

132 Persönliche Mitteilung von Jerry Muller. Vgl. ferner Gerald Izenberg, *The Existentialist Critique of Freud. The Crisis of Autonomy*, Princeton, N.J.: Princeton University Press 1976, S. 90ff.

nahmen, wenn man einigen der bedeutenderen Heidegger-Forscher glauben darf, politische und ideologische Motive Nietzsches in seiner Philosophie eine zentrale Stellung ein.[133]

Die Gründe für diesen Wechsel zu Nietzsche sind jedoch weniger wichtig als der Umstand, daß während der dreißiger und vierziger Jahre Heideggers Kategorien und Themen, seine Fragestellung und sein Metadiskurs von Nietzsche abhängig waren. Heidegger erbte Nietzsches Überzeugung, daß die Geschichte der Philosophie an ein Ende gelangt sei und daß eine neue Ära sich abzuzeichnen beginne. Nietzsches nihilistische Grundaussage war seit den dreißiger Jahren das zentrale Thema. Darüber hinaus war auch Heideggers anfängliche Hoffnung auf eine Überwindung des Nihilismus - durch einen heldischen, existentiellen, sich selbst behauptenden Willen - ganz und gar nietzscheanisch. Auch wenn er sich später entschloß, diese Selbstbehauptung und seine Metaphysik in einer vollständigen Unterwerfung unter die Stimme des Seins preiszugeben, blieb seine Problemstellung doch angesiedelt in einer radikal nietzscheanischen Vernunftkritik und der These vom Ende der Philosophie des Westens.[134]

Die Grundaussage des europäischen Nihilismus und die Lösungsvorschläge angesichts der mit ihm entstandenen Schwierigkeiten bildeten explizit den Ausgangspunkt für Heideggers Überlegungen zur »inneren Wahrheit und Größe« der nationalsozialistischen Bewegung.[135] Heideggers Existentialismus ging hervor aus einer radikalen Analyse dieser historischen Situation sowie aus der Erfahrung des Nihi-

---

133 Vgl. Jürgen Habermas »Heidegger - Werk und Weltanschauung«, a. a. O. Otto Pöggeler, Heideggers Schüler und Kritiker, hat die Auffassung vertreten, die Wirkung Nietzsches sei bereits in Heideggers Wende von christlichen zu neuheidnischen Themen zutage getreten sowie in seinem mythologisierenden Rückgriff aufs Archaische und in seiner Forderung nach einem Gott, der uns retten könnte. »Gab es nicht für Heidegger auch den Weg von Nietzsche zu Hitler? Versuchte Heidegger nicht seit 1929 mit Nietzsche, durch das Schaffen der großen Schaffenden zur tragischen Welterfahrung und so zu einer geschichtlichen Größe zurückzufinden, damit bei den Deutschen den Anfang des griechischen Denkens und einen von Mythen umstellten Horizont verwandelt zurückzuholen?« Otto Pöggeler »Den Führer führen? Heidegger und kein Ende« in: *Philosophische Rundschau* 32 (1985) S. 47.

134 Vgl. die klare Darstellung dieser Veränderung bei J. L. Mehta, *The Philosophy of Martin Heidegger*, New York: Harper and Row 1971, S. 81-122, insbes. 112f.; vgl. ferner den Hinweis bei Habermas, von Schlegel bis Nietzsche sei die Vernunftkritik begleitet gewesen von der Forderung nach einer neuen Mythologie. »Aber erst Heidegger hat dieses konkrete Bedürfnis ontologisierend und fundamentalisierend zu einem Sein, das sich dem Seienden entzieht, verflüchtigt.« Jürgen Habermas, *Der philosophische Diskurs der Moderne. Zwölf Vorlesungen*, Frankfurt a. M.: Suhrkamp 1985, S. 167. Vgl. schließlich George Lichtheim »On the Rim of the Volcano. Heidegger, Bloch, Adorno« in: *Encounter* 22, Nr. 4 (April 1964).

135 Vgl. zur bewegten Geschichte dieses Wortes die ausgezeichnete Untersuchung von Thomas Sheehan »Heidegger and the Nazis« in: *The New York Review of Books* (16. Juni 1988); Martin Heidegger, *Einführung in die Metaphysik*, in: *Gesamtausgabe*, I. Abt., Bd. 9, Frankfurt a. M. 1976, S. 208.

lismus. Bereits 1939 notierte Karl Löwith, die Wahrnehmung des Verfalls und der bevorstehenden europäischen Katastrophe bei gleichzeitiger Bereitschaft zum Bruch, zur Revolution und zum Neuanfang sei keine Laune Heideggers allein, sondern ein wesentlicher Bestandteil dessen, was die radikale Rechte nach dem Ersten Weltkrieg an Argumenten auf Lager hatte, sowie ein integraler Bestandteil der Geisteshaltung der konservativen Revolution.[136] Löwith hielt Heidegger für einen noch radikaleren Befürworter der deutschen Revolution als deren offizielle Ideologen (wie Ernst Krieck und Alfred Rosenberg). Gewiß war Heideggers Metadiskurs des Nationalsozialismus von dessen kantianischen oder hegelschen Begründungsversuchen vollständig verschieden. Wesentlich war nicht die objektive Begründung, der nationale, soziale oder rassische Inhalt der Bewegung, sondern die Dynamik der Entschlossenheit als solche - das auf sich selbst zurückgeworfene und ganz auf sich gestellte Dasein im Angesicht des Nichts. Hier zählte nur der radikale Wesenswille zum Sein. Und gerade der, meinte Löwith, habe Nietzsche für Heidegger so attraktiv erscheinen lassen, also jener Wille, von dem Nietzsche sagte: »eher will er noch *das Nichts* wollen, als *nicht* wollen«.[137]

In diesem Stadium seiner Entwicklung billigte Heidegger noch Nietzsches Konzeption des Willens, über die er schrieb: Der »Wille zur Macht ist wesentlich ein Schaffen und Zerstören«.[138] Ihm zufolge postulierte Nietzsche den Nihilismus nicht einfach als ein Verfallsphänomen, sondern als das der Geschichte des Westens eigene Gesetz. Er enthielt das neue Prinzip einer bedingungslosen Umwertung, die sich nicht länger auf die Leblosigkeit einer übersinnlichen Welt berief. Der Nihilismus wurde vielmehr konzipiert als wesentlicher Bestandteil von Nietzsches Ideal eines überschwenglichen Lebens.[139]

Diese Gedanken Nietzsches waren, wie Heidegger unzweideutig klarstellte, direkt auf die damalige Revolution in Deutschland zu beziehen. In seiner berühmten Rektoratsrede von 1933 »Die Selbstbehauptung der deutschen Universität« wurde die große Umwandlung des deutschen Daseins mit den schöpferischen Möglichkeiten des nihilistischen Augenblicks in Verbindung gebracht. »Und wenn gar unser

---

136 Vgl. Karl Löwith »The Political Implications of Heidegger's Existentialism« in: *New German Critique* Nr. 45 (Herbst 1988). Obwohl sich das Denken Heideggers nicht auf das der konservativen Revolution der Zwischenkriegszeit reduzieren läßt, gehörte es in deren Kontext. Vgl. Jeffrey Herf, *Reactionary Modernism. Technology, Culture, and Politics in Weimar and the Third Reich*, a. a. O., Kap. 5; Pierre Bourdieu, *L'ontologie politique de Martin Heidegger*, in: *Actes de la recherche en sciences sociales*, Nr. 5-6 (November 1975); dt.: *Die politische Ontologie Martin Heideggers*, Frankfurt a. M.: Syndikat 1976.

137 Vgl. Martin Heidegger »Nietzsches Wort ›Gott ist tot‹« zit. nach: *Holzwege* in: *Gesamtausgabe*, 1. Abt., Bd. 5, Frankfurt a. M.: Vittorio Klostermann 1977, S. 209-267. Das berühmte Diktum steht bei Friedrich Nietzsche, *Genealogie der Moral*, in: *Werke*, Bd. VI, 2, a. a. O., S. 357. Vgl. ferner Karl Löwith »The Political Implications of Heidegger's Existentialism«, a. a. O., S. 133.

138 Martin Heidegger, *Nietzsche*, Bd. 1, Pfullingen: G. Neske 1961, S. 85.

139 Vgl. Martin Heidegger »Nietzsches Wort ›Gott ist tot‹«, a. a. O., S. 222-225.

eigenstes Dasein selbst vor einer großen Wandlung steht, wenn es wahr ist, was der leidenschaftlich den Gott suchende letzte deutsche Philosoph, Friedrich Nietzsche, sagte: ›Gott ist tot‹ – wenn wir Ernst machen müssen mit dieser Verlassenheit des heutigen Menschen inmitten des Seienden, wie steht es dann mit der Wissenschaft?«[140]

Außer seiner Grundaussage waren auch im sprachlichen Ton Heideggers und in seiner suggerierten Entschlossenheit Anklänge an einen (entsprechend nationalisierten) Nietzsche zu vernehmen. Die deutsche Wissenschaft und das Schicksal des Volkes wurden bejaht in ihrem gemeinschaftlichen Wesenswillen zur Macht. Deutsche Studenten und ihre Lehrer bildeten eine Kampfgemeinschaft, deren entschlossener Wille zum Wissensdienst sie in die äußerste Gefahr des menschlichen Daseins stellte. Angesichts des allgemeinen Niedergangs in Europa war nichts weniger notwendig als die radikalste Selbstbehauptung des Willens:

> Aber niemand wird uns auch fragen, ob wir wollen oder nicht wollen, wenn die geistige Kraft des Abendlandes versagt und dieses in seinen Fugen kracht, wenn die abgelebte Scheinkultur in sich zusammenstürzt und alle Kräfte in die Verwirrung reißt und im Wahnsinn ersticken läßt.
>
> Ob solches geschieht oder nicht geschieht, das hängt allein daran, ob wir als geschichtlich-geistiges Volk uns selbst noch und wieder wollen – oder ob wir uns nicht mehr wollen. Jeder einzelne entscheidet darüber *mit*, auch dann und gerade dann, wenn er vor dieser Entscheidung ausweicht.
>
> Aber wir wollen, daß unser Volk seinen geschichtlichen Auftrag erfüllt.
>
> Wir wollen uns selbst. Denn die junge und jüngste Kraft des Volkes, die über uns schon hinweggreift, *hat* darüber bereits *entschieden*.[141]

Auch wenn diese aktivistische Lösung später durch eine andere ersetzt wurde, akzeptierte Heidegger die dem Nihilismus eigenen Möglichkeiten einer Erlösung. Er wollte, wie er 1942 schrieb, »gerade den extremsten Nihilismus nicht als völligen Niedergang, sondern als den Übergang zu neuen Daseinsbedingungen erfahren«.[142] Ursprünglich betrachtete Heidegger sowohl den Faschismus wie den Nationalsozialismus ausdrücklich als potentiell positiv anzusehende Übergänge zu solch neuen Daseinsbedingungen. Denn es handelte sich bei ihnen im wesentlichen um nietzscheanische Projekte – um die bis dahin radikalsten Versuche einer Über-

140 Martin Heidegger, *Die Selbstbehauptung der deutschen Universität. Das Rektorat 1933/34*, Frankfurt a. M.: Klostermann 1990, S. 13.

141 Martin Heidegger, *Die Selbstbehauptung der deutschen Universität. Das Rektorat 1933/34*, a. a. O., S. 19.

142 Martin Heidegger, *Nietzsche*, Bd. 2, a. a. O., S. 89f. Heidegger zitiert Nietzsche: »*Gesamt-Einsicht*. – Tatsächlich bringt jedes große Wachstum auch ein ungeheures *Abbröckeln* und *Vergehen* mit sich: das Leiden, die Symptome des Niedergangs *gehören* in die Zeiten ungeheuren Vorwärtsgehens; jede fruchtbare und mächtige Bewegung der Menschheit hat zugleich eine nihilistische Bewegung *mitgeschaffen*. Es wäre unter Umständen das Anzeichen für ein einschneidendes und allerwesentlich stes Wachstum, für den Übergang in neue Daseinsbedingungen, daß die *extremste* Form des Pessimismus, der eigentliche *Nihilismus*, zur Welt käme. *Dies habe ich begriffen*.«

windung des westlichen Nihilismus. »Die beiden Männer«, so verkündete Heidegger 1936 in einer Schelling gewidmeten Vorlesung, »die eine Gegenbewegung gegen den Nihilismus eingeleitet haben, jeder in verschiedener Weise, Hitler und Mussolini, haben beide von Nietzsche, beide wesentlich verschieden, gelernt. Der eigentliche metaphysische Bereich Nietzsches ist damit aber noch nicht zur Geltung gekommen.«[143]

Heidegger grenzte seine Konzeption von Nietzsches »eigentlichem Bereich« selbstverständlich ab von der Bäumlers, der nach seiner Auffassung Nietzsches Willen zur Macht »trotz der Rede von Metaphysik nicht metaphysisch« begriff, »sondern politisch« ausdeutete.[144] Ein Kommentator bemerkte, daß gerade dieser durch die Nazis simplifizierte und politisierte Nietzsche den Kontext bildete, »innerhalb dessen Heidegger sich mit seinen Vorlesungen an die Studenten wenden mußte. Was sie von ihm zu hören bekamen, war etwas ganz und gar anderes, das in keiner Weise in diesen Kontext paßte«.[145]

»Kein Nazi-Schläger«, so schrieb George Steiner treffend, habe nach seiner Kenntnis *Sein und Zeit* »je gelesen oder wäre in der Lage gewesen, es zu lesen.«[146] Auch Heideggers Buch über Nietzsche hatte fraglos ein höheres Niveau, als jede nationalsozialistische Darstellung aufzubieten vermochte. Zweifellos hatten viele seiner metaphysikkritischen Einsichten Bestand. Doch Heideggers Vorlesungen müssen seine Studenten beeindruckt und zugleich verwirrt haben. Denn Nietzsche war in ihnen oft nicht wiederzuerkennen, weil er in Heideggers Denken und in seinem zu Kopf steigenden Vokabular verschwand. »Der Übermensch«, so hörten die Studenten, »lebt, indem das neue Menschentum das Sein des Seienden als den Willen zur Macht will. Es will dieses Sein, weil es selbst von diesem Sein gewollt, d. h. als Menschentum sich selbst unbedingt überlassen wird.«[147]

---

143 Zit. nach Thomas Sheehan »Heidegger and the Nazis«, a. a. O., S. 43. In Anm. 43 bemerkt Sheehan, daß diese Passage in der publizierten Fassung der Vorlesung über Schelling gestrichen wurde. Er zitiert sie nach Carl Ulmer, *Der Spiegel*, Nr. 19 (2. Mai 1977) S. 10.

144 Martin Heidegger, *Nietzsche*, Bd. 1, a. a. O., S. 31. Die wichtigste Meinungsverschiedenheit ergab sich aus Bäumlers entschiedener Ablehnung der Lehre von der ewigen Wiederkehr als einer Marotte Nietzsches. Dieser war nach Bäumlers Auffassung vor allem interessiert an einem grenzenlosen Fluß des Werdens. Die ewige Wiederkehr aber widersprach dieser Doktrin. Für Heidegger dagegen bildete sie einen wesentlichen Bestandteil von Nietzsches Denken. Bd. 2 des Buches von Heidegger über *Nietzsche* beginnt mit dem Titel *Die ewige Wiederkehr des Gleichen und der Wille zur Macht*. »›Wiederkehr‹ denkt die Beständigung des Werdenden zur Sicherung des *Werdens* des Werdenden in seiner *Werdedauer*.« Martin Heidegger, *Nietzsche*, Bd. 2, a. a. O., S. 11.

145 David Farrell Krell »Analysis« in: Martin Heidegger, *Nietzsche*, Bd. 4, San Francisco: Harper and Row 1979, S. 272.

146 George Steiner »Heidegger, Again« in: *Salmagundi*, Nr. 82-83 (Frühjahr/Sommer 1989) S. 45f.; dt.: »Heidegger, abermals« in: *Martin Heidegger. Eine Einführung*, München und Wien: Hanser 1989, S. 29.

147 Martin Heidegger, *Nietzsche*, a. a. O., Bd. 2, S. 304.

Diese Vorlesungen waren angeblich die Feuerprobe für Heideggers Kehre. Durch sie kamen ihm Zweifel, so hören wir, an der erlösenden Macht sowohl Nietzsches wie des Nationalsozialismus. Dieser wachsenden Skepsis wegen werden sie gewöhnlich als wichtig präsentiert. Doch im Kontext des Dritten Reiches und der Autorität, die Nietzsche in ihm zugeschrieben wurde, schuf bereits die Verwendung nietzscheanischer Kategorien und Termini eine aufgeladene Atmosphäre, für die das Publikum empfänglich und prädisponiert war. Wie andere Deutsche hatten schließlich auch Studenten wiederholt hören müssen, dies sei die Zeit Nietzsches. Unklar bleibt, wie sie die Botschaft Heideggers aufnahmen und verarbeiteten. Denn während dieser sich offenkundig von Bäumlers Deutung und ähnlichen Interpretationen, also von simplistischen Gleichsetzungen des Nihilismus mit dem Bolschewismus sowie vom Biologismus, distanzierte, hatten diese Kategorien dennoch einen gefährlichen politischen Beiklang, der eine schärfere kritische Analyse erforderte.[148] Zudem ließen Heideggers radikale Sprache und seine Art zu zitieren die Wirklichkeit des Nationalsozialismus gelegentlich im Vergleich mit jenen nietzscheanischen Visionen, die Heidegger seinen Zuhörern offenbar nahezubringen suchte, irgendwie zahm erscheinen:

> Der Mensch ist das *Untier* und *Übertier;* der höhere Mensch ist der Unmensch und Übermensch: so gehört es zusammen. Mit jedem Wachstum des Menschen in die Größe und Höhe wächst er auch in das Tiefe und Furchtbare: man soll das Eine nicht wollen ohne das Andere, - oder vielmehr: je gründlicher man das Eine will, umso gründlicher erreicht man gerade das Andere.[149]

Ob Heidegger nun kritische Absichten verfolgt haben mochte oder nicht - so hätten viele Passagen seiner Ausführungen doch als Bestätigung der Selbsteinschätzung und der Ziele des Regimes aufgefaßt werden können. Seine Analyse des Übermenschen als neuer Verkörperung des Willens zur Macht, der sich in einer »erdherrschaftliche(n) Meisterung« ausdrückte, wurde schließlich in einem Metadiskurs formuliert, der auf die herrschende politische Wirklichkeit zugeschnitten war. Der Übermensch, so betonte Heidegger, gehörte zum »große(n) Stil« der »Züchtung des Menschentums«. »Wo dagegen jedes bestimmte Ziel und jeder Weg und jegliches Gebilde je nur Bedingung und Mittel der unbedingten Ermächtigung des Willens zur Macht sind, da besteht im Nichtbestimmtsein durch solche Bedingungen gerade die Eindeutigkeit dessen, der als Gesetzgeber erst die Bedingungen der Herrschaft über die Erde setzt.«[150] Heideggers Darstellung von Nietzsches Vorhaben mußte während des Dritten Reiches in den Jahren 1939-1940 eine unmittelbare Resonanz

---

148 »So wenig der Wille zur Macht biologisch, vielmehr ontologisch gedacht ist, so sehr hat Nietzsches Rassengedanke nicht einen biologistischen, sondern einen metaphysischen Sinn.« Martin Heidegger, *Nietzsche,* a. a. O., Bd. 2, S. 309. Das aber ließ eindeutig Raum für einen »metaphysischen Rassengedanken« - was immer der bedeuten mochte.

149 Friedrich Nietzsche, *Nachgelassene Fragmente Herbst 1887 bis März 1888,* a. a. O., S. 90 zit. nach Martin Heidegger, *Nietzsche,* a. a. O., Bd. 2, S. 90.

150 Martin Heidegger, *Nietzsche,* a. a. O., Bd. 2, S. 311f.

finden, die, angesichts seiner vorgeblich kritischen Intentionen, gewiß eine genauere Untersuchung erfordern dürfte.

Durchweg blieb Heidegger bei seiner zweideutigen Ausdrucksweise. So war es ein heikles Unterfangen, die kritischen von den funktional notwendigen Momenten des zeitgenössischen Übermenschen und seiner Herrschaft über die Erde zu trennen:

In diesen Tagen sind wir selbst die Zeugen eines geheimnisvollen Gesetzes der Geschichte, daß ein Volk eines Tages der Metaphysik, die aus seiner eigenen Geschichte entsprungen, nicht mehr gewachsen ist und dies gerade in dem Augenblick, da diese Metaphysik sich in das Unbedingte gewandelt hat. Jetzt zeigt sich, was Nietzsche bereits metaphysisch erkannte, daß die neuzeitliche ›machinale Ökonomie‹, die maschinenmäßige Durchrechnung alles Handelns und Planens in ihrer unbedingten Gestalt ein neues Menschentum fordert, das über den bisherigen Menschen hinausgeht [...] Der unbedingten ›machinalen Ökonomie‹ ist im Sinne der Metaphysik Nietzsches nur der Übermensch gemäß, und umgekehrt: dieser bedarf jener zur Einrichtung der unbedingten Herrschaft über die Erde.[151]

Wir müssen jedoch auf die atmosphärische Bedeutung zurückkommen, die Nietzsche im Selbstbewußtsein jener Zeit besaß. Die von Heidegger selbst beschriebene Neubewertung sowohl des Nationalsozialismus wie seines eigenen Denkens hing aufs engste zusammen mit seiner fortgesetzten Beschäftigung mit dem Werk Nietzsches.[152] Heidegger begrüßte zunächst Nietzsches Umwertung aller Werte als die richtige philosophische Antwort auf die Grundaussage des Nihilismus und hielt den in der nationalsozialischen Revolution zutage tretenden, aktivistischen Willen zur Macht für die politisch angemessene Gegenbewegung zum Nihilismus. In beiden sah er die einem völkischen Standpunkt entsprechenden menschlichen Mittel, das Sein zur Preisgabe seines Geheimnisses zu zwingen.[153] Zu seiner Ablehnung der entscheidenden Elemente des Nationalsozialismus sowie seiner eigenen Arbeiten und der Nietzsches, zum Verzicht auf den Willen und die Selbstbehauptung im Angesicht des Seins wurde er veranlaßt durch

die erschütternde und vernichtende Erkenntnis, daß Nietzsches Philosophie des Willens zur Macht nur der nihilistische Höhepunkt einer Entwicklung war, die dem innersten Wesen der metaphysischen Tradition des Westens seit Platon entsprach. Die Erkenntnis, daß dieser Wille, dieses nihilistische Krebsgeschwür, eine mächtige Triebkraft auch seiner eigenen Philosophie

---

151 Martin Heidegger, *Nietzsche*, a. a. O., Bd. 2, S. 165f.

152 Ein beträchtlicher Teil der zeitgenössischen Literatur behauptet, es sei nie zu einer grundlegenden Neubewertung des Nationalsozialismus durch Heidegger gekommen. Dieser sei vielmehr bis zu seinem Ende vom historischen Potential des Nationalsozialismus überzeugt gewesen und habe zwischen dessen genuinen Möglichkeiten und ihrer schlechten geschichtlichen Verwirklichung einen Unterschied machen wollen.

153 Vgl. die ausgezeichnete Darstellung dieser Doppelstruktur und der parallellaufenden Veränderungen bei Richard Wolin »The French Heidegger Debate« in: *New German Critique* Nr. 45 (Fall 1988) S. 154-156 sowie J. L. Mehta, *The Philosophy of Martin Heidegger*, a. a. O., S. 40.

geblieben war, die doch die Metaphysik zu ›überwinden‹ suchte, daß also dieser Wille zwischen ihm und dem Sein – dem Ziel seiner Suche – stand, scheint dazu geführt zu haben, daß er dem Willen abschwor und sich ganz der ›Stimme des Seins‹ überantwortete.[154]

Seither galt Nietzsche trotz seiner profunden Kritik des philosophischen Humanismus nicht als der Umsturz, sondern als die letzte Verkörperung der westlichen Tradition der Metaphysik. Sein Wille zur Macht hatte seinen Grund in einer leidenschaftlichen Übersteigerung des Willens statt im Verzicht auf ihn. Nietzsche erwies sich mithin nicht nur als ungeeignet, als Gegengift gegen den Nihilismus zu wirken, sondern wurde gar selbst dessen Ausdruck:

Nietzsche versteht seine eigene Philosophie als Gegenbewegung gegen die Metaphysik, d.h. für ihn gegen den Platonismus.

Als bloße Gegenbewegung bleibt sie jedoch notwendig wie alles Anti im Wesen dessen verhaftet, wogegen sie angeht. Nietzsches Gegenbewegung gegen die Metaphysik ist als die bloße Umstülpung dieser die ausweglose Verstrickung in die Metaphysik, so zwar, daß diese sich gegen ihr Wesen abschnürt und als Metaphysik ihr eigenes Wesen nie zu denken vermag.[155]

Nachdem Heidegger den Willen zur Macht zunächst als Mittel zur Erkenntnis des Seins betrachtet hatte, setzte er ihn später mit simpler Herrschaft und mit dem Triumph einer subjektzentrierten Technik gleich, ja mit dem fehlgeleiteten Projekt kultureller Selbstbehauptung in der Moderne. Ursprünglich verschaffte der nietzscheanische Bezugsrahmen dem Nationalsozialismus Geltung – später bildete der Verzicht auf eine nietzscheanische Weltsicht die Grundlage der Kritik an ihm. Richard Wolin formuliert prägnant:

Der Nationalsozialismus, der sich zunächst (nach Meinung Heideggers) als Gegenbewegung zum Nihilismus des westlichen ›Willens zur techne‹ und mithin als welthistorische Alternative zu dem von Nietzsche verunglimpften ›Nihilismus‹ präsentierte, erwies sich schließlich bloß als eine andere geschichtliche Manifestation eben dieses Nihilismus in ganz derselben Weise, in der Nietzsches scharfe Kritik der Metaphysik letztlich auf metaphysischen Grundlagen beruhte. Die Gleichung, nach der Heidegger vorgeht, lautet daher: Nationalsozialismus = Nietzscheanismus = Metaphysik.[156]

Sowohl Heideggers Anerkennung des Nationalsozialismus wie seine Ablehnung blieben mithin auf Nietzsche bezogen. In einem Memorandum, das er zur Zeit seines Entnazifizierungsverfahrens schrieb, formulierte Heidegger seine Distanzierung ganz im Sinne einer Kritik an der universalen Herrschaft des Willens zur Macht:

Was Ernst Jünger in den Gedanken von Herrschaft und Gestalt des Arbeiters denkt und im Lichte dieses Gedankens sieht, ist die universale Herrschaft des Willens zur Macht innerhalb der planetarisch gesehenen Geschichte. In dieser Wirklichkeit steht heute Alles, mag es Kom-

154 J. L. Mehta, *The Philosophy of Martin Heidegger*, a. a. O., S. 112f.
155 Vgl. Martin Heidegger »Nietzsches Wort ›Gott ist tot‹«, a. a. O., S. 217.
156 Richard Wolin »The French Heidegger Debate«, a. a. O., S. 156f. Die gefährliche Absurdität solcher Analysen wird am Beispiel mancher zeitgenössischen Untersuchungen deutlich, wenn in ihnen implizit dem Nationalsozialismus ein Übermaß an Humanismus vorgeworfen wird!

mendes heißen oder Faschismus oder Weltdemokratie [...] Diese Wirklichkeit im Sinne des Willens zur Macht läßt sich im Sinne Nietzsches auch aussagen durch den Satz: ›Gott ist todt.‹ [...] Wäre, wenn es anders wäre, der erste Weltkrieg möglich gewesen? Und vollends, wäre, wenn es anders wäre, der zweite Weltkrieg möglich geworden?[157]

Für Heidegger wurde der ursprüngliche nietzscheanische Begriff des Willens zur Macht ein Synonym der subjektzentrierten, global herrschenden Technik. Er verwendete ihn als Mittel zur Verdunkelung der besonderen historischen Wirklichkeit des Nationalsozialismus und reduzierte ihn auf eine undifferenzierte Anklage gegen die Moderne. Sein monolithischer Vielzweckbegriff des Willens zur Macht umfaßte schließlich alles. Spannungslos und blind setzte er die motorisierte Landwirtschaft gleich mit den Gaskammern, die Vernichtung von sechs Millionen Juden mit der Behandlung der Ostdeutschen durch die Alliierten.[158] George Steiner hat darauf verwiesen, daß Heideggers Weigerung, zum Holocaust Position zu beziehen, zurückzuführen ist auf seine Weigerung, aus dem »Denken des Seins« ethische Prinzipien zu entwickeln. Trotz seines Gedankenreichtums und der Fülle der aus ihm zu gewinnenden Anregungen enthält Heideggers Denken »keine Ethik und impliziert auch keine«.[159] Auch das muß wohl als Teil von Heideggers Radikalisierung des nietzscheanischen Unternehmens betrachtet werden, das es sich ja ausdrücklich zur Aufgabe machte, jenseits von Gut und Böse zu denken.

Während des Dritten Reiches bildeten also das Werk Nietzsches und dessen Kategorien die entscheidende Achse, um die sich jedes Verständnis, jede Bestimmung und Kritik dieser Ära drehten. Selbst seine Gegner erachteten es für notwendig, sich mit seinen Ansprüchen auseinanderzusetzen und sich auf seine Argumente einzulassen. Allgemein hatte man das Gefühl, daß der »eigentliche metaphysische Bereich Nietzsches« ebenso tief wie rudimentär mit dem Wesen des Nationalsozialismus zusammenhing. Hermeneutische Fragen nach diesem Zusammenhang sind seit den dreißiger Jahren bis heute Gegenstand einer erregten und unabgeschlossenen Debatte. In ihnen spiegelt sich Nietzsches fortdauernde Wirkung als Seismograph und Symbol dessen, was uns kulturell, ja existentiell beschäftigt.

---

157 Martin Heidegger, *Die Selbstbehauptung der deutschen Universität. Das Rektorat 1933/34*, Frankfurt a. Main: Klostermann 1990, S. 25. Heideggers Behauptung, er habe schon 1932 unter dem Einfluß der Werke Ernst Jüngers eine Konzeption des Willens zur Macht als Gegengewicht gegen den Nationalsozialismus erarbeitet, übergeht arglistig seine frühere, sehr viel positivere Einstellung zu dessen erlösender Macht.

158 Vgl. die kluge und detaillierte Analyse dieser Thesen Heideggers bei Thomas Sheehan »Heidegger and the Nazis«, a. a. O., S. 41f. und 45. In dieser Hinsicht war Heidegger seiner Zeit weit voraus; denn er nahm die Argumente vorweg, die im Historikerstreit gegen die Einzigartigkeit des Holocaust vorgetragen wurden. Heideggers Vergleich der Behandlung der Ostdeutschen durch die russische Besatzungsmacht mit dem Massenmord an den europäischen Juden findet sich in einem Brief an Herbert Marcuse vom 20. Januar 1948. Vgl. »Herbert Marcuse and Martin Heidegger. An Exchange of Letters« in: *New German Critique*, Nr. 53 (Spring/Summer 1991) S. 28-32.

159 George Steiner »Heidegger, Again«, a. a. O., S. 53f.; dt.: »Heidegger, abermals«, a. a. O., S. 40.

KAPITEL 9

# Der Nationalsozialismus und die Debatte um Nietzsche Kulturkritik, Ideologie und Geschichte

*Hitler: das ist der Mob, der Nietzsche gelesen hat.*

Alfred Kerr, *Die Diktatur des Hausknechts*

*Sprach beim Thee [...] über den Abstieg Europas,*
*das Phänomen der Verhunzung ehemalig echter Geistes- und*
*Geschichtsphänomene, wie es sich etwa*
*in dem Verhältnis Spenglers zu Nietzsche und Schopenhauer,*
*des National-Sozialismus zur Reformation erweist.*
*Es scheint, daß es sich nicht mehr um echte Geschichte,*
*sondern um humbughafte und verderbte Nachspiele*
*und Nachahmungen handelt, um Schwindel-Geschichte.*

Thomas Mann, *Tagebucheintragung vom 30. Dezember 1934*

*Welcher Philosoph wurde von Hitler und Mussolini*
*als Prophet des Autoritarismus gefeiert? - Friedrich Nietzsche.*

Trivial Pursuit

1935 schrieb ein Autor in der Schweiz, Friedrich Nietzsche gelte als ideologischer Begründer und als Pionier des Dritten Reiches. Keinem anderen Denker fühle sich die nationalsozialistische Ideologie so tief und eng verbunden. Immer wieder diene er den Führungsfiguren des Reiches als Eideshelfer. Überraschend und äußerst befremdlich aber sei der Umstand, daß sich ebenso vorbehaltlos auch die schärfsten Gegner des Nationalsozialismus auf Nietzsche wie auf sonst keinen Denker beriefen. Wie konnte das möglich sein, und wer war im Recht? Hatten vielleicht beide Lager recht oder keines von beiden?[1]

Diametral entgegengesetzte Antworten auf diese Fragen wurden bereits gegeben, seit sich sowohl die italienischen Faschisten wie die Nazionalsozialisten Nietzsches

---

1 Vgl. Dimitry Gawronsky, *Friedrich Nietzsche und das Dritte Reich*, Bern: Verlag Herbert Lang 1935, S. 5.

bemächtigt hatten. Seither ist diese Debatte zu keinem Ende gelangt. Sie kann zu keinem Ende gelangen, weil sie, wie Jean Starobinski angemerkt hat, in »ein Labyrinth nicht verifizierbarer Hypothesen« führt.[2] Nach unserer Meinung muß die im Verlauf dieser Debatte entstandene, umfangreiche hermeneutische Subliteratur in das jeweils vorherrschende Bild Nietzsches integriert werden. Sie hängt zusammen mit umfassenderen politischen und ideologischen Fragen und sollte als Teil jener breiter angelegten Kulturkritik begriffen werden, für die Nietzsche zu einem Prisma wurde, durch das sie die großen Themen der Säkularisierung, der Moderne, ja selbst der Menschheit in Augenschein nahm. Implizit hing all dies mit der Vorstellung zusammen, daß Nietzsche und der Nietzscheanismus im 20. Jahrhundert ein umwälzendes Befreiungs- und Erneuerungspotential darstellten. Obwohl die Debatte zwischen der (von Crane Brinton so genannten) »weichen« bzw. »harten« Auffassung Nietzsches, wie wir gesehen haben, schon auf die Anfänge der Nietzsche-Rezeption zurückging, verschärfte die Vereinnahmung Nietzsches durch die Nazis dieses Problem.[3]

Den »harten« Interpretationen Nietzsches sind ohne Zweifel die Anfänge der offiziellen marxistischen Rezeption zuzurechnen. Sie gingen noch hinaus über die von Franz Mehring begründete Tradition der Klassenanalyse, ja sie radikalisierten sie sogar, indem sie erklärten, die Aneignung Nietzsches durch die Nazis sei dessen Werk durchaus angemessen. Allerdings waren eine Reihe marxistischer Deutungen vor 1933, die sich auf die in Kapitel 6 beschriebene, von der offiziellen Linie abweichende Tradition beriefen, von dieser Orthodoxie weit entfernt. Sie bestritten entschieden jeden Zusammenhang zwischen Nietzsche und dem italienischen Faschismus[4] und waren über dessen deutsche Spielart entsetzt. 1930 hieß es in einer Arbeit, die diese Verbindung zu verneinen suchte: »Wir bitten zunächst um Entschuldigung wegen der Zusammenstellung der Namen Nietzsche und Hitler im Titel unseres Aufsatzes...« Denn Nietzsche, so behauptete ihr Autor, war wie Marx. Sein Ziel war eine Veredelung der Menschen jenseits aller Gegensätze der Kasten oder Klassen. Er wäre gewiß der schärfste Widersacher des Nationalsozialismus gewe-

---

2 In bezug auf die Einstellung sowohl Rousseaus zur Französischen Revolution wie Nietzsches zum Nationalsozialismus wirft Jean Starobinski folgende Fragen auf: »Was hätte jeder dieser beiden Denker gedacht, wie hätte er gehandelt, wenn er noch am Leben gewesen wäre? Hätte er denen zugestimmt, die ihn auf ihrer Seite zu haben glaubten? Wenn ja, hätte er sich zuschulden kommen lassen, sie mit Waffen versorgt zu haben. Doch man kann keineswegs sicher sein, daß er sich so verhalten hätte. Wenn er aber andererseits nicht zumindest teilweise ihr Vorläufer gewesen wäre, wie hätten sie sich dann seine Gedanken so weitgehend zu eigen machen können? Die Debatte darüber ließe sich endlos fortführen.« Jean Starobinski »Rousseau in the Revolution« in: *New York Review of Books* (12. April 1990) S. 47.

3 Vgl. Crane Brinton, *Nietzsche*, New York: Harper and Row [1941] 1965, S. 47. Dieses Buch war seinerseits Teil der im vorliegenden Kapitel beschriebenen Debatte.

4 Vgl. Fritz Brügel »Nietzsche und der Fascismus« in: *Der Kampf. Sozialdemokratische Monatsschrift* 21 (1928) S. 610-615.

sen, dieses betrügerischen Jesuitismus für die Massen, dem es nicht um eine Veredelung der Menschheit, sondern um deren Entwürdigung zu tun war. Der brutalisierte Chauvinismus, Rassismus und Antisemitismus der Nazis wäre einem Denker, dessen Lieblingsautor Heinrich Heine war, unfaßlich erschienen![5] Andere Autoren der Linken, so etwa der im *Tagebuch* schreibende Ludwig Marcuse, meinten, nicht Nietzsche sei das Problem, sondern jene Anhänger der Rechten, die seine Botschaft systematisch verfälschten.[6] Auch Walter Benjamins verächtlicher Angriff von 1932 auf Elisabeth Förster-Nietzsche und das Archiv übermittelte eine ähnliche Botschaft.[7]

Dennoch wurde mit dem Herannahen der nationalsozialistischen Machtübernahme für viele der undoktrinären Denker der Linken Nietzsche zu einem Problem. 1929 konnte Kurt Tucholsky, der politische Satiriker der radikalen *Weltbühne*, Nietzsche noch dafür loben, »dem Deutschen wieder eine Prosa gegeben« zu haben.[8] Auch 1932 bestand er auf einer Unterscheidung zwischen den Schriften des Philosophen und den entstellenden Machenschaften des Archivs.[9] Ihm war klar, wie leicht Nietzsche für buchstäblich jede Sache vereinnahmt werden konnte:

> Einige Analphabeten der Nazis, die wohl deshalb unter die hitlerischen Schriftgelehrten aufgenommen worden sind, weil sie einmal einem politischen Gegner mit dem Telefonbuch auf den Kopf gehauen haben, nehmen Nietzsche heute als den ihren in Anspruch. Wer kann ihn nicht in Anspruch nehmen! Sage mir, was du brauchst, und ich will dir dafür ein Nietzsche-Zitat besorgen... Für Deutschland und gegen Deutschland; für den Frieden und gegen den Frieden; für die Literatur und gegen die Literatur – was Sie wollen.[10]

Je mehr man von Nietzsche lese, so bemerkte Tucholsky bitter, desto unabweisbarer gewinne man den Eindruck, daß da etwas nicht stimmt. Denn bei ihm finde sich gerade das nicht, dessentwegen er immer wieder zitiert wird: Kraft. »Was ich aber in stärkstem Maße besitze,« so schrieb Tucholsky, »ist ein Mißtrauen gegen falsche Helden, und Nietzsche halte ich für einen geheimen Schwächling. Er heroisiert, so wie einer masturbiert.«[11]

Tucholsky brachte sein Mißtrauen satirisch zum Ausdruck. Es wäre ihm gewiß nie eingefallen, eine systematische Theorie zu entwickeln, um Nietzsches Schriften

---

5 Vgl. Johannes Albert »Nietzsche und Hitler. Zur Ideologie des Nationalsozialismus« in: *Sozialistische Bildung. Monatsschrift des Reichsausschusses für sozialistische Bildungsarbeit* Nr. 12 (Dezember 1930) S. 353, 355-357.

6 Ludwig Marcuse »Märchen von der unbefleckten Empfängnis« in: *Das Tagebuch* 12 (1931) S. 1331-1335; »Die Papas der Nietzscheaner« in: *Das Tagebuch* 13 (1932) Bd. 1, S. 401-408.

7 Vgl. Walter Benjamin »Nietzsche und das Archiv seiner Schwester« in: *Gesammelte Schriften*, Bd. 3, hrsg. Hella Tiedemann-Bartels, Frankfurt a. M.: Suhrkamp 1972, S. 323-326.

8 Kurt Tucholsky »Schwarz auf Weiß« in: *Gesammelte Werke*, Bd. 7, Hamburg: Rowohlt 1960, S. 49.

9 Kurt Tucholsky »Fräulein Nietzsche« in: *Gesammelte Werke*, Bd. 10, a. a. O., S. 10f.

10 Kurt Tucholsky »Fräulein Nietzsche«, a. a. O., S. 14.

11 Kurt Tucholsky »Fräulein Nietzsche«, a. a. O., S. 23.

als die entscheidende ideologische Quelle der Entstehung und Entfaltung des Nationalsozialismus darzustellen. Dieser Aufgabe widmeten sich nach der nationalsozialistischen Machtergreifung Hans Günther und (sehr viel ausführlicher) Georg Lukács. Beide waren in den kommunistischen Parteien ihrer Länder während der späten zwanziger und frühen dreißiger Jahre aktiv. Beide waren Mitarbeiter der *Linkskurve* und beide emigrierten 1932 in die Sowjetunion, wo ihre Untersuchungen über die Verbindungen zwischen dem Werk Nietzsches und dem Nationalsozialismus erschienen. Sie waren der offiziellen Parteidoktrin vom Faschismus als der Erscheinungsform des unter Druck geratenen Monopolkapitalismus ebenso verpflichtet wie den Leitlinien für den antifaschistischen Kampf, die auf dem 7. Weltkongreß der Kommunistischen Internationale formuliert worden waren.[12] Sie hielten sich ganz im offiziellen Rahmen und bekräftigten die orthodoxe Nietzsche-Deutung des Marxismus, an der in der Sowjetunion bis zu deren Ende festgehalten wurde.[13]

Im Gegensatz zu den Schriften von Lukács gewinnt das Werk von Hans Günther erst allmählich an Bekanntheit.[14] Sein Aufsatz »Der Fall Nietzsche« wurde 1935 publiziert. Günther bestand darauf, daß nur die historisch-materialistische Methode in der Lage sei, das Geheimnis Nietzsches erfolgreich aufzuklären und die Entwicklung seines Denkens zu entschlüsseln. Im wesentlichen ging es ihm darum, Nietzsches ideologische Funktionen und seinen Klassenstandpunkt zu demaskieren. Nietzsche, so argumentierte Günther, war nicht nur ein Philosoph der herrschenden Klasse, sondern »ein Philosoph von *Deutschlands* herrschender Klasse.«[15] Wie Lukács machte sich auch Günther die Theorie von Deutschlands Sonderweg in der Geschichte zu eigen. Ihm zufolge war die herrschende Klasse in Deutschland im wesentlichen rückständig, und Nietzsches Theorien brachten dies im Bereich der Ideen zum Ausdruck. In der Brutalität seines Denkens spiegelte sich Deutschlands ökonomische und politische Verspätung wider.

Nietzsches Kritik der Dekadenz, des Nihilismus und der Moderne im Kaiserreich bot nach Auffassung von Günther eine bloß symptomatische Analyse des Ka-

12 Diese biographischen Details ebenso wie interpretatorische Hinweise auf das Werk Hans Günthers verdanke ich einer unveröffentlichten Arbeit von Robert Hollub über die Rezeption Nietzsches auf seiten der Linken.

13 Vgl. Bernice Glatzer Rosenthal »Current Soviet Thought on Nietzsche« in: Sigrid Bauschinger u. a. (hrsg.), *Nietzsche heute. Die Rezeption seines Werkes nach 1968*, Bern und Stuttgart: Francke 1988; Ernst Behler »Nietzsche in der marxistischen Kritik Osteuropas« in: *Nietzsche-Studien* 10/11 (1981/1982). Die Veränderungen in Osteuropa und Rußland werden zweifellos auch zu veränderten und gewiß wohlwollenderen Interpretationen Nietzsches führen. Anders liegen die Dinge in Ostdeutschland, auf das ich im vorliegenden Kapitel weiter unten eingehe.

14 Günthers ursprünglich 1935 in Moskau erschienene Arbeiten sind wiederabgedruckt in: Hans Günther, *Der Herren eigner Geist. Ausgewählte Schriften*, Berlin und Weimar: Aufbau-Verlag 1981.

15 Hans Günther »Der Fall Nietzsche« in: *Unter dem Banner des Marxismus* 5/6 (1935) S. 542.

pitalismus, ohne je zu dessen sozialen und ökonomischen Grundlagen vorzustoßen. Es zeigte sich bei ihm ein romantischer Antikapitalismus, der sich zwar als revolutionär darstellte, in Wahrheit aber revolutionäres Handeln entschärfte und am Status quo festhielt.[16] Nietzsches ambivalente Sehnsucht, die sich zurück in die Vergangenheit und voraus in die Zukunft wandte, führte dazu, daß an die Stelle von Philosophie und Soziologie die Beschäftigung mit Psychologie und Mythen trat.[17]

Nach Ansicht von Günther stand hinter Nietzsches gleichzeitiger Bejahung und Kritik des Kapitalismus immer wieder die Forderung nach einer unterdrückerischen Klassengesellschaft. Über sie stellte Günther die Verbindung her zum Nationalsozialismus. Nietzsches Allheilmittel Krieg und Brutalität, sein Vertrauen auf primitive Instinkte sowie sein Ideal des Übermenschen entsprachen insgesamt dem Geist des Nationalsozialismus und waren Futter für dessen Propagandamaschinerie. Zwar interpretierten die Nazis zugegebenermaßen ihren ideologischen Vorläufer allzu eng; denn Nietzsche war ihren bemitleidenswerten Phrasendreschern turmhoch überlegen. Aber seine Philosophie der Paradoxe stellte das perfekte Vorbild der nationalsozialistischen Ideologie dar. Der nietzscheanische wie der nationalsozialistische Geist waren eins in der Überzeugung, daß die Macht als das grundlegende Prinzip allen gesellschaftlichen und geschichtlichen Lebens anzusehen war. Beide hatten zudem die gemeinsame Aufgabe, »die brutalste *Reaktion* als radikalste *Revolution* zu tarnen.«[18]

In seinen Essays aus den dreißiger und vierziger Jahren entwickelte Georg Lukács systematisch die für den Marxismus verbindliche These vom Zusammenhang zwischen dem Denken Nietzsches und dem Nationalsozialismus. Ihren Höhepunkt fand diese These in dem ebenso berühmten wie umstrittenen Buch *Die Zerstörung der Vernunft*, das nach dem Zweiten Weltkrieg erschien.[19] Lukács ging es darum, die Formen des reaktionären bürgerlichen Irrationalismus zu untersuchen sowie den »Weg Deutschlands zu Hitler auf dem Gebiet der Philosophie. Das heißt, es soll gezeigt werden, wie dieser reale Gang sich in der Philosophie widerspiegelt, wie philosophische Formulierungen als gedanklicher Widerschein der realen Entwicklung Deutschlands zu Hitler diesen Gang beschleunigen halfen.« Eine solche

---

16 Vgl. Hans Günther, *Der Herren eigner Geist. Ausgewählte Schriften*, a.a.O., 152, 264. Vgl. ferner die Zusammenfassung bei Dennis M. Sweet »Friedrich Nietzsche in the GDR. A Problematic Reception« in: *Studies in GDR. Culture and Society* 4, S. 229.

17 Vgl. Hans Günther, »Der Fall Nietzsche«, a.a.O., S. 556.

18 Hans Günther, *Der Herren eigner Geist. Ausgewählte Schriften*, a.a.O., 290.

19 Vgl. die in Moskau geschriebenen Aufsätze »Nietzsche als Vorläufer der faschistischen Ästhetik« in: *Internationale Literatur* 3 (1934), Neudruck in: *Werke*, Bd. 10: *Probleme der Ästhetik*, Neuwied und Berlin: Luchterhand 1969, sowie »Der deutsche Faschismus und Nietzsche« in: *Internationale Literatur* 12 (1943). Auf Nietzsche wird ebenfalls Bezug genommen in Georg Lukács »›Größe und Verfall‹ des Expressionismus« aus dem Jahr 1934. Nachdruck bei Paul Raabe (hrsg.), *Expressionismus. Der Kampf um eine literarische Bewegung*, Zürich: Arche 1987, insbes. S. 261. Obwohl Lukács die Arbeit an seinem Buch *Die Zerstörung der Vernunft* erst 1952 beendete, gehen die in ihm geäußerten Ansichten auf die Kriegszeit zurück.

Entwicklung vollzog sich nach Meinung von Lukács ganz unabhängig davon, ob einzelne Denker sich ihrer gesellschaftlichen und historischen Funktionen bewußt waren oder nicht. »Auch in der Philosophie wird nicht über Gesinnungen, sondern über Taten – über objektivierten Gedankenausdruck, über dessen historisch notwendige Wirksamkeit – abgestimmt. Jeder Denker ist in diesem Sinn für den objektiven Gehalt seines Philosophierens vor der Geschichte verantwortlich.«[20]

Lukács hegte keinerlei Zweifel am objektiv erkennbaren und letztlich fortschrittlichen Wesen geschichtlicher Vorgänge. Sein entschlossener Widerstand gegen Nietzsche ging großenteils auf dessen Leugnung einer progressiven historischen Entwicklung zurück. Lukács machte sich eine marxistische Teleologie zu eigen, welche die nietzscheanische (und sogar die moderne) Krise der Erkenntnis von Vernunft und Wahrheit auf die symptomatischen, sich selbst rechtfertigenden, reaktionären Klassengesichtspunkte des Bürgertums reduzierte. Nietzsches Rückzug in die Sphäre des Mythos, seine Ersetzung von Erkenntnis durch Interpretationen, seine Leugnung der Existenz einer objektiven Außenwelt, die durch ihre Erkennbarkeit den Weg zur Selbsterlösung der Menschheit hätte weisen können, waren bloße Widerspiegelungen seiner Klassenlage und nicht von sich aus lohnende philosophische Wahrheiten.[21]

Lukács suchte dieser Argumentation eine historische Perspektive zu geben. Das bürgerliche Denken, so schrieb er, besaß auf seinem Höhepunkt bei Hegel eine universale und progressive Kraft, die in seinen systematischen Anstrengungen zutage trat, die Welt in ihrer Totalität zu erfassen. Diese Kraft war am Widerstand der aufsteigenden Bourgeoisie gegen den reaktionären Adel zu beobachten. Nach 1848, vor allem aber nach 1871 verlor das bürgerliche Denken zunehmend diese positiven Eigenschaften. Angesichts der heraufkommenden Bedrohung durch das Proletariat und durch die progressive marxistische Philosophie in seinem Gefolge wandte es sich allmählich einem immer radikaleren, konservativeren, anti-objektivistischen und mythologisierenden Irrationalismus zu. Dieser moderne Irrationalismus war die wichtigste gegenrevolutionäre Ideologie, auf die sich der Monopolkapitalismus, der Imperialismus und schließlich auch der Faschismus stützten. Als Alternative zur neu entstehenden sozialistischen und proletarischen Weltanschauung des Dialektischen und Historischen Materialismus konnte er seine Leugnung von Objektivität und Rationalität direkt in einen Widerstand gegen den gesellschaftlichen Fortschritt umsetzen.

Lukács bestand darauf, daß dieses (von Nietzsche systematisch vernebelte) Thema in einen ganz und gar einfachen Rahmen zu bringen war: »Die Stellungnahme pro oder contra Vernunft entscheidet zugleich über das Wesen einer Philosophie, über ihre Rolle in der gesellschaftlichen Entwicklung.« Das bedeutete freilich nicht, daß dem Irrationalismus eine kohärente Struktur fehlte oder daß er nicht von gesellschaftlichen Funktionen abzulenken vermochte. Seine Ideen liefen auf ein

---

20 Georg Lukács, *Die Zerstörung der Vernunft*, in: *Werke*, Bd. 9, Darmstadt und Neuwied: Luchterhand 1974, S. 10.

21 Vgl. Georg Lukács, *Die Zerstörung der Vernunft*, a.a.O., S. 292.

eindeutig reaktionäres politisches Programm hinaus; zu ihnen gehörten die »Herabsetzung von Verstand und Vernunft; kritiklose Verherrlichung der Intuition, aristokratische Erkenntnistheorie, Ablehnung des gesellschaftlich-geschichtlichen Fortschritts, Schaffen von Mythen usw«.[22]

Der antisozialistische Irrationalismus war Lukács zufolge in der imperialistischen Epoche ein internationales Phänomen. Angesichts der verzögerten Entwicklung des Kapitalismus in Deutschland war er jedoch in diesem Land am stärksten entwickelt. Als sein Musterbeispiel durfte Lukács zufolge Nietzsche gelten, »der zum inhaltlichen und methodologischen Vorbild der irrationalistischen philosophischen Reaktion von den USA bis zum zaristischen Rußland wurde, und mit dessen Einfluß sich kein einziger Ideologe der Reaktion auch nur annähernd messen konnte und kann«.[23]

Nietzsches grundlegende geistige Errungenschaft - die Mythologisierung der Geschichte in Natur und Gesellschaft - erleichterte die Selbstvernichtung der historischen Entwicklung; denn sie lenkte die Aufmerksamkeit ab von der objektiven Wirklichkeit und vom sozialistischen Glauben an einen Fortschritt über die kapitalistische Gesellschaft hinaus. Sie glich Ernst Machs späterer irrationalistischer Subversion des naturwissenschaftlichen Denkens.[24] Vermittels der grob selbstwidersprüchlichen Lehre von der ewigen Wiederkehr reduzierte Nietzsche alles Werden und jedes historische Ereignis auf Manifestationen zeitloser Prinzipien. Dies war »der philosophische Ausdruck dafür, daß die bürgerliche Philosophie seit dem Sieg des subjektiven Idealismus und des Irrationalismus über Hegel zu jeder dialektischen Verknüpfung von Werden und Sein, von Freiheit und Notwendigkeit unfähig geworden ist, daß sie deren wechselseitiges Verhältnis nur als unauflösbaren antagonistischen Gegensatz oder als eklektische Vereinigung aussprechen kann«.[25]

Dank einer vergröbernden Popularisierung[26] wurden, wie Lukács bemerkte, nietzscheanische Ideen Tausenden bekannt gemacht, die von Nietzsche nie etwas

---

22 Georg Lukács, *Die Zerstörung der Vernunft*, a. a. O., S. 10f. und 15.

23 Georg Lukács, *Die Zerstörung der Vernunft*, a. a. O., S. 20.

24 Vgl. Georg Lukács, *Die Zerstörung der Vernunft*, a. a. O., S. 330.

25 Georg Lukács, *Die Zerstörung der Vernunft*, a. a. O., S. 334f. Nach Ansicht von Lukács lag darin im Grunde Hitlers Erkenntnistheorie, wenn man von der Tatsache absieht, daß er anstelle der Lehre von der ewigen Wiederkehr Chamberlains Rassenlehre als neues, komplementäres Element übernahm. Nietzsches Insistieren auf der »Immanenz« und seine Verabschiedung der »Transzendenz« (und mit ihr der Grundlagen aller christlichen oder sozialistischen Moral) war seine erkenntnistheoretische Strategie zum Beweis der immerwährenden Dauer der kapitalistischen Gesellschaft.

26 Für Lukács brachte die Popularisierung Nietzsches eine Vergröberung von dessen Lehre mit sich. Denn Nietzsche besaß »beträchtliche philosophische Gaben: etwa eine hohe Abstraktionsfähigkeit, und zwar nicht formalistisch genommen, sondern als einen Sinn, Lebenserscheinungen auf den Begriff zu bringen, eine gedankliche Brücke zwischen dem unmittelbaren Leben und den abstraktesten Gedanken zu bauen, solche Phänomene des Seins philosophisch wichtig zu nehmen, die in ihrer Zeit nur erst als Keime, als kaum einsetzende Tendenzen vorhanden waren und erst Jahrzehnte später zu allgemeinen Symptomen einer Periode wurden.« Georg Lukács, *Die Zerstörung der Vernunft*, a. a. O., S. 177.

gehört hatten und denen die unmittelbare Herkunft dieser sittlichen Schädigung durchaus nicht bewußt war. Doch auch unabhängig von solchen Vergröberungen gab es für Lukács hier eine eindeutige Kontinuität: »Hitler und Rosenberg tragen alles, was über irrationellen Pessimismus von Nietzsche und Dilthey bis Heidegger und Jaspers auf den Lehrstühlen, in den intellektuellen Salons und Cafés gesprochen wurde, auf die Straße.«[27]

Um Nietzsche zum Gründer dieser neuen, äußerst bösartigen, antisozialistischen und proto-nazistischen Ideologie zu machen, muß sich Lukács besonderer Erklärungsmuster bedienen.[28] Er behauptet, Nietzsche habe zwar nie eine Zeile von Marx oder Engels gelesen, dennoch aber instinktiv zu wissen geglaubt, wo seine Feinde standen. Sein Lebenswerk sei »eine fortlaufende Polemik gegen den Marxismus, gegen den Sozialismus, [...] weil jede Philosophie in ihrem Inhalt und in ihrer Methode von den Klassenkämpfen ihrer Zeit bestimmt ist«.[29] Daß Nietzsche bereits vor Beginn der imperialistischen Epoche zu schreiben aufhörte, war für Lukács durchaus kein Hinderungsgrund. Denn dieser Umstand bot Nietzsche

> die günstige Gelegenheit: die Hauptprobleme des folgenden Zeitabschnittes – im Sinne der reaktionären Bourgeoisie – in mythischer Form aufzuwerfen und zu lösen. Diese mythische Form befördert nicht nur darum seine Wirkung, weil sie die immer stärker herrschende philosophische Ausdrucksweise der imperialistischen Periode wird, sondern auch, weil sie es Nietzsche ermöglicht, die kulturellen, ethischen usw. Probleme des Imperialismus so allgemein zu stellen, daß er bei allen Schwankungen der Lage und der ihr entsprechenden Taktik der reaktionären Bourgeoisie ständig ihr führender Philosoph bleiben kann.[30]

Weil Nietzsche darüber hinaus nichts von der kapitalistischen Ökonomie verstand, blieben seine Mythisierungen stets auf dem Niveau der »Symptome des Überbaus«. Seine nicht alltägliche Begabung zeigte sich darin,

> daß er an der Schwelle der imperialistischen Periode einen solchen jahrzehntelang wirksamen Gegenmythos entwerfen konnte. Sein aphoristischerAusdruck erscheint in dieser Beleuchtung als die adäquate Form dieser gesellschaftlich-geschichtlichen Lage: die innere Morschheit, Hohlheit, Unwahrhaftigkeit des ganzen Systems hüllt sich in diese farbig schillernden, formal jeden Zusammenhang leugnenden Gedankenfetzen.[31]

Darüber hinaus gelang es ihm, einen revolutionären Ton vorzutäuschen und an die Stelle einer nur äußeren, gesellschaftlichen Revolution kosmische und biologische Vorstellungen zu setzen, die jede Notwendigkeit eines tatsächlichen Bruchs überflüssig zu machen schienen.[32]

---

27 Georg Lukács, *Die Zerstörung der Vernunft*, a.a.O., S. 78.

28 Vgl. die kritische Darstellung bei George Lichtheim, *Lukács*, London: Fontana 1970, Kap. 7 sowie Henning Ottmann »Anti-Lukács. Eine Kritik der Nietzsche-Kritik von Georg Lukács«, a.a.O.

29 Georg Lukács, *Die Zerstörung der Vernunft*, a.a.O., S. 273.

30 Georg Lukács, *Die Zerstörung der Vernunft*, a.a.O., S. 275.

31 Georg Lukács, *Die Zerstörung der Vernunft*, a.a.O., S. 278, 350.

32 Georg Lukács, *Die Zerstörung der Vernunft*, a.a.O., S. 277.

Lukács hielt den Nationalsozialismus für buchstäblich ununterscheidbar von seinem nietzscheanischen Anspruch und Ausdruck. Nietzsches Ruf nach einer Umwertung aller Werte, sein Schrei nach einer Freisetzung der Instinkte, sein Glaube an die Barbarei als Rettung erschienen ihm als redende Beispiele. In Nietzsches Werk zeichnete sich ihm zufolge »das Wesen der konsequenten imperialistischen Moral der Bourgeoisie ab. Hier hat er in der Tat die wirkliche Entwicklung gedanklich vorweggenommen. Die meisten seiner moralischen Feststellungen wurden zur schrecklichen Wirklichkeit im Regime Hitlers und bewähren ihre Aktualität auch als Darstellung der Moral des gegenwärtigen ›amerikanischen Jahrhunderts‹.«[33]

*Die Zerstörung der Vernunft* verfolgte auch die übrigen Manifestationen des postnietzscheanischen deutschen Irrationalismus. Dennoch blieb Nietzsche ihre paradigmatische Gestalt:

Hitler, als praktischer Erfüller des Irrationalismus, ist der Testamentsvollstrecker Nietzsches und der nach ihm, aus ihm folgenden philosophischen Entwicklung. Wir haben an seiner Stelle gezeigt, wie notwendig es war, daß der Irrationalismus in Nietzsche sich gegen den Sozialismus wandte [...] Mag der geistige und bildungsmäßige Niveauunterschied zwischen dem Philosophen Nietzsche und dem Demagogen Hitler noch so groß gewesen sein - und wir haben betont, auch darin drückt sich die Notwendigkeit der historischen Entwicklung aus -, gerade in dieser entscheidenden Frage sind die Niveauunterschiede in der Kenntnis und im Verstehen des Gegners verschwindend gering; man kann ruhig sagen: gleich Null, und in Hitlers Politik das Umsetzen der irrationalistischen Philosophie in die Praxis erblicken.[34]

Obwohl Lukács mit seinem Werk die orthodoxe marxistische Position gegenüber Nietzsche als dem Philosophen des Faschismus festlegte, sahen doch viele, die sich in jener Zeit nicht zum Marxismus bekannten, die von anderen methodologischen Voraussetzungen ausgingen und zu diametral entgegengesetzten politischen Schlußfolgerungen gelangten, eine enge Verbindung zwischen Nietzsche und dem Nationalsozialismus. Das anschaulichste Beispiel bietet hier wohl Thomas Mann, der 1943 den Faschismus als eine nietzscheanische Flucht vor allem Bürgerlichen, Maßvollen, Klassischen (Apollinischen) beschrieb. Manns Notizen über jene Zeit stellen den Faschismus in unumwunden nietzscheanischen Kategorien dar:

Die Sprengung des Bürgerlichen, die auf pathologisch-infektiöse und desintegrierende Weise vor sich geht, zugleich *politisch*. Geistig-seelischer Faschismus, Abwerfen des Humanen, Ergreifen von Gewalt, Blutlust, Irrationalismus, Grausamkeit, dionysische Verleugnung von

33 Georg Lukács, *Die Zerstörung der Vernunft*, a.a.O., S. 300. Lukács war sich des Umstands bewußt, »daß Nietzsche auf die Suprematie der ›arischen‹ Rasse kein Gewicht legt, daß er nur ganz allgemein mythisch, ohne andere Bestimmungen als die moralisch-gesellschaftlichen zu berücksichtigen, Herren- und Sklavenrassen kennt. Er ist also in dieser Hinsicht unmittelbar eher ein Vorläufer Spenglers als einer Rosenbergs. Das Betonen dieser Differenz ist jedoch heute nur ein Mittel der ›Entnazifizierung‹ Nietzsches. Denn wir haben gesehen, daß Nietzsche aus einer Rassentheorie dieselben barbarisch-imperialistischen Folgerungen zieht wie Rosenberg aus der Chamberlainschen, daß sie sich also - um Lenins Wort zu gebrauchen - nur so voneinander unterscheiden, wie ein gelber Teufel von einem blauen.« a.a.O., S. 313, vgl. ferner S. 702.

34 Georg Lukács, *Die Zerstörung der Vernunft*, a.a.O., S. 658.

Wahrheit und Recht, Hingabe an die Instinkte und das fessellose ›Leben‹, das eigentlich *der Tod* [...] ist. Der Faschismus als vom Teufel vermitteltes Heraustreten aus der bürgerlichen Lebensform, das durch rauschhaft hochgesteigerte Abenteuer des Selbstgefühls und der Übergröße zum Gehirn-Collaps und zum geistigen Tode, bald auch zum körperlichen führt.[35]

Sowohl in den USA wie in Westeuropa wurden in den dreißiger und vierziger Jahren unter Journalisten, Politikern, Philosophen, Historikern und Religionskritikern ähnliche Stimmen laut. Die Massenpresse stellte in sensationslüsternen Schlagzeilen eine Verbindung zwischen Nietzsche und dem Nationalsozialismus her. So titelte beispielsweise eine Zeitung in Boston: »Verrückter Philosoph für Hitlers Kriegstreiberei verantwortlich. Nietzsche Lieblingsautor des Führers«.[36] Einige Jahre vorher hatte bereits ein Redakteur des *Liverpool Evening Express* die Schlagzeile formuliert: »Nietzsche, der Vorläufer Hitlers«.[37]

Selbst in Parlamenten wurden solche Meinungen kundgegeben. So sagte Sir Herbert Samuel 1935 vor dem britischen Unterhaus, daß »für die Probleme in Europa Deutschland und die Philosophie Nietzsches verantwortlich« seien.[38] Der ehemalige Nationalsozialist und frühere konservative Bürgermeister von Danzig, Hermann Rauschning, schrieb einflußreiche Werke, in denen er den Nationalsozialismus und Hitler in Begriffen darstellte, die außerhalb der wirkungsmächtigen Sphäre Nietzsches kaum nachzuvollziehen gewesen wären. Schon der Titel seines berühmtesten Buchs *Die Revolution des Nihilismus* war unzweideutig nietzscheanisch.[39] Auch Hitlers Weltanschauung war Rauschning zufolge ohne Kenntnis Nietzsches kaum nachzuvollziehen. Rauschning war im übrigen die Quelle für Hitlers viel zitierten, neonietzscheanischen Ausspruch: »Das Gewissen ist eine jüdische Erfindung.«[40]

Historiker, die die neuen Entwicklungen in Deutschland in ihrer Tiefe auszuloten suchten, wiesen Nietzsche besondere Bedeutung zu. So stellte beispielsweise der französische Geschichtswissenschaftler Edmond Vermeil fest, Nietzsche sei zwar auf höherem Niveau ein elitärer, »wahrhaft rassistischer« Befürworter einer Planung gewesen, die die Arbeit in Europa zu einem gigantischen Automatismus umgewandelt hätte, aber er habe »genau damit das Deutschland des Dritten Reiches vorweggenommen«.[41] In ähnlicher Weise betonte die umsichtige Untersuchung von

---

35 Thomas Mann zit. nach T. J. Reed, *Thomas Mann*, a. a. O., S. 365.

36 *Boston Evening Transcript* (24. April 1940) zit. nach Rudolf E. Künzli »Political Uses and Abuses of Nietzsche« in: *Nietzsche-Studien* 12 (1983) S. 429.

37 Conrad Quest in: *Liverpool Evening Express* (9. Dezember 1935) zit. nach Marius Paul Nicolas, *De Nietzsche à Hitler*, Paris: Fasquelle 1936; engl.: *From Nietzsche Down to Hitler*, London: William Hodge 1938, S. 5.

38 Sir Herbert Samuel, Rede vom 20. März 1935, zit. nach Marius Paul Nicolas, *De Nietzsche à Hitler*, a. a. O., S. 5.

39 Hermann Rauschning, *Die Revolution des Nihilismus. Kulisse und Wirklichkeit im Dritten Reich*, Zürich, New York: Europa Verlag 1938.

40 Hermann Rauschning, *Gespräche mit Hitler*, Zürich: Europaverlag 1973, S. 210.

41 Edmond Vermeil, *Germany's Three Reichs. Their History and Culture*, New York: Howard Fertig 1969, S. 239; vgl. ferner S. 36f., 232ff.. Zu einer positiveren Stellungnahme vgl. S. 405-407.

Maurice Samuel von 1940 über den Antisemitismus – jenes »Herz und Zentrum des Nazi-Faschismus als revolutionären Ideals« – die antichristliche Wendung des revolutionären Antisemitismus der Nazis und führte ihn auf Nietzsche zurück.[42] Ohne sich auf Quellen zu berufen, machte Samuel Nietzsche für die vergröberte Version seiner Ideen verantwortlich, die ein kruder Antisemitismus wie der Hitlers über Jahre hinweg hatte entstehen lassen:

> Anhänger Nietzsches haben behauptet, die Juden selbst seien nie Anhänger einer gewaltfreien Philosophie gewesen, sondern hätten sie nur erfunden, um den Rest der Welt zu ruinieren, während sie selbst entschieden an der Überzeugung festgehalten hätten, vom Schicksal zu einem unbarmherzigen Herrenvolk bestimmt zu sein. Die Zellen, die sie im Römischen Reich einrichteten, waren angeblich Gruppierungen einer Fünften Kolonne, denen die Aufgabe übertragen worden war, den Machtwillen der Feinde des jüdischen Volkes dadurch zu paralysieren, daß ihnen die Lehre des Christentums gepredigt wurde, welche die Juden selbst verabscheuten.[43]

Untersuchungen zu Nietzsche waren oft integraler Bestandteil einer umfassenderen deutschen Ideengeschichte, in der ein Sonderweg dargestellt wurde, der unausweichlich zum Nationalsozialismus führte. Diese Darstellungen entwarfen meist einen typisch deutschen Geist, den sie entsprechend hypostasierten. In den dreißiger und vierziger Jahren erschienen Bücher mit Titeln wie *From Luther to Hitler* und *Germany the Aggressor Throughout the Ages*.[44] In unterschiedlicher Intensität und mit wechselndem Raffinement sahen sie in Nietzsche sowohl eine archetypische Gestalt wie einen Verrückten, dessen »giftige Trugschlüsse« dem deutschen Volk verabreicht wurden, »das in seiner extremen Leichtgläubigkeit, geistigen Gelehrigkeit und moralischen Dienstfertigkeit zahllosen falschen Propheten zum Opfer fiel, zu deren prominentesten Vertretern in jüngster Zeit Nietzsche, Treitschke, Bernhardi, Houston Stewart Chamberlain, Ewald Banse und Adolf Hitler gehören.«[45]

Solche Diagnosen unterstellten eine ungebrochene Kontinuität des geistigen Lebens in Deutschland und kümmerten sich nicht allzu sehr um historische Zusammenhänge. Nietzsche galt ihnen eher als eine typische denn als originelle Erscheinung, weniger als Ursache und eher als Widerspiegelung, Ausdruck und Symptom der umfassenderen deutschen Kultur, die ihn hervorgebracht hatte. Seine inneren Spannungen und Widersprüche waren ein genaues Abbild der seelischen Struktur der Deutschen.[46]

---

42 Maurice Samuel, *The Great Hatred*, New York: Alfred A. Knopf 1940, S. 53. Im Gegensatz zu vielen anderen Beobachtern hielt Samuel die Vernichtung der europäischen Juden für einen wesentlichen Bestandteil des Nationalsozialismus, vgl. S. 137.

43 Maurice Samuel, *The Great Hatred*, a.a.O., S. 125.

44 Vgl. William Montgomery McGovern, *From Luther to Hitler. The History of Fascist-Nazi Political Philosophy*, Boston: Houghton Mifflin 1941, S. 408-415, 627ff. »Nur wenn wir uns Nietzsches Philosophie vor Augen führen, können wir die wahre Bedeutung der offiziellen Doktrin der Nazis begreifen: ›Gut ist, was der nationalsozialistischen Bewegung und damit Deutschland nützt, und schlecht ist, was beiden schadet.‹« (S. 630)

45 F. J. C. Hearnshaw, *Germany the Aggressor Throughout the Ages*, New York: E.P. Dutton 1941, S. 235, 272.

46 Dimitry Gawronsky, *Friedrich Nietzsche und das Dritte Reich*, a.a.O., S. 52, 63.

Ein Beispiel dieser Vorgehensweise bietet das Buch von Rohan Butler *The Roots of National Socialism, 1783-1933* von 1941:

Betrachtet man die Theorie des Nationalsozialismus in Beziehung zum politischen Denken in Deutschland während der letzten anderthalb Jahrhunderte, so erweist sie sich als abgedroschen und falsch [...] Die Begeisterung für den heldischen Führer geht zurück über Möller van den Bruck, Spengler, Lamprecht, Chamberlain, Nietzsche, Lassalle, Rodbertus und Hegel bis zu Fichtes *Zwingherrn zur Deutschheit* [...] Wenn die Nazis sagen, Macht sei Recht, dann haben dies Spengler, Bernhardi, Nietzsche, Treitschke, Haller und Novalis ebenfalls gesagt.[47]

Doch selbst hier wurde Nietzsche häufig eine Sonderstellung eingeräumt. So gelangte etwa Butler zu dem Schluß, die Nazis planten in Wahrheit »nichts weniger als die nietzscheanische Umwertung aller Werte, die Erziehung der Deutschen zur Deutschheit, eine nihilistische Revolution, die sich nicht damit zufrieden geben würde, andere Länder zu zerstören, sondern die letztlich die Herzen der Menschen und die westliche Zivilisation zu ruinieren beabsichtigt«.[48]

Die Wahrnehmung einer Verbindung zwischen Nietzsche und den Nationalsozialisten blieb selbstverständlich nicht auf die scheinbar desinteressierten Geschichtsdiagnostiker beschränkt. Konservative und religiöse Kritiker wie der katholische Philosoph Nikolai Alexandrowitsch Berdiajew und wie Walter Schubart übernahmen den Hinweis auf diese Verbindung in ihre moralistische, christlich orientierte Kulturkritik.[49] In ihren Reflexionen über die profanen Übel des zeitgenössischen Lebens galten Marx und Nietzsche gemeinsam als Urheber von Problemen der Moderne, die entweder zum Bolschewismus oder zum Faschismus führten. Wie Marx wurde auch Nietzsche angeklagt als ein gottloser Denker, dessen Einfluß eine entschiedene Entmenschlichung von Kultur und Gesellschaft nach sich zog.[50] Die Bewegung »zu einer Übermenschheit und zum Übermenschen«, so schrieb Berdiajew, »zu übermenschlicher Macht bedeutet oft nichts weiter als eine Bestialisierung des Menschen. Der moderne Antihumanismus nimmt die Form einer Bestialisierung an. Er bedient sich des tragischen und unglückseligen Nietzsche zur überlegenen Rechtfertigung seiner Entmenschlichung und Bestialisierung.« Die Welt wurde Zeuge eines Bestialismus, der weit entfernt war »von dem alten, natürlichen, gesunden Barbarentum«. Dieses erschien jetzt »bewußt und überlegt, als selbstgerechtes Produkt der Reflexion und der Zivilisation«.[51] In solchen Schriften wurde die Abkehr von der Bestialisierung der Mo-

---

47 Rohan D. Butler, *The Roots of National Socialism, 1783-1933*, New York: Howard Fertig 1968, S. 267f.

48 Rohan D. Butler, *The Roots of National Socialism, 1783-1933*, a. a. O., S. 295, 154-167.

49 Vgl. Nicolas Berdyaev, *The Fate of Man in the Modern World*, New York and Milwaukee: Morehouse Publishing Co. 1935; Walter Schubart, *Dostojewski und Nietzsche. Symbolik ihres Lebens*, Luzern: Vita Nova 1939. Nietzsche und Dostojewski wurden häufig miteinander verglichen, wobei letzterer das positive Gegenbild jenes religiösen Glaubens bot, den Nietzsche so brutal zerstört hatte.

50 Nicolas Berdyaev, *The Fate of Man in the Modern World*, a. a. O., S. 31.

51 Nicolas Berdyaev, *The Fate of Man in the Modern World*, a. a. O., S. 26f., 28f.

derne durch eine Erneuerung der spiritualisierten und humanisierenden christlichen Frömmigkeit gefordert.

Es gab aber auch zahlreiche Darstellungen, die ein ganz anderes Bild entwarfen und jede Verbindung zwischen Nietzsche und dem Nationalsozialismus leugneten. So erschien beispielsweise in Peter Vierecks Untersuchung aus dem Jahr 1941 *Metapolitics. The Roots of the Nazi Mind* der Nationalsozialismus als eine wagnerianische Angelegenheit. Nietzsche galt hier als radikale Antithese sowohl Wagners wie des Nationalsozialismus. Die »Seele«, so schrieb Viereck, »für die sich letzten Endes die meisten der großen Deutschen, von Goethe über Nietzsche bis hin zu Thomas Mann, entschieden, ist nicht die, welche Hitler zu verkörpern behauptet.«[52]

Viereck formulierte hier ein häufig wiederkehrendes Thema. Nietzsche war ihm zufolge keineswegs ein Vorläufer des Nationalsozialismus, sondern derjenige, der ihn auf unheimliche, weil äußerst kritische Weise vorhergesagt hatte.[53] Daß Nietzsche brillant die kulturellen Ursprünge des Nationalsozialismus darzustellen vermocht hatte, beflügelte Viereck bei der Konzeption seines eigenen Buches.[54] In ähnlicher Weise behauptete auch die französische Untersuchung von M.P. Nicolas *De Nietzsche à Hitler*, der Vergleich Nietzsches mit dem Nationalsozialismus sei eine absolute Beleidigung; denn ein Abgrund trenne beide voneinander.[55]

Es gab daneben eine nicht weiter zu klassifizierende, esoterische Literatur über Nietzsche, die von Exilanten verfaßt wurde. Das beste Beispiel bietet hier wohl der Hamburger Jurist Alfred Rosenthal, der über viele Jahre hin ein Anhänger Nietzsches war.[56] Seine Schrift *Nietzsche und Europa* sowie sein Buch *Nietzsches »Europäisches Rasse-Problem«. »Der Kampf um die Erdherrschaft«*, die in den dreißiger Jahren in Holland geschrieben wurden, standen im Zeichen eines von Spengler beeinflußten Nietzscheanismus und befürworteten eine gegen die Nationalsozialisten

52 Peter Viereck, *Metapolitics. The Roots of the Nazi Mind*, New York: Capricorn Books [1941] 1965, S. 187.

53 Viereck hätte gut daran getan, Nietzsches Ausführungen unter dem Titel »Der große Mann der Masse« aus *Menschliches, Allzumenschliches* als Beleg für seine Vorahnungen zu zitieren: »Die Masse muss den Eindruck haben, dass eine mächtige, ja unbezwingliche Willenskraft da sei; mindestens muss sie da zu sein scheinen. Den starken Willen bewundert Jedermann, weil Niemand ihn hat und Jedermann sich sagt, dass, wenn er ihn hätte, es für ihn und seinen Egoismus keine Gränze mehr gäbe. Zeigt sich nun, dass ein solcher starker Wille etwas der Masse sehr Angenehmes bewirkt, statt auf die Wünsche seiner Begehrlichkeit zu hören, so bewundert man noch einmal und wünscht sich selber Glück. Im Uebrigen habe er alle Eigenschaften der Masse: um so weniger schämt sie sich vor ihm, um so mehr ist er populär. Also: er sei gewaltthätig, neidisch, ausbeuterisch, intrigant, schmeichlerisch, kriechend, aufgeblasen, je nach Umständen alles.« Friedrich Nietzsche, *Menschliches, Allzumenschliches*, in: *Werke*, Bd. IV, 2, a.a.O., S. 308.

54 »Allein Nietzsche darf mithin als Erzeuger des vorliegenden Buches gelten. Seine Worte und seine oft übersehenen Kapitelüberschriften sind sein verborgenes Leitmotiv.« Peter Viereck, *Metapolitics. The Roots of the Nazi Mind*, a.a.O., S. XIX.

55 Vgl. Marius Paul Nicolas, *De Nietzsche à Hitler*, a.a.O., passim.

56 Vgl. Alfred Rosenthal »Nietzsche und die Reform des Strafrechts«, a.a.O.

gerichtete, aber zugleich martialische und rassistische Konzeption europäischer Politik.[57] Durch seine nietzscheanisch-spenglersche Optik und mit seinen Kategorien von Rasse und Rassenreinheit lenkte Rosenthal den nationalsozialistischen Antisemitismus ab auf den Konflikt zwischen dem weißen Europa und seinen nicht-europäischen farbigen Feinden. Europas Zukunft war ihm zufolge nur zu garantieren durch die Züchtung einer neuen europäischen Kaste auf der Grundlage von Nietzsches aristokratischem Prinzip. Es muß wohl nicht eigens betont werden, daß solche Überlegungen ganz und gar randständig blieben und in keinem Bezug zu irgendwelchen politischen Gruppierungen standen.

Trotz einer meist simplistischen Behandlung Nietzsches finden sich in einem Großteil der wichtigeren Werke, die über ihn während des Zweiten Weltkriegs geschrieben wurden, auch verhältnismäßig komplexe (sowohl positive wie negative) Darstellungen.[58] In erster Linie wäre hier Crane Brintons Untersuchung aus dem Jahre 1941 zu nennen, die ein besonderes Gespür für die Dynamik der durch die politische Kultur vermittelten Ideen an den Tag legte. Brinton meinte: »Nietzsche schrieb viel, was die Nazis entzückt. Doch er schrieb auch vieles, was sie nicht hören können und schon gar nicht wiederholt hören wollen.«[59] Heinrich Manns leidenschaftliches Verhältnis zu Nietzsche änderte sich immer wieder, denn er war sich dessen komplexer Widersprüchlichkeit bewußt. Während der dreißiger Jahre verwies er in einer reiferen Neueinschätzung der Werke Nietzsches in *Mass und Wert* auf deren brutale Gefahren ebenso wie auf ihren bleibenden Wert.[60] Und 1941 for-

---

57 Vgl. Alfred Rosenthal, *Nietzsche und Europa. Eine Übersicht für Weltleute*, o.O. 1937; ders., *Nietzsches »Europäisches Rasse-Problem«. »Der Kampf um die Erdherrschaft«*, Leiden: A. W. Sijthoff 1935. Auf S. 9 verteidigt Rosenthal seine Konzepte der Rassenreinheit, der rassischen Bildung und Entartung, die er für wesentliche Bestandteile der Lehren Nietzsches hält.

58 Vgl. beispielsweise Richard Maximilian Lonsbach, *Friedrich Nietzsche und die Juden*, Bonn: Bouvier 1985. Lonsbach war das Pseudonym von Richard Maximilian Cahen, der dieses Buch 1939 während seines Exils in Stockholm veröffentlichte.

59 Crane Brinton, *Nietzsche*, a. a. O., S. 222. In seinem Vorwort von 1964 schrieb Brinton: »Ich war damals so wenig wie heute der Ansicht, Nietzsche sei ein Proto-Faschist gewesen oder direkt für die nationalsozialistische ›Ideologie‹ verantwortlich. Ganz und gar nicht bin ich der Auffassung, daß er den Nazis zur Macht verholfen hat; denn er hätte sie rundheraus gehaßt. Doch die Indienstnahme seiner Werke durch die Nazis bietet ein interessantes und (wie man nur hoffen darf) lehrreiches Fallbeispiel dafür, was mit den Worten eines feinsinnigen Intellektuellen passieren kann, sobald sie Allgemeingut werden. Nietzsche behauptete in geistiger Umnachtung, kein Mensch, sondern Dynamit zu sein (*Ecce Homo*). Aber Dynamit explodiert einigermaßen wahllos.« (S. VII) Brinton fügte hinzu: »Als Menschen finde ich Nietzsche unangenehm, und seinen Einfluß halte ich insgesamt für bedauerlich.« (S. IX)

60 Vgl. Heinrich Mann »Nietzsche« in: *Mass und Wert* 2 (1930) S. 277-304. In seinem Aufsatz »Zum Verständnis Nietzsches« in: *Das Zwanzigste Jahrhundert* 6 (1896) S. 247 bestritt er, daß Nietzsche der »Philosoph des Kapitalismus« sei und beschrieb den Begriff des Übermenschen als ein bloßes Sozial- und Rassesymbol (vgl. S. 246-251). Späterhin lehnte Heinrich Mann die von ihm für antidemokratisch gehaltenen Aspekte von Nietzsches Denken ab.

mulierte Karl Löwith subtil die rätselhafte Komplexität der Frage, inwieweit Nietzsche als Vorläufer des Nationalsozialismus anzusehen sei:

Es genügt, Nietzsches Schriften gegen Wagner zu lesen und seine Bemerkungen zur Judenfrage, und zu der Gegenfrage, was ›deutsch‹ ist, ohne Abzug und Auswahl zu kennen, um den Abgrund zu sehen, der Nietzsche von seinen letzten Verkündern trennt. Dem widerspricht aber nicht die offensichtliche Tatsache, daß Nietzsche ein Ferment der ›Bewegung‹ wurde und sie ideologisch in entscheidender Weise bestimmt hat. Der Versuch, Nietzsche von dieser geistigen ›Schuld‹ zu entlasten oder ihn gar *gegen* das, was er wirkte, in Anspruch zu nehmen, ist ebenso grundlos wie das umgekehrte Bemühen, ihn zum Anwalt einer Sache zu machen, deren Richter er ist. Beides vergeht vor der geschichtlichen Einsicht, daß die ›Wegbereiter‹ von jeher *andern* Wege bereiteten, die sie *selber* nicht gingen. – Wichtiger als die Frage, ob Nietzsches zeitliche Wirkung für oder gegen ihn spricht, ist die Unterscheidung der Geister nach ihrem Verhältnis zur Zeit überhaupt. So sehr Nietzsche die Zeit verewigen wollte, war er doch – von der Schrift gegen Strauß bis zu der gegen Wagner – seiner eigenen Zeit, mehr als er wollte, gemäß, gerade weil er sich zu ihr polemisch, als Unzeitgemäßer, verhielt. Als Gegenspieler von Bismarck und Wagner bewegte er sich im Umkreis *ihres* ›Willens zur Macht‹, und auch seine Zeitgemäßheit im Dritten Reich beruhte auf dem Umstand, daß dieses der Erbe des zweiten war.[61]

Die meisten bürgerlichen Darstellungen aus den dreißiger und vierziger Jahren zogen aber, auch wenn sie nuanciert vorgingen, eine eher statische Bilanz. Mit unterschiedlicher Intensität wurde Nietzsche in ihnen entweder der Komplizenschaft mit den Nazis angeklagt oder von ihr freigesprochen. Statisch waren diese Untersuchungen meist deshalb, weil ihnen politisch jeder explizit theoretische und kritische Bezugsrahmen fehlte, in dem eine kreative Analyse sowohl des Faschismus und des Nationalsozialismus wie eine komplexe Neueinschätzung der Impulse Nietzsches innerhalb dieser Konstellationen möglich gewesen wären.[62]

Die innovativsten Arbeiten kamen weder von bürgerlichen Kritikern noch von orthodoxen Marxisten, sondern von Dissidenten aus beiden Lagern, also von westlichen Marxisten. 1939 klagte Ernst Bloch darüber, daß sich Antifaschisten über Nietzsche und Wagner nur im Hinblick auf deren Verhältnis zu den Nazis zu äußern vermochten. Doch Bloch selbst bot ein Beispiel für die Kreativität der uneingeschränkt erneuerbaren Formen, die ein durch Nietzsche geprägter Diskurs selbst unter diesen Bedingungen (oder vielleicht gerade ihretwegen) entfalten konnte. Jürgen Habermas hat daran erinnert, daß dieses radikal neue und unorthodoxe Denken eindeutig als Produkt jener Jahre anzusehen ist:

---

61 Karl Löwith, *Von Hegel zu Nietzsche. Der revolutionäre Bruch im Denken des 19. Jahrhunderts*, a. a. O., S. 254.

62 Die bereits erwähnten konservativ religiösen Kritiker bilden hier eine Ausnahme. Vorstellungen vom Nationalcharakter und vom deutschen Geist sowie Psychologisierungen Nietzsches stellen noch keinen größeren Bezugsrahmen her. Im folgenden werden Beispiele von positiven Stellungnahmen zu Nietzsche aufgeführt. Für seine Ablehnung durch Lukács jedoch gilt: Selbst wenn man mit dessen Interpretation nicht übereinstimmen mag, so stand sie doch in einem klar umrissenen theoretischen und politischen Bezugsrahmen.

Der Sieg der faschistischen Bewegung in Italien und die Machtergreifung des Nationalsozialismus im Deutschen Reich waren, lange vor Auschwitz, das Phänomen, von dem Wellen nicht nur der Irritation, sondern auch der faszinierenden Erregung ausgegangen sind. Es gab keine Theorie von zeitgeschichtlicher Sensibilität, die von der Durchschlagskraft des Faschismus nicht bis ins Innerste getroffen worden wäre.[63]

Nur wenige solcher radikalen Theorien kamen ohne Bezug zum Nationalsozialismus und zu Nietzsche aus. In ihnen traten oft positive Aspekte Nietzsches zutage, aus denen sich Unterstützung für eine antifaschistische Position gewinnen ließ.

Wenn Nietzsche für die Definition der Epoche auf seiten der Rechten eine entscheidende Rolle gespielt hatte, so übernahm er eine ähnliche Funktion für Neomarxisten wie Bloch, Adorno, Horkheimer und (in besonders bezeichnender Weise) für Bataille.[64] Diese Denker entwickelten einen ganz und gar anderen Ansatz als Lukács. So schrieb beispielswiese Adorno:

Am krassesten wohl manifestierte sich in dem Buch ›Die Zerstörung der Vernunft‹ die von Lukács eigener. Höchst undialektisch rechnete darin der approbierte Dialektiker alle irrationalistischen Strömungen der neueren Philosophie in einem Aufwaschen der Reaktion und dem Faschismus zu, ohne sich viel dabei aufzuhalten, daß in diesen Strömungen, gegenüber dem akademischen Idealismus, der Gedanke auch gegen eben jene Verdinglichung von Dasein und Denken sich sträubte, deren Kritik Lukács' eigene Sache war. Nietzsche und Freud wurden ihm schlicht zu Faschisten, und er brachte es über sich, im herablassenden Ton eines Wilhelminischen Provinzialschulrats von Nietzsches ›nicht alltäglicher Begabung‹ zu reden. Unter der Hülle vorgeblich radikaler Gesellschaftskritik schmuggelte er die armseligsten Clichés jenes Konformismus wieder ein, dem die Gesellschaftskritik einmal galt.[65]

Diesen Denkern war ohne Zweifel bewußt, daß jeder simplifizierte Begriff des Irrationalismus jene Rationalität übersah, die häufig auch in irrationalen Protesten steckte, und daß auch in der Vernunft Irrationalismus zu finden war.[66] Sie standen der Vernunft (oder zumindest deren als »instrumentelle Vernunft« bezeichneter Variante) durchaus kritisch gegenüber. Darüber hinaus waren sie einen simplistischen Fortschrittsglauben leid, der die Geschichte auf eine letztlich ungestörte Versöhnung von Subjekt und Objekt hinauslaufen sah. Ferner erkannten sie dem Irrationalen schöpferische Potenzen zu. Unter diesen Voraussetzungen mußten sie zugunsten Nietzsches voreingenommen sein und sich sein Denken zu eigen machen. Ihre Überlegungen sowohl zum Nationalsozialismus wie zu Nietzsche bildeten die Grundlage einer umfassenderen Kulturkritik, die sich den allgemeineren Problemen des Diesseits, des Kapitalismus und der Moderne zuwandte. Faktisch setzten

---

63 Jürgen Habermas »Zwischen Erotismus und Allgemeiner Ökonomie: Bataille« in: *Der philosophische Diskurs der Moderne. Zwölf Vorlesungen*, a.a.O., S. 253.

64 Für Bloch, Adorno und Horkheimer war Nietzsche zwar von Bedeutung, stellte aber nur *ein* Element ihrer Überlegungen dar. Für Bataille besaß er absolut zentrale Bedeutung.

65 Theodor W. Adorno »Erpreßte Versöhnung« in: *Noten zur Literatur II*, Frankfurt a. M.: Suhrkamp 1961, S. 153.

66 Henning Ottmann »Anti-Lukács. Eine Kritik der Nietzsche-Kritik von Georg Lukács«, a.a.O., S. 574.

sie zuweilen die besondere historische Erfahrung des Nationalsozialismus mit diesen Phänomenen gleich.

Wenn für Lukács der Irrationalismus (und insbesondere der Nietzsches) ganz einfach das geistige Äquivalent des Faschismus darstellte, dann nahm Ernst Bloch als Einzelgänger diesem Problem gegenüber eine sehr viel komplexere Haltung ein.[67] Sein Irrationalismus besaß negative ebenso wie positive, ja sogar reaktionäre ebenso wie progressive Bestandteile, die sorgfältig auf ihre kreativen Möglichkeiten und zukunftsorientierten Erlösungspotentiale hin zu prüfen waren. Bloch schrieb: »Es ist überall notwendig, die Traumgebiete der Phantasie konkret zu besetzen, anstatt sie abstrakt auszukreisen und den interessierten Verstandesfeinden zum Betrug zu überlassen.« Darüber hinaus verkündete er: »Es gibt keine vermummte, ja es gibt auch keine wirkliche Revolution in diesem Deutschland, die nicht mit einem Tropfen irrationalen Öls gesalbt ist.«[68]

Blochs philosophische Auseinandersetzung mit Nationalsozialismus und Faschismus erschien 1935 im Zürcher Exil unter dem Titel *Erbschaft dieser Zeit*.[69] Sie ging aus von dem zentralen Begriff der *Ungleichzeitigkeit*. Ihm zufolge enthält die Gegenwart soziale und kulturelle Strukturen des Vergangenen neben solchen, die schwanger gehen mit Zukünftigem. Das Buch, das in einer Art expressionistischer Montagetechnik geschrieben ist, suchte aus dem widersprüchlichen Erbe der Vergangenheit etwas Brauchbares für die kapitalistische und faschistische Gegenwart zu gewinnen. Bloch warf den Marxisten vor, den Irrationalismus abgelehnt und damit den Nazis einen Monopolanspruch auf ihn überlassen zu haben. Das habe die Nazis in die Lage versetzt, sich der positiven und authentischen Anteile des Irrationalismus ebenso zu bemächtigen wie seiner zerstörerischen Elemente. Es komme darauf an, sich dieser Kräfte zu progressiven statt zu reaktionären Zwecken zu bemächtigen.[70]

In diesem Kontext überprüfte Bloch das Werk Nietzsches auf dessen noch ungenutztes utopisches Potential. Wenn Nietzsche reaktionäre Themen aufgriff – was Bloch durchaus bewußt war –, so stand er ihm zufolge doch für eine dynamische,

---

67 Obwohl der Einfluß Nietzsches auf Bloch zweifellos vorhanden war, sollte er nicht übertrieben werden. Vgl. Anthony Phelan »Ernst Bloch's ›Golden Twenties‹. *Erbschaft dieser Zeit* and the Problem of Cultural History« in: Keith Bullivant (ed.), *Culture and Society in the Weimar Republic*, Manchester: Manchester University Press 1977, S. 113ff.; dt.: »Die sogenannten ›goldenen zwanziger Jahre‹. Zeitkritik und Kulturgeschichte in Ernst Blochs *Erbschaft dieser Zeit« in:* Keith Bullivant (hrsg.), *Das literarische Leben in der Weimarer Republik*, Königstein/Ts.: Athenäum 1978, S. 250ff. Bloch galt als dermaßen häretisch, daß sich die offiziellen Stellungnahmen zu Nietzsche in der DDR nie auch nur mit ihm befaßten, vgl. Dennis M. Sweet »Friedrich Nietzsche in the GDR. A Problematic Reception«, a.a.O., S. 228.

68 Bloch zit. nach Oskar Negts Nachwort zu Ernst Bloch, *Vom Hasard zur Katastrophe*, Frankfurt a. M.: Suhrkamp 1972.

69 Ernst Bloch, *Erbschaft dieser Zeit*, Zürich: Verlag Oprecht und Helbling 1935.

70 Vgl. Neville und Stephen Plaice in der Einleitung zu Ernst Bloch, *Heritage of Our Times*, Berkeley: University of California Press 1991, S. XIIf.

vorwärtsgerichtete Bewegung hin zu einer Utopie.[71] Obwohl ein Begriff wie der des Übermenschen entmenschlichende und brutale Auswirkungen besaß, hatte Nietzsche mit ihm doch etwas anderes beabsichtigt. Er hatte mit ihm das Bild eines zukünftigen, keinen Beeinträchtigungen mehr unterworfenen Menschen konzipiert, ein visionäres Potential befreiender, dionysischer Ungleichzeitigkeit:

> Auf dem Nullpunkt des mechanischen Daseins sind nicht nur die verschiedenen übermenschlichen Bestien, es erinnert sich auch *Dionysos*. Das Raubtier tropisch, nicht kalt, der thrakische Wald gegen den kalten verdinglichten Bürger. Dionysos als Zeichen für abstrakt-phantastische Flucht in Anarchie: damit erst begreift man Nietzsches *ernste* Gewalt auf die Zeit. Damit erst hat Nietzsche seine Zeit in Parolen gefaßt, in Parolen undeutlicher Gegenbewegung des ›Subjekts‹ gegen die Objektivität, welche es vorfindet [...] Dionysos nahm einen Amoklauf gegen alle noch so weit entfernten ›Domestizierungen‹ [...] So auch ist Dionysos nicht bloß der hemmungslose Reflex des Kapitals, das Zucht, Maß, Recht, Bürgertugend beizeiten abbauen läßt, sondern er ist formale Ausschweifung in ein unbestimmtes Außersichsein, Außer-der-Zeit-Sein schlechthin.[72]

Dieser Dionysos war der Mensch, der noch nicht er selbst geworden war. Er zerbrach die falschen Formen - doch nicht an einem vorab festzulegenden Punkt der Entwicklung des fortgeschrittenen Kapitalismus, sondern in stets unerwarteten Ausbrüchen an den Wendepunkten der Geschichte. Bloch vereinnahmte Nietzsche für den Marxismus, indem er ihn mit einer visionären Sprache überzog, die durchweg eher für Bloch selbst bezeichnend war, als daß sie an Nietzsche erinnert hätte. Sein Nietzsche strebte nach einer im Feuer der Utopie geschmiedeten Weltlichkeit und verkündete, weit entfernt von der ewigen Wiederkehr, das Ende einer statischen und geschlossenen Weltsicht. Blochs Dionysos war Nietzsches mythologischer Name für das historisch unterdrückte Subjekt, das sich seiner geschichtlichen Rolle noch nicht bewußt geworden ist. Diesen nicht festgelegten dionysischen Aspekt, so argumentierte Bloch, wollten faschistische Interpreten Nietzsches vom Schlage eines Bäumler durch eine Festlegung auf die herrschende Gewalt ersetzen. Anzeichen von Versöhnung waren selbst in den Resten der Visionen Nietzsches in der Gegenwart offensichtlich. Dionysos war nicht die Nacht, in welche die Reaktion floh, sondern vielmehr die stolze Schlange auf den Flaggen der Revolution, das Aufblitzen der Utopie.[73]

Auch die *Dialektik der Aufklärung*, die klassische Studie von Adorno und Horkheimer aus dem Jahre 1944, war eine Auseinandersetzung mit dem Nationalsozialismus und Faschismus sowie mit den zeitgenössischen Wurzeln der Barbarei, die sich nicht in vorgegebenen historischen Grenzen halten wollte. Ihre Autoren stellten als Marxisten die Bourgeoisie unter Anklage, setzten aber ganz und gar unmarxistisch die Aufklärung mit dem gesamten Herrschaftsunternehmen des westlichen

71 Vgl. Ernst Bloch, *Erbschaft dieser Zeit*, a.a.O., S. 57.
72 Ernst Bloch, *Erbschaft dieser Zeit*, a.a.O., S. 359.
73 Ernst Bloch, *Erbschaft dieser Zeit*, a.a.O., S. 362-366.

Denkens gleich. Als Projekt einer totalisierenden »instrumentellen Vernunft«, die darauf zielte, den Menschen zum »Herrn« der Schöpfung werden zu lassen, ließ sich die Aufklärung zurückverfolgen bis auf die ersten Kapitel der Genesis. An anderer Stelle erklärte Horkheimer, selbst Marx habe sich insofern mitschuldig gemacht, als er den Menschen auf ein *animal laborans* reduziert und die Natur zum Material menschlicher Ausbeutung verdinglicht habe.[74] Aus dieser Perspektive konnten Horkheimer und Adorno den Nationalsozialismus nicht als Revolte gegen die Aufklärung, sondern nur als integralen Bestandteil von deren intoleranter, totalisierender Dialektik betrachten.

Dies führte nicht allein zu einer Untersuchung des Faschismus, sondern zu dem von Jürgen Habermas beschriebenen Wunsch beider Autoren, »die Aufklärung radikal über sich aufklären« zu wollen. In diesem Zusammenhang erschien ihnen Nietzsche als »das große Vorbild für eine totalisierende Selbstüberbietung der Ideologiekritik«. Aller Wahrscheinlichkeit nach waren sie nicht zuletzt unter dem Einfluß Nietzsches bereit, auf die rationalen Inhalte der Moderne zu verzichten und auf dem alles durchdringenden Zusammenhang von Vernunft und Herrschaft, Macht oder Geltung zu insistieren.[75]

Adorno und Horkheimer wandten sich den *schwarzen* Schriftstellern des Bürgertums zu, dem Marquis de Sade und Nietzsche, »um den Selbstzerstörungsprozeß der Aufklärung auf den Begriff zu bringen«.[76] Sie betonten, Nietzsche habe in seiner Zeit buchstäblich als einziger die Dialektik der Aufklärung begriffen: einerseits als entmystifizierenden Ausdruck eines Widerwillens gegen Herrschaft und andererseits als Werkzeug eben dieser Herrschaft. Gleichzeitig machten sie auf die ironischen protofaschistischen Folgen dieser Kritik bei den reaktionären Anhängern Nietzsches aufmerksam:

> Nietzsche hat wie wenige seit Hegel die Dialektik der Aufklärung erkannt. Er hat ihr zwiespältiges Verhältnis zur Herrschaft formuliert. Man soll »die Aufklärung ins Volk treiben, daß die Priester alle mit schlechtem Gewissen Priester werden –, ebenso muß man es mit dem Staate machen. Das ist Aufgabe der Aufklärung, den Fürsten und Staatsmännern ihr ganzes Gebaren zur absichtlichen Lüge zu machen...« Andererseits war die Aufklärung seit je ein Mittel »der großen Regierungskünstler (Konfuzius in China, das Imperium Romanum, Napoleon, das Papsttum, zur Zeit, wo es der Macht und nicht nur der Welt sich zugekehrt hatte) [...] Die Selbsttäuschung der Menge über diesen Punkt, z. B. in aller Demokratie, ist äußerst wertvoll: die Verkleinerung und Regierbarkeit der Menschen wird als ›Fortschritt‹ erstrebt!« Indem solcher Doppelcharakter der Aufklärung als historisches Grundmotiv hervortritt, wird ihr Begriff, als der fortschreitenden Denkens, bis zum Beginn überlieferter Geschichte ausgedehnt.

---

74 Vgl. die ausgezeichnete Zusammenfassung bei Martin Jay, *The Dialectical Imagination. A History of the Frankfurt School and the Institute of Social Research, 1923-1950*, a. a. O., 253-258.; dt.: *Dialektische Phantasie. Die Geschichte der Frankfurter Schule und des Instituts für Sozialforschung 1923-1950*, a. a. O., S. 297-326.

75 Jürgen Habermas, *Der philosophische Diskurs der Moderne. Zwölf Vorlesungen*, a. a. O., S. 131, vgl. ferner S. 146.

76 Jürgen Habermas, *Der philosophische Diskurs der Moderne. Zwölf Vorlesungen*, a. a. O., S. 130.

Während jedoch Nietzsches Verhältnis zur Aufklärung, und damit zu Homer, selber zwiespältig blieb; während er in der Aufklärung sowohl die universale Bewegung souveränen Geistes erblickte, als deren Vollender er sich empfand, wie die lebensfeindliche, »nihilistische« Macht, ist bei seinen vorfaschistischen Nachfahren das zweite Moment allein übriggeblieben und zur Ideologie pervertiert. Diese wird zum blinden Lob des blinden Lebens, dem die gleiche Praxis sich verschreibt, von der alles Lebendige unterdrückt wird.[77]

Für Adorno und Horkheimer stellte Nietzsches Kritik der Aufklärung nicht einfach nur einen Erkenntnisgewinn dar. Wenn sie in sich schon die Möglichkeit enthielt, von falscher Seite vereinnahmt zu werden, dann bot sie doch auch (und das erinnert an Bloch) in finsterster Zeit die Chancen zu möglicher Befreiung:

Die Unmöglichkeit, aus der Vernunft ein grundsätzliches Argument gegen den Mord vorzubringen, nicht vertuscht, sondern in alle Welt geschrieen zu haben, hat den Haß entzündet, mit dem gerade die Progressiven Sade und Nietzsche heute noch verfolgen. Anders als der logische Positivismus nahmen beide die Wissenschaft beim Wort. Daß sie entschiedener noch als jener auf der Ratio beharren, hat den geheimen Sinn, die Utopie aus ihrer Hülle zu befreien, die wie im kantischen Vernunftbegriff in jeder großen Philosophie enthalten ist: die einer Menschheit, die, selbst nicht mehr entstellt, der Entstellung nicht länger bedarf. Indem die mitleidlosen Lehren die Identität von Herrschaft und Vernunft verkünden, sind sie barmherziger als jene der moralischen Lakaien des Bürgertums. »Wo liegen deine größten Gefahren?« hat Nietzsche sich einmal gefragt, »im Mitleiden«. Er hat in seiner Verneinung das unbeirrbare Vertrauen auf den Menschen gerettet, das von aller tröstlichen Versicherung Tag für Tag verraten wird.[78]

Doch auch Horkheimer und Adorno machten kritische Vorbehalte geltend. Obwohl Nietzsche die Dialektik der Aufklärung bemerkt hatte, traten deren Irrtümer ihrer Meinung nach selbst in seinem Werk zutage. Zwar formulierte er eine einschneidende Aufklärungskritik – wie dies vor ihm schon de Sade und sogar Kant getan hatten –, aber er trug auch seinerseits zur berechnenden, instrumentellen Logik der Aufklärung bei, zu jener formalen Rationalität, die in die Schrecken der Barbarei des 20. Jahrhunderts geführt hatte. Nietzsches Wille zur Macht suchte wie Kants kategorischer Imperativ Unabhängigkeit vom Zwang äußerer Kräfte; in ihrem Bestreben, die Natur zu kontrollieren und den Menschen zum Maß aller Dinge zu machen, waren beide integrale Bestandteile der Katastrophe.[79] Dem Deutschen Nietzsche, so schrieben sie,

geht die Schönheit von der Tragweite aus, er kann inmitten aller Götzendämmerung von der idealistischen Gewohnheit nicht lassen, die den kleinen Dieb hängen sehen, aus imperialisti-

---

77 Max Horkheimer und Theodor W. Adorno, *Dialektik der Aufklärung. Philosophische Fragmente*, in: Theodor W. Adorno, *Gesammelte Schriften*, Bd. 3, Frankfurt a. M.: Suhrkamp 1981, S. 62.

78 Max Horkheimer und Theodor W. Adorno, *Dialektik der Aufklärung. Philosophische Fragmente*, a. a. O., S. 140. Die hier zitierten Worte Nietzsches stehen in der *Fröhlichen Wissenschaft*, in: *Werke*, Bd. V, 2, a. a. O., S. 197.

79 Vgl. Martin Jay, *The Dialectical Imagination. A History of the Frankfurt School and the Institute of Social Research, 1923-1950*, a. a. O., S. 265; dt.: *Dialektische Phantasie. Die Geschichte der Frankfurter Schule und des Instituts für Sozialforschung 1923-1950*, a. a. O., S. 310.

schen Raubzügen welthistorische Missionen machen möchte. Indem der deutsche Faschismus den Kultus der Stärke zur welthistorischen Doktrin erhob, hat er ihn zugleich zur eigenen Absurdität geführt. Als Einspruch gegen die Zivilisation vertrat die Herrenmoral verkehrt die Unterdrückten: der Haß gegen die verkümmerten Instinkte denunziert objektiv die wahre Natur der Zuchtmeister, die an ihren Opfern nur zum Vorschein kommt. Als Großmacht aber und Staatsreligion verschreibt sich die Herrenmoral vollends den zivilisatorischen powers that be, der kompakten Majorität, dem Ressentiment und allem, wogegen sie einmal stand. Nietzsche wird durch seine Verwirklichung widerlegt und zugleich die Wahrheit an ihm freigesetzt, die trotz allem Jasagen zum Leben dem Geist der Wirklichkeit feind war.[80]

Paradoxerweise ähnelten diese Verurteilung der menschlichen Hybris und die Wendung der Kritischen Theorie gegen eine totale Autonomie des Menschen der Kritik an Nietzsche aus konservativ religiösen Kreisen, die uns an vielen Stellen des vorliegenden Buches begegnet ist.[81] Hier wie da handelte es sich letztlich um Kulturkritik und nicht um eine differenzierte historische Untersuchung des Nationalsozialismus oder Faschismus. Die Kritische Theorie ordnete den Nationalsozialismus in letzter Instanz jener umfassenderen Entwicklung unter, die sie als die allgemeine Tendenz des Westens zu Herrschaft und instrumenteller Rationalität sowie als jene Dynamik des Kapitalismus bestimmte, die zu totaler Verwaltung führt.

Die *Dialektik der Aufklärung* überwand im Grunde nie ihre ambivalente Einstellung zu Nietzsche; er war für sie zugleich Täter und Angeklagter, Symptom einer Epoche sowie deren kritischer Diagnostiker und freiheitsverheißender Visionär. Jederzeit jedoch war seine überragende Bedeutung für sie ganz und gar unverkennbar.

Abgesehen von einer frühen kritischen Stellungnahme aus der Zeit um 1930 (in der Nietzsches Moralvorstellungen als reaktionär und romantisch bezeichnet wurden),[82] war Georges Bataille (1897-1962) zu keiner Zeit von einer derartigen Ambivalenz geplagt. Von allen hier behandelten nach-marxistischen Denkern war Ba-

80 Max Horkheimer und Theodor W. Adorno, *Dialektik der Aufklärung. Philosophische Fragmente*, a. a. O., S. 120f. Vgl. zur weiteren Kritik Nietzsches und seiner Auswirkungen auf die Massenkultur S. 266-268.

81 Martin Jay, *The Dialectical Imagination. A History of the Frankfurt School and the Institute of Social Research, 1923-1950*, a. a. O., S. 266; dt.: *Dialektische Phantasie. Die Geschichte der Frankfurter Schule und des Instituts für Sozialforschung 1923-1950*, a. a. O., S. 311 argumentiert ganz ähnlich, wenn auch in anderem Zusammenhang. Die Zurücknahme der Betonung einer totalen Autonomie des Menschen war Teil der fortgesetzten Weigerung der Kritischen Theorie, eine positive Anthropologie zu entwerfen. Denn jede Zentralstellung des Menschen hätte die Welt der Natur herabgesetzt. »Die kritische Theorie war trotz all ihrer Insistenz auf einem Maßstab, an dem die Irrationalitäten der Welt gemessen werden konnten, in ihrem Kern nicht das, was man als radikalen Humanismus bezeichnet. Horkheimers Interesse an Religion, das in späteren Jahren deutlich zutage trat, war also auch kein so fundamentales Abweichen von den Prämissen seiner früheren Arbeit, wie es auf den ersten Blick den Anschein haben könnte.«

82 Vgl. Georges Bataille »La ›vieille taupe‹ et le préfixe *sur* dans les mots *surhomme* et *surréaliste*« in: *Oeuvres complètes*, Bd. II: Écrits posthumes 1922-1940, Paris: Gallimard 1970, S. 93-109, hier: S. 101.

taille der radikalste und eigenwilligste Anhänger Nietzsches. Sein Leben liest sich wie die Verkörperung jenes äußersten und unerreichbaren nietzscheanischen Unternehmens, das in seiner Dynamik (anders als bei den meisten Adepten Nietzsches in Deutschland) nie gezähmt oder in ruhige Bahnen gelenkt, sondern um seiner selbst willen freigesetzt wurde. Batailles Freund Michel Leiris beschrieb 1962 seinen langjährigen Weggefährten mit den Worten:

> Nachdem er der Unmögliche gewesen war, fasziniert von allem, was er an wirklich Inakzeptablem entdecken konnte, [...] erweiterte er seinen Gesichtskreis [...] und machte sich im Bewußtsein, daß der Mensch erst dann wirklich Mensch ist, wenn er in dieser Maßlosigkeit sein eigenes Maß sucht, zum Mann des Unmöglichen, begierig, den Punkt zu erreichen, wo im dionysischen Schwindel das Oben und Unten ineinander verschwimmen und wo die Entfernung zwischen dem Ganzen und dem Nichts sich aufhebt.[83]

Bataille versuchte nach Meinung von Habermas, »das unmögliche Erbe des ideologiekritischen Nietzsche anzutreten«.[84] Ihm stand eine Vielfalt nietzscheanischer Formen des Gemeinschaftslebens (in ständig wechselnden, kleinen politischen Gruppen) vor Augen, die größere Organisationen nicht stabilisieren, sondern spalten sollten. Die kommunistische Intention, die darin steckte, zielte nicht auf die Schaffung von Grenzen, sondern auf deren Durchbrechung kraft einer obsessiven nietzscheanischen Rebellion gegen das System als ganzes. Ihre Hoffnung galt einem (von Bataille so genannten) Reich des Heterogenen, all jenen Elementen, die sich einer Assimilation an das bürgerliche Alltagsleben widersetzen, die sich der Wissenschaft entziehen, die aber offenbar werden in den Augenblicken jener faszinierenden Schockerlebnisse, in denen die verläßlichen Wahrnehmungen des Subjekts und seiner Welt zersplittern.

Batailles Hang zu radikaler Kritik, sein Verlangen, die biedere Bürgerwelt zu schockieren und zu überwinden, unterschieden ihn im Grunde nicht allzu sehr von jenem scheinbar ganz andersartigen Faschismus, den er kritisch zu analysieren vorgab. So bezeichnete sich denn auch in den Dreißiger Jahren *Contre-Attaque*, eine von ihm begründete Gruppe politisierender Intellektueller, als »sur-fasciste«, und Bataille selbst gab später zu, er und seine Freunde hätten gewisse paradox faschistische Neigungen besessen.[85]

Dennoch wurde Nietzsche von Bataille als entschiedenes Gegenbild zum Faschismus und Nationalsozialismus präsentiert. Von bürgerlichen Kommentatoren, die ebenfalls eine Gleichsetzung Nietzsches mit dem Nationalsozialismus zurückwiesen, unterschied sich Bataille insofern, als er sich auf einen radikalen und irrationalistischen Nietzscheanismus berief. In Batailles Augen dienten Faschismus und

---

83 Michel Leiris zit. nach Jürgen Habermas, *Der philosophische Diskurs der Moderne. Zwölf Vorlesungen*, a. a. O., S. 248.

84 Jürgen Habermas, *Der philosophische Diskurs der Moderne. Zwölf Vorlesungen*, a. a. O., S. 248.

85 Vgl. Allan Stökl in der Einleitung zu Georges Bataille, *Visions of Excess. Selected Writings*, Manchester: Manchester University Press 1985, S. XVIII.

Nationalsozialismus letztlich der Einschränkung und Kontrolle menschlicher Möglichkeiten. Nietzsche erschien ihm dagegen als »das kräftigste Lösungsmittel«, als einziger Apostel des radikalsten, ja gewalttätigen Willens zur Autonomie und als Visionär einer zuvor unvorstellbaren Schrankenlosigkeit. »Die totale Befreiung menschlicher Möglichkeiten, ja aller Möglichkeiten, wie er sie definierte«, so schrieb Bataille später, »ist gewiß die einzige, die bisher nicht versucht worden ist.« (Und in Klammern fügte er hinzu: »Außer von mir selbst!«)[86]

Das Pathos der Erfahrungen Nietzsches und sein labyrinthisches Denken, das sich ohne jede Hoffnung auf eine Berufungsinstanz wußte, waren in kein politisches System zu integrieren. Also mußte ein jedes sie unterdrücken.[87] Nietzsche zum Kollaborateur von Bewegungen zu machen, denen er durch sein Denken jede Berechtigung entzogen hatte, hieß, so erklärte Bataille, auf ihm herumzutrampeln und die eigene Ignoranz gerade dann unter Beweis zu stellen, wenn man vorgab, sich um dieses Denken zu sorgen.[88]

> Faschismus und Nietzscheanismus schließen sich (sogar gewaltsam) wechselseitig aus, sobald der eine wie der andere in seiner Totalität betrachtet wird: Auf der einen Seite verstrickt sich das Leben in die Stabilität endloser Knechtschaft, auf der anderen Seite weht nicht nur ein frischer Wind, sondern geradezu ein Sturm. Auf der einen Seite wird der Zauber der menschlichen Kultur durchbrochen, um Raum zu schaffen für vulgäre Kräfte, auf der anderen Seite werden diesem Zauber Kraft und Gewalt auf tragische Weise geopfert [...] Hohn und Spott begleiten die Vorstellung von einer möglichen Übereinkunft zwischen den Forderungen des Nietzscheanismus und denen einer politischen Organisation, die das Dasein an ihrer Spitze in geistige Armut treibt und all jene ins Gefängnis steckt, ins Exil treibt oder tötet, die einen Adel »freier Geister« bilden könnten.[89]

Batailles antifaschistischer Nietzsche war nicht steril oder mit liberaler Verantwortlichkeit ausgestattet. Von zentraler Bedeutung waren für ihn die Gewalt, der Sexus und das Böse. Konstitutiv aber blieb auch für ihn wie für die faschistische Politik, die er attackierte, die Revolte gegen die Herrschaft der Rationalität. Um dieser Herrschaft zu entfliehen, mußte das Selbst sich voll an die Immanenz verlieren und dem ganzen, durchaus nicht zu unterwerfenden Menschen eigene Geltung verschaffen.[90]

Batailles Nietzsche war daher nicht der Philosoph des Willens zur Macht, sondern der »Philosoph des Bösen«, das als konkrete Freiheit, als beunruhigende Durchbrechung von Tabus konzipiert wurde.[91] Damit war der Nietzscheanismus

---

86 Georges Bataille »Sur Nietzsche. Volonté de chance« in: *Oeuvres complètes*, Bd. VI: *La somme athéologique 2, Sur Nietzsche, Mémorandum*, Paris: Gallimard 1973, S. 11-205.

87 Vgl. Georges Bataille »Nietzsche et les fascistes«, a.a.O.

88 Vgl. Georges Bataille »Sur Nietzsche. Volonté de chance«, a.a.O.

89 Georges Bataille »Nietzsche et les fascistes«, a.a.O., S. 452f.

90 Vgl. Allen S. Weiss »Impossible Sovereignty. Between *The Will to Power* and *The Will to Chance*« in: *October* 36 (Spring 1986) S. 137.

91 Vgl. Georges Bataille »Sur Nietzsche. Volonté de chance«, a.a.O.

auf seine äußerste Spitze getrieben, von allen Bindungen abgeschnitten und einer ebenso bedingungslosen wie unbedingten Dynamik überantwortet. Das widersprach ganz offenkundig der Indienstnahme Nietzsches durch die politische Kultur in Deutschland. Hier zeigte sich eine frei flottierende Radikalität, die später bestimmend wurde für die Nietzscherezeption im Frankreich der Nachkriegszeit mit all ihren extremen, wenn auch politisch höchst unklaren poststrukturalistischen Varianten. Batailles Nietzsche war entinstrumentalisiert und entideologisiert. Weit davon entfernt, eine konstruktive politische Verfassung anzustreben, handelte es sich hier um eine Vision, die ein »Zeichen der Auflösung in der Totalität« begehrte. Gleichzeitig versuchte Bataille, seine antifaschistische nietzscheanische Gemeinschaft in Umrissen zu skizzieren: »Die einzige Gesellschaft voll Leben und Kraft, die einzige freie Gesellschaft ist die *bicephale oder polycephale.* Sie gestattet den grundlegenden Widersprüchen des Lebens immer erneut explosive Ausbrüche, in denen die vielfältigsten Formen zutage treten.«[92] Bataille vertrat die Ansicht, daß das wahre Wesen der von ihm ersehnten universalen Gemeinschaft in deren schrankenlos dynamischer, nietzscheanisch inspirierter Natur liegen sollte. Nur die Angst vor ihrer Schrankenlosigkeit hatte bisher verhindert, daß diese Gesellschaft verwirklicht wurde. Aus Mangel an Mut hatte man sich auf die eher vertrauten und beschränkten Gesellschaften eingelassen. Doch die Möglichkeit einer (angemessen konzipierten) universalen Gemeinschaft ging aus den Kategorien Nietzsches zwingend hervor. Sie wäre das Resultat eines sich zu Recht auf Nietzsche berufenden Engagements:

> Die Suche nach Gott, nach einem Ausbleiben jeder Bewegung und nach *Ruhe* führt zu jener Angst, die alle Versuche, eine universale Gemeinschaft einzurichten, hat scheitern lassen [...] Denn jede universale Existenz ist unbeschränkt und folglich ruhelos: sie schließt das Leben nicht in sich ab oder ein, sondern öffnet es und wirft es zurück auf die Unruhe des Unendlichen. Die universale, ewig unvollendete, acephale Existenz, eine Welt, die einer blutenden Wunde vergleichbar ist, eine Welt, die unablässig endliche Wesen erschafft und zerstört – unter diesem Aspekt ist wahre Universalität der Tod Gottes.[93]

Nicht allein ihrer Radikalität wegen war diese Vision politisch nicht einzulösen. Ironischerweise gab es dafür noch einen weiteren Grund: Die universale nietzscheanische Gemeinschaft, die Bataille im Sinn hatte, sollte heterogen sein. Doch Heterogenität ist, wie Allen Weiss bemerkt hat, selbstverständlich nicht mitteilungsfähig. Die authentische nietzscheanische Gemeinschaft Batailles war daher letztlich zu einem Schweigen verdammt, mit dem sie sich selbst widersprach, oder aber zum Verrat.[94] Zumindest unter politischen Gesichtspunkten konnte es also keinen »reinen« Nietzscheanismus geben.

---

92 Georges Bataille »Propositions« in: *Oeuvres complètes*, Bd. I: Premiers Écrits 1922-1940, a.a.O., S. 467-473, hier: S. 469.

93 Georges Bataille »Propositions«, a.a.O., S. 473.

94 Vgl. Allen S. Weiss »Impossible Sovereignty. Between *The Will to Power* and *The Will to Chance*«, a.a.O., S. 142.

Doch wenden wir uns nun wieder von den intellektuellen Dissidenten zur eher kanonischen Rezeption Nietzsches und kehren wir von Frankreich nach Deuschland zurück. Mit dem Kriegsende wurde die Rolle Nietzsches in der deutschen Kultur und Politik einer gründlichen Revision unterzogen. Während er unterm Nationalsozialismus normative Geltung besaß, hielten ihn diejenigen, die nun neue Maßstäbe setzten, für durch und durch suspekt. Da er jetzt nicht mehr als Prophet und als Verkörperung des Schicksals der Nation angesehen wurde, wandelte sich sein Bild zur Antithese dessen, was zum Wiederaufbau eines »demokratischen«, antifaschistischen Deutschland erforderlich war.

In diesem neuen Bild Nietzsches spiegelte sich ein umfassenderer Wandel des politischen, kulturellen und intellektuellen Lebens der Besatzungszeit zwischen 1945 und 1948 wider. Von der Forschung ist dieser Vorgang, der zu einer »rationaleren« politischen Kultur führen sollte, wiederholt als »Entideologisierung« oder als »Entradikalisierung« beschrieben worden.[95] Das Erbe Nietzsches war zwar nur allzu wandlungsfähig, aber in einer Kultur, die einer Entradikalisierung besonderen Wert zumaß, konnte es schwerlich gedeihen.

Wie zuvor schon in der Vergangenheit behielten die Themen Nietzsches zentrale Bedeutung im Rahmen umfassenderer Probleme der jüngeren Geschichte, der nationalen Identität und kollektiver moralischer Zielsetzungen. Wie bei seinen frühen Kritikern erschien sein Denken nun aber erneut als ein zumeist negativ zu bewertender oder gefährlicher Teil des kulturellen Erbes. Im Klima der unmittelbaren Nachkriegszeit konnte Nietzsche nicht länger die Aura nationaler Würde zuteil werden.

In einer Flut von Schriften, in denen sich die Deutschen über die Schuldfrage Rechenschaft abzulegen suchten, tauchte der Name Nietzsches in unterschiedlichen Zusammenhängen auf. Angesichts der Schatten der jüngsten Vergangenheit wurde er zumeist als Mitschuldiger oder »Verantwortlicher«, als Urheber oder zumindest als wesentlicher Komplize jener Entwicklung benannt, die in die Katastrophe geführt hatte. Nur allzu leicht konnte er in eine allgemeine Selbstanklage der Deutschen einbezogen werden, wenn man nicht umgekehrt die Schuld der Nation nach außen kehrte und auf ihn abwälzte. Wenn der Nietzscheanismus die Katastrophe zur Folge gehabt hatte, dann wollte man die Lösung nunmehr in entgegengesetzten Werten finden. Daher wurden viele Rezepte zur Lösung der deutschen Frage in einer expliziten Wendung gegen Nietzsche formuliert. Als Gegenmittel dienten Aufklärung, Rationalismus, Liberalismus und Christentum – also all das, was während der Nazizeit unterdrückt worden war.

Sehr rasch begann man mit einer neuen Beurteilung Nietzsches. Schon 1945 machte Otto Flake, der bekannte Kritiker und politische Kommentator, eine Bilanz

95 Vgl. etwa Karl Dietrich Bracher, *Zeit der Ideologien. Eine Geschichte des politischen Denkens im 20. Jahrhundert*, Stuttgart: Deutsche Verlags-Anstalt 1982; Jerry Z. Muller, *The Other God That Failed*, a.a.O., Kap. 9 und 10.

auf, in der er die Bedeutung des Philosophen im Hinblick auf die deutsche Geschichte und den Nationalsozialismus analysierte.[96] Jede Auseinandersetzung mit der Schuldfrage, so argumentierte Flake, machte es erforderlich, sich auch mit Nietzsche auseinanderzusetzen. Hätte Nietzsche den Nationalsozialismus erlebt und überlebt, so meinte er, dann stünde sein Name vermutlich auf der Liste der Kriegsverbrecher in Nürnberg.[97] Nietzsche war ohne jeden Zweifel eine überragende Erscheinung, ein Meister der deutschen Sprache. Mit seinem sanften Wesen paßte er nicht zum Geist des Dritten Reiches. Paradox genug gründete sich jedoch der Nationalsozialismus gerade auf seine unbarmherzige Lehre vom menschlichen Verhalten. Denn Nietzsche hatte die ganze Idealität des Willens aufgeboten, um den Dämon der Tat freizusetzen.

Nach Flakes Meinung war Nietzsche kein zufällig am Himmel auftauchender Meteor; er sah in ihm vielmehr den extremsten Ausdruck einer dem nachreformatorischen Deutschland eigentümlichen Tendenz, die äußerste Konsequenz der durch Luther eröffneten Seelenlage. Beide kamen überein in ihrem Übermaß, im Verzicht auf Bindungen, in der Hybris der Selbsterschaffung und in der Unterbewertung der Vernunft.[98]

Die Überlegungen führten unvermeidlich zu der leidigen Frage nach der Rezeption Nietzsches und nach der Verantwortung eines Autors für die Wirkung seiner Ideen.[99] Jeder Denker, so schrieb Flake, setzte an bei etwas Vorgegebenem, statt sich einen Gegenstand auszuwählen. Dennoch mußte am Begriff der Verantwortlichkeit festgehalten werden, um über eine Norm und ein Maß der Beurteilung verfügen zu können. Darum mußte auch Nietzsche für seine Ideen und allen voran für deren gefährlichste, die der Macht, verantwortlich gemacht werden. Wer die Kriege erlebt hatte, die Nietzsche für so heilsam gehalten hatte, der wußte jetzt, wohin sein Verzicht auf jede mäßigende Ethik führte. Abscheulichkeit und Bestialität, Schändung und Entweihung des Menschen waren die Resultate der Lehre vom blonden Raubtier.[100]

Flake räumte ein, daß der Schreibtisch von der wirklichen Welt himmelweit entfernt sei. Die Praxis erzwang unausweichlich eine Übersetzung für die Massen,

---

96 Otto Flake, *Nietzsche. Rückblick auf eine Philosophie*, Baden-Baden: Keppler 1946; vgl. das Nachwort zur 2. Aufl. dieses Buches, das wieder abgedruckt ist in: *Die Deutschen. Aufsätze zur Literatur und Zeitgeschichte*, Hamburg: Rütten & Loening 1963. In diesem Buch wurde die These vertreten, Nietzsche habe die deutsche Nation nachhaltiger beeinflußt als Goethe und fast so sehr wie Luther.

97 Vgl. Otto Flake »Friedrich Nietzsche« in: *Die Deutschen. Aufsätze zur Literatur und Zeitgeschichte*, a.a.O., S. 56-70,

98 Vgl. Otto Flake »Nachwort« in: *Die Deutschen. Aufsätze zur Literatur und Zeitgeschichte*, a.a.O., S. 70-72.

99 Vgl. die kritische, aber einfühlsame Stellungnahme von Alfred Weber »Nietzsche und die Katastrophe« in: *Abschied von der bisherigen Geschichte. Überwindung des Nihilismus?*, Bern: A. Francke 1946.

100 Vgl. Otto Flake »Friedrich Nietzsche«, a.a.O., S. 57, 69.

deren Wahrnehmung sich selbst die erhabensten Begriffe in vorgegebenen Strukturen zurechtlegte. In der Praxis wurde alles zu einer Angelegenheit von Ordnung, Kontrolle und Gehorsam. Jeder, der sich als Lehrer der Menschheit verstand, mußte dem Rechnung tragen. Hier lag in der Tat eine schwere Verantwortung, denn Ideen wurden hier zum denkbar gefährlichsten, hochexplosiven Dynamit. Und genau dieses Verantwortungsbewußtsein fehlte Nietzsche. Das unterschied ihn von jenen Autoren, die ihre Ideen unter Kontrolle zu halten wußten. Flake zeigte sich durchaus nicht beeindruckt von Nietzsches Behauptung, er mache sich Sorgen, »was für Unberechtigte und gänzlich Ungeeignete sich einmal auf meine Autorität berufen werden«.[101]

Ironisch argumentierte Flake, es genüge nicht, Nietzsche als unfaßbar vieldeutig hinzustellen. Denn seine Neigung zur Vieldeutigkeit hatte ihm zufolge einfach nur die verhängnisvolle, in Deutschland so verbreitete Tendenz verstärkt, sich ungenau und unentschieden auszudrücken. Diese ideologische Tendenz war ein Bestandteil der deutschen Problematik. Vier Jahrhunderte hindurch hatte es der gesamten Nation an Konkretion im Denken gefehlt – und Nietzsche war der Gipfel dieser Entwicklung.

Wie die meisten Autoren, die sich mit der Schuldfrage befaßten, verfügte auch Flake nicht über eine ausgearbeitete Dialektik der Aufklärung. Er forderte vielmehr für das neue Deutschland ein Wiedererwachen der einfachen, starken Vernunft sowie belastbarer, objektiver, kristallisierungfähiger Werte im Dienste des einfachen Volkes.[102] Generell galt Nietzsche im Nachkriegsdeutschland als die Verkörperung einer brutalisierten, radikalen Gegenaufklärung und als Feind liberaler menschlicher Werte, die für die Schaffung einer zivilisierten Gesellschaft unerläßlich sind.

Schriften wie Alfred von Martins *Geistige Wegbereiter des deutschen Zusammenbruchs* waren typisch für eine Literatur, die nach Schuldigen suchte. Diese Literatur war bestimmt durch idealistische Annahmen hinsichtlich der Rolle von Ideen im Geschichtsprozeß und machte Vorschriften zur Überwindung entsprechender Fehlentwicklungen. Nietzsche war einer ihrer Hauptangeklagten. Selbst wenn er seine Aussagen insgesamt nur »ästhetisch« hatte aufgefaßt wissen wollen und seinen Lesern allenfalls Bilder und Gleichnisse zu geben beabsichtigt hatte, hatten seine Schriften nach Auffassung von Martins grausige und gefährliche Auswirkungen.[103] Nietzsches radikalisierte Lehre des Willens zur Macht und sein Atheismus hatten nicht nur Gott, sondern auch die Idee der Menschlichkeit zerstört. Während andere radikale Religionskritiker wie Ludwig Feuerbach und David Friedrich Strauss den Altruismus unberührt gelassen hatten, war dem Übermenschen Nietzsches nichts verboten.

101 Friedrich Nietzsche zit. nach Heinz Frederick Peters, *Zarathustra's Sister. The Case of Elisabeth and Friedrich Nietzsche*, a. a. O., S. VIII; dt., *Zarathustras Schwester. Fritz und Lieschen Nietzsche – ein deutsches Trauerspiel*, a. a. O., S. 10.

102 Vgl. Otto Flake »Friedrich Nietzsche«, a. a. O., S. 71f.

103 Alfred von Martin, *Geistige Wegbereiter des deutschen Zusammenbruchs*, Recklinghausen: Bitter 1948, S. 30.

Alfred von Martin hatte als einer der ersten die Folgen der Anwendung der Lebensphilosophie auf die Politik erkannt. Eine Politik des »heldischen Realismus«, die sich mit den Namen von Nietzsche, Sorel und Ernst Jünger verband, war ihm zufolge mitverantwortlich für den Zusammenbruch der alten Ordnung. Sie galt ihm als Schlüsselbegriff für die Herausbildung von Vorstellungen, in denen alle klaren politischen Konturen von »rechts« und »links« in einem ununterscheidbaren Schillern verschwammen. Mit ihr gewann das politische Denken etwas überaus Zweideutiges und Zwiespältiges.[104]

Nietzsche, so schloß von Martin, glaubte, der Nihilismus könne überwunden werden, und ein neues Barbarentum sei heilsam. Doch was als das große Ja begonnen hatte, der Traum von einem gesteigerten Leben, hatte in vollständiger Dämonie sein Ende gefunden.[105] Ähnlich stand 1946 auch Friedrich Meinecke in seinem Buch *Die deutsche Katastrophe* mit seiner Analyse Nietzsches wie mit seinem Bild des Nationalsozialismus unter dem Eindruck des Dämonischen:

> In der Gedankenwelt Nietzsches [...], die jetzt mächtig zu werden begann über alle sehnsüchtigen und unruhigen Geister, schoß fast alles zusammen, was von edlem wie unedlem Wollen und Sichsehnen diese Zeit erfüllte, - eine dämonische Erscheinung in der Zwiespätigkeit ihres Wesens und ihrer Wirkungen. Überwiegend waren sie unheilvoll. Der die alten Moraltafeln zerbrechende Übermensch Nietzsches leuchtete einem leider nicht geringen Teile der deutschen Jugend unheimlich verführerisch voran als Wegweiser in die zu erkämpfende, ganz dunkle Zukunft.[106]

Das berühmteste Beispiel einer Darstellung sowohl des Nationalsozialismus wie Nietzsches unterm Aspekt des Dämonischen findet sich in Thomas Manns Roman *Doktor Faustus* von 1947. In diesem monumentalen Werk, das sowohl die Naziherrschaft wie die Katastrophe Deutschlands behandelt, ist Nietzsche allgegenwärtig.[107]

---

104 Alfred von Martin, *Geistige Wegbereiter des deutschen Zusammenbruchs*, a. a. O., S. 25.

105 Alfred von Martin, *Geistige Wegbereiter des deutschen Zusammenbruchs*, a. a. O., S. 35-45.

106 Friedrich Meinecke, *Die deutsche Katastrophe. Betrachtungen und Erinnerungen*, Zürich, Wiesbaden: Aero-Verlag/Brockhaus 1946, S. 42. Auch der konservative Historiker Gerhard Ritter sah die Gefahr des Nietzscheanismus in dessen Zusammenspiel mit dem deutschen Nationalcharakter. Nietzsches wichtigste metaphysische Prinzipien waren ihm zufolge »gewiß nicht als Verherrlichung brutaler Gewaltpolitik in jenem trivialen Sinn gemeint, in dem ihn spätere Publizisten verstanden«. Dennoch haben sein schrankenloser Individualismus und sein aphoristischer Stil derlei Mißverständnisse begünstigt und sich auf »die alte deutsche Neigung zur ›politischen Metaphysik‹, zur Radikalität des reinen Gedankens, unheilvoll ausgewirkt«. Gerhard Ritter, *Europa und die deutsche Frage. Betrachtungen über die geschichtliche Eigenart des deutschen Staatsdenkens*, München: Bruckmann 1948, S. 116.

107 Vgl. Thomas Mann, *Doktor Faustus*, Stockholm: Bermann-Fischer 1947; vgl. Gunilla Ulander Bergsten, *Thomas Manns Doktor Faustus. Untersuchungen zu den Quellen und zur Struktur des Romans*, 2. erg. Aufl., Tübingen: Niemeyer [1963] 1974. Thomas Mann schrieb dazu: »Man hat den ›Faustus‹ einen Nietzsche-Roman genannt, und wirklich enthält das Buch, das den Namen Nietzsches aus guten Gründen vermeidet, viele Anspielungen auf dessen geistige Tragödie, ja direkte Citate aus seiner Krankheitsgeschichte. Man hat auch gesagt, ich hätte mich zweigeteilt in dem Werk, und der Erzähler

Das Leben des Helden Adrian Leverkühn ist dem Nietzsches nachgebildet, und das Nietzsche-Motiv entwickelt, wie T. J. Reed gezeigt hat,

> die Parallele zwischen dem pathologischen und dem politischen Zusammenbruch, mit der implizit ein Urteil abgegeben wird über die deutsche Politik. Mit dieser Parallele wird der Teufel zugleich in anderer Weise auf die Politik bezogen. Nicht nur hat Deutschland seine Seele dem Teufel verkauft, sondern auch das Individuum (Adrian als Faust) »ist« der Denker, dessen Ideen die verhängnisvolle Entwicklung in Gang gesetzt haben.[108]

Kritiker in der Deutschen Demokratischen Republik beeilten sich später, auf die problematische Natur der Kategorie des Dämonischen hinzuweisen, die sie als bürgerliche Mystifizierung bezeichneten.[109] Obwohl Autoren wie von Martin Nietzsche für bösartig und gefährlich hielten, warfen die ostdeutschen Marxisten ihnen vor, sich auf eine überhistorische Kategorie zu berufen, die die Ideen des Philosophen aus ihrem konkreten sozialen Zusammenhang löste. Ein Kritiker meinte, von Martin versetze Nietzsches Philosophie in eine Sphäre des Dämonischen, das seit jeher Teil eines unveränderlichen deutschen Nationalcharakters sei, losgelöst von allen ökonomischen und historischen Grundlagen.[110]

Was auch immer die Vorzüge und Nachteile dieses Deutungsmusters gewesen sein mögen – die meisten bürgerlichen Autoren waren überzeugt, daß das Gegenmittel zu solcher Dämonie nur in erneuerten und gesunden gesellschaftlichen Bindungen sowie in der Rückkehr zur Universalgeschichte und in einer Verbindung zwischen dem Erbe der bürgerlichen Aufklärung und der christlichen Tradition liegen konnte.

Nach dem Ende des Nationalsozialismus trugen Autoren, die den christlichen Kirchen nahestanden, (ebenso wie diese selbst) in erheblichem Umfang zu den Angriffen auf Nietzsche bei. »Eine gründliche Überprüfung Nietzsches, nach der deutschen Katastrophe, in die er tief verwickelt ist, ist eine Anforderung, der wir uns

---

sowohl wie der Held hätten etwas von mir. Auch daran ist etwas Wahres, – obgleich doch auch ich nicht an Paralyse leide.« Thomas Manns Antwort an die *Saturday Review of Literature* 32 (1. Januar 1949) in: Hans Wysling und Marianne Fischer (hrsg.), *Dichter über ihre Dichtungen. Thomas Mann*, Bd.14/III: 1944-1955, Frankfurt a.M.: Heimeran/S. Fischer 1981, S. 206.

108 T. J. Reed, *Thomas Mann*, a.a.O., S. 369.

109 Der polnische Romancier Stanislaw Lem schrieb über Manns *Doktor Faustus*, der Faschismus sei ein unpersönlicher Mechanismus und nicht das mythisch Böse. Seine Bedeutung lasse sich nicht durch den Hinweis auf eine traditionale, höhere kulturelle Ordnung erschließen. Vgl. Stanislaw Lem »Über das Modellieren der Wirklichkeit im Werk Thomas Manns« in: *Sinn und Form*, Sonderheft Thomas Mann, Berlin 1965, S. 157-177, zit. nach T. J. Reed, *Thomas Mann*, a.a.O., S. 393ff. Reed vertritt die Ansicht, nicht die Geschichte von Faust und dem Teufel, sondern die Dionysos-Mythe stehe im Zentrum des Romans. Sie diene, so meint er, anders als andere mythologische Themen zur Analyse von Kräften, die am Menschen und in der Gesellschaft zu beobachten seien.

110 Bernhard Kaufhold »Zur Nietzsche-Rezeption in der westdeutschen Philosophie der Nachkriegszeit« in: Robert Schulz (hrsg.), *Beiträge zur Kritik der gegenwärtigen bürgerlichen Geschichtsphilosophie*, Berlin: Deutscher Verlag der Wissenschaften 1958, S. 279-409, insbes. 326; vgl. Dennis M. Sweet »Friedrich Nietzsche in the GDR. A Problematic Reception«, a.a.O., S. 232.

nicht entziehen können, oder wir werden mitverantwortlich sein für die Verwirrungen, die ein unüberprüfter Nietzsche immer wieder hervorrufen wird.«[111] Nietzsche und seine unkontrollierten Gefolgsleute wurden mitverantwortlich gemacht sowohl für die Feindseligkeiten gegenüber dem Christentum in den Jahren der Hitlerzeit wie für den gleichzeitigen Niedergang des deutschen Geistes.[112] Immer wieder trat dabei die Vorstellung von Nietzsches besonderer magischer Macht zutage. In seinem finsteren Arzneischrank, so konnte man lesen, verfügte Nietzsche über Rezepte, die zu den scheußlichsten Verbrechen gegen die Menschlichkeit führen mußten. Der Nationalsozialismus hatte diese Rezepte angewendet und am Ende zur Bestialisierung beinahe aller Lebensbereiche geführt. Eine orientierungslose Jugend, die über keine Begriffe von Gut und Böse mehr verfügte und die angesichts des ideologischen Wettbewerbs in den vier Besatzungszonen ohne geistige Unterstützung blieb, sollte ihre Lektion gegen Nietzsche (und für Kierkegaard) lernen.

Titel und Inhalt des Buches von Ernst Barthel *Nietzsche als Verführer* waren typisch für diese Einstellungen. Der Einfluß Nietzsches, so schrieb Barthel, war ungeheuer groß. Ob er mißverstanden wurde, spielte keine Rolle. »Er war genau genommen der Rattenfänger von Hameln dieses ins tiefste Unglück verführten Zeitalters in Europa um das Jahr 1940.« Barthels Mittel gegen solche Zauberei bestanden in einer Verschmelzung konventioneller Humanitätsforderungen mit den Lehren des Christentums. Unzweideutig verlieh er Nietzsches Magie jedoch eine göttliche Funktion. In seinen Augen war Nietzsche »in Wahrheit der Antichrist, den Gott in diese Welt gesandt hat, damit er durch seine völlig rückhaltlose und schamlose Lehre die Menschheit in das Experiment ihres Tiefstandes hineinführe, [...] damit die Menschheit in aller weiteren Zukunft der Jahrtausende vor solcher Lehre und solchem Experiment auf immer bewahrt bleibe. Er mußte kommen, der Antichrist, damit die Lehre des Gottessohnes in Zukunft fruchtbaren Grund finde.«[113]

Für viele christliche Autoren wie etwa Walther Künneth galt Hitler ganz einfach als Vollstrecker der Ideenwelt Nietzsches.[114] Möglich geworden war er ihnen zufolge erst durch dessen radikal bindungslosen Subjektivismus. Diese Autoren widersprachen selbstverständlich der von Otto Flake erhobenen Anklage gegen den Protestantismus. Nietzsche war für sie nicht die äußerste Konsequenz der protestantischen Reformation, sondern gerade die Abkehr von ihr, der Abfall von ihrem Evangelium, das Spielzeug eines widergöttlichen satanischen Geistes, der sich in einem rein dämonischen Menschen verkörpert hatte. Nach ihrer Auffassung waren Nietzsche und Hitler nicht einfach nur miteinander verbunden, sondern zu einer unauflöslichen Einheit verschmolzen. Im Gegensatz zum dämonischen Menschentyp

---

111 Heinrich Scholz, *Begegnungen mit Nietzsche*, Tübingen: Furche-Verlag 1948, S. 37.
112 Heinrich Scholz, *Begegnungen mit Nietzsche*, a.a.O., S. 3.
113 Ernst Barthel, *Nietzsche als Verführer*, Baden-Baden: Hans Bühler Junior 1947, S. 7f., 173f.
114 Walter Künneth »Friedrich Nietzsche, ein Künder der deutschen Katastrophe« in: *Zeitwende* 19, Nr. 11 (Mai 1948) S. 694.

Nietzsche-Hitler stand für sie der evangelische Mensch der Reformation mit seinem Wissen um die Verlassenheit der irdischen Existenz.[115]

Doch nicht in allen christlich orientierten Schriften wurde Nietzsche rundheraus abgetan. Konrad Algermissen betonte in seinem Buch *Nietzsche und das dritte Reich* die Kontinuität und Wirksamkeit christlicher Themen im Werk des Philosophen. Er stellte Spekulationen darüber an, wie sich das protestantische Element in seinem Denken schließlich entwickelt haben würde, wenn er nicht geisteskrank geworden wäre.[116] Andere wie beispielsweise Theodor Steinbüchel mit seiner Schrift *Friedrich Nietzsche. Eine christliche Besinnung* gingen sogar noch weiter. Sie näherten sich einem nietzscheanisch vertieften Christentum, wie es in Kapitel 7 des vorliegenden Buches dargestellt worden ist. Nietzsche hatte ihnen zufolge die große Krise der Gottlosigkeit und Immanenz erkannt, mit der sich das 19. Jahrhundert auseinanderzusetzen hatte. Er war bis an die Wurzel des Problems vorgedrungen, nämlich zu der Frage, wie der menschlichen Existenz innerweltlich Sinn verliehen werden kann. Ihm war klar geworden, daß die Menschen für ihre Lage allein verantwortlich sind. Der offenkundige Transzendenzverlust stattete sie mit eigenen gottgleichen und dämonischen Möglichkeiten aus. Nietzsches Kritik des Christentums reichte viel tiefer als die flache materialistische Religionskritik des 18. Jahrhunderts. Doch einen wesentlichen Aspekt des Problems hatte er mißverstanden: »Das wirkliche Christentum ist auch nicht ohne das von Nietzsche so stark empfundene Dämonische christlich: nicht ohne den Teufel, den menschlicher Verstand und autonome Moral aus dem Menschen auszutreiben – versucht hat.«[117]

Doch derlei Überlegungen waren eher die Ausnahme als die Regel. Unter den wachsamen Augen der Alliierten betonte man die Gefahren des Nietzscheanismus bei der Ausbildung von Lehrern, die der neugeschaffenen Demokratie auf die Sprünge helfen sollten. Nietzsche gehörte nicht zu denen, die zur geistigen Umerziehung des Volkes beizutragen vermochten, denn er hatte auf der anderen Seite der Barrikade gekämpft. Obwohl er ein bedeutender Dichter und ein scharfsichtiger Psychologe war, war es besser, kleine Talente im Dienste der richtigen Sache zu haben als ein großes im Dienste des Bösen.[118] In vielen Darstellungen wurde darauf verwiesen, daß nicht alle Nazis Anhänger Nietzsches waren und daß es in den

115 Walter Künneth »Friedrich Nietzsche, ein Künder der deutschen Katastrophe«, a. a. O., S. 705.

116 Konrad Algermissen, *Nietzsche und das dritte Reich*, Celle: Verlag Joseph Giesel 1946. Algermissen wartete bis zum Ende des Drittes Reiches, bevor er seine Attacke gegen die Nazis zu Papier brachte. In den Jahren der Naziherrschaft wandte er sich mit einem scharfen Angriff gegen die Bolschewiken: *Die Gottlosenbewegung der Gegenwart und ihre Überwindung*, Celle: Verlag Joseph Giesel 1933.

117 Theodor Steinbüchel, *Friedrich Nietzsche. Eine christliche Besinnung*, Stuttgart: Deutsche Verlags-Anstalt 1946, S. 23.

118 Vgl. Alfred Meusel »Zur Charakteristik der soziologischen und politischen Anschauungen Friedrich Nietzsches« in: *Pädagogik. Beiträge zur Erziehungswissenschaft* 3, Nr. 2 (1948) S. 56.

Schriften des Philosophen vieles gab, was mit dem Nationalsozialismus unvereinbar war. Dennoch wurden die Gemeinsamkeiten zwischen beiden hervorgehoben. Schon 1946 antizipierte man voller Angst eine Nietzsche-Renaissance, die sich einer Verurteilung des Philosophen als Nazi widersetzen und ihn als Grundlage einer kulturellen Erneuerung Deutschlands präsentieren würde.[119]

Viele Autoren unterschiedlicher Herkunft und Glaubwürdigkeit wandten sich gegen eine Ablehnung Nietzsches. Schon 1947 konnte der frühere Leiter des Nietzsche-Archivs, C. A. Emge, ein »Nazi-Professor [...] aus Jena [...] der sogar als Nazi-Minister in der thüringischen Regierung in Aussicht genommen« war,[120] die Stimmung gegen Nietzsche als Jagd nach einem Sündenbock bezeichnen. Nietzsche, so verkündete Emge, sei ein willkommener Prügelknabe. Weder Hitler noch Mussolini oder Rosenberg hätten das Recht, sich auf ihn zu berufen. Tatsächlich habe sich während seiner Amtszeit im Archiv keiner dieser Männer mit Fragen an ihn gewendet! Emge suchte nicht nur Nietzsche von jeder schuldhaften Verbindung mit den Nazis reinzuwaschen, sondern übermittelte zudem eine Botschaft, die sich erheblich von der anderer Zeitgenossen unterschied. Nach Nietzsche sollte es ihm zufolge keinen leichtsinnigen Rationalismus mehr geben.[121]

Die älteren Anhänger der Weimarer Rechten - wie Heidegger und Ernst Jünger oder dessen Bruder Friedrich Georg Jünger - beriefen sich nach wie vor auf die nietzscheanischen Kategorien des Nihilismus und des Willens zur Macht. Sie taten dies jedoch in so nebulöser Form, daß ihnen diese Kategorien dazu dienten, von jeder Auseinandersetzung mit der deutschen Schuldfrage abzulenken. Ausdrücklich lösten sie diese Begriffe aus dem Zusammenhang mit dem Nationalsozialismus wie mit Deutschland, indem sie sie universalisierten und als Teil der noch offenen Problematik der Moderne hinstellten. 1949 machte Friedrich Georg Jünger - der erste aus diesem Kreis, der eine längere Arbeit über Nietzsche vorlegte - deutlich, daß die Niederlage des Nationalsozialismus keine der grundlegenden Fragen gelöst hatte, die sich aus der Entfesselung eines undifferenzierten Willens zur Macht ergeben hatten. »Die Ära der Weltkriege, der Kampf um die Erdherrschaft hat begonnen, wir sind mitten darin.«[122] Die Erscheinungsformen dieser Ära waren leicht auszumachen:

> Der abendländische Nihilismus ist als Ganzes keine Ermüdungserscheinung, sondern - wie die in ihren Konsequenzen durchaus nihilistische Wissenschaft und Technik lehren - die tätigste und energischste Form des Willens zur Macht, die zerstörendste, die jemals am Werke war, die am Werke ist, denn wir haben den Nihilismus nicht hinter uns, wir stecken in ihm drin. Aber wir sind zugleich an der Arbeit, ihn zu überwinden. Wir finden Hilfsmittel gegen ihn. Wir heilen uns mitten in der Zerstörung. Und wir werden noch durch die Katastrophen vorwärtsgeschleudert.[123]

---

119 Vgl. Georg Müller, *Nietzsche und die deutsche Katastrophe*, Gütersloh: C. Bertelsmann 1946, S. 17.

120 Harry Graf Kessler, *Tagebücher 1918-1937*, a.a.O., S. 681.

121 C.A. Emge »Nietzsche als Sündenbock« in: *Berliner Hefte* Nr. 1 (1947) S. 47.

122 Friedrich Georg Jünger, *Nietzsche*, Frankfurt a. M.: Vittorio Klostermann 1949, S. 47.

123 Friedrich Georg Jünger, *Nietzsche*, a.a.O., S. 49.

Die Anklänge an Heidegger waren hier evident. Wie dieser unternahm auch Friedrich Georg Jünger keinen Versuch, sich mit den Grausamkeiten des Nationalsozialismus oder gar mit dem Völkermord auseinanderzusetzen. Statt dessen fiel alles Übel mit der Vorstellung eines destruktiven Willens zur Macht zusammen, der gleichgesetzt wurde mit der abendländischen Technik. Darüber hinaus präsentierten dieselben Kreise, die alles daran gesetzt hatten, Nietzsche in den Dienst eines neuen und radikalen Nationalismus zu stellen, ihn jetzt als Bollwerk eines unabhängigen Geistes, der keinem Staat und keiner Partei willfährig war.[124]

Es gab auch frühe Verteidiger Nietzsches, die nicht mit der radikalen Rechten in Verbindung standen. In seinen Überlegungen zu den Aussichten einer Entnazifizierung Nietzsches sagte der spätere Nietzsche-Herausgeber Karl Schlechta dem Philosophen eine neue Bedeutung voraus. Zwar mochte es wahr sein, so argumentierte er, daß Nietzsche von allen Theoretikern, die man für den totalen Staat verantwortlich gemacht hatte, der gefährlichste war. Doch paradox genug ließ gerade dies ihn für die Nachkriegsgegenwart als unverzichtbar erscheinen. Denn das Problem des Nihilismus, darauf insistierte Schlechta, das Nietzsche diagnostiziert und mit dem er sich auseinandergesetzt hatte, war noch nicht überwunden. Schlechta bot eine neue Erklärung für die herrschende Angst vor Nietzsche, indem er deren jüngste, offenkundigste Ursache bequem umging: »Ist nicht diese neueste Angst vor seiner Redlichkeit, dieses neueste ohne quälende Kritik gleich wieder Unterschlüpfenwollen selbst wieder ein Anzeichen dafür, daß wir nichts gelernt haben, daß wir noch immer nicht zuerst die Wahrheit, sondern gleich wieder Autorität suchen, Autorität um jeden Preis.« Es gab für Schlechta keinen Unterschied zwischen dem Rausch des Nationalsozialismus und dem Katzenjammer der Nachkriegszeit. Die Atmosphäre beider war himmelweit entfernt von der reinen Luft der geistigen Redlichkeit Nietzsches. Die Zeit würde kommen, so meinte er, in der eine Diskussion über den wahren Nietzsche wieder möglich sein würde und beginnen könnte.[125]

In der Bundesrepublik Deutschland gab es keinerlei institutionelle Voraussetzungen, Nietzsches Werk für ungesetzlich zu erklären. Es war in ihr jederzeit möglich, sich mit ihm auseinanderzusetzen. Schon 1947 durfte Karl Schlechta trotz des damals ungünstigen Meinungsklimas auf eine Nietzsche-Renaissance hoffen. Das aber ließ sich von der Deutschen Demokratischen Republik nicht behaupten. In Fortsetzung einer langen marxistisch-orthodoxen Tradition wurde Nietzsche in Ostdeutschland offiziell verboten und als der wichtigste Philosoph des brutalisierten deutschen Faschismus für tabu erklärt.[126] Schon als es die Sowjetische Besatzungszone noch gab, war das Nietzsche-Archiv geschlossen wor-

---

124 Vgl. beispielsweise Friedrich Georg Jünger, *Aufmarsch des Nationalismus*, in: *Der Aufmarsch. Eine Reihe deutscher Schriften*, hrsg. Ernst Jünger, Bd. 2, Leipzig: Der Aufmarsch 1926, S. 171.

125 Karl Schlechta »Entnazifizierung Nietzsches? Wandel in Urteil und Wertung« in: *Göttinger Universitäts-Zeitung* 2, Nr. 16 (18. Juli 1947) S. 3f.

126 Vgl. Dennis M. Sweet »Friedrich Nietzsche in the GDR. A Problematic Reception«, a.a.O.

den.[127] Wiedereröffnet wurde es für das Publikum erst nach der Wiedervereinigung im Jahre 1991.[128]

Dennoch setzte schon 1986 in Ostdeutschland - lange vor dem Fall der Berliner Mauer, also zu einem Zeitpunkt, als eine Vereinigung der beiden deutschen Staaten noch wenig mehr zu sein schien als eine Utopie - eine weitreichende und verständnisvolle Neubewertung Nietzsches ein.[129] Diese Bereitschaft, sich auf eine Debatte einzulassen, also Nietzsche in komplexeren Zusammenhängen zu sehen und positiver einzuschätzen, signalisierte wohl einen raschen Wandel des geistigen und politischen Klimas.[130] Dennoch sollte diese Bereitschaft nicht überbewertet werden. Es gab Bestrebungen, sorgfältig ausgewählte Werke wie *Die fröhliche Wissenschaft* oder die *Unzeitgemäßen Betrachtungen* in Ostdeutschland zu publizieren. Doch die Herausgeber und Kommentatoren, Friedrich Tomberg und Renate Reschke, bemerkten bald, daß bis zum unvorhergesehenen Ende der Deutschen Demokratischen Republik der von Wolfgang Harich und Manfred Buhr angeführte Widerstand gegen ihre Bemühungen stark genug war, eine Veröffentlichung dieser Schriften zu verhindern.[131] Es mag von daher kaum verwundern, wenn Nietzsche seinen Anhängern in der Nachkriegszeit eher als Opfer denn als Pionier des Nationalsozialismus erschien.[132]

---

127 Vgl. »A philosopher who was a non-person in the worker and peasant state« in: *The German Tribune* Nr. 1436 (23. September 1990) S. 10. Ich danke Jerold Kessel für diesen Hinweis.

128 Vgl. »Nietzsche in Weimar. Gedenkstätte wiedereröffnet« in: *Frankfurter Allgemeine Zeitung* (21. Mai 1991). Auch für diesen Hinweis danke ich Jerold Kessel.

129 In Frage gestellt wurde die Position der Orthodoxie durch Heinz Pepperle »Revision des marxistischen Nietzsche-Bildes?« in: *Sinn und Form* 38, Nr. 5 (1986) S. 934-969. Die orthodoxe Gegenoffensive kam von Wolfgang Harich »Revision des marxistischen Nietzschebildes?« in: *Sinn und Form* 39, Nr. 5 (1987) S. 1018-1053. Harich bestand darauf, daß seine orthodoxe Einstellung von Erich Honecker persönlich gutgeheißen wurde. Dennoch waren in der anschließenden Debatte, in der sich u. a. auch Stephan Hermlin zu Wort meldete, die meisten Beiträge Nietzsche gegenüber eher positiv eingestellt. Vgl. »Meinungen zu einem Streit« in: *Sinn und Form* 40, Nr. 1 (1988) S. 179-220.

130 Vgl. die umsichtige Stellungnahme bei Charles S. Maier, *The Unmasterable Past. History, Holocaust and German National Identity*, Cambridge: Harvard University Press 1988, S. 148, 212 Anm. 60. Nützlich sind ferner die Aufsätze von Dennis M. Sweet »Friedrich Nietzsche in the GDR«; »Nietzsche Criticized. The GDR Takes a Second Look« in: Margy Gerber et al. (eds.), *Studies in GDR Culture and Society 7. Selected Papers from the Twelfth New Hampshire Symposium on the German Democratic Republic*, Lanham, MD: University Press of America 1987 vor allem im Hinblick auf Renate Reschkes früheren Versuch, zu einer weitherzigeren Einschätzung Nietzsches zu gelangen. Für diesen Hinweis danke ich Prof. Klaus Berghahn.

131 Vgl. die Zusammenfassung in: »A philosopher who was a non-person in the worker and peasant state«, a.a.O., S. 10. Einen Durchbruch gab es allein mit einer Faksimileausgabe des *Ecce Homo,* die Mazzino Montinari und Karl-Heinz Hahn, der Direktor des Goethe- und Schiller-Archivs in Weimar, veröffentlichten.

132 Vgl. die entsprechende Sendung des Westdeutschen Rundfunks bei Richard Maximilian Lonsbach, *Friedrich Nietzsche und die Juden. Ein Versuch*, 2. um einen Anhang und ein Nachwort erw. Aufl., hrsg. Heinz Robert Schlette, Bonn: Bouvier 1985 [1. Aufl., Stockholm: Bermann-Fischer 1939].

Trotz aller Veränderungen blieb das Bild Nietzsches in Deutschland bis heute generell auf engste und ungemütlichste mit den Erfahrungen des Nationalsozialismus verbunden (Illustration 17). Die meisten der führenden Intellektuellen mäßigen ihre Bewunderung für ihn, indem sie sich vor dem Hintergrund dieser historischen Erfahrungen behutsam an der Aufklärung orientieren.[133] Die Wiederauferstehung Nietzsches als Zentralfigur einer europäischen Mode setzte zunächst ganz eindeutig seine Auswanderung voraus. Das intellektuelle Frankreich und die politisch zweideutige, poststrukturalistische Revolution der siebziger Jahre paßten ihm wie maßgeschneidert. Der Philosoph gewann durch sie buchstäblich kanonische Geltung. Und es ist gewiß kein Zufall, daß die nachhaltigste und feinsinnigste Kritik dieses vielgestaltigen französischen Nietzscheanismus von dem Deutschen Jürgen Habermas stammt.[134]

Wenn progressive Kreise in Deutschland dem Philosophen auch weiterhin mit Vorsicht begegnen, ist das Potential zur Reaktivierung einer rechtsradikalen Nietzschedeutung wohl noch nicht ausgeschöpft. Es gibt in diesem Land gegenwärtig eine intellektuelle Neue Rechte, die ihre Auffassungen von Nietzsche in obskuren Zeitschriften wie *Wir selbst, Aufbruch, Criticon* und *Mut* zum Ausdruck bringt. Unterstützt wird sie durch reiche Stiftungen und getragen von Männern wie Armin Mohler (einem früheren Sekretär Ernst Jüngers), Caspar von Schrenck-Nostitz und Henning Eichberg.

Die neue Rechte hat Jünger und Heidegger in ihr Pantheon aufgenommen. Sie ist bemüht, die Themen des älteren Nietzscheanismus den veränderten historischen und intellektuellen Bedingungen Deutschlands anzupassen, das ihr zufolge nach dem Endes des Nationalsozialismus hoffnungslos verwestlicht wurde. Der wohl profilierteste Vertreter dieses romantischen Antikapitalismus, bei dem sich viele Themen der extremen Linken mit denen der extremen Rechten vermischen, ist Gerd Bergfleth, dessen Schriften voll giftigem Haß sind gegen die »palavernde« und »zynische« Aufklärung.[135] Bergfleth wird getrieben von einem überaus starken Ressentiment gegen die Amerikanisierung Deutschlands, gegen den Liberalismus und

---

133 Die Belastungen durch die nationalsozialistische Vergangenheit verleihen den Begriffen der Emanzipation, der Vernunft und der Aufklärung, die anderswo akademisch und abstrakt klingen mögen, in Deutschland unmittelbare Resonanz und einen hohen politischen Anspielungsreichtum. Vgl. die interessante Stellungnahme von Joachim Whaley »Enlightenment and History in Germany« in: *The Historical Journal* 31 (1. March 1988) S. 195-199.

134 Dies ist gewiß der angemessene Kontext, in dem Habermas' wichtige Schrift *Der philosophische Diskurs der Moderne* zu lesen ist.

135 Vgl. Gerd Bergfleth »Die zynische Aufklärung« in: *Zur Kritik der palavernden Aufklärung,* München: Matthes & Seitz 1984. Auf dem rückwärtigen Buchdeckel steht als Motto: »Eher wird ein Kamel durch ein Nadelöhr gehen, als eine Ahnung durch einen aufgeklärten Kopf, wenn schon das Hohle darin viel größer ist.« Ich danke Prof. Leo Löwenthal dafür, mich bei seinem Aufenthalt in Jerusalem auf diese Quelle hingewiesen zu haben.

Marxismus sowie gegen die nach dem Zweiten Weltkrieg errichtete Demokratie. Diese Werte, so argumentiert er, wurden von zurückkehrenden jüdischen Exilanten reimportiert. Mit seiner »Weltbürgerlichkeit« hatte dieses »heimatloses Judentum« vom Schlage Theodor W. Adornos und Ernst Blochs kein Gespür dafür, was »deutsche Eigenart ist, etwa die romantische Sehnsucht nach Verbundenheit mit der Natur oder die nicht auszurottende Erinnerung an eine heidnisch-germanische Vergangenheit«.[136] Weil die Erfahrung mit dem Nationalsozialismus solche völkischen Ideale hatte zum Tabu werden lassen,[137] war diese entwurzelte linke jüdische Intelligenz in der Lage, Deutschland nach ihren kosmospolitischen Standards umzugestalten. Das gelang ihr über zwei Jahrzehnte hinweg so gut, daß es in Deutschland keine unabhängigen Geister mehr gab.[138]

In Bergfleths eklektizistischer Vision erscheint Nietzsche als eine Zentralfigur. Dessen Programm einer tragisch dionysischen Prophetie von notwendiger Zerstörung und von Verfall wird auch für ihn abgelöst von einer nachrationalistischen Erneuerung, die ermöglicht wird durch Wahnsinn,[139] Eros und Tod.[140] Bergfleth unterscheidet im Werk Nietzsches zwei Hälften. Es gibt den zweideutigen, nihilistischen Ahnherrn der »linken Ironie«, von dem sich die erschöpfte Linke nach dem Zweiten Weltkrieg zu resignierten Selbsttäuschungen hat inspirieren lassen. Und es gibt daneben den Tragiker und Philosophen Nietzsche, der letztlich über dem Nihilismus steht. In dieser Form steht er für Bergfleths neoromantische Neuauflage eines spenglerianischen Kommentars zum Untergang der westlichen Welt und zu den ursprünglichen Möglichkeiten einer nachtechnologischen Erneuerung, wie sie erkennbar werden an der letztmöglichen Berufung Zarathustras auf Authentizität:

---

136 Gerd Bergfleth »Die zynische Aufklärung«, a.a.O., S. 181.

137 Vgl. den umsichtigen Aufsatz von Ian Buruma »There's no Place Like Heimat« in: *The New York Review of Books* (20. Dezember 1990) S. 34-43.

138 Vgl. *konkret* (10. Oktober 1990) zit. nach Ian Buruma »There's no Place Like Heimat«, a.a.O., S. 37. Für Bergfleth war der Rassismus der Nazis das extreme Spiegelbild des extremen, unvermittelten Weltbürgertums der Aufklärung. Darüber hinaus deutet er an, daß der Universalismus der Aufklärung für deren jüdische Befürworter eine Falle darstellte. Denn er führte ihm zufolge zum Holocaust: »›Alle Menschen werden Brüder‹ impliziert die Ausrottung derer, die keine Brüder sein wollen. Man kann sich der Konsequenz nicht verschließen, so paradox sie sein mag: die Vernichtung der europäischen Juden hat *eine* ihrer Wurzeln in der Aufklärung, also gerade in jenem ›Übergang zur Menschheit‹, auf den das liberale Judentum gesetzt hatte.« Gerd Bergfleth »Die zynische Aufklärung«, a.a.O., S. 184.

139 Es ist kein Zufall, daß Bergfleth in die Aufsatzsammlung *Zur Kritik der palavernden Aufklärung* einen Text von Bataille über den Wahnsinn Nietzsches aufgenommen hat. Solche Anleihen bei der Linken springen sofort ins Auge. In einer brieflichen Mitteilung an mich betont Jerry Muller, daß die Neue Rechte in Deutschland nicht nur französischen Nietzscheanern der Linken wie Bataille verpflichtet ist, sondern auch der französischen Neuen Rechten und Alain de Benoist. Vgl. Alain de Benoist, *Nietzsche. Morale et grande politique*, Paris 1973.

140 Gerd Bergfleth »Zehn Thesen zur Vernunftkritik« in: *Zur Kritik der palavernden Aufklärung*, a.a.O., Nr. 6-8, S. 10f.

»Oh Zarathustra, Alles ist Lüge an mir; aber dass ich zerbreche - diess mein Zerbrechen ist ächt!«[141]

Die intellektuelle Neue Rechte bleibt eine Randerscheinung, die sich, wie Peter Glotz, der frühere Bundesgeschäftsführer der SPD, umsichtig bemerkt, glücklicherweise bisher mit den eher populistischen Teilen der Rechten noch nicht zusammengeschlossen hat.[142] Angesichts der revisionistischen Tendenzen, die gegenwärtig in Deutschland am Werk sind, wäre es jedoch ein ebenso schwerer Fehler, dieses Phänomen gänzlich abzutun, wie es falsch wäre, seine Bedeutung zu übertreiben. Denn die Geschichte vom Erbe Nietzsche ist noch nicht ganz zu Ende.

141 Vgl. Gerd Bergfleth »Über linke Ironie« in: *Zur Kritik der palavernden Aufklärung*, a.a.O., S. 179 sowie Friedrich Nietzsche, *Also sprach Zarathustra*, in: *Werke*, Bd. VI, 1, a.a.O., S. 315.

142 Vgl. Peter Glotz »The New Right in the New Order« in: *Liber* Nr. 1 (Februar 1990) S. 20.

KAPITEL 10

# Der Nietzscheanismus in Deutschland und im Ausland

*Ich bin ein Doppelgänger, ich habe auch das »zweite« Gesicht noch außer dem ersten.* Und *vielleicht auch noch das dritte ...*

Nietzsche, *Ecce homo*

Die vorliegende Untersuchung hatte es sich zur Aufgabe gemacht, die Wirkung Nietzsches auf die deutsche Politik und Kultur in ihren Besonderheiten sowie in ihrem Ausmaß und in ihrer Dynamik darzustellen. Diese Wirkung war stets historisch bedingt. Das Erbe Nietzsches muß, so haben wir gezeigt, betrachtet werden als eine unabgeschlossene Geschichte vielfältiger Anverwandlungen und Vereinnahmungen, als Produkt einer fortdauernden Auseinandersetzung zwischen dem Werk Nietzsches und seinen unterschiedlichen Vermittlern in diversen institutionellen Zusammenhängen sowie in wechselnden kulturellen und politischen Kontexten. Der Nietzscheanismus beeinflußte die aufgeladenen Verhältnisse in Deutschland, die ihn ihrerseits zu einer bedeutenden Kraft in der turbulenten Geschichte dieses Landes seit den neunziger Jahren des vorigen Jahrhunderts werden ließen.

Wir haben die Wirkung des Philosophen auf einige der wichtigsten Abschnitte der deutschen Geschichte des 19. und 20. Jahrhunderts nachzuzeichnen und dabei zu zeigen gesucht, wie diese Entwicklungen ihrerseits zu dem wechselnden Bild Nietzsches und zu den Funktionen beigetragen haben, für die man ihn in Anspruch nehmen wollte. Neben der chronologischen Entwicklung haben wir die Rolle dargestellt, die Nietzsche in den zunehmend fragmentarisierten und krisengeschüttelten Welten der Religion und des Sozialismus in Deutschland mit ihren vielfältigen marginalen oder zentralen Strömungen gespielt hat. Zu ihnen zählten die künstlerische Avantgarde, der George-Kreis, die Vegetarier, die sexuelle Befreiungsbewegung, die Jugendbewegung, der Feminismus, der Zionismus und der Expressionismus, die völkischen Gruppierungen, die konservativen Revolutionäre und selbstverständlich die Nationalsozialisten.

Die meisten bisherigen Untersuchungen haben diese komplexen Zusammenhänge in einen engen essentialistischen Rahmen gezwängt und die unterschiedlichen Entwicklungen entweder als Abweichungen von einem »wahren« Nietzsche oder als dessen getreue Darstellung präsentieren wollen. Ob solche auf nur eine

Perspektive abstellenden Metaerzählungen eine angemessene Darstellung von Nietzsches Denken bieten oder nicht, ist ein methodisches Problem, das seinerseits von der fortdauernden Wirkung Nietzsches kaum zu trennen sein dürfte. Eine gute Forschungsleistung auf dem Gebiet der Kulturgeschichte aber ist von solchen Metaerzählungen nicht zu erwarten. Keine einzelne (und in jedem Fall umstrittene) Meisterdeutung ist bisher in der Lage gewesen, der erstaunlichen Vielfalt der Wirkungen Nietzsches und ihrem Auftreten in den widersprüchlichsten Gebieten des kulturellen und politischen Lebens gerecht zu werden. Ob es einem nun gefällt oder nicht - viele Bewegungen und Ideologien haben Nietzsche für sich beansprucht (oder sich ihm widersetzt). Das Ziel der vorliegenden Arbeit bestand darin, die Geschichte dieser zustimmenden oder ablehnenden Rezeption, ihre oft detailversessenen Strategien und entstellenden Anverwandlungen eher zu analysieren und zu verstehen als zu beurteilen und zu bewerten. Sie hat sich um Einblick in die komplexen Zusammenhänge aus Ideen, Schlagwörtern und Bildern (ganz unabhängig von deren Geltung) bemüht, die in der deutschen Kultur und Politik des vergangenen Jahrhunderts eine wichtige Rolle gespielt haben.

Denn in Deutschland wurden die verschiedenen Stellungnahmen für und gegen Nietzsche mit besonderem Nachdruck und mit verhängnisvoller Entschiedenheit vertreten. Warum trafen sie in gerade diesem Land mit solch verhängnisvoller Entschiedenheit aufeinander? Wie kam es zu den vielfältigen Formen des Nietzscheanismus in Deutschland, und warum fanden sie gerade hier besondere Resonanz?

Die Antwort auf diese Fragen ist in einer Hinsicht offenkundig einfach. Unabhängig davon, wie leidenschaftlich Nietzsche in anderen Ländern rezipiert wurde, war Deutschland sein Heimatland. Mit dieser elementaren biographischen Tatsache hingen die Vielzahl der Reaktionen auf ihn, die tiefe Verehrung und Feindschaft, die er hervorrief, ebenso zusammen wie der Umstand, daß eine Auseinandersetzung mit ihm fast unerläßlich war. Nietzsche lebte und starb in diesem Land; er brachte dessen schwierige Situation besonders prägnant zum Ausdruck. So jedenfalls sah ihn eine ständig wachsende Zahl seiner Landsleute. Trotz seiner zahllosen anti-deutschen Äußerungen wurden unterschiedliche Selbstdeutungen seines Deutschtums ihrerseits zu einem Faktor seiner Wirkung.[1] Dieses Deutschtum wurde daher in die

1 Im vorliegenden Buch haben wir immer wieder auf entsprechende Textstellen verwiesen. Hier sei nun eine Passage aufgeführt, die besonders detailversessene Deutungsmöglichkeiten eröffnet. Sie folgt unmittelbar auf die Worte die diesem Kapitel als Motto dienen. [Anm. d. Übers.: Diese Passage fehlt aus Gründen, die bei jedem Vergleich sofort ins Auge springen, in der Ausgabe von Colli und Montinari.] »Schon meiner Abkunft nach ist mir ein Blick erlaubt jenseits aller bloss lokal, bloss national bedingten Perspektiven, es kostet mich keine Mühe, ein ›guter Europäer‹ zu sein. Andrerseits bin ich vielleicht mehr deutsch, als jetztige Deutsche, blosse Reichsdeutsche es noch zu sein vermöchten, - ich der *antipolitische* Deutsche. Und doch waren meiner Vorfahren polnische Edelleute: ich habe von daher viel Rassen-Instinkte im Leibe.« Friedrich Nietzsche, *Ecce homo,* in: *Musarionausgabe,* Bd. 21: Autobiographische Schriften und Aufzeichnungen, München: Musarion Verlag 1928, S. 179 bzw. in: *Werke in drei Bänden,* (hrsg.) Karl Schlechta, Bd. 2, München: Hanser 1962, S. 1073.

verschiedenen Interpretationen seines Denkens aufgenommen. Damit wurde es einer großen Zahl von Bewegungen, Ideologien und Institutionen erleichtert, Nietzsche für ihre Zwecke zu vereinnahmen.[2]

Vor den neunziger Jahren des 19. Jahrhunderts war der explosionsartige Erfolg Nietzsches im politischen und kulturellen Leben Deutschlands durchaus nicht abzusehen. Noch 1888 bemerkte Nietzsche, daß er überall in Europa außer in Deutschland entdeckt worden sei.[3] Warum also kam es im letzten Jahrzehnt des Jahrhunderts und in den folgenden Jahrzehnten zu diesem Erfolg?

Nietzsche und die Nietzscheaner, so haben wir gezeigt, waren sowohl Verursacher wie Nutznießer einer europaweiten antipositivistischen und modernistischen Einstellungsänderung, die sich während dieser Zeit vollzog. Darüber hinaus paßten Nietzsches Ideologie von seinem vorgeblichen »Deutschtum« und seine ikonoklastischen Tendenzen besonders gut zu bedeutenden Ereignissen oder Entwicklungen der deutschen Geschichte. Die Anstöße, die von ihm ausgingen, erwiesen sich in hohem Maße als geeignet, einige der außerordentlichen »Stimmungen« und historischen Entwicklungen in Deutschland nach 1890 zu beeinflussen und ihnen einen Sinn zu verleihen: die krisenhafte Unzufriedenheit und die prophetischen Vorausdeutungen auf kommendes Unheil in der wilhelminischen Gesellschaft des Fin de siècle; die Begeisterung für den Kriegsausbruch 1914 sowie die Wahrnehmung des Ersten Weltkriegs; die Polarisierung und zunehmende Brutalisierung des politischen Lebens während der Weimarer Republik; die Selbstdarstellung in der Politik des Nationalsozialismus und schließlich das Bedürfnis nach einer Negativfolie zur »normalen« und »ehrbaren« nationalen Identität in der Zeit nach dem Zweiten Weltkrieg.

Nur versuchsweise lassen sich Generalisierungen hinsichtlich des Nietzscheanismus in Deutschland formulieren. Es darf jedoch gesagt werden, daß er in den Extremsituationen eines akuten politischen, persönlichen und institutionellen Krisenbewußtseins verstärkt auftrat. Gewiß gab es vielerlei Arten von Nietzscheanismus. Fast allen von ihnen aber war das Bestreben gemein, allgemein akzeptierte Konventionen in Frage zu stellen und über sie hinauszugehen. Um nur ein besonders auffälliges Beispiel zu nennen: Unterschwellig oder augenfällig war Nietzsche in den anerkannten »Meisterwerken« der Weimarer Republik präsent, von

---

Es bedarf wohl keiner Erwähnung, daß alle drei Gesichter, die Nietzsche im Motto dieses Kapitels erwähnt, Gegenstand von Debatten wurden. Das gilt auch für die verschiedenen Bedeutungen des *Antipolitischen*, die Thomas Mann in seinen *Betrachtungen eines Unpolitischen* so wirkungsvoll politisiert hat.

2 Hier mag der Vergleich mit Darwin lehrreich sein. Auch der Darwinismus bot im Fin de siècle ein wichtiges Deutungsmuster, das auf vielerlei Weise politisch und kulturell vereinnahmt wurde. Alfred Kelly hat jedoch gezeigt, daß sich Darwin der deutschen Kultur deshalb nicht vorbehaltlos assimilieren ließ, weil er kein Deutscher war und sich folglich als wenig geeignet erwies, dem deutschen Geist zugeschlagen zu werden. Vgl. Alfred Kelly, *The Descent of Darwin. The Popularization of Darwinism in Germany 1860-1914*, a.a.O., S. 7.

3 Vgl. Friedrich Nietzsche, *Ecce homo*, in: *Werke*, Bd. VI, 3, a.a.O., S. 299.

Ernst Blochs *Geist der Utopie* über Martin Heideggers *Sein und Zeit* bis zu Franz Rosenzweigs *Der Stern der Erlösung* und Oswald Spenglers *Der Untergang des Abendlandes*. Trotz ihrer offensichtlichen Unterschiede zeigt sich in diesen Werken ein Gespür für den drohenden nihilistischen Zusammenbruch. Sie suchten nach neuen und radikalen Auswegen aus einer bis dahin unerhörten politischen, moralischen, religiösen und kulturellen Lage. Unabhängig von den Institutionen, denen sie sich verbunden fühlten, und von den Ideologien, die sie verkündeten, vertraten die Nietzscheaner meist Ziele und Lösungen, die als postorthodox zu bezeichnen wären.

Das galt in mindestens einem Fall auch für die Welt des Liberalismus, in der davon sonst nicht die Rede sein konnte. Nietzsche besaß für Max Weber entscheidende Bedeutung nicht nur insofern, als der sich in seiner Darstellung der modernen Kultur von ihm beeinflußt sah. Entscheidend war er auch für seine theoretische Orientierung, die sich wohl nur als »Postliberalismus« beschreiben läßt.[4] Dieser »liberal in despair«[5] suchte bei Nietzsche Unterstützung in seinem Versuch, den Liberalismus dadurch zu retten, daß er (manche würde sagen: bis zur Unkenntlichkeit) über dessen klassische Annahmen hinausging.[6] Die nietzscheanischen Elemente in seinem Denken zeigten sich nicht allein in seiner Überzeugung, daß das

---

4 Die große Bedeutung, die Nietzsche für Max Weber besaß, wird in der Forschung zunehmend erkannt. Einem Studenten soll Weber einmal gesagt haben: »Die Redlichkeit eines heutigen Gelehrten, und vor allem eines heutigen Philosophen, kann man daran messen, wie er sich zu Nietzsche und Marx stellt. Wer nicht zugibt, daß er gewichtigste Teile seiner eigenen Arbeit nicht leisten könnte, ohne die Arbeit, die diese beiden getan haben, beschwindelt sich selbst und andere. Die Welt, in der wir selber geistig existieren, ist weitgehend eine von Marx und Nietzsche geprägte Welt.« Max Weber zit. nach Eduard Baumgarten, *Max Weber. Werk und Person*, Tübingen: J.C.B. Mohr 1964, S. 554f., Anm. 1.
Vgl. die Pionierarbeit von Wolfgang Mommsen, *Max Weber und die deutsche Politik, 1890-1920*, Tübingen: J. C. B. Mohr 1959. Vgl. ferner Robert Eden »Max Weber und Friedrich Nietzsche oder: Haben sich die Sozialwissenschaften wirklich vom Historismus befreit?« in: Wolfgang J. Mommsen und Wolfgang Schwentker (hrsg.): *Max Weber und seine Zeitgenossen*, Göttingen und Zürich: Vandenhoeck & Ruprecht 1988, S. 557-579; Eugene Fleischmann »De Weber à Nietzsche« in: *Archives Européennes de Sociologie* 5 (1964) S. 190ff.; Lawrence A. Scaff, *Fleeing the Iron Cage. Culture, Politics and Modernity in the Thought of Max Weber*, Berkeley and Los Angeles: University of California Press 1989.

5 So der Titel des letzten Kapitels der ausgezeichneten Untersuchung von Wolfgang Mommsen, *The Age of Burocracy. Perspectives on the Political Sociology of Max Weber*, Oxford: Basil Blackwell 1974.

6 Vgl. J.G. Merquior »Georges Sorel und Max Weber« in: Wolfgang J. Mommsen und Wolfgang Schwentker (hrsg.): *Max Weber und seine Zeitgenossen*, a.a.O., S. 242-256. Mommsen verweist zudem auf die Besonderheiten von Max Webers Liberalismus. Ein eindeutiges Beispiel für dessen Abkehr von einer (kantianisch) liberalen Position besteht in seiner Zurückweisung universaler und objektiver Werte sowie in der mit Nachdruck vertretenen nietzscheanischen Überzeugung, daß es sich dabei um ganz spontane, individuelle Schöpfungen handelt. Vgl. Wolfgang Mommsen, *The Age of Burocracy. Perspectives on the Political Sociology of Max Weber*, a.a.O., S. 7.

wichtigste Kennzeichen eines politischen Führers in seinem »Willen zur Macht« bestand.[7] Darüber hinaus hing sein Eintreten für eine plebiszitäre Demokratie direkt damit zusammen, daß er glaubte, nur verbindliche Werte setzende, also außerordentliche Persönlichkeiten könnten im stahlharten Gehäuse der Rationalisierung und Routinisierung ein Minimum an Erlösung in Aussicht stellen und sich dem Konformitätsdruck eines bürokratischen Zeitalters widersetzen. Ein schöpferischer, nietzscheanischer Individualismus sollte in den politischen Umgang mit den Massen integriert werden.[8]

In seinen verschiedenen Ausprägungen bewegte der Nietzscheanismus das politische und kulturelle Leben also in eine radikale (oder zumindest nonkonformistische) Richtung. Im Zusammenspiel mit den Vorgaben des Meisters unterminierte und überlagerte er die herkömmlichen Kategorien und Unterscheidungen von links und rechts, progressiv und reaktionär, rational und irrational. Erreichen konnte er dies vor allem deshalb, weil es sich bei ihm um ein Vermittlungsphänomen handelte. Er wirkte weniger durch seine begründete Präsenz als vielmehr dadurch, daß er sich mit seiner Sensibilität schleichend zur Geltung brachte. Insofern gab es zu keinem Zeitpunkt einen reinen Nietzscheanismus. Wenn er die Tendenz besaß, Institutionen zu radikalisieren, dann wurde er von ihnen doch auch seinerseits in Dienst genommen. Jede seiner Institutionalisierungen führte unausweichlich zu seiner Umstrukturierung. Dabei wurde seine Dynamik einer gewissen Zähmung, Kultivierung und zuweilen auch Trivialisierung unterworfen. Das geschah in vielen, aber nicht in allen Fällen. In dem der Nazis wurde ein todbringendes Potential freigesetzt und selektiv zu mörderischen Zwecken verwendet.

Nach 1914 wurde das Erbe Nietzsches parallel zu umfassenderen Entwicklungstendenzen in Deutschland zunehmend mit Versionen der nationalistischen und radikalen Rechten sowie des Nationalsozialismus gleichgesetzt. Doch handelte es sich dabei stets um eine äußerst umstrittene - in den Augen vieler geradezu skandalöse - Treuhänderschaft. Denn immer wieder gab es Nietzscheaner aus allen Teilen des politischen Spektrums, die solchen Versionen widersprechende Deutungen dieses Erbes vorlegten, das sich jeder Monopolbildung oder Homogenisierung als durchweg unzugänglich erwies.

Gerade weil es sich bei ihm um ein Vermittlungsphänomen handelte, besaß der Nietzscheanismus kein eigenes politisches Profil. In seiner historischen Dynamik war er ein Bestandteil der politischen und kulturellen Verhältnisse, die er stets zugleich auch beeinflußte, widerspiegelte und umgestaltete. Diese Entwicklung dauert

---

7 Vgl. Max Weber »Parlament und Regierung im neugeordneten Deutschland« in: *Gesammelte politische Schriften*, hrsg. Johannes Winckelmann, Tübingen: J.C.B. Mohr 1958, S. 329 und 338.

8 Vgl. Wolfgang Mommsen, *Max Weber und die deutsche Politik, 1890-1920*, a.a.O. über die Verbindung Webers zu Nietzsche und über die Schwierigkeit, Weber irgendeiner politischen Position zuzuordnen. Vgl. ferner Wolfgang Mommsen, *The Age of Burocracy. Perspectives on the Political Sociology of Max Weber*, a.a.O., S. 96, 105ff.

bis heute an, und es wird interessant sein zu beobachten, wie sich die deutsche Wiedervereinigung auf die Deutungen Nietzsches auswirkt.

Wie immer diese Deutungen auch ausfallen mögen, die Wirkungen Nietzsches reichen gegenwärtig weit über Deutschland hinaus. Obwohl sein Einfluß in diesem Land zweifellos besonders stark war, blieb er nie auf es begrenzt. Mit seinem Reichtum an symbolischen Bedeutungen und mit der historisch vermittelten Expressivität seiner Botschaften überschritt er seit jeher die Grenzen der einzelnen Nationen.

Was hat Nietzsche, den Unzeitgemäßen, befähigt, so fortdauernd zeitgemäß zu sein? Was ist für seine nachhaltige internationale Attraktivität verantwortlich? Die Antwort auf diese Fragen muß letzten Endes in seiner fast schon unheimlichen Fähigkeit gesucht werden, die weitreichenden Probleme einer nachaufklärerischen Zeit zu bestimmen und viele ihrer anhaltenden geistigen und intellektuellen Spannungen, Widersprüche, Hoffnungen und Möglichkeiten zu verkörpern. Wenn es in der Geschichte der Rezeption Nietzsches eine Konstante gibt, dann besteht sie in der immer erneut interpretierten Wahrnehmung, daß sein Werk paradigmatische Bedeutung besitzt. Von den neunziger Jahren des vorigen Jahrhunderts bis hinein in unsere Gegenwart hat sein Leben und sein Denken wie ein Prisma gewirkt, in dem sich die veränderten Sinngehalte und Probleme einer verallgemeinerten und gesteigerten Moderne Ausdruck verschafften. Mit besonderer Eindringlichkeit hat Leszek Kolakowski diese Probleme zusammengefaßt gesehen in dem Glauben »an die unbegrenzte Möglichkeit einer Selbsterschaffung der Menschheit«.[9] Gerade weil dieses Versprechen (ebenso wie das mit ihm zusammenhängende destruktive Potential) uns auch weiterhin in besonderem Maße beschäftigt, war Nietzsches Werk von keinem wie immer gearteten politischen System oder kulturellen Deutungsmuster endgültig und erschöpfend auszulegen.

Während sich sein paradigmatischer Status nicht änderte, haben sich die Wahrnehmungen hinsichtlich der Natur und der Inhalte dieses Paradigmas als Antwort auf die wechselnden intellektuellen, politischen und generationsspezifischen Umstände immer wieder verändert. So gilt Nietzsche heute beispielsweise als bedeutender Prophet einer modischen Postmoderne. Die notorisch vagen und wechselndern Bedeutungen von Begriffen wie *modern* und *postmodern* müssen uns hier nicht beschäftigen.[10] Für unsere Zwecke können diese Bezeichnungen ihrerseits als Merkmale eines historisch veränderten Selbstverständnisses aufgefaßt werden. Und gerade Nietzsche - der Mann mit den vielen Gesichtern - ist immer wieder als Verkörperung solch wechselnder Zustände und Selbstwahrnehmungen verstanden worden.

---

9 Leszek Kolakowski »On the So-Called Crisis of Christianity« in: *Modernity on Endless Trial*, Chicago and London: University of Chicago Press 1990, S. 90f. Vgl. ferner seine faszinierenden Überlegungen zur Komplexität von Nietzsches Moderne im Einleitungsessay (dessen Titel zugleich der des Buches ist) S. 8f.

10 Vgl. die recht uneinheitliche Aufsatzsammlung von Clayton Koelb (ed.), *Nietzsche as Postmodernist. Essays Pro and Contra*, Albany; State University of New York Press 1990.

Das Werk Nietzsches besitzt gegenwärtig die wohl entscheidende Gestaltungskraft innerhalb der poststrukturalistischen und dekonstruktivistischen Strömungen. Es steht im Zentrum einer durch französische Theoretiker inspirierten Konzeption der Kultur, die bestimmt wird durch einen radikal skeptischen Perspektivismus, durch einen Sinn fürs Heterogene und Spielerische sowie durch eine Emphase der Differenzen.[11] Als reiner Metaphilosoph, als Prophet der Fragmentierungen und der Diskontinutiäten, der Macht der Diskurse und des metaphorischen Wesens selbst der Wahrheit hat er mit äußerster Schärfe unsere Epoche jener radikalen ideologischen und epistemologischen Unbestimmbarkeit beeinflußt, an die seine heutigen Verfechter glauben und auf die hin sie ihn sich zurechtgelegt haben. Die Spuren eines stärker positiven, substantiellen und programmatisch ausgerichteten Nietzschebildes, die im Verlauf seiner Rezeptionsgeschichte oft von so entscheidender Bedeutung waren, sind gegenwärtig buchstäblich zum Verschwinden gebracht worden.[12]

Wie umstritten die politischen Funktionen des gegenwärtig vorherrschenden Bildes eines ironischen Nietzsche auch immer sein mögen, so wird auch diese seine postmoderne Verkleidung wohl nicht seine letzte sein. Auch sie muß als Teil einer weiter wirkenden Geschichte interessengeleiteter und selektiv verfahrender paradigmatischer Darstellungen aufgefaßt werden. Deren künftige Umrisse können wir nicht vorhersagen. Das Erbe Nietzsches aber wird aller Wahrscheinlichkeit nach als dynamische Kraft weiterwirken. Je nach den Schwierigkeiten und Bedürfnissen anderer Zeiten wird es neue Formen annehmen und in unsere privaten wie kulturellen Selbstdeutungsversuche Eingang finden. Weil Nietzsches Werk das mächtigste Zeichen einer vielfältigen und unablässig experimentellen Nachaufklärung ist, wird es mit seiner scheinbar grenzenlosen Erneuerungsfähigkeit ebenso fortdauern wie der Widerstand, der ihm entgegengesetzt wird. Unser Verhältnis zu ihm wird gewiß auch weiterhin Ernst Bertrams Diktum bestätigen: »Ein großer, das ist ›bedeutender‹ Mensch ist immer unvermeidlich unsere Schöpfung, wie wir die seine sind.«[13]

---

11 Als gutes Beispiel hierfür sei verwiesen auf David B. Allison (ed.), *The New Nietzsche. Contemporary Styles of Interpretation*, Cambridge, Mass.: MIT Press 1985.

12 Vgl. die interessante Kritik bei Robert C. Solomon »Nietzsche, Postmodernism, and Resentment. A Genealogical Hypothesis« in: Clayton Koelb (ed.), *Nietzsche as Postmodernist. Essays Pro and Contra*, a. a. O.

13 Ernst Bertram, *Nietzsche. Versuch einer Mythologie*, a. a. O., S. 13.

# Nietzsche und der Nationalsozialismus
# Einige methodologische und historische Reflexionen

> *Der Mensch ist* leider *nicht mehr böse genug;*
> *die Gegner Rousseaus,*
> *welche sagen »der Mensch ist ein Raubtier«,*
> *haben leider nicht Recht.*
> *Nicht die Verderbnis des Menschen, sondern*
> *seine Verzärtlichung und Moralisierung ist der Fluch.*
>
> Friedrich Nietzsche, *Nachgelassene Fragmente*
>
> *Die* Krankhaften *sind des Menschen große Gefahr:*
> nicht *die Bösen,* nicht *die »Raubtiere«.*
>
> Nietzsche, *Zur Genealogie der Moral*

Die hermeneutische Frage nach dem »wahren Nietzsche« ist seit 1945 untrennbar mit dessen Beziehung zum Nationalsozialismus verbunden. Auch heute noch geht uns dieses Problem an. In gegenläufigen Darstellungen haben nach dem Zweiten Weltkrieg Georg Lukács und Walter Kaufmann Nietzsche einerseits als Komplizen des Bösen und der Naziherrschaft verdammt und ihn andererseits als untadeligen Gegner aller Absichten und Handlungen der Nationalsozialisten gepriesen. Beiden Autoren ging es in ihren Darstellungen kaum darum, historische Entwicklungen nachzuzeichnen. Sie wollten vielmehr ihre eigenen, von vornherein wertbelasteten Deutungsmuster bestätigt finden. Es mag dahingestellt bleiben, ob es sich bei ihren Arbeiten um gute (oder um weniger gute) philosophische Untersuchungen handelt. Guten kulturgeschichtlichen Analysen haben sie gewiß nicht vorgearbeitet. Denn sie ließen die komplexe Übermittlung von Ideen unberücksichtigt und entwarfen je für sich ein Portrait Nietzsches, das den Philosophen in Grund und Boden verdammte oder gegen jeden Angriff in Schutz nahm. Auf die Arbeit von Lukács sind wir bereits eingegangen. Am anderen Ende des politischen Meinungsspektrums bezeichnete Walter Kaufmann in seinem überaus einflußreichen Buch über Nietzsche von 1950 die Stilisierung dieses Denkers zum Nationalsozialisten als pure Verzerrung, als radikale Verkehrung alles dessen, wofür dieser Prophet alles Schöpferischen, dieser ebenso gebildete wie kritische Individualist und gute Europäer tatsächlich einstand.[1] Das Bild, das Kaufmann von Nietzsche entwarf, trug so weiche, fast sterile Umrisse, es klammerte die machtpolitischen Dimensionen seines Denkens so weitgehend aus, daß (wie Walter Sokel bemerkte) jeder Leser sich erstaunt hätte fragen müssen, wie irgendjemand auch nur auf die Idee hätte kommen können, Nietzsche mit dem Nationalsozialismus in Verbindung zu bringen.[2]

Es kann hier nicht darum gehen, sich für eine dieser beiden Interpretationen zu entscheiden. Denn ein Historiker, der sich für die Dynamik und die Wirkungen von Ideen in einer gegebenen politischen Kultur interessiert, muß die Frage nach gültigen bzw. ungültigen Interpretationen ausklammern. Auf die zentrale Bedeutung interessengeleiteter Vereinnahmungen zu verweisen heißt selbstverständlich nicht, die Frage ganz und gar außer acht zu lassen, welche Rolle die Werke Nietzsches bei solchen Vorgängen gespielt haben. Selbst wenn wir uns für einen Augenblick auf jene Sprache einlassen, in der von »Entstellungen« und »Fehldeutungen« die Rede ist, macht uns ein Deutungsschema wie das von Kaufmann blind gegen die Tatsache, auf die Martin Jay aufmerksam gemacht hat,

> daß das Potential zur Entstehung bestimmter Entstellungen und Fehldeutungen, die tatsächlich aufgetreten sind, im ursprünglichen Text tatsächlich angelegt gewesen gewesen sein wird. Auch wenn es fragwürdig sein mag, Marx die Verantwortung für den Archipel Gulag anzulasten oder Nietzsche für Auschwitz verantwortlich zu machen, bleibt es dennoch wahr, daß ihre Schriften als Rechtfertigungen dieser Schrecken so mißverstanden werden konnten, wie dies bei Texten von - sagen wir - John Stuart Mill oder Alexis de Tocqueville nicht möglich war.[3]

Jacques Derrida hat ähnlich deutlich in bezug auf eine nietzscheanische Politik, vor allem in deren nationalsozialistischer Variante geschrieben: »Man wird sich fragen, warum und wie dasjenige möglich war, was so naiv eine Fälschung heißt (sie gelang nicht mit allem und jedem).«[4]

Derridas nachdrücklicher Hinweis auf ein bestimmtes Maß an Komplizentum entstammt einem Gespür für die Komplexität eher als für die Simplizität von Texten. Sie ergibt sich aus einer Analyse, welche die Unterschiede zwischen dem Meister und denen hervorhebt und gerade nicht verwischt, die ihn auf seiten der Nationalsozialisten vereinnahmt haben:

---

1 In den letzten Jahren ist Kaufmanns Nietzsche-Deutung zunehmend kritisiert worden. Vgl. die Bemerkungen über die »Schädlichkeit« seiner Kommentare, über seine »Hegemonie« und seine »intellektuellen Gefolgsleute« bei Michael Tanner »Organizing the Self and the World« in: *Times Literary Supplement* (16. Mai 1986) S. 519.

2 Vgl. Walter Sokel »Political Uses and Abuses of Nietzsche in Walter Kaufmann's Image of Nietzsche« in: *Nietzsche-Studien* 12 (1983). Kaufmann, so schreibt Tanner, »ging mit einem Bild Nietzsches hausieren, aus dem zweifellos alles getilgt war, woran Humanisten und Liberale hätten Anstoß nehmen können.« Michael Tanner »Organizing the Self and the World« a.a.O., S. 519.

3 Martin Jay »Should Intellectual History Take a Linguistic Turn? Reflections on the Habermas-Gadamer Debate« in: *Fin-de-Siècle Socialism*, New York: Routledge, Chapman, and Hall 1988, S. 33.

4 Jacques Derrida »Nietzsches Otobiographie oder Politik des Eigennamens (Die Lehre Nietzsches)«, a.a.O., S. 85.

Die Aussagen Nietzsches sind nicht dieselben wie die der Naziideologen, und das nicht nur, weil die einen ganz grob und bis zur Äfferei die anderen karikieren. Wenn man sich nicht mit dem Aufgreifen dieser oder jener kurzen Sequenz begnügt, sondern die ganze Syntax des Systems in der subtilen Feinheit seiner Artikulationen und die Paradoxien seiner Umkehrungen usw. rekonstruiert, wird man schon sehen, daß die als ›selbig‹ geltende Aussage genau das Gegenteil besagt, dem Umgekehrten entspricht, der reaktiven Umkehrung eben dessen, was sie mimt. Zugegeben. Und doch ist diese Möglichkeit zur Verkehrung und mimetischen Perversion zu erklären. Verbietet man sich, aus der Unterscheidung von unbewußten und absichtlichen Programmen (wir haben uns darüber erklärt) ein absolutes Kriterium zu machen, berücksichtigt man beim Lesen eines Textes nicht nur das – bewußte oder unbewußte – Meinen, dann muß die pervertierende Vereinfachung das Gesetz ihrer Möglichkeit in der Struktur des ›verbleibenden‹ Textes haben, worunter wir nicht mehr die bleibende Substanz der Bücher verstehen, von der man *scripta manent* sagt. Selbst wenn das Meinen eines der Unterzeichner oder Aktionäre der großen und anonymen GmbH Nietzsche nichts bedeuten würde, kann es nicht völlig zufällig sein, daß der Diskurs, der in der Gesellschaft und nach bürgerlichen und verlegerischen Normen seinen Namen trägt, den Naziideologen zur legitimierenden Referenz gedient hat; es gibt nichts absolut Kontingentes in der Tatsache, daß die einzige Politik, die ihn *wirklich* wie ein höchstes und offizielles Banner geschwenkt hat, die Nazi-Politik war.

Damit sage ich nicht, diese »nietzschesche« Politik sei die einzig je mögliche, auch nicht, daß sie der besten Lektüre des Erbes entspricht, und nicht einmal, daß die, die sich nicht darauf bezogen, sie besser gelesen haben. Nein. Die Zukunft des Textes Nietzsche ist nicht abgeschlossen. Aber wenn in den noch offenen Umrissen einer Epoche die einzige nietzscheanisch genannte (und sich selbst so nennende) Politik eine Nazi-Politik gewesen ist, ist das notwendig signifikant und muß in seiner ganzen Tragweite befragt werden.

Nicht daß wir wüßten oder zu wissen glaubten, was der Nazismus ist, und von daher »Nietzsche« und seine große Politik wiederzulesen hätten. Ich glaube nicht, daß wir den Nazismus schon zu denken wüßten. Diese Aufgabe bleibt vor uns und die politische Lektüre des nietzscheschen Körpers oder Korpus gehört dazu.[5]

Die Implikationen der Schriften Nietzsches sind also weit komplexer als die jener untilgbaren Erbsünde, die Lukács ihnen zuschreibt, und weit trüber, als es Kaufmann lieb gewesen sein dürfte.[6] Ihre explosiven wie experimentellen Passagen enthalten eine ungeheure Vielzahl an Möglichkeiten, die sich auf beinahe jedes Gebiet des postliberalen Denkens im 20. Jahrhundert und auf dessen politische Kultur, darunter ganz offenkundig auch auf den Nationalsozialismus ausgewirkt haben.

Die methodischen und substantiellen Schwierigkeiten dieser Problematik sind sehr groß. Davon zeugen die vielfältigen und überaus widersprüchlichen Deutun-

---

5 Jacques Derrida »Nietzsches Otobiographie oder Politik des Eigennamens (Die Lehre Nietzsches)«, a.a.O., S. 90f.

6 Darauf hat schon früh Eric Voegelin aufmerksam gemacht: »Beachtet werden sollte in der Tat, daß die Schriften Nietzsches solchen Fehldeutungen entgegenkommen. Dieser Umstand ist nicht zu leugnen. Es macht keinen Sinn, so zu tun, als seien die schrecklichen Passagen, die von seinen Kritikern wie von seinen nationalsozialistischen Bewunderern mit gleichem Genuß zitiert werden, in seinem Werk nicht enthalten. Ihr Vorhandensein sollte keinen Anlaß bieten, Nietzsche entweder reinzuwaschen oder zu verurteilen, sondern vielmehr einen Anstoß dazu geben, die Struktur des Denkens zu erforschen, aus dem sie hervorgegangen sind.« Eric Voegelin »Nietzsche. The Crisis and the War« in: *Journal of Politics* 6, Nr. 1 (February 1944) S. 201.

gen, die das Verhältnis zwischen Nietzsche und dem Nationalsozialismus bei Historikern, Philosophen und Kulturkritikern erfahren hat. Darauf mag sich Derridas Behauptung beziehen, er glaube nicht, »daß wir den Nazismus schon zu denken wüßten.« Darüber hinaus hängt die Bereitschaft, einen Zusammenhang zwischen beiden anzunehmen, oft schon von einer bestimmten Voreinstellung gegenüber Nietzsche oder von einem bestimmten methodischen Ansatz in bezug auf den Nationalsozialismus ab. Wer sich beispielsweise zur strukturalistischen oder zur Sozialgeschichtsschreibung hingezogen fühlt, wird ideen- oder ideologiegeschichtlichen Darstellungen (und schon gar solchen, die sich speziell an Nietzsche orientieren) reserviert gegenüberstehen und der Betrachtung des Nationalsozialismus als eines »besonderen geistigen Bezugsrahmens«[7] mit starkem Mißtrauen begegnen. Selbst in den Augen derjenigen, die für solche Darstellungen Verständnis aufbringen, bleibt die Frage nach Rolle und Einfluß von Ideen in der Geschichte, nach ihrer Macht als »Ursachen« besonderer Ereignisse äußerst umstritten. Es kann hier nicht darum gehen, dieses Problem zu lösen. Doch es sollten einige der wichtigsten Lösungsvorschläge untersucht werden, die Historiker wie Kulturkritiker zum Verhältnis zwischen Nietzsche und dem Nationalsozialismus gemacht haben, und es sollte der Frage nachgegangen werden, wie sie hier Einflüsse aufgewiesen oder ihr Vorhandensein bestritten haben, wie sie Kausalbeziehungen unterstellt und die historische Bedeutung dieses Verhältnisses insgesamt bewertet haben.

Dessen Problematik wurde schon früh erkannt. Bereits 1939 behauptete Ernst Bloch, eine Verbindung zwischen Nietzsche (bzw. Wagner) und dem Nationalsozialismus herzustellen laufe auf eine leere, aus dem angemessenen historischen und ideologischen Kontext herausgerissene Analogie hinaus.[8] In jüngerer Zeit hat Thomas Nipperdey darauf verwiesen, wie ungeschichtlich Untersuchungen vorgehen, die Luther, Friedrich den Großen, Bismarck, Nietzsche und Hitler in eine Reihe zu stellen suchen. Es sei, so meinte er, einfältig, Wagner, Nietzsche oder Max Weber auf das Prokrustesbett unseres Demokratieverständnisses zu spannen und ihnen im Ergebnis »präfaschistische« Tendenzen vorzuhalten. Das sei eine Tyrannei der Verdächtigungen.[9]

Unter dem Eindruck derartiger Beispiele hat der Widerstand gegen die »Jagd nach einem Nazistammbaum im Reich der Ideen« während der letzten Jahre noch zugenommen. Ernst Sandvoss' Buch von 1969 *Hitler und Nietzsche* plädierte für die Annahme eines gewissen Parallelismus zwischen beiden, in dem sich die Unterscheidung zwischen reiner Symmetrie und kausaler Beeinflussung verwischten. Un-

7 Vgl. Geoff Eley »The German Right, 1860-1945. How It Changed« in: *From Unification to Nazism. Reinterpreting the German Past*, Boston: Allen and Unwin 1986, S. 234. Vgl. zudem Eleys Bemerkung, die Geistesgeschichte stelle »Zusammenhänge her, indem sie Ideen aus ihren vernünftigen Kontexten« löse (ebda.).

8 Vgl. Ernst Bloch »Über Wurzeln des Nazismus« in: *Gesamtausgabe*, Bd. 11: *Politische Messungen, Pestzeit, Vormärz*, Frankfurt a.M.: Suhrkamp 1970, S. 319f.

9 Vgl. Thomas Nipperdey »1933 and the Continuity of German History« in: Hannsjoachim Wolfgang Koch (ed.), *Aspects of the Third Reich*, New York: St. Martin's 1985, S. 493 und 504.

untersucht blieben dabei die empirischen Transmissionsmechanismen, die zwischen ihnen wirksam gewesen sein müssen.[10]

In seiner verzweifelten Neubewertung Nietzsches aus dem Jahre 1947 gelang es Thomas Mann sogar, das bis dahin gültige Verhältnis von Ursache und Wirkung in seiner Richtung umzukehren. Ohne darüber allzu erfreut zu sein, beschrieb er Nietzsche nunmehr als einen »Schrittmacher, Mitschöpfer und Ideensouffleur des europäischen –, des Welt-Faschismus«. In Begriffen, die in bemerkenswerter Weise an das Vorbild der materialistischen Überlegungen von Lukács erinnern, fügte er hinzu:

> Unterderhand bin ich geneigt, hier Ursache und Wirkung umzukehren und nicht zu glauben, daß Nietzsche den Faschismus gemacht hat, sondern der Faschismus ihn, – will sagen: politikfern und unschuldig-geistig, hat er als sensibelstes Ausdrucks- und Registrierinstrument mit seinem Macht-Philosophem den heraufsteigenden Imperialismus vorempfunden und die faschistische Epoche des Abendlandes.[11]

Kritisiert wurde die These von einer Verbindung zwischen Nietzsche und dem Nationalsozialismus keineswegs nur von Wissenschaftlern, die ideengeschichtliche Erklärungen mit Argwohn behandeln. So möchte etwa Berel Lang zwar an der Bedeutung von Ideen festhalten, um den Nationalsozialismus (vor allem im Hinblick auf dessen Völkermord) zu begreifen, aber Nietzsche ausdrücklich aus solchen

---

10 Vgl. David Blackbourn and Geoff Eley, *The Peculiarities of German History. Bourgeois Society and Politics in Nineteenth Century Germany*, Oxford: Oxford University Press 1984; Ernst Sandvoss, *Hitler und Nietzsche*, Göttingen: Musterschmidt-Verlag 1969. Über diese Transmissionsmechanismen wissen wir noch immer nur unzureichend Bescheid. Es ist die einhellige Meinung der Forschung, daß Hitler die Schriften Nietzsches entweder gar nicht oder nur sehr wenig gelesen hat. August Kubizek, *Adolf Hitler, mein Jugendfreund*, Graz: L. Stocker 1953, behauptet dagegen, Hitler habe in seiner Jugend Nietzsche gelesen. In Hitlers Bibliothek fand sich jedoch kein Buch des Philosophen, wenn man von einem dünnen Bändchen absieht, das Himmler ihm geschenkt hatte. Es trug den Titel *Von Tacitus bis Nietzsche. Die Gedanken und Meinungen aus zwei Jahrtausenden*, vgl. Robert George Leason Waite, *The Psychopathic God. Adolf Hitler*, New York: Basic Books 1977, S. 52. Hitler eignete sich jedoch eine popularisierte Kenntnis Nietzsches an. Sie stammte sozusagen aus dritter Hand, und er konnte sie seiner Art zu denken selektiv anpassen. Selbst wenn man die vielen Hinweise auf Nietzsche in dem mittlerweise fragwürdig gewordenen Buch von Rauschning außer acht läßt, wird das offensichtlich in H. R. Trevor-Roper (ed.), *Hitler's Table Talk 1941-1944*, London: Weidenfeld and Nicolson 1953, S. 720-722.

11 Thomas Mann »Nietzsche's Philosophie im Lichte unserer Erfahrung«, a. a. O., S. 701f. Diese Passage ist himmelweit entfernt von dem, was Thomas Mann noch 1936 seinem Tagebuch anvertraut hatte: »Widriger Artikel des ›Berl. Tageblatts‹ [...] verficht, daß ›die Manen Nietzsches‹ heute nicht etwa im Exil seien, sondern in Deutschland blieben. Was ihn vom Nationalsozialismus unterscheide, sei ganz äußerlich, – dieser nehme ihn mit Recht für sich in Anspruch. – Wenn sie noch Sorel sagten. Aber Nietzsche, der Mann der extremsten ›intellektuellen Reinlichkeit‹, des bacchantischen Erkenntniswillens, der ›Faust‹ als ›Tragödie der Erkenntnis‹ belächelte, weil er anderes kannte; der zu jedem Leiden an der Wahrheit und um der Wahrheit willen Bereite – ihn will man in Anspruch nehmen für Wirksamkeitsmythen vom Massenniveau des verhunzten Volks- und Bänkelsanges. Schmutzerei. – Bergson, Sorel, Péguy die geistigen Wegbereiter des Fascismus und die Imitatoren der Wendung vom Sozialen zum Nationalen. Wo bleibt das ›Deutsche‹?« Thomas Mann, *Tagebücher 1935-36*, hrsg. Peter de Mendelssohn, Frankfurt a. M. 1978, S. 242.

Schuldzusammenhängen ausgenommen sehen. Nach Meinung von Lang sollte man sein Augenmerk nicht auf Nietzsche, sondern auf die universalisierenden Aspekte aufklärerischer Intoleranz richten. Ihm zufolge geht die Verbindung zwischen Nietzsche und dem Nationalsozialismus auf eine ganz und gar »illegitime Aneignung« zurück:

Gewiß hat eine illegitime Aneignung kausale Folgen, die nicht weniger sicher sind als die einer direkten Verbindung, und es gibt auch keine verläßliche Trennlinie zwischen beiden. Doch bei den historischen Nachwirkungen Nietzsches handelt es sich um eine illegitime Aneignung, nicht um Schlußfolgerungen und auch nicht [...] um eine direkte Verbindung. Weit davon entfernt, durch die Prämissen, die den Positionen Nietzsches zugrundeliegen, dazu berechtigt zu sein, stimmen die Schlußfolgerungen, die man aus ihnen zieht, mit diesen Prämissen nicht überein. Wer in seiner Phantasie die Ereignisse rekonstruieren wollte, die zum Genozid der Nazis an den Juden geführt haben, ohne dabei den Namen Nietzsches zu nennen oder ihn sich zu vergegenwärtigen, müßte am Verlauf dieser Ereignisse beinahe nichts ändern. Darin unterscheiden sich die Ergebnisse dieses Experiments im Falle Nietzsches von seiner Anwendung auf eine Reihe anderer Ideen und Denker, deren Fehlen zu bedeutsamen Veränderungen hinsichtlich ihrer direkten Verbindung zur Aufklärung - ja vielleicht des schließlichen Ergebnisses führen würde.[12]

Vielen, die noch perplex sind angesichts der Frage, was der Nationalsozialismus gewesen sein mag, wird die Position von Lang ganz und gar nicht überzeugend erscheinen. Denn ein breites Spektrum zeitgenössischer Kulturkritiker, Philosophen und Historiker spürt auch weiterhin eine tiefe Affinität zwischen Nietzsche und dem Nationalsozialismus und behauptet auf unterschiedliche Art und Weise sowie in mehr oder weniger komplexen Darstellungen eine Komplizenschaft zwischen beiden. Bis heute ist kein anderer Philosoph häufiger zur Erklärung historischer Zusammenhänge herangezogen worden und hat als Sprungbrett spekulativer metahistorischer Auffassungen des Nationalsozialismus und seiner mörderischen Antriebe gedient. Darüber hinaus haben diese Überlegungen sich zumindest mit dem auseinanderzusetzen versucht, was ein Großteil der neueren Geschichtsschreibung hat ausklammern wollen: mit der ärgerlichen und strittigen Frage nach den Motivationen und Absichten der Nationalsozialisten. Diese Auffassung unterstellt, daß der Nationalsozialismus zumindest teilweise über einen geistigen Bezugsrahmen verfügte und daß Ideen (im allgemeinsten Verstande) für ihn als geschichtliches Unternehmen ebenso wie für sein späteres Verständnis von zentraler Bedeutung sind.[13]

12 Berel Lang, *Act and Idea in the Nazi Genocide,* Chicago and London; University of Chicago Press 1990, S. 197f.

13 Die Unverzichtbarkeit einer stärker ausgearbeiteten Kultur- und Ideengeschichte habe ich darzustellen versucht in Steven E. Aschheim »Nazism, Normalcy and the German *Sonderweg*« in: *Studies in Contemporary Jewry* 4 (1988). Eine derartige Geschichtsschreibung würde die gegenseitigen Beeinflussungen in ihren jeweiligen Kontexten nachweisen sowie die entsprechenden Vermittlungen in ihren unterschiedlichen Auswirkungen und die jeweils relevanten Diskurse darstellen. Vgl. auch Berel Lang, *Act and Idea in the Nazi Genocide,* a. a. O., S. 167f. Während viele Kulturhistoriker wohl mit Langs Position in der Frage des Verhältnisses zwischen Nietzsche und dem Nationalsozialismus nicht übereinstimmen, stimmen sie seinen Bemerkungen über die Rolle der Ideen in der Geschichte wahrscheinlich zu.

Auf welche besonderen Quellen und Ursachen hat man sich nun unter dem Gesichtspunkt dieser allgemeineren Konstellation bei Nietzsche berufen? Hier mögen einige Beispiele genügen. Zunächst wären da Untersuchungen zu nennen, die nach wie vor eine (bewußte oder nicht bewußte) historische oder ideengeschichtliche Verbindung zwischen dem Nationalsozialismus und Nietzsche zu sehen glauben. Während die Feststellung einer solchen Verbindung keineswegs eine Identität beider oder ein Kausalverhältnis zwischen ihnen behauptet, unterstellt sie doch ein gemeinsames Problembewußtsein. Ein Beispiel dafür bietet das Buch von J. P. Stern über Hitler. Stern untersucht sorgfältig die Unterschiede zwischen Nietzsche und dem Nationalsozialismus, kommt dann aber zu dem Schluß, Hitler sei letztlich zu begreifen als jemand, der bestimmt wurde von einer stark politisierten Ideologie des Willens, die in einer (parodistischen) Symmetrie Nietzsche entlehnt worden sei.[14] Auch Karl Dietrich Brachers Sicht des Nationalsozialismus als einer revolutionären und pervertierten Umkehr herkömmlicher moralischer Werte im Dienste eines Systems von Terror und Vernichtung unterstellt eine Verbindung zwischen Hitler und Nietzsche. Mit seiner ideologischen Fixierung und seinem Sendungsbewußtsein als Erlöser einer zu rassischem Niedergang verurteilten Welt habe Hitler als Prototyp einer buchstäblich von Nietzsche bestimmten *Umwertung aller Werte* zu gelten, der die Grenzen der *bürgerlichen Moral* überschreite.[15]

Es wirkt daher kaum überraschend, wenn viele der metahistorischen Überlegungen zum Nationalsozialismus sich auf die Rolle Nietzsches konzentrieren. Ein großer Teil von ihnen will dabei nach wie vor eigene ideologische und religiöse Botschaften übermitteln. So hat beispielsweise in jüngster Zeit der christlich-konservative Kritiker Roger Scruton die Auffassung vertreten, die grundlegende Vor-

---

14 Stern betont, daß er in Nietzsche »den kritischsten der modernen Philosophen« sieht. »Was immer auch Nietzsches intellektuelle Sünden waren – seinen eigenen Abstraktionen erlag er nicht.« Joseph Peter Stern, *Hitler. The Führer and the People*, Berkeley: University of California Press 1975, S. 72 und 74; dt.: *Hitler. Der Führer und das Volk*, München: Hanser 1978. S. 69 und 71. Dennoch stellt Stern fest: »›Der Wille‹ scheint also für Hitler das zu sein, was er für Schopenhauer und Nietzsche (und auch für die deutsche Volksmythologie im Zweiten Reich) war: das Werkzeug eines Gesetzes der Natur und der Geschichte, ein allumfassendes metaphysisches Prinzip – kurz: Schöpfer der Welt.« (a. a. O., S. 70; dt.: 68) Zu Nietzsches Spekulationen über den Willen zur Macht schreibt er: »Schließlich haben ja die meisten Bücher, die Nietzsche selbst veröffentlichte, und alle seine im Nachlaß gesammelten Aufzeichnungen etwas über dieses Thema zu sagen, dergestalt, daß man den größeren Teil seines Werks *sub specie voluntatis* zusammenfassen könnte. Auch stimmt gewiß, daß Nietzsche häufig so argumentiert, als sei ›der Wille‹ genauso ein abstraktes, von seinen Mitteln unabhängiges metaphysisches Prinzip, wie es in Hitlers Rhetorik impliziert ist: ein *agens immobile*, das hinter der empirischen Welt steht und die menschlichen Handlungen in der Welt erklärt, etwa wie Hegels ›Geist‹, dessen Realisierung die universale Geschichte der Menschheit ist.« (a. a. O., S. 71; dt.: 69)

15 Vgl. Karl Dietrich Bracher »The Role of Hitler. Perspectives of Interpretation« in: Walter Laqueur (ed.), *Fascism. A Reader's Guide: Analyses. Interpretations, Bibliography*, a. a. O., S. 208.

aussetzung für die Todeslager des 20. Jahrhunderts sei bereits in der gottlosen naturalisierenden Redeweise und in den Denkfiguren von Autoren wie Nietzsche und Marx enthalten:

Gerade jene Philosophien, die uns vorschreiben, den Menschen auf den Thron des zu seiner Beerdigung weggeschafften Gottes zu setzen, haben sich als besonders einflußreich erwiesen, wenn es darum ging, das neue Bild des Menschen als eines Zufalls der Natur zu entwerfen, dem nichts von irgendeiner Macht jenseits seiner selbst verboten oder erlaubt sein soll. Gott soll pure Illusion sein, also ist es auch der göttliche Funke im Menschen [...] Die zur effektiven Produktion von Utopia hergerichtete Maschinerie hat ohne weiteres die Lizenz zu töten. Nichts ist heilig [...] Das ist die liturgische Sprache der Religion des Antichrist.[16]

Die Gefahr solcher säkularen Philosophien, so sah es der bekannte Philosoph Leszek Kolakowski, besteht in ihren prometheischen Hoffnungen, mit denen sie die christliche Annahme unseres Elends und unserer Schwäche untergraben:

Die großen Theorien des 19. Jahrhunderts, in denen sich (trotz allem, was sie trennt) diese prometheischen Erwartungen vollkommen verkörperten – also die von Marx und Nietzsche –, waren nicht aufgrund zufälliger Umstände, sondern von ihren Wurzeln her antichristlich [...] Nietzsche war klar, daß das Christentum vom Bewußtsein unserer Schwäche lebt, und er hatte recht. Auch Marx wußte dies, und von den Junghegelianern übernahm er in abgewandelter Form die (eher von Fichte als von Hegel bestimmte) Philosophie der Selbsterschaffung des Menschen und seiner Ausrichtung auf die Zukunft [...]

Die Vitalität der Ideen des Christentums hat zweifellos in dem Maße abgenommen, in dem die allgemeine Ausbreitung dieser prometheischen Hoffnung ebenso zugenommen hat wie die Überzeugung der Menschen, daß ihre Fähigkeit zur Vervollkommnung ihrer selbst und der Gesellschaft keine Grenzen kennt [...] Wir sind Zeugen des allmählichen Anwachsens dieser Hoffnung geworden, und die erwähnten Theorien von Nietzsche und Marx haben die ideologische Rechtfertigung für die beiden bösartigsten Tyranneien geliefert, die unser Jahrhundert gesehen hat.[17]

Das Werk Nietzsches dient hier als ebenso vitale wie langfristige Vorbedingung des Nationalsozialismus. Ohne daß die Verbindungen zwischen beiden empirisch zufriedenstellend herausgearbeitet würden, wird dabei die Auffassung vertreten, daß Nietzsches radikal exprimentelle, jede Tradition erschütternde Art zu denken den Nationalsozialismus hat denkbar werden lassen. (Eine solche Analyse unterstellt selbstverständlich ihrerseits ein ganz bestimmtes Bild des Nationalsozialismus.) Die Befürworter einer solchen Lesart Nietzsches haben keine Schwierigkeiten, im Werk des Meisters Stellen zu finden, die ihre Meinung stützen. Wegen eines neu erwachten Muts zum Experiment, so notierte Nietzsche in der *Morgenröte*, »können Individuen und Geschlechter jetzt Aufgaben von einer Grossartigkeit in's Auge fassen, welche früheren Zeiten als Wahnsinn und Spiel mit Himmel und Hölle erschienen

16 Roger Scruton »The Philosopher on Dover Beach« in: *Times Literary Supplement* (23. May 1986). Nikolas Berdyaev, *The Fate of Man in the Modern World*, a. a. O. vertrat eine ähnliche Argumentation. Auch bei ihm wurden Marx und Nietzsche als entmenschlichende, naturalisierende Denker miteinander verbunden.

17 Leszek Kolakowski »On the So-Called Crisis of Christianity«, a. a. O., S. 90f.

sein würden. Wir dürfen mit uns selber experimentiren! Ja die Menschheit darf es mit sich!«[18] In den Entwürfen zu einer Forsetzung des *Zarathustra* und auf der Grundlage seiner Definition des Credos einer neuen Aufklärung »Nichts ist wahr, alles ist erlaubt« ging Nietzsche noch weiter: »Die *Folgen* eurer Lehre müssen fürchterlich wüten: aber *es sollen an ihr Unzählige zugrunde gehen. - Wir machen einen Versuch mit der Wahrheit!* Vielleicht geht die Menschheit daran zugrunde! Wohlan!«[19]

In dieser Perspektive wurde der Nationalsozialismus mit seiner Radikalität bei der weitgehenden Umwertung aller Werte zu einem bewußt durchgeführten nietzscheanischen Unternehmen. Nietzsche »legte die Grundlagen einer Geisteshaltung, die nichts ausschloß, was irgendjemand denken, fühlen oder tun mochte, nicht einmal unvorstellbare, in gigantischem Maßstab ausgeführte Greuel.«[20]

Vor allem unter diesem Gesichtspunkt einer Emphase des schrankenlos Neuen wird auch weiterhin auf die Verbindung zwischen Nietzsche und den revolutionärsten wie zerstörerischsten Aspekten des Nationalsozialismus verwiesen. Historiker und Kulturkritiker haben darin Nietzsches Komplizenschaft mit den Greueln des Völkermords gesehen. Während fast alle von ihnen die zentrale Rolle Nietzsches hervorheben, unterscheiden sich die Erklärungen, die sie zu bieten haben.

Für orthodoxe Marxisten stellt die Verschmelzung Nietzsches mit dem Nationalsozialismus einen Reflex der ökonomischen Krise des Kapitalismus dar. Sie gilt als der ideologische Ausdruck einer aggressiven imperialistischen Bourgeoisie und ihrer barbarischen Bestrebungen sowie als logisches Ergebnis eines irrationalen Klassenstandpunkts, dem es auf die Niederlage der Sozialisten und der übrigen Feinde der Bourgeoisie ankommt.

Doch für den Nichtmarxisten Ernst Nolte stellte der Nationalsozialismus (in seinem Buch aus dem Jahre 1963 *Der Faschismus in seiner Epoche)* die äußerste Revolte *gegen* die Bourgeoisie und das von ihm so genannte Projekt der Transzendenz dar.[21] Zu jener Zeit bestand Nolte auf der Einmaligkeit des nationalsozialistischen Antisemitismus und seiner Vernichtungspraktiken. Er vertrat die Auffassung, daß die bürgerlichen und die marxistischen Konzeptionen von Transzendenz im we-

---

18 Friedrich Nietzsche, *Morgenröthe,* in: *Werke,* Bd. V, 1, a.a.O., S. 298. »Die Gesetze des Lebens und Handelns neu aufbauen, - zu dieser Aufgabe sind unsere Wissenschaften der Physiologie, Medicin, Gesellschafts- und Einsamkeitslehre ihrer selbst noch nicht sicher genug: und nur aus ihnen kann man die Grundsteine für neue Ideale (wenn auch nicht die neuen Ideale selber) entnehmen. So leben wir denn ein *vorläufiges* Dasein oder ein *nachläufiges* Dasein, je nach Geschmack und Begabung, und thun am besten, in diesem Interregnum, so sehr, als nur möglich, unsere eigenen reges zu sein und kleine *Versuchsstaaten* zu gründen. Wir sind Experimente: wollen wir es auch sein!«, a.a.O., S. 278.

19 Friedrich Nietzsche, *Genealogie der Moral,* in: *Werke,* Bd. VI, 2, a.a.O. S. 417, zit. nach Georg Lukács, *Die Zerstörung der Vernunft,* a.a.O., S. 305.

20 Kurt Rudolf Fischer »Nazism as a Nietzschean Experiment« in: *Nietzsche-Studien* 6 (1977) S. 121.

21 Vgl. Ernst Nolte, *Der Faschismus in seiner Epoche. Die Action française, der italienische Faschismus, der Nationalsozialismus,* München: Piper 1963, S. 515ff.

sentlichen eine *Einheit* bildeten.[22] In Noltes Darstellung wurde Nietzsche als entscheidende Figur in dieser Wendung gegen die Auffassungen der Bourgeiosie und des Marxismus präsentiert. Er vor allem verkörperte die Forderung nach einer sinnlichen Renaturalisierung der Welt und verwies auf die Schaffung eines neuen, ganz und gar nicht dekadenten Menschen. Das nietzscheanische und das nationalsozialistische Unternehmen wurden dabei buchstäblich identisch. Nolte stellte fest, daß Hitler »von ›etwas‹ besessen war und daß dieses ›etwas‹ alles andere als ein Beiläufiges und Bedeutungsloses darstellte. Er erscheint [...] als der Abschluß eines Weltalters.« Als solcher war er die radikalste Verwirklichung jenes Anstoßes, den Nietzsche gegeben hatte.[23] In diesem Zusammenhang mußte der (von Nolte so genannte) Vernichtungsgedanke notwendig für Nietzsches Spätphilosophie eine zentrale Bedeutung gewinnen.[24] Es lohnt, diese Stelle ausführlich zu zitieren:

> Es zeigt sich, daß der Begriff der Realisierung Nietzsches eigentlicher Gegner ist, ihn vor allem wollen Termini wie »ressentiment«, »décadence« oder »Gesamt-Entartung« treffen. Philosophisch gibt es offenbar nur eine Gegenkonzeption von unangreifbarer Entschiedenheit: es ist der Begriff des ganz und gar nicht dekadenten Menschen, des »Raubtiers, der prachtvollen nach Beute und Sieg lüstern schweifenden blonden Bestie«, der prachtvollen Animalität des »Rudels blonder Raubtiere«. [...]
>
> Es läßt sich kaum bezweifeln, daß sich Nietzsches ganzes Denken als radikaler, von der Logik der eigenen Konsequenzen unerbittlich getriebener Gegenzug gegen die Marxsche Konzeption darstellt und daß der Vernichtungsgedanke den negativen Aspekt seines innersten Kernes darstellt. Denn wenn die Geschichte nicht Verwirklichung ist, sondern ein jahrtausende-

---

22 Vgl. zur zentralen Bedeutung des Antisemitismus und zur Einzigartigkeit der Judenvernichtung Ernst Nolte, *Der Faschismus in seiner Epoche. Die Action française, der italienische Faschismus, der Nationalsozialismus*, a. a. O., S. 405ff. und 457ff. Zu der These, Hitlers Antimarxismus sei motiviert gewesen durch seinen Willen, die Juden zu vernichten (und nicht umgekehrt, wie Nolte später behauptete) vgl. a. a. O., S. 407. Zu Noltes Entwicklung und zu seiner Rolle im Historikerstreit vgl. Steven Aschheim »History, Politics and National Memory. The German *Historikerstreit*« in: *Survey of Jewish Affairs* (1988). Die gründlichste Darstellung findet sich bei Charles S. Maier, *The Unmasterable Past*, a. a. O.

23 Vgl. Ernst Nolte, *Der Faschismus in seiner Epoche. Die Action française, der italienische Faschismus, der Nationalsozialismus*, a. a. O., S. 512. Während Nolte bemerkt, gegen Lukács könne vielerlei eingewendet werden, stimmte er mit ihm darin überein, daß am Ende des 19. Jahrhunderts eine größere Veränderung im geistigen Klima Europas stattfand. Nietzsches Rolle dabei war klar: »Ganz ohne unmittelbaren Zusammenhang mit den politischen Tagesereignissen ist von einem Kranz faschistoider Autoren die Nietzschesche Lehre aufgenommen und fortentwickelt worden, die allein den Sozialismus, den Liberalismus und den traditionellen Konservativismus in eine Reihe zu stellen erlaubt: die Lehre vom Sklavenaufstand und von der Verarmung des Lebens durch das jüdisch-christliche Ressentiment.« a. a. O., S. 29.

24 Vgl. zum Vernichtungsgedanken Ernst Nolte, *Der Faschismus in seiner Epoche. Die Action française, der italienische Faschismus, der Nationalsozialismus*, a. a. O., S. 533. In der Zeit nach dem Holocaust ist dies eine aufschlußreiche Wortwahl; denn eine Vernichtung geht über die Zerstörung hinaus.

altes Attentat, dann kann nur die Vernichtung des Attentäters die Dinge wieder ins Lot bringen. Nietzsche ist nicht in einem banalen Sinne der geistige Vater des Faschismus. Aber er bringt als erster und in umfassendster Weise jenes spirituelle Zentrum zu Wort, auf das hin aller Faschismus gravitieren muß: den Angriff auf die praktische *und* die theoretische Transzendenz, aber um einer »schöneren« Gestalt des »Lebens« willen.[25]

Die Vernichtungen der Nazis lassen sich daher am angemessensten als der verzweifeltste (und wesentlich nietzscheanische) »Angriff, der je gegen das menschliche Wesen und die Transzendenz in ihm geführt wurde«, begreifen.[26] Obwohl Nolte auf diese Zusammenhänge nicht aufmerksam macht, haben wir bereits gesehen, daß in ähnlicher Weise verschiedene nietzscheanische Nationalsozialisten die Schaffung einer immanenten, renaturalisierten und transzendenzfeindlichen Gesellschaft erstrebten.[27]

In einer viel späteren Arbeit erklärt Nolte genauer, welche besondere Wendung der Nationalsozialismus diesem Problem Nietzsches gab. Was Hitler mit dem Wort »Jude« eigentlich meinte, so schrieb Nolte in seinem umstrittenen Buch *Der europäische Bürgerkrieg, 1917-1945*, war jener Komplex aus Fortschritt, Industrialisierung, Naturbeherrschung und Entfremdung von der Natur, Emanzipation und Individualismus,

den erstmals Nietzsche und nach ihm einige Lebensphilosophen wie Ludwig Klages und Theodor Lessing für eine Gefährdung des *Lebens* erklärt hatten. Für Hitler ist dieses *Leben* identisch mit der *natürlichen Ordnung* [...] Hitler hat also den gleichen weltgeschichtlichen Prozeß im Auge, der für Marx zugleich Fortschritt und Niedergang gewesen war, jenen Prozeß, den man die Intellektualisierung der Welt nennen könnte. Aber trotz einiger Ansätze waren Marx und Nietzsche, Lessing und selbst Klages immer weit von der Behauptung entfernt geblieben, es lasse sich eine konkrete, menschliche Ursache dieses Prozesses aufweisen. Hitler jedoch tat diesen Schritt, der eine radikale Umkehrung aller bisherigen Ideologie war [...] weil er einer Menschengruppe die Macht zuschreibt, einen transzendentalen Prozeß hervorzurufen.[28]

---

25 Ernst Nolte, *Der Faschismus in seiner Epoche. Die Action française, der italienische Faschismus, der Nationalsozialismus*, a. a. O., S. 533f.

26 Vgl. Ernst Nolte, *Der Faschismus in seiner Epoche. Die Action française, der italienische Faschismus, der Nationalsozialismus*, a.a.O., S. 512. Ähnlich argumentiert George Steiner, *Bluebeard's Castle. Some Notes towards the Redefinition of Culture*, London: Faber and Faber 1971; dt.: *In Blaubarts Burg. Anmerkungen zur Neubestimmung der Kultur,* Wien und Zürich: Europaverlag 1991. Obwohl er in diesem Zusammenhang den Namen Nietzsches nicht erwähnt, erscheint bei Steiner der Holocaust motiviert von der Wut auf eine Schwächung durch Moral und Gewissen sowie durch die Überzeugung, bei letzterem handele es sich um eine jüdische Erfindung (vgl. S. 35ff.). Doch Steiner behandelt Nietzsche nicht durchweg respektvoll und indirekt. Tatsächlich wird er erwähnt, aber nicht als Verursacher, sondern als Prophet und überlegener Diagnostiker des Holocaust (vgl. S. 38, 42), der sich ebenso wie Kierkegaard der barbarischen Eigenschaften bewußt war, die der Kultur inhärent sein können (S. 63f.).

27 Vgl. Alfred Bäumler, *Nietzsche der Philosoph,* a. a. O., S. 30; Heinrich Römer »Nietzsche und das Rasseproblem« in: *Rasse. Monatsschrift für den nordischen Gedanken* 7 (1940) S. 61; Richard Öhler, *Nietzsche und die deutsche Zukunft,* a. a. O.

28 Ernst Nolte, *Der europäische Bürgerkrieg 1917-1945. Nationalsozialismus und Bolschewismus,* Berlin: Propyläen 1987, S. 514f.

Auch in Noltes neuem Buch, *Nietzsche und der Nietzscheanismus* (1990), steht der Philosoph im Zentrum der Vernichtungsbestrebungen der Nationalsozialisten.[29] Nolte konzentriert sich auf den Vernichtungsgedanken und dessen Sprache in den Schriften Nietzsches. Das Verlangen nach Lebensbejahung wird in Verbindung gebracht mit dem Ruf nach brutaler Zerstörung jener lebensverneinenden, emanzipatorischen Lebensweisen, die für die vorherrschende Dekadenz und den Verfall der Vitalität verantwortlich sind.[30] Nolte verweist auf eine (oft vernachlässigte) Stelle im *Ecce homo* als herausragendes Beispiel solcher Intentionen:

> Werfen wir einen Blick ein Jahrhundert voraus, setzen wir den Fall, dass mein Attentat auf zwei Jahrtausende Widernatur und Menschenschändung gelingt. Jene neue Partei des Lebens, welche die grösste aller Aufgaben, die Höherzüchtung der Menschheit in die Hände nimmt, eingerechnet die schonungslose Vernichtung alles Entartenden und Parasitischen, wird jenes *Zuviel von Leben* auf Erden wieder möglich machen, aus dem auch der dionysische Zustand wieder erwachsen muss.[31]

Die Liste der lebensfeindlichen Gegner Nietzsches - der christlichen Priester, der Vulgär-Aufklärer, Demokraten und Sozialisten, der Hirten mit den Herden von Entarteten - ist dermaßen lang, so argumentiert Nolte jetzt, daß neben ihr die Nazis *zwergenhaft* erscheinen.[32] Wenn bei Nietzsche »›Vernichtung‹ im Wortsinne verstanden wird, müßte das Ergebnis ein Massenmord sein, mit dem verglichen die später real gewordene ›Endlösung‹ der Nationalsozialisten geradezu mikroskopische Dimensionen aufwiese. Das ›Reine‹ der Vorstellung wäre viel gigantischer als das ›Unreine‹ der Realität.«[33]

---

29 Vgl. Ernst Nolte, *Nietzsche und der Nietzscheanismus*, Frankfurt a. M. und Berlin: Propyläen 1990.

30 Vgl. Ernst Nolte, *Nietzsche und der Nietzscheanismus*, a. a. O., S. 192f.

31 Friedrich Nietzsche, *Ecce homo*, in: *Werke*, Bd. VI, 3, a.a.O., S. 311. Diese Passage war bereits zitiert worden bei Ernst Nolte, *Der Faschismus in seiner Epoche. Die Action française, der italienische Faschismus, der Nationalsozialismus*, a. a. O., S. 533.

32 In einer dunklen Passage seines ersten Buches hatte er bereits auf dieses Thema angespielt. Von Nietzsche und Hitler hatte er dort geschrieben, »daß bei beiden die positive Konzeption ob ihrer phantastischen Abstraktheit [...] gewichtlos blieb vor der Konkretheit des negativen Willens. Dem politischen radikalen Antimarxismus des Faschismus hat Nietzsche Jahrzehnte zuvor das geistige Urbild gegeben, dem selbst Hitler sich niemals voll gewachsen zeigte.« Ernst Nolte, *Der Faschismus in seiner Epoche. Die Action française, der italienische Faschismus, der Nationalsozialismus*, a. a. O., S. 535.

33 Ernst Nolte, *Nietzsche und der Nietzscheanismus*, a. a. O., S. 195. Nach Noltes Auffassung galt dies für die Bolschewiken wie für die Nationalsozialisten. In einer bemerkenswert ausweichenden Sprache (denn was macht eine ›reine‹ oder eine ›unreine‹ Vernichtung aus?) erklärte Nolte diese Vorgänge: »Wenn die Marxsche Revolution [...] eine ›unreine‹ Gestalt annahm, d. h. wenn sie auf eine ›Bourgeoisie‹ traf, welche ihre ›historische Aufgabe noch nicht vollendet‹ hatte, wenn sie einem Bauerntum konfrontiert wurde, das noch nicht zur unbedeutenden Minorität der Bevölkerung geworden war, dann mußte sie selbst jene soziale Vernichtung vollziehen, welche die Sache ›der Geschichte‹ hatte sein sollen, und da eine solche Vernichtung ohne heftigen Widerstand der Betroffenen nicht vorstellbar ist, mußte sie die Gestalt von Ausrottungen großen Stils annehmen. Eben darin war die Möglichkeit beschlossen, daß auch Nietzsches Konzeption eine ›unreine‹ Gestalt gewann, daß

Diese Passage zeigt sowohl in ihrem Ton wie in ihrem Inhalt, daß Noltes Nietzsche genau in den ideologischen Rahmen der Zeit nach dem Historikerstreit paßt. Der Philosoph erscheint als bedeutendster Protagonist und Prophet von Noltes allumfassender Vision eines welthistorischen Bürgerkriegs im 20. Jahrhundert, eines Kriegs zwischen den dialektisch miteinander verbundenen Mächten des Bolschewismus und des Nationalsozialismus. Noltes Nietzsche dient »der Vorhersage des großen Bürgerkriegs und des Konzepts der unumgänglichen Vernichtung«.[34] Nolte verwebt dieses Vernichtungskonzept mit der für ihn entscheidenden Chronologie der Beziehung zwischen den beiden historischen Mächten und ihrem Zerstörungswillen. Fast gegen seinen Willen sah sich der gebildete Nietzsche gezwungen, »schließlich den großen Weltbürgerkrieg vorherzusehen und für eine Partei dieses Bürgerkriegs das Vernichtungskonzept zu schaffen, welches das Gegenkonzept zu einem anderen und ursprünglicheren Vernichtungsgedanken war«.[35] Nietzsche wird damit eingepaßt in Noltes zweifelhafte Reduktion des Nationalsozialismus und seiner Greuel zu einer Reaktion auf die ihm vorausgegangene marxistische Version desselben Vernichtungsdenkens. Der Holocaust wird dabei zu einem antizipatorischen Akt deutscher Selbstverteidigung gegen die jüdische Intention zum Genozid.[36]

In England und in den Vereinigten Staaten mußte sich die Wahrnehmung Nietzsches als treibender Kraft hinter der Schaffung einer neuen, radikalisierten und einzigartig mörderischen Form von Antisemitismus gegen Walter Kaufmanns hegemoniale Deutung durchsetzen. Erst in jüngster Zeit hat sie ihre Historiker gefunden. Wir haben bereits auf die Pionierarbeit von Uriel Tal verwiesen, der die antichristlichen und antisemitischen Elemente bei Nietzsche herauszuarbeiten suchte. Doch es waren vor allem George Lichtheim und Conor Cruise O'Brien, die den Philosophen direkt mit den Greueln des Nationalsozialismus und mit dessen äußerstem Ausdruck: Auschwitz in Verbindung brachten. Die modisch schicke Vorstellung, Nietzsche sei nicht antisemitisch, sondern antichristlich gewesen, übersieht ihrer Mei-

---

nicht die wenigen Starken die vielen Schwachen vernichteten, sondern daß die Vielen sich als Bedrohte selbst zu Starken machen wollten und eine biologische, ja metabiologische Vernichtung ins Werk setzten, welche die Menschheit und vornehmlich deren Herren- und Über-Rasse gegen das gefährlichste aller Attentate für immer sichern und insofern erlösen sollte.« a.a.O., S. 269.

34 Ernst Nolte, *Nietzsche und der Nietzscheanismus*, a.a.O., S. 88, 192.

35 Ernst Nolte, *Nietzsche und der Nietzscheanismus*, a.a.O., S. 89. Nolte schreibt, daß Marx und Nietzsche nebeneinander bestehende und mit den Verhältnissen ihrer Zeit zusammenhängende Konzeptionen entwickelten, daß aber keiner von beiden Bürgerkriegskonzepte entwickeln wollte. Waren aber erst einmal entscheidende Schritte zur Verwirklichung ihrer Visionen unternommen worden, war das Ende unausweichlich. a.a.O. S. 276.

36 Nolte verheddert sich in der in Kapitel 1 erörterten zweifelhaften ideologischen Art der Rezeptionsgeschichte. Da er zu wissen glaubt, wie sie hätte vonstatten gehen sollen, kann er sich nur wundern: »der Begriff der ›Partei des Lebens‹ taucht nirgendwo auf, und die nicht ganz seltenen Erörterungen über ›Marx und Nietzsche‹ handeln am ehesten von dem Gegensatz zwischen dem ›Kollektivisten‹ und dem ›Individualisten‹.« Ernst Nolte, *Nietzsche und der Nietzscheanismus*, a.a.O., S. 268.

nung nach die Tatsache, daß Nietzsche mit besonderem Nachdruck am Christentum dessen jüdische Ursprünge haßte. Im *Antichrist* bezeichnete er die Juden als »das *verhängnissvollste* Volk der Weltgeschichte«,

> weil sie, vor die Frage von Sein oder Nichtsein gestellt, mit einer vollkommen unheimlichen Bewusstheit das Sein *um jeden Preis* vorgezogen haben: dieser Preis war die radikale *Fälschung* aller Natur, aller Natürlichkeit, aller Realität, der ganzen inneren Welt so gut als der äusseren [...] sie schufen aus sich einen Gegensatz-Begriff zu *natürlichen* Bedingungen, - sie haben, der Reihe nach, die Religion, den Cultus, die Moral, die Geschichte, die Psychologie auf eine unheilbare Weise in den *Widerspruch zu deren Natur-Werthen* umgedreht [...] in ihrer Nachwirkung haben sie die Menschheit dermaassen falsch gemacht, dass heute noch der Christ antijüdisch fühlen kann, ohne sich als die *letzte jüdische Conqequenz* zu verstehn.[37]

George Lichtheim und Conor Cruise O'Brien betonten, daß beim verhängnisvollen Wechsel vom »begrenzten« christlichen Antisemitismus zu dessen grenzenloser, säkularer, antichristlicher Spielart, die dem Nationalsozialismus und dem Holocaust den Weg bereitete, Nietzsche die entscheidende Kraft war. Hitler, so schreibt O'Brien, »hatte es nicht nötig, von Nietzsche Antisemitismus zu lernen; er lag rings um ihn in der Luft. Was er, direkt oder indirekt, von Nietzsche lernte, war die Tatsache, daß das traditionelle christliche *Limit* für den Antisemitismus Teil eines jüdischen Tricks war. Sobald die Werte, die die Juden umgekehrt hatten, wieder hergestellt waren, würde es kein Limit und keine Juden mehr geben.«[38]

---

37 Friedrich Nietzsche, *Der Antichrist*, in: *Werke*, Bd. VI, 3, a.a.O., S. 189-190. Dieses Zitat läßt sich durch weitere stützen. In der *Genealogie der Moral* schrieb Nietzsche, nachdem er paradoxerweise Jesus als die Verwirklichung des Judentums präsentiert hatte: »Gewiss ist wenigstens, dass sub hoc signo Israel mit seiner Rache und Umwerthung aller Werthe bisher über alle anderen Ideale, über alle *vornehmeren* Ideale immer wieder triumphirt hat.« Die Juden, so fügte er hinzu, hätten eine »welthistorischere Mission« als jedes andere Volk gehabt. »›Die Herren‹ sind abgetan; die Moral des gemeinen Mannes hat gesiegt. Man mag diesen Sieg zugleich als eine Blutvergiftung nehmen (er hat die Rassen durcheinander gemengt) - ich widerspreche nicht; unzweifelhaft ist aber diese Intoxikation *gelungen*. Die ›Erlösung‹ des Menschengeschlechtes (nämlich von ›den Herren‹) ist auf dem besten Wege; Alles verjüdelt oder verchristlicht oder verpöbelt zusehends (was liegt an Worten!).« Friedrich Nietzsche, *Genealogie der Moral*, in: *Werke*, Bd. VI, 2, a.a.O., S. 283f. Sorgfältigen Lesern wird nicht entgehen, daß sich Nietzsche im wesentlichen auf die Zeit der Priester bezieht. »Ursprünglich, vor allem in der Zeit des Königtums, stand auch Israel zu allen Dingen in der *richtigen*, das heisst der natürlichen Beziehung.« Friedrich Nietzsche, *Der Antichrist*, a.a.O., S. 191. Von eigenen Interessen geleitete Interpreten (und spätere Historiker) haben sich um solche Differenzierungen selten gekümmert. Wie dies zu einer breiteren Strömung in der Nietzscherezeption paßte, wird gezeigt bei Steven Aschheim »›The Jew Within‹. The Myth of ›Judaization‹ in Germany«, a.a.O.

38 Conor Cruise O'Brien, *The Siege. The Saga of Israel and Zionism*, London: Weidenfeld and Nicolson 1986, S. 59; dt.: *Belagerungszustand. Die Geschichte des Zionismus und des Staates Israel*, Wien: Hannibal 1988, S. 44. O'Brien zitiert die letzten Seiten von Hitlers Tischgesprächen ohne nähere Angabe; er bezieht sich dabei vermutlich auf folgende Stelle: H.R. Trevor-Roper (ed.), *Hitler's Table Talk 1941-1944*, a.a.O., S. 722 [Nacht vom 29. auf den 30. November 1944]. Das Christentum des Apostels Paulus wird dort als ein jüdisches Manöver beschrieben, um die Sklaven gegen ihre Herren zu mobilisieren.

Ähnlich hat auch George Lichtheim argumentiert. Nach seiner Meinung war es für die Entstehung des Nationalsozialismus und für die wachsende Bereitschaft, ihn zu unterstützen, von entscheidender Bedeutung, daß in Deutschland nach und nach Vorstellungen Nietzsches an Boden gewannen, die dem jüdisch-christlichen Erbe und seinen humanistischen Traditionen feindlich gegenüberstanden. Erst als sich solche Vorstellungen in den Köpfen mancher Deutscher durchzusetzen vermochten, konnte Auschwitz möglich werden.[39] Der Nietzsche Lichtheims ist ein Protofaschist, der schon 1884 geschrieben hatte:

Es bedarf einer Lehre, stark genug, um *züchtend* zu wirken: stärkend für die Starken, lähmend und zerbrechend für die Weltmüden. Die Vernichtung der verfallenden Rassen. Verfall Europa's [...] Die Herrschaft über die Erde, als Mittel zur Erzeugung eines höheren Typus. – Die Vernichtung der Tartüfferie, welche ›Moral‹ heisst [...] Die Vernichtung des suffrage universel.[40]

Nietzsche, so behauptete Lichtheim, verschaffte einem Teil der intellektuellen Elite Deutschlands die nötige Weltanschauung, darunter die besonders radikale Form eines antichristlichen Antisemitismus, die im Holocaust gipfelte. Für Lichtheim hatte Nietzsches Atheismus mit jener Tradition Feuerbachs nichts gemein, die den Deismus durch einen Humanismus zu ersetzen suchte. Dieser antihumanistische Atheismus warf »den alten, naiven und innerlich widersprüchlichen christlichen Antisemitismus über Bord und bezichtigte die Juden kollektiv, die ersten Vorbereiter jener vergiftenden Ansteckung zu sein, die als Glaube an Christus bekannt ist«. Dies alles paßte zu Hitlers langfristigen Zielen: »Es ist nicht zuviel gesagt«, so meinte Lichtheim, »daß der SS – Hitlers Einsatztruppe und dem harten Kern der ganzen Bewegung – ohne Nietzsche die Inspiration gefehlt hätte, die sie allein zur Durchführung ihres Massenmordprogramms in Osteuropa befähigte.«[41]

Zweifellos haben auch solche Deutungsmuster ihre Mängel.[42] Dagegen haben beispielsweise neuere funktionalistische Untersuchungen strukturell-bürokratische

39 George Lichtheim, *Europe in the Twentieth Century,* London: Weidenfeld and Nicolson 1972, S. 185; dt.: *Europa im 20. Jahrhundert,* München: Kindler 1973, S. 271.

40 Friedrich Nietzsche, *Nachgelassene Fragmente Frühjahr-Herbst 1884,* in: *Werke,* Bd. VII, 2, Berlin und New York 1974, S. 65.

41 George Lichtheim, *Europe in the Twentieth Century,* a. a. O., S. 186; dt.: *Europa im 20. Jahrhundert,* a. a. O., S. 271.

42 Das gilt sowohl für antibürgerliche wie für antichristliche Darstellungen. George L. Mosse ist kürzlich so weit gegangen zu behaupten, der Nationalsozialismus sei eine Verteidigung der bürgerlichen Moral gewesen und kein Angriff gegen sie. Weit entfernt von der Darstellung Rauschnings, derzufolge die nationalsozialistischen Nihilisten alle moralischen Grenzen in nietzscheanischer Ekstase durchbrochen haben sollten, war der Nationalsozialismus nach Mosse tatsächlich ein Versuch, die Wohlanständigkeit der Welt der Mittelklasse vor allen sie von außen bedrohenden Gruppen von Abweichlern zu bewahren. Doch die bürgerliche Moral, die zwar oft illiberal gewesen war, hatte nie zuvor Dimensionen des Völkermords angenommen. Erklärungsbedürftig ist die Antriebskraft, die, in bürokratisches und mörderisches Handeln übersetzt, den Nationalsozialismus dazu brachte, über die Moral der Mittelklasse hinauszugehen, die er zugleich verkörperte. Vgl.

Darstellungen von Massenmorden geliefert, in denen der gesamte Fragenkomplex der psychischen Motivation und ideologischen Inspiration buchstäblich ausgeklammert wird. Gewiß kann es bei so komplexen und dichten Vorgängen wie diesen nicht um ein theoretisches oder methodisches Deutungsmonopol gehen. Dennoch verzichten Untersuchungen, die die Geisteshaltung des Nationalsozialismus vollständig unberücksichtigt lassen und seine Motivationen ganz und gar in den Hintergrund rücken, auf eine wesentliche Erklärungsdimension. In dieser Hinsicht stoßen konventionellere Verfahren historischer Analyse rasch an ihre Grenzen und hinterlassen bei ihren Lesern ein frustierendes Gefühl der Unvollständigkeit. Weil solche funktionalistischen Ansätze zum Kern der Problematik nicht vordringen, werden trotz aller dabei auftretenden Schwierigkeiten kulturtheoretische Deutungen auch weiterhin in Angriff genommen werden. Nietzsche wird in solchen Darstellungen nach wie vor eine Rolle spielen. Dafür gibt es vielerlei Gründe. Relevant bleibt er vor allem als Schlüsselfigur zur Erklärung der außerordentlichen Attraktion des Nationalsozialismus, der mit ihm zu einem grotesken *Novum* menschlichen Erlebens vorstieß. Aufdringlich machen sich hier thematische Ähnlichkeiten geltend.[43]

Der Nationalsozialismus war ohne Zweifel ein vieldeutiges historisches Phänomen. Revolutionärer Elan fand sich bei ihm direkt neben kleinbürgerlichen und provinziellen Merkmalen. Das ändert nichts an der Wahrnehmung, daß seine historische Bedeutung in einer zuvor unbekannten Umwertung von Werten sowie in einer

---

George L. Mosse, *Nationalism and Sexuality*, a. a. O., S. 133-152; dt.: *Nationalismus und Sexualität. Bürgerliche Moral und sexuelle Normen*, a. a. O., S. 170-192. Bernard Wasserstein hat die Meinung vertreten, daß der Begriff eines christlichen Limits doch wohl problematisch ist. Er führt viele Beispiele von christlichen Gewaltausbrüchen gegen Juden an, bei denen Zehntausende ermordet wurden. Dennoch sind solche Pogrome von dem bürokratischen, ideologisch fundierten, totalen Massenmord des Holocaust durch theologische, historische und moralische Abgründe getrennt. Vgl. Bernard Wasserstein »Change in Israel« in: *Times Literary Supplement* (10. Oktober 1986) S. 1123-1124. Andere Autoren haben die Auffassung vertreten, daß Theorie und Ideologie für die Funktionäre des Völkermords buchstäblich keine Rolle spielten. Doch auch für sie waren bestimmte Vorstellungen zur Rechtfertigung ihres Handelns (ob nun als Ursache oder als nachträgliche Quelle von Rationalisierungen) unerläßlich.

43 Robert Lifton, *The Nazi Doctors. Medical Killing and the Psychology of Genocide,* London: Papermac 1987 bietet hierfür zahlreiche Beispiele. Von Nietzsche haben die Nazis die Vorstellung von einer gewaltsamen Heilung ebenso übernommen wie die Idee: »Wir *müssen* Zerstörer sein!« (Friedrich Nietzsche, *Nachgelassene Fragmente Juli 1882 - Winter 1883/84,* in: *Werke*, Bd. VIII, 1, Berlin und New York: de Gruyter 1977, S. 703). Die Nazis stießen auf Nietzsche als Verteidiger des Krieges, der nach seinen Worten ein Heilmittel gegen Schwäche und Kultiviertheit sein sollte. Im Krieg erschien auch für sie »jener tiefe unpersönliche Hass, jene Mörder-Kaltblütigkeit mit gutem Gewissen, jene gemeinsame organisirende Gluth in der Vernichtung des Feindes« als Weg zu kollektiver Gesundheit. (Friedrich Nietzsche, *Menschliches Allzumenschliches*, in: *Werke*, Bd. IV, 2, a. a. O., S. 321f.) Vor allem aber ging es Nietzsche um die alles verzehrende Krankheit und ihre Heilung. »Was sich vererbt, das ist nicht die Krankheit, sondern die *Krankhaftigkeit*.« (Friedrich Nietzsche, *Nachgelassene Fragmente Anfang 1888 - Anfang 1889*, in: *Werke*, Bd. VIII, 3, a. a. O., S. 42) Darunter verstand er eine fortdauernde Schwäche und die Beschäftigung

alle Grenzen durchbrechenden Wendung ins Extreme lag, in einer Betonung von Zerstörung und gewaltsamer Erneuerung, von Gesundheit und Krankheit. Unter diesem Aspekt wird der Nationalsozialismus gewiß auch weiterhin als eine (wie immer verdorbene und verfälschte, bloß selektiv umgesetzte) »große« Politik im Sinne Nietzsches gesehen werden.

mit Moral. »Man ist *gesund* [...] wenn man beim Gewissensbiss etwas fühlt wie beim Biss eines Hundes wider einen Stein, – wenn man sich seiner Reue schämt.« Mehr »Gesundheit der Seele« hat ein Verbrecher, »der mit einem gewissen düstern Ernst sein Schicksal festhält und nicht seine That hinterdrein verleumdet«, als ein Sünder, der sich »vor dem Kreuze erniedrigte«, zit. nach Robert Lifton, *The Nazi Doctors. Medical Killing and the Psychology of Genocide*, a. a. O., S. 486.

# LITERATURVERZEICHNIS

*bearbeitet von Barbara Heber-Schärer*

## Schriften von Friedrich Nietzsche


*Werke. Kritische Gesamtausgabe*, hrsg. von Giorgio Colli und Mazzino Montinari, Berlin und New York: de Gruyter 1967ff.

*Briefwechsel. Kritische Gesamtausgabe*, hrsg. von Giorgio Colli und Mazzino Montinari, Berlin und New York: de Gruyter 1975ff.

*Sämtliche Werke. Kritische Studienausgabe*, hrsg. v. G. Colli und M. Montinari (15 Bde.), München: dtv, Berlin und New York: de Gruyter 1980.

*Sämtliche Briefe. Kritische Studienausgabe* (8 Bde.), hrsg. von G. Colli und M. Montinari, München: dtv, Berlin und New York: de Gruyter 1986.

*Werke in drei Bänden*, hrsg. von Karl Schlechta, München: Hanser 1954-1956.

*Gesammelte Werke* (23 Bde.), hrsg. von R. und M. Öhler sowie F. Würzbach, München: Musarion 1920-1929.

*Historisch-kritische Gesamtausgabe*, hrsg. vom Nietzsche-Archiv (H. J. Mette u. a.) *Werke* Bd. I-V, *Briefe* Bd. I-IV, München: C.H. Beck 1933-1942.

*Nietzsches Werke* (4 Bde.), hrsg. von Walther Linden [Goldene Klassiker Bibliothek], Berlin und Leipzig: Deutsches Verlagshaus Bong 1933.

»Vom Kriege«, in: *Insel-Almanach* (Kriegsalmanach 1915), Leipzig: Insel 1915.

*Judentum/Christentum/Deutschtum* [Auswahl aus Nietzsches Schriften], hrsg. von Paul Bergenhahn, Berlin: Paul Stegemann 1936.

*Rasse, Ehe, Zucht und Züchtung bei Nietzsche und heute* [Auswahl aus Nietzsches Schriften], hrsg. von Hans Endres, Heidelberg: Carl Winter 1938


## Weitere Literatur


Adam, Margarete, »Unwertiges Leben und seine Überwindung bei Nietzsche«, in: *Monistische Monatshefte* 14 (Juni 1929), S. 140-145.

Adler, Max, »Arbeiterbriefe über Nietzsche«, in: *Wissen und Leben* 14 (1921), S. 430-433.

Adorno, Theodor W., [Brief aus New York vom 10. November 1938], in: *Walter Benjamin. Briefe*, hrsg. v. Gershom Scholem und Theodor W. Adorno, Bd. 2, Frankfurt/M.: Suhrkamp 1966, S. 787f.

–, »Erpreßte Versöhnung«, in: *Noten zur Literatur* II, Frankfurt/M.: Suhrkamp 1961.

–, »Spengler nach dem Untergang«, in: *Prismen. Kulturkritik und Gesellschaft*, Frankfurt/M.: Suhrkamp 1955.

–, [Rezension der Wagner-Biographie von Franz Neumann], in: *Kenyon Review* 9, Nr. 1 (Winter 1947).

–, *Minima Moralia. Reflexionen aus dem beschädigten Leben*, in: *Gesammelte Schriften*, Bd. 4, Frankfurt/M.: Suhrkamp 1980.

Albert, Johannes, »Nietzsche und Hitler. Zur Ideologie des Nationalsozialismus«, in: *Sozialistische Bildung. Monatsschrift des Reichsausschusses für sozialistische Bildungsarbeit* Nr. 12 (Dezember 1930).

Algermissen, Konrad, *Nietzsche und das dritte Reich*, Celle: Joseph Giesel 1946.

Allen, Roy F., *Literary Life in German Expressionism and the Berlin Circles*, Göppingen: A. Kümmerle 1974.

Allison, David B. (ed.), *The New Nietzsche. Contemporary Styles of Interpretation*, Cambridge, Mass.: MIT Press 1985.

*Amtsblatt des Bischöflichen Ordinariats Berlin*, [Amtliche Beilage: Grundfragen der Lebensauffassung und Lebensgestaltung: Fünfter Teil der »Studien zum Mythus des XX. Jahrhunderts«] (Bischöfliches Ordinariat Berlin, o.J.).

Anderson, Lorin, »Freud, Nietzsche«, in: *Salmagundi* 47-48 (Winter-Spring 1980).

d'Annunzio, Gabriele, *In Memoriam Friedrich Nietzsche*, Leipzig: Insel 1906.

Anonym [Karl Kraus], [Nachruf auf Friedrich Nietzsche. Ohne Titel], in: *Die Fackel*, 2, 51 (Ende August 1900).

Anonym [Karl Kraus], »Ein Bild des Grauens«, in: *Die Fackel* 15. Jg., Nr. 391/392 (21. Januar 1914).

Anonym, [ohne Titel], in: *Berliner Tageblatt* (25. Juli 1906).

Anonym, »›Gegen Krämerseelen, wie Engländer und andere Demokraten!‹. Nietzsche, der Philosoph des Soldatentums«, in: *Der deutsche Erzieher* Nr. 3 (1940), S. 68-70.

Anonym, »A philosopher who was a non-person in the worker and peasant state«, in: *The German Tribune* Nr. 1436 (23. September 1990), S. 10.

Anonym, »Das Nietzsche-Archiv und seine Anklagen gegen den bisherigen Herausgeber. Eine Enthüllung«, in: *Das Magazin für Litteratur* 69, Nr. 6 (10. Februar 1900), S. 145-158.

Anonym, »Frau Elisabeth Förster-Nietzsche und ihr Ritter von komischer Gestalt«, in: *Die Gesellschaft* 16 (Mai 1900), S. 197-212.

Anonym, »Friedrich Nietzsche als Wegbereiter völkischer und judenfeindlicher Strömungen?«, in: *Bayerische israelitische Gemeindezeitung* 7, Nr. 1 (1. Januar 1931), S. 1f.

Anonym, »Friedrich Nietzsche und die Moderne«, in: *Deutsche Zeitung* Nr. 10294 (28. August 1900).

Anonym, »Friedrich Nietzsche und die Zukunft Deutschlands«, in: *Deutsches Adelsblatt* 20 (1902), S. 38-41.

Anonym, »Meinungen zu einem Streit«, in: *Sinn und Form* 40, Nr. 1 (1988), S. 179-220.

Anonym, »Moderne Sophistik. Ein Wort über den Nietzsche-Kultus«, in: *Allgemeine Evangelisch-Lutherische Kirchenzeitung* 30 (1897).

Anonym, »Neues von Friedrich Nietzsche«, in: *Die Zukunft* (1. April 1893), S. 39f.

Anonym, »Nietzsche in Weimar. Gedenkstätte wiedereröffnet«, in: *Frankfurter Allgemeine Zeitung* (21. Mai 1991).

Anonym, »Nietzsche und das Judenthum«, in: *Dr. Adolf Bruells Populär-wissenschaftliche Monatsblätter* 21, Nr. 3, (1. März 1901), S. 49-52.

Anonym, »Nietzsche und der Antisemitismus«, in: *Allgemeine Zeitung des Judentums* 82 (1918), S. 89f.

Anonym, »Nietzsche und der Antisemitismus«, in: *Mitteilungen des Vereins zur Abwehr des Antisemitismus* Nr. 14 (1904).

Anonym, »Nietzsche, ein Opfer des Antisemitismus«, in: *Mitteilungen des Vereins zur Abwehr des Antisemitismus* Nr. 15 (1901).

Anonym, »Rosch Haschana, 5696«, in: *Centralvereins-Zeitung* 14 (28. September 1935).

Anonym, »Soldat und Bürger«, in: *Das schwarze Korps* (4. April 1935).

Anonym, »Teutonismus«, in: *The Athenaeum*, 10. Oktober 1914.

Anonym, »Zarathustras Übergang. Ein Verbrechen der Geheimtcheka an Nietzsche?«, in: *Ludendorffs Volkswarte* 3, Nr. 24 (1931).

Antes, Peter/Pahnke, Donate (Hrsg.), *Die Religion von Oberschichten: Religion, Profession, Intellektualismus*, Marburg: Diagonal 1989.

Apollonio, Umbro (Hrsg.), *Der Futurismus. Manifeste und Dokumente einer künstlerischen Revolution 1909-1918*, Köln: DuMont Schauberg 1972; engl.: *Futurist Manifestos*, London: Thames and Hudson 1973.

Archer, William, *Fighting a Philosophy*, Oxford: Oxford University Press 1914-1915.

Arnold, Eberhard, »Nietzsches Ringen um Gott«, in: *Der Geisteskampf der Gegenwart. Monatsschrift für christliche Bildung und Weltanschauung* 52, Nr. 10 (1916), S. 380.

Aschheim, Steven E., »History, Politics and National Memory. The German *Historikerstreit*«, in: *Survey of Jewish Affairs* (1988).
–, »›The Jew Within‹. The Myth of ›Judaization‹ in Germany«, in: Jehuda Reinharz and Walter Schatzberg (eds.), *The Jewish Response to German Culture*, New Hampshire: University Press of New England 1985, S. 212-241.
–, »Nazism, Normalcy and the German *Sonderweg*«, in: *Studies in Contemporary Jewry* 4 (1988).
–, *Brothers and Strangers. The East European Jew in German and German-Jewish Consciousness 1800-1923*, Madison: University of Wisconsin Press 1982.
Augier, Marc, *Götterdämmerung. Wende und Ende einer großen Zeit*, Buenos Aires: Editorial Prometheus 1950.
Augustin, Günther, [Rezension von Hans Eggert Schröder: *Nietzsche und das Christentum*], in: *Deutscher Glaube* 5 (1938).

Barkan, Regina, »Nietzsche der Imperialist«, in: *Sozialistische Monatshefte* 30 (1924).
Barker, Ernst, *Nietzsche and Treitschke. The Worship of Power in Modern Germany*, Oxford: Oxford University Press 1914.
Bartels, Adolf, »Friedrich Nietzsche und das Deutschtum«, in: *Deutsche Monatsschrift für das gesamte Leben der Gegenwart* 2 (April-September 1902), S. 81f.
–, *Die deutsche Dichtung der Gegenwart. Die Alten und die Jungen*, Leipzig: Eduard Avenarius 1897.
–, *Geschichte der deutschen Litteratur*, Bd. 2: *Das neunzehnte Jahrhundert*, Leipzig: Eduard Avenarius 1902.
Barthel, Ernst, *Nietzsche als Verführer*, Baden-Baden: Hans Bühler Junior 1947.
Bataille, Georges, »La ›vieille taupe‹ et le préfixe *sur* dans les mots *surhomme* et *surréaliste*«, in: *Oeuvres complètes*, Bd. II: *Écrits posthumes* 1922-1940, Paris: Gallimard 1970, S. 93-109.
–, »La folie de Nietzsche«, »Nietzsche et les fascistes« und »Propositions«, in: *Oeuvres complètes*, Bd. I: *Premiers Écrits* 1922-1940, a.a.O., S. 545-549, S.447-465 und S. 467-473.
–, »Sur Nietzsche. Volonté de chance«, in: *Oeuvres complètes*, Bd. VI: *La somme athéologique 2, Sur Nietzsche, Mémorandum*, Paris: Gallimard 1973, S. 11-205.
Bathrick, David/Breines, Paul, »Marx und/oder Nietzsche. Anmerkungen zur Krise des Marxismus«, in: R. Grimm und J. Hermand (Hrsg.), *Karl Marx und Friedrich Nietzsche*, Königstein i.Ts.: Athenäum 1978, S. 127-129.
Baumeister, A., »Friedrich Nietzsche, ein gefährlicher Verführer der heranwachsenden Jugend«, in: *Lehrproben und Lehrgänge* 1 (1902).
Bäumler, Alfred, »Bachofen und Nietzsche«, in: *Studien zur deutschen Geistesgeschichte*, Berlin: Junker und Dünnhaupt 1937.
–, *Nietzsche, der Philosoph und Politiker*, Leipzig: P. Reclam jun. 1931.
–, *Studien zur deutschen Geistesgeschichte*, Berlin: Junker und Dünnhaupt 1937.
Beck, F., »Nietzsches Philosophie unter nationalsozialistischer Blickrichtung«, in: *Der deutsche Erzieher* (1942).
Beckenhaupt, Diana, »Nietzsches Sehnsucht nach einem neuen Menschheitsführer«, in: *Die Drei* 10 (1930), S. 352-370 und 430-445.
–, *Nietzsche und das gegenwärtige Geistesleben*, Straßburg: Heitz & Cie.1931.
Becker, Hans Joachim, *Die frühe Nietzsche-Rezeption in Japan (1893-1903): Ein Beitrag zur Individualismusproblematik im Modernisierungsprozeß*, Wiesbaden: Otto Harassowitz 1983.
Becker, Wilhelm Carl, *Der Nietzschekultus: Ein Kapitel aus der Geschichte der Verirrungen des menschlichen Geistes*, Leipzig: Richard Lipinski 1908.
Behler, Ernst, »Nietzsche in der marxistischen Kritik Osteuropas«, in: *Nietzsche-Studien* 10/11 (1981/1982).
–, »Nietzsche jenseits der Dekonstruktion«, in: Josef Simon (Hrsg.), *Nietzsche und die philosophische Tradition*, Würzburg: Königshausen und Neumann 1985, S. 88-107.
–, »Zur frühen sozialistischen Rezeption Nietzsches in Deutschland«, in: *Nietzsche-Studien* 13 (1984), S. 503-520.

Bein, Alexander, »›The Jewish Parasite‹« in: *Leo Baeck Institute Yearbook* 10 (1964); dt.: »›Der jüdische Parasit‹. Bemerkungen zur Semantik der Judenfrage«, in: *Vierteljahreshefte für Zeitgeschichte* Jg. 13, H. 2 (1965), S. 121-149.

Beitzke, Dietrich, [Rezension von Hans Endres: *Rasse, Ehe, Zucht und Züchtung bei Nietzsche und heute*], in: *Deutscher Glaube* 4 (1939).

Benjamin, Walter, »Nietzsche und das Archiv seiner Schwester«, in: *Gesammelte Schriften*, Bd. 3, hrsg. v. Hella Tiedemann-Bartels, Frankfurt/M.: Suhrkamp 1972, S. 323-326.

Benn, Gottfried, »Akademie-Rede«, in: *Gesammelte Werke*, hrsg. v. Dieter Wellershoff, Bd. 4, *Reden und Vorträge*, München: dtv 1975, S. 995-1003.

–, »Antwort an die literarischen Emigranten«, in: *Gesammelte Werke*, hrsg. v. Dieter Wellershoff, Bd. 4: *Autobiographische und vermischte Schriften*, Wiesbaden und München: Limes 1977.

–, »Der neue Staat und die Intellektuellen«, in: *Gesammelte Werke*, hrsg. v. Dieter Wellershoff, Bd. 4, *Reden und Vorträge*, München: dtv 1975, S. 1004-1013.

–, »Ithaka«, in: *Gesammelte Werke*, hrsg. v. Dieter Wellershoff, Bd. 6, *Stücke aus dem Nachlaß. Szenen*, München: dtv 1975

–, »Nietzsche nach fünfzig Jahren«, in: *Gesammelte Werke*, hrsg. v. Dieter Wellershoff, Bd. 4, *Reden und Vorträge*, München: dtv 1975.

Benoist, Alain de, *Nietzsche. Morale et grande politique*, Paris 1973.

Bentley, Eric, *The Cult of the Superman*, Gloucester, Mass.: Peter Smith 1969.

Berdichevsky, Micha Josef, »In Two Directions«, »On Sanctity«, »The Question of Culture«, »The Question of Our Past«, in: Arthur Hertzberg, *The Zionist Idea. A Historical Analysis and Reader*, New York: Atheneum 1975.

–, *Collected Essays* [in hebräischer Sprache], Tel Aviv: Dvir 1960.

Berdyaev, Nicolas, *The Fate of Man in the Modern World*, New York und Milwaukee: Morehouse Publishing Co. 1935.

Berg, Alban, *Briefe an seine Frau*, München und Wien: Langen-Müller 1965.

Berg, Leo, »Friedrich Nietzsche über das Judentum«, in: *Allgemeine Zeitung des Judentums* 56 (1892), S. 282-284.

–, *Der Übermensch in der modernen Literatur*, Paris, Leipzig und München: Albert Langen 1897.

Bergfleth, Gerd, *Zur Kritik der palavernden Aufklärung*, München: Matthes & Seitz 1984.

Bergmann, Ernst, *Die 25 Thesen der Deutschreligion. Ein Katechismus*, Breslau: F. Hirt 1934.

Berl, Heinrich, »Nietzsche und das Judentum«, in: *Menorah* 10 (1932), S. 59-69.

Bernhardi, Friedrich von, *Deutschland und der nächste Krieg*, 6., veränderte Aufl., Stuttgart und Berlin: Cotta 1913.

Bernhart, Joseph, »Meister Eckhart und Nietzsche«, in: *Blätter für deutsche Philosophie* 3, Nr. 4 (1930).

Bernstein, [Rezension von W. Weigands *Friedrich Nietzsche*], in: *Die neue Zeit* 11 (1892-1893).

Bertram, Ernst, »Nietzsche und die Berge«, in: *Deutsche Alpenzeitung* 11 (1911-1912), S. 279-282.

–, *Nietzsche. Versuch einer Mythologie*, Berlin: Bondi 1918.

Best, Werner, »Der Krieg und das Recht«, in: Ernst Jünger (Hrsg.), *Krieg und Krieger*, Berlin: Junker und Dünnhaupt 1930, S. 135-161.

Biale, David, *Gershom Scholem. Kabbalah and Counter-History*, Cambridge: Harvard University Press 1979.

Bianquis, Geneviève, *Nietzsche en France*, Paris: F. Alcan 1929.

Biedenkapp, Georg, *Friedrich Nietzsche und Friedrich Naumann als Politiker*, Göttingen: Fritz Wunder 1901.

Blackbourn, David/Eley, Geoff, *The Peculiarities of German History. Bourgeois Society and Politics in Nineteenth Century Germany*, Oxford: Oxford University Press 1984.

Bloch, Ernst, »Über das Problem Nietzsches«, in: *Gesamtausgabe*, Bd. 4: *Erbschaft dieser Zeit* (Erweiterte Ausgabe), Frankfurt/M.: Suhrkamp 1962, S. 358-366.

–, »Der Impuls Nietzsche«, in: *Durch die Wüste. Frühe kritische Aufsätze*, Frankfurt/M.: Suhrkamp 1964, S. 105-109.

–, »Romantik des Diluvium«, in: ders., *Erbschaft dieser Zeit*, Zürich: Oprecht und Helbling 1935; wieder abgedruckt in: *Gesamtausgabe*, Bd. 4: *Erbschaft dieser Zeit* (Erweiterte Ausgabe), Frankfurt/M.: Suhrkamp 1962, S. 334-343.

–, »Über Wurzeln des Nazismus«, in: *Gesamtausgabe*, Bd. 11: *Politische Messungen, Pestzeit, Vormärz*, Frankfurt/M.: Suhrkamp 1970.

Bonus, Arthur, »Der neue Geist«, in: *Die christliche Welt* 13 (1899).

–, [Artikelserie über die Germanisierung des Christentums], in: *Die christliche Welt. Evangelisches Gemeindeblatt für Gebildete aller Stände* 13 (1899).

–, *Religion als Wille. Grundlegendes zur neuen Frömmigkeit*, Jena: Eugen Diederichs 1915.

–, *Zur Germanisierung des Christentums*, Jena: Eugen Diederichs 1911.

Bracher, Karl Dietrich, *Zeit der Ideologien. Eine Geschichte des politischen Denkens im 20. Jahrhundert*, Stuttgart: Deutsche Verlagsanstalt 1982.

Brahn, Max, *Friedrich Nietzsches Meinungen über Staaten und Kriege*, Leipzig: A. Kröner 1915.

Brandes, Georg, »Aristokratischer Radikalismus: Eine Abhandlung über Friedrich Nietzsche«, in: *Deutsche Rundschau* 63, No. 7 (April 1890), S. 52-89.

Braun, Lily, [Brief an Otto Braun am 17. Januar 1916], in: Alfred G.Meyer, *The Feminism and Socialism of Lily Braun*, Bloomington: Indiana University Press 1985, S. 178.

–, »Abseits vom Wege«, in: *Die neue Gesellschaft* 4, Nr. 4 (1906).

–, »›Bürgerliches‹ und ›proletarisches‹ Erziehungsprinzip«, in: *Die neue Gesellschaft* 3, Nr. 8 (1906).

–, *Die Frauen und der Krieg*, Leipzig: Hirzel 1915.

–, *Memoiren einer Sozialistin*, 2 Bde., München: Albert Langen 1911.

Braun, Otto, »Warum sollte es Götter geben?«, in: *Der Anfang* 12 (Mai 1909).

Breysig, Kurt, »Gedenkrede an Friedrich Nietzsches Bahre«, in: *Die Zukunft* 32 (8. September 1900).

Bridgwater, Patrick, »German Poetry and the First World War«, in: *European Studies Review* 1, Nr. 2 (April 1971).

–, *Nietzsche in Anglo Saxony. A Study of Nietzsche's Impact on English and American Literature*, Leicester: Leicester University Press 1972.

Brinker, Menachem, »Nietzsche's Impact on Hebrew Writers of the Russian Empire«, in: Bernice Glatzer Rosenthal (ed.), *Nietzsche in Russia*, Princeton, N.J.: Princeton University Press 1986.

Brinton, Crane, *Nietzsche*, New York: Harper and Row [1941] 1965.

Brodnitz, Käthe, »Die futuristische Geistesrichtung in Deutschland 1914«, in: Paul Raabe (Hrsg.), *Expressionismus. Der Kampf um eine literarische Bewegung*, Zürich: Arche 1987.

Bronner, Stephen Eric/Kellner, Douglas (eds.), *Passion and Rebellion. The Expressionist Heritage*, New York: J.F. Bergin 1983.

Brügel, Fritz, »Nietzsche und der Fascismus«, in: *Der Kampf. Sozialdemokratische Monatsschrift* 21 (1928), S. 610-615.

Buber, Martin, »Autobiographische Momente«, in: Maurice Friedman und Paul Arthur Schilpp (Hrsg.): *Philosophen des 20. Jahrhunderts: Martin Buber*, Stuttgart: Kohlhammer 1963, S. 1-34.

–, »Die Schaffenden, das Volk und die Bewegung« und »Jüdische Renaissance«, in: ders., *Die jüdische Bewegung. Gesammelte Aufsätze und Ansprachen*, Bd. 1 (1910-1915), Berlin: Jüdischer Verlag 1916.

–, »Ein Wort über Nietzsche und die Lebenswerte«, in: *Die Kunst im Leben* (Dezember 1900).

Buchheim, Hans, *Glaubenskrise im Dritten Reich. Drei Kapitel nationalsozialistischer Religionspolitik*, Stuttgart: Deutsche Verlagsanstalt 1953.

Budde, Gerhard, »Nietzsche und die höhere Schule«, in: *Monatsschrift für höhere Schulen* 37 (1938).

Buddensieg, Tilmann, »Das Wohnhaus als Kultbau: Zum Darmstädter Haus von Behrens«, in: Peter-Klaus Schuster (Hrsg.), *Peter Behrens und Nürnberg*, München: Prestel 1980.

Bund, Hugo, *Nietzsche als Prophet des Sozialismus*, Breslau: Trewendt und Grenier 1919.
Buruma, Ian, »There's no Place Like Heimat«, in: *The New York Review of Books* (20. Dezember 1990), S. 34-43.
Butler, Rohan D., *The Roots of National Socialism, 1783-1933*, New York: Howard Fertig 1968.

Cancik, Hubert A., »Der Nietzsche-Kult in Weimar (II)«, in: Peter Antes und Donate Pahnke (Hrsg.), *Die Religion von Oberschichten: Religion, Profession, Intellektualismus*, Marburg: Diagonal 1989.
Catel, Werner, *Leben im Widerstreit. Bekenntnisse eines Arztes*, Nürnberg: Glock und Lutz 1974.
Chamberlain, J. Edward/Gilman, Sander L. (eds.), *Degeneration: The Dark Side of Progress*, New York: Columbia University Press 1985.
Cohen, Robert A., »Rosenzweig vs. Nietzsche«, in: *Nietzsche-Studien* 19 (1990), S. 346-366.
Conrad, Michael Georg, »Zarathustra«, in: *Die Zukunft* (18. März 1898).
–, *Der Übermensch in der Politik: Betrachtungen über die Reichszustände am Ende des Jahrhunderts*, Stuttgart: Robert Lutz 1895
Conway, Daniel W., »Nietzsche contra Nietzsche. The Deconstruction of *Zarathustra*«, in: Clayton Koelb (ed.), *Nietzsche as Postmodernist. Essays Pro and Contra*, Albany: State University of New York Press 1990.

Dal Co, Francesco/Tafuri, Manfredo, *Architektur der Gegenwart*, Stuttgart: Belser 1977.
Demetz, Peter (Hrsg.), *Worte in Freiheit. Der italienische Futurismus und die deutsche literarische Avantgarde (1912-1934)*, München und Zürich: Piper 1990.
Derleth, Ludwig, *Die Proklamationen*, Leipzig: Insel 1904
Derrida, Jacques, »Nietzsches Otobiographie oder Politik des Eigennamens (Die Lehre Nietzsches)«, in: *Fugen. Deutsch-französisches Jahrbuch für Textanalytik*, Nr. 1 (1980), S. 54-98.
Deubel, Werner, »Gräkogermanisch-Gräkojudaisch: Bemerkungen über die Herkunft des neuen Menschenbildes«, in: *Völkische Kultur* 2 (1934), S. 440-443.
Diederichs, Eugen, »Das Kommen des Dritten Reiches« und »Entwicklungsphasen der freideutschen Jugend«, in: *Die Tat* 10 (1918-1919).
–, »Sils Maria und Friedrich Nietzsche«, in: *Berliner Tageblatt* (8. August 1906).
–, [Festschrift für...], *Eugen Diederichs. Sein Leben und sein Werk*, Leipzig: Eugen Diederichs 1927.
Dierick, Augustinus Petrus, *German Expressionist Prose. Theory and Practice*, Toronto: University of Toronto Press 1987.
Dietrich, Albert, »Marx' und Nietzsches Bedeutung für die deutsche Philosophie der Gegenwart«, in: *Die Dioskuren* 1 (1922).
Dohm, Hedwig, »Nietzsche und die Frauen«, in: *Die Zukunft* 25 (24. Dezember 1898), S. 534-543.
–, *Wie Frauen werden - Werde, die du bist*, Breslau: Schles. Buchdruck-, Kunst- und Verlagsanstalt 1894.
Donndorf, Hans, »Friedrich Nietzsche und die deutsche Schule der Gegenwart«, in: *Deutsches Philologen-Blatt* 43 (1935).
Drews, Arthur, »Nietzsche als Philosoph des Nationalsozialismus?«, in: *Nordische Stimmen* 4 (1934).
Driesmans, H., »Friedrich Nietzsche und die Religion«, in: *Ernstes Wollen* 6, Nr. 113 (1. August 1904).
Dryoff, Adolf, *Was bedeutet »Kulturvolk«? Nietzsche und der deutsche Geist*, Bonn: Peter Hanstein 1915.
Duncan, Isadora, *Der Tanz der Zukunft. Eine Vorlesung*, hrsg. v. Karl Federn, Leipzig: Eugen Diederichs 1903.
–, *Isadora Speaks*, ed. by Franklin Rosemont, San Francisco: City Light Books 1983.
–, *My Life*, New York: Liveright 1942; dt.: *Memoiren*, Wien: Amalthea 1928.

Düringer, Adelbert, »Der Nietzschekultus«, in: *Beweis des Glaubens im Geistesleben der Gegenwart* 5 (1908), S. 238-242.
–, *Nietzsches Philosophie und das heutige Christentum*, Leipzig: von Velt 1907.
Duwe, Georg, »Nietzsche der deutsche Denker. Eine Antwort an Prof. D. E. Pfennigsdorf, Bonn«, in: *Deutscher Glaube* 4 (1937).

Eagleton, Terry, »Capitalism, Modernism, and Postmodernism«, in: ders., *Against the Grain. Selected Essays*, London: Verso 1986.
–, *Benjamin. Towards a Revolutionary Criticism*, London: Verso 1985.
Eckstein, Walter, »Friedrich Nietzsche in the Judgement of Posterity«, in: *Journal of the History of Ideas* 6 (1945), S. 304-306.
Eden, Robert, »Max Weber und Friedrich Nietzsche oder: Haben sich die Sozialwissenschaften wirklich vom Historismus befreit?«, in: Wolfgang J. Mommsen und Wolfgang Schwentker (Hrsg.): *Max Weber und seine Zeitgenossen*, Göttingen und Zürich: Vandenhoeck & Ruprecht 1988, S. 557-579.
Eisen, Arnold M., »Nietzsche and the Jews Reconsidered«, in: *Jewish Social Studies* 48, Nr. 1 (Winter 1986).
Eisner, Kurt, »Friedrich Nietzsche und die Apostel der Zukunft. Beiträge zur modernen Psychopathia Spiritualis«, in: *Die Gesellschaft. Monatsschrift für Litteratur, Kunst und Sozialpolitik* 7 (November/Dezember 1891), S. 1505-1536, 1600-1664; gesondert publiziert unter demselben Titel, Leipzig: Wilhelm Friedrich 1892.
Eley, Geoff, »The German Right, 1860-1945. How It Changed«, in: ders., *From Unification to Nazism. Reinterpreting the German Past*, Boston: Allen and Unwin 1986.
Ellenberger, Henri Frédéric, *The Discovery of the Unconscious. The History and Evolution of Dynamic Psychiatry*, New York: Basic Books 1970; dt.: *Die Entdeckung des Unbewussten. Geschichte und Entwicklung der dynamischen Psychiatrie von den Anfängen bis zu Janet, Freud, Adler und Jung*, Bern, Stuttgart, Wien: Huber 1973.
Emge, C.A., »Nietzsche als Sündenbock«, in: *Berliner Hefte* Nr. 1 (1947).
Endres, Hans, »Aussprache. Der Erlösungsgedanke bei Nietzsche«, in: *Deutscher Glaube* 5 (1938).
Erdmann, »Vom Monopol auf Nietzsche«, in: *Der Kunstwart* 20 (Juni 1907).
Ernst, Paul, »Friedrich Nietzsche. Seine historische Stellung, seine Philosophie«, in: *Freie Bühne*, 1, Nr. 18 und 19 (4. Juni, 11. Juni 1890).
–, *Friedrich Nietzsche*, 2. Aufl., Berlin: Gose und Tetzlaff 1904.
Eva, »Nietzsche und die Frauen«, in: *Wiener Sonn- und Montags-Zeitung*, 40. Jg., Nr. 37 (15. September 1902), S. 2f.
Evans, Richard J., *The Feminist Movement in Germany 1894-1933*, London und Beverly Hills: Sage 1976.
Ewald, Oskar, »Nietzsche und die Frauen (Die Peitsche Zarathustras)«, in: *Wage* Nr. 50, 6. Jg. (1903), S. 1324-1328.

Falkenberg, Hans-Joachim, »Nietzsche und die politische Wissenschaft«, in: *Volk im Werden* 2 (1934), S. 455-469.
Falkenfeld, Max, *Marx und Nietzsche*, Leipzig: Wilhelm Friedrich 1899.
Faust, August, *Philosophie des Krieges. Schriftenreihe zur weltanschaulichen Schulungsarbeit der NSDAP* Nr. 17, München: Zentralverlag der NSDAP 1942, S. 39-43.
Federn, Karl, Einleitung zu Isadora Duncan: *Der Tanz der Zukunft. Eine Vorlesung*, Leipzig: Eugen Diederichs 1903.
Ferrari Zumbini, Massimo, »Untergänge und Morgenröten: Über Spengler und Nietzsche«, in: *Nietzsche-Studien* 5 (1976).
Fischer, Hugo, *Nietzsche Apostata oder die Philosophie des Ärgernisses*, Erfurt: Kurt Stenger 1931.
Fischer, Kurt Rudolf, »Nazism as a Nietzschean Experiment«, in: *Nietzsche-Studien* 6 (1977).

Flake, Otto, »Friedrich Nietzsche«, in: ders., *Die Deutschen. Aufsätze zur Literatur und Zeitgeschichte*, Hamburg: Rütten & Loening 1963, S. 56-70.
Fleischmann, Eugene, »De Weber à Nietzsche«, in: *Archives Européennes de Sociologie* 5 (1964), S. 190ff..
Förster, Georg, *Machtwille und Maschinenwelt. Deutung unserer Zeit*, Potsdam: Alfred Protte 1930.
Förster-Nietzsche, Elisabeth, »Der ›echt-preußische‹ Friedrich Nietzsche«, in: *Berliner Tageblatt* (16. September 1914).
–, »Nietzsche im Kriege 1870«, in: *Der Neue Merkur* 1 (1914).
–, »Nietzsche und der Krieg«, in: *Tag* 212 (10. September 1914).
–, »Nietzsche und Deutschland«, in: *Berliner Tageblatt* 44, Nr. 453 (5. September 1915).
–, »Nietzsche, Frankreich und England«, in: *Neue Freie Presse* (11. Juni 1916).
–, *Das Leben Friedrich Nietzsche's*, 2 Bde., Leipzig: C.G. Naumann 1904.
– (Hrsg.), [Reden bei der Totenfeier im Nietzsche- Archiv und bei der Beerdigung in Röcken], *Zur Erinnerung an Friedrich Nietzsche*, Leipzig: Druck und C.G. Naumann 1900.
Freud, Sigmund und Arnold Zweig: *Briefwechsel*, hrsg. v. Ernst L. Freud, Frankfurt/M.: S. Fischer 1968.
– und C.G. Jung, *Briefwechsel*, Frankfurt/M.: S. Fischer 1974.
Frey, Thomas [= Theodor Fritsch], »Der Antisemitismus im Spiegel eines ›Zukunfts-Philosophen‹«, in: *Antisemitische Korrespondenz* Nr. 19 (Dezember 1887).
Freyer, Hans, *Antäus. Grundlegung einer Ethik des bewußten Lebens*, Jena: Eugen Diederichs 1918.
–, Nachwort zu Friedrich Nietzsche, *Vom Nutzen und Nachteil der Historie für das Leben*, Leipzig: Insel 1937, S. 85-95.
–, *Prometheus. Ideen zur Philosophie der Kultur*, Jena: Eugen Diederichs 1923.
–, *Revolution von rechts*, Jena: Eugen Diederichs 1931.
Fricke, Franz, »Zur Rolle der revisionistischen Zeitschrift ›Die neue Gesellschaft‹ in der deutschen Arbeiterbewegung, 1905-1907«, in: *Beiträge zur Geschichte der deutschen Arbeiterbewegung* 17 (1975).
Friedländer, Saul, *Kitsch und Tod. Der Widerschein des Nazismus*, München und Wien: Hanser 1984.
Friedman, George, *The Political Philosophy of the Frankfurt School*, Ithaca, N.Y. and London: Cornell University Press 1981.
Friedrich, Paul, *Das Dritte Reich: Die Tragödie des Individualismus*, Leipzig: Xenien 1910.
Fritsch, Theodor, »Nietzsche und die Jugend«, in: *Hammer. Blätter für deutschen Sinn*, 10, Nr. 29 (März 1911), S. 113ff.
Frobenius, Else, *Mit uns zieht die neue Zeit. Eine Geschichte der deutschen Jugendbewegung*, Berlin: Deutsche Buchgemeinschaft 1929.

Gallwitz, Hans, »Friedrich Nietzsche als Erzieher zum Christentum«, in: *Preußische Jahrbücher* 83/84 (1896), S. 324-347.
Gawronsky, Dimitry, *Friedrich Nietzsche und das Dritte Reich*, Bern: Herbert Lang 1935.
Gay, Peter, »Encounter with Modernism«, in: ders., *Freud, Jews and Other Germans*, New York: Oxford University Press 1978; dt.: »Begegnung mit der Moderne. Die deutschen Juden in der wilhelminischen Kultur«, in: ders., *Freud, Juden und andere Deutsche*, Hamburg: Hoffmann & Campe 1986.
George, Stefan, »Der Krieg«, in: *Das Neue Reich. Gesamtausgabe der Werke*, endgültige Fassung, Berlin: Georg Bondi o.J. [1928], S. 27-34.
–, »Nietzsche«, in: Blätter für die Kunst, Fünfte Folge (Mai 1901); wieder abgedruckt in: *Der siebente Ring*, Berlin: Georg Bondi 1922.
–, *Der Stern des Bundes*, in: *Sämtliche Werke*, Bd. 8, Stuttgart: Klett-Cotta 1993.
–/Gundolf, Friedrich, *Stefan George - Friedrich Gundolf. Briefwechsel*, hrsg. v. Robert Boehringer und Georg Peter Landmann, München und Düsseldorf: Küpper 1962.

Geyger, Ernst Moritz, »Der Riese: Friedrich Nietzsche.«, in: *Pan* 1, Nr. 2 (1895)
Gilman, Sander L., »The Nietzsche Murder Case: or, What Makes Dangerous Philosophies Dangerous«, in: Sander L. Gilman (ed.), *Difference and Pathology: Stereotypes of Sexuality, Race, and Madness*, Ithaca, N.Y.: Cornell University Press 1985.
Glatzer, Nahum N. (ed.), *Franz Rosenzweig. His Life and Thought*, New York: Schocken 1976.
–, Vorwort zu Franz Rosenzweig: *The Star of Redemption*, Boston: Beacon 1971.
Glatzer Rosenthal, Bernice (ed.), *Nietzsche in Russia*, Princeton, N.J.: Princeton University Press 1986.
–, »Current Soviet Thought on Nietzsche«, in: Sigrid Bauschinger u.a. (Hrsg.), *Nietzsche heute. Die Rezeption seines Werkes nach 1968*, Bern und Stuttgart: Francke 1988.
Glotz, Peter, »The New Right in the New Order«, in: *Liber* Nr. 1 (Februar 1990).
Glover, Jon/Silkin, Jon, *The Penguin Book of First World War Prose*, London: Viking 1989.
Gnade, Elisabeth, »Zu Friedrich Nietzsches 70. Geburtstage, 15. Oktober 1914«, in: *Tägliche Rundschau* 241 (14. Oktober 1914).
Goebel, Hans, *Nietzsche heute: Lebensfragen des deutschen Volkstums und der evangelischen Kirche*, Berlin: Kranz 1935.
Goldschmidt, K.W., »Nietzsches Stellung zum Judentum«, in: *Berliner Gemeindeblatt* (Februar 1931).
Golomb, Jacob, »Nietzsche und die marginalisierten Juden« [in hebräischer Sprache], in: *Jerusalem Studies in Jewish Thought* 4 (1985), S. 97-141.
–, »Nietzsche's Judaism of Power«, in: *Revue des études juives* 147 (juillet-décembre 1988).
Green, Martin, *Mountain of Truth. The Counterculture Begins: Ascona 1900-1920*, Hanover N.H. and London: University Press of New England 1986.
Grimm, Eduard, »Wie wurde Friedrich Nietzsche ein Feind des Christentums, und was können wir von ihm lernen?«, in: *Protestantische Monatshefte* 4, Nr. 7 (1900).
Grimm, R./Hermand, J. (Hrsg.), *Karl Marx und Friedrich Nietzsche*, Königstein i. Ts.: Athenäum 1978.
Gröper, Richard, »Nietzsche und der Krieg«, in: *Die Tat* 8 (1916-1917).
–, »Nietzsches Stellung zum Kriege«, in: *Nationalsozialistisches Bildungswesen* 7, Nr. 4 (April 1942).
Gross, Dr., »Die Propheten. Friedrich Nietzsche, Paul de Lagarde und Houston Stewart Chamberlain in ihrer Bedeutung für uns«, in: *Nationalsozialistische Monatshefte* 1 (1930), S. 29-33.
Gross, Otto, »Die Einwirkung der Allgemeinheit auf das Individuum«, in: Otto Gross, *Von geschlechtlicher Not zur sozialen Katastrophe*, hrsg. v. Kurt Kreiler, Frankfurt/M.: Robinson 1980.
–, »Zur Überwindung der kulturellen Krise«, in: *Die Aktion. Wochenschrift für Politik, Literatur und Kunst* 3 (6. Dezember 1913).
–, *Von geschlechtlicher Not zur sozialen Katastrophe*, hrsg. von Kurt Kreiler, Frankfurt/M.: Robinson 1980.
Grotthus, Jeannot Emil, »Das Christentum und Nietzsches Herrenmoral«, in: *Deutsches Adelsblatt* 15 (1897), S. 270-275.
Grupp, G., »Nietzsches Bedeutung für unsere Zeit«, in: *Historisch-politische Blätter für das katholische Deutschland* 122 (1898).
Gundolf, Ernst/Hildebrandt, Kurt, *Nietzsche als Richter unsrer Zeit*, Breslau: Ferdinand Hirt 1923.
Gundolf, Friedrich, »Wesen und Beziehung«, in: *Beiträge zur Literatur- und Geistesgeschichte* (1911).
–, *Dichter und Helden*, Heidelberg: Weiss'sche Universitätsbuchhandlung 1921.
Günther, Hans, »Der Fall Nietzsche«, in: *Unter dem Banner des Marxismus* 5/6 (1935).
–, *Der Herren eigner Geist. Ausgewählte Schriften*, Berlin und Weimar: Aufbau-Verlag 1981.
–, *Frömmigkeit nordischer Artung*, Jena: Eugen Diederichs 1937.

Günther, J., »Nietzsche und der Nationalsozialismus«, in: *Nationalsozialistische Monatshefte* 2, Nr. 21 (Dezember 1931), S. 560-563.
Gurlitt, Ludwig, »Friedrich Nietzsche als Erzieher«, in: *Das Freie Wort*, 14, Nr. 4 (Mai 1914).
–, »Friedrich Nietzsche als Philologe und Lehrer«, in: *Die Hilfe*, Nr. 22 (1914).

Ha-am, Ahad, »The Transvaluation of Values«, in: Leon Simon (ed.), *Selected Essays of Ahad Ha-am*, New York: Atheneum 1970, S. 217-241.
Habermas, Jürgen, »Conservative Politics, Work, Socialism and Utopia Today«, in: Peter Dews (ed.), *Autonomy and Solidarity. Interviews with Jürgen Habermas*, London: Verso 1986, S. 131-147.
–, »Zu Nietzsches Erkenntnistheorie«, in: Friedrich Nietzsche, *Erkenntnistheoretische Schriften*, Frankfurt/M. 1968. Neudruck in: Jürgen Habermas, *Kultur und Kritik. Verstreute Aufsätze*, Frankfurt/M.: Suhrkamp 1973, S. 239-263.
–, *Der philosophische Diskurs der Moderne. Zwölf Vorlesungen*, Frankfurt/M.: Suhrkamp 1985.
Hackett, Amy, »Helene Stöcker. Left-Wing Intellectual and Sex Reformer«, in: Renate Bridenthal et al. (eds.): *When Biology Became Destiny*, New York: Monthly Review Press 1984.
Haiser, Franz, *Der aristokratische Imperativ. Beiträge zu den neudeutschen Kulturbestrebungen*, Berlin-Steglitz: Politisch-anthropologischer Verlag 1913.
–, *Die Judenfrage vom Standpunkt der Herrenmoral: Rechtsvölkische und linksvölkische Weltanschauung*, Leipzig: T. Weicher 1926.
Hamburger, Michael, »Gottfried Benn«, in: ders., *A Proliferation of Prophets. Essays on German Writers from Nietzsche to Brecht*, Manchester: Carcanet Press 1983, S. 206-243.
–, *A Proliferation of Prophets. Essays on German Writers from Nietzsche to Brecht*, Manchester: Carcanet Press 1983
Hammacher, Emil, *Hauptfragen der modernen Kultur*, Leipzig und Berlin: B.G. Teubner 1914.
–, »Marx und Nietzsche«, in: *Kölnische Zeitung*, Nr. 58, Beilage (17. Januar 1909).
–, »Nietzsche und die soziale Frage«, in: *Archiv für Sozialwissenschaft und Sozialpolitik* 31 (1910).
Hammer, Walter, »Nietzsche im Hochgebirge«, in: *Davoser Blätter* 37, Nr. 34 (19. September 1908).
–, »Nietzsche und der Vegetarismus«, in: *Vegetarische Warte* 46, Nr. 7 (1913), S. 10-19.
–, »Nietzsche und sein Wille zur Gesundheit«, in: *Gesundes Leben. Medizinpolitische Rundschau* (1910), S. 121-125.
–, *Friedrich Nietzsche. Der Lebensreformer und seine Zukunftskultur*, 2. Aufl., Leipzig: Karl Lentze [1909] 1910.
–, *Nietzsche als Erzieher*, Leipzig: Hugo Vollrath 1914.
Harich, Wolfgang, »Revision des marxistischen Nietzschebildes?«, in: *Sinn und Form* 39, Nr. 5 (1987), S. 1018-1053.
Hart, Julius, »Der neue Mensch«, in: *Das Reich der Erfüllung* 2 (1901).
–, *Der neue Gott. Ein Ausblick auf das kommende Jahrhundert*, Florenz und Leipzig: Eugen Diederichs 1899.
Härtle, Heinrich, *Nietzsche und der Nationalsozialismus*, München: Zentralverlag der NSDAP, Frank Eher Nachf. 1937.
Hauer, Jakob, »Gefährlich leben. Zu Neujahr 1943«, in: *Deutscher Glaube* 10 (Januar 1943).
Hauer, Wilhelm, »Meine Begegnung mit Nietzsche«, in: *Deutscher Glaube* 2, Nr. 11 (1935).
Havenstein, Martin, *Friedrich Nietzsche, ein Jugendverderber?*, Leipzig: J. Zeitler 1906.
Hayman, Ronald, *Nietzsche. A Critical Life*, London: Quartet 1981.
Hearnshaw, F. J. C, *Germany the Aggressor Throughout the Ages*, New York: E.P. Dutton 1941.
Hecht, Marie, »Friedrich Nietzsches Einfluß auf die Frauen«, in: *Die Frau* 6, Nr. 8 (1898/1899), S. 486-491; Nachdruck in: Erich Ruprecht und Dieter Bänsch (Hrsg.): *Literarische Manifeste der Jahrhundertwende*, Stuttgart: J.B. Metzler 1970.
Heidegger, Martin, »Nietzsches Wort ›Gott ist tot‹«, in: *Gesamtausgabe*, I. Abt., Bd. 5: *Holzwege*, Frankfurt/M.: Vittorio Klostermann 1977, S. 209-267.

–, [Brief an Herbert Marcuse vom 20. Januar 1948], in: »Herbert Marcuse and Martin Heidegger. An Exchange of Letters«, in: *New German Critique*, Nr. 53 (Spring/Summer 1991) S. 28-32.
–, [Interview], in: *Der Spiegel*, 30, Nr. 23 (1966).
–, *Einführung in die Metaphysik*, in: *Gesamtausgabe*, I. Abt., Bd. 9, Frankfurt/M.: Vittorio Klostermann 1976.
–, *Nietzsche*, 2 Bde., Pfullingen: G. Neske 1961.
Heimann, Moritz, »Nietzsche und sein Volk«, in: ders., *Prosaische Schriften*, 3 Bde., Berlin: S. Fischer 1918, Bd. 1, S. 180-184.
Heinemann, Isaac, »Der Begriff des Übermenschen in der modernen Religionsgeschichte«, in: *Der Morgen* 1 (1925).
Hellpach, Willy [= Ernst Gystrow], »Etwas über Nietzsche und uns Sozialisten«, in: *Sozialistische Monatshefte* 4 (1900).
Henckell, Karl, *Deutsche Dichter seit Heinrich Heine*, Berlin: Bard-Marquardt 1906, S. 112-120.
Henke, Dieter, *Gott und die Grammatik. Nietzsches Kritik der Religion*, Pfullingen: Günther Neske 1981.
Hentschel, Willibald, »Irrende Spekulation oder wahre Geisteskultur?«, in: *Antisemitische Correspondenz* Nr. 45 (17. Februar 1889), S. 4ff.
–, *Vom aufsteigenden Leben [«Ziele der Rassen-Hygiene«]*, hrsg. v. Mittgard-Bund, 2. Aufl., Leipzig: Erich Mathes 1914.
Herf, Jeffrey, *Reactionary Modernism. Technology, Culture, and Politics in Weimar and the Third Reich*, Cambridge: Cambridge University Press 1984.
Hermann, F., »Weltanschauungen und Nietzsche«, in: *Der Türmer* 13, Nr. 2 (November 1910).
Herrle, Theo, *Die deutsche Jugendbewegung in ihren kulturellen Zusammenhängen*, Gotha und Stuttgart: Friedrich Andreas Perthes A.-G. 1924.
Hertzberg, Arthur, *The Zionist Idea. A Historical Analysis and Reader*, New York: Atheneum 1975.
Herzfelde, Wieland, »Die Ethik der Geisteskranken«, in: *Die Aktion* 4 (4. April 1914), S. 298-302.
Herzl, Theodor, *Briefe und Tagebücher. Zionistisches Tagebuch 1895-1899*, hrsg. v. A. Bein, H. Greive, M. Schaerf, J.H. Schoeps, Berlin, Frankfurt/M. und Wien: Propyläen 1983.
Hesse, Hermann, »Zarathustras Wiederkehr. Ein Wort an die deutsche Jugend. Von einem Deutschen.« [zunächst anonym], Bern: Stämpfli 1919, nachgedruckt in: Hermann Hesse, *Politik des Gewissens. Die politischen Schriften*, Bd. 1: 1914-1932, hrsg. v. Volker Michels, Frankfurt/M.: Suhrkamp 1981, S. 296-322.
Heym, Georg, *Der Dieb. Ein Novellenbuch*, Leipzig: E. Rowohlt 1913.
–, *Dichtungen und Schriften*, Bd. 3, hrsg. v. K.L. Schneider, Hamburg: Ellermann 1960.
Higgins, Kathleen, *Nietzsche's Zarathustra*, Philadelphia: Temple Press 1987.
Hilbert, Gerhard, *Moderne Willensziele*, Leipzig: A. Deichert 1911.
Hildebrandt, Kurt, »Der ›gute Europäer‹«, in: *Deutscher Almanach* (1930), S. 151-165.
–, »Die Idee des Krieges bei Goethe, Hölderlin, Nietzsche«. Heft 9 von: *Das Bild des Krieges im deutschen Denken*, hrsg. v. August Faust, Stuttgart und Berlin: W. Kohlhammer 1941.
–, »Nietzsche als Richter. Sein Schicksal«, in: Ernst Gundolf und Kurt Hildebrandt, *Nietzsche als Richter unsrer Zeit*, Breslau: Ferdinand Hirt 1923, S. 65-104.
–, »Über Deutung und Einordnung von Nietzsches ›System‹«, in: *Kant-Studien* 41, Nr. 3/4 (1936) S. 221-293.
–, *Gesundheit und Krankheit in Nietzsches Leben und Werk*, Berlin: S. Karger 1926.
–, *Nietzsches Wettkampf mit Sokrates und Plato*, Dresden: Sybillen 1922.
–, *Wagner und Nietzsche. Ihr Kampf gegen das neunzehnte Jahrhundert*, Breslau: Ferdinand Hirt 1924.
Hiller, Kurt, »Logokratie«, in: *Das Ziel. Jahrbücher für geistige Politik*, 4 (1920).
–, [Ohne Titel: Rede zur Eröffnung des ›Neopathetischen Cabarets‹ vom Juni 1910], in: ders., *Die Weisheit der Langenweile! Eine Zeit- und Streitschrift*, 2 Bde., Leipzig: Kurt Wolff 1913, Bd.1 S. 236-239.
–, *Leben gegen die Zeit*, 2 Bde., Hamburg: Rowohlt 1969-1973.

Hirsch, Leo, »Beinahe echt? Nietzsche und der jüdische Prometheus«, in: *Centralvereins-Zeitung* 14, Nr. 25 (20. Juni 1935).
–, »Friedrich Nietzsche und der jüdische Geist«, in: *Der Morgen* 10 (1934).
Hoche, P., »Nietzsche und der deutsche Kampf«, in: *Zeitung für Literatur, Kunst und Wissenschaft* 39, Nr. 6 (12. März 1916).
Hofmannsthal, Hugo von und Harry Graf Kessler. *Briefwechsel 1898-1929*, hrsg. v. Hilde Burger, Frankfurt/M.: Insel 1968.
Hofmiller, Josef, »Nietzsche und Wagner«, in: *Die Zukunft* (10. April 1897), S. 58-67.
Holz, Arno, *Sozialaristokraten*, in: *Werke*, hrsg.v. Wilhelm Emrich und Anita Holz, Bd. 4, Neuwied und Berlin: Luchterhand 1962, S. 5-93.
Horkheimer, Max, »Bemerkungen zu Jaspers' ›Nietzsche‹«, in: *Zeitschrift für Sozialforschung* 6 (1937), S.405-414.
–, »Materialismus und Metaphysik«, in: *Zeitschrift für Sozialforschung*, 2, Nr. 1 (1933).
–, »Zum Problem der Wahrheit« (1935), in: *Gesammelte Schriften*, Bd. 3: *Schriften 1931-1936*, Frankfurt/M.: S. Fischer 1988, S. 277-325.
–, »Zum Rationalismusstreit in der gegenwärtigen Philosophie«, in: *Zeitschrift für Sozialforschung* 3, Nr. 1 (1934).
–, [Interview (Nachdruck aus *L'Espresso)*], in: *Der Spiegel* 37 (8. September 1969).
–, [Rezension von Spenglers Buch *Jahre der Entscheidung*], in: *Zeitschrift für Sozialforschung* 2 (1933).
–/Adorno, Theodor W., *Dialektik der Aufklärung. Philosophische Fragmente*, in: Theodor W. Adorno, *Gesammelte Schriften*, Bd. 3, Frankfurt/M.: Suhrkamp 1981.
Horneffer, August und Ernst, *Das klassische Ideal. Reden und Aufsätze*, Leipzig: J. Zeitler 1906.
Horneffer, August, »Der heidnische Lebensweg«, in: *Die Tat* 3 (1911-1912).
–, »Nietzsches Todestag«, in: *Die Tat* 2 (1910-1911), S. 356-360.
–, *Nietzsche als Moralist und Schriftsteller*, Jena: Eugen Diederichs 1906.
Horneffer, Ernst, »Die Deutschen und die Religion. Eine Ergänzung und Entgegnung«, in: *Die Tat* 2, Nr. 7 (1910).
–, »Unsere Ziele«, in: *Die Tat* 1, Nr. 1 (April 1909), S. 2.
–, *Die künftige Religion*, Leipzig: Werner Klinkhardt 1909.
–, *Nietzsche als Vorbote der Gegenwart*, Düsseldorf: A. Bagel 1934.
–, *Nietzsches Lehre von der Ewigen Wiederkunft und deren bisherige Veröffentlichungen*, Leipzig: C.G. Naumann 1900.
–, *Vorträge über Nietzsche. Versuch einer Wiedergabe seiner Gedanken*, Göttingen: Franz Wunder 1901.
Hotzel, Curt, »Nietzsches deutsche Aufgabe«, in: *Der Türmer*, 28, Nr. 10 (Juli 1926).
Huch, Roderich, *Alfred Schuler, Ludwig Klages, Stefan George. Erinnerungen an Kreise und Krisen der Jahrhundertwende in München-Schwabing*, Amsterdam: Castrum Peregrini 1973.
Huhle, W., *Friedrich Nietzsche als deutscher Prophet*, Chemnitz: Werner Boehm 1935.
Hulten, Karl Gunnar Pontus (ed.), *Futurism and Futurisms*, New York: Abbeville Press 1986.

Itschner, Hermann, *Nietzsche-Worte. Weggenossen in großer Zeit*, Leipzig: Alfred Kröner 1915.
Izenberg, Gerald, *The Existentialist Critique of Freud. The Crisis of Autonomy*, Princeton, N.J.: Princeton University Press 1976.

Jacob, Ernst, »Freiheit durch Bindung. Pessachbetrachtung«, in: *Centralvereins-Zeitung* 13 (29. März 1934).
Janik, Allan, »The Jewish Self-hatred Hypothesis«, in: Ivar Oxaal, Michael Pollack and Gerhard Botz (eds.), *Jews, Antisemitism and Culture in Vienna*, London and New York: Routledge and Kegan Paul 1987, S. 75-88.
Jaspers, Karl, »Jaspers' Antwort«, in: *Philosophen des 20. Jahrhunderts. Karl Jaspers*, hrsg. v. Paul-Arthur Schilpp, Stuttgart: Kohlhammer 1957, S. 750-852.

–, *Nietzsche. Einführung in das Verständnis seines Philosophierens*, Berlin und Leipzig: de Gruyter 1936.

Jay, Martin, *The Dialectical Imagination. A History of the Frankfurt School and the Institute of Social Research, 1923-1950*, Boston and Toronto: Little, Brown 1973; dt.: *Dialektische Phantasie. Die Geschichte der Frankfurter Schule und des Instituts für Sozialforschung 1923-1950*, Frankfurt/M.: S. Fischer 1976.

–, *Fin-de-Siècle Socialism*, New York: Routledge, Chapman, and Hall 1988.

–, *Marxism and Totality. The Adventures of a Concept from Lukács to Habermas*, Berkeley, Los Angeles and London: University of California Press 1984.

Joel, Karl, »Neue Weltkultur«, in: Axel Ripke (Hrsg.), *10 deutsche Reden*, Leipzig und München: Kurt Wolff 1915.

–, *Nietzsche und die Romantik*, Jena und Leipzig: Eugen Diederichs 1905, 2. Aufl.: Jena: Eugen Diederichs 1911.

Johannsen, Ernst, »Über den Antisemitismus als gegebene Tatsache«, in: *Klärung. 12 Autoren, Politiker über die Judenfrage*, Berlin: Traditions-Verlag 1932, S. 15-17.

Johst, Hanns, *Der junge Mensch. Ein ekstatisches Szenarium*, München: Delphin 1916.

Joll, James, »The English, Friedrich Nietzsche and the First World War«, in: Immanuel Geiss und Bernd Jürgen Wendt (Hrsg.), *Deutschland in der Weltpolitik des 19. und 20. Jahrhunderts*, Düsseldorf: Bertelsmann Universitätsverlag 1973.

Jouvenel, Bertrand de, *Le Réveil de l'Europe*, Paris: Gallimard 1938.

Jung, Carl Gustav, *Nietzsche's »Zarathustra«: Notes of the Seminar Given in 1934-1939*, 2 Bde., ed. by James J. Jarret, Princeton, N.J.: Princeton University Press 1988.

Jung, Edgar, *Die Herrschaft der Minderwertigkeiten. Ihr Zerfall und ihre Auflösung durch ein neues Reich*, Berlin: Deutsche Rundschau 1927.

Jünger, Ernst, »Über die Gefahr«, in: *Widerstand* 3 (1931).

–, *Das Wäldchen 125. Eine Chronik aus den Grabenkämpfen, 1918*, 3. Aufl., Berlin: E.S. Mittler & Sohn 1926.

–, *Der Arbeiter. Herrschaft und Gestalt*, in: *Werke*, Bd. 6, *Essays II*, Stuttgart: Ernst Klett 1964.

–, *Der Kampf als inneres Erlebnis*, Berlin: S.E. Mittler & Sohn 1922.

–, *Feuer und Blut. Ein kleiner Ausschnitt aus einer großen Schlacht*, 4. Aufl., Berlin: Frundsberg 1929.

–, *In Stahlgewittern. Aus dem Tagebuch eines Stoßtruppführers*, 8. Aufl., Berlin: E.S. Mittler & Sohn 1927 [1920].

Jünger, Friedrich Georg, *Aufmarsch des Nationalismus*. Bd. 2 von: *Der Aufmarsch. Eine Reihe deutscher Schriften*, hrsg. v. Ernst Jünger, Leipzig: Der Aufmarsch 1926.

–, *Nietzsche*, Frankfurt/M.: Vittorio Klostermann 1949.

Kalthoff, Albert, *Zarathustrapredigten. Reden über die sittliche Lebensauffassung Friedrich Nietzsches*, Leipzig: Eugen Diederichs 1904.

Kamenka, Eugen, *The Ethical Foundations of Marxism*, London: Routledge and Kegan Paul 1962.

Kappstein, Theodor, »Nietzsche der Philosoph des Weltkriegs. Zu seinem 70. Geburtstag am 15. Oktober«, in: *Straßburger Post* 1028 (1914).

Karmeluk, J., *Die proletarische Bergpredigt. Ein Intermezzo aus der Umwertung aller Werte*, Zürich 1904.

Kassler, Kurt, *Nietzsche und das Recht*, München: Ernst Reinhardt 1941.

Kaufhold, Bernhard, »Zur Nietzsche-Rezeption in der westdeutschen Philosophie der Nachkriegszeit«, in: Robert Schulz (Hrsg.), *Beiträge zur Kritik der gegenwärtigen bürgerlichen Geschichtsphilosophie*, Berlin: Deutscher Verlag der Wissenschaften 1958, S. 279-409.

Kaufmann, Walter, »Jaspers' Beziehung zu Nietzsche«, in: *Philosophen des 20. Jahrhunderts. Karl Jaspers*, hrsg. v. Paul-Arthur Schilpp, Stuttgart: Kohlhammer 1957, S. 400-429.

–, *Nietzsche: Philosopher, Psychologist, Antichrist*, 4th ed., Princeton: Princeton University Press 1974; dt.: *Nietzsche. Philosoph - Psychologe - Antichrist*, Darmstadt: Wiss. Buchgesellschaft 1988.

Kelly, Alfred, *The Descent of Darwin. The Popularization of Darwinism in Germany, 1860-1914*, Chapel Hill: University of North Carolina Press 1981.
Kennedy, J. M., *The Quintessence of Nietzsche*, London: T.W. Lawrie 1909.
Kerler, Dietrich Heinrich, *Nietzsche und die Vergeltungsidee. Zur Strafrechtsreform*, Ulm: Kerler 1910.
Kern, Hans, »Die deutsche Wiederentdeckung des Leibes«, in: *Rhythmus. Monatsschrift für Bewegungslehre* 12, Nr. 5/6 (Mai/Juni 1934).
–, »Die Umwertung aller Werte«, in: *Deutscher Glaube* 3 (1936).
–, »Nietzsche und die deutsche Revolution«, in: *Rhythmus. Monatsschrift für Bewegungslehre* 12 (1934).
–, »Nietzsche und die romantischen Theorien des Unbewußten«, in: *Zeitschrift für Menschenkunde* 3 (1927).
Kerr, Alfred, »Die Übermenschin«, in: *Tag* (27. Juli 1906)
Kessler, Harry Graf, *Gesichter und Zeiten. Erinnerungen*, Frankfurt/M.: Fischer [1921] 1988.
–, *Tagebücher 1918-1937*, Frankfurt/M.: Insel 1961.
Kindt, Karl, »Nietzsche und die Deutschen«, in: *Zeitwende* 12, Nr. 1 (Oktober 1935).
–, »Nietzsches Heidentum. Randglossen zu einem unausschöpflichen Thema«, in: *Zeitwende* 12, Nr. 1 (Oktober 1935).
Kirchner, E., »Anfänge rassenhygienischen Denkens in Morus ›Utopie‹ und Campanellas ›Sonnenstaat‹«, in: *Archiv für Rassen- und Gesellschaftsbiologie* (1927).
–, »Nietzsches Lehren im Lichte der Rassenhygiene«, in: *Archiv für Rassen- und Gesellschaftsbiologie* 17 (1926).
Klages, Ludwig, »Brief über Ethik. 1918«, in: ders., *Mensch und Erde. Sieben Abhandlungen*, 5. Aufl. Jena: Eugen Diederichs 1937.
–, *Der Geist als Widersacher der Seele*, Leipzig: J. A. Barth [1926] 1937.
–, *Die psychologischen Errungenschaften Nietzsches*, Leipzig: J. A. Barth 1926.
–, *Handschrift und Charakter*, Leipzig: J. A. Barth 1921.
–, *Rhythmen und Runen*, Leipzig: J. A. Barth 1944.
–, *Vom kosmogonischen Eros*, 6. Aufl., Bonn: Bouvier 1963.
*Klärung. 12 Autoren, Politiker über die Judenfrage*, Berlin: Traditions-Verlag 1932.
Klein, Tim, »Erlebnisse um Nietzsche«, in: *Zeitwende* 12, Nr. 1 (Oktober 1935).
Kline, George L., »›Nietzschean Marxism‹ in Russia«, in: Frederick J. Adelmann (ed.), *Demythologizing Marxism*, Bd. 1, Chestnut Hill and The Hague: Boston College and Martinus Nijhoff 1969, S. 166-183.
Kloot, O. te, *Nietzsche* [Illustrierte Helden-Bibliothek 30], Berlin: Ed. Rose 1914.
Koelb, Clayton (ed.), *Nietzsche as Postmodernist. Essays Pro and Contra*, Albany: State University of New York Press 1990.
Kohler, Josef, »Nietzsche und die Rechtsphilosophie«, in: *Archiv für Rechts- und Sozialphilosophie* 1, Nr. 3 (1908), S. 355-360.
Köster, Peter, »Nietzsche-Kritik und Nietzsche-Rezeption in der Theologie des 20. Jahrhunderts«, in: *Nietzsche-Studien* 10/11 (1981/1982), S. 615-685.
Kraepelin, Emil, *Psychiatrie. Ein Lehrbuch für Studierende und Ärzte*, Leipzig: J. A. Barth, Bd. 1: *Allgemeine Psychiatrie* 1903, Bd. 2: *Klinische Psychiatrie* 1904.
Krafft-Ebing, Richard von, *Psychopathia Sexualis*, [1886], 16. und 17. Aufl., Stuttgart: Ferdinand Enke 1924.
Krause, Jürgen, *»Märtyrer« und »Prophet«: Studien zum Nietzsche-Kult in der bildenden Kunst der Jahrhundertwende*, Berlin und New York: de Gruyter 1984.
Krell, David Farrell, Vorwort zu: Martin Heidegger, *Nietzsche. The Will to Power as Art*, Bd. 1, San Francisco: Harper and Row 1979.
Krummel, Richard Frank, *Nietzsche und der deutsche Geist*, 2 Bde., Berlin und New York: de Gruyter 1974/1983.
Künneth, Walter, »Friedrich Nietzsche, ein Künder der deutschen Katastrophe«, in: *Zeitwende* 19, Nr. 11 (Mai 1948).

Künzli, Rudolf E., »Political Uses and Abuses of Nietzsche«, in: *Nietzsche-Studien* 12 (1983).
–, »The Nazi Appropriation of Nietzsche«, in: *Nietzsche-Studien* 12 (1983), S. 429-430.
Kurz, Edelbert, *Nietzsche, der Deutsche und wir Christen*, hrsg. v. Sekretariat soz. Studentenarbeit, Mönchen-Gladbach o.J. [1918].
Kynast, Karl, »Der Fall Nietzsche im Lichte rassenkundlicher Betrachtung«, in: *Die Sonne* 2 (1925), S. 533-540, 722-728.

Ladendorf, Otto, *Historisches Schlagwörterbuch: Ein Versuch*, Stuttgart und Berlin: Trübner 1906
Landauer, Gustav, »Die religiöse Jugenderziehung«, in: *Freie Bühne* (11. Feb. 1891).
–, *Aufruf zum Sozialismus*, Berlin: Cassirer 1911.
–, *Skepsis und Mystik. Versuche im Anschluß an Mauthners Sprachkritik*, Berlin: E. Fleischel 1903.
Langguth, »Friedrich Nietzsche als Burschenschaftler«, in: *Burschenschaftliche Blätter* 12, Nr. 1 (1. Oktober 1897), S. 5-10.
Langreder, Hans, *Die Auseinandersetzung mit Nietzsche im Dritten Reich. Ein Beitrag zur Wirkungsgeschichte Nietzsches*, Phil. Diss., Christian-Albrechts- Universität Kiel 1971.
Laqueur, Walter (ed.), *Fascism. A Reader's Guide: Analyses, Interpretations, Bibliography*, Harmondsworth: Penguin 1988.
–, *A History of Zionism*, London: Weidenfeld and Nicholson 1972; dt.: *Der Weg zum Staat Israel. Geschichte des Zionismus*, Wien: Europa Verlag 1975.
–, *Young Germany. A History of the Youth Movement*, New York: Basic Books 1962; dt.: *Die deutsche Jugendbewegung. Eine historische Studie*, Köln: Verlag Wissenschaft und Politik 1962.
Laufkötter, Franz, »Die Taktik des Starken und die Taktik des Schwachen«, in: *Die neue Gesellschaft* 4 (Juli 1906).
Lehmann, Gerhard, *Die deutsche Philosophie der Gegenwart*, Stuttgart: Alfred Kröner 1943.
Leip, Hans, *Der Widerschein. Eine Rückschau, 1893-1943*, Stuttgart: Cotta 1943.
Lepenies, Wolf, *Die drei Kulturen. Soziologie zwischen Literatur und Wissenschaft*, München und Wien: Hanser 1985.
Lessing, Theodor, *Geschichte als Sinngebung des Sinnlosen. Oder die Geburt der Geschichte aus dem Mythos*, 4. Aufl., Leipzig: E. Reinicke 1927.
–, *Nietzsche*, Berlin: Ullstein 1925.
–, *Schopenhauer - Wagner - Nietzsche*, München: C.H. Beck 1906.
Leuthner, Karl, »Herrenvolk und Pöbelvolk«, in: *Sozialistische Monatshefte* 13 (1909).
Levenstein, Adolf, *Friedrich Nietzsche im Urteil der Arbeiterklasse*, Leipzig: F. Meiner 1914.
Levy, Oskar, »Nietzsche im Krieg«, in: *Die weißen Blätter* (1919).
Lewkowitz, Albert, *Religiöse Denker der Gegenwart. Vom Wandel der modernen Lebensanschauung*, Berlin: Philo 1923.
Lichtblau, Klaus, »Das ›Pathos der Distanz‹. Präliminarien zur Nietzsche-Rezeption bei Georg Simmel«, in: Heinz-Jürgen Dahme und Otthein Rammstedt (Hrsg.): *Georg Simmel und die Moderne*, Frankfurt/M.: Suhrkamp 1984, S. 231-281.
Lichtheim, George, »On the Rim of the Volcano. Heidegger, Bloch, Adorno«, in: *Encounter* 22, Nr. 4 (April 1964).
–, *Europe in the Twentieth Century*, London: Weidenfeld and Nicolson 1972; dt.: *Europa im 20. Jahrhundert*, München: Kindler 1973.
–, *Lukács*, London: Fontana 1970; dt.: *Georg Lukács*, München: dtv 1971.
Liebersohn, Harry, *Fate and Utopia in German Sociology, 1870-1923*, Cambridge, Mass. and London: MIT Press 1988.
Liebig, Hans von, »Nietzsches Religion«, in: *Die Umschau* 4, Nr. 42 (13. Oktober 1900).
Linse, Ulrich, *Barfüßige Propheten. Erlöser der zwanziger Jahre*, Berlin: Siedler 1983.
Löbsack, Wilhelm, »Nietzsche und der totale Krieg«, in: *Der Deutsche im Osten* 6, Nr. 5 (August 1943).

Lonsbach, Richard Maximilian [= Richard Maximilian Cahen], *Friedrich Nietzsche und die Juden. Ein Versuch*, 2. um einen Anhang und ein Nachwort erw. Aufl., hrsg. Heinz Robert Schlette, Bonn: Bouvier 1985 [1. Aufl., Stockholm: Bermann-Fischer 1939].

Love, Nancy S., *Marx, Nietzsche, and Modernity*, New York: Columbia University Press 1986.

Löwith, Karl, »Nietzsche im Lichte der Philosophie von Ludwig Klages«, in: *Reichls philosophischer Almanach* 4 (1927).

–, *Mein Leben in Deutschland vor und nach 1933: Ein Bericht*, Stuttgart: J.B. Metzler 1986.

–, [Rezension von Karl Jaspers' *Nietzsche. Einführung in das Verständnis seines Philosophierens*], in: *Zeitschrift für Sozialforschung* 6 (1937) S. 405-414.

–, *Von Hegel zu Nietzsche. Der revolutionäre Bruch im Denken des 19. Jahrhunderts*, Zürich: Europa Verlag 1941; wieder abgedruckt in: *Sämtliche Schriften*, Bd. 4, Stuttgart: J. B. Metzler 1988.

Lublinski, Samuel, »Nietzsche und der Sozialismus«, in: *Europa. Wochenschrift für Kultur und Politik* 1, Nr. 22 (15. Juni 1905).

Luck, Rudolf, »Nietzsches Lebenslehre des Leibes«, in: *Rhythmus. Zeitschrift für Bewegung* 14 (1936), S. 97-105.

Ludovici, Anthony Mario, *Nietzsche and Art*, London: Constable 1911.

Lukács, Georg, »›Größe und Verfall‹ des Expressionismus« (1934), Nachdruck in: Paul Raabe (Hrsg.), *Expressionismus. Der Kampf um eine literarische Bewegung*, Zürich: Arche 1987.

–, »Der deutsche Faschismus und Nietzsche«, in: *Internationale Literatur* 12 (1943).

–, »Nietzsche als Vorläufer der faschistischen Ästhetik«, in: *Internationale Literatur* 3 (1934), Neudruck in: *Werke*, Bd. 10: *Probleme der Ästhetik*, Neuwied und Berlin: Luchterhand 1969.

–, *Die Zerstörung der Vernunft*, in: *Werke*, Bd. 9, Darmstadt und Neuwied: Luchterhand 1974.

Lunn, Eugene, *Prophet of Community. The Romantic Socialism of Gustav Landauer*, Berkeley, Los Angeles and London: University of California Press 1973.

Maier, Charles S., *The Unmasterable Past. History, Holocaust and German National Identity*, Cambridge: Harvard University Press 1988.

Mann, Ernst, *Die Moral der Kraft*, Weimar: Gerhard Hofmann 1920.

Mann, Heinrich, »Geist und Tat«, in: ders., *Macht und Mensch*, München: Kurt Wolff 1919.

–, »Zum Verständnis Nietzsches«, in: *Das Zwanzigste Jahrhundert* 6 (1896), S. 245-251.

–, »Nietzsche«, in: *Mass und Wert* 2 (1930), S. 277-304.

Mann, Thomas, und Ernst Bertram, *Briefe aus den Jahren 1910-1955*, hrsg. v. Inge Jens, Pfullingen: Neske 1960.

Mann, Thomas, [Antwort an die *Saturday Review of Literature* 32 (1. Januar 1949)], Nachdruck in: Hans Wysling und Marianne Fischer (Hrsg.), *Dichter über ihre Dichtungen. Thomas Mann*, Bd.14/III: 1944-1955, Frankfurt/M.: Heimeran/ S. Fischer 1981.

–, »Beim Propheten«, in: *Gesammelte Werke in dreizehn Bänden*, Bd. 8: *Erzählungen*, 2. Aufl., Frankfurt/M.: S. Fischer 1974, S. 362-370.

–, »Briefe aus Deutschland«, in: *Die Forderung des Tages*, Frankfurt/M.: S. Fischer 1986.

–, »Kultur und Sozialismus«, in: *Gesammelte Werke in dreizehn Bänden*, Bd. 12: *Reden und Aufsätze 4*, 2. Aufl., Frankfurt/M.: S. Fischer 1974, S. 639-649.

–, »Nietzsche's Philosophie im Lichte unserer Erfahrung« (1947), in: *Gesammelte Werke in dreizehn Bänden*, Bd. 9: *Reden und Aufsätze* 1, 2. Aufl., Frankfurt/M.: S. Fischer 1974, S. 675-712.

–, *Betrachtungen eines Unpolitischen*, in: *Gesammelte Werke*, Bd. 14, Frankfurt/M.: S. Fischer 1983.

–, *Briefe 1889-1936*, Frankfurt: S. Fischer 1961.

–, *Doktor Faustus*, Stockholm: Bermann-Fischer 1947.

–, *Tagebücher* (3 Bde.), hrsg. v. Peter de Mendelssohn, Frankfurt/M.: S. Fischer 1977-79.

Marc, Franz, *Briefe, Aufzeichnungen und Aphorismen*, Berlin: Cassirer 1920.

Marcuse, Herbert, »Die Permanenz der Kunst. Wider eine bestimmte marxistische Ästhetik« (1977), in: *Schriften*, Bd. 9, Frankfurt/M.: Suhrkamp 1987, S. 191-241.

–, *Eros and Civilization. A Philosophical Inquiry into Freud*, Boston: Beacon 1966; dt.: *Triebstruktur und Gesellschaft. Ein philosophischer Beitrag zu Sigmund Freud*, Frankfurt/M.: Suhrkamp 1965.
–, *One-Dimensional Man*, Boston: The Beacon Press 1966; dt.: *Der eindimensionale Mensch. Studien zur Ideologie der fortgeschrittenen Industriegesellschaft*, in: *Schriften*, Bd. 7, Frankfurt/M.: Suhrkamp 1989.
–, *Soviet Marxism. A Critical Analysis*, New York: Columbia University Press 1958; dt.: *Die Gesellschaftslehre des sowjetischen Marxismus*, in: *Schriften*, Bd. 6, Frankfurt/M.: Suhrkamp 1989.
Marcuse, Ludwig, »Märchen von der unbefleckten Empfängnis«, in: *Das Tagebuch* 12 (1931), S. 1331-1335.
–, »Die Papas der Nietzscheaner«, in: *Das Tagebuch* 13 (1932) Bd. 1, S. 401-408.
Marschalk, Max, »Frei nach Nietzsche«, in: *Die Zukunft* (26. Dezember 1896), S. 615-619.
Martin, Alfred von, *Geistige Wegbereiter des deutschen Zusammenbruchs*, Recklinghausen: Bitter 1948.
–, *Nietzsche und Burckhardt. Zwei geistige Welten*, München: Erasmus-Verlag 1941.
Masur, Gerhard, *Prophets of Yesterday. Studies in European Culture 1890-1914*, New York: Harper Colphon 1966.
Mattenklott, Gert, »Nietzscheanismus und Judentum«, in: Norbert Altendorfer und Renate Heuer (Hrsg.), *Jahrbuch*, Bd. I, *Probleme deutsch-jüdischer Identität*, Frankfurt/M.: Archiv Bibliographia Judaica 1985, S. 57-71.
Maurenbrecher, Max, *Christentum oder Monismus*, Annaberg i. Sa.: Grasers 1914.
–, *Das Leid. Eine Auseinandersetzung mit der Religion*, Jena: Eugen Diederichs 1912.
–, *Offenbarung. Eine Probepredigt*, Langensalza: Wendt und Klauwell 1919.
–, *Über Friedrich Nietzsche zum deutschen Evangelium. Gottesdienste, Andachten und religiöse Auseinandersetzungen*, Dresden: Verlag Glaube und Deutschtum 1926.
Maurer, Reinhart, »Nietzsche und die kritische Theorie«, in: *Nietzsche-Studien* 10/11 (1981/1982).
Mayer, Arno J., *The Persistence of the Old Regime: Europe to the Great War*, New York: Pantheon 1981; dt.: *Adelsmacht und Bürgertum. Die Krise der europäischen Gesellschaft 1848-1914*, München: Beck 1984
McClure, Canon E., *Germany's War Inspirers Nietzsche and Treitschke*, London: Society for Promoting Christian Knowledge 1915.
McGinn, Robert E., »Verwandlungen von Nietzsches Übermenschen in der Literatur des Mittelmeerraumes: d'Annunzio, Marinetti und Kazantzakis«, in: *Nietzsche-Studien* 10/11 (1981-1982).
McGovern, William Montgomery, *From Luther to Hitler. The History of Fascist-Nazi Political Philosophy*, Boston: Houghton Mifflin 1941.
McGrath, William, *Dionysian Art and Populist Politics in Austria*, New Haven, Conn., and London: Yale University Press 1974.
Mehring, Franz, »Der heutige Naturalismus«, »Nietzsche gegen den Sozialismus« und »Zur Philosophie und Poesie des Kapitalismus«, in: *Gesammelte Schriften*, Bd. 9, 11, 13, Berlin: Dietz 1961.
–, »Literarische Rundschau« [Rezension zu Kurt Eisner, *Psychopathia spiritualis*], in: *Die neue Zeit* 10 (1892).
Meinecke, Friedrich, *Die deutsche Katastrophe. Betrachtungen und Erinnerungen*, Zürich, Wiesbaden: Aero-Verlag/Brockhaus 1946.
–, *Erlebtes 1862-1901*, Leipzig: Koehler-Amelang 1941.
Meisel-Hess, Grete, *Die Intellektuellen*, Berlin: Oesterheld & Co. 1911.
Mencken, H.L., »Introduction«, in: Friedrich Nietzsche, *The Antichrist*, New York 1923.
–, *H.L. Mencken's Smart Set Criticism*, ed. by William H. Nolte, Ithaca, N.Y.: Cornell University Press 1968.
Mendes-Flohr, Paul R.,«Werner Sombart's ›The Jews and Modern Capitalism‹. An Analysis of Its Ideological Premises«, in: *Leo Baeck Institute Yearbook* (1976).

–, *Von der Mystik zum Dialog. Martin Bubers geistige Entwicklung bis hin zum ›Ich und Du‹*, Königstein: Jüdischer Verlag 1978; engl.: *From Mysticism to Dialogue. Martin Buber's Transformation of German Social Thought*, Detroit, Mich.: Wayne State University Press 1989.
–, »Franz Rosenzweig's Concept of Philosophical Faith«, in: *Leo Baeck Institute Yearbook* 34 (1989).
Merquior, J. G., »Georges Sorel und Max Weber«, in: Wolfgang J. Mommsen und Wolfgang Schwentker (Hrsg.): *Max Weber und seine Zeitgenossen*, a. a. O., S. 242-256.
–, *Western Marxism*, London: Paladin 1986
Mess, Friedrich, *Nietzsche. Der Gesetzgeber*, Leipzig: Felix Meiner 1930.
Messer, August, »Nietzsche und der Krieg. Zum 70. Geburtstag des Philosophen, 15. Oktober«, in: *Frankfurter Zeitung* 286 (15. Oktober 1914).
Meusel, Alfred, »Zur Charakteristik der soziologischen und politischen Anschauungen Friedrich Nietzsches«, in: *Pädagogik. Beiträge zur Erziehungswissenschaft* 3, Nr. 2 (1948).
Meyer, Alfred G., *The Feminism and Socialism of Lily Braun*, Bloomington: Indiana University Press 1985.
Meyer, Friedrich, »Die aktuelle Bedeutung der Gedanken Nietzsches über Kultur und Bildungsform im Schlussabschnitt seiner ›Zweiten Unzeitgemässen‹«, in: *Nationalsozialistisches Bildungswesen* 5, Nr. 8 (August 1940).
Meyer, Johann Georg, »Friedrich Nietzsche als Ästhetiker und Patriot«, in: *Burschenschaftliche Blätter* 10, Nr. 9 (1896), S. 234-240.
Meyer, Richard, [Rezension des Buches von Julius Hart *Der neue Gott*], in: *Deutsche Literaturzeitung* Nr. 14 (8. April 1899).
Michel, Wilhelm, *Nietzsche in unserem Jahrhundert*, Berlin-Steglitz: Eckart 1939.
Miller, James, »Some Implications of Nietzsche's Thought for Marxism«, in: *Telos* 37 (Herbst 1978).
Misch, Robert, *Kinder. Eine Gymnasiasten-Komödie*, Berlin: Harmonie 1906.
Mittelman, Willard, »Nietzsche's Attitude toward the Jews«, in: *Journal of the History of Ideas* 49, Nr. 2 (April-June 1988).
Möbius, Paul Julius, *Über das Pathologische bei Nietzsche*, Wiesbaden: J. F. Bergmann 1902.
Mohler, Armin, *Die konservative Revolution in Deutschland, 1918-1932. Ein Handbuch*, Darmstadt: Wissenschaftliche Buchgesellschaft 1972.
Möller van den Bruck, Arthur, »Nietzsche und der Sozialismus«, in: *Illustrierte Zeitung* 152 (1919).
–, *Das dritte Reich*, Hamburg: Hanseat. Verlagsanstalt 1931.
–, *Tschandala Nietzsche*, Berlin und Leipzig: Löffler 1899.
Mommsen, Wolfgang J./Schwentker, Wolfgang (Hrsg.): *Max Weber und seine Zeitgenossen*, Göttingen und Zürich: Vandenhoeck & Ruprecht 1988.
Mommsen, Wolfgang, *Max Weber und die deutsche Politik, 1890-1920*, Tübingen: J. C. B. Mohr 1959.
–, *The Age of Burocracy. Perspectives on the Political Sociology of Max Weber*, Oxford: Basil Blackwell 1974.
Mosse, George L., »The Political Culture of Italian Futurism. A General Perspective«, in: *Journal of Contemporary History* 25, Nr. 2-3 (Mai-Juni 1990).
–, [Rezension von Ernst Nolte: *Der Faschismus in seiner Epoche*], in: Journal of the History of Ideas, 27, Nr. 4 (1966), S.621-626.
–, *The Crisis of German Ideology. Intellectual Origins of the Third Reich*, New York: Grosset & Dunlap 1964; dt.: *Ein Volk, ein Reich, ein Führer. Die völkischen Ursprünge des Nationalsozialismus*, Königstein/Ts.: Athenäum 1979.
–, *The Culture of Western Europe. The Nineteenth and Twentieth Centuries*, 3. Aufl. Boulder and London: Westview Press 1988.
–, *Fallen Soldiers. Reshaping the Memory of the World Wars*, New York: Oxford University Press 1990.

–, *Germans and Jews. The Right, the Left, and the Search for a »Third Force« in pre-Nazi Germany*, London: Orbach and Chambers 1971.
–, *German Jews Beyond Judaism*, Bloomington: Indiana University Press 1985; dt. *Jüdische Intellektuelle in Deutschland zwischen Religion und Nationalismus*, Frankfurt/M.: Campus 1992.
–, *Masses and Man. Nationalist and Fascist Perceptions of Reality*, New York: Howard Fertig 1980.
–, *Nationalism and Sexuality. Respectability and Abnormal Sexuality in Modern Europe*, New York: Howard Fertig 1985; dt.: *Nationalismus und Sexualität. Bürgerliche Moral und sexuelle Normen*, München und Wien: Hanser 1985.
Muirhead, *German Philosophy in Relation to the War*, London: J. Murray 1915.
Müller, Ernst, »Gedanken über Nietzsche und sein Verhältnis zu den Juden«, in: *Die Welt*, Nr. 40 (5. Oktober 1900).
Müller, Georg, *Nietzsche und die deutsche Katastrophe*, Gütersloh: C. Bertelsmann 1946.
Müller, Hans von, »Nietzsches Vorfahren«, in: *Die Zukunft* (28. Mai 1898).
Muller, Jerry Z., *The Other God that Failed. Hans Freyer and the Deradicalization of German Conservatism*, Princeton, N.J.: Princeton University Press 1987.
Mumm, Reinhard, »Nietzsche und der Nationalismus im Kyffhäuserverband«, in: *Akademische Blätter* 11 (1896/1897), S. 238f., 255ff.

Negt, Oskar, Nachwort zu Ernst Bloch: *Vom Hasard zur Katastrophe*, Frankfurt/M.: Suhrkamp 1972.
Neumann, Franz, *Behemoth. The Structure and Practice of National Socialism*, New York: Oxford University Press 1944; dt.: *Behemoth. Struktur und Praxis des Nationalsozialismus 1933-1945*, Köln und Frankfurt/M.: Europäische Verlagsanstalt 1977.
Neumark, D., »Die jüdische Moderne«, in: *Allgemeine Zeitung des Judentums* 64, Nr. 45 (9. November 1900), S. 536.
Nicholls, R.A., »Beginning of the Nietzsche Vogue in Germany«, in: *Modern Philology* 56 (1958).
Nicolas, Marius Paul, *De Nietzsche à Hitler*, Paris: Fasquelle 1936; engl.: *From Nietzsche Down to Hitler*, London: William Hodge 1938.
Nipperdey, Thomas, »1933 and the Continuity of German History«, in: Hannsjoachim Wolfgang Koch (ed.), *Aspects of the Third Reich*, New York: St. Martin's 1985.
–, »War die wilhelminische Gesellschaft eine Untertanengesellschaft?«, in: ders., *Nachdenken über die deutsche Geschichte*, München: C.H. Beck 1986.
Noakes, Jeremy, »The Development of Nazi Policy towards the German-Jewish ›Mischlinge‹. 1933-1945«, in: *Leo Baeck Institute Yearbook* 34 (1989).
Nobel, N. A., »Friedrich Nietzsches Stellung zum Judentum«, in: *Die jüdische Presse* 31, Nr. 36, 37, 39 (7. September, 14. September und 28. September 1900), S. 414, 373f.
Nolte, Ernst, »Marx und Nietzsche im Sozialismus des jungen Mussolini«, in: *Historische Zeitschrift* 191 (1960), S. 249-335.
–, *Der Faschismus in seiner Epoche. Die Action française, der italienische Faschismus, der Nationalsozialismus*, München: Piper 1963; engl.: *Three Faces of Fascism*, New York: New American Library 1969.
–, *Nietzsche und der Nietzscheanismus*, Frankfurt/M. und Berlin: Propyläen 1990.
Nordau, Max, *Entartung*, 2 Bde., Berlin: Carl Duncker, 1892-1893.

Odenwald, Theodor, *Friedrich Nietzsche und das heutige Christentum*, Gießen: Alfred Töpelmann 1926.
Öhler, Max (Hrsg.), *Den Manen Friedrich Nietzsches*, München: Musarion 1921.
Öhler, Richard, »Ist Nietzsche wirklich tot?«, in: *Der Türmer* 13, Nr. 4 (Januar 1911).
–, *Die Zukunft der Nietzsche-Bewegung*, Leipzig: Armanen 1938.
–, *Friedrich Nietzsche und die deutsche Zukunft*, Leipzig: Armanen 1935.
Ottmann, Henning, »Anti-Lukács. Eine Kritik der Nietzsche-Kritik von Georg Lukács«, in: *Nietzsche-Studien* 13 (1984).

Oxaal, Ivar/Pollack, Michael/Botz, Gerhard (eds.), *Jews, Antisemitism and Culture in Vienna*, London and New York: Routledge and Kegan Paul 1987.

Pannwitz, Rudolf, »Was ich Nietzsche und George danke«, in: *Castrum Peregrini* 38 (1989), Nr. 189/190.
–, *Aufruf zum Heiligen Kriege der Lebendigen*, München-Feldafing: Hans Carl 1920.
–, *Einführung in Nietzsche*, München-Feldafing: Hans Carl 1920.
Pascal, Roy, *From Naturalism to Expressionism. German Literature and Society, 1880-1918*, New York: Basic Books 1973.
Paulsen, Friedrich, »Väter und Söhne. Eine sozialpädogische Studie aus der deutschen Gegenwart«, in: *Deutsche Rundschau* (Mai 1907).
Paulsen, Rudolf, »Dionysische Politik?«, in: *Der Türmer* 22 (Oktober 1919-März 1920).
Paulsen, Wolfgang, *Georg Kaiser. Die Perspektiven seines Werkes*, Tübingen: M. Niemeyer 1960.
Pehnt, Wolfgang, *Die Architektur des Expressionismus*, Stuttgart: Hatje 1981
Pepperle, Heinz, »Revision des marxistischen Nietzsche-Bildes?«, in: *Sinn und Form* 38, Nr. 5 (1986) S. 934-969.
Peter, Laszlo/Pynsent, Robert B. (eds.), *Intellectuals and the Future in the Hapsburg Monarchy 1890-1914*, London: Macmillan 1988.
Peters, Heinz Frederick, *Zarathustra's Sister. The Case of Elisabeth and Friedrich Nietzsche*, New York: Crown Publishers Inc.1977; dt.: *Zarathustras Schwester. Fritz und Lieschen Nietzsche - ein deutsches Trauerspiel*, München: Kindler 1983
Peuckert, Fritz, »Chamberlain und Nietzsche«, in: *Nationalsozialistische Monatshefte* 5, Nr. 49 (April 1934).
Pfannkuche, A.H.T., *Was liest der deutsche Arbeiter? Auf Grund einer Enquete beantwortet*, Tübingen: J. C. B. Mohr 1900.
Pfemfert, Franz, »Die Deutschsprechung Friedrich Nietzsches«, in: *Die Aktion. Wochenschrift für Politik, Literatur, Kunst* 5, Nr. 26 (1915).
Phelan, Anthony (ed.), *The Weimar Dilemma. Intellectuals in the Weimar Republic*, Manchester: Manchester University Press 1985.
Phillipi, Joelle, *Das Nietzsche-Bild in der deutschen Zeitschriftenpresse der Jahrhundertwende*, Inauguraldiss., Universität des Saarlandes, Saarbrücken 1970.
Piscator, Erwin, *Das politische Theater. Schriften 1*, hrsg. v. Ludwig Hoffmann, Berlin: Henschelverlag für Kunst und Gesellschaft 1968.
Polenz, Wilhelm von, *Wurzellocker*, Berlin: F. Fontane 1902
Pourtales, Guy de, *Nietzsche en Italie*, Paris: Grasset 1929
Powys, John Cowper, *The Menace of German Culture*, London: William Rider and Son 1915.
Prinz, Arthur, »Diskussion der Judenfrage«, in: *Jüdische Rundschau* (20. April 1932).
Prümm, Karl, *Die Literatur des soldatischen Nationalismus der 20er Jahre (1918-1933). Gruppenideologie und Epochenproblematik*, Kronberg/Ts.: Scriptor 1974.
Pütz, Peter, »Nietzsche im Lichte der kritischen Theorie«, in: *Nietzsche-Studien* 3 (1974).

Raabe, Paul (Hrsg.), *Expressionismus. Aufzeichnungen und Erinnerungen der Zeitgenossen*, Olten und Freiburg i.B.: Walter 1965.
– (Hrsg.), *Expressionismus. Der Kampf um eine literarische Bewegung*, Zürich: Arche 1987.
Rabinovich, Abraham, »Gathering of Foes«, in: *Jerusalem Post* (26. April 1986).
Raschel, Heinz, *Das Nietzsche-Bild im George-Kreis. Ein Beitrag zur Geschichte der deutschen Mythologeme*, Berlin und New York: de Gruyter 1984.
Rathenau, Walther, *Tagebuch 1907-1922*, hrsg. und kommentiert von Hartmut Pogge-von Strandmann, Düsseldorf: Droste 1967.
Rauschning, Hermann, *Die Revolution des Nihilismus. Kulisse und Wirklichkeit im Dritten Reich*, Zürich, New York: Europa 1938.
–, *Gespräche mit Hitler*, Wien: Europa 1973.

Reeder, Hans Herbert, »Leidenschaft um das Reich. Hölderlin, Kleist, Nietzsche«, in: *Die Westmark* 4, Nr. 10 (Juli 1937).
Reichert, Herbert W., »Nietzsche und Carl Sternheim«, in: *Nietzsche-Studien* 1 (1972).
–/Schlechta, Karl, *International Nietzsche Bibliography*, Chapel Hill: University of North Carolina Press 1960.
Richert, »Ein Wort am Grabe Nietzsches«, in: *Akademische Blätter. Zeitschrift des Kyffhäuser-Verbandes der Vereine deutscher Studenten* 15, Nr. 12 (16. September 1900).
Richter, Raoul, *Essays*, hrsg. v. Lina Richter, Leipzig: F. Meiner 1913.
–, *Friedrich Nietzsche, sein Leben und sein Werk*, Leipzig: Dürr 1903.
–, *Nietzsche-Aufsätze*, Leipzig: F. Meiner 1917.
Rickert, Heinrich, *Die Philosophie des Lebens: Darstellung und Kritik der philosophischen Modeströmungen unserer Zeit*, 2. Aufl., Tübingen: J. C. B. Mohr 1922.
Rieckmann, Jens, »Erlösung und Beglaubigung. Thomas Manns ›Betrachtungen eines Unpolitischen‹ und Ernst Bertrams ›Nietzsche. Versuch einer Mythologie‹«, in: *Modern Language Notes* 90 (1975), S. 424-430.
Riedel, Otto, »Nietzsche als Erzieher«, in: *Führerzeitung*, 2. Jg. Nr. 3 (1914).
Riesenfeld, Raul, »Nietzsches Bedeutung für die moderne Musik«, in: *Allgemeine Musik-Zeitung* 32 (16., 23., 30.6. 1905), S. 427ff., 441f., 457ff.
Ripke-Kühn, Lenore, »Nietzsche, der ewige Deutsche. Zu Ernst Bertrams ›Nietzsche. Versuch einer Mythologie‹«, in: *Deutschlands Erneuerung* 6 (1919).
–, »Nietzsches Kulturanschauung«, in: *Der Panther* 3 (1915), S. 420-456.
–, »Nietzsches Willenserziehung«, in: *Der Panther* 5, Nr. 4 (April 1917), S. 519-535.
Rittelmeyer, Friedrich, *Friedrich Nietzsche und die Religion. Vier Vorträge*, Ulm: Heinrich Kerler 1904.
Roderick-Stoltheim, F. [= Theodor Fritsch], »Nietzsches Machtphilosophie und der Deutschenhaß«, in: *Hammer. Blätter für deutschen Sinn* 14, Nr. 301 (1. Januar 1915), S. 3.
Rolffs, Ernst, »Treitschke, Nietzsche und Bernhardi«, in: *Die christliche Welt* 30 (1916), S. 857-865, 882-888.
Rolland, Romain, *Zwischen den Völkern. Aufzeichnungen und Dokumente aus den Jahren 1914 bis 1919*, 2 Bde., Stuttgart: Deutsche Verlagsanstalt, 1954-1955.
Römer, Heinrich, »Nietzsche und das Rasseproblem«, in: *Rasse. Monatsschrift für den nordischen Gedanken* 7 (1940).
Rorty, Richard, *Contingency, Irony, and Solidarity*, Cambridge: Cambridge University Press 1989; dt.: *Kontingenz, Ironie und Solidarität*, Frankfurt/M.: Suhrkamp 1992.
Rosenberg, Alfred, »Gegen Tarnung«, in: *Völkischer Beobachter* (3. Dezember 1933).
–, *Friedrich Nietzsche*, München: Zentralverlag der Nationalsozialistischen Deutschen Arbeiterpartei (NSDAP) 1944.
–, *Gestaltung der Idee*, München: F. Eher Nachf. 1938
Rosenthal, Alfred, »Nietzsche und die Reform des Strafrechts«, in: *Deutsche Juristenzeitung* 11, Nr. 19 (1906), S. 1069-1072.
–, *Nietzsche und Europa. Eine Übersicht für Weltleute*, o. O., 1937.
–, *Nietzsches »Europäisches Rasse-Problem« ['Der Kampf um die Erdherrschaft']*, Leiden: A.W. Sijthoff 1935.
Rosenzweig, Franz, *Der Stern der Erlösung. Der Mensch und sein Werk*, in: *Gesammelte Schriften*, Bd. 2, Haag: Martinus Nijhoff, 1976.
Rosteutscher, J. H. W., *Die Wiederkunft des Dionysos. Der naturmystische Irrationalismus in Deutschland*, Bern: A. Francke 1947.
Ruppin, Arthur, »Moderne Weltanschauung und Nietzsche'sche Philosophie«, in: *Die Gegenwart* 10 (1903).

Sack, Gustav, *Paralyse. Der Refraktär*, hrsg. v. Karl Eibl, München: Wilhelm Fink 1971.
Saint-Point, Valentine de, »Futurist Manifesto of Lust 1913«, in: Umbro Apollonio (ed.), *Futurist Manifestos*, London: Thames and Hudson 1973, S. 70-74.

–, »Manifest der futuristischen Frau«, in: *Der Sturm* 3 (Mai 1912) Nr. 108; später auch in: Peter Demetz (Hrsg.), *Worte in Freiheit.Der italienische Futurismus und die deutsche literarische Avantgarde (1912-1934)*, München und Zürich: Piper 1990, S. 178-182.
Salin, Edgar, *Jacob Burckhardt und Nietzsche*, Basel: Univ.-Bibliothek 1938.
Salomon, Ernst von, »Der verlorene Haufe«, in: Ernst Jünger (Hrsg.), *Krieg und Krieger*, Berlin: Junker und Dünnhaupt 1930, S. 103-126.
–, *Die Geächteten*, Gütersloh: C. Bertelsmann 1930.
Samuel, Maurice, *The Great Hatred*, New York: Alfred A. Knopf 1940.
Samuel, Richard/Thomas, R. Hinton, *Expressionism in German Life, Literature and the Theatre (1910-1924)*, Cambridge: W. Heffer and Sons 1939.
Sandvoss, Ernst, *Hitler und Nietzsche*, Göttingen: Musterschmidt 1969.
Schach, Fabius, »Ost und West«, in: *Ost und West* 3, Nr. 8 (1903), S. 547-555.
Schallmayer, Wilhelm, *Vererbung und Auslese im Lebenslauf der Völker. Eine staatswissenschaftliche Studie auf Grund der neueren Biologie*, Jena: Gustav Fischer 1903.
Scharlitt, Bernhard, »Das musikalische Element in Friedrich Nietzsche«, in: *Die Musik* 4 (1904), S. 108-112.
Scheler, Max, »Das Ressentiment im Aufbau der Moralen«, in: ders., *Abhandlungen und Aufsätze*, Bd. 1, Leipzig: Der Neue Geist 1915, S. 39-274.
–, *Der Genius des Krieges und der deutsche Krieg*, 3. Aufl., Leipzig: Der Neue Geist 1917.
Scheuffler, Gottlieb, *Friedrich Nietzsche im Dritten Reich. Bestätigung und Aufgabe*, Erfurt: E. Scheuffler 1933.
Schickedanz, Arno, *Sozialparasiten im Völkerleben*, Leipzig: Lotus 1927.
Schlaikjer, Erich, »Der Nietzsche-Kultus« und »Zur Psychologie des Nietzsche-Kultus«, in: *Die Hilfe*, 5, Nr. 10 und 13 (5. März und 23. März 1899).
Schlechta, Karl, »Entnazifizierung Nietzsches? Wandel in Urteil und Wertung«, in: *Göttinger Universitäts-Zeitung* 2, Nr. 16 (18. Juli 1947).
Schmahl, Eugen, *Der Aufstieg der nationalen Idee*, Berlin und Leipzig: Union Deutsche Verlagsgesellschaft o. J.
Schmidt, K.O., *Liebe dein Schicksal! Nietzsche und die deutsche Erneuerung. Ein Überblick und ein Ausblick*, Pfullingen: Johannes Baum 1933.
Schoeps, Hans-Joachim, *Gestalten an der Zeitwende. Burckhardt, Nietzsche, Kafka*, Berlin: Vortrupp 1936.
Scholem, Gershom, »Zionism: Dialectic of Continuity and Rebellion«, in: Ehud Ben Ezer (ed.), *Unease in Zion*, Jerusalem: Academic Press 1974.
–, *»Zur Neuauflage des ›Stern der Erlösung‹«*, in: *Judaica I*, 2. Aufl., Frankfurt a.M.: Suhrkamp 1986, S. 226-234.
Scholz, Heinrich, *Begegnungen mit Nietzsche*, Tübingen: Furche 1948.
Schorske, Carl E., *Fin-de-Siècle Vienna. Politics and Culture*, New York: Alfred A. Knopf 1980; dt.: *Wien. Geist und Gesellschaft im Fin-de-siècle*, München: Piper 1982.
Schottlaender, Rudolf, »Richtiges und Wichtiges«, in: *Sinn und Form* (Januar 1988).
Schreiber, Hugo, »Nietzsche und Marx im sozialen Kampfe«, in: *Deutsche Arbeit* 8, Nr. 6 (Juni 1923).
Schröder, Hans Eggert, »Nietzsche und die Germanen«, in: *Germanien* 9, Nr. 5 (Mai 1937).
–, *Nietzsche und das Christentum*, Berlin-Lichterfelde: Widukind 1937.
Schubart, Walter, *Dostojewski und Nietzsche. Symbolik ihres Lebens*, Luzern: Vita Nova 1939.
Schubert, Dietrich, »Nietzsche-Konkretionsformen in der bildenden Kunst 1890-1933«, in: *Nietzsche-Studien* 10/11 (1981/1982), S. 278-317.
Schuhmann, Ruthardt, »Der Nietzsche Kult und der Krieg«, in: *Bühne und Welt* 17 (1915).
Schuler, Alfred, *Fragmente und Vorträge aus dem Nachlaß*, Einf. von Ludwig Klages, Leipzig: J. A. Barth 1940.
Schultz, H. Stefan, »Thomas Mann's ›Betrachtungen eines Unpolitischen‹. Some Oberservations«, in: *Modern Language Notes* 90 (1975).
Schulze-Berghof, Paul, »Der Kulturprophet des deutschen Weltreichs«, in: *Der Vortrupp* Jg. 5, Nr. 9 (1. Mai 1916), S. 265-271.

–, »Der Zarathustra-Dichter als Mystiker«, in: *Die musische Erziehung* 9 (1942).
–, »Nietzsches historisch-mythische Sendung«, in: *Der Volkserzieher* 34 (1930).
–, »Zarathustra - Deutsche Mystik - Deutscher Glaube«, in: *Der Vortrupp* 5 (1916).
–, »Der Kulturprophet des deutschen Weltreichs«, in: *Der Vortrupp* 5 (1916).
Schütz, Oskar, »Friedrich Nietzsche als Prophet der deutschen Jugendbewegung«, in: *Neue Jahrbücher für Wissenschaft und Jugendbildung* 5 (1929), S. 64-74.
Schwab, Friedrich, »Hinter den Kulissen. Friedrich Nietzsche«, in: *Zentralblatt für Okkultismus. Monatsschrift zur Erforschung der gesamten Geheimwissenschaften* 1 (1907/1908).
Schwaner, Wilhelm (Hrsg.), *Germanen-Bibel. Aus den heiligen Schriften germanischer Völker*, Berlin: Volkserzieher Verlag 1904.
–, »Friedrich Nietzsche«, in: *Der Volkserzieher* 4. Nr. 35 (2. September 1900), S. 273.
Schwangart, F., »Was ist uns Nietzsche?«, in: *Heimstunden. Proletarische Tribüne für Kunst, Literatur, Dichtung* Nr. 5 (Mai 1925), S. 141-148.
Schweitzer, Carl, »Nietzsche und die reformatorische Botschaft«, in: *Zeitwende* 12, Nr. 1 (Oktober 1935).
Schwentker, Wolfgang, »Leidenschaft als Lebensform. Erotik und Moral bei Max Weber und im Kreis um Otto Gross«, in: Wolfgang J. Mommsen und Wolfgang Schwentker (Hrsg.), *Max Weber und seine Zeitgenossen*, Göttingen und Zürich: Vandenhoeck & Ruprecht 1988, S. 661-681.
Scruton, Roger, »The Philosopher on Dover Beach«, in: *Times Literary Supplement* (23. Mai 1986), S. 565f.
Seidl, Arthur, *Moderner Geist in der deutschen Tonkunst*, Berlin: Harmonie 1901.
Seligmann, Caesar, »Nietzsche und das Judentum«, in: ders., *Judentum und moderne Weltanschauung. Fünf Vorträge*, Frankfurt/M.: J. Kauffmann 1905.
Serväs, Franz, »Kritik und Kunst«, in: *Neue deutsche Rundschau* (1895).
–, »Nietzsche und der Sozialismus. Subjektive Betrachtungen«, in: *Freie Bühne* 3 (1892), S. 85-88 und 202-211.
Simmel, Georg, »Der Nietzsche-Kultus«, in: *Deutsche Literaturzeitung* 42 (23. Oktober 1897), S. 1645-1651.
–, »Friedrich Nietzsche: Eine moralphilosophische Silhouette«, in: *Zeitschrift für Philosophie und philosophische Kritik* 2 (1896), S. 202-215.
–, »Zum Verständnis Nietzsches«, in: *Das freie Wort* 2 (1902-1903).
–, *Über soziale Differenzierung*, Amsterdam: Liberae [1890] 1966.
–, *Schopenhauer und Nietzsche. Ein Vortragszyklus*, Leipzig: Duncker und Humblot 1907.
Simon, Josef (Hrsg.), *Nietzsche und die philosophische Tradition*, Würzburg: Königshausen und Neumann 1985.
Simon, Leon, »Judaism and Nietzsche«, in: Leon Simon (ed.), *Ahad Ha-am. Essays, Letters, Memoirs*, Oxford: East and West Library 1946.
Singer, Kurt, »Nietzsches Vermächtnis. 15. Oktober 1844 - 15. Oktober 1914«, in: *Hamburgischer Correspondent* 184. Nr. 524 (15. Oktober 1914).
Sloterdijk, Peter, *Kritik der zynischen Vernunft*, 2 Bde., Frankfurt/M.: Suhrkamp 1983.
Sluga, Hans, »Metadiscourse. German Philosophy and National Socialism«, in: *Social Research* 56, Nr. 4 (Winter 1989).
Sobejano, Gonzalo, *Nietzsche en España*, Madrid: Gredos 1967.
Sokel, Walter H., *The Writer in Extremis. Expressionism in Twentieth-Century German Literature*, Stanford: Stanford University Press 1959; dt.: *Der literarische Expressionismus. Der Expressionismus in der deutschen Literatur des zwanzigsten Jahrhunderts*, München: A. Langen und G. Müller 1959.
–, »Political Uses and Abuses of Nietzsche in Walter Kaufmann's Image of Nietzsche«, in: *Nietzsche-Studien* 12 (1983).
Solomon, Robert C., »Nietzsche, Postmodernism, and Resentment. A Genealogical Hypothesis«, in: Clayton Koelb (ed.), *Nietzsche as Postmodernist. Essays Pro and Contra*, Albany: State University of New York Press 1990, S. 267-293.

Sombart, Werner, *Deutscher Sozialismus*, Berlin-Charlottenburg: Buchholz & Weisswange Verlagsbuchhandlung 1934.
–, *Die Juden und das Wirtschaftsleben*, Leipzig: Duncker und Humblot 1911.
–, *Händler und Helden. Patriotische Besinnungen*, München und Leipzig: Duncker und Humblot 1915.
Sorel, Georges, *Über die Gewalt*, mit e. Nachwort von George Lichtheim, Frankfurt/M.: Suhrkamp 1969.
Sorge, Reinhard, »Gericht über Zarathustra. Vision«, Kempten und München: F. Kösel und F. Pustet 1921.
Specht, H., »Friedrich Nietzsches Anthropologie und das Strafrecht«, in: *Monatsschrift für Kriminalbiologie. Organ der kriminalbiologischen Gesellschaft* 30, Nr. 8 (1939).
Spengler, Oswald, »Nietzsche und sein Jahrhundert« [Rede, gehalten am 15. Oktober 1924, dem 80. Geburtstage Nietzsches, im Nietzsche-Archiv zu Weimar], in: ders., *Reden und Aufsätze*, München: C.H. Beck 1937, S. 110-124.
–, *Der Untergang des Abendlandes*, 2 Bde., München: C.H. Beck 1918 und München: dtv 1986.
Stachura, Peter D., *The German Youth Movement, 1900-1945. An Interpretation and Documentary History*, London: Macmillan 1981.
Stein, Ludwig, »Friedrich Nietzsches Weltanschauung und ihre Gefahren«, in: *Deutsche Rundschau*, Nr. 6 und 8 (März und Mai 1893).
Stein, Maximilian, »Friedrich Nietzsche und das Judentum«, in: *Allgemeine Zeitung des Judentums* 64 (1900), S. 451-453.
Steinberg, Auguste, »Nietzsche und das Judentum« in: *Ost und West* 3, Nr. 8 (1903), S. 547-556.
Steinbüchel, Theodor, *Friedrich Nietzsche. Eine christliche Besinnung*, Stuttgart: Deutsche Verlagsanstalt 1946.
Steiner, Rudolf, »Nietzsche in frommer Beleuchtung«, in: *Das Magazin für Litteratur* 67, Nr. 33 (20. August 1898), S. 769-772.
–, »Nietzscheanismus«, in: *Litterarischer Merkur* 12, Nr. 14 (2. April 1892), S. 105-108.
–, »Tolstoi und Nietzsche«, in: *Das Magazin für Litteratur* 70, Nr. 45 (1901), S. 1068-1071.
–, *Friedrich Nietzsche, ein Kämpfer gegen seine Zeit*, Dornach: Rudolf Steiner Verlag 1977 [zuerst 1895].
Stern, Fritz, *The Failure of Illiberalism. Essays on the Political Culture of Modern Germany*, Chicago und London: University of Chicago Press 1971; dt.: *Das Scheitern illiberaler Politik. Studien zur politischen Kultur Deutschlands im 19. und 20. Jahrhundert*, Frankfurt/M., Berlin und Wien: Propyläen 1974.
– *The Politics of Cultural Despair. A Study in the Rise of Germanic Ideology*, Berkeley und Los Angeles: University of California Press 1961; dt.: *Kulturpessimismus als politische Gefahr. Eine Analyse nationaler Ideologie in Deutschland*, Bern, Stuttgart und Wien: Scherz 1963
Stern, Joseph Peter, *Hitler. The Führer and the People*, Berkeley: University of California Press 1975; dt.: *Hitler. Der Führer und das Volk*, München: Hanser 1978.
Sternhell, Ze'ev, »Fascist Ideology«, in: Walter Laqueur (ed.), *Fascism: A Reader's Guide. Analyses, Interpretations, Bibliography*, Harmondsworth: Penguin 1988.
–, *Neither Right nor Left*, Berkeley: University of California Press 1986.
Steudel, Friedrich, »Lebensskizze«, in: Albert Kalthoff, *Zukunftsideale*, Jena 1907.
Stewart, Herbert Leslie, *Nietzsche and the Ideals of Modern Germany*, London: Edward Arnold 1915.
Stöcker, Helene, »Frauengedanken«, in: dies., *Die Liebe und die Frauen*, 2. durchges. und verm. Aufl., Minden in Westf.: J.C.C. Bruns 1908, S. 24-29.
–, »Friedrich Nietzsche und die Frauen«, in: *Bühne und Welt* 6, Nr. 20 (1904), S. 857-860.
–, »Friedrich Nietzsche und die Frauen«, in: *Das Magazin für Litteratur* 67 (1898), S. 128-132, S. 153-158.
–, »Nietzsches Frauenfeindschaft«, in: *Die Zukunft* 34 (1901), S. 432, nachgedruckt in: dies., *Die Liebe und die Frauen*, Minden in Westf.: J.C.C. Bruns 1906, S. 65-74.

–, »Von neuer Ethik«, in: *Mutterschutz. Zeitschrift zur Reform der sexuellen Ethik* 2, Nr. 1 (1906), S. 3f.
–, »Zur Reform der sexuellen Ethik«, in: *Mutterschutz. Zeitschrift zur Reform der sexuellen Ethik*, 1, Nr. 1 (1905).
–, autobiogr. Fragment von 1939, zit. nach Amy Hackett, »Helene Stöcker. Left-Wing Intellectual and Sex Reformer«, in: Renate Bridenthal et. al. (eds.), *When Biology Became Destiny*, New York: Monthly Review Press 1984, S. 117.
Sweet, Dennis M., »Friedrich Nietzsche in the GDR. A Problematic Reception«, in: *Studies in GDR. Culture and Society* 4. *Selected Papers from the Nineth New Hampshire Symposium on the German Democratic Republic*, Lanham, MD: University Press of America 1984, S. 224-241.
–, »Nietzsche Criticized. The GDR Takes a Second Look«, in: Margy Gerber et al. (eds.), *Studies in GDR Culture and Society 7. Selected Papers from the Twelfth New Hampshire Symposium on the German Democratic Republic*, Lanham, MD: University Press of America 1987, S. 141-153.

Tal, Uriel, *Christians and Jews in Germany. Religion, Politics, and Ideology in the Second Reich, 1870-1918*, Ithaca, N.Y. and London: Cornell University Press 1973.
Talmon, J. L., *The Myth of the Nation and the Vision of Revolution. The Origins of Ideological Polarization in the Twentieth Century*, Berkeley, Los Angeles and London: University of California Press 1981.
Tanner, Michael, »Organizing the Self and the World«, in: *Times Literary Supplement* (16. Mai 1986), S. 519.
Tantzscher, Georg, *Friedrich Nietzsche und die Neuromantik. Eine Zeitstudie*, Jurjew (Dorpat): J. G. Krueger 1900.
Thatcher, David S., *Nietzsche in England 1890-1914: The Growth of a Reputation*, Toronto: Toronto University Press 1970.
Thomas, R. Hinton, »Nietzsche in Weimar Germany and the Case of Ludwig Klages«, in: Anthony Phelan (ed.), *The Weimar Dilemma. Intellectuals in the Weimar Republic*, Manchester: Manchester University Press 1985, S. 71-91.
–, *Nietzsche in German Politics and Society 1890-1918*, Manchester: Manchester University Press 1983.
Tille, Alexander, »Nietzsche als Ethiker der Entwicklung«, in: *Die Zukunft* 9 (10. November 1894), S. 268-278.
–, »Nietzsche und England«, in: *Frankfurter Zeitung* 39, Nr. 289 (18. Oktober 1894).
–, »Zarathustras Lehre«, in: *Das Neue Jahrhundert* 1, Nr. 5 (1898).
–, *Von Darwin bis Nietzsche. Ein Buch Entwicklungsethik*, Leipzig: C.G. Naumann 1895.
Timms, Edward, *Karl Kraus Apocalyptic Satirist: Culture and Catastrophe in Hapsburg Vienna*, New Haven und London: Yale University Press 1986.
Tönnies, Ferdinand, *Ethische Kultur und ihr Geleite [in der ›Zukunft‹ und in der ›Gegenwart‹]*, Bd. 1: *Nietzsche-Narren*, Bd. 2: *Wölfe in Fuchspelzen*, Berlin: F. Dümmler 1893.
–, *Der Nietzsche-Kultus. Eine Kritik*, Leipzig: O.R. Reisland 1897.
Treiber, Hubert, »Nietzsches ›Kloster für freiere Geister‹: Nietzsche und Weber als Erzieher«, in: Peter Antes und Donate Pahnke (Hrsg.), *Die Religion von Oberschichten: Religion, Profession, Intellektualismus*, Marburg: Diagonal-Verlag 1989, S. 117-161.
Trevor-Roper, H. R. (ed.), *Hitler's Table Talk 1941-1944*, London: Weidenfeld and Nicolson 1953.
Tucholsky, Kurt, »Fräulein Nietzsche«, in: *Gesammelte Werke*, Bd. 10, Hamburg: Rowohlt 1960.
–, »Schwarz auf Weiß«, in: *Gesammelte Werke*, Bd. 7, Hamburg: Rowohlt 1960.
Tuntall, G.C., »The Turning Point in Georg Kaiser's Attitude toward Friedrich Nietzsche«, in: *Nietzsche-Studien* 14 (1985).
Türck, Hermann, *Friedrich Nietzsche und seine philosophischen Irrwege*, Dresden: Gloess 1891.

Ulander Bergsten, Gunilla, *Thomas Manns Doktor Faustus. Untersuchungen zu den Quellen und zur Struktur des Romans*, 2. erg. Aufl., Tübingen: Niemeyer [1963] 1974.
Ulmer, Carl, [o.T.], in: *Der Spiegel*, Nr. 19 (2. Mai 1977), S. 10.

Vermeil, Edmond, *Germany's Three Reichs. Their History and Culture*, New York: Howard Fertig 1969.
Viereck, Peter, *Metapolitics. The Roots of the Nazi Mind*, New York: Capricorn Books [1941] 1965.
Vivarelli, Vivetta, »Das Nietzsche-Bild in der Presse der deutschen Sozialdemokratie um die Jahrhundertwende«, in: *Nietzsche-Studien* 13 (1984).
Voegelin, Eric, »Nietzsche, the Crisis and the War«, in: *The Journal of Politics* 6, Nr. 1 (Februar 1944).
*Vom Judentum. Ein Sammelbuch*, 1. Aufl., Leipzig: Kurt Wolff 1913; 2. Aufl., hrsg. vom Verein Jüdischer Hochschüler Bar Kochba in Prag, Leipzig: Kurt Wolff 1913.

Wachler, Ernst, »Elisabeth Förster-Nietzsche (Zur Begründung des Nietzsche-Archivs)«, in: *Deutsche Zeitung* 388 (1918).
Warner, Samuel J., *The Urge to Mass Destruction*, New York and London: Grune and Stratton 1957.
Weber, Alfred, »Nietzsche und die Katastrophe«, in: ders., *Abschied von der bisherigen Geschichte. Überwindung des Nihilismus?*, Bern: A. Francke 1946.
Weber, Robert, *Geschichte des klassisch-philologischen Vereines zu Leipzig von 1865-1890*, Leipzig: G. Kreysing 1890.
Wedel, Heinrich von, »Friedrich Nietzsche und sein Menschheitsideal«, in: *Deutsches Adelsblatt* 20 (1902).
Weinstock, Heinrich, »Die Überwindung der ›Bildungskrise‹ durch Nietzsche«, in: *Die Erziehung. Monatsschrift für den Zusammenhang von Kultur und Erziehung in Wissenschaft und Leben* 10 (1935).
Weiss, Allan S., »Impossible Sovereignty. Between *The Will to Power* and *The Will to Chance*«, in: *October* 36 (Spring 1986).
Weisser, Erich, »Der Erzieher Nietzsche und die nationalsozialistische Schulerneuerung«, in: *Nationalsozialistisches Bildungswesen* 6 (1941), S. 125-134, 356-367.
Weizmann, Chaim, *The Letters and Papers of Chaim Weizmann*, ed. by Leonard Stein and Gedalia Yogev, London: Oxford University Press 1968.
Wesley, R.M., »Nietzsche. Traffics and Discoveries«, in: *Monist* 11 (January 1921).
Westernhagen, Curt von, *Nietzsche, Juden, Antijuden*, Weimar: Alexander Duncker 1936.
Whaley, Joachim, »Enlightenment and History in Germany«, in: *The Historical Journal* 31 (1. March 1988), S. 195-199.
Widmann, J.V., *Jenseits von Gut und Böse: Schauspiel in drei Aufzügen*, Stuttgart: J.G. Cotta 1893.
–, »Nietzsches gefährliches Buch«, in: *Der Bund* 37, No. 326 (1886).
Wille, Bruno, »Der Mensch als Massenmitglied«, in: *Freie Volksbühne* (1890).
–, *Philosophie der Befreiung durch das reine Mittel. Beiträge zur Pädagogik des Menschengeschlechts*, Berlin: S. Fischer 1894.
Wilson, Colin, *Rudolf Steiner, The Man and His Vision: An Introduction to the Life and Ideas of the Founder of Anthroposophy*, Wellingborough, Eng.: Aquarian Press 1985; dt. *Rudolf Steiner. Verkünder eines neuen Welt- und Menschenbildes*, München: Heyne 1985.
Windsor, Alan, *Peter Behrens: Architect and Designer*, London: Architectural Press 1981; dt.: *Peter Behrens. Architekt und Designer*, Stuttgart: Deutsche Verlagsanstalt 1985.
Wirth, Werner, »Nietzsche und das Christentum«, in: *Deutscher Glaube* 6 (1939).
Witkop, Philipp (Hrsg.), *Kriegsbriefe gefallener Studenten*, München: Georg Müller 1929.
Wolfskehl, Karl, »Die Blätter für die Kunst und die Neue Literatur«, in: *Jahrbuch für die geistige Bewegung* 1 (1910).

Würzbach, Friedrich, *Arbeit und Arbeiter in der neuen Gesellschaftsordnung. Nach Aphorismen von Nietzsche,* Berlin und Leipzig: Deutsches Verlagshaus Bong 1933.
–, *Nietzsche und das deutsche Schicksal,* Berlin und Leipzig: Deutsches Verlagshaus Bong 1933.
Wyneken, Gustav, »Der Kampf für die Jugend«, in: ders., *Gesammelte Aufsätze,* Jena: Eugen Diederichs 1920.

Zander, Jürgen, »Ferdinand Tönnies und Friedrich Nietzsche«, in: Lars Clausen und Franz Urban Pappi (Hrsg.), *Ankunft bei Tönnies. Soziologische Beiträge zum 125. Geburtstag von Ferdinand Tönnies,* Kiel: W. Mühlau 1981, S. 185-227.
Zerbst, Max, *Nein und Ja! Antwort auf Dr. Hermann Türcks Broschüre »Friedrich Nietzsche und seine philosophischen Irrwege«,* Leipzig: C.G. Naumann 1892.
Zweig, Arnold, »Apollon bewältigt Dionysos«, in: *Das Neue Tagebuch* 18 (1936).
–, *Bilanz der deutschen Judenheit 1933. Ein Versuch,* Amsterdam: Querido 1934.

# NAMENREGISTER

*erstellt von Barbara Heber-Schärer*

Nennungen in den Fußnoten sind durch Kursivierung gekennzeichnet.
Namen in unterschiedlichen Schreibweisen oder Pseudonyme sind unter allen Schreibweisen/Namen aufgeführt, dahinter jeweils in Klammern entweder mit = der bürgerliche Name oder differierende Schreibweisen bzw. Pseudonyme mit /.

VERLAG J.B. METZLER

**Friedrich Nietzsche/Franz und Ida Overbeck: Briefwechsel**
Herausgegeben von Katrin Meyer und Barbara von Reibnitz
2000. XXXII, 535 Seiten, 6 Abb., gebunden, mit Schutzumschlag
ISBN 3-476-01617-X

Der Basler Kirchenhistoriker und Theologe Franz Overbeck (1837–1905) gehört zu den bedeutendsten Briefpartnern des Philosophen Friedrich Nietzsche. Overbeck und Nietzsche verband eine lebenslange Freundschaft, die nach Overbecks Heirat auch Ida Overbeck-Rothpletz miteinschloss. 1870 wurde Franz Overbeck in Basel Nietzsches Wohnungsnachbar. Aus dieser Begegnung entwickelte sich ein intensiver persönlicher und intellektueller Austausch, der sich in den Frühwerken der beiden kritischen Denker niederschlägt. Die Briefe geben Aufschluss über Lektüren und Arbeitsprojekte, sie vermitteln Urteile über Zeitströmungen und -ereignisse sowie über Freunde und Bekannte, und sie formulieren Stellungnahmen zu den jeweiligen Werken. Sie reflektieren über einen Zeitraum von mehr als 25 Jahren die wichtigsten Ereignisse in Nietzsches Biographie aus der Perspektive einer klugen und respektvollen Freundschaft. Erstmals wird dieser Austausch zwischen Nietzsche, Franz und Ida Overbeck als geschlossener Briefwechsel vollständig veröffentlicht. Eine Einleitung der Herausgeberinnen, Kommentare und ein Namen- und Werkregister erschließen den biographischen Hintergrund und beleuchten die Entstehung der Werke Nietzsches und Overbecks.

Hubert Cancik/Hildegard Cancik-Lindemaier
**Philolog und Kultfigur**
Friedrich Nietzsche und seine Antike
in Deutschland
1999. XI, 291 Seiten, gebunden
ISBN 3-476-01676-5

»Philolog« hat Nietzsche sich selbst genannt und hat diesen Anspruch bis zuletzt nicht aufgegeben. Schon zu Lebzeiten war er aber auch eine »Kultfigur« – nach seinem Tod wurde ein vielfältiger »Nietzsche-Kult« in Weimar etabliert. Mit »Philolog« bezeichnen die beiden Autoren Nietzsches wissenschaftlichen, rationalen, historischen und aufklärerischen Zugriff, unter »Kultfigur« fassen sie Tendenzen der Rezeptionsgeschichte zusammen, Wirkungen seiner Person und seiner Schriften. Das Buch umfasst fünf Themenkreise: Die Stationen von Nietzsches Antike-Projekt von der Bonner Studienzeit bis zur Abrechnung mit dem Christentum im Jahr 1888, den Nietzsche-Kult in und außerhalb von Weimar, die pädagogische Reformbewegung im Zeichen Nietzsches, Nietzsches Anziehungskraft für klassische Philologen und das Verhältnis von Griechenliebe und Judenfeindschaft sowie die jüdische Kritik an Nietzsches Antike-Bild.